지방재정론

라 휘 문

도서출판 대영문화사

머리말

우리나라의 지방자치제는 1991년 지방의회의원 선거, 1995년 전국동시지방선거를 통하여 부활하였다. 이 책을 발간하는 2021년은 지방자치제 부활 이후 30년이 경과하는 해이다. 30년이면 한 세대를 의미하는 것이기 때문에 짧지 않은 기간이라고 보아야 할 것이다. 그러면 지방자치제의 부활 이후 30년 동안 지방재정은 어떻게 변화하였을까? 지방정부에게 긍정적인 방향으로 변화하였을까? 지역주민의 수요를 충족시키고 있는가? 이외에도 다양한 질문이 가능할 것이다. 금번에 발간하는 『지방재정론』이 모든 질문에 답을 할 수는 없다. 필자의 무능함 때문이기도 하지만 하나의 책자에 모든 내용을 담는다는 것은 현실적으로 어려움이 있기 때문이다.

이 책은 대학생 또는 대학원생이 한 학기 동안 지방재정의 전체적인 내용을 파악할 수 있도록 하는 데 초점을 두고 저술하였다. 따라서 특정 주제에 대해 심도 있는 이론적, 실무적 내용을 포함하기보다는 우리나라의 지방재정을 이해할 수 있도록 하는 데 초점을 맞추었다.

이 책을 쓰는 과정에서 선·후배, 그리고 동료 학자들의 저서와 논문, 그리고 정부에서 발간한 다양한 자료들을 활용하였다. 특히, 우리나라의 제도를 설명할 때에는 기획재정부, 행정안전부, 243개 지방자치단체 등에서 발간한 수없이 많은 자료들을 활용하였다. 필자의 능력부족으로 인해 선·후배와 동료, 그리고 정부의 발간자료들을 재인용할 수밖에 없었다는 점을 밝힌다.

이 책은 기존의 지방재정론과는 약간의 차이를 보이고 있다. 첫째, 편제의 측면에서 차이를 보인다. 다른 지방재정론 관련 저술과는 달리 4편 13장으로 구성되어 있다. 수업일수를 고려하여 13개의 장으로 구성하였음을 밝힌다. 제1편에서는 지방재정을 이해하는 데 필요한 가장 기본적인 기초이론들을 살펴보았다. 시장실패와 정부실패, 지방공공선택론, 재정분권과 티부가설, 세원배분 등의 이론들을 제시하였다. 제2편에서는 지방세입을 살펴보았다. 자체재원인 지방세와 세외수입, 의존재원인 지방교부세, 보조금, 그리고 지방채에 대해 설명하였다. 제3편은 지방세출과 관련된 내용으로 구성하였다. 세출예산, 지방공기업, 지방교육재정 등의 내용을 다루었다. 마지막 제4편에는 지방재정관리의 내용을 포함하고 있다. 지방재정영향평가제도, 중기지방재정계획제도, 투자심사제도, 복식부기회계제도, 지방재정분석진단제도, 지방재정공시제도, 주민참여예산제도, 지방재정위기관리제도 등의 내용을 다루고 있다. 둘째, 이 책에서는 각 내용을 기술하면서 독자들의 이해를 높이고자 실제 데이터를 활용하여 분석한 결과를 제시하였다. 왜 학자들이 특정 내용을 주장하고 있는지를 이해하는 데 도움이 될 수 있기를 희망한다. 셋째, 바쁜 독자들을 위하여 각 항목별 내용을 항목의 마지막 부분에 하나의 표로 제시하였다. 이러한 노력들이 독자들이 지방재정을 이해하는 데 도움이 되기를 희망한다.

이 책을 저술하면서 용기를 주시고 지도를 아끼지 않으신 청주대학교 손희준 교수님, 지방재정제도의 변화내역을 파악하는 데 어려움이 있을 때마다 도움을 주신 한국지방행정연구원의 서정섭 박사님과 이삼주 박사님께 감사드린다. 또한 어려운 출판시장의 여건에도 흔쾌히 책 발간을 허락해주신 대영문화사의 임춘환 사장님과 임현준 부장님께 감사드린다. 끝으로 제가 이 책을 쓰는 동안 물심양면으로 지원해준 최재민 박사님, 그리고 자료의 탐색, 교정 등의 역할을 해준 라소영 박사과정생과 라서현 학부생에게 감사와 영광을 바칩니다.

2021년 5월 연구실에서

라휘문

차 례

Chapter 02 지방재정 기초이론

Chapter 03 지방예산론

PART 2 지방세입론

Chapter04 지방세

Chapter 05 세외수입

Chapter 06 지방교부세

Chapter 08 지방채

PART 3 지방세출론

Chapter 09 세출예산

Chapter 13 지방재정위기관리제도

PART

01

지방재정이론

지방재정론
Local Finance

Chapter 01

지방재정의 의의, 특징과 구성체계

제 1 절 | 지방재정의 의의

1. 지방재정의 개념

1) 정 의

사람들이 어떤 분야의 공부를 시작하면서 제일 먼저 던지는 질문은 "○○○은 무엇일까?"이다. 이러한 질문에 답을 구하면서 해당 학문분야의 공부를 시작한다. 지방재정론이라는 과목 역시 마찬가지이다. 지방재정론이라는 과목을 공부하기 시작하면서 제일 먼저 던지는 질문 역시 "지방재정이 무엇일까?"라는 것이 될 것이다. 이러한 질문에 대한 응답은 지방재정에 대한 개념화 작업을 통하여 가능할 것이다. 그러나 어떤 학문분야에 대한 개념화 작업을 하는 것은 쉬운 일이 아니다.

이러한 어려운 점을 반영하듯이 지방재정의 개념 역시 다양하게 정의되고 있다. 먼저, 손희준(2019: 19)에 의하면 지방재정은 "각 지방정부의 재정활동 및 과정이다. 각 지방정부가 관할 행정구역 내 주민들의 공적인 수요를 충족하기 위하여 재화와 서비스를 생산・공급하기 위해 행하는 재원의 동원과 관리 및 배분 등 일련의 공경제적 활동과 과정"이다. 윤영진(2016: 19)은 재정과 예산은 차이가 있다고 하면서 재정을 "정부가 공공욕구를 충족하기 위해 필요한 재원을 조달하고 관리 및 지출하는 경제활동을 의미한다"고 제시하고 있다. 그리고 예산은 "매년 공공욕구 충족을 위해 재원을 조달하고 지출하는 계획의 과정과 결과를 의미한다"고 한다. 피상적으로 보면 재정과 예산이 차이가 없는 것처럼 보이지만 자세히 보면, 예산은 재정과 달리 매년 반복되는 시간적 개념이 포함되어 있다. 살펴본 것처럼 예산과 재정은 분명한 차이가 있다. 임승빈(2012: 325)은 지방재정을 "경제활동의 주체로서 지방정부가 수행하는 종합적인 활동, 즉 주민생활의 안정을 도모하고 지역발전을 촉진하기 위해 필요한 소요재원을 확보하고, 확보된 재원을 집행하는 일련의 경제활동을 의미하는 것"으로 보고 있다. 박응격(2011: 351)은 지방재정을 "지방정부의 존립목적을 달성하기 위하여 재화를 강제적 또는 비강제적으로 획득하고, 이를 관리 · 사용하는 일련의 연속적 · 질서적 활동으로서 지방정부가 행하는 예산, 결산, 회계 및 기타 재화에 관한 활동"을 의미하는 것으로 보고 있다. 윤길호(2012: 4)는 지방재정을 국가재정과 대비하여 개념화하고 있다. 이때의 지방재정은 "지방정부가 하나의 독립된 경제주체로서 행하는 종합적인 경제활동"이라고 말할 수 있다. 구체적으로는 "주민생활의 안정을 도모하고 지역발전을 촉진하기 위하여 소요재원을 확보하고 확보된 재원을 집행하는 일련의 경제활동"을 의미한다. 그리고 지방재정법 제2조에 의하면 "지방재정이란 지방정부의 수입 · 지출 활동과 지방정부의 자산 및 부채를 관리 · 처분하는 모든 활동을 말한다"고 되어 있다.

위에서 살펴본 것처럼 다양한 학자들이 지방재정을 개념화하고 있다. 지방재정이라는 동일한 현상을 보면서 유사하면서도 차이가 있는 정의를 하고 있는 이유는 학자마다 지방재정에 대한 주요 초점과 범위가 다르기 때문이다. 따라서 지방재정을 정의하기 위해서는 각 학자들이 제시하고 있는 구성요소들을 종합할 필요가 있다. 지방재정에 대한 개념 속에 포함되어 있는 구성요소는 지방정부, 주민, 지역발전, 강제성과 비강제성, 재원의 확보, 재원의 배분 또는 집행, 종합적인 공경제적 활동이다. 이는 누가(who), 언제(when), 어디서(where), 무엇을(what), 어떻게(how), 왜(why)라는 6하 원칙에 의거한 것이다.

결국 지방재정은 "지방정부가 지역주민 또는 지역발전을 위하여 필요하다고 인정될 때 이를 위하여 필요한 소요재원을 지역 내 · 외로부터 확보한 후 지출 또는 집행하는 종합적인 일련의 공경제적 활동과정"이라고 볼 수 있다([표 1-1] 참조).

표 1-1 지방재정의 개념

학 자	개 념
손희준	각 지방정부의 재정활동 및 과정. 각 지방정부가 관할 행정구역 내 주민들의 공적인 수요를 충족하기 위하여 재화와 서비스를 생산·공급하기 위해 행하는 재원의 동원과 관리 및 배분 등 일련의 공경제적 활동과 과정
윤영진	정부가 공공욕구를 충족하기 위해 필요한 재원을 조달하고 관리 및 지출하는 경제활동
임승빈	경제활동의 주체로서 지방정부가 수행하는 종합적인 활동, 즉 주민생활의 안정을 도모하고 지역발전을 촉진하기 위해 필요한 소요재원을 확보하고, 확보된 재원을 집행하는 일련의 경제활동을 의미하는 것
박응격	지방정부의 존립목적을 달성하기 위하여 재화를 강제적 또는 비강제적으로 획득하고, 이를 관리·사용하는 일련의 연속적·질서적 활동으로서 지방정부가 행하는 예산, 결산, 회계 및 기타 재화에 관한 활동
윤길호	지방정부가 하나의 독립된 경제주체로서 행하는 종합적인 경제활동. 주민생활의 안정을 도모하고 지역발전을 촉진하기 위하여 소요재원을 확보하고 확보된 재원을 집행하는 일련의 경제활동
지방재정법 제2조	지방정부의 수입·지출 활동과 지방정부의 자산 및 부채를 관리·처분하는 모든 활동
필자	지방정부가 지역주민 또는 지역발전을 위하여 필요하다고 인정될 때 이를 위하여 필요한 소요재원을 지역 내·외로부터 확보한 후 지출 또는 집행하는 종합적인 일련의 공경제적 활동과정

2) 중앙재정과 지방재정

지방재정에 대한 개념을 명확하게 이해하기 위하여 중앙재정과 비교하여 살펴보면 [표 1-2]와 같다.

표 1-2 중앙재정과 지방재정의 비교

구 분	중앙재정	지방재정
재정의 기능	경제안정화기능, 소득재분배기능, 자원배분기능	자원배분기능
재정의 수	단일성	다양성
재정의 규모	대규모	소규모
서비스의 성격	순수공공재적 성격이 강함	순수공공재적 성격이 약함
재원조달의 방식	조세의존성 강함	다양한 세입원
부담의 설계	응능부담의 원칙	응익부담의 원칙

보상관계	일반적 보상관계	개별적 보상관계
재정부담의 주체	국민	지역주민(일부 지역 외)
평가기준	공평성 중섬	효율성 중심
대표성의 수준	일반적 대표성	지역적 대표성
주요 통제주체	기획재정부장관	행정안전부장관

자료: 오연천(1987: 15), 임승빈(2012: 326), 박응격(2011: 352), 차재권 외(2012: 10)에서 재인용.

(1) 재정기능

중앙재정과 지방재정을 비교할 때에는 가장 먼저 수행하는 기능에 차이가 없는가를 살펴보는 것이 될 것이다. 재정이 수행하는 기능은 머스그레이브와 머스그레이브(Musgrave & Musgrave, 1989: 3-14)가 제시하고 있는 것과 같이 경제안정화기능, 소득재분배기능, 그리고 자원배분기능이 있다.

경제안정화기능이란 물가의 안정, 생산자원의 완전고용, 국제수지의 균형, 그리고 경제의 지속적인 성장을 목표로 하여 정부가 경제에 개입하여야 하는 것을 의미한다(하연섭, 1996: 32). 즉, 정부는 경기가 과열되어 물가가 오르면 금리 인상, 정부지출 축소 등의 방법을 활용하여 통화량을 축소하는 등 총수요 억제정책을 통해 경기를 조절하려고 한다. 반면 정부는 경기 침체, 실업자 증가 등의 현상이 발생하면 금리 인하, 정부지출 확대 등의 방법을 활용하여 통화량을 확대하는 등 총수요를 늘리려는 경기부양정책을 추진한다. 살펴본 것처럼 정부는 재정정책과 금융(통화)정책 등을 통해 국가의 경제를 안정화시키기 위하여 노력한다. 재정정책이란 정부가 과세 및 정부지출의 증감과 관련된 노력을 전개하는 것이고, 금융(통화)정책은 중앙은행이 금리나 통화량을 조정하여 경제를 안정화시키려는 것을 의미한다. 정부는 금융(통화)정책으로 공개시장조작·재할인율조정·지불준비율변경 등의 수단을 활용하고 있다. 그러면 경제안정화기능은 중앙정부와 지방정부 중 어디에서 수행하는 것이 바람직할 것인가에 대해 고민해 보아야 한다. 구체적인 예를 들어 설명하면, 우리나라 경제에 인플레이션 현상이 발행하였을 때 중앙정부가 담당하여야 하는지 아니면 지방정부가 담당하여야 하는지에 대한 논의이다. 원칙적으로 거시경제안정화기능은 중앙정부가 담당하여야 할 것이다. 그렇다고 하여 경제안정화기능과 관련하여 지방정부가 어떤 역할도 수행하지 않아야 한다는 것은 아니다. 지방정부는 지역의 물가안정, 실업률 저감을 위한 지역경제 활성화 정책 등을 적극적으로 추진할 필요가 있다.

소득재분배기능은 공평한 소득 및 부의 분배를 실현하는 기능을 의미한다. 조세정책이나 지출정책 혹은 다른 정책수단을 통하여 정부는 각 개인이 향유하게 되는 소득의 양을 직접적으로 변화시킬 수 있고, 시장에서 각 생산요소가 갖게 될 상대적 가격을 변화시킬 수 있으며, 혹은 교육기회의 확대 등을 통하여 각 개인이 가지게 될 생산요소의 질을 향상시킴으로써 소득의 분배상태를 변화시킬 수 있다(하연섭, 1996: 31). 대표적인 예로 들 수 있는 것이 부유세(wealth tax)이다. 부유세란 일정수준 이상의 자산을 보유한 사람을 대상으로 과세하는 세금이다. 많은 재산을 보유하고 있는 특정의 상위계층에게 부과하고 있다. 부유세는 불평등 해소와 양극화 문제 극복에 유용한 수단이 될 수 있다. 다만, 기업의 투자의욕 저하, 재산의 해외 도피 시도, 이중과세 문제 등이 발생할 수 있기 때문에 도입에 신중을 기할 필요가 있다. 현재 우리나라에는 부유세가 도입되어 있지는 않다. 그러면 소득재분배기능은 중앙정부와 지방정부 중 어디에서 수행하는 것이 바람직할 것인가에 대해 고민해 보아야 한다. 구체적으로는 부유세를 지방정부가 부과하는 것이 바람직한가에 대한 논의가 될 수 있다. 결론적으로는 부유세는 중앙정부에서 부과하는 것이 바람직하다. 그 이유는 소득재분배기능의 수행을 위하여 강남구에서 부유세를 부과하면 부유세를 납부하여야 하는 납세자는 서초구로 이사하는 방식으로 부유세의 납부를 피할 수 있을 것이다. 소득재분배기능의 수행을 위하여 부과한 부유세의 정책효과가 반감될 수 있을 것이다. 따라서 지방정부보다는 중앙정부의 역할이라고 보아야 할 것이다. 그렇다고 하여 지방정부가 소득재분배기능을 전혀 수행하지 않는다는 의미는 아니다. 지방정부는 별장 등 사치성 재산에 대해 중과세하는 등 소득재분배기능을 수행하고 있다.

그리고 자원배분기능이란 여러 자원을 각 개인의 욕구충족을 위해 다양한 용도로 배분한 후 이용하는 것을 말한다. 즉, 가격기제에 의한 자원의 효율적 배분이 불가능할 경우 정부가 경제에 개입하여 사회후생을 극대화시키는 방향으로 자원을 배분하는 기능을 의미한다. 정부의 자원배분기능은 정부가 재화나 서비스를 직접 공급하는 형태, 민간의 자원배분과정에 영향력을 행사하여 자원배분의 효율성을 높이는 형태 등 다양한 형태로 나타날 수 있다. 전자의 예로는 국방의 유지, 고속도로의 건설, 동사무소의 민원서류 발급 등을 들 수 있고, 후자의 예로는 공해세나 벌금을 부과함으로써 공해유발업체의 생산방식에 변화를 유도하는 것을 들 수 있다(하연섭, 1996: 29-30). 그러면 자원배분기능은 중앙정부와 지방정부 중 어디에서 수행하는 것이 바람직한가에 대한 논의이다. 결론적으로 자원배분기능은 중앙정부와 지방정부가 모두 수행하여야 하는 기능이다. 중앙정부는 순수공공재에 대한 공급을 담당하고 지방정부는 지방공공재를 담당하는 역할을 수행하여야 한다. 순수공공재는 국방의 유지, 환경오염 예방 등 전국적인 수요가 있는 공공재를 의미하고, 지방공공재는 상・하수도, 쓰레기 처리 등과 같이 지역에 한정되어 있는 공공재를 의미한다.

결론적으로 지방정부는 자원배분기능을 중심으로 하면서 경제안정화기능과 소득재분배기능의 일부를 담당하고 있다고 볼 수 있다. 다만, 지방정부에게 부여된 경제안정화기능과 소득재분배기능의 담당범위가 점점 확대되고 있다는 사실을 염두에 두어야 할 것이다. 예를 들면, 지방정부는 지역경제활성화 정책에 대한 재정지출규모를 점차 확대하고 있고, 중앙정부에서 수행하고 있었던 복지기능 중 상당부분이 지방정부로 이양되었다라는 사실을 통하여 알 수 있다. 이는 자원배분기능에 맞추어져 있던 초점이 경제안정화기능과 소득재분배기능으로까지 확대되고 있다는 것을 의미한다.

(2) 재정기관의 수

중앙재정과 지방재정을 비교하는 다른 기준 중에 하나는 재정기관의 수를 기준으로 하는 것이다. 즉, 재정주체의 수라는 기준으로 볼 때 중앙재정을 담당하는 기관의 수와 지방재정을 담당하는 기관의 수에 차이가 있는지를 살펴보는 것이다.

중앙정부는 1개의 재정체계(단일성)를 보유하고 있는 반면, 지방재정은 17개 광역지방정부와 226개 기초지방정부 등 총 243개의 재정체계(다양성)를 가지고 있다([그림 1-1] 참조). 중앙정부 역시 부・처・청・위원회 등 다수의 기관으로 구성되어 있기 때문에 단일한 재정체계가 아니라 다수의 재정체계를 보유하고 있다고 주장할 수 있다. 그러나 중앙정부는 기획재정부가 예산을 편성하고 대한민국 국회가 심의・의결하는 방식으로 예산이 결정된다. 즉, 예산편성의 주체와 심의의결의 주체가 기획재정부와 대한민국 국회라는 점에서 단일성을 보유하고 있다고 볼 수 있다.

반면 지방정부는 특별시・광역시・도, 제주특별자치도, 세종특별자치시라는 광역지방정부와 시・군・구라는 기초지방정부로 구성되어 있다. 각 지방정부는 각각의 의회가 구성되어 있다. 예를 들면, 수원시는 수원시라는 집행기관과 수원시 의회가 있고, 안

그림 1-1 우리나라 지방정부의 구조

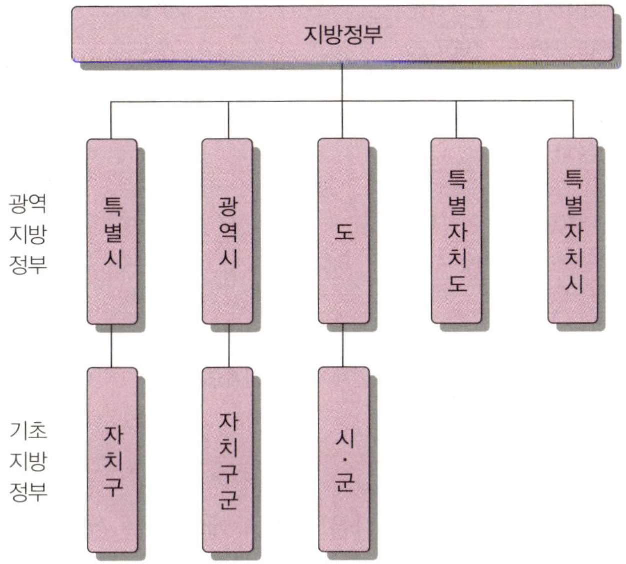

양시는 안양시라는 집행기관과 안양시 의회가 구성되어 있다. 따라서 각 지방정부가 하나의 재정주체가 되는 것이다. 이런 측면에서 재정기관의 수가 다양하다는 것을 의미하는 것이다.

(3) 재정규모

중앙재정과 지방재정을 비교하는 다른 기준 중에 하나는 재정규모를 기준으로 하는 것이다. 즉, 중앙재정과 지방재정의 규모에 차이가 있는지를 기준으로 살펴보는 것이다.

중앙재정의 주체는 앞에서 살펴본 것처럼 1개이고, 지방재정의 주체는 243개이기 때문에 지방재정의 규모가 더 클 것으로 예측할 수 있다. 그러나 중앙재정의 규모가 지방재정의 규모보다 더 크다. [표 1-3]에서 살펴보는 것처럼 2020년 당초예산기준 중앙정부의 예산규모는 386조 2,379억 원으로 전체의 54.1%를 차지하고 있고 지방정부의 예산규모는 253조 2,263억 원으로 전체의 35.5%를 차지하고 있다.

표 1-3 중앙재정과 지방재정의 규모

(단위: 억 원, %)

구 분	2015	2016	2017	2018	2019	2020
중앙정부	2,862,938 (55.7)	2,957,207 (55.1)	3,031,432 (54.6)	3,308,414 (54.4)	3,617,859 (54.5)	3,862,379 (54.1)
지방정부	1,732,590 (33.7)	1,845,825 (34.4)	1,931,532 (34.8)	2,106,784 (34.7)	2,310,152 (34.8)	2,532,263 (35.5)
지방교육	543,341 (10.6)	561,349 (10.5)	590,660 (10.6)	662,216 (10.9)	705,960 (10.6)	739,013 (10.4)
계	5,138,869 (100.0)	5,364,381 (100.0)	5,553,624 (100.0)	6,077,414 (100.0)	6,633,971 (100.0)	7,133,655 (100.0)

주: 순계예산규모.
자료: 행정안전부(2020). 『2020년도 지방자치단체 통합재정개요(상)』.

(4) 서비스의 성격

중앙재정과 지방재정을 비교하는 다른 기준 중에 하나는 서비스의 성격을 기준으로 하는 것이다. 즉, 중앙정부가 공급하는 서비스와 지방정부가 공급하는 서비스에 차이가 있는지를 살펴보는 것이다.

중앙정부와 지방정부가 공급하는 서비스는 공공재의 성격을 가진다는 점에서는 동일하다. 공공재는 공공기관을 통해 공급되는 재화와 서비스를 말한다. 공공재는 한 개인이 소비에 참여함으로써 얻는 이익이 다른 모든 개인들의 이익을 감소시키지 않는다는 비경합적 소비의 성격과 특정집단의 사람들을 재화의 소비에서 얻는 혜택으로부터 배제할 수 없다는 비배재성의 특성을 갖는다(이종수, 2009: 59).

중앙정부와 지방정부가 공급하는 공공재의 성격은 다소 차이가 있다. 중앙정부는 순수공공재를 공급하는 역할을 담당하고, 지방정부는 지방공공재를 공급하는 역할을 담당하고 있다. 순수공공재에는 국방, 외교, 환경 등이 있고, 지방공공재에는 지방도로건설, 상·하수도 등이 있다. 사적재는 배제성과 경합성이 있는 재화를 의미하고(아이스크림, 옷, 가구, 혼잡도가 있는 유료도로 등), 공유재는 배재성은 없으나 경합성이 있는 재화(바닷속 물고기, 혼잡도가 있는 무료도로 등)를 의미한다. 그리고 클럽재는 배재성은 있으나 경합성이 없는 재화(소방서비스, 케이블 TV, 막히지 않는 유료도로 등)이고, 공공재는 배재성과 경합성이 모두 없는 재화(국방, 외교, 혼잡도가 없는 무료도로 등)를 의미한다(하연섭, 1996: 93-97).

그림 1-2 공공재와 사적재의 분류

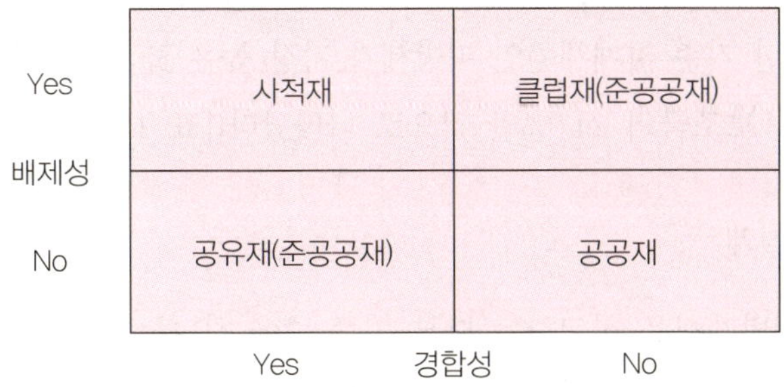

(5) 재원조달의 방식

중앙재정과 지방재정을 비교하는 다른 기준 중에 하나는 재원조달의 방식을 기준으로 하는 것이다. 즉, 중앙정부의 재원조달방식과 지방정부의 재원조달방식에 차이가 있는지를 살펴보는 것이다.

표 1-4 지방재정 세입원별 규모

(단위: 억 원, %)

구 분	2015	2016	2017	2018	2019	2020
지방세	594,523 (34.3)	648,401 (35.1)	711,891 (36.9)	779,140 (37.0)	818,267 (35.4)	909,501 (35.9)
세외수입	202,489 (11.7)	218,326 (11.8)	223,362 (11.6)	226,917 (10.8)	225,837 (9.8)	240,541 (9.5)
지방교부세	315,849 (18.2)	319,527 (17.3)	337,384 (17.5)	378,699 (18.0)	432,954 (18.7)	493,705 (19.5)
보조금	417,917 (24.1)	430,191 (23.3)	440,673 (22.8)	480,061 (22.8)	549,698 (23.8)	607,488 (24.0)
지방채	48,207 (2.8)	37,766 (2.0)	22,757 (1.2)	19,905 (0.9)	37,287 (1.6)	55,605 (2.2)
보전수입 등 및 내부거래	153,605 (8.9)	191,615 (10.4)	195,465 (10.1)	222,062 (10.5)	246,108 (10.7)	225,423 (8.9)
계	1,732,590 (100.0)	1,845,826 (100.0)	1,931,532 (100.0)	2,106,784 (100.0)	2,310,151 (100.0)	2,532,263 (100.0)

주: 순계예산규모.

자료: 행정안전부(2020). 『2020년도 지방자치단체 통합재정개요(상)』.

중앙재정은 대다수가 조세를 통하여 확보하고 있는 반면, 지방재정은 지방세, 세외수입, 지방교부세, 국고보조금 등 다양한 재원을 통하여 확보하고 있다. 지방재정의 세입원을 보면, 2020년 기준 자체재원인 지방세가 가장 높은 35.9%를 차지하고 있고, 그 다음은 이전재원인 보조금의 24.0%인 것으로 나타났다([표 1-4] 참조).

(6) 부담의 설계

중앙재정과 지방재정을 비교하는 다른 기준 중에 하나는 재정부담의 기준을 어떻게 설계하는가이다. 즉, 능력이 많은 사람에게 더 많은 세금을 부담하도록 할 것인지 아니면 수혜를 받는 범위에 따라 더 많은 세금을 부담하도록 할 것인지를 결정하여야 한다는 것이다.

부담의 기준은 응능원칙과 응익원칙의 두 가지가 있다. 응능원칙(응능과세)은 납세자의 지불능력에 따라 조세를 부과하여야 한다는 원칙이고, 응익원칙(응익과세)은 조세가 납세자에게 제공되는 정부서비스의 대가이기 때문에 이익에 상응하는 만큼 조세를 부과하여야 한다는 원칙이다.

지방세는 지방공공서비스 혜택에 대한 대가지불의 성격이 강하다. 이를 조세의 가격기능이라고 한다. 예를 들면, 소득세에 있어 종합과세와 그에 대한 누진세율 적용은 응능원칙에 따른 것이고, 주민세 개인분(균등할)은 소득과 관계없이 일정한 수준을 납부하는 바, 응익원칙에 따른 것이라 볼 수 있다.

(7) 기타 기준

중앙재정과 지방재정을 비교하는 기준은 앞에서 살펴본 이외에도 다양하다. 보상관계, 재정부담의 주체, 평가기준, 대표성의 수준, 그리고 주요 통제주체를 기준으로 비교할 수 있다.

첫째, 보상관계를 기준으로 살펴보면 중앙재정은 일반적 보상관계인 반면, 지방재정은 개별적 보상관계적 속성을 가지고 있다. 일반적 보상관계란 개별적 반대급부의 성격이 거의 없다는 것을 의미하는 반면, 개별적 보상관계는 서비스와 재원부담의 관계가 상당부분 개별적으로 연계되어 있다는 것을 말한다. 일반적 보상관계의 대표적인 예는 정부가 수행하는 국방기능과 외교기능을 들 수 있다. 국방과 외교 관련 정부 노력의 수혜자는 특정인이 아니라 우리나라 국민 전체라는 것이다. 반면 개별적 보상관계의 대표적인 예는 운동장 임대, 상·하수도 등을 들 수 있다. 특정인이 사용료를 지불하고 체육행사를 위해 운동장을 임대하는 것처럼 보상관계가 개별적으로 이루어지는 것이다.

둘째, 재정부담의 주체를 기준으로 살펴보는 것이다. 이는 중앙재정을 누가 부담하는가, 그리고 지방재정은 누가 부담하는가를 살펴보는 것이다. 중앙정부의 재정부담주체는 국민이 중심이 되고 지방재정은 지역 내 주민이 중심이 된다.

셋째, 평가기준을 통해 중앙재정과 지방재정을 살펴보는 것이다. 중앙재정은 공평성을 중시하고 있는 반면, 지방재정은 효율성을 중시한다. 재정의 3대 기능에서 살펴본 것처럼 중앙재정은 소득재분배기능처럼 공평성을 중시하고 있다. 그러나 지방재정은 자원배분기능을 수행하는 것처럼 한정된 자원을 효율적으로 활용하는 데 관심을 가지고 있다.

넷째, 대표성의 수준과 통제주체를 기준으로 중앙재정과 지방재정을 비교할 수 있다. 중앙재정은 국가전체를 대표함으로써 일반적 대표성을 가지고, 지방재정은 지역을 대표하게 된다. 중앙재정의 통제주체는 기획재정부장관이고, 지방재정은 행정안전부장관이다. 이와 같이 중앙재정과 지방재정은 다양한 측면에서 차이를 가진다.

2. 지방재정의 중요성

지방재정이 무엇인지에 대하여 개념적으로 살펴보았다. 그러면 다음으로 살펴보아야 하는 것 중에 하나는 "지방재정이 왜 중요한가?"에 대한 답을 구하는 것이 될 것이다. 지방재정의 중요성은 다양한 이유로부터 찾을 수 있다. 크게는 두 가지로 접근할 수 있을 것이다. 하나는 이론적인 측면에서의 중요성이고, 다른 하나는 현실적인 측면에서의 중요성이다([표 1-5] 참조).

표 1-5 지방재정의 중요성

구 분	내 용
이론적 중요성	• 지방자치제의 존립을 위한 기본요소 • 지방자치 3대 자주권 중 가장 핵심이 되는 요소
현실적 중요성	• 예산규모가 100조 원 초과 • 일자리창출, 지역경제활성화 등 다양한 사업수행

첫째, 이론적인 측면에서의 중요성이다. 지방재정의 중요성은 지방자치제가 존치될 수 있도록 하는 요소라는 점에서 찾을 수 있다. 지방자치제는 일정한 지역을 기반으로 지역의 문제를 지역주민의 부담에 의하여 주민의 대표 또는 지역주민이 중앙정부로부터 상대적인 자율성을 가지고 처리하는 것이다. 지방정부 또는 지역주민이 지역의 문제를 해소하기 위해서는 돈이 있어야 한다. 돈이 없다면 해당 지역의 문제를 해소할 수 없다. 여기에서의 돈이 지방재정의 구성요소 중 하나이다. 결국 지방재정이 없다면 지방자치제의 존치가 불가능해진다는 것이다. 우리나라는 1991년 지방의회의원 선거, 1995년 민선지방정부의 장 선거 등을 통하여 지방자치제가 부활하였다. 따라서 지방재정의 중요성이 매우 크다고 볼 수 있다. 특히, 김동기(2008: 33)는 지방자치가 이루어지기 위해서는 주민, 지역, 자치권의 세 가지 요소가 필요하며, 자치권에는 자주조직권, 자주입법권, 자주재정권 등이 있고, 이 중에서 자주재정권이 가장 핵심적인 요소라고 하고 있다. 자주재정권이 중요한 이유는 지방정부의 재정적 기반이 취약하면 지방예산의 상당부분을 중앙정부로부터 지원받아야 하고, 이는 결국 중앙정부에 종속될 수밖에 없는 현상을 초래할 수 있다는 것이다. 지방재정은 나중에 알게 되겠지만 자주재원과 의존재원으로 구성되어 있다. 자주재원에는 지방세, 세외수입이 있고, 의존재원에는 지방교부세, 보조금 등이 있다. 이 중에서 자주재원이 중요하다는 의미이다.[1)]

둘째, 현실적인 측면에서의 중요성이다. 지방재정은 2006년을 시작으로 100조 원이 넘어섰다. 국가재정을 중앙재정과 지방재정으로 구분할 때 지방재정이 100조 원이 넘어섰다는 것은 실질적인 측면뿐만 아니라 상징적인 측면에서도 매우 중요하다고 볼 수 있다. 현재 우리나라 전체 재정에서 지방재정이 차지하는 비중은 2020년 당초예산 기준 35%를 넘어서고 있고, 교육재정을 포함할 경우 45%를 넘어서고 있다. 그만큼 중요하다고 볼 수 있다. 특히, 지방재정규모가 100조 원이 넘어서면서 지방정부의 역할이 점점 더 중요해지고 있다. 이는 경제위기를 극복하는 데 지대한 공헌을 하고 있다는 사실로부터 알 수 있다. 일자리창출사업, 지역경제 활성화 사업 등을 통하여 우리나라의 경제발전에 큰 역할을 하고 있다. 중앙정부가 재정을 직접 지출함으로써 국가경제를 활성화시키기 위하여 노력하고 있지만 또 다른 측면에서 보면 많은 사업들의 경우 지방정부

1) 최근에 들어오면서 자주재원과 자체재원을 구분하여 사용하고 있다. 자체재원은 지방세와 세외수입처럼 지방정부가 자체적으로 확보한 재원을 의미하고, 자주재원은 자체재원에 지방교부세와 같이 용도가 정해지지 않은 재원을 포함한 재원이라는 개념으로 활용하고 있다.

를 통하여 지출되고 있다. 이만큼 지방재정이 중요하다고 볼 수 있다([표 1-6] 참조).

표 1-6 중앙재정과 지방재정규모 비교

(단위: 억 원, %)

연 도	중앙재정		지방재정		계	
	규 모	비 율	규 모	비 율	규 모	비 율
1990	274,557	63.9	154,910	36.1	429,467	100.0
1995	514,981	58.4	366,673	41.6	881,654	100.0
2000	926,022	61.6	576,532	38.4	1,502,554	100.0
2004	1,196,447	55.2	972,309	44.8	2,168,756	100.0
2005	1,364,585	57.8	997,142	42.2	2,361,727	100.0
2006	1,478,668	57.5	1,090,904	42.5	2,569,572	100.0
2007	1,711,721	59.1	1,182,428	40.9	2,894,149	100.0
2008	1,815,858	57.7	1,330,400	42.3	3,146,258	100.0
2009	2,049,475	58.6	1,449,206	41.4	3,498,681	100.0
2010	2,052,235	60.3	1,350,250	39.7	3,402,485	100.0
2011	2,148,604	60.4	1,407,068	39.6	3,555,672	100.0
2012	2,237,034	59.7	1,512,643	40.3	3,749,677	100.0
2013	2,323,929	59.0	1,618,012	41.0	3,941,941	100.0
2014	2,392,256	58.7	1,682,526	41.3	4,074,782	100.0
2015	2,619,383	58.5	1,860,811	41.5	4,480,194	100.0
2016	2,816,746	58.1	2,030,263	41.9	4,847,009	100.0
2017	2,929,006	56.9	2,214,479	43.1	5,143,485	100.0
2018	3,162,185	57.2	2,367,058	42.8	5,529,243	100.0
2019	3,346,598	59.0	2,322,341	41.0	5,668,939	100.0
2020	3,563,028	62.3	2,153,834	37.7	5,716,862	100.0

주: 일반회계 순계기준.
자료: 행정안전부(2020). 『2020년도 지방자치단체 통합재정개요(상)』.

제 2 절 | 지방재정의 특징과 원칙

1. 지방재정의 특징

지방자치제의 구성요소 중 중요한 위치를 차지하고 있는 지방재정은 다양한 특징을 가지고 있으며, 그 특징들은 학자들에 따라 다르게 기술될 수 있다. 따라서 지방재정의 특징을 개별적으로 살펴보기보다는 몇 가지 기준에 의거하여 종합적으로 살펴보는 것이 바람직할 것이다([표 1-7] 참조).

표 1-7 중앙재정과 지방재정의 특징 비교

구 분	중앙재정	지방재정
수입원의 종류	국세 중심	지방세, 세외수입, 교부세, 보조금 등 다양
지출기관의 수	단일(국가)	다수(광역 및 기초지방정부)
자율성/타율성	자율성 중심	자율성과 타율성 공존
예산의 정치성	정치성 존재	매우 높은 정치성
예산의 의존성	독립	중앙정부 의존성 존재

첫째, 수입원의 종류를 기준으로 중앙재정과 지방재정을 비교할 수 있다. 수입원의 종류란 세입을 기준으로 할 때 어떤 구성요소를 중심으로 세입이 확보되는가를 살펴보는 것이다. 수입원의 종류를 기준으로 하면 중앙재정의 수입은 국세가 중심이다. 그러나 지방재정은 지방세가 지방재정 전체에서 차지하는 비중이 그리 높지 않은 것이 현실이다. 지방세 이외에 세외수입, 지방교부세, 보조금 등 다양한 수입원을 가지고 있다. 특히, 지방교부세와 보조금 등과 같은 의존재원의 비율이 높다는 문제점을 가지고 있다([표 1-8] 참조).

둘째, 지출기관의 수를 기준으로 중앙재정과 지방재정을 비교할 수 있다. 지출기관의 수란 확보된 세입을 몇 개의 기구가 지출하는가를 의미이다. 중앙재정은 중앙정부가 지출한다. 따라서 단일기관이라는 특징을 가진다. 반면 지방재정은 서울특별시, 부산광역시, 경기도 등과 같은 광역지방정부(17개)와 강남구, 수원시, 보은군과 같은 기초지방정

표 1-8 우리나라 지방정부 세입규모

(단위: 억 원)

구 분	총 계		순 계	
	규 모	비 중	규 모	비 중
지방세	923,648	24.3	909,501	32.5
세외수입	273,382	7.2	250,539	9.0
지방교부세	493,320	13.0	493,320	17.6
조정교부금	109,974	2.9		0.0
보조금	1,243,576	32.7	608,005	21.7
지방채	87,808	2.3	84,586	3.0
보전수입 등 및 내부거래	670,717	17.6	451,603	16.1
계	3,802,425	100.0	2,797,554	100.0

주: 기금포함 총계 및 순계기준.
자료: 행정안전부(2020). 『2020년도 지방자치단체 통합재정개요(상)』.

부(226개)가 각기 독립적인 회계 하에서 지출하고 있다. 따라서 복수의 지출기관이 있다고 볼 수 있다.

셋째, 재정의 자율성과 타율성을 기준으로 중앙재정과 지방재정을 살펴볼 수 있다. 재정의 자율성과 타율성이란 세입자치와 세출자치가 가능한지를 살펴보겠다는 의미이다. 세입 자치는 필요한 재원을 확보하는 과정에서 자율성을 가지고 있는지를 의미하는 것이고, 세출 자치는 확보된 재원을 자율적으로 지출할 수 있는지를 말한다. 중앙재정의 경우 세입과 세출 모두 비교적 자율적이라고 볼 수 있다. 반면 지방재정은 세입적인 측면에서는 자율적이라기보다 타율적인 측면이 강하고, 세출적인 측면에서는 자율적인 측면이 강하기는 하나 타율적인 측면도 존재하고 있다. 자주재원의 경우 자율성을 가지고 있으나 의존재원, 특히 국고보조금의 경우 높은 타율성을 가지고 있다고 볼 수 있다. 보조금은 중앙정부와 지방정부가 상호 매칭에 의하여 재정을 분담하여 특정 사업을 추진하는 제도이다. 이러한 점을 고려하면 지방재정은 자율성과 타율성을 동시에 가지고 있다고 볼 수 있다.

넷째, 예산의 정치성을 기준으로 중앙재정과 지방재정을 비교하면 지방재정이 가지고 있는 특징이 명확하게 드러난다. 예산의 정치성을 기준으로 비교한다는 것은 예산과정 속에서 다양한 이해관계자의 참여 정도가 어느 정도인지를 가지고 중앙재정과 지방재정을 비교하겠다는 의미이다. 중앙재정의 경우에도 국회의원 등의 참여에 의하여 예산이 결정된다는 점에서 일정부분 정치성을 가지고 있다고 볼 수 있다. 그러나 지방재정은 공무원, 지방의회 의원, 시민단체, 지역주민 등 다양한 이해관계자의 참여를 통하여 결정된다는 점에서 높은 정치성을 가지고 있다고 볼 수 있다.

다섯째, 예산의 의존성을 기준으로 중앙재정과 지방재정을 비교하여 살펴볼 수 있다. 예산의 의존성이란 중앙재정은 지방재정, 지방재정은 중앙재정에 어느 정도 의존하고 있는지를 중심으로 지방재정의 특징을 찾아보겠다는 의미이다. 중앙재정은 지방재정에 의존하려는 성향이 크지 않아 독립적이라고 볼 수 있다. 그러나 지방교부세, 국고보조금 등과 같은 의존재원이 지방재정에서 차지하는 비율이 매우 높은 수준이라는 점을 고려한다면, 지방재정은 중앙정부 의존성을 가지고 있다고 볼 수 있다(윤길호, 2012: 5-6). 지방자치는 지방정부가 중앙정부의 통제나 규제로부터 탈피하려는 시도라는 점에서 자주적인 성격을 띠고 있다. 그러나 아무리 지방정부의 자주성이 높은 수준으로 보장되는 나라라 하더라도 지방재정이 중앙정부로부터 완전히 자립적인 국가란 없다([표 1-9] 참조). 지방재정은 정도의 차이만 있을 뿐 어떻게든 국가재정에 의존할 수밖에 없다는 점에서 의존성을 지니고 있다. 특히, 우리나라의 경우에는 서구 선진국가들에 비해 국고보조금이나 지방교부세와 같은 국가로부터의 의존재원의 비율이 비교적

표 1-9 우리나라와 일본 지방재정 비교

(단위: 억 원, 억 엔, %)

구 분	한 국		일 본	
	규 모	비 율	규 모	비 율
지방세	923,648	31.8	410,122	44.7
세외수입	116,249	4.0	59,614	6.5
지방교부세	491,133	16.9	169,624	18.5
조정교부금	109,163	3.8	28,093	3.1
보조금	1,121,767	38.7	157,222	17.1
지방채	20,670	0.7	92,798	10.1
보전수입 등 및 내부거래	118,908	4.1		–
계	2,901,538	100.0	917,473	100.0

주: 한국은 일반회계 당초예산 총계, 일본은 총무성 보통회계 예산 총계를 기준.
자료: 행정안전부(2020). 『2020년도 지방자치단체 통합재정개요(상)』.

높은 국가라는 점에서 의존성의 정도가 더욱 심한 것이 사실이다(차재권, 2012: 14).

2. 지방재정의 원칙

지방재정은 몇 가지 원칙에 의거하여 운영되어야 한다. 대표적인 원칙으로 들 수 있는 것은 건전한 재정운영원칙, 자율적인 재정운영원칙, 계획적인 재정운영원칙, 효율적인 재정운영원칙, 공정한 재정운영원칙 등이 있다. 이와 같은 원칙들은 지방자치법과 지방재정법에 근거를 두고 도출한 원칙이다.

첫 번째는 건전한 재정운영원칙이다. 건전한 재정운영의 원칙은 지방자치법 제137조와 지방재정법 제3조에 근거를 두고 있다. 지방자치법 제137조에 보면, 지방정부는 그 재정을 수지균형의 원칙에 따라 건전하게 운영하여야 한다고 되어 있다. 그리고 지방재정법 제3조을 보면 지방정부는 주민의 복리증진을 위하여 그 재정을 건전하고 효율적으로 운용하여야 하며, 국가의 정책에 반하거나 국가 또는 다른 지방정부의 재정에 부당한 영향을 미치게 하여서는 아니 된다고 되어 있다. 즉, 지방재정은 건전하게 운영되어야 한다는 것이다. 여기에서 건전한 지방재정의 운영은 단순한 재정수지의 흑자를 의미하는 것이 아니라 수지균형을 도모하면서 최대한의 행정서비스를 제공하는 것으로 볼 수 있다. 지방정부가 부족한 재원을 조달하기 위하여 지방채발행을 모색할 수 있으나 이와 같은 상황이 악화될 경우 재정위기가 초래되고 결과적으로 국가와 다른 지방정부와 지역주민에게 부담을 줄 수 있다. 여기에서 말하는 지방재정의 건전성은 다의적인 개념이기는 하나 윤부기(1999: 15)에 의할 경우 "지방정부가 안정적인 예산균형을 유지하면서 기본적인 공공행정서비스를 제공하고, 보다 발전적인 재원조달기능을 확보함으로써 점진적으로 보다 높은 수준의 행정서비스를 제공해 가는 상태"라고 볼 수 있다. 재정건전성은 지방정부의 재정상태를 압축적으로 표현해 주는 하나의 주요 개념이다(최은정, 2010: 4).

두 번째는 자율적인 재정운영원칙이다. 이는 지방자치법 제137조 제②항에 근거를 두고 있다. 지방자치법 제137조 제②항을 보면, 국가는 지방재정의 자주성과 건전한 운영을 장려하여야 하며, 국가의 부담을 지방정부에 넘겨서는 아니 된다고 되어 있다. 이는 지방재정이 자율적으로 운영될 수 있도록 하여야 한다는 의미이다. 즉, 지방정부는 자주재정권에 의거하여 자주세입을 확보하고 자기 책임 하에 재정활동을 하여 지역경제를 활성화하고 지역개발을 촉진하며, 각종 지방행정서비스를 제공하여야 한다(윤길호, 2012: 6-7)는 것이다.

세 번째는 계획적인 재정운영원칙이다. 이는 지방재정법 제33조에 근거를 두고 있다. 지방재정법 제33조 제①항을 보면, 지방정부의 장은 지방재정을 계획성 있게 운용하기 위하여 매년 다음 회계연도부터 5회계연도 이상의 기간에 대한 중기지방재정계획을 수립하여 예산안과 함께 지방의회에 제출하고, 회계연도 개시 30일 전까지 행정안전부장관에게 제출하여야 한다고 되어 있다. 이는 단기적인 재정운영이 아니라 미래와 연계한 재정운영이 될 수 있도록 계획을 수립하여 재정을 운영하여야 한다는 의미이다. 계획적인 재정운영과 관련되어 있는 대표적인 제도는 중기지방재정계획이다. 중기지방재정계획은 지방정부의 발전계획과 수요를 중·장기적으로 전망하여 반영한 다년도 예산으로서, 효율적인 재원배분을 통한 계획적인 지방재정운용을 위해 수립하는 5년 간의 연동화 계획(polling plan)[2]을 의미한다.

다섯 번째는 효율적인 재정운영원칙이다. 이는 지방재정법 제3조와 지방재정법 제5조와 연계되어 있다. 지방재정법 제3조를 보면, 지방정부는 주민의 복리증진을 위하여 그 재정을 건전하고 효율적으로 운용하여야 하며, 국가의 정책에 반하거나 국가 또는 다른 지방정부의 재정에 부당한 영향을 미치게 하여서는 아니 된다고 명시되어 있다. 그리고 지방재정법 제5조에는 성과 중심의 지방재정운용이 제시되어 있다. 지방재정법 제5조를 보면, 지방정부의 장은 재정활동의 성과관리체계를 구축하여야 하고, 행정안전부령으로 정하는 바에 따라 예산의 성과계획서 및 성과보고서를 작성하여야 한다. 그리고 지방정부의 장은 대통령령령으로 정하는 바에 따라 주요 재정사업을 평가하고 그 결과를 재정운용에 반영할 수 있고, 성과 중심의 지방재정운용을 위하여 필요한 그 밖의 사항은 행정안전부령으로 정한다고 되어 있다. 효율적으로 지방재정을 운영하여야 하는 이유 중 하나는 지역주민의 복지를 향상시키기 위하여 동원할 수 있는 재원의 양이 한정되어 있기 때문이다. 즉, 최소의 투입으로 최대의 효과를 얻을 수 있도록 하여야 한다.

여섯 번째는 공정한 재정운영원칙이다. 공정한 재정운영이란 재정운영과정에서 특정집단, 특정계층, 특정지역 등이 차별적이거나 불공정한 대우를 받는다면 바람직하지 않

2) 연동화 계획이란 중기재정계획을 매년 수정 보완하되 계획 기간을 1년씩 늦추어 가면서 5년 간 동일한 연한의 계획을 유지해 나가는 제도를 의미한다.

다(최은정, 2010: 9)는 것이다. 지방재정법 제3조 제②항을 보면, 지방정부는 예산이 여성과 남성에게 미치는 효과를 평가하고, 그 결과를 지방정부의 예산에 반영하기 위하여 노력하여야 한다고 명시되어 있다. 이는 성별로 차별이 있어서는 곤란하다는 의미이다. 이를 반영한 것이 성인지예산이다. 성인지예산은 예산편성과 집행과정에서 남녀별로 미치는 효과를 고려해 성차별 없이 평등하게 혜택을 누릴 수 있도록 한 예산제도로서, 여성과 남성의 요구를 고르게 감안해 의도하지 않는 성차별이 초래되지 않도록 하는 것을 주된 목적으로 하고 있다. 성인지예산과 관련해서는 지방재정법 제36조의2에 제시되어 있다. 구체적인 내용을 보면 지방정부의 장은 예산이 여성과 남성에게 미칠 영향을 미리 분석한 보고서를 작성하여야 하고. 지방자치법 제127조에 따른 예산안에는 성인지예산서가 첨부되어야 한다고 되어 있다. 그리고 그 밖에 성인지예산서의 작성에 관한 구체적인 사항은 대통령령으로 정한다고 되어 있다([표 1-10] 참조).

표 1-10 지방재정의 원칙

구 분	내 용
건전한 재정운영원칙	지방정부가 안정적인 예산균형을 유지하면서 기본적인 공공행정서비스를 제공하고, 보다 발전적인 재원조달기능을 확보함으로써 점진적으로 보다 높은 수준의 행정서비스를 제공해 가는 상태
자율적인 재정운영원칙	지방정부는 자주재정권에 의거하여 자주세입을 확보하고 자기 책임 하에 재정활동을 하여 지역경제를 활성화하고 지역개발을 촉진하며 각종 지방행정서비스의 제공 노력 필요
계획적인 재정운영원칙	단기적인 재정운영이 아니라 미래와 연계한 재정운영이 될 수 있도록 계획을 수립하여 재정을 운영하여야 한다는 의미
효율적인 재정운영원칙	지역주민의 복지를 향상시키기 위하여 동원할 수 있는 재원의 양이 한정되어 있기 때문에, 최소의 투입으로 최대의 효과를 얻을 수 있도록 하여야 한다는 의미
공정한 재정운영원칙	재정운영과정에서 특정집단, 특정계층, 특정지역 등이 차별적이거나 불공정한 대우를 받는다면 바람직하지 않다는 것

제 3 절 | 지방재정의 구조

1. 지방재정론의 학문적 속성

지방재정은 행정학과와 경제학과에서 주로 다루고 있다. 지방재정과 관련된 과목이 신설되어 있기도 하고, 다른 과목을 강의하면서 지방재정과 관련된 내용을 다루고 있기도 하다. 그러면 지방재정의 학문적 속성은 무엇일까?

학문은 순수과학과 응용과학으로 구분할 수 있다. 이 중에서 사회과학은 순수과학이라기 보다는 응용과학적 속성을 가지고 있는 학문분야라고 볼 수 있다. 그리고 행정학과 경제학은 사회과학의 일종이다. 살펴본 것처럼 지방재정론은 행정학 또는 경제학의 한 분과학문이라고 볼 수 있다. 결국 지방재정론은 행정학과 경제학의 분과학문이며, 사회과학이고 응용과학이라고 볼 수 있다([그림 1-3] 참조).

지방재정론이 응용과학적 속성을 가지고 있다는 의미는 현실적인 문제를 해결할 수 있도록 다양한 논의가 필요하다는 의미가 된다. 이러한 점을 토대로 하면 지방재정을 충분히 이해하기 위해서는 실제 운영되고 있는 지방재정제도에 대한 이해가 선행되어야 한다. 지방재정제도는 각 국가의 역사적 배경, 사회문화적 환경 등 다양한 요인들에 의하여 결정되기 때문에 국가별로 독특한 형태의 제도를 가지고 있다. 우리나라 역시 예외는 아니다.

그림 1-3 지방재정론의 학문적 속성

2. 지방재정의 구성체계

우리나라의 지방재정의 실제를 보면 다음의 [그림 1-4]와 같다. [그림 1-4]에 의하면 우리나라의 지방재정은 세입적 측면에서 볼 때 자체재원과 의존재원으로 구분할 수 있다. 자체재원에는 지방세와 세외수입이 있고, 의존재원에는 지방교부세, 국고보조금, 그리고 기타로 지방채가 있다.

우리나라 지방재정의 기본원리를 보면 다음과 같다. 먼저, 중앙재정과 지방재정을 구분하여 살펴보면 중앙재정이 지방재정에 비하여 보다 많은 규모를 차지할 수 있도록 체계화되어 있다. 구체적으로는 재원규모가 큰 소득과세(소득세, 법인세 등)와 소비과세(부가가치세, 개별소비세 등)가 중앙정부의 재원으로 되어 있고, 지방재정은 재산과세(취득세, 등록면허세, 재산세, 자동차세 등)를 중심으로 하고 있다. 이와 같은 현상으로 인해 우리나라의 중앙재정과 지방재정의 규모는 약 6 : 4 정도이다. 이는 지방재정이

그림 1-4 우리나라 지방재정의 구성체계

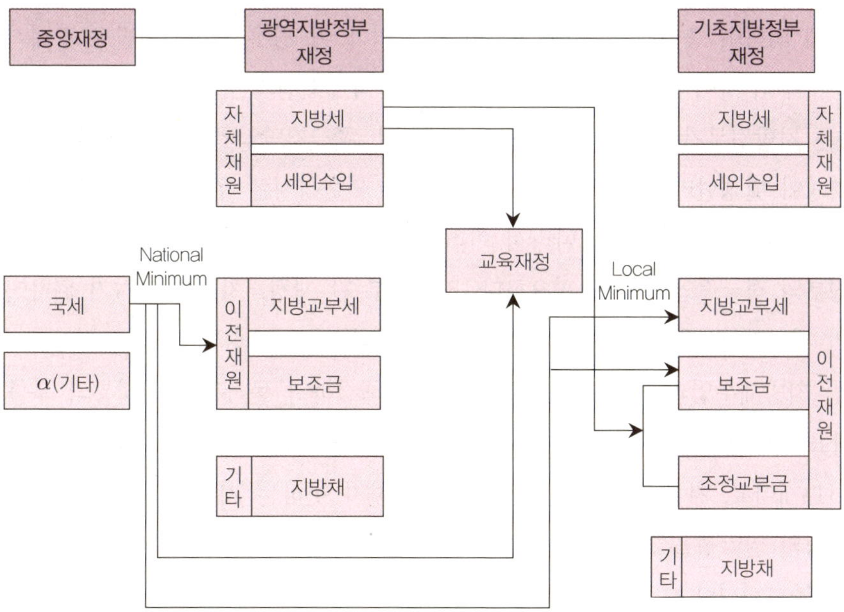

표 1-11 우리나라의 조세체계

구 분			세 목
국세	내국세	직접세	소득세, 법인세, 상속세, 증여세, 종합부동산세
		간접세	부가가치세, 개별소비세, 주세
		유통세	증권거래세, 인지세
	기타	–	관세, 교통에너지환경세, 교육세, 농어촌특별세
지방세	도세	보통세	취득세, 등록면허세, 레저세, 지방소비세
		목적세	지역자원시설세, 지방교육세
	시 · 군세	보통세	주민세, 재산세, 자동차세, 지방소득세, 담배소비세
	광역시세	보통세	취득세, 레저세, 담배소비세, 지방소비세, 주민세
		목적세	지역자원시설세, 지방교육세
	자치구세	보통세	등록면허세, 재산세

열악하다는 것을 의미한다. 이러한 문제를 해소하기 위해서는 중앙재정의 지방이양이 필요하다([표 1-11] 참조).

또한 우리나라 지방재정의 기본원칙을 보면 지방정부가 필요한 재원은 우선적으로 자체재원에 의하여 충당하도록 되어 있다. 즉, 지방정부가 필요한 재원은 지방세와 세외수입에 의하여 충당하는 것이 원칙이다. 그러나 이 경우 지방정부별로 경제력의 격차, 인구 수의 차이 등 다양한 원인으로 인하여 자체재원의 규모가 큰 지방정부와 규모가 작은 지방정부가 공존하는 현상이 발생한다. 즉, 지방정부별로 자체재원의 규모에 불형평성이 발생한다. 지방정부 간 재정규모의 불형평성은 우리나라 전체를 기준으로 할 때 비효율성을 초래한다. 따라서 이러한 문제점은 해소되어야 하며 이를 위해서는 중앙정부의 적극적인 개입이 필요하다. 지방정부 간 재정격차를 파악하기 위하여 지방정부의 재정자립도를 살펴보면 [표 1-12]와 같다.

또한 지방세수입과 자체수입으로 인건비를 해결하지 못하는 지방정부의 수를 살펴보면 [표 1-13]과 같다. 2020년 기준 지방세로 인건비를 해결하지 못하는 지방정부의 수는 113개이고, 자체수입으로 인건비를 해결하지 못하는 지방정부의 수는 65개이다. 지방재정의 열악성을 보여주는 수치임과 동시에 지방정부 간 재정격차를 보여주는 증거라고 볼 수 있다.

중앙정부가 적극적으로 개입하는 방식은 지방교부세(보통교부세, 특별교부세, 부동

표 1-12 지방정부의 재정자립도 분포도(2020년)

(단위: 단체 수, %)

구 분	합 계	구성비	시·도	시	군	자치구
합계	243	100	17	75	82	69
10% 미만	9	3.7	–	–	9	–
10~30% 미만	161	66.3	2	40	70	49
30~50% 미만	59	24.3	11	29	3	16
50~70% 미만	13	5.3	3	6		4
70~90% 미만	1	0.4	1	–	–	–
90% 이상	–	–	–	–	–	–

자료: 행정안전부(2020). 『2020년도 지방자치단체 통합재정개요(상)』.

표 1-13 지방세와 자체재원으로 인건비 미해결단체(2020년)

(단위: 단체 수, %)

구 분		계	시·도	시	군	자치구
지방세	계	243	17	75	82	69
	해결	130 (53.5)	17 (100.0)	60 (80.0)	13 (15.9)	40 (58.0)
	미해결	113 (46.5)	0 (0.0)	15 (20.0)	69 (84.1)	29 (42.0)
자체 수입	해결	178 (73.3)	17 (100.0)	71 (94.7)	31 (37.8)	59 (85.5)
	미해결	65 (26.7)	0 (0.0)	4 (5.3)	51 (62.2)	10 (14.5)

자료: 행정안전부(2020). 『2020년도 지방자치단체 통합재정개요(상)』.

산교부세, 소방안전교부세 등), 보조금(국고보조금, 국가균형발전특별회계 등) 등이다. 중앙정부가 개입하는 정도를 보면 국가가 일정한 기준선을 정하고 적어도 모든 지방정부는 기준선 정도의 재정규모는 보유할 수 있도록 부족한 재원을 지원한다. 이를 내셔널 미니멈(National Minimum)이라고 한다.

또한 중앙정부와 지방정부간의 관계와 유사한 현상이 광역지방정부와 기초지방정부 간의 관계에서도 나타난다. 즉, 기초지방정부는 재정규모가 광역지방정부에 비하여 열악하고, 해당 광역지방정부 내에 있는 기초지방정부 간에도 재정규모의 불형평성이 존재한다. 따라서 광역지방정부는 기초지방정부를 대상으로 중앙정부가 수행하고 있는 재정조정기능을 수행하여야 한다. 이러한 역할을 수행하는 것이 조정교부금,[3] 시・도비보조금이다. 중앙정부가 지방정부를 대상으로 지원하는 기준선을 내셔널 미니멈이라고 하는 것처럼 광역지방정부가 기초지방정부를 대상으로 지원하는 것을 로컬 미니멈(Local Minimum)이라고 한다.

마지막으로는 공유재산의 조성 등 소관 재정투자사업과 그에 직접적으로 수반되는 경비의 충당, 재해예방 및 복구사업, 천재지변으로 발생한 예측할 수 없었던 세입결함의 보전, 지방채의 차환 등의 목적으로 발행하는 지방채가 있다. 지방채는 지방정부가 필요할 때 필요한 규모를 발행하는 것이 아니다. 지방채를 발행하려면 재정상황 및 채무규모 등을 고려하여 대통령령으로 정하는 지방채발행 한도액의 범위에서 지방의회의 의결을 얻어야 한다. 다만, 지방채발행 한도액 범위더라도 외채를 발행하는 경우에는 지방의회의 의결을 거치기 전에 행정안전부장관의 승인을 받아야 한다(지방재정법 제11조).

3. 이 책의 구성

지방재정론은 크게 지방재정이론, 지방세입론, 지방세출론, 그리고 지방재정관리론의 4개의 편으로 대분류할 수 있을 것이다. 지방재정이론이 다른 대분류에 대한 이론적 토대를 제공하는 기능을 수행한다. 그리고 각각의 대분류는 다양한 세부내용을 포함하는 구조로 설계할 수 있을 것이다.

이 책은 이러한 취지를 반영하여 4개의 대분류에 따라 세부내용을 기술하는 방식으로 구성하고자 한다([그림 1-5] 참조).

제1편은 지방재정이론을 다루고 있다. 제1편은 다시 3개의 장으로 구성된다. 제1장은 지방재정의 의의, 특징과 구성체계, 제2장은 지방재정 기초이론, 제3장은 지방예산론이다. 제2편은 지방세입론이다. 제2편은 다시 제4장 지방세, 제5장 세외수입, 제6장 지방교부세(조정교부금 포함), 제7장 보조금(균형발전특별회계, 시・도비보조금 포함), 제8장 지방채로 구성된다. 제3편은 지방세출론이다. 제3편은 다시 제9장 세출예산, 제

3) 과거 도와 시・군 간의 관계에서는 재정보전금, 특별시・광역시와 자치구 간의 관계에서는 조정교부금이라는 명칭을 사용하였으나 현재는 조정교부금이라는 명칭으로 통합되었다.

그림 1-5 지방재정론의 편재

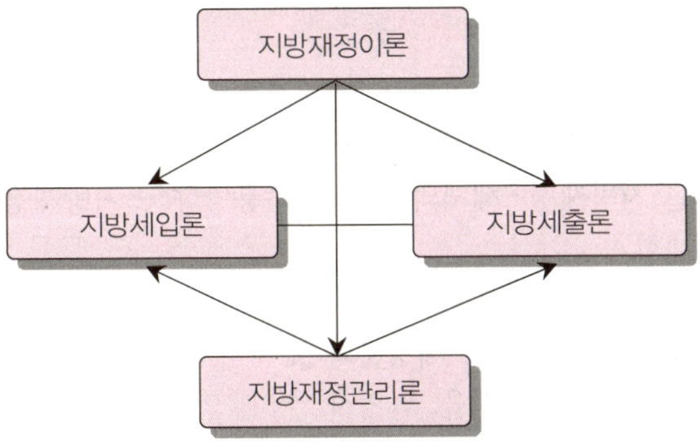

10장은 지방공기업, 제11장은 지방교육재정으로 구성된다. 제4편은 지방재정관리론이다. 제4편은 다시 제12장 지방재정관리제도, 제13장 지방재정위기관리제도로 구성된다([표 1-14] 참조).

표 1-14 지방재정론의 구성

편		장	
제1편	지방재정이론	제1장	지방재정의 의의, 특징과 구성체계
		제2장	지방재정 기초이론
		제3장	지방예산론(예산이론, 예산과정)
제2편	지방세입론	제4장	지방세
		제5장	세외수입
		제6장	지방교부세(보통교부세, 특별교부세, 부동산교부세, 소방안전교부세, 조정교부금 등)
		제7장	보조금(국고보조금, 국가균형발전특별회계 등)
		제8장	지방채
제3편	지방세출론	제9장	세출예산
		제10장	지방공기업
		제11장	지방교육재정
제4편	지방재정관리론	제12장	지방재정관리제도(지방재정영향평가제도, 중기지방재정계획제도, 투자심사제도, 복식부기회계제도, 지방재정분석진단제도, 지방재정공시제도, 주민참여예산제 등)
		제13장	지방재정위기관리제도

참고문헌

김동기(2008). 『지방분권시대의 한국지방재정학』. 서울: 법문사.

박연수(2006). "2006년 지방재정·세제의 전망과 운용방향." 『지방재정』, 통권 제138호. 한국지방재정공제회.

박응격(2011). 『지방자치론』. 서울: 신조사.

손희준(2019). 『새지방재정학』. 서울: 대영문화사.

오연천(1987). 『한국지방재정론』. 서울: 박영사.

윤길호(2012). 『인천광역시 재정위기 극복방안에 관한 연구』. 인천대학교 경영대학원 석사학위논문.

윤부기(2000). 『지방자치단체의 재정상태분석과 재정건전화방안』. 대구대 대학원 석사학위논문.

윤영진(2010). 『새재무행정학』. 서울: 대영문화사.

이종수(2009). 『행정학 사전』. 서울: 대영문화사.

임승빈(2012). 『지방자치론』. 서울: 법문사.

차재권 외(2012). 『정치적 경기순환과 지방자치단체 재정운용 관계에 관한 연구』. 국회예산정책처.

최은정(2010). 『지방자치단체의 재정건전성에 관한 연구: 충청북도를 중심으로』. 충주대 경영·행정·외국어대학원 석사학위논문.

하연섭(1996). 『재정학의 기초』. 서울: 다산미디어.

행정안전부(2020). 2020년도 『지방자치단체 통합재정개요(상)』.

지방자치법

지방자치법 시행령

지방재정법

지방재정법 시행령

Musgrave, Richard A. & Musgrave, Peggy B.(1989). *Public Finance in Theory and Practice*. McGraw-Hill Book Company.

Chapter 02

지방재정 기초이론

제 1 절 | 시장실패와 정부실패

1. 시장실패

자원배분의 효율성은 완전경쟁시장이 전제될 때 극대화된다. 완전경쟁시장이 전제하고 있는 모든 요건을[1] 충족하였을 때 시장에 의한 자원배분의 효율성을 기대할 수 있으나 어느 하나라도 충족되지 못하면 시장에 의한 자원배분이라고 하더라도 비효율적일 수 있다(이준구, 1995: 73-74). 이를 시장실패라고 한다. 즉, 시장의 경쟁적 균형은 성립되지 못하고 시장기구는 자원의 최적배분(파레토 최적)에[2] 실패하게 되는데 이것을 시장실패라고 한다(손희준, 2019: 80). 좀 더 구체적으로 살펴보면 시장실패란 개별 경제주체의 의사결정에만 의존할 경우 개개인의 후생이 극대화되지 못하는 수준에서 경제활동이 이루어지는 상황을 말한다(김종면 외, 2007: 297). 시장이 실패하는 이유는 다음에서 보는 것처럼 공공재의 존재, 규모의 경제, 외부효과, 정보의 비대칭성 등 여러

---

1) 모든 재화를 생산하는 데 있어 규모의 경제가 존재하지 않음으로써 완전경쟁이 성립하기 위한 조건이 충족되어야 한다. 그리고 소비자의 효용함수는 오직 그 소비자 스스로가 소비하는 재화량의 함수이고, 또 기업의 생산함수는 그 기업 스스로가 투입하여 산출하는 재화량의 함수일 뿐이며, 그 이외의 어떤 변수에 의하여 영향을 받지 않는다. 즉, 외부효과가 없어야 한다(김동건, 1993: 64).

2) 파레토 최적이란 자원이 가장 효율적으로 배분된 상태, 즉 자원의 최적배분 상태를 말한다. 즉, 파레토 최적상태란 다른 사람의 후생을 감소시키지 않고서는 어느 한 사람의 후생을 증가시키는 것이 불가능하도록 자원이 배분되어 있는 상태이다(손희준, 2019: 30).

가지를 들 수 있다.

1) 공공재의 존재

공공재는 한 집단의 어떤 사람을 위해서 혹은 어떤 사람에 의해서 생산되는 즉시 그 집단의 모든 구성원에 의해 소비의 혜택이 공유될 수 있는 재화 및 서비스(최성락, 2009: 303)를 말한다.

이와 같은 공공재는 비경합성과 비배제성이라는 속성을 가진다. 비경합성이란 한 개인이 소비에 참여함으로써 얻는 이익이 모든 개인이 얻는 이익을 감소시키지 않는다는 것을 의미한다(손희준, 2019: 81). 즉, 같은 재화를 여러 주체가 소비하던지 혼자 소비하던지 개개인의 효용이 변화지 않는다는 것이다. 예를 들면, 어떤 사람이 라디오를 청취한다고 해서 다른 어떤 사람이 추가로 라디오를 청취하는 데 있어 추가적인 비용이 발생하지 않는다는 것이다. 이러한 특성을 가지고 있는 공공재는 시장의 자율성에 맡길 경우 과소공급되는 현상이 발생할 것이다.

비배제성은 일정한 가격에 일정한 사람이 재화를 소비하는 과정에서 대가를 지불하지 않은 사람을 배제할 수 없다는 것을 말한다(이희봉, 2011: 102). 즉, 특정 재화의 소비자들에게 그에 상응하는 대가를 지불하도록 만들 수 없는 경우를 말한다. 예를 들면, 특정 지역의 경찰서가 방범서비스를 실시한다고 가정할 때 대가를 치르지 않았다고 하여 그 집을 제외한 나머지에게만 방범서비스를 제공할수는 없다는 것이다. 즉, 무임승차자(free-rider)의 문제가 발생한다는 것이다([표 2-1] 참조).

사회적으로 바람직한 재화임에도 불구하고 소비의 비경합성과 비배제성으로 인해

표 2-1 공공재의 개념과 속성

구 분		내 용
개념		한 집단의 어떤 사람을 위해서 혹은 어떤 사람에 의해서 생산되는 즉시 그 집단의 모든 구성원에 의해 소비의 혜택이 공유될 수 있는 재화 및 서비스
속성	비경합성	한 개인이 소비에 참여함으로써 얻는 이익이 모든 개인이 얻는 이익을 감소시키지 않는다는 것
	비배제성	일정한 가격에 일정한 사람이 재화를 소비하는 과정에서 대가를 지불하지 않은 사람을 배제할 수 없다는 것

시장을 통해 재화가 공급되지 못할 때 정부는 재정지출을 통해 재화를 공급하게 된다([그림 2-1] 참조). 그리고 이를 운영하기 위한 자금은 조세 등의 강제적 부과금을 통해 조달한다. 공공재는 앞에서 살펴본 것처럼 비경합성과 비배재성을 갖는 재화를 의미한다. 따라서 어떤 재화가 공공재에 해당하는지 판단하기 위해서는 비경합성과 비배제성을 갖는지 검토해야 한다(김종면 외, 2007: 298-299). 일반적으로 공공재는 높은 비경합성과 비배제성으로 인한 시장의 실패를 발생시키기 때문에 민간시장에서 공급되는 것보다 정부에서 공급되어야 한다고 주장되어 왔다(최진호, 2006: 8).

비경합성과 비배제성을 특징하는 공공재가 있기는 하나 때로는 비경합성과 비배제성 중 한 가지의 요건만을 충족시키는 경우도 존재할 수 있다. 즉, 현실 속에서는 불완전한 공공재가 존재하기도 한다([표 2-2] 참조).

요금재는 소비에 있어서 비경합성이 존재하지만 소비에 대한 대가를 지불하지 않은 사람을 배제할 수 있는 재화를 말한다. 극장, 프로야구 경기장, 유료다리 등을 예로 들

그림 2-1 공공재의 유형

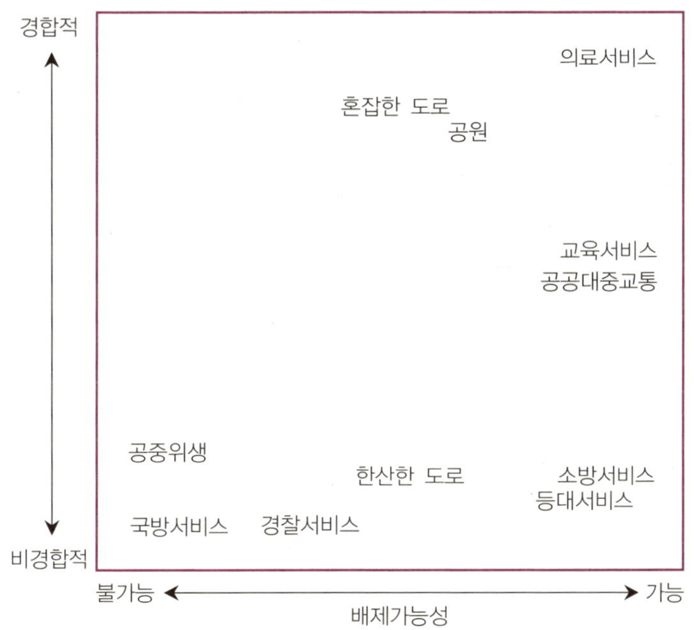

자료: 이준구(1993: 107).

표 2-2 재화의 종류

구 분		소비에 있어서의 경합성 여부	
		소비에 있어서 경합성	소비에 있어서 비경합성
배제 가능성 여부	배제 가능성	사적재 예: 신발, 의류 등	요금재 예: 극장, 유료다리
	배제 불가능	공유재 예: 공공낚시터, 유전 등	공공재 예: 국방, 외교 등

자료: 하연섭(1996: 93).

수 있다. 예에서 알 수 있는 것처럼 일정한 대가를 지불하지 않으면 배제의 원칙을 적용할 수 있다. 그러나 유료다리를 한 사람이 더 이용한다고 하여 다른 사람이 이러한 서비스로부터 얻는 혜택이 축소되지는 않는다. 다만, 요금재가 소비에 있어서 비경합적일 수 있는 것은 혼잡이 발생하지 않을 때이다. 유료다리가 한가할 때에는 문제가 없으나 많은 차량이 동시에 몰리게 되면 혼잡이 발생하고, 이로 인해 유료다리로부터 얻을 수 있는 혜택은 감소될 수 있다. 이를 뷰캐넌(James M. Buchanan)은 클럽의 이론으로 설명하고 있다. 뷰캐넌은 헬스클럽이나 골프클럽을 예로 들고 있다(하연섭, 1996: 94). 클럽에 가입하는 회원은 회원수가 적을수록 지불해야 하는 가입비용은 크고 이익도 크다. 그러나 일정수준 이상의 규모로 회원이 증가하게 되면 가입비용은 감소하지만 혼잡으로 인하여 회원들이 향유할 수 있는 편익은 급격히 줄어든다. 그 결과 한 명의 추가적인 회원이 증가함으로써 발생하는 한계비용이 한계편익보다 커지게 되는 점이 발생하고 따라서 클럽의 최적규모는 회비의 한계적 감소와 한계비용이 일치하는 점에서 결정된다. 지방정부가 최적의 회원 수를 알 수 있다면 적정한 선에서 지방공공재의 공급량이나 공급가격을 조정할 수 있는 것이다(최진호, 2006: 30-31). 이와 같은 클럽재 이론은 지역분할의 최적의 수, 특정 지역 내의 최적인구, 그리고 지방공공재의 최적공급수준을 결정하는 데 중요한 이론적 토대가 된다(손희준, 2019: 82).

공유재는 소비는 경합적인데 대가를 지불하지 않았다고 하여 소비자를 배제할 수 없는 재화를 의미한다. 공공낚시터, 유전, 지하수 등을 예로 들 수 있다. 공공낚시터에서 낚시하는 행위를 금지할 수는 없다. 그러나 추가적으로 한 사람이 더 낚시를 하게 되면 다른 사람들이 잡을 수 있는 고기의 양은 줄어들 수밖에 없을 것이다. 즉, 배제를 할 수는 없으나 소비는 경합적이 된다는 의미이다.

2) 규모의 경제

규모의 경제란 경제규모가 커질수록 단위당 생산원가는 낮아진다는 것을 의미한다. 즉, 생산량을 확대하면 확대할수록 일정수준까지는 단위당 생산원가가 낮아진다는 것이다. 규모의 경제가 적용되면 진입장벽이 생겨 독과점이 형성될 수 있다. 이는 결국 시장의 실패를 초래할 수밖에 없다. 좀 더 구체적으로 살펴보기 위하여 다음의 내용을 보고자 한다([표 2-3] 참조).

표 2-3 규모의 경제의 의미

구 분	내 용
개념	• 경제규모가 커질수록 단위당 생산원가는 낮아진다는 것을 의미 • 독점기업이 이윤극대화를 추구하게 되면 재화공급이 사회적으로 바람직한 수준에 미달하여 시장실패가 초래

기업의 수를 기준으로 시장을 이야기할 수 있다. 만약 시장에 1개의 기업만이 존재하면 이를 독점시장이라고 하고 2개의 기업이 존재하면 복점시장, 그리고 3~5개의 기업이 존재하면 과점시장이라고 부른다(최성락, 2009: 302). 이와 같은 불완전한 시장을 독과점시장이라고 명명한다.

독과점시장이 발생하는 이유는 다양한데 그 중에 하나는 규모의 경제 때문일 것이다. 만약 생산규모가 증가할수록 평균비용이 줄어드는 기업이 있다고 가정하자(여기에는 철도, 전력, 상·하수도, 가스, 우편, 전화 등이 포함된다). 아마도 이 기업은 얼마 지나지 않아 시장을 지배할 것이다. 이로 인해 독점시장이 형성될 것이다. 만약 독점기업이 이윤극대화를 추구하게 되면 재화공급이 사회적으로 바람직한 수준에 미달하여 시장실패가 초래된다(김종면 외, 2007: 300-301).

3) 외부효과

외부효과란 어떤 한 사람의 행동이 제3자에게 의도되지 않은 이득이나 손해를 가져다주는데도 이에 대한 대가를 받지도 지불하지도 않을 때를 말한다. 외부효과는 대가를 주지도 받지도 않는 것이므로 시장이라는 테두리의 외부에 존재하는 현상이라고 해서

표 2-4 외부효과의 의미

구 분	내 용	
개념	어떤 한 사람의 행동이 제3자에게 의도되지 않은 이득이나 손해를 가져다주는 데도 이에 대한 대가를 받지도 지불하지도 않을 때를 의미	
종류	외부경제	교육과 같이 편익이 관리구역을 넘어서는 경우를 의미
	외부불경제	환경오염과 같이 비용이 관리구역을 넘어서는 경우를 의미

붙여진 이름이다([표 2-4] 참조).

외부효과에는 외부경제와 외부불경제가 있다. 외부경제는 다른 사람에게 이익을 주는 것을 말하며, 외부불경제는 불이익을 주는 것을 말한다. 외부경제의 대표적인 예로는 교육을 들 수 있다. 교육은 교육을 받는 사람들에게 직접적인 혜택을 줄 뿐 아니라 교육을 받지 않는 사람에게도 간접적인 혜택을 준다. 외부불경제의 대표적인 예로는 공해를 들 수 있다. 공해는 여러 사람에게 피해를 주면서 생산기업은 이득을 가진다. 따라서 사회적으로 바람직한 수준 이상으로 생산하려고 할 것이다(김종면 외, 2007: 301-302).

외부효과가 창출되어도 이에 대해 대가를 치르는 것도 아니고 받는 것도 아니기 때문에 외부경제를 만들어내는 사람은 많이 생산하려 하지 않을 것이며, 외부불경제를 만들어내는 사람은 생산을 축소하려는 경향이 없을 것이다. 정부가 개입하여 외부불경제가 존재하는 경우에는 사회적 생산수준을 감소시키고, 외부경제가 존재하는 경우에는 생산수준을 증가시킴으로써 사회적 효율성을 달성할 수 있도록 하여야 한다(최성락, 2009: 303-304).

4) 정보의 비대칭성

정보의 비대칭성이란 거래에 참여하는 상대방에 대한 지식이 충분하지 않은 경우를 의미한다. 즉, 거래하는 당사자 간 정보의 양이 일정하여야 하는데, 상대방에 대하여 아는 정보의 양에 차이가 있다는 것이다. 기업의 경영자와 주주들 사이의 관계를 예로 들 수 있다. 즉, 기업의 경영자는 주주들보다 해당 기업에 대한 정보를 더 많이 가지고 있다. 이는 경영자와 주주들 사이에 정보의 비대칭성이 존재한다는 것을 의미한다([표 2-5] 참조).

표 2-5 정보의 비대칭성의 의미

구 분		내 용
개념	거래하는 당사자 간 정보의 양이 일정하여야 하는데, 상대방에 대하여 아는 정보의 양에 차이가 있다는 것	
종류	역선택	• 거래가 일어나기 전에 발생하는 문제 • 거래 상대방에 대한 정보의 부족으로 불리한 선택을 하게 되는 것
	도덕적 해이	• 거래가 일어난 이후에 발생하는 문제 • 보험을 가입할 경우 보험 가입 전보다 가입 후에 안전에 대해 부주의해질 가능성이 높다는 의미

완전경쟁가격체제 하에서는 모든 사람들이 완전한 정보를 가지고 있다고 가정한다. 그러나 현실은 정보를 획득하는 데 시간이 걸릴 뿐만 아니라 정보 자체를 구할 수 없는 경우가 많고, 거래 당사자 중 한쪽이 정보를 갖지 못하는 비대칭적인 정보가 존재하게 되며, 이와 같은 불완전한 정보는 자원의 비효율적인 배분을 가져온다. 즉, 중고차, 식음료 시장에서의 왜곡된 정보, 증권사의 내부자 거래 등 불완전한 정보 때문에 소비자들이 피해를 보는 경우가 발생한다(최진호, 2006: 12).

이와 관련하여 살펴볼 수 있는 대표적인 용어가 있다. 하나는 역선택(adverse selection)이고, 다른 하나는 도덕적 해이(moral hazard)이다. 역선택과 도덕적 해이를 설명하기 위하여 보험시장을 예로 들어보자. 역선택은 거래가 일어나기 전에 발생하는 문제이며, 거래 상대방에 대한 정보의 부족으로 불리한 선택을 하게 되는 것을 의미한다. 실제로 보험금을 탈 가능성이 아주 높은 사람들이 주로 보험에 가입하게 되는 현상을 지칭한다. 보험회사는 평균적인 위험성을 기준으로 보험가입료와 보험금을 정한다. 그런데 이 구조 하에서는 평균수준보다 낮은 위험성을 가진 사람이라면 보험에 가입하는 것이 그다지 매력적인 일이 아닌 것으로 느껴지는 반면, 높은 위험성을 가진 사람이라면 가입하는 것이 유리하다고 느낄 것이다. 그러므로 결국은 가장 위험성이 큰 사람들이 주로 가입하게 되고 그럴수록 보험료가 점차 높아지는 악순환이 발생한다는 것이다. 이 역시 거래의 두 당사자 중 한쪽이 상대방의 특성을 정확하게 알지 못해 생기는 현상이다.

도덕적 해이는 거래가 일어난 이후에 발생하는 문제이며, 보험을 가입할 경우 보험 가입 전보다 가입 후에 안전에 대해 부주의해질 가능성이 높다는 의미이다. 일단 완벽한 보험에 가입한 사람이 있다고 가정할 때 이 사람은 최선을 다해 나쁜 결과를 미연에 방지하려는 노력을 하지 않을 것이다. 이 현상은 사고를 방지하기 위한 노력이 얼마나 기울여지는가에 대해서 보험가입자만 알고 있을 뿐 보험회사는 알수 없다는 비대칭적인 정보구조로부터 나오는 것이다(이준구, 1993: 76-77).

살펴본 것처럼 불완전 시장의 경우에는 완전한 정보하에서 달성될 수 있는 효율성이 달성되지 아니하는 바 이러한 불확실성에 의한 효율성 저해를 보완하기 위하여 정부는 시장에 개입할 정당성을 얻을 수 있다(최성락, 2009: 304).

종합하면 시장의 실패를 다음에서 찾을 수 있다. 즉, 공공재의 존재, 규모의 경제, 외부효과, 그리고 정보의 비대칭성 등과 같은 다양한 문제 때문에 시장의 실패가 발생한다. 이와 같은 시장의 실패는 결국 정부개입의 근거가 된다([표 2-6] 참조).

표 2-6 시장의 실패 이유

구 분	내 용
공공재의 존재	공공재는 높은 비경합성과 비배제성이라는 속성을 가지고 있기 때문에 시장의 실패 발생
규모의 경제	규모의 경제로 인해 독점기업이 발생하고 독점기업이 이윤극대화를 추구하게 되면 재화공급이 사회적으로 바람직한 수준에 미달하여 시장실패가 초래
외부효과	외부효과가 창출되어도 이에 대해 대가를 치르는 것도 아니고 받는 것도 아니기 때문에 외부경제를 만들어내는 사람은 많이 생산하려 하지 않을 것이며, 외부불경제를 만들어내는 사람은 생산을 축소하려는 경향이 없을 것이기 때문에 시장실패가 발생
정보의 비대칭성	거래에 참여하는 상대방에 대한 지식이 충분하지 않기 때문에, 즉 정보의 양이 상호간에 비대칭적이기 때문에 역선택과 도덕적 해이 등의 문제가 발생하고 이로 인해 시장실패 초래

2. 정부실패

앞에서 살펴본 것과 같은 다양한 이유 때문에 시장실패가 발생한다. 시장실패가 발생하면 시장을 그대로 방치하는 것이 아니라 이를 교정하기 위하여 정부가 개입하기 시작한다. 각종 규제(조세 포함) 및 보조금 지원 등을 통하여 시장의 실패를 교정하려고 한다.

그러나 정부 역시 공공재를 공급하는 과정에서 실패할 수 있다. 즉, 시장실패가 일어나는 것처럼 정부실패도 발생할 수 있다. 따라서 시장이 실패하였다고 하여 곧바로 정부가 개입하려고 해서는 곤란하다. 정부개입이 정당화되려면, 정부가 개입하였을 때 가져올 수 있는 이익과 불완전한 시장을 그대로 놔두었을 때 발생할 수 있는 이익을 비교하여 정부개입이 더 좋은 이익을 창출할 것으로 기대될 경우에 개입하여야 한다.

그러면 정부개입의 정당성은 어디에 있는가에 의문을 가질 수 있다. 즉, 정부가 개입하면 왜 문제가 해소될 수 있다고 생각하는가에 대한 응답이 주어져야 할 것이다. 이는 정부개입의 장점이 무엇인지를 제시하는 것이 될 것이다. 첫째, 가장 우선적으로 생각할 수 있는 정부개입의 장점은 정부가 가지고 있는 강제력이다. 정부는 어떤 행위를 조장할 수 있는 권한도 가지고 있지만 특정 행위를 금지시킬 수 있는 권한(각종 처벌권 등)도 가지고 있다. 이와 같은 강제력을 동원하여 시장의 불완전성을 교정할 수 있는 것이다. 둘째, 정부는 거래비용을 낮출 수 있다는 장점을 보유하고 있다. 민간시장이 시장실패를 교정하려면 신규조직을 설립하여 조정 및 중재하는 역할을 수행하여야 한다. 그러나 정부가 동일한 기능을 수행하고자 한다면 기존의 조직과 공권력을 활용하여 시장의 불완전성을 교정할 수 있을 것이다(하연섭, 1996: 82-83).

앞에서 살펴본 것과 같이 정부가 다양한 장점을 가지고 있다면 정부실패가 발생하지 않아야 하지 않을까 하는 의문을 가진다. 공권력과 기존 기구를 활용한 거래비용 절감 등 다양한 장점을 보유하고 있는 정부가 시장실패를 치유하기 위하여 개입하는 데 왜 실패하는가에 대해 고민해볼 필요가 있다. 정부가 실패한다면 그 이유를 생각해볼 필요가 있다.

정부실패가 발생하는 이유를 보면 손희준(2019: 88)은 제한된 정보, 민간부문반응의 통제 불가능성, 정치적 과정에서의 제약, 관료조직에 대한 불완전한 통제 등을 제시하고 있다. 그리고 하연섭(1996: 82-85)은 불완전한 정보, 민간반응의 통제 곤란, 비용부담자와 편익의 수혜자 간 불일치, 독점으로 인한 비효율성, 정부활동의 측정 곤란, 정부관료제에 대한 통제 곤란, 정치적 과정 등을 제시한다. 여기에서는 하연섭(1996)이 제시한 이유를 기준으로 살펴보고자 한다.

첫째, 정부실패는 불완전한 정보 또는 제한된 정보로 인해 발생할 수 있다. 정부가 제한된 정보만을 가질 수밖에 없기 때문에 정부의 개입이 원래 의도된 효과를 거둘 수 없다는 것이다(이준구, 1993: 79). 예를 들면, 시장은 무임승차자의 문제로 인해 공공재에 대한 수요를 확인할 수 없는 것처럼 공공재를 정부가 공급한다고 하더라도 무임승차자의 문제는 여전히 남기 때문에 불완전한 정보의 문제가 해결되지 않게 되는 것이다(하연섭, 1996: 83).

둘째, 정부실패는 정부정책에 대한 민간반응을 통제하는 것이 어렵기 때문에 발생할 수 있다. 정부가 시장에 개입하는 이유 중 하나는 시장의 불완전성을 교정하기 위해서이다. 그런데 정부가 어떤 정책을 추진하였을 때 민간부문의 반응이 기대하였던 바대로 나타나지 않고, 그 반응을 통제할 수 없다면 문제가 교정되지 않을 가능성이 있다는 것이다. 즉, 정부개입 이전보다도 자원배분의 상태가 더 나빠질 수 있다는 것이다.

셋째, 정부실패는 정부의 재정활동이 비용부담자와 수혜자가 일치하지 않는 것을 특징으로 하기 때문에 발생할 수 있다. 비용부담자와 편익의 수혜자가 일치한다면 최소의 비용으로 최대의 효과를 올리려는 노력을 기울일 것이다. 그러나 비용부담자와 편익의 수혜자가 불일치한다면 자원을 효율적으로 배분하려는 노력이 감소될 가능성이 있을 것이다. 이 경우 자원배분의 비효율성이 커질 수 있다. 이러한 경향은 재화나 서비스를 독점적으로 공급하는 공공부문에서 더 크게 나타날 것이다. 독점적으로 재화나 서비스를 공급하기 때문에 공급과정에서 경쟁이 일어나지 않을 것이고, 이는 결국 자원배분의 효율성을 도모하려는 노력을 감소시킬 것이다. 이러한 현상은 자원배분의 비효율성을 촉진할 가능성이 있을 것이다. 결국 정부실패로 이어질 가능성이 있다는 것이다.

넷째, 정부실패는 정부활동의 성과를 측정하는 것이 쉽지 않다는 사실 때문에 발생할 수 있다. 인간이든 기관이든 자신이 한 일에 대해 잘했는지 못했는지를 측정할 수 없다면 더 잘하려는 유인을 갖지 않을 것이다. 이러한 점 때문에 측정되는 것만이 실천된다는 말이 있다. 민간부문이 제공하는 재화나 서비스의 성과는 비교적 쉽게 측정할 수 있다. 예를 들면, A라는 대리점이 B라는 대리점보다 성과가 더 좋았다라고 말할 수 있다. 그 이유는 A라는 대리점이 B라는 대리점보다 100억 원의 수입을 더 창출하였기 때문이다. 그러나 정부가 제공하는 서비스의 성과는 측정하는 것이 쉽지 않다. 문서를 몇 건 발행했는지, 몇 건의 기안을 했는지 등은 계량적으로 측정가능하나 정부활동을 통해 국민들이 얼마나 만족하는지, 국익에 얼마나 도움이 되었는지 등을 계량적으로 측정하는 것은 쉽지 않다. 따라서 정부는 적극적으로 문제를 해결하려는 노력이 감소될 것이고, 결국 정부실패로 연계될 수 있다.

다섯째, 관료조직에 대한 불완전한 통제란 정책을 집행하는 관료들이 특정 경제정책을 집행함에 있어 당초 의도하였던 방향으로 집행하는 것이 아니라 다른 방식으로 집행하고 이를 통제할 수 없을 때 문제가 발생한다는 것이다(이준구, 1993: 79-80). 관료들은 시장실패를 교정하기 위하여 중립적으로만 노력하는 존재라고 보기에 어려움이 있다. 관료들은 자신의 이익을 극대화하려는 성향을 가진 존재이기도 하기 때문이다. 결국 시장실패의 문제를 해소하려는 정부개입의 목적과 자신의 이익을 극대화하려는 성향 간 갈등으로 인해 정부실패 현상이 발생할 수 있다.

여섯째, 정부실패는 정치적 과정에서의 제약으로 인해 발생할 수 있다. 정치적 과정이란 다양한 이해관계의 조정과정을 의미한다. 즉, 시장실패를 교정하기 위해서는 다양한 이해관계자들의 의견을 수렴하여 조정과정을 거친 후 하나의 정책을 형성하고 집행하는 과정에 반영하여야 한다는 것을 말한다. 그런데 다양한 이해관계자의 의견을 수렴하여 반영하기는 쉽지 않은 것이 현실이다. 간접민주주의를 채택하고 있는 우리나라의 경우 다양한 이해관계를 가진 국민들의 의견을 정책에 반영하는 것이 쉽지 않다(하연섭, 1996: 85). 결국 목소리가 큰 이해관계를 반영할 수밖에 없을 것이다. 이 경우 특정 이해관계만 반영하게 되고, 이 과정에서 변형된 정책이 나타남으로써 합리성을 상실하게 된다는 것이다([표 2-7] 참조).

표 2-7 정부의 실패 이유

구 분	내 용
제한된 정보	정부가 제한된 정보만을 가질 수밖에 없기 때문에 정부의 개입이 원래 의도된 효과를 거둘 수 없다는 것
민간부문 반응의 통제 불가능성	정부가 어떤 정책을 추진하였을 때 민간부문의 반응이 기대하였던 바대로 나타나지 않고, 그 반응을 통제할 수 없기 때문에 문제가 발생한다는 것
비용부담자와 편익수혜자의 불일치	공공부문에서 제공하는 재화와 서비스는 비용부담자와 편익의 수혜자가 불일치하기 때문에 자원을 효율적으로 배분하려는 노력이 감소되고, 결국 자원배분의 비효율성이 발생한다는 것
정부활동의 성과측정 곤란	정부가 제공하는 서비스의 성과를 측정하는 것이 쉽지 않기 때문에 적극적으로 문제를 해결하려는 노력이 감소될 것이고, 결국 정부실패로 연계될 수 있다는 것
관료조직에 대한 불완전한 통제	정책을 집행하는 관료들이 특정 경제정책을 집행함에 있어 당초 의도하였던 방향으로 집행하는 것이 아니라 다른 방식(자신의 이익극대화 등)으로 집행하고 이를 통제할 수 없을 때 문제가 발생한다는 것
정치적 과정에서의 제약	정치적 과정을 통해 다양한 이해관계가 조정되어야 하는데, 이 과정에서 변형된 정책이 나타남으로써 합리성을 상실하게 된다는 것

제 2 절 | 지방공공선택론

1. 개념과 기본가정

공공선택론은 정부실패에 대한 보완적인 대안으로 경제학적 합리성을 공공부문의 연구에 도입한 것이다. 공공선택론은 비시장적 의사결정에 대한 경제학적 연구라고 정의된다. 즉, 공공선택론은 경제학에서 사용되는 연구방법론은 적용하여 정부의 행위를 설명하고 정치행정제도를 분석하려는 시도이다(손희준, 2019: 89; 김의섭, 2007: 43-44). 공공재의 적정공급과 공공경비의 적정규모는 시장원리에 의한 경제학적 합리성으로만 결정할 수 없기 때문에 투표 등과 같은 정치적 과정이 고려되어야 한다는 공공부문의 결정에 있어서의 정치경제학적 접근을 말한다(이희봉, 2011: 120).[3]

공공선택론에 있어서 인간은 모두 자기중심적, 합리적이며 효용의 극대화 존재라고 간주하는 합리적인 인간관을 가정한다. 이러한 경제적 합리성을 토대로 예산배분은 의사결정권을 가지고 있는 각 주체들의 사익극대화에 의해 예산이 결정·배분된다고 보았다([표 2-8] 참조). 공공선택론적 관점에서는 인간을 자기이익을 추구하는 정치적·경제적 인간으로 가정한다는 점에서 관료나 정치인들이 총 사회적 잉여를 극대화하기 위한 공익추구자로서보다도 자신들의 사익을 위한 제약요소를 고려해야 한다(서선재, 2011: 32-33).

표 2-8 공공선택론의 개념과 기본가정

구 분	내 용
개념	경제학에서 사용되는 연구방법론은 적용하여 정부의 행위를 설명하고 정치행정제도를 분석하려는 시도
기본가정	인간은 모두 자기중심적, 합리적이며 효용의 극대화 존재라고 간주하는 합리적인 인간관을 가정

3) 공공선택론은 각 개인의 선호가 사회 전체적인 선택으로 전환되는 과정인 정치적 의사결정이 어떠한 경제적 의미를 갖는가를 분석하는 데에 그 주된 관심을 두는 분야이다(하연섭, 1996: 147-148).

2. 의사결정이론

1) 과반수투표제

공공선택방법 중 가장 빈번하게 사용되고 있는 것이 투표에 의한 의사결정방식이다. 일반적으로 활용되고 있는 투표에 의한 의사결정방식은 다수결투표이다. 모든 참여자가 동의하는 것은 아니지만 다수가 지지하는 대안을 선택할 수 있다는 점에서 유용한 접근방법이라고 볼 수 있다. 그러나 투표의 역설(voting paradox)이 발생할 수 있다는 단점이 있다. 투표의 역설이란 공공선택이 안정적이고 합리적으로 결정되는 것이 아니라 투표의 끝없는 순환이 되풀이될 수 있어 결국 최종적인 결정은 아주 임의적으로 이루어질 가능성이 많다는 것이다(손희준, 2019: 92). 특히, 도로개설과 같은 단일사업이나 복지기능과 같은 단일기능에 대한 의사결정을 하고자 할 때에는 다수결투표가 바람직하나 여러 가지 사업이나 기능을 두고 다수결투표를 하는 것은 투표자가 일관성을 가질 수 없기 때문에 바람직한 결정을 할 수 없다([표 2-9] 참조).

투표의 역설을 예로 들어 설명하면 다음과 같다. 먼저, S대학교의 학생회장 후보자로 A, B, C의 세 사람이 출마했다. 사전조사결과를 보면 보수성향을 가진 A후보자의 지지율이 45%, 진보성향을 가진 B후보자의 지지율이 30%, 진보성향을 가진 C후보자의 지지율이 25%인 것으로 나타났다. 지지율 순서로 하면 당선 가능성은 A>B>C이다. 그러나 실제 선거에서는 A와 B가 대결하면 A가 이기고 B와 C가 대결하면 B가 승리한다. 그러나 A와 C가 대결하면 A가 승리한다는 보장을 할 수 없다. B가 동일성향을 가진 C를 지지할 수 있기 때문이다.

표 2-9 과반수투표제의 개념

구 분	내 용
개념	모든 참여자가 동의하는 것은 아니지만 다수가 지지하는 대안을 선택할 수 있다는 점에서 유용한 접근방법
한계	• 투표의 역설(voting paradox)이 발생 • 투표의 역설이란 공공선택이 안정적이고 합리적으로 결정되는 것이 아니라 투표의 끝없는 순환이 되풀이될 수 있어 결국 최종적인 결정은 아주 임의적으로 이루어질 가능성이 많다는 것

동일한 방식으로 재정지출과 관련하여 다양한 대안 중 하나를 선택하게 될 때에도 유사한 성향이 나타나게 될 것이다. 물론 진보와 보수의 문제는 아니나 지역의 주민들이 대안을 선택하는 과정에서 합리적인 의사결정이 이루어질 수 없는 경우도 존재할 것이다.

2) 중위투표자이론

중위투표자이론(median voter theorem)은 과반수제의 방식에 의하여 예산을 선택한다고 할 때 중위투표자가 가장 선호하는 대안이 선택된다는 이론이다. 예를 들어 설명하면 다음과 같다. 먼저, 재민, 소영, 서현이라는 투표자가 있다고 가정하자. 그리고 가장 많은 예산이 투입되는 사업, 중간 정도의 예산이 투입되는 사업, 가장 적은 예산이 투입되는 사업이라는 세 가지의 지방정부 사업이 있다고 가정하자. 이 경우 각각이 가지고 있는 사업의 선호도를 다음과 같다고 가정하자.

재민: 대규모예산사업 > 중간예산사업 > 소규모예산사업
소영: 소규모예산사업 > 중간예산사업 > 대규모예산사업
서현: 중간예산사업 > 소규모예산사업 > 대규모예산사업

대규모예산사업과 중간예산사업에 대한 선호도를 보면 소영이와 서현이가 중간예산사업이 더 좋다고 응답하였기 때문에 중간예산사업이 승리하였다. 그 다음은 중간예산사업과 소규모예산사업에 대한 선호도를 보면 재민이와 서현이가 중간예산사업이 더 좋다고 응답하였다. 따라서 중간예산사업이 채택된다. 어떻게 대결하여도 중간예산사업이라는 최종결과가 도출될 것이다.

대안을 순서대로 나열했을 때 가운데 있는 결과가 채택되는데, 이를 중위투표자라고

표 2-10 중위투표자이론의 개념

구 분	내 용
개념	과반수제의 방식에 의하여 예산을 선택한다고 할 때 중위투표자가 가장 선호하는 대안이 선택된다는 이론

한다. 결국 중위투표자가 선호하는 대안이 최종대안으로 채택된다는 것이 중위투표자 이론이다([표 2-10] 참조).

3. 예산결정모형

1) Niskanen의 예산극대화론

(1) 기본가정

예산과정에서 관료의 역할은 매우 중요하다. 관료는 예산을 편성하고 의회에서 결정한 예산을 집행하는 역할을 수행하고 있기 때문에 관료들의 행동을 이해하는 것은 매우 중요하다.

예산결정모형 중 가장 많이 회자되고 있는 것은 니스카넨(William A. Niskanen)의 예산극대화론일 것이다. 니스카넨은 관료들이 자신의 이익을 극대화하려는 성향을 가지고 있다고 한다. 다만, 민간부문은 이윤극대화를 추구하는 것이 가능하나 공공부문은 이윤극대화를 추구하는 데 목적이 있지 않기 때문에 관료들은 다른 형태로 자신들의 이익을 극대화하려 한다는 것이다. 즉, 공공부문의 관료들은 자신의 위상, 사회적 명성, 그리고 권력을 극대화하려고 노력한다는 것이다. 살펴본 것과 같은 관료들이 추구하는 사적 이익은 자신들이 통제할 수 있는 예산규모가 증가할수록 커지기 때문에 관료들은 예산을 극대화하려는 것이다. 결국 관료들의 이러한 성향으로 인해 정부예산은 팽창할 수밖에 없다는 것이 니스카넨의 주장이다(하연섭, 1996: 174).

또한 니스카넨은 예산극대화가 관료들의 승진기회를 확대하기 때문에 그들의 최대 목표는 예산극대화에 있다고 보았다. 그러나 실증연구결과에 따르면 관료의 승진기회는 관료의 급여와 소속부서의 예산규모 및 증가율 사이에는 매우 낮은 상관관계가 있는 것으로 나타났다. 따라서 니스카넨은 관료의 행동목표는 예산의 극대화에 있는 것이 아니라 예산재량권의 극대화에 있다고 그의 가설을 수정했다(손희준, 2019: 101).

(2) 관료들의 예산극대화 추구가 가능한 이유

관료들은 공공재 공급 시 예산을 극대화하려 한다는 기본가정으로부터 출발하였다.

관료제모형은 대부분의 실증연구에서 입증된 바와 같이 관료들이 가능한 한 최소의 비용으로 생산하지 않는 경향이 있으며, 이 현상은 관료 자체의 비능률성 때문에 나타나는 것이 아니라 관료의 이익과 결부되는 측면이 있기 때문이라고 생각하고 예산을 확보하여 최대한의 공공재 공급을 통해 직책상의 특권, 사회적인 명성, 권한, 영향력을 획득하려고 한다고 주장한다(최진호, 2006: 32).

그러면 국회와 지방의회가 예산의 심의의결권을 가지고 있는 현실 속에서 관료들이 예산을 극대화하려고 하는 행동이 어떻게 가능한지에 대해 의문이 든다. 다음에서 살펴보는 것과 같은 세 가지의 이유 때문에 관료가 예산을 극대화하는 행동을 취할 수 있을 것으로 보인다([표 2-11] 참조). 첫째, 중앙정부는 기획재정부가 각 부·처·청·위원회의 예산을 편성하는 권한을 가지고 있고, 지방정부는 예산부서가 각 부서의 의견을 수렴하여 예산을 편성한다. 집행부에 의하여 편성된 예산은 중앙정부의 경우 국회, 지방정부는 지방의회에서 심의 의결하는 과정을 통하여 확정된다. 관료들의 예산극대화 추구성향을 견제하기 위하여 국회와 지방의회가 노력한다고 보아야 할 것이다. 그러나 관료들이 국민에게 제공하는 재화나 서비스의 성과는 앞에서 살펴본 것처럼 측정하기 쉽지 않다. 얼마의 이윤을 남겼는가를 통하여 성과를 측정하는 민간부문과 달리 공공부문은 국민과 지역주민의 마음을 어느 정도 움직였는지를 측정하여야 하기 때문에 재화나 서비스의 성과를 측정하는 것이 쉽지 않은 것이 현실이다. 따라서 국회와 지방의회가 해당 예산의 지출 여부 적정성, 효율성 등의 기준을 통하여 예산을 통제하는 것이 쉽지 않은 것이 현실이다. 이러한 점 때문에 관료들의 예산극대화 추구행동이 가능해지는 것이다.

표 2-11 예산극대화론

구 분	내 용
기본가정	관료들이 추구하는 사적 이익은 자신들이 통제할 수 있는 예산규모가 증가할수록 커지기 때문에 관료들은 예산을 극대화하려 한다는 의미
근거	• 정부가 수행하는 재화나 서비스 공급의 성과를 측정하기 곤란하기 때문에 지출수준의 적정성이나 효율성 기준으로 예산을 통제하는 것이 곤란 • 독점적 지위를 가지고 재화나 서비스를 공급하기 때문에 국회와 지방의회가 적정수준의 예산규모에 대한 정보 파악이 곤란 • 해당 사업의 추진비용에 대한 정보를 관료들에게 의존할 수밖에 없는 여건

둘째, 정부는 독점조직이다. 정부는 국민이나 지역의 주민에게 재화나 서비스를 공급할 때 경쟁상태가 아니라 독점적 지위를 가지고 있다. 일의 중복을 피하기 위하여 각 부처나 부서로 구분하여 재화나 서비스를 제공하고 있다. 독점 하에서 재화나 서비스를 제공하고 있기 때문에 상대비교를 통하여 우위를 파악할 수 없을 뿐만 아니라 굳이 예산을 효율적으로 사용할 필요성도 크지 않을 것이다. 즉, 원하는 재화나 서비스를 공급하기만 하면 되는 것이다. 이 과정에서 관료들은 사적 이익을 높이기 위하여 노력하게 되고 결국 예산은 팽창한다는 것이다.

셋째, 앞에서 살펴본 정부가 제공하는 재화나 서비스의 성과가 쉽게 측정되지 않는다는 점, 경쟁상태가 아니라 독점체제 하에서 재화나 서비스를 공급하기 때문에 어느 정도의 예산이 적정수준인지 파악하기 어렵다는 점을 생각해볼 필요가 있다. 두 가지의 이유는 국회와 지방의회가 해당 사업을 추진하는 데 어느 정도의 예산이 필요한지 결정하는 것을 어렵게 한다. 결국 국회와 지방의회는 해당 사업의 추진비용에 대한 정보를 관료들에게 의존할 수밖에 없게 된다. 이러한 점이 관료들의 예산극대화 행태를 지지하게 한다(하연섭, 1996: 174-175).

2) 관청형성모형

(1) 기본가정

관청형성모형의 기본입장은 무엇보다도 국가기구의 발전을 단순히 거시 사회적인 힘이나 기능에 의한 설명으로 환원시킬 수만은 없고, 대신에 국가 내부의 구조적 조직이나 운영방식 자체가 큰 의미를 지니는 것으로 보는 것이다. 이러한 기본가정 위에서 국가구성원들의 자발적이고 의도적인 선택행동과, 여기에 더하여 이 선택을 제한하는 직위 간·조직 간 수준의 구조적 논리를 아울러 분석하기 위한 틀을 구성하려는 것이다. 즉, 기본적으로는 개인주의 관점에서 출발하면서도 — 기존의 공공선택모형들과는 달리— 관리들(officials)의 효용은 그들의 직급(rank), 소속기관, 그리고 예산성격 등의 구조적 다양성에 따라 차이가 있음을 강조하여, 이를 모형화하는 것이다. 다음에 소개되는 여섯 가지 사항들은 이 모형의 바탕을 이루는 기본명제들이다(Dunleavy, 1989a; 1991).

① 국가기구 내에는 집단행위문제가 존재하여, 이것이 각 기관행동에 중대한 영향을 미친다. 합리적인 관리들은 각자 자신의 직급에 따라 다르게 나타나는 노력비용·편

익·영향력에 따라 행동함으로써, 다양한 형태의 무임승차 현상을 초래한다. ② 기존 공공선택모형들의 가정과는 달리, 관리들의 효용은 대개 소속기관이 통제하는 전체 예산액 중 단지 일부분에만 관련된다. 실제 예산은 여러 유형으로 구분될 수 있으며, 각 예산유형은 관리들의 직급에 따라 상이한 효용을 제공한다. ③ 국가기관은 그 수행역할에 따라 다양한 유형으로 분류될 수 있으며, 이에 따라 예산증대와 관련된 관리들의 비용·편익수준(즉, 개인후생이 예산증가에 관련되는 정도)도 차이가 나며, 이로 인해 기관의 다양한 행동양식이 이루어진다. ④ 정책수준의 고위직관리들은 예산을 내부최적수준(즉, 예산증가에 따라 체감하는 한계효용과 예산증대노력에 따라 체증하는 한계비용이 교차하는 수준)까지만 극대화하려 할 것이다. ⑤ 고위직관리들은 금전적 편익보다는 수행하는 업무내용에 관련된 효용에 더 관심을 갖는다. 따라서 전체 예산의 극대화전략보다는 관청형성전략, 즉 소속관청을 소규모 참모적 기관으로 재구성함으로써 계선적 책임으로부터 벗어나고, 그렇게 함으로써 전반적인 지출감축이 발생하는 상황에서도 불리한 영향을 덜 받을 수 있도록 변화시키는 전략을 통한 효용증대를 더 선호한다. ⑥ 관청형성전략에 따라 보다 더 분산화된 국가구조, 즉 소수의 계선책임없는 소규모 중앙기관들이 고위직 엘리트관리들에 의해 주도되는 국가기구형태의 발전이 이루어진다(정용덕, 1998).

(2) 예산유형

관청형성모형은 각 기관들과 그들이 지출하는 예산에 관해 다음과 같이 다양한 의미의 개념화를 시도하고 있다(Dunleavy, 1989a; 정용덕, 1993a).[4)]

먼저, 각 기관의 예산은 서로 다른 의미를 지닌 다음과 같은 네 가지 유형으로 구분하는 것이 가능하다. ① 핵심예산(core budget)은 해당 기관이 직접 사용하는 인력 및 재화 등을 위한 운영비용과 기본운영에 필요한 장비나 건물 등에의 자본적 지출을 합한 것이다. 타 공공부문기관에게로의 이전, 계약 또는 교부금 등의 형식으로 해당 기관의 외부로 나가는 것이 아니라 자체의 운영에 소요되는 지출로서 봉급 등의 인건비, 기본적 경비에 직접 소비되는 설비와 물적 비용, 사무실 비용 등이 포함된다. 흔히 운영비라고 지칭되는 지출 외에 기관자체운영에 필요한 일부 자본적 지출도 이 유형에 해

4) 관청형성모형에 전반에 대한 보다 상세한 소개는 정용덕(1993a)을 참조하기 바람.

당된다. ② 관청예산(bureau budget)은 핵심예산과 해당 기관이 민간부문에 직접 지불하는 모든 지출액을 합한 것이다. 주요 설비나 장비의 구매 등 사기업과의 계약에 따른 지불, 기타 개인기업에 대한 보조금, 자본적 부채에 대한 이자지불 등이 포함된다. ③ 사업예산(program budget)은 관청예산과 해당 기관이 타 공공부문기관에게 이전하는 모든 지출을 합한 금액이다. 비록 이 전체 예산의 많은 부분이 다른 공공부문의 기관에 의해서 최종 집행이 이루어지도록 이전되기는 하지만, 해당 기관이 궁극적인 예산지급자인 중앙예산기관이나 의회, 그리고 법정 등에 대한 책임을 지는, 그래서 이전을 받는 조직에 대한 어떤 형태의 직접적인 감독을 수행하게 되는 모든 예산이 여기에 포함된다. 따라서 이런 종류의 이전이 조직 간에 이루어지는 경우는 이전받는 조직의 자금지출방법에 관해 해당 기관이 계층제적 통제 혹은 감독을 수행할 수 있는 경우에 한해서만 포함된다. ④ 초사업예산(super-program budget)은 사업예산에 더하여지는 타 기관의 자체자원이지만 그럼에도 불구하고 해당 기관이 어떤 정책책임을 행사하거나 기획상의 제한 또는 확대 등의 영향을 행사할 수 있거나 또는 전체적 또는 부분적인 정치적 신용을 요구할 수 있는 경우의 모든 지출을 합한 것이다(Dunleavy, 1991; 정용덕, 1993).

(3) 기능유형

현대 행정의 복잡다기화로 인하여 정부기능의 외형만으로는 해당 기관의 성격을 제대로 파악하기 어렵다. 따라서 지방정부가 수행하는 기능의 성격을 제대로 파악할 수 있는 분석방법이 요구된다.

이때 활용할 수 있는 것이 던리비(P. Dunleavy)의 관청분류방식이다. 던리비는 다음에서 보는 바와 같이 여덟 가지로 기능을 세분화하고 있다. ① 전달기능은 정부가 산출물을 직접 생산하여 고객에게 관련 서비스를 직접 전달하는 기능이다. 따라서 전달기능 관련 예산은 자체 기관운영비의 비중이 높고 관청예산규모가 사업예산규모와 거의 비슷할 것이다. ② 이전기능은 정부가 보조금 또는 지원 형태의 재정지출을 통해 민간부문이 해당 서비스를 제공하는 기능이다. 이 경우 이전기능 관련 예산은 핵심예산이 관청예산의 극히 일부분을 차지하는 반면, 관청예산이 사업예산의 대부분을 차지할 것이다. 만일 해당 기능의 핵심예산비중이 더 작아졌다면 이는 이전기관으로서의 성격이 그만큼 더 강화되었다는 것을 보여주는 것이다. ③ 계약기능은 해당 관청이 용역, 사업 등을 계획, 개발한 후 민간기업과 계약을 체결하여 실제 집행, 인력 고용, 산출물의 생산을 계약자가 수행하는 기능이다. 이 경우 계약기능 관련 예산은 핵심예산이 관청예산의 20~30%에 불과한 낮은 비중을 차지하는 반면, 관청예산이 사업예산의 대부분을 차지하게 된다. ④ 조세기능은 정부재정을 확보하기 위해 수행하는 기능으로 노동집약적이고 서류이동적인 기능이다. 조세기능 관련 예산은 핵심예산이 관청예산과 사업비의 대부분을 차지하지만 규제기능보다 더 많은 인력과 핵심예산을 가지는 경우가 많다. ⑤ 규제기능은 해당 기관이 개인, 기업, 타 공공부문의 행동을 제한하는 기능으로 이 기능의 수행을 위해서는 상대적으로 실비의 운영비만 사용하게 된다. 핵심예산이 관청 및 사업예산의 큰 몫을 차지하는 경우가 많다. ⑥ 거래기능은 해당 기관이 시장에서 영리활동을 직접 수행하는 기능으로 통상 다른 정책 책임 없이 단일업무만 수행하는 경우가 많다. 거래기능 관련 예산은 핵심예산이 관청예산의 많은 부분을 차지하고 관청예산이 사업예산과 거의 비슷하다. ⑦ 봉사기능은 해당 기관이 정부의 모든 타 조직에 시설이나 용역을 제공하는 경우의 기능으로 통상 산출물에 대한 반대급부가 없다. 봉사기능 관련 예산은 핵심예산의 비중이 중간 정도 수준이며 관청예산이 사업예산과 거의 비슷하다. ⑧ 통제기능은 교부금 혹은 정부 간 이전재원을 다른 공공기관에 전달한 다음 이들 수혜기관들의 서비스 집행을 감독하는 기능이다. 이 경우 핵심예산은 총지출액의 일부분을 차지하고 관청예산도 사업예산의 일부분에 불과할 것이다. 이러한 분류기준을 종합하면 [표 2-12]와 같은 결론을 도출할 수 있을 것이다.

표 2-12 Dunleavy의 기관(기능) 분류기준

구 분	총예산규모	핵심예산/사업예산	관청예산/사업예산
전달기능	대규모	큼	
규제기능	소규모	큼	
이전기능	대규모	매우 적음	거의 대부분
계약기능		적음	거의 모든 부분
통제기능		적음	적음
조세기능	소규모(〉규제기관)	거의 대부분	
거래기능		중간	거의 대부분
봉사기능		중간	거의 대부분

관청형성모형에 대한 논의를 종합하면 [표 2-13]과 같다.

표 2-13 관청형성모형의 개념과 기능 및 예산유형

구 분	내 용
기본가정	국가기구의 발전을 단순히 거시 사회적인 힘이나 기능에 의한 설명으로 환원시킬 수만은 없고, 대신에 국가 내부의 구조적 조직이나 운영방식 자체가 큰 의미를 지니는 것으로 보는 것
예산유형	핵심예산, 관청예산, 사업예산, 초사업예산
기능유형	전달기능, 규제기능, 이전기능, 계약기능, 통제기능, 조세기능, 거래기능, 봉사기능

제 3 절 | 재정분권과 티부가설

1. 재정분권이론

1) 재정분권의 의의

(1) 재정분권의 개념

분권은 권한의 배분 정도, 권한의 분산화 등으로 규정한 학자(김홍환 · 정순관, 2018; 최영출, 2013; Smith, 1985)도 있고, 중앙정부의 권한이 지방정부로 이양된 정도와 이양범위 내 권한을 행사하는 정도를 포함하는 개념으로 정의하는 학자(정정화, 2017)도 있다. 또한 배인명(2017)은 치마와 론디넬리(Cheema & Rondinelli, 1983), 론디넬리(Rondinelli, 1981)가 정의한 개념을 활용하여 분권을 정의하면서 이양(devolution)과 분산(deconcentration)을 구분하여 제시할 필요가 있다고 보고 있다. 이양은 재정적 또는 법적인 관점에서 보는 것으로 중앙정부로부터 독립적 또는 자치적인 정부를 생성시키거나 강화하는 것을 의미한다. 즉, 지방정부가 중앙정부로부터 직접적인 통제를 받지 않으면서 의사결정을 할 수 있어야 한다는 것을 의미한다고 보고 있고, 분산은 정부 내부에서 행정책임을 재배분하는 것으로 이해하고 있다. 즉, 분산은 상급자가 하급자에게 권위를 이전하는 것이 아니라 단순한 작업을 이전하기 때문에 지방정부가 자율성을 가진 채 의사결정을 허용하지 않는다. 따라서 분산이 분권을 의미하는지에 대해서는 의문이 있을 수 있다(Rondinelli, 1981; 배인명, 2017). 결국 분권은 이양의 개념으로 이해될 필요가 있을 것이다.

이와 같은 개념을 토대로 재정분권에 대해 살펴보면 오츠(Oates, 1972: 197)는 "지방정부가 지역 내에 공공서비스를 공급하기 위하여 자주적으로 재원을 조달하고 지출할 수 있는 의사결정권"이라고 재정분권(fiscal decentralization)을 정의하고 있다. 그리고 오승석(2003)은 두 가지 관점에서 재정분권을 정의하고 있다. 첫째, 중앙정부가 가지고 있는 재정권한과 사무를 지방정부로 이양하는 동시에 재원도 이전하는 것을 의미(지방재정의 총량증가)한다. 둘째, 권한 및 재원이양과 동시에 재정책임성이 수반된다는 것을 강조하고 있다. 재정책임성이 없는 재정분권은 낭비와 비효율이 발생한다는 점을 강조하고 있다. 임성일(2003) 역시 오승석(2003)과 큰 차이를 보이지 않는 수준에서 재정분권을 정의하고 있다. 그에 의하면 재정분권은 재정의 지출권한을 중앙정부 중심에서 지방정부의 재정지출권한을 확대하는 것으로 간주하고 있다. 염명배(2004)는 국세의 지방세 전환, 지방정부의 과세자주권 확대, 독립된 자주재원 확보 등과 같은 자주재원 중심의 재정분권을 주장하고 있다. 그리고 최병호(2007), 우명동(2008), 김의섭(2011), 서정섭(2017), 하능식(2017) 역시 중앙정부가 지방정부에게 세입 및 세출에 대한 의사결정권과 책임을 이양하는 것을 재정분권으로 보고 있다.

지금까지의 논의를 종합하면 이병량 외(2008)의 정의와 유사하다. 그들은 재정분권을 세입분권과 세출분권으로 구분하여 정의하고 있다. 세입분권을 내용, 목적, 대표적인 예로 구분하여 살펴보면 다음과 같다. 세입분권의 내용은 첫째, 중앙정부에 편중되어 있는 국세의 일부를 지방세로 전환, 둘째, 지방정부에 신세목 설치권한을 이양, 셋째, 지방세 감면, 탄력세율 조정 등이다. 세입분권의 목적은 중앙과 지방 간 재정관계의 불균형 완화목적(수직적 형평화)이고, 대표적인 예는 현행 지방세 과세확대정책, 세율확대정책 등이다.

세출분권을 내용, 목적, 대표적인 예로 구분하여 살펴보면 다음과 같다. 세출분권의 내용은 특정목적을 위한 지출방향이 없는 재원의 확보, 교부율의 증가, 지방정부 지출총액의 증가 등이다. 세출분권의 목적은 지방 간 재정관계의 불균형 완화목적(수직적 형평화), 지방으로 이양된 사무의 효율화를 위한 재정지원이다. 대표적인 예는 보통교부세, 부동산교부세, 국가균형특별회계, 특별교부세 등이다.

표 2-14 재정분권의 개념

학 자	개 념
Oates	지방정부가 지역 내에 공공서비스를 공급하기 위하여 자주적으로 재원을 조달하고 지출할 수 있는 의사결정권
오승석	중앙정부가 가지고 있는 재정권한과 사무를 지방정부로 이양하는 동시에 재원도 이전하는 것 권한 및 재원이양과 동시에 재정책임성이 수반된다는 것을 강조
임성일	재정의 지출권한을 중앙정부 중심에서 지방정부의 재정지출권한을 확대하는 것
염명배	국세의 지방세 전환, 지방정부의 과세자주권 확대, 독립된 자주재원 확보 등과 같은 자주재원 중심의 재정분권을 주장
최병호, 우명동, 김의섭, 서정섭, 하능식	중앙정부가 지방정부에게 세입 및 세출에 대한 의사결정권과 책임을 이양하는 것
이병량 외	(세입) 중앙정부에 편중되어 있는 국세의 일부를 지방세로 전환, 지방정부에 신세목 설치권한을 이양, 지방세 감면, 탄력세율 조정 등 (세출) 특정 목적을 위한 지출방향이 없는 재원의 확보, 교부율의 증가, 지방정부 지출 총액의 증가 등

이 책에서는 세입분권과 세출분권으로 구분하여 정의한 이병량 외(2008)의 개념을 재정분권의 개념으로 활용하고자 한다. 가장 포괄적으로 재정분권을 정의하고 있기 때문에 다양한 내용을 포함할 수 있을 것으로 판단되었기 때문이다([표 2-14] 참조).

(2) 재정분권의 필요성

재정분권의 필요성은 다수의 학자들에 의하여 다양하게 제시되었다. 이 책에서는 [표 2-15]와 같은 여섯 가지로 종합하고자 한다. 첫째, 지방정부의 사업비를 중앙정부의 이전재원으로 조달하면 지방정부는 스스로의 재원이 다수 부담되는 것이 아니기 때문에 사업을 확대하려고 할 것이고, 이 과정에서 도덕적 해이현상이 발생할 수 있을 것이다. 이러한 점을 해소하기 위해서는 스스로의 재원부담으로 사업을 추진할 수 있도록 할 필요가 있을 것이다. 그러나 지방재정은 열악한 수준이기 때문에 재정분권을 통하여 지방재정을 확충할 수 있도록 하여야 할 것이다(라휘문, 2017, 2018).

둘째, 열악한 지방재정을 확충할 때 중앙정부의 이전재원을 확대하는 방식으로 할 경우 단기적으로 확충할 수 있다는 점에서 긍정적일 수 있으나 지방정부의 재정운용의 자율성이 저해될 수 있다는 단점이 있을 수 있다. 지방자치제는 지방정부의 자율성과

표 2-15 재정분권의 필요성

구 분	원 칙
1	스스로의 재원부담으로 사업을 추진할 수 있도록 하기 위하여 필요
2	지방정부의 자율성을 향상시키기 위해서는 국세의 지방세 이양 등과 같은 재정분권 필요
3	수직적 재정불균형을 완화시킬 수 있기 때문에 필요
4	중앙주도가 아닌 지방의 이익을 반영할 수 있도록 지방정부에 많은 재원을 이양하여야 하기 때문에 필요
5	지방주도의 발전전략을 추진할 수 있도록 지방정부에게 충분한 재원을 부여하여야 하기 때문에 필요
6	시민 또는 비정부기구 등과 소통하고 협치하는 방식인 거버넌스 방식으로 지방정부의 운영체제를 변화시킬 수 있도록 충분한 재원을 보장하여야 하기 때문에 필요

책임성을 전제로 한다고 할 때 지방정부는 중앙정부의 이전재원에 의하여 지방재정을 확충하기보다는 스스로의 재원에 의하여 확충하여야 한다. 이를 위해서는 국세의 지방세 이양 등과 같은 재정분권이 필요하다.

셋째, 우리나라는 중앙정부와 지방정부 간 수직적 재정불균형이 심한 수준인 바 수직적 재정불균형을 해소하기 위하여 이전재원을 활용하고 있으며, 이 과정에서 재정환상을 유발하는 예산제약의 연성화가 초래된다. 또한 지방정부의 지방재정에 대한 책임성(local accountability)이 약화된다. 그리고 지방정부는 끈끈이 효과 등에 의해 필요하지 않은 재정지출을 증가시키고, 이는 경제성장에 부정적인 효과를 초래할 수 있을 것이다(송상훈, 2013). 이러한 문제를 해소하기 위해서는 수직적 재정불균형을 완화시킬 필요가 있을 것이며, 재정분권의 필요성이 여기에 있다.

넷째, 우리나라는 과거 국가발전을 위하여 중앙정부 주도형, 하향식, 그리고 일방적이고 획일적인 접근방법을 취하였고, 이를 위해서는 많은 재원이 중앙정부에 집중될 필요가 있는 바 국세와 지방세의 조정 등에 관한 법률 등을 제정하여 가능한 한 국세의 비중을 높이고자 하였다. 그러나 중앙정부주도의 국가발전전략은 중앙정부 우선이라는 인식을 강화시켰을 뿐 지방정부의 이익을 대변하지는 못하였다. 이러한 점을 개선하기 위해서는 재정분권을 통하여 지방정부에 많은 재원을 이양하여야 할 것이다.

다섯째, 우리나라의 발전전략은 불균형발전전략인바 국가주도의 중추기획기능을 특정지역에 집중시킴으로써 우선 발전시키고, 이를 다른 지역으로 확산하는 전략을 취하였다. 그 결과 국가가 빠른 속도로 발전되기는 하였으나 수도권은 과밀도시화 현상이 발생하였고, 부동산 가격이 급증하였으며, 환경오염이 심각하게 되었고, 도시범죄발생이 높은 수준을 보이고 있는 등 각종 외부불경제 효과가 높은 수준을 보이게 되었다(양영철, 2005). 불균형발전전략은 집적의 긍정적 효과가 있기는 하였으나, 반면 집적의 폐해를 양산하기도 하였다. 이러한 문제를 해소하기 위해서는 지방주도의 발전전략을 추진할 수 있도록 지방정부에게 충분한 재원이 주어져야 한다.

여섯째, 1980년대 이후 국가주도가 아니라 지방주도형 국가운영체제로의 전환이 모색되고 있다. 국가가 주도하는 통치방식이 아니라, 시민 또는 비정부기구 등과 소통하고 협치하는 방식인 거버넌스 방식으로 변화하게 되었다(손희준, 2017). 지방정부가 이와 같은 역할을 수행하기 위해서는 충분한 재원을 보유하고 있어야 한다(라휘문, 2017, 2018).

2) 재정분권이론

전통적인 재정분권이론으로 오츠(Wallace E. Oates)의 분권화 정리(decentralization theorem)를 들 수 있다. 오츠는 지방공공서비스가 창출하는 지리적 외부성에 따라 지방정부의 재정기능 계층을 광역과 기초로 구분하고, 서비스의 공간범위와 재정사업 관리비용을 고려하여 중앙-광역-기초의 정부 간 재정기능 분담구조를 형성하였다. 이를 뒷받침하기 위해 대응원칙, 외부효과, 선호다양성, 의사결정과 군집화 등의 원칙을 설정하였다(Oates, 1972).

오츠의 분권화 정리는 ① 특정 공공재의 소비가 지리적으로 전체 인구 중의 일부 주민에만 한정되고, ② 각 행정구역(jurisdiction)에서 소비될 공공재의 공급비용이 중앙정부와 해당 지방정부에서 동일하다면, 중앙정부가 모든 구역에서 획일적으로 공공재를 공급하는 것보다 지방정부가 해당 지역에서 파레토 효율적인 수준의 공공재를 공급하는 것이 더 효율적이거나 최소한 중앙정부만큼 효율적이라는 명제이다.

오츠의 분권화 정리가 갖는 함의는 크게 두 가지로 정리할 수 있다([표 2-16] 참조). 첫째, 각 구역의 공공재 공급비용이 중앙정부나 해당 지방정부에서 동일하다는 것을 가정하는데, 만약 중앙정부가 공공재를 공급할 때, 각 개별 지방정부가 달성할 수 없는 '규모의 경제(economy of scale)'를 실현시킬 수 있다면, 그 재화가 갖는 소비의 분권적 특성에도 불구하고, 중앙정부가 공급하는 것이 더 바람직할 수 있으며, 반면 집권화를

표 2-16 Oates의 분권화 정리와 함의

구 분	내 용
분권화 정리	특정 공공재의 소비가 지리적으로 전체 인구 중의 일부 주민에만 한정되고, 각 행정구역(jurisdiction)에서 소비될 공공재의 공급비용이 중앙정부와 해당 지방정부에서 동일하다면, 중앙정부가 모든 구역에서 획일적으로 공공재를 공급하는 것보다 지방정부가 해당 지역에서 파레토 효율적인 수준의 공공재를 공급하는 것이 더 효율적이거나 최소한 중앙정부만큼 효율적이라는 명제
함의	집권화를 통해 규모의 경제를 기대할 수 없다면 분권화된 공급체제가 더 바람직한 방식 공공재를 중앙정부가 공급하든, 지방정부가 공급하든 아무런 차이가 없는 경우, 그리고 각 행정구역 간의 효율적인 산출물수준이 다양하면 할수록 분권화 유인은 더 증가

통해 그러한 비용절감을 기대할 수 없다면 분권화된 공급체제가 바람직하다고 볼 수 있다. 둘째, 공공재를 중앙정부가 공급하든, 지방정부가 공급하든 아무런 차이가 없는 경우를 포함하더라도 각 행정구역 간의 효율적인 산출물수준이 다양하면 할수록 분권화 유인은 더 크다. 즉, 주어진 인구규모에서 국가 전체 내의 개인선호가 다양해질수록, 그리고 공공재에 대한 소비자의 지리적 통합(geographical grouping)이 재화의 수요 측면에서 더욱 동질적일수록 오히려 분권화를 통해 특정 공공재를 공급해서 얻을 수 있는 이득이 더 커진다는 것이다(송상훈 외, 2011).

그루버(Gruber, 2005)가 티부(Tibout) 모형에 입각하여 제시한 적정 재정연방주의의 평가기준도 재정분권의 이론적 논의에 참고할 만하다. 그루버는 정부 간 재정정책의 권한 배분을 통해 국민후생수준의 극대화를 추구하는 적정 재정연방주의를 논의했으며, 공공재 공급의 효율성을 중시하는 관점에서 적정 재정연방주의에 접근했다. 주의할 것은 재정연방주의는 경제논리에 입각한 논의로서 연방주의와 같이 헌법적 정치제제와 구분되는 논의라는 점이다.

첫째, 지방재정의 주된 수입인 지방세와 지방세출 혜택의 연계성을 근간으로 재정연방주의가 설정되어야 한다. 지방재정의 수입과 지출이 연계되지 않으면 주민들이 세출혜택과 조세부담을 비교하면서 계속적으로 유입되거나 유출되게 되는데, 누진적 조세정책과 기초생활보장 등의 재분배정책이 지방정부에서는 이러한 혜택과 부담의 연계성을 낮추게 하므로, 이러한 정책은 하위정부보다 상위정부가 담당하는 것이 바람직하다고 한다.

둘째, 규모의 경제 측면에서 하위정부의 재정정책을 설정해야 한다. 즉, 국방 등의 순수공공재에 있어서는 비경합적인 성격으로 인해 많은 인구가 소비해도 공급비용이 증가하지 않으므로 상위정부에서 담당하는 것이 바람직하다.

셋째, 외부효과에 대한 고려가 필요하다. 환경정책과 같이 누출효과가 큰 정책은 다른 지방정부의 주민에게 혜택을 주지만, 지방정부는 다른 지방정부의 혜택을 포함하여 정책을 추진하지는 않기 때문에 외부경제가 큰 정책은 상위정부가 담당하는 것이 더욱 효율적이다. 그러므로 적정 재정분권수준을 결정할 때는 규모의 경제와 외부효과 등을 고려하여야 하는데, 이러한 논의는 국가의 면적과 밀접한 관련이 있다. 홍콩, 싱가포르 등의 도시국가는 지방정부의 면적이 좁을 수밖에 없으므로 대부분의 공공재를 중앙정부에서 공급하는 것이 효율적 측면에서 바람직하다. 그러나 국가를 구성하는 민족이 다양할 때는 적정 재정분권의 수준도 커지게 된다. 벨기에나 스위스와 같이 좁은 면적의 국가가 연방국가체제를 유지하는 이유는 언어 등 국가를 구성하는 민족적 이질성이 다양하기 때문이다. 그리고 국가의 소득수준과 민주화 정도에 따라서도 영향을 받게 되는데, 소득수준이 높을수록, 민주화 정도가 클수록 재정분권의 수준도 강화될 수밖에 없다(라휘문, 2017, 2018).[5)]

3) 재정분권의 추진원칙

재정분권원칙은 통일되어 제시되어 있지는 않다. 최근의 연구를 보면 라휘문(2017a, 2017b)에 의하여 수행된 것을 확인할 수 있을 뿐 명확하게 재정분권의 원칙을 제시하고 있지는 않은 것이 현실이다. 따라서 재정분권의 개념과 필요성, 그리고 이론에서 살펴본 내용을 토대로 몇 가지를 도출하여야 할 것이다. 여기에서는 이와 같은 점에 착안하여 다음과 같은 몇 가지의 재정분권원칙을 제시하고자 한다.

---

5) 전통적인 재정분권이론을 재정연방주의라 명명하고 있고, 새로운 재정분권이론을 2세대 재정연방주의라 명명하고 있다. 새롭게 대두된 재정분권이론은 1990년대를 기점으로 나타난 재정환경의 변화에 따라 전통적인 견해와는 다른 시각으로 재정현상을 이해하려는 것이다. 전통적 재정분권이론이 재정분권의 긍정적인 측면을 강조하였다고 하면 새롭게 대두된 재정분권이론은 지방정부의 왜곡된 전략적 행위, 재정제도 내의 유인체제의 문제, 중앙-지방정부의 잘못된 관계 등으로 인해 발생할 수 있는 손실이 이득보다 더 클 수 있다고 하면서 재정분권의 부정적 측면을 부각시키고 있다. 이와 같이 부정적인 인식이 대두된 배경은 지방정부의 재정책임성 결여와 왜곡된 행위로 인해 지방재정의 적자누적현상이 발생한다는 것이다. 이를 해소하기 위해서는 지방재정의 자율성과 책임성을 높일 수 있는 대안을 마련할 필요가 있고 대표적인 것인 시장주의적 연방제 모델이라고 할 수 있다.

라휘문(2017, 2018)은 재정분권의 원칙으로 다음과 같은 열 가지를 제시하고 있다. ① 재정분권은 국가와 지방정부의 관계, 즉 정부 간 관계에서 논의를 전개하는 것이 원칙이다. ② 재정분권은 지방세입뿐만 아니라 지방세출, 그리고 지방재정관리 등 다양한 분야를 포괄하여야 한다. ③ 재정분권은 이전재원을 중심으로 논의하는 것이 아니라 자주재원을 중심으로 논의하여야 한다. ④ 재정분권은 재정확충뿐만 아니라 과세권의 자율성 등 다양한 측면에서의 자율성이 충족되어야 한다. ⑤ 재정분권은 지방정부 간 재정격차를 고려하면서 추진되어야 한다. ⑥ 재정분권에는 책임성 확보기제를 마련하고자 하는 논의가 포함되어야 한다. ⑦ 재정분권은 중앙정부와 지방정부, 광역지방정부와 광역지방정부, 기초지방정부와 기초지방정부 간의 재정중립을 전제하고 추진되어서는 안 된다. ⑧ 재정분권은 국가와 지방의 상생을 도모하되 우선적으로 지방의 입장을 반영할 필요가 있다. ⑨ 지방세는 지방세로서의 기능을 수행할 수 있도록 개편하고 이로 인해 발생하는 지방정부 간 재정격차 확대들은 지방재정조정제도를 통하여 해소하여야 한다. ⑩ 재정분권을 위해서는 국가와 지방정부 모두 지방재정의 확충을 위한 노력을 하여야 한다. 여기에서는 이를 요약하여 다섯 가지로 정리하여 제시하고자 한다.

첫째, 재정분권은 중앙정부와 지방정부 간 관계에서 살펴보아야 한다. 지방정부 간의 관계를 중점적으로 논의하는 것은 재정분권대안의 논의가 아니라 재정분권 후 지방재정체계의 개편 등과 같은 후속조치가 될 것이다. 즉, 지방정부 간의 관계를 논의하는 것은 지방재정제도의 발전방안을 마련하는 것이지 재정분권에 초점이 있다고 말하기 곤란하다. 다만, 재정분권이 실효성을 거두기 위해서는 지방재정제도 전반을 포괄할 수 있어야 한다는 점에서 논의의 범위를 좀 더 확대할 필요성은 존재한다.

둘째, 재정분권은 세입뿐만 아니라 세출을 모두 포함하여 논의하여야 한다. 재정분권의 개념에서 살펴본 것처럼 재정분권은 세입분권과 세출분권으로 구분되어 있는 바 두 가지 요소가 모두 포함되어야 한다. 물론 논의의 중점이 세입분권에 맞추어지는 것은 그 동안 세입분권에 대한 대책이 충분하지 않았다는 점을 고려할 때 어쩔 수 없는 현상일 수 있다고 판단된다. 그럼에도 불구하고 세출자율성과 책임성을 향상시킬 수 있는 세출자치와 관련된 논의 역시 포함될 필요가 있을 것이다.

셋째, 재정분권은 자주재원을 중심으로 논의되어야 한다. 재정분권의 핵심은 재정자율성의 확보에 있기 때문에 자주재원을 중심으로 논의되어야 한다. 이전재원에 대한 논의는 부수적으로 이루어지는 것이다. 따라서 국세의 지방세 이양 등과 같은 논의가 있어야 한다. 선행연구를 고려할 때 지방소비세, 지방소득세, 종합부동산세, 양도소득세, 개별소비세, (지방세분)농어촌특별세, 주세 등이 대상이 될 수 있을 것이다. 이 중에서 기획재정부, 행정안전부, 학회 등 다양한 행위주체들의 논의를 종합하면 지방소비세와 지방소득세가 논의의 핵심이라고 볼 수 있다.

넷째, 재정분권은 지방정부 간 재정격차를 고려하여야 한다. 재정분권이 국세의 지방세 이양 등을 통하여 추진될 때 지방정부 간 재정격차가 커질 수 있을 것이다. 즉, 빈익빈 부익부 현상이 가중될 수 있을 것이다. 이와 같은 현상이 발생하면 긍정적인 재정변화가 발생하는 지방정부는 재정분권에 찬성하지만 그렇지 않은 지방정부는 재정분권에 반대할 가능성도 존재한다. 이러한 문제를 해소하기 위해서는 이전재원에 대한 논의가 있어야 할 것이다. 동시에 부유해진 지방정부가 덜 부유한 지방정부에 재정을 지원하는 새로운 제도 또는 현재 그와 같은 기능을 수행하고 있는 지역상생발전기금제도에 대한 논의가 추진되어야 할 것이다.

다섯째, 재정분권은 재정중립을 전제하고 추진하기보다는 순증을 인정하는 수준에서 추진되어야 한다. 재정중립을 전제하면 제도 개편 이전의 수준을 유지한다는 것이기 때문에 실질적인 세수증대효과를 도모하기에는 한계가 있다. 예를 들면, 국세를 지방세로 이전하면 지방정부의 재정에는 순증효과가 발생한다. 이 경우 중앙재정은 그만큼 감소하게된다. 이를 방지하기 위하여 중앙정부가 지방교부세 교부율을 상응하는 만큼 감소시키면 지방정부의 실질적인 순증효과는 발생하지 않게 된다. 이와 같은 방식으로 재정분권을 추진하게 되면 지방정부별로는 재정이 증가하기도 하고 감소하기도 하는 현상이 발생하게 된다. 따라서 지방정부 모두로부터 동의를 받을 수는 없게 될 것이다. 이러한 현상을 방지하기 위해서는 재원중립을 전제로 재정분권을 추진해서는 곤란하다

표 2-17 재정분권의 원칙

구 분	내 용
제1원칙	재정분권은 중앙정부와 지방정부 간 관계에서 살펴보아야 한다.
제2원칙	재정분권은 세입뿐만 아니라 세출을 모두 포함하여 논의하여야 한다.
제3원칙	재정분권은 자주재원을 중심으로 논의되어야 한다.
제4원칙	재정분권은 지방정부 간 재정격차를 고려하여야 한다.
제5원칙	재정분권은 재정중립을 전제하고 추진하기보다는 순증을 인정하는 수준에서 추진되어야 한다.

([표 2-17] 참조).

2. 티부가설

1) 개 념

티부(C. Tiebout)는 지방정부가 공급하는 지방공공재에 대하여 각 개인은 발에 의한 투표(voting with feet)에 의하여 자신이 선호하는 지방공공재를 공급하는 지역을 거주지로 선택하게 되며, 그러한 주민들의 이동을 목격하는 각 지방정부는 독립적 의사결정을 통하여 주민이 원하는 지방공공재를 선택하고 이를 효율적으로 생산하고자 하는 동기를 갖게 되며, 이를 통하여 파레토효율을 달성할 수 있다고 주장한다(최진호, 2006: 29). 좀 더 쉽게 정리하면, 사람들이 어떤 제약도 없이 자유롭게 이동할 수 있다면 사람들은 자신이 가장 선호하는 재화와 서비스를 제공할 뿐만 아니라 그들이 가장 바람직하다고 생각하는 조세가 존재하는 지역에서 거주하게 될 것이라고 한다. 즉, 각 개인은 자신이 원치 않는 재정정책이 실시되는 지역에서는 더 이상 살지 않으려고 할 것이며, 자신의 선호에 가장 부합하는 재정정책이 실시되는 지역으로 이동함으로써 자신의 후생수준을 극대화하려 할 것이다. 이를 발에 의한 투표라고 표현한다(하연섭, 1996: 422-423).

만약 티부모형이 현실 속에서 그대로 구현된다면 각 지방정부에 의하여 자율적으로 지출되는 재정이 사회의 후생을 극대화시킬 수 있을 것이다. 그러나 티부모형은 다음에서 살펴보는 것과 같은 몇 가지의 기본가정 하에 정립된 모형이다. 그리고 이와 같은 기본가정의 충족 여부는 별도의 논의가 필요하다.

2) 기본가정

티부모형은 다수의 마을이 존재, 완전한 정보, 완전한 이동성, 규모수익불변의 생산기술, 외부성이 존재하지 않는다는 기본가정을 가지고 있다.

다수 마을의 존재란 상이한 재정프로그램을 가지고 있는 다수의 마을이 존재한다는 의미이다. 마을의 수가 많으나 재정프로그램이 유사하다면 발에 의한 투표의 의미가 크지 않을 것이다.

완전한 정보란 각 마을에서 제공하고 있는 재정프로그램에 대한 정보를 완벽하게 알고 있다는 가정이다. 각 마을에서 제공하고 있는 다른 재정프로그램의 차이를 명확하게 알고 있어야 한다는 것이다. 어떤 재화와 서비스를 공급하는지, 그때 소요되는 비용의 충당방법은 무엇인지 등 충분한 정보를 알고 있어야 한다는 것이다.

완전한 이동성은 별 제약 없이 지방정부를 자유롭게 옮겨 살 수 있는 분위기가 마련되어 있어야 한다는 것이다. 특히, 티부모형에서 강조하고 있는 것은 고용기회가 거주지역의 결정에 영향을 미치지 않아야 한다는 것이다. 고용기회가 영향을 미치게 될 경우 지방정부의 선택에 제약이 있을 수밖에 없다.

규모수익불변의 생산기술이란 공공재를 생산하는 데 소요되는 단위당 비용이 불변으로 유지된다는 가정이다. 즉, 규모의 경제가 존재하지 않아야 한다는 것이다. 지방정부가 재화나 서비스의 양을 늘리면 늘리는 만큼 비용도 비례하여 증가하여야 한다는 것이다. 규모의 경제가 존재하게 되면 한 지역에 거주하는 사람의 수가 많아질 경우 재화나 서비스를 공급하는 비용이 감소하게 되고 따라서 개인이 선택할 수 있는 지방정부의 수에 제약이 따를 수밖에 없게 된다.

마지막으로 외부성이 존재하지 않아야 한다는 것이다. 특정 지방정부가 제공하는 프로그램은 해당 지방정부에 귀속되어야 한다는 것이다. 특정한 지방정부가 제공하는 재화나 서비스는 그 지역에 거주하는 주민들의 후생에만 영향을 미칠 뿐 다른 지역에 살고 있는 사람들의 후생에는 어떠한 영향도 미치지 않아야 한다는 것이다(하연섭, 1996: 425). 특정 지방정부가 제공하는 프로그램을 다른 지방정부의 주민들이 이용한다고 하면 재정프로그램의 차별성이 존재하지 않는다(이준구, 1993: 684-685).

3) 티부모형의 한계

티부모형은 현실성이 떨어진다는 비판이 존재한다. 티부모형은 다수의 마을이 존재, 완전한 정보, 완전한 이동성, 규모수익불변의 생산기술, 외부성이 존재하지 않음 등과 같은 가정을 하고 있는데, 현실적으로 이를 충족시키기 어렵다는 것이다([표 2-18] 참조).

다수의 마을이 존재한다는 의미는 생산주체가 다수이어야 한다는 의미이고, 여기에

표 2-18 티부모형의 개념과 가정, 그리고 한계

구 분	내 용
개념	지방정부가 공급하는 지방공공재에 대하여 각 개인은 발에 의한 투표(voting with feet)에 의하여 자신이 선호하는 지방공공재를 공급하는 지역을 거주지로 선택한다는 이론
가정	• 다수의 마을이 존재 • 완전한 정보 • 완전한 이동성 • 규모수익불변의 생산기술 • 외부성이 존재하지 않음
한계	• 기본가정에서 제시하고 있는 요건들은 현실 속에서 충족하기 곤란

완전한 정보를 가정하고 있다면 이는 완전경쟁시장을 의미한다고 볼 수 있을 것이다. 현실 속에서 완전경쟁시장의 존재가 쉽지 않다는 것은 이미 알고 있다. 또한 고용의 기회가 이동의 제약요인으로 작용하지 않는다는 가정을 하고 있는데, 현실에서는 고용의 기회가 매우 중요한 이동의 이유가 된다는 점에서 달성하기 쉽지 않은 가정이라고 볼 수 있다(하연섭, 1996: 425).

제 4 절 | 세원배분이론

세원배분이론이란 국세와 지방세를 어떤 기준에 의거하여 배분하여야 하는가에 대한 논의이다. 즉, 어떤 기준을 가지고 특정 세목은 국세로 하고 특정 세목은 지방세로 하여야 하는가에 대한 논의라고 볼 수 있다. 기존의 연구를 보면 다양한 기준을 활용하고 있다. 여기에서는 다양한 세원배분이론을 소개하고자 한다.

1. 세출수요와 세입수단의 일치, 공공재의 편익범위

1) 세출수요와 세입수단의 일치

머스그레이브(Musgrave, 1983)와 킹(King, 1984) 등은 세원배분의 기준으로서 세출

수요와 세입수단의 일치라는 측면과 균등한 조세부담과 징세비용의 최소원칙을 근거로 하여 다음과 같은 배분원칙을 제시하고 있다. 첫째, 누진적인 재분배 목적의 조세는 중앙정부가 담당하여야 한다. 둘째, 경기안정화 목적에 적합한 조세는 중앙정부에 할당하여야 하고, 지방정부의 조세는 경기의 변동에 따라 영향을 적게 받는 세목이 바람직하다. 셋째, 조세의 과표가 지역적으로 심하게 편재되어 있는 세목은 중앙정부에서 담당하는 것이 바람직하다. 넷째, 이동성이 있는 세원은 중앙정부가 관할하는 것이 지방정부가 관할하는 것보다 더 낫다. 다섯째, 정주(residence)에 관련된 세원, 즉 최종적인 소비자에게 판매되는 단계에 부과되는 매상세(sales tax)나 물품세 등은 지방정부, 특히 시 · 도와 같은 광역지방정부가 담당하는 것이 바람직하다. 여섯째, 전적으로 이동성이 없는 요소에 대한 과세는 기초단위의 지방정부가 담당하는 것이 바람직하다. 일곱째, 응익세와 사용료 등은 모든 단위의 정부에 적합할 수 있다(박정수, 1993).[6] 이러한 원칙에 입각할 경우 정부 간 세원의 배분을 [표 2-19]와 같이 요약할 수 있다.

표 2-19 세출수요와 세입수단 간 일치에 의한 정부 간 세원배분모형

구 분	중앙정부	지방정부	
		광역지방정부	기초지방정부
세목	종합소득세, 부가가치세 자원세	소득세, 소비세 자원세	재산세 근로소득세

2) 공공재의 편익범위

공공재의 편익범위를 기준으로 할 경우 국세와 지방세의 세원은 [표 2-20]과 같이 구분할 수 있다(김이태, 1984; 김대영, 1996). 먼저, 공공재는 편익을 기준으로 할 때, 간접편익인 공공재와 직접편익인 공공재로 구분할 수 있다. 간접편익인 공공재에는 도로, 항만 국방, 치안 등의 공공재가 있으며, 직접편익의 공공재에는 상수도, 인감증명,

6) 그 외 McLure는 Gordon, Brennan, Buchanan, Musgrave, Mathews 등의 견해를 종합하여 세원배분의 기준으로서 다섯 가지 결론을 제시하고 있으며, 그 내용 중에는 "개인소득세, 소매매상세와 기타 간접세와 같은 주거기준세원이 부가가치세, 법인소득세와 같은 원천기준세원보다 지방정부의 배분에 더 적합하다"고 주장함으로써 소득과세의 지방세화 가능성을 높여주고 있다[McLure, Charles(ed.), Tax Assignment in Federal Countries, Australia: Australian National University Press, 1993].

표 2-20 공공재의 편익구분에 의한 정부 간 세원배분모형

<table>
<tr><th rowspan="4">구 분</th><th colspan="6">공공재</th></tr>
<tr><th colspan="3">소비재형공공재</th><th colspan="3">중간재형공공재</th></tr>
<tr><th rowspan="2">중앙정부</th><th colspan="2">지방정부</th><th rowspan="2">중앙정부</th><th colspan="2">지방정부</th></tr>
<tr><th>광 역</th><th>기 초</th><th>광 역</th><th>기 초</th></tr>
<tr><td rowspan="2">간접편익의
공공재</td><td>개인소득세
법인소득세</td><td></td><td>재산세</td><td rowspan="2">제조・도매
단계 매상세</td><td>소매단계
매상세</td><td>재산세형
기업과세</td></tr>
<tr><td>사치성소비세</td><td colspan="2">개인소득세
비례분</td><td colspan="2">소득세형 기업과세
소득세형 부가가치세</td></tr>
<tr><td rowspan="2">직접편익의
공공재</td><td colspan="6">목적세</td></tr>
<tr><td colspan="6">사용세, 수수료(독립채산에 의한 것)</td></tr>
</table>

자료: 김이태(1984), 김대영(1996: 46).

전화, 전기, 오물수거 등의 공공재가 있다. 이러한 직접편익의 공공재와 간접편익의 공공재의 비용부담은 다시 소비재형 공공재와 중간재형 공공재로 구분할 수 있다.

[표 2-20]에 의하면 소비재형 공공재이면서 간접적으로 편익을 미치는 공공재 중 광역지방정부와 기초지방정부에서 부과할 수 있는 것은 개인소득세이며, 특히 기초지방정부는 재산세를 부과하는 것이 타당하다. 중간재형 공공재이면서 간접적으로 편익을 미치는 공공재 중 광역지방정부와 기초지방정부는 소득형 기업과세와 소득형 부가가치세를 부과하는 것이 적합하다. 그리고 직접편익의 공공재는 목적세와 사용세 또는 수수료를 부과하는 것이 적합하며, 과세주체는 중앙정부이든 지방정부이든 별다른 문제가 없다.

2. Bahl & Linn의 배분방식

세원의 배분유형에는 [그림 2-2]에서 보는 바와 같이 분리방식과 공동이용방식이 있다. 분리방식(tax base separation system)이란 동일한 세원에 대하여 중앙정부와 지방정부가 동시에 과세권을 가질 수 없으며, 다른 세원에 대해서만 중앙정부와 지방정부가 독립된 과세권을 가지는 것을 말한다. 공동이용방식은 동일한 세원에 대하여 중앙정부와 지방정부가 동시에 과세권을 가질 수 있는 것을 말하며, 이 방식에는 중복방식(tax

그림 2-2 Bahl & Linn에 의한 세원의 배분유형

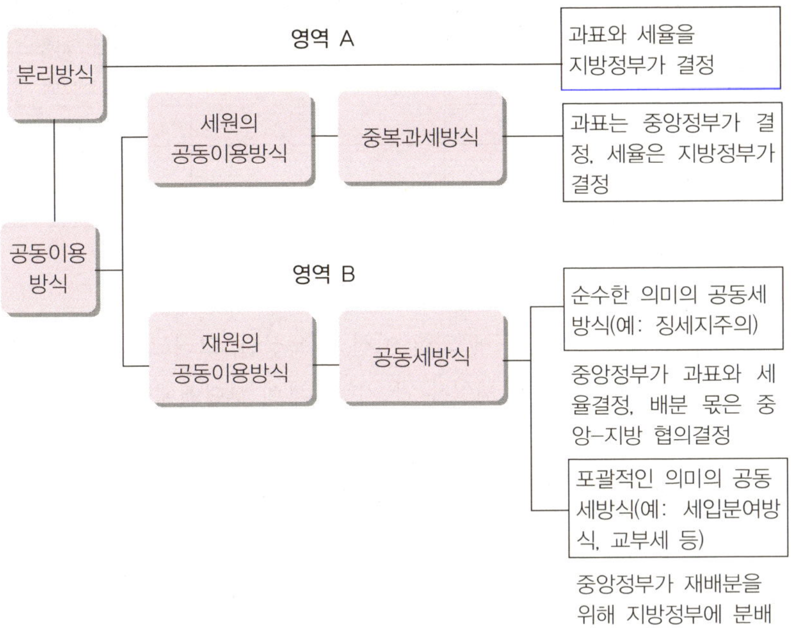

주: 영역 A는 지방세원화방안의 모색영역, 영역 B는 지방재원화방안의 모색영역임.
자료: 라휘문·이삼주(1998: 28).

overlapping)과 공동세방식(tax sharing) 등이 있다. 중복방식은 중앙정부의 과세표준을 지방정부가 중복이용하여 지방세목을 만드는 것을 의미한다. 공동세방식은 중앙정부가 징수하여 일정한 기준에 입각하여 지방정부에 재원을 배분하는 방식을 의미한다.

세원의 공동이용방식은 지방정부가 과세권을 가지는 경우이며, 공동세는 지방정부가 과세권을 가지지 않으며, 단지 중앙정부가 징수한 조세 중에 일부를 지방정부에 배분하는 정부 간 이전재원에 속한다. 공동세를 징세지주의에 의하여 배분할 경우 조세의 형태에 보다 근접해지며, 배분공식에 의하여 재배분할 경우 우리나라의 지방교부세와 같은 형태를 취하게 된다.

다음으로는 세원의 배분방식과 관련된 것이다. 세원의 배분방식은 [표 2-21]에서 보는 바와 같이 매우 다양하다. 먼저, 수직적 관계에서 본다면 일정액을 기준으로 하는 경우, 임의적으로 결정하는 경우, 승인된 지출을 상환하는 경우 등이다. 그리고 수평적

표 2-21 Bahl & Linn에 의한 세원의 배분방식

구 분	수직적 관계(재원의 이양방식)		
	일정액	임의적 결정	승인된 지출의 상환
수평적 관계 (재원의 배분방식)	징세지주의	전체	프로젝트별 무상한
	공식에 의한 이전		재량권
	비용상환	부분	특별 목적형
	임의적 이전		

자료: Bahl & Linn(1992: 432).

관계에서 본다면 징세지주의, 공식에 의한 이전, 비용상환, 그리고 임의적 이전이 있다. 징세지주의란 중앙정부가 징수한 세입을 각 지방정부의 부담액에 따라 해당 지방정부에 되돌려주는 방식을 의미한다. 일정한 공식에 의하여 배분하는 것은 배분을 위한 획일적인 공식을 설정해두고, 그 공식에 입각하여 지방정부에 배분하는 것을 의미한다. 비용상환적 교부는 지방정부의 지출액을 중앙정부가 이전해주는 것을 의미하며, 임의적인 접근방법은 중앙정부가 주관적인 기준에 입각하여 배분금액을 결정하는 것을 의미한다.

징세지주의에 의한 배분은 가장 순수한 배분방법이다. 지방정부로서는 징세비용을 절감하면서 일정액을 확보할 수 있다는 점에서 이점을 가진다. 그러나 이러한 체계 하에서의 지방정부는 세율과 과표를 결정할 권한이 주어져 있지 않다. 따라서 이는 지방세라기보다는 정부 간 이전재원이라 볼 수 있다. 지방세목으로서 존치시키는 것이 아니라 이러한 방식을 사용하는 이유는 첫째, 지방정부가 안정적으로 세입을 확보할 수 있다. 둘째, 지방정부의 징세능력이 뒤떨어지기 때문에 중앙정부가 이를 담당하여 배분한다. 셋째, 중앙정부와 지방정부가 수직적 불형평성에 대한 불만을 해소하고, 지방정부의 재정에 영향을 미치기 위한 수단으로 활용하기 위해서이다.

이러한 방식의 장점은 다음과 같은 세 가지로 요약할 수 있다. 첫째는 공식에 의한 배분이나 임의적 배분에 비하여 지방정부에 대한 이전재원의 양이 확실하기 때문에 지방정부가 재정계획을 수립하는 데 있어서 많은 이점을 가질 수 있다. 둘째는 지방정부에 의하여 증가된 소득이나 소비가 세수와 밀접히 연계될 수 있다는 장점이 있다. 셋째는 만약 이전재원의 용도가 지정되어 있지 않다면 지방정부의 과세자주권이 확보될 수 있다. 이러한 방법의 가장 큰 문제는 지방정부 간 수평적 형평성을 저해할 수 있다

는 것이다.

일정한 공식에 의하여 배분하는 것은 수평적 형평성을 강조하기 위한 것으로서 열악한 지방정부에 더 많은 재원을 배분하려는 의도를 가지고 있다. 이 방법의 핵심은 형평한 배분을 위한 운영척도(operational measure)를 만드는 것이다. 선진국가들에서는 이러한 목적을 위한 척도로서 개인소득을 사용하고 있으나 그러한 데이터는 개발도상국가나 전이국가에서는 이용하기 어렵다. 일부 국가에서는 지방세징세노력을 이 공식에 적용하려는 시도를 하고 있다.

비용상환적 교부는 지방정부의 지출액을 중앙정부가 이전해주는 것으로서 주된 문제는 전체를 이전하느냐 아니면 부분을 이전하느냐이다. 완전한 비용을 상환해주는 것은 지방정부가 지역공공재를 제공하는 데 있어서 효율성을 개선하려는 인센티브를 줄 수 없다는 단점을 가진다. 게다가 완전한 상환은 중앙정부의 엄격한 승인과정에 의하여 수반되는 것이기 때문에 지방정부의 재정선택권이 최소화된다. 따라서 중앙정부는 비용의 100% 이하를 제공함으로써 효율성을 확보하려는 유인책을 제공하고자 한다.

임의적 교부는 집권화의 극단적인 예이다. 이 방법은 중앙정부가 교부금액을 주관적인 기준에 입각하여 결정하는 것으로서 개별 프로젝트에 대한 지출을 보조하기 위하여 이전하는 것으로서 상한이 없는 형태가 있을 수 있고, 중앙정부의 재량에 의하여 세입을 배분해주는 형, 특별목적을 위하여 배분하는 보완형으로 구분할 수 있다. 이 방법은 중앙정부의 신축성을 최대로 확보하는 것이다(Bahl & Linn, 1992).

참고문헌

강윤호(1999). “한국 관료의 예산극대화 형태.” 『지방정부연구』, 3(2): 161-178. 지방정부학회.

김대영(1996). 『지방소득과세의 확충방안』. 서울: 한국지방행정연구원.

______(2000). “지방소비세제 도입의 실천방안.” 『지방세』. 한국지방재정공제회.

______(2004). 『지방소비세 도입방안』. 서울: 한국지방행정연구원.

김동건(1993). 『현대재정학』. 서울: 박영사.

김의섭(2007). “공공선택론적 재정관.” 한국재정정책학회. 『재정정책논집』, 9(1).

______(2011). “재정분권과 지방재정의 자율성 제고: 참여정부 이후 재정분권을 중심으로.” 『재정정책논집』, 13(2): 113-148.

김이태(1984). “국세와 지방세간의 세원재배분.” 『지방재정』, 3월호. 한국지방재정공제회.

김재훈(2007). “참여정부의 재정분권 평가.” 『한국지방자치학회보』, 19(4): 5-26.

김종면 외(2007). 『미래 재정환경 하에서의 재정역할』. 한국조세연구원.

김한주(2011). 『자치행정의 경영화 전략에 관한 연구』. 한양대학교 석사학위논문.

김홍환(2018). “참여정부 재정분권 정책에 대한 평가: 문재인 정부 재정분권정책 추진에 대한 제언을 중심으로.” 『한국지방재정논집』, 23(2): 1-38.

김홍환 · 정순관(2018). “역대정부 지방분권과제와 성과에 대한 평가.” 『지방행정연구』, 32(1): 3-34.

라휘문(2017). “재정분권의 필요성 및 원칙과 기준 정립.” 『경기연구원 세미나 발표논문』.

______(2018). “재정분권원칙에 적합한 강력한 재정분권 추진.” 『지방행정』.

라휘문 · 박희정(2001). “예산분석을 통한 지방자치단체의 기능수행방식 분석.” 『한국정책학보』. 한국정책학회.

박정수(1993). 『국가와 지방자치단체간 재원배분에 관한 연구』. 한국조세연구원.

배인명(2017). “신정부의 재정분권 과제와 추진방안에 대한 소고.” 『지방행정연구』, 31(3): 21-49.

서선재(2011). 『신재생에너지 지방보급사업의 예산 및 보조금 배분결정요인 분석』. 성균관대학교 석사학위논문.

서정섭(2017). “지방 재정분권 확대방안.” 『열린충남』, 78: 9-14.

손희준(2003). “성공적인 재정분권을 위한 재정분권화 방향.” 『행정포커스』, 7: 23-27.

______(2017). “재정분권의 필요성과 의의.” 미발간논문.

______(2018). “문재인정부의 재정분권 방안.” 『한국지방재정학회 세미나 자료집』.

______(2019). 『새지방재정학』. 서울: 대영문화사.

송상훈(2012). “재정분권 강화를 위한 국세 · 지방세 조정.” 『한국지방재정학회 세미나 자료집』.

______(2013). “재정분권과 국세 · 지방세의 조정.” 『자치발전』, 3: 44-51.

신해룡(1994). 『공공선택의 재정경제학』. 세명서관.

염명배(2004). “지방분권 및 국가균형발전과 지방재정: 국세·지방세 재배분문제를 중심으로.” 『재정논집』, 18(2).

오승석(2003). “재정분권의 현실과 지방재정의 확충방안.” 『정책개발연구』, 3(2): 29-55.

우명동(2007). “참여정부 지방분권정책의 성격에 관한 소고: 지방재정의 현상과 본질을 중심으로.” 『한국지방재정학회 동계학술세미나 발표논문집』.

윤영진(2016). 『새지방재정론』. 서울: 대영문화사.

이만우 · 이명훈(2000). 『신공공경제학』. 율곡출판사.

이병량 · 정재진 · 조광래(2008). “재정분권 수단선택에 관한 연구.” 『지방행정연구』, 22(2): 203-236.

이상용(2012). “지방분권 및 사무 재배분에 따른 재원배분 방향.” 『지방재정』, 2: 30-43.

이준구(1995). 『재정학』. 서울: 다산출판사.

이준희(2007). 『우리나라의 지방재정자립에 관한 연구』. 호서대학교 대학원 석사학위논문.

이희봉(2011). 『거버넌스 지방재정』. 사회문화사.

이희재(2017). “역대정부의 재정분권 평가와 차기정부의 과제.” 『한국정책분석평가학회 춘계학술대회 발표논문집』.

임성일(2003). “우리나라 재정분권 상태에 대한 분석과 중앙, 지방간 재원배분체계의 재구축.” 『한국지방재정논집』, 8(2): 1-31.

임승빈(2018). 『지방자치론』. 서울: 법문사.

정용덕(1993a). “합리적 선택으로서의 국가기구 형성.” 『사회과학』, 32(2).

______(1993b). “한국 중앙국가의 구조적 조직.” 『한국정치학회보』, 27(1).

______(1995). “한국 중앙국가의 관청형성에 관한 연구.” 『행정논총』, 33(1).

정정화(2017). “박근혜정부의 지방분권정책 평가와 과제.” 『한국자치행정학보』, 31(3): 1-23.

조기선(2007). 『지방재정 성장의 결정요인에 관한 연구』. 전남대학교 대학원 박사학위논문.

최병호(2006). “재정분권의 이론과 지방재정의 적정구조.” 『한국지방재정학회 11월 세미나 발표논문집』.

______(2007). 『재정분권과 지방재정의 적정구조』. 한국경제연구원 연구보고서.

최성락(2009). “규제는 왜 이루어지는가: 규제의 근거에 대한 재고찰.” 『한국정책학회 추계학술대회 발표논문』.

최영출(2013). “지방분권수준과 영향요인 관계 분석: 재정적 분권을 중심으로.” 『지방정부연구』, 17(2): 369-389.

최진호(2006). 『지방공공재의 합리적공급기준에 관한 연구』. 서울시립대학교 대학원 박사학위논문.

하연섭(1996). 『재정학의 기초』. 서울: 다산미디어.

한원택 · 라휘문 · 박희정(2000). "지방자치실시이후 기초자치단체의 기능수행방식과 핵심기능변화." 지방자치학회. 9월.

Bahl, Roy W.(1995). "The Decentralization of Government." 광복 50주년 기념 국제학술대회 발표논문집. 『한국재정 50년의 회고와 전망』.

Bahl, Roy W. & Linn, Johannes F.(1992). *Urban Public Finance in Developing Countries*. Oxford University Press.

Bennett, R. J.(1980). *The Geography of Public Finance*. Methuen & Co. Ltd.

Cheema, G. Shabbir & Rondinelli, Dennis A.(eds.)(1983). *Decentralization and Development*. Beverly Hills. CA: Sage.

Downs. A.(1967). *Inside Bureaucracy*. Boston: Little, Brown.

Dunleavy, P.(1985). "Bureaucrats, Budgets and the Growth of the State: Reconstructing an Instrumental Model." *British J. Political Science*, 15(3).

______(1989a). "The Architecture of the British Central State: Part Ⅰ, Framework for Analysis." *Public Administration*, 67(3).

______(1989b). "The Architecture of the British Central State: Part Ⅱ, Empirical Findings." *Public Administration*, 67(4).

______(1991). *Democracy, Bureaucracy, and Public Choice*. NY: Harvester Wheatsheaf.

Dunleavy, P., King, D. & Margetts, H.(1994). *Leviathan Bound: Bureaucracy and Budgets in the American Federal State*. unpublished book manuscript.

Dunleavy, P. & O'Leary, B.(1987). *The Theories of the State*. London: Macmillan.

Elcock, Howard(1994). *Local Government*(3rd ed.). London: Routledge.

King, David(1984). *Fiscal Tiers: The Economics of Multi-Level Government*. London: George Allen and Unwin.

Muller, D.(1979). *Public Choice*. Cambridge: Cambridge University Press.

Musgrave, Richard A.(1983). "Who should Tax, Where and What." in C. E. McLure, Jr.(ed.). *Tax Assignment in Federal Countries*, Canberra: Centre for Research on Federal Financial Relations. *Australian National University*, 1983.

Niskanen, W.(1971). *Bureaucracy and Representative Government*. Chicago: Aldine-Atherton.

Oates, W. E.(1972). *Fiscal Federalism*. New York: Harcourt Brace Javanovich.

______(1999). An Essay on Fiscal Federalism. *Journal of Economic Literature*, 37(3): 1120-1149.

Rondinelli, Dennis A.(1981). Government Decentralization in Comparative Perspective: Theory and Practice in Developing Countries. *International Review of Administrative Science*, 47(2): 133-145.

Smith, Brain C.(1985). *Decentralization: The Territorial Dimension of the State*. London: Allen & Unwin.

Wilson, David & Game, Chris(1998). *Local Government in the United Kingdom*. England. U.K.: Macmillan Press LTD.

Chapter 03

지방예산론

제 1 절 | 지방예산의 의의

1. 지방예산의 개념

예산과정을 알기 위해서는 먼저 예산에 대한 개념을 살펴볼 필요가 있다. 예산은 학자들에 따라 조금씩 다르게 정의하고 있다. 권형신 외(2001: 250)는 "지방예산은 1회계연도에 지방정부가 주민복지와 지역발전을 위하여 필요한 소요경비와 이를 충당할 수 있는 소요재원을 예측하고, 그 종류와 금액을 목적별 또는 성질별로 분류하여 집계·적산한 계획으로서 지방재정의 운영지침이 된다"고 한다. 김흥래(2005: 257)는 "지방정부가 한 회계연도인 1년의 기간 동안에 수행하고자 하는 기능과 이에 소요되는 재원을 세입과 세출로 구분하여 이를 화폐단위로 표시한 계획서"라고 하고 있다. 그리고 이희봉(2011: 221)은 "일정기간에 있어서의 지방정부의 수입과 지출의 예정적 계산을 말하며, 지방정부 재정활동의 집약적 표현"이라고 하고 있다. 그리고 지방자치인재개발원·시도공무원교육원(2020: 10)에 의하면 지방예산을 실질적인 측면과 형식적인 측면으로 구분하여 정의하고 있다. 실질적인 측면에서의 예산은 "공권력을 지닌 지방정부가 조세를 강제적으로 부과 징수하는 근거를 표시하고, 또한 예산내용에 표시된 사무·사업의 추진책임을 명확히 한 것으로서 지방정부의 재정적 책임을 구체적으로 확보한 것"이라고 보고 있다. 형식적 측면에서의 예산은 "지방정부의 기관유지와 주민복지 및 지역개발 등 행정 본연의 목적수행을 위한 경비를 조달하고 배분하는 계획으로 ① 기간 면에서 1년으로 정해져(회계연도) 있고, ② 내용 면에서 당해 단체의 사업계획이 반영되어 있으며, ③ 형식 면에서 1년 동안 수입예상액의 '세입'이라는 견적을 세출이라는 형식을 통해 배분해 놓은 것"이다.

이를 종합하여 지방예산을 정의하면 결국 다음과 같다. 지방예산은 지방정부가 1회계연도 동안 기관유지, 주민복지, 그리고 지역개발 등 행정본연의 목적수행을 위하여 필요한 경비를 조달하고 배분하기 위한 수입과 지출의 예정적 계산이라고 할 수 있다. 그리고 지방예산은 지방재정의 운영지침으로 활용한다.

지방예산은 지방정부가 주체이고 지방예산의 목적은 기관유지, 주민복지, 그리고 지역개발 등 행정본연의 목적수행에 있다. 필요한 경비를 조달하고 배분하는 것이 목적달성에 필요한 행동이라고 볼 수 있다([표 3-1] 참조).

표 3-1 지방예산의 개념

학 자	개 념
권형신 외	1회계연도에 지방정부가 주민복지와 지역발전을 위하여 필요한 소요경비와 이를 충당할 수 있는 소요재원을 예측하고, 그 종류와 금액을 목적별 또는 성질별로 분류하여 집계·적산한 계획
김흥래	지방정부가 한 회계연도인 1년의 기간 동안에 수행하고자 하는 기능과 이에 소요되는 재원을 세입과 세출로 구분하여 이를 화폐단위로 표시한 계획서
이희봉	일정기간에 있어서의 지방정부의 수입과 지출의 예정적 계산을 말하며, 지방정부 재정활동의 집약적 표현
지방자치인재개발원·시도공무원교육원	• 실질적 측면: 공공력을 지닌 지방정부가 조세를 강제적으로 부과 징수하는 근거를 표시하고, 또한 예산내용에 표시된 사무·사업의 추진책임을 명확히 한 것으로서 지방정부의 재정적 책임을 구체적으로 확보한 것 • 형식적 측면: 지방정부의 기관유지와 주민복지 및 지역개발 등 행정 본연의 목적수행을 위한 경비를 조달하고 배분하는 계획으로, 기간 면에서 1년으로 정해져(회계연도) 있고, 내용 면에서 당해 단체의 사업계획이 반영되어 있으며, 형식 면에서 1년 동안 수입예상액의 '세입'이라는 견적을 세출이라는 형식을 통해 배분해 놓은 것
필자	지방정부가 1회계연도 동안 기관유지, 주민복지, 그리고 지역개발 등 행정본연의 목적수행을 위하여 필요한 경비를 조달하고 배분하기 위한 수입과 지출의 예정적 계산, 지방재정의 운영지침으로 활용

2. 지방예산의 중요성

지방예산은 몇 가지의 기능을 수행하고 있다. 권형신 외(2001: 250-251)는 재정계획으로서의 기능, 정책형성으로서의 기능, 회계적 통제수단으로서의 기능으로 구분하고 있고, 김흥래(2005: 262-263)는 각종 집단의 이해조정기능, 자원분배와 통제기능, 법률과 같은 구속력, 재정정책적 기능으로 구분하고 있으며, 이희봉(2011: 223-224)은 재정통제적 기능, 법적·강제적 기능, 정치조정적 기능, 지역경제적 기능, 회계관리적 기능을 수행한다고 보고 있다. 그리고 지방자치인재개발원·시도공무원교육원(2020: 11-13)은 머스그레이브와 머스그레이브(Musgrave & Musgrave)가 제시하고 있는 재정의 3대 기능인 자원배분기능, 경제안정화기능, 소득재분배기능 중 자원배분기능을 수행한다고 보고 있다([표 3-2] 참조).

표 3-2 지방예산의 기능에 대한 학자별 분류결과

학 자	분류기준
권형신 외	재정계획으로서의 기능, 정책형성으로서의 기능, 회계적 통제수단으로서의 기능
김흥래	각종 집단의 이해조정기능, 자원분배와 통제기능, 법률과 같은 구속력, 재정정책적 기능
이희봉	재정통제적 기능, 법적·강제적 기능, 정치조정적 기능, 지역경제적 기능, 회계관리적 기능
Musgrave & Musgrave	자원배분기능, 경제안정화기능, 소득재분배기능 중 자원배분기능을 수행
필자	재정통제적 기능, 법적·강제적 기능, 정치조정적 기능, 지역경제적 기능, 회계관리적 기능, 자원배분기능, 정책형성기능

이를 종합하여 이 책에서는 지방예산의 중요성, 즉 수행기능을 재정통제적 기능, 법적·강제적 기능, 정치조정적 기능, 지역경제적 기능, 회계관리적 기능, 자원배분기능, 정책형성기능으로 구분하고자 한다([표 3-3] 참조).

재정통제적 기능은 주민의 대표기관인 의회에서 예산심의를 통해 집행부를 통제한다는 의미이다. 법적·강제적 기능은 지방예산의 경우 형식과 절차 등이 법령으로 규정되며, 그 집행에 있어서도 공무원이나 주민에게 강제력이 부여되고 모든 행·재정활동의 근거와 기준이 된다는 의미이다(이희봉, 2011: 223). 정치조정적 기능은 예산의 경

표 3-3 지방예산의 기능 종합

구 분	내 용
재정통제적 기능	주민의 대표기관인 의회에서 예산심의를 통해 집행부를 통제한다는 의미
법적 · 강제적 기능	형식과 절차 등이 법령으로 규정되며, 그 집행에 있어서도 공무원이나 주민에게 강제력이 부여되고 모든 행 · 재정활동의 근거와 기준이 된다는 의미
정치조정적 기능	세입예산과 세출예산으로 구분되는데, 이를 세입구조를 중심으로 살펴보면 누가 지방세 등의 비용을 부담하고, 세출항목을 중심으로 살펴보면 어떤 계층, 어느 지역이 수혜를 받게 되는가를 나타내는 계획서, 여러 집단의 이해관계와 정책이 조정된 결과
지역경제적 기능	지역개발의 범위와 정도를 예시해주며, 지방정부의 수입과 지출을 통한 지역경제활동의 수준을 반영해준다는 것
회계관리적 기능	지방의회가 지방정부의 장에게 예산의 집행권을 부여하는 동시에 예산집행의 책임을 부여하는 것이기 때문에 예산 관련 활동과 경비에 대하여 내부적 · 외부적 회계통제와 관리를 받게 된다는 의미
자원배분기능	공공부문을 시장의 활동에만 맡겨두었을 경우 발생하는 시장의 실패, 즉 공공재의 과소공급이라는 비효율적인 자원배분상태를 최적상태에 가깝게 하기 위해 정부부문이 부족한 재화와 서비스를 공급하는 기능
정책형성기능	한정된 재원을 유효적절하게 사용하기 위하여 주민의 욕구에 기초한 주민복지의 증진과 지역발전에 필요하다고 판단되는 각종 사업 · 시책에 관한 적부 · 우선순위 · 체계부여 등의 정책결정이 예산의 편성과정을 통하여 이루어진다는 의미

우 세입예산과 세출예산으로 구분되는데, 이를 세입구조를 중심으로 살펴보면 누가 지방세 등의 비용을 부담하고, 세출항목을 중심으로 살펴보면 어떤 계층, 어느 지역이 수혜를 받게 되는가를 나타내는 계획서(김흥래, 2005: 262)라고 볼 수 있는 바, 이는 여러 집단의 이해관계와 정책이 조정된 결과라고 볼 수 있다. 지역경제적 기능은 지방예산이 지역개발의 범위와 정도를 예시해주며, 지방정부의 수입과 지출을 통한 지역경제활동의 수준을 반영해준다는 것이다(이희봉, 2011: 224). 회계관리적 기능은 지방의회의 예산의결에 의해 예산이 성립되는데, 이는 지방의회가 지방정부의 장에게 예산의 집행권을 부여하는 동시에 예산집행의 책임을 부여하는 것(권형신 외, 2011: 251)이기 때문에 예산 관련 활동과 경비에 대하여 내부적 · 외부적 회계통제와 관리를 받게 된다는 의미이다. 자원배분기능은 공공부문을 시장의 활동에만 맡겨두었을 경우 발생하는 시장의 실패, 즉 공공재의 과소공급이라는 비효율적인 자원배분상태를 최적상태에 가깝게 하기 위해 정부부문이 부족한 재화와 서비스를 공급하는 기능을 말한다. 그 범위는 소방, 교육, 의료, 보건위생, 상 · 하수도, 운수 · 교통, 치산 · 치수, 항만, 도로, 공원, 문화시

설, 자치경찰 등 국민생활의 기반을 이루는 모든 분야에 이르고 있다. 이와 같은 공공적인 재화와 서비스의 제공이 오늘날 지방정부의 가장 중요한 기능으로서 주민의 생활의 질을 향상시키고 지역발전을 도모할 수 있는 기능이다. 공공재는 한 사람의 소비행위가 다른 사람의 소비행위에 영향을 주지 않는 비경합성이 있을 뿐 아니라 대가를 지불하지 않은 사람도 소비할 수 있는 비배제성을 지녔으므로 지방정부가 집중적으로 책임져야 할 영역이라 하겠다(지방자치인재개발원 · 시도공무원교육원, 2020: 12-13). 정책형성기능은 한정된 재원을 유효적절하게 사용하기 위하여 주민의 욕구에 기초한 주민복지의 증진과 지역발전에 필요하다고 판단되는 각종 사업 · 시책에 관한 적부 · 우선순위 · 체계부여 등의 정책결정이 예산의 편성과정을 통하여 이루어진다는 의미이다(권형신 외, 2001: 251).

3. 지방예산의 특징

지방예산은 몇 가지의 특징을 가진다. 지방예산은 나중식(2007: 221-222)과 손희준(2019: 300)에 의하면 예산의 다양성, 예산의 높은 경직성, 예산의 한계성, 그리고 예산의 중앙의존성 등과 같은 특징을 가지고 있다. 또한 지방자치인재개발원 · 시도공무원교육원(2020: 14-15)에 의하면 지역성과 공익성의 추구, 다원성과 다양성, 자율성과 타율성, 높은 국가의존도라는 특징을 가진다([표 3-4] 참조).

여기에서는 이를 종합하여 지역성과 공익성의 추구, 다원성과 다양성, 자율성과 타율성, 높은 국가의존도, 예산의 높은 경직성을 중심으로 살펴보고자 한다.

첫 번째는 지역성과 공익성 측면에서 살펴보고자 한다. 지방예산은 해당 지역의 주

표 3-4 지방예산의 특징에 대한 학자별 분류

학 자	분류기준
나중식 손희준	예산의 다양성, 예산의 높은 경직성, 예산의 한계성, 예산의 중앙의존성
지방행정연수원 · 시도공무원교육원	지역성과 공익성의 추구, 다원성과 다양성, 자율성과 타율성, 높은 국가의존도
필자	지역성과 공익성의 추구, 다원성과 다양성, 자율성과 타율성, 높은 국가의존도, 예산의 높은 경직성

표 3-5 재정주체 간 기능비교

구 분	국 가	지방정부	민간기업
재정주체	단일주체	243개 개별단체	단일주체
관리방법	단일한 편성(기재부)으로 집행의 다원화(각 부처)	지방정부별 독립성·자율성과 국가 이양사무의 처리 등 타율성 공유	독립된 관리·운영
업무성격	전국적·통일적·표준적 사무 • 외교·국방 등 국가의 존립, 물가·금융 등 전국적 통일사무, 지역균형개발, 고도기술의 시험·연구사업	지역적·개별적·집행적 사무 • 주민의 복지증진, 산업진흥, 지역개발 및 생활환경 시설 설치·관리, 문화·예술의 진흥, 민방위 및 소방 등	기업의 경영합리화 • 기업목적의 물품생산, 제조 등 부가가치 창출 및 판매·유통 • 서비스의 창출 및 판매

자료: 지방자치인재개발원·시도공무원교육원(2020: 14). 『2020 공통교재 지방예산실무』.

민생활과 직결되기 때문에 지역을 중심으로 한다. 다만, 현대에 들어오면서 지역성은 다소 완화되고 있다(손희준, 2019: 300). 그리고 추구하는 목적을 보면 사익을 추구하기보다는 공익을 지향한다고 볼 수 있다. 그 이유는 지방예산이 기관유지, 주민의 복리증진과 지역개발의 촉진을 위하여 지출되기 때문이다([표 3-5] 참조).

두 번째는 다양성과 다원성이라는 특성이다. 다양성이라는 의미는 지방재정이 1개 주체가 아니라 광역지방정부 17개, 기초지방정부 226개 등 총 243개의 주체를 가지고 있다는 것을 의미한다. 그리고 다원성은 243개 지방정부가 가지고 있는 여건이 모두 다르다는 것이다. 지방재정규모를 결정하는 요인에 해당하는 인구규모, 지역경제력 등이 모두 다르다는 것이다.

세 번째는 자율성과 타율성이라는 특성이다. 지방예산이 자율성을 가지고 있다는 것은 스스로의 책임 하에 자체 수입을 확보하고 지출할 수 있다는 것이다. 반면 타율성은 지방정부도 국가의 한 부분이라는 점에서 일정부분 국가의 제약을 받아야 한다는 것이다. 즉, 지방채발행 과정에서의 통제, 재정분석 및 진단 등이 그것이다.

네 번째는 국가에 대한 재원의존도가 높다는 특성을 가지고 있다. 자주재원의 근간이라고 볼 수 있는 지방세수입이 전체에서 차지하는 비중을 보면 2020년 총계기준으로 24.3%이고, 순계를 기준으로 하면 32.5%이다([표 3-8] 참조). 지방세의 낮은 비중으로 인하여 지방세수입으로 해당 지방정부의 인건비를 해결하지 못하는 지방정부의 수가 전체의 46.5%에 달한다. 또한 지방세와 세외수입을 포함한 자주재원으로 인건비를

표 3-6 지방세수입으로 인건비 미해결단체

(단위: 개, %)

구 분		계	시·도	시	군	자치구
지방세 수입	계	243	17	75	82	69
	미해결	113 (46.5)	0 (0.0)	15 (20.0)	69 (84.1)	29 (42.0)

자료: 행정안전부(2020). 『2020년도 지방자치단체 통합재정개요(상)』.

표 3-7 자체수입으로 인건비 미해결단체

(단위: 개, %)

구 분		계	시·도	시	군	자치구
자체 수입	계	243	17	75	82	69
	미해결	65 (26.7)	0 (0.0)	4 (5.3)	51 (62.2)	10 (14.5)

자료: 행정안전부(2020). 『2020년도 지방자치단체 통합재정개요(상)』.

해결하지 못하는 지방정부의 규모도 전체의 26.7%를 차지하고 있다([표 3-6], [표 3-7] 참조).

다섯 번째는 예산의 높은 경직성이다. 지방정부의 예산규모를 보면 의존재원의 비율이 높은 수준을 보이고 있을 뿐만 아니라 의존재원 중에서도 용도가 정해져 있는 보조

표 3-8 우리나라 지방정부 세입규모

(단위: %)

구 분	총 계	순 계
지방세	24.3	32.5
세외수입	7.2	9.0
지방교부세	13.0	17.6
조정교부금	2.9	0.0
보조금	32.7	21.7
지방채	2.3	3.0
보전수입 등 및 내부거래	17.6	16.1
계	100.0	100.0

주: 기금포함 총계 및 순계기준.
자료: 행정안전부(2020). 『2020년도 지방자치단체 통합재정개요(상)』.

표 3-9 지방정부 자체사업비 비율

(단위: %)

구 분	2010년	2012년	2014년	2016년	2018년	2020년
자체사업비율	39.0	37.5	34.5	36.0	38.7	38.1

주: 일반회계 당초예산 기준.
자료: https://lofin.mois.go.kr/

표 3-10 지방예산의 특징

특 징	내 용
지역성과 공익성	• 해당 지역의 주민생활과 직결되기 때문에 지역을 중심으로 한다는 것 • 추구하는 목적을 보면 사익을 추구하기보다는 공익을 지향
다양성과 다원성	• 광역지방정부 17개, 기초지방정부 226개 등 총 243개의 주체 • 지방정부가 가지고 있는 여건이 모두 다르다는 것
자율성과 타율성	• 스스로의 책임 하에 자체 수입을 확보하고 지출할 수 있다는 것 • 지방정부도 국가의 한 부분이라는 점에서 일정부분 국가의 제약을 받아야 한다는 것
국가에 대한 높은 재원의존도	• 지방세수입이 전체에서 차지하는 비중이 매우 낮다는 것
예산의 높은 경직성	• 보조금의 비중이 높은 것 • 자체사업비의 비중이 높지 않은 것

금의 비중이 높은 것으로 나타난다([표 3-8] 참조). 또한 자율적 사업으로 정의되는 자체사업 비중이 높지 않은 것으로 나타난다([표 3-9] 참조). 이는 지방예산이 경직적이라는 것을 의미한다([표 3-10] 참조).

제 2 절 | 지방예산의 운영원칙

1. 개 요

예산원칙은 예산을 운영하는 과정에서 지켜야 할 기본적인 규범과 준칙을 이야기한다. 예산원칙은 재정의 건전한 운영, 집행부의 자의성배제, 집행부에 대한 의회와 주민의 통제용이, 예산집행에 대한 관료의 부정방지, 예산운영의 신축성 유지 등에 기여한다(권형신 외, 2001: 254). 또한 예산원칙은 예산운영에 있어서 능률성을 높이고 형평성을 확보하기 위한 준거가 된다(김홍래, 2005: 264).

그러나 모든 원칙이 그러하듯이 예산원칙에도 예외는 있다. 즉, 엄격하게 적용하는 과정에서 발생할 수 있는 제반 문제점을 고려하여 각 원칙의 내용에 따라 예외적으로 운영할 수 있는 탄력적인 규정을 별도로 마련하여 운영하고 있다. 따라서 각 예산원칙을 완벽하게 이해하기 위해서는 예외적인 사항을 동시에 고려할 필요가 있다.

예산원칙에는 [표 3-11]에서 보는 것처럼 예산총계주의 원칙, 단일예산주의 원칙, 예산통일의 원칙, 회계연도독립의 원칙, 예산사전의결의 원칙, 예산공개의 원칙, 목적 외 사용금지의 원칙, 건전재정운영원칙, 수입금 직접 사용금지원칙 등이 있다.

표 3-11 지방예산의 운영원칙

예산총계주의 원칙, 단일예산주의 원칙, 예산통일의 원칙, 회계연도독립의 원칙, 예산사전의결의 원칙, 예산공개의 원칙, 목적 외 사용금지의 원칙, 건전재정운영원칙, 수입금 직접 사용금지원칙

2. 예산운영원칙

1) 예산총계주의 원칙

예산총계주의 원칙은 예산완전성의 원칙이라고도 불리운다. 이는 지방재정법 제34조에 근거를 두고 있다. 즉, 한 회계연도의 모든 수입을 세입으로 하고 모든 지출을 세출로 하며 세입과 세출은 모두 예산에 편입되어야 한다는 것을 의미한다. 다만, 지방정부가 현물로 출자하는 경우와 지방자치법 제142조 제1항 및 지방자치단체 기금관리기본법에 따라 설치된 기금을 운용하는 경우 또는 그 밖에 대통령령으로 정하는 사유로 보관할 의무가 있는 현금이나 유가증권이 있는 경우에는 불구하고 이를 세입·세출예산 외로 처리할 수 있다(지방재정법 제34조). 이는 지방세입과 지방세출의 모든 내용이 총체적으로 계상된 상태에서 지방예산의 편성과 집행을 통제하기 위한 목적이 있다. 이

[정오표]

91~94p 표수정(3-12, 3-13, 3-15, 3-16)

러한 이유 때문에 이희봉(2011: 227)은 지방세입이나 지방세출의 모든 내용이 아닌 상쇄된 순수 결과만을 계상하여서는 안 된다고 보고 있다([표 3-12] 참조).

표 3-12 예산총계주의 원칙의 예외 사항

구 분	근 거	내 용
일시차입금	지방회계법 제24조	세출예산의 집행에 있어 향후 세입이 확보되어 있으나 현재 금고에 잔액이 부족할 경우 이를 보충하기 위하여 예산에 편성치 않고 일시적으로 자금만 조달하는 금전
현물로 출자하는 경우	지방재정법 제34조	현물은 세출예산에 편성하지 않고 출자가능
자산의 보유 또는 기금운영	지방자치법 제142조	공익상 필요에 의하여 재산의 보유 및 특정자금의 운영을 위한 기금설치 가능
세계잉여금의 지방채상환	지방회계법 제19조	세계잉여금 중 일부는 세출예산에 편성없이 지방채 상환가능
세입 · 세출 외 현금	지방재정법 시행령 제40조	계약보증금, 입찰보증금 등 사무관리를 위하여 예산에 편성없이 일시적으로 관리하는 경비

자료: 지방자치인재개발원 · 시도공무원교육원(2020: 34-35).

2) 단일예산주의 원칙

지방정부의 제반 세입 · 세출은 단일한 예산에 편성시키고 예산의 편성도 회계연도 중 1회에 한하여 운영하도록 하는 원칙이다(지방자치인재개발원 · 시도공무원교육원, 2020: 35). 이 원칙은 독립된 복수의 예산이 존재할 경우 예산체계가 복잡해지고 불명

표 3-13 단일예산주의 원칙 예외 적용사항

구 분	근 거	내 용
추가경정예산의 편성	지방재정법 제45조	이미 성립된 예산에 변경을 가함
특별회계의 설치	지방재정법 제9조	공영기업 · 특정사업운영을 위해 법률 또는 조례로 특별회계 설치 운영
특정한 자금의 운영	지방자치법 제142조	행정목적달성 또는 공익을 위하여 특정자금의 운용을 위하여 조례로 기금 설치

자료: 지방자치인재개발원 · 시도공무원교육원(2020: 36).

확하게 되어 의회가 집행부를 통제하는 것이 용이하지 않게 되기 때문(이희봉, 2011: 227)에 필요하다.

다만, 단일예산주의 원칙을 고수할 경우 행정환경과 여건변화 등을 반영할 수 없기 때문에 예산운영이 지나치게 경직될 수 있다. 따라서 일정한 조건 하에서 예외를 두고 있다([표 3-13] 참조).

3) 예산통일의 원칙

예산통일의 원칙이란 예산은 세입과 세출이 연결되어 집행되지 않고 모든 세입은 지방정부 금고에 납입되고 모든 세출은 지방정부 금고에서 지출되어야 한다는 원칙이다(이희봉, 2011: 227). 이 원칙에 대한 예외는 특별회계, 목적세 등을 들 수 있다([표 3-14] 참조).

표 3-14 예산통일의 원칙 예외 적용사항

구 분	근 거	내 용
특별회계의 설치	지방재정법 제9조	공영기업 · 특정 사업운영을 위해 법률 또는 조례로 특별회계 설치 운영
목적세	-	지역자원시설세, 지방교육세 등은 특정 목적에 활용

4) 회계연도독립의 원칙

회계연도란 세입과 세출을 기간적으로 명백히 관리하기 위하여 설정한 예산의 유효기간으로 지방자치법 제125조에 "지방정부의 회계연도는 매년 1월 1일 시작하여 그해 12월 31일에 종료한다"고 규정하고 있다.

따라서 이 원칙은 제반 지출되어야 할 경비의 재원은 그 회계연도의 수입으로 조달되고, 당해 연도에 지출되어할 경비는 다른 연도에 지출되어서는 아니 됨을 말하고 있는 것이다(지방자치인재개발원 · 시도공무원교육원, 2020: 36). 그러나 재정활동은 한 해에 그치지 않고 계속적으로 이어지고 있고 특히 투자사업은 1회계연도 내에 완성되지 않은 사업이 대부분으로 지방재정관련법에 [표 3-15]와 같이 예외를 두고 있다.

표 3-15 회계연도 독립원칙의 예외적용 사항

구 분	근 거	내 용
명시 · 사고이월	지방재정법 제50조	경비의 성질상 당해연도 내에 지출이 끝나지 못할 경우 다음 연도에 이월하여 지출
계속비 이월	지방재정법 제42조	완성에 수년도를 요하는 경우 5년 이내에 걸쳐 지출
지난 회계연도 지출	지방회계법 제37조	지난 연도에 속하는 채무확정액으로서 지출하지 아니한 경비 등을 당해 연도에 지출
지난 회계연도 수입	지방회계법 제27조	출납이 완결된 연도에 속하는 수입 또는 예산 외의 수입은 모두 당해 연도의 세입에 편입

자료: 지방자치인재개발원 · 시도공무원교육원(2020: 37).

5) 예산사전의결의 원칙

예산은 회계연도 중 세입 · 세출의 견적이므로 회계연도 개시 이전에 의회 의결을 얻어야 한다는 원칙이다. 만약 예산이 의결되지 않은 경우 지방자치법에 근거하여 준예산제도를 운영하고 있다(지방자치인재개발원 · 시도공무원교육원, 2020: 39). 이는 예산에 의한 행정활동의 예측가능성을 보장하며 예산의 집행이 의회의 의결범위 내에서 이루어지도록 하자는 데 그 목적이 있다(이희봉, 2011: 226).

6) 예산공개의 원칙

지방예산의 편성과 집행에 있어 민주적이고 능률적인 재정운영과 주민의 이해를 통한 참여와 협조를 위해 예산을 널리 주민에게 공개하는 원칙이다. 이를 위한 법적인 규정은 예산 의결내용의 고시(지방자치법 제133조), 결산결과의 고시(지방자치법 제134조), 재정운영상황의 공시(지방재정법 제60조)가 있다. 지방예산편성 과정에 주민참여(지방재정법 제39조)도 공개원칙의 한 변형이라고 할 수 있으며, 재정분권 및 자율성을 강조하는 상황에서 매우 중요한 주민통제의 한 유형이라고 할 수 있다(지방자치인재개발원 · 시도공무원교육원, 2020: 39).

7) 목적 외 사용금지의 원칙

목적 외 사용금지의 원칙이란 지방정부의 장은 세출예산에 정한 목적 외에 경비를 사용할 수 없고 각 기관 간이나 세출예산이 정한 각 장 · 관 · 항 상호 간에 융통하여 사용할 수 없다는 것이다(손희준, 2019: 305). 이와 같은 원칙을 마련한 이유는 세출예산의 경우 편성된 목적대로 집행하여 계획성있는 재정운영과 지방의회의 결정사항을 존중하도록 하기 위한 것이다. 이는 지방재정법 제47조에 규정되어 있다. 지방재정법 제47조를 보면 지방정부의 장은 세출예산에서 정한 목적 외의 용도로 경비를 사용하거나 세출예산에서 정한 각 정책사업 간에 서로 이용할 수 없다. 다만, 예산집행에 필요하여 미리 예산으로서 지방의회의 의결을 얻었을 때에는 이용할 수 있다. 그리고 지방정부의 기구 · 직제 또는 정원에 관한 법령이나 조례의 제정 · 개정 또는 폐지로 인하여 관계 기관 사이에 직무권한이나 그 밖의 사항이 변동되었을 때에는 그 예산을 상호 이체(移替)할 수 있다고 되어 있다([표 3-16] 참조).

표 3-16 목적 외 사용금지원칙의 예외적용 사항

구 분	근 거	내 용
예산이용	지방재정법 제47조	지방의회 의결을 얻은 경우의 정책사업간 예산변경 사용
예산전용	지방재정법 제49조	지방정부의 장의 동일 정책사업내 단위사업간 또는 세부사업내 목그룹간 예산을 변경사용
예산이체	지방재정법 제47조	기구 · 직제 또는 정원에 관한 법령 · 조례 · 제정 · 개폐시 예산을 변경사용

자료: 지방자치인재개발원 · 시도공무원교육원(2020: 38).

8) 건전재정운영원칙

건전재정운영원칙이란 지방자치법 제122조와 지방재정법 제3조에서 제시하고 있는 원칙을 말한다. 지방자치법 제122조는 수지균형의 원칙을 제시하고 있으며, 지방재정법 제3조에서는 국가의 정책에 반하거나 국가 또는 다른 지방정부의 재정에 부당한 영향러한 이유 때문에 이희봉(2011: 227)은 지방세입이나 지방세출의 모든 내용이 아닌 상쇄된 순수 결과만을 계상하여서는 안 된다고 보고 있다([표 3-12] 참조).

표 3-12 예산총계주의 원칙의 예외 적용사항

구 분	국 가	지방정부	민간기업
재정주체	단일주체	243개 개별단체	단일주체
관리방법	단일한 편성(기재부)으로 집행의 다원화(각 부처)	지방정부별 독립성·자율성과 국가 이양사무의 처리 등 타율성 공유	독립된 관리·운영
업무성격	전국적·통일적·표준적 사무 • 외교·국방 등 국가의 존립, 물가·금융 등 전국적 통일사무, 지역균형개발, 고도기술의 시험·연구사업	지역적·개별적·집행적 사무 • 주민의 복지증진, 산업진흥, 지역개발 및 생활환경시설 설치·관리, 문화·예술의 진흥, 민방위 및 소방 등	기업의 경영합리화 • 기업목적의 물품생산, 제조 등 부가가치 창출 및 판매·유통 • 서비스의 창출 및 판매

자료: 지방자치인재개발원·시도공무원교육원(2020: 34-35). 『2020 공통교재 지방예산실무』.

2) 단일예산주의 원칙

지방정부의 제반 세입·세출은 단일한 예산에 편성시키고 예산의 편성도 회계연도 중 1회에 한하여 운영하도록 하는 원칙이다(지방자치인재개발원·시도공무원교육원, 2020: 35). 이 원칙은 독립된 복수의 예산이 존재할 경우 예산체계가 복잡해지고 불명

표 3-13 단일예산주의 원칙 예외 적용사항

구 분	국 가	지방정부	민간기업
재정주체	단일주체	243개 개별단체	단일주체
관리방법	단일한 편성(기재부)으로 집행의 다원화(각 부처)	지방정부별 독립성·자율성과 국가 이양사무의 처리 등 타율성 공유	독립된 관리·운영
업무성격	전국적·통일적·표준적 사무 • 외교·국방 등 국가의 존립, 물가·금융 등 전국적 통일사무, 지역균형개발, 고도기술의 시험·연구사업	지역적·개별적·집행적 사무 • 주민의 복지증진, 산업진흥, 지역개발 및 생활환경 시설 설치·관리, 문화·예술의 진흥, 민방위 및 소방 등	기업의 경영합리화 • 기업목적의 물품생산, 제조 등 부가가치 창출 및 판매·유통 • 서비스의 창출 및 판매

자료: 지방자치인재개발원·시도공무원교육원(2020: 36). 『2020 공통교재 지방예산실무』.

확하게 되어 의회가 집행부를 통제하는 것이 용이하지 않게 되기 때문(이희봉, 2011: 227)에 필요하다.

다만, 단일예산주의 원칙을 고수할 경우 행정환경과 여건변화 등을 반영할 수 없기 때문에 예산운영이 지나치게 경직될 수 있다. 따라서 일정한 조건 하에서 예외를 두고 있다([표 3-13] 참조).

3) 예산통일의 원칙

예산통일의 원칙이란 예산은 세입과 세출이 연결되어 집행되지 않고 모든 세입은 지방정부 금고에 납입되고 모든 세출은 지방정부 금고에서 지출되어야 한다는 원칙이다(이희봉, 2011: 227). 이 원칙에 대한 예외는 특별회계, 목적세 등을 들 수 있다([표 3-14] 참조).

표 3-14 예산통일의 원칙 예외 적용사항

구 분	근 거	내 용
특별회계의 설치	지방재정법 제9조	공영기업·특정 사업운영을 위해 법률 또는 조례로 특별회계 설치 운영
목적세	–	지역자원시설세, 지방교육세 등은 특정 목적에 활용

4) 회계연도독립의 원칙

회계연도란 세입과 세출을 기간적으로 명백히 관리하기 위하여 설정한 예산의 유효기간으로 지방자치법 제125조에 “지방정부의 회계연도는 매년 1월 1일 시작하여 그해 12월 31일에 종료한다”고 규정하고 있다.

따라서 이 원칙은 제반 지출되어야 할 경비의 재원은 그 회계연도의 수입으로 조달되고, 당해 연도에 지출되어할 경비는 다른 연도에 지출되어서는 아니 됨을 말하고 있는 것이다(지방자치인재개발원·시도공무원교육원, 2020: 36). 그러나 재정활동은 한 해에 그치지 않고 계속적으로 이어지고 있고 특히 투자사업은 1회계연도 내에 완성되지 않은 사업이 대부분으로 지방재정관련법에 [표 3-15]와 같이 예외를 두고 있다.

표 3-15 회계연도독립원칙의 예외 적용사항

구 분	국 가	지방정부	민간기업
재정주체	단일주체	243개 개별단체	단일주체
관리방법	단일한 편성(기재부)으로 집행의 다원화(각 부처)	지방정부별 독립성·자율성과 국가 이양사무의 처리 등 타율성 공유	독립된 관리·운영
업무성격	전국적·통일적·표준적 사무 • 외교·국방 등 국가의 존립, 물가·금융 등 전국적 통일사무, 지역균형개발, 고도기술의 시험·연구사업	지역적·개별적·집행적 사무 • 주민의 복지증진, 산업진흥, 지역개발 및 생활환경시설 설치·관리, 문화·예술의 진흥, 민방위 및 소방 등	기업의 경영합리화 • 기업목적의 물품생산, 제조 등 부가가치 창출 및 판매·유통 • 서비스의 창출 및 판매

자료: 지방자치인재개발원·시도공무원교육원(2020: 37).『2020 공통교재 지방예산실무』.

5) 예산사전의결의 원칙

예산은 회계연도 중 세입·세출의 견적이므로 회계연도 개시 이전에 의회 의결을 얻어야 한다는 원칙이다. 만약 예산이 의결되지 않은 경우 지방자치법에 근거하여 준예산제도를 운영하고 있다(지방자치인재개발원·시도공무원교육원, 2020: 39). 이는 예산에 의한 행정활동의 예측가능성을 보장하며 예산의 집행이 의회의 의결범위 내에서 이루어지도록 하자는 데 그 목적이 있다(이희봉, 2011: 226).

6) 예산공개의 원칙

지방예산의 편성과 집행에 있어 민주적이고 능률적인 재정운영과 주민의 이해를 통한 참여와 협조를 위해 예산을 널리 주민에게 공개하는 원칙이다. 이를 위한 법적인 규정은 예산 의결내용의 고시(지방자치법 제133조), 결산결과의 고시(지방자치법 제134조), 재정운영상황의 공시(지방재정법 제60조)가 있다. 지방예산편성 과정에 주민참여(지방재정법 제39조)도 공개원칙의 한 변형이라고 할 수 있으며, 재정분권 및 자율성을 강조하는 상황에서 매우 중요한 주민통제의 한 유형이라고 할 수 있다(지방자치인재개발원·시도공무원교육원, 2020: 39).

7) 목적 외 사용금지의 원칙

목적 외 사용금지의 원칙이란 지방정부의 장은 세출예산에 정한 목적 외에 경비를 사용할 수 없고 각 기관 간이나 세출예산이 정한 각 장·관·항 상호 간에 융통하여 사용할 수 없다는 것이다(손희준, 2019: 305). 이와 같은 원칙을 마련한 이유는 세출예산의 경우 편성된 목적대로 집행하여 계획성있는 재정운영과 지방의회의 결정사항을 존중하도록 하기 위한 것이다. 이는 지방재정법 제47조에 규정되어 있다. 지방재정법 제47조를 보면 지방정부의 장은 세출예산에서 정한 목적 외의 용도로 경비를 사용하거나 세출예산에서 정한 각 정책사업 간에 서로 이용할 수 없다. 다만, 예산집행에 필요하여 미리 예산으로서 지방의회의 의결을 얻었을 때에는 이용할 수 있다. 그리고 지방정부의 기구·직제 또는 정원에 관한 법령이나 조례의 제정·개정 또는 폐지로 인하여 관계 기관 사이에 직무권한이나 그 밖의 사항이 변동되었을 때에는 그 예산을 상호 이체(移替)할 수 있다고 되어 있다([표 3-16] 참조).

표 3-16 목적 외 사용금지원칙의 예외 적용사항

구 분	국 가	지방정부	민간기업
재정주체	단일주체	243개 개별단체	단일주체
관리방법	단일한 편성(기재부)으로 집행의 다원화(각 부처)	지방정부별 독립성·자율성과 국가 이양사무의 처리 등 타율성 공유	독립된 관리·운영
업무성격	전국적·통일적·표준적 사무 • 외교·국방 등 국가의 존립, 물가·금융 등 전국적 통일사무, 지역균형개발, 고도기술의 시험·연구사업	지역적·개별적·집행적 사무·주민의 복지증진, 산업진흥, 지역개발 및 생활환경시설 설치·관리, 문화·예술의 진흥, 민방위 및 소방 등	기업의 경영합리화 • 기업목적의 물품생산, 제조 등 부가가치 창출 및 판매·유통 • 서비스의 창출 및 판매

자료: 지방자치인재개발원·시도공무원교육원(2020: 38). 『2020 공통교재 지방예산실무』.

8) 건전재정운영원칙

건전재정운영원칙이란 지방자치법 제122조와 지방재정법 제3조에서 제시하고 있는 원칙을 말한다. 지방자치법 제122조는 수지균형의 원칙을 제시하고 있으며, 지방재정법 제3조에서는 국가의 정책에 반하거나 국가 또는 다른 지방정부의 재정에 부당한 영향을 미치지 않도록 하는 원칙을 제시하고 있다.

지방자치법 제122조의 내용을 보면 지방정부는 그 재정을 수지균형의 원칙에 따라 건전하게 운영하여야 하고 국가는 지방재정의 자주성과 건전한 운영을 조장하여야 하며, 국가의 부담을 지방정부에 넘겨서는 아니 된다고 되어 있다. 이는 수지균형의 원칙에 대한 법적근거이다. 수지균형이란 예산편성 결과 세입과 세출이 일치하는 것을 의미한다.

그리고 지방재정법 제3조를 보면 지방정부는 주민의 복리증진을 위하여 그 재정을 건전하고 효율적으로 운용하여야 하며, 국가의 정책에 반하거나 국가 또는 다른 지방정부의 재정에 부당한 영향을 미치게 하여서는 아니 된다. 그리고 지방정부는 예산이 여성과 남성에게 미치는 효과를 평가하고, 그 결과를 지방정부의 예산에 반영하기 위하여 노력하여야 한다고 되어 있다. 이는 국가 또는 다른 지방정부에 부당한 영향을 금지하는 원칙을 의미한다.

9) 수입금 직접 사용금지원칙

수입금 직접 사용금지원칙이란 지방정부의 모든 수입은 지정된 수납기관(지방금고)에 납부되어야 하며 직접 사용할 수 없도록 되어 있다. 이는 지방회계법 제25조에 근거를 두고 있다. 제25조의 내용을 보면 지방정부의 장, 그 보조기관 및 소속 행정기관은 그 관할 지방정부의 모든 수입을 지정된 수납기관에 내야 하며, 이 법 또는 다른 법률에서 달리 정하고 있는 경우를 제외하고는 직접 사용하여서는 아니 된다고 되어 있다.

이러한 원칙의 예외로 지방재정법 제16조 및 동법 시행령 제27조에 지방정부가 특별한 업무 또는 시설을 제공하고 그 제공받은 자로부터 그 비용을 징수하는 경우 수입을 수반하는 실험·실습·연구비에 있어서 그 내용을 그 수입의 범위 안에서 지출하는 경우 등 수입대체경비의 경우 이를 지출하도록 규정하고 있다([표 3-17] 참조)(지방자치인재개발원·시도공무원교육원, 2020: 34).

표 3-17 예산원칙의 내용 및 근거

구 분	근 거	내 용	예 외
예산총계주의 원칙	지방재정법 제34조	모든 세입·세출은 예산에 편성	일시차입금, 현물로 출자하는 경우, 자산의 보유 또는 기금운영, 세계잉여금의 지방채상환, 세입·세출 외 현금
단일예산주의 원칙	〈원칙에 대한 예외규정〉 특별회계설치: 지방재정법 제9조 추경예산편성: 지방재정법 제45조	모든 세입·세출은 단일한 예산에 편성 예산편성은 1년 1회에 한함. 필요시 추경편성	추가경정예산의 편성, 특별회계의 설치, 특정한 자금의 운영
예산통일의 원칙	예산과목 통일: 지방재정법 제41조 예산내용 통일: 지방재정법 제40조	예산과목의 통일 예산내용의 통일	특별회계의 설치, 목적세
회계연도 독립의 원칙	지방재정법 제7조	회계연도 내에 수입·지출	명시·사고이월, 계속비 이월, 당겨 사용(조상충용), 지출금반납, 지난 회계연도 지출, 지난 회계연도 수입
예산사전의결의 원칙	지방자치법 제127조	회계연도 개시 이전에 의회의결	준예산제도
예산공개의 원칙	예산편성결과(지방자치법 제133조), 결산결과(지방자치법 제134조), 재정운영상황의 공시(지방재정법 제60조)를 개별적으로 규정	재정운영의 주민참여 재정운영공시제도	
목적 외 사용금지의 원칙	〈원칙에 대한 예외 규정〉 예산이용·이체 및 전용(지방재정법 제47조의2, 제49조)	예산의 편성된 목적대로 집행	예산이용, 예산전용, 예산이체
건전재정운영 원칙	지방자치법 제122조, 지방재정법 제4조에 포괄적으로 규정 등	재정운영의 건전성과 효율성의 확보	
수입금 직접 사용금지원칙	지방회계법 제25조 〈예외〉 수입대체경비(지방회계법 제26조)	수입예산의 예산편성지출(예산총계주의와 같은 맥락)	수입대체경비

자료: 지방자치인재개발원·시도공무원교육원(2020: 33-34). 『2020 공통교재 지방예산실무』.

제 3 절 | 지방예산의 종류

1. 개 요

예산은 다양한 형태가 존재하고 있다. 이를 일정한 기준에 입각하여 정리하면 [표 3-18]과 같다. 통상적으로 성질별 분류, 계산방법별 분류, 성립시기별 분류, 관리기술별 분류의 기준을 적용하고 있다. 성질별로 분류하면 일반회계와 특별회계, 그리고 기금이 있고 계산방법별로 살펴보면 총계와 순계가 있다. 성립시기별로 보면 본예산, 수정예산, 추가경정예산, 준예산, 잠정예산, 가예산이 있고 관리기술별로 살펴보면 사업예산, 계획예산, 일몰예산, 품목예산, 영기준예산, 자본예산이 있다.

이하에서는 각 기준별 예산의 종류에 대하여 살펴보고자 한다.

표 3-18 예산의 구분기준 및 종류

기 준	종 류
성질별 분류	일반회계예산, 특별회계예산, 기금
계산방법별 분류	총계, 순계
성립시기별 분류	본예산, 수정예산, 추가경정예산, 준예산, 잠정예산, 가예산
관리기술별 분류	사업예산, 계획예산, 일몰예산, 품목예산, 영기준예산, 자본예산

자료: 지방자치인재개발원 · 시도공무원교육원(2020: 50). 『2020 공통교재 지방예산실무』.

2. 예산의 구분기준과 내용

1) 성질별 분류

지방자치법 제126조, 지방재정법 제9조, 지방자치법 제142조에 의할 경우 일반회계, 특별회계, 그리고 기금을 설치할 수 있도록 되어 있다.

(1) 일반회계예산

일반회계예산은 지방정부의 예산 중에서 지역주민의 공공복리증진을 위하여 운영하는 것이다(손희준, 2019: 302-303). 또한 일반회계예산은 일반적이고 항구적인 재정활동에 관한 총세입과 총세출을 열거하여 편성한 것으로 지방정부의 고유기능 수행을 목적으로 하고 있다. 세입은 주로 자주재원(지방세와 세외수입)과 이전재원(지방교부세, 보조금 등)에 의존하고 있으며, 세출은 지방정부의 존립·유지와 지역개발 및 주민복지 등을 위한 기본적 활동을 위해 지출된다(지방자치인재개발원·시도공무원교육원, 2020: 51).

(2) 특별회계예산

특별회계예산은 지방정부의 예산사업 중 사업적 성격이 농후하거나 기업성이 중시되는 사업에 대해 일반회계와 구분하여 별도의 회계를 설치·운영하는 것이다(손희준, 2019: 303). 즉, 특별회계예산은 공영기업, 기타 특정 사업을 운영할 때 또는 특정 자금이나 특정 세입·세출로서 일반세입·세출과 구분하여 정리할 필요가 있을 때에 한하여 법률 또는 지방정부의 조례로 설치한다(지방자치인재개발원·시도공무원교육원, 2020: 51). 특별회계예산은 예산단일의 원칙에는 위반하지만 지방정부가 운영하는 사업의 수익성을 명백히 하고, 이러한 사업의 자율적 운영을 통한 능률의 향상과 경영합리화를 기할 수 있다는 장점이 있다(이희봉, 2011: 234).

특별회계의 종류는 공기업특별회계와 기타 특별회계가 있다. 공기업특별회계는 공기업법 제2조에서 정한 상·하수도, 도시철도, 청소, 주택, 의료, 시장 등 사업을 대상으로 대통령령에서 정한 일정한 기준 이상의 사업에 한하여 적용되며 기타 특별회계는 공기업특별회계를 제외한 모든 지방정부의 특별회계로 의료보호, 토지구획정리, 영세민 생활안정 등 다수의 사업에 적용되고 있다(지방자치인재개발원·시도공무원교육원, 2020: 51).

(3) 기 금

지방정부는 행정목적을 달성하기 위한 경우나 공익상 필요한 경우에는 재산을 보유하거나 특정한 자금을 운용하기 위한 기금을 설치할 수 있다고 되어 있다(지방자치법 제142조). 이와 같은 기금은 예산에 비해 자율성과 탄력성이 부여되는 장점이 있다고 하겠으나 개별사업의 목적달성을 위해 기금의 난립과 방만한 운영이 초래될 가능성이 있어 지방자치법 제39조에서 기금 설치·운용사항에 대해 지방의회가 의결하도록 되어

표 3-19 예산과 기금의 비교

구 분	일반회계	특별회계	기 금
설치사유	지방정부 고유의 일반적 재정활동	• 특정 세입으로 특정 세출에 충당 • 특정 사업운영 • 특정 자금보유운용	특정 목적 및 시책추진을 위해 특성 사금을 운용할 필요가 있는 경우
재원조달 및 운용형태	공권력에 의한 지방세수입과 무상적 급부의 제공이 원칙	일반회계와 기금의 운용형태 혼재	출연금, 부담금 등 다양한 수입원으로 융자사업 등 사업수행
확정절차	사업부서 예산요구 → 예산부서 예산안 편성→지방의회 심의 · 의결	좌동	기금운용부서 계획 수립, 예산부서 협의 · 조정, 지방의회 심의 · 의결
집행절차	집행과정에서도 합법성에 입각한 통제가 가해짐: 예산의 목적 외 사용 금지원칙	좌동	집행과정에서는 합목적성 차원에서 자율성과 탄력성이 보장
수입 · 지출 연계	특정한 수입과 지출의 연계배제	특정한 수입과 지출의 연계	좌동
계획변경	추경예산편성	좌동	주요 항목(분야 · 부문 · 정책사업) 지출금액의 10분의 5 초과 변경 시 지방의회 의결
결산	지방의회 심의 · 승인	좌동	좌동

자료: 지방자치인재개발원 · 시도공무원교육원(2020: 54). 『2020 공통교재 지방예산실무』.

있다([표 3-19] 참조)(지방자치인재개발원 · 시도공무원교육원, 2020: 52-53).

2) 계산방법별 분류

(1) 총 계

총계란 일반회계와 특별회계 간 또는 회계 내 계정 간 중복계산분을 차감하지 않고 이중 계산된 규모를 그대로 파악한 것(회계 간 단순한 합계)을 의미한다. 국고보조금 및 시 · 도비보조금, 시 · 도세 및 세외수입의 징수교부금, 시 · 도의 기초지방정부융자금, 지방정부 간의 부담금, 회계 간의 전출금 등이 중복계상되어 있다. 총계는 개별 지방정부별로 예산규모를 파악하고자 할 때 주로 사용한다.

(2) 순 계

순계는 예산총계에서 회계 간 또는 회계 내 계정 간 거래로 인한 중복분을 모두 차감한 규모를 파악하여 제시하는 것이다. 이는 실질적 정부의 총예산규모를 파악하는 데 용이하다. 즉, 예산서에 징세비 등 중간경비를 공제한 순수입만을 세입으로 계상한 것이다. 통상적으로 지방정부 전체를 대상으로 한 지방재정규모를 도출할 때 사용하고 있다([표 3-20] 참조).

표 3-20 총계와 순계의 비교

구 분	내 용	활 용
총계	일반회계와 특별회계 간 또는 회계 내 계정 간 중복계산분을 차감하지 않고 이중 계산된 규모를 그대로 파악한 것	개별 지방정부별로 예산규모를 파악하고자 할 때 주로 사용
순계	예산총계에서 회계 간 또는 회계 내 계정 간 거래로 인한 중복분을 모두 차감한 규모를 파악하여 제시하는 것	지방정부 전체를 대상으로 한 지방재정규모를 도출할 때 사용

3) 성립시기별 분류

성립시기별 분류란 시간적 순서에 의거하여 예산을 분류하는 것을 말한다. 즉, 법정기간과 절차에 의하여 예산을 성립시키는 것이 정상이나 예산을 성립시키지 못하거나 다양한 환경적 변화 또는 여건의 변화로 인하여 당초 설정한 예산을 수정하여야 하는 등의 사항이 발생할 수 있기 때문에 시간적 순서에 따라 예산을 살펴볼 필요가 있다. 여기에는 본예산, 수정예산, 추가경정예산, 그리고 준예산, 잠정예산, 가예산 등이 있다.

(1) 본예산

본예산이란 다음 회계연도 예산에 대해 지방의회가 의결하여 최초로 성립된 예산이다(손희준, 2019: 303). 구체적으로는 회계연도마다 예산안을 편성하여 시 · 도의 경우에는 회계연도 개시 50일 전까지, 시 · 군 · 구는 회계연도 개시 40일 전까지 지방의회에 제출하고, 시 · 도의회에서는 예산안을 회계연도 개시 15일 전까지, 시 · 군 · 구의회는 회계연도 개시 10일 전까지 의결하여 성립한 예산을 말한다(지방자치인재개발원 · 시도공무원교육원, 2020: 57). 이를 당초예산이라고도 한다.

(2) 수정예산

수정예산이란 지방정부의 장이 예산을 편성하여 의회에 제출한 이후 예산안을 변경하고 이를 대상으로 의회가 의결한 예산을 말한다(이희봉, 2011: 235). 즉, 예산안을 의회에 제출하였으나 대내외 여건의 변동 등 부득이한 사유가 발생하여 그 내용의 일부를 수정할 필요가 있을 때 제출하는 예산이다(지방자치법 제127조 제4항). 수정예산은 ① 법령·조례 등의 제정으로 소요경비가 불가피하게 반영이 필요한 경우, ② 국고보조금, 지방교부세의 내시가 변경되어 예산을 수정할 필요가 있는 경우, ③ 기타 제출한 예산안의 내용 중 불가피하게 변경이 필요한 사항이 있는 경우 등이다. 수정예산안은 예산결산특별위원회 및 소관상임위원회에서 심의가 가능한 시한 내이어야 하며, 그 취지상 내용의 일부에 한해야 할 것이다(지방자치인재개발원·시도공무원교육원, 2020: 57).

(3) 추가경정예산

추가경정예산이란 예산 성립 후에 생긴 사유로 인하여 이미 성립된 예산에 변경을 가할 필요가 있을 때 편성하는 예산이다(지방자치법 제130조, 지방재정법 제45조). 추가경정예산제도는 재정상황의 변화에 적절히 대응하여 예산을 편성집행할 수 있다는 예산의 신축성의 장점을 살리는 제도라고 할 수 있다. 그러나 추가경정예산제도가 남용된다면 예산의 단일성과 통일성의 원칙이 흔들릴 수 있고, 의회의 예산통제도 약화될 수 있다는 단점이 있다(이희봉, 2011: 236).

추가경정예산 편성요인은 다음과 같다. ① 전년도 예산의 집행결과 순세계잉여금이 발생하여 재원을 활용하기 위해 예산에 편성하기 쉬운 경우, ② 국고보조금, 지방교부세 등 국가에서 예산을 추가지원하고 지방비 예산을 추가로 확보하여 사업을 집행할 필요가 있는 경우, ③ 기채 등 지방채를 추가발행하였거나 당초 예상하지 못했던 특정재원의 수입이 발생하여 사업을 추진할 필요가 있는 경우, ④ 이미 편성된 예산 중 사업집행 등 경비집행에 있어서 부득이한 사유로 사업비를 추가하거나 변경할 필요가 있는 경우(지방자치인재개발원·시도공무원교육원, 2020: 58) 등이다.

(4) 준예산

회계연도 개시 전일까지 예산이 지방의회에서 의결되지 않으면 지방정부 예산은 성립되지 못한다(손희준, 2019: 303-304). 예산이 성립되지 않았을 때 활용하는 예산에는 준예산, 잠정예산, 가예산이 있다([표 3-21] 참조).

준예산이란 지방의회가 회계연도 개시 전에 예산안을 의결하지 못하였을 때에 전년도 예산에 준하여 지출할 수 있도록 한 예산제도이다(지방자치법 제131조, 지방재정법 제46조). 현재 우리나라에서 활용하고 있는 제도이다.

준예산제도에 의하여 지출이 허용된 경비는 ① 법령·조례에 의하여 설치된 기관 또는 시설의 유지·운영, ② 법령 또는 조례상 지출의무의 이행, ③ 이미 예산으로 승인된 사업의 계속의 경우이다(지방자치법 제131조). 일단 집행되고 난 후에 본예산이 성립되면 집행금액은 당연히 본예산에 흡수되어 본예산에 의하여 집행된 것으로 간주하게 된다(지방자치인재개발원·시도공무원교육원, 2020: 58-59).

(5) 잠정예산

잠정예산 역시 준예산처럼 회계연도 개시 전까지 예산안이 통과되지 않는 경우에 허용하는 제도이다. 잠정예산은 회계연도 개시일부터 최초 수개월분(대략 3~4개월)의 일정금액의 예산에 대한 지출을 허가하는 제도이다(이희봉, 2011: 237). 잠정예산은 미국·영국·캐나다에서 자주 이용되는 예산제도이고, 일본에서는 예외적으로 활용되고 있다. 우리나라에서는 채택된 적이 없다(지방자치인재개발원·시도공무원교육원, 2020: 59).

(6) 가예산

가예산 역시 준예산처럼 회계연도 개시 전까지 예산안이 통과되지 않는 경우에 허용하는 제도이다. 가예산은 1개월분의 예산만 의결하여 집행할 수 있도록 허가하는 것이다. 우리나라 제1공화국(지방자치인재개발원·시도공무원교육원, 2020: 59)과 과거 프랑스 제3·4공화국에서 사용한 경험이 있다([표 3-21], [그림 3-1] 참조).

표 3-21 준예산, 잠정예산, 가예산의 구분

구 분	기 한	의 결	지출항목	채택국가
잠정예산	3-4개월	필요	전반적	미국, 영국, 일본
가예산	1 개월	필요	전반적	프랑스, 한국(제1공화국)
준예산	제한없음	불필요	한정적	한국, 독일

자료: 지방자치인재개발원·시도공무원교육원(2020: 59). 『2020 공통교재 지방예산실무』.

그림 3-1 예산의 성립시기에 의한 종류

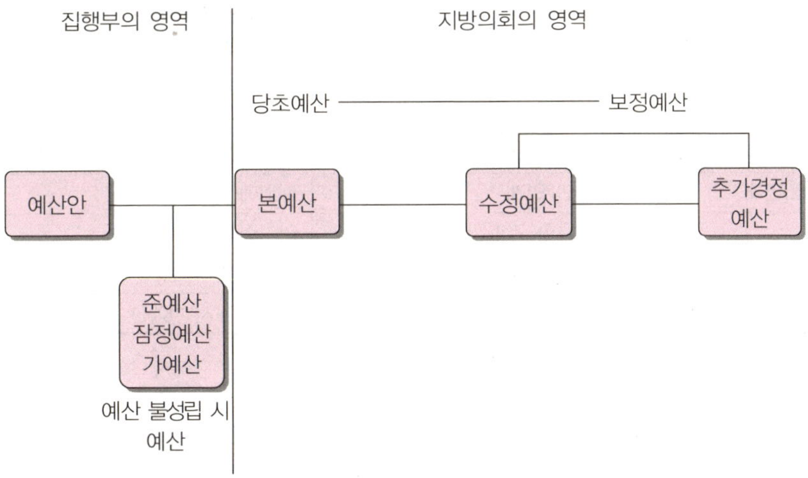

표 3-22 예산의 성립시기에 의한 종류별 내용 종합

구 분	내 용
본예산	다음 회계연도 예산에 대해 지방의회가 의결하여 최초로 성립된 예산
수정예산	지방정부의 장이 예산을 편성하여 의회에 제출한 이후 예산안을 변경하고 이를 대상으로 의회가 의결한 예산
추가경정예산	예산 성립 후에 생긴 사유로 인하여 이미 성립된 예산에 변경을 가할 필요가 있을 때 편성하는 예산
준예산	지방의회가 회계연도 개시 전에 예산안을 의결하지 못하였을 때에 전년도 예산에 준하여 지출할 수 있도록 한 예산제도
잠정예산	준예산처럼 회계연도 개시 전까지 예산안이 통과되지 않는 경우에 허용하는 제도. 3~4개월 운영

가예산	준예산처럼 회계연도 개시 전까지 예산안이 통과되지 않는 경우에 허용하는 제도. 1개월 운영

4) 관리기술별 분류

예산제도의 변화과정을 연도별로 살펴보면 개략적으로 [표 3-23]과 같을 것이다. 이하에서는 각각의 예산제도에 대하여 설명하고자 한다.

표 3-23 예산제도의 변화과정

연 대	목 적	예산제도
1920년대	예산통제목적	품목별 예산
1930년대	사업성과의 명확화	성과주의예산
	공공투자사업의 확충	자본예산제도
1960년대	계획과 예산의 연계	계획예산제도
1970년대	예산편성을 통한 감축관리	영기준예산
	의회 · 입법을 통한 감축관리	일몰예산
2000년대	통제보다 성과강조	프로그램(사업)예산

자료: 지방자치인재개발원 · 시도공무원교육원(2020: 60). 『2020 공통교재 지방예산실무』.

(1) 품목별 예산

품목별 예산(line-item budgeting)이란 예산을 지출대상(품목)별로 분류해 편성하는 예산제도이다(윤영진, 2010: 376). 즉, 지방정부가 구입하려는 대상을 분류하여 지방정부가 구입하는 용역이나 물품에 치중하는 예산 또는 지출의 대상과 성질을 기준으로 하여 세출예산의 금액을 나타내는 예산이다(지방자치인재개발원 · 시도공무원교육원, 2020: 60). 여기에서의 지출대상(품목)은 예산과목의 목(目)에 해당하는 것으로 인건비, 물건비 등을 의미한다. 품목별 예산제도는 이 돈의 책임자가 누구이며, 무슨 사업에다 이 돈을 써야 하며 또 그 돈의 사용처까지 예산에 명기하고, 그에 따라서 지출행위를 하는 제도이다(나중식, 2007: 323).

품목별 예산제도는 예산집행에 대한 회계책임을 분명히 하고 공무원의 재량을 제한함으로써 부패방지와 능률향상 등 경비지출의 적정화를 도모하기 위하여 필요하지만 정부의 활동이나 사업계획을 나타내지 못하는 단점이 있다(지방자치인재개발원 · 시도공무원교육원, 2020: 60).

(2) 성과주의예산

성과주의예산은 광의로 해석할 경우 사업의 투입요소가 아닌 산출(output)이나 결과(outcome)에 초점을 두고 예산을 편성하고 운영하는 모든 예산제도를 의미한다고 볼 수 있다(나중식, 2007: 325). 좀 더 협의로 보면 예산을 사업별 · 활동별로 분류해 편성하되 업무단위의 원가와 양을 계산해 편성하는 제도이다(윤영진, 2010: 378). 즉, 정책이 체계적으로 반영될 수 있도록 사업을 중심으로 예산을 편성 · 배정 · 집행 · 평가함으로써 재정성과를 극대화하기 위한 예산제도이다.

지방정부는 2008년 예산부터 사업예산제도를 도입하면서 사업별로 예산구조를 전환하고 성과와 예산을 직접 연계한 성과주의예산을 적용하기 위한 노력을 진행하고 있다(지방자치인재개발원 · 시도공무원교육원, 2020: 60-61).

(3) 계획예산

계획예산제도는 목표를 설정하고 설정된 목표를 달성할 수 있도록 사업계획을 수립하며 수입된 사업계획들에 자금을 체계적으로 배정하는 예산방식이다(나중식, 2007: 335). 장기적인 계획 수립과 단기적인 예산편성을 프로그램의 작성을 통하여 유기적으로 연결시킴으로써 자원배분에 관한 의사결정을 합리적으로 행하려는 예산이다(지방자치인재개발원 · 시도공무원교육원, 2020: 61). 기획과 예산을 연결시키는 고리역할을 하는 것은 프로그래밍이다.

계획예산제도는 ① 목표를 분명히 정의하고, ② 이를 달성할 사업계획을, 각종 대안을 체계적으로 검토해 수립하며, ③ 다년 간에 걸친 사업재정계획을 수립하는 장기적 시계(time horizon)을 갖고 있다는 점이 특징이다(윤영진, 2010: 382).

(4) 영기준예산

영기준예산은 예산편성에 있어서 전년도 예산을 기준으로 하지 않고 신규사업이든 계속사업이든 능률성 · 효과성과 사업의 존속 · 축소 · 확대 여부를 근본적으로 재평가하고, 그 우선순위에 따라 예산을 편성하는 제도를 말한다(지방자치인재개발원 · 시도공무원교육원, 2020: 61).

영기준예산은 모든 사업계획에 대해 출발점으로부터 검토해 예산을 편성해야 한다는 보는 것이 아니다. 영기준예산은 모든 사업계획이 아닌 선정된 사업계획에 대해 꼭 영기준일 필요는 없고, 예산기준 영역의 한 지점으로부터 검토하는 것이다([표 3-24] 참조)(윤영진, 2010: 389).

표 3-24 예산제도의 비교

구 분	품목별 예산제도	성과주의 예산제도	계획예산 제도	영기준 예산제도
지향성	통제	관리	계획	의사결정
관심대상	투입	투입과 산출	투입, 산출, 효과	사업대안의 우선순위
주요 정보	지출품목의 비용	조직의 사업	사업목표	사업과 조직의 목표
핵심기술	회계기술	관리적 기술	경제학·계획기술	계획과 관리의 기술
결정원리	점증적	점증적	체제분석적	포괄적
계획책임	거의 없음	분산적	집권적	분권적
예산기관의 역할	재정적 적정성 감시	능률성 제고	정책결정	정책우선순위결정
장점	작성과 이해의 용이성, 회계책임확보의 용이성, 점증주의적 의사결정의 이점, 어려운 선택의 분산, 다양한 정책과의 조화	능률성향상, 유용한 행정관리수단, 편성·집행이 용이성, 통제의 상대적 용이성	목표·수단의 연계촉진, 계획활동의 강화, 경제적 논리도입, 분석·평가정보제공, 포괄적 분석의 촉진	자원배분의 효율화·예산절감, 정확한 정보의 원활한 유통, 의사결정능력의 향상, 변동대응성 향상, 참여촉진
단점	효율성 판단불능, 사업성과에 대한 무관심, 과거지향적 점증주의의 약점, 재정구조의 경직화, 활동의 중복, 통합조정의 애로	효율성 판단불능, 통제의 상대적 애로, 복잡성 대응의 한계, 업무단위 선정의 애로, 단위원가 계산의 애로	정치적 영향의 무시, 목표명료화의 애로, 사업효과측정의 애로, 비용·효과비교의 애로, 과다한 서류작업, 무리한 책임부과	계산전략의 한계, 비경제적 요인이 간과, 정보획득의 애로, 보수적·확장지향적 조직행태로 인한 장애, 경직성경비로 인한 한계, 사업전환의 장애, 과다한 서류작업

자료: 윤영진(2010).

제 4 절 | 지방예산과정

1. 지방예산과정의 의의

1) 예산과정의 개념

예산과정에 대한 개념은 다양한 학자들에 의하여 각기 다르게 정의되어 있다. 권형신 외(2001: 259)는 "지방정부가 동원 가능한 재원을 누구를 대상으로 어떤 분야에 얼마나 분배할 것인가를 결정하는 공식적인 절차"라고 보고 있다. 김흥래(2005: 294)는 예산과정을 넓은 의미와 좁은 의미로 구분하여 살펴보고 있다. 넓은 의미에서 예산과정을 보면 예산과정은 "계획수립단계와 지방정부 내부에서의 예산편성, 심의, 집행, 결산과정을 포함하고, 좁은 의미에서 예산과정을 보면 지방의회와 집행부 간의 관계에 있어서 한정된 자원을 보다 효율적으로 배분하기 위하여 예산안을 편성하고 심의·의결하여 예산을 확정시킨 후 이를 집행하고 최종적으로 결산하는 과정"을 의미한다. 그리고 이희봉(2011: 247)은 "지방예산이 형성되어 기능을 완료하기까지의 전반적인 과정을 말하며, 구체적으로는 지방예산의 편성, 심의·의결, 집행, 회계검사·결산으로 이루어진 단계적 순환적 과정을 말한다"고 한다. 손희준(2019: 311)은 신무섭(2009: 126-127)을 인용하여 예산과정을 제시하고 있다. 이들은 "예산의 편성, 심의, 집행, 그리고 결산 및 회계검사 등 네 단계로 이루어지며, 이 과정을 통해 구체적으로 재원의 배분이 이루어진다"고 제시하고 있다.

앞에서 살펴본 것과 같은 학자들의 개념을 종합하여 개념정의하고 있는 것은 지방자치인재개발원·시도공무원교육원(2020: 79-80)이 발간한 책이다. 따라서 이 책에서도 앞의 책을 따라 지방예산과정을 다음과 같이 정의하고자 한다. "예산과정은 지방정부의 ① 수입가능한 재원을, ② 누구를 대상으로, ③ 어떤 목적으로, ④ 어떤 지출경비로, ⑤ 얼마를 배분·집행할 것인가를 결정하는 공식적인 절차와 과정을 말한다. 이와 같은 예산과정은 통상 3년의 기간이 소요된다. 왜냐하면 당해 연도의 예산집행은 1회계연도 내에서 종료되지만 예산의 편성과 심의는 전년도에, 예산에 대한 결산은 차후 연도에 이루어지기 때문이다"([표 3-25] 참조).

표 3-25 예산과정의 개념

학 자	개 념
권형신 외	지방정부가 동원 가능한 재원을 누구를 대상으로 어떤 분야에 얼마나 분배할 것인가를 결정하는 공식적인 절차
김흥래	넓은 의미에서 예산과정을 보면 예산과정은 계획수립단계와 지방정부 내부에서의 예산편성, 심의, 집행, 결산과정을 포함하고, 좁은 의미에서 예산과정을 보면 지방의회와 집행부 간의 관계에 있어서 한정된 자원을 보다 효율적으로 배분하기 위하여 예산안을 편성하고 심의·의결하여 예산을 확정시킨 후 이를 집행하고 최종적으로 결산하는 과정
이희봉	지방예산이 형성되어 기능을 완료하기까지의 전반적인 과정을 말하며, 구체적으로는 지방예산의 편성, 심의·의결, 집행, 회계검사·결산으로 이루어진 단계적 순환적 과정
손희준, 신무섭	예산의 편성, 심의, 집행, 그리고 결산 및 회계검사 등 네 단계로 이루어지며, 이 과정을 통해 구체적으로 재원 배분 수행
지방자치인재개발원·시도공무원교육원, 필자	예산과정은 지방정부의 ① 수입가능한 재원을, ② 누구를 대상으로, ③ 어떤 목적으로, ④ 어떤 지출경비로, ⑤ 얼마를 배분·집행할 것인가를 결정하는 공식적인 절차와 과정

지방예산은 몇 가지의 특징을 가지고 있다.

첫째, 지방예산과정은 지역의 가치를 배분하는 일종의 정치적 과정이다. 즉, 다양한 이해관계자가 결정에 참여한다. 공무원, 지역주민, 의원, 이익집단, 중앙정부 등이 예산의 편성, 집행, 결산에 이르는 과정에 참여한다. 즉, 이들의 의견을 반영하여 공동체의 가치를 배분하는 것이다.

둘째, 지방예산과정은 지역사업의 우선순위를 반영하는 과정이다. 예산과정에서 지방정부의 지역적 여건을 반영한 사업들의 우선순위를 선정한 후 이를 집행하여 일정한 성과를 창출할 수 있도록 한다.

셋째, 지방예산과정은 주기적·반복적이라는 특징을 가진다. 즉, 지방예산은 편성-심의·의결-집행-회계검사·결산의 단계를 반복하는 순환적 과정이다. 이처럼 반복되는 일정한 주기를 예산주기 또는 예산순기라고 표현하며, 예산이 성립되어 효력을 가지는 기간을 회계연도라는 표현을 사용한다. 회계연도는 지방정부의 수입과 지출을 정리하는 시기적 기준이 된다는 점에서 중요하다([표 3-26] 참조).

표 3-26 각 국가의 회계연도

시 기	국가명
1~12월	한국, 프랑스, 러시아, 독일, 네덜란드
3월~나음해 2월 밀	티기
4월~다음해 3월 말	일본, 영국, 캐나다, 인도
7월~다음해 6월 말	필리핀, 노르웨이, 스웨덴, 미국의 주
10월~다음해 9월 말	미국 연방정부

자료: 지방자치인재개발원 · 시도공무원교육원(2020: 37). 『2020 공통교재 지방예산실무』.

넷째, 예산과정은 일정한 기간을 단위로 하여 이루어진다. 예산의 전 과정이 완료되기까지에는 대체로 3년여의 기간이 필요하다. 이를 예산순환주기라고 한다([표 3-27] 참조).

표 3-27 예산과정의 흐름

구 분	2020년	2021년	2022년
2021년도 예산	중기재정계획수립 투자심사 예산편성 · 심의 · 확정	예산집행	결산

자료: 지방자치인재개발원 · 시도공무원교육원(2020: 80). 『2020 공통교재 지방예산실무』.

이러한 지방예산의 시스템 관리과정은 지방재정영향평가 → 중기재정계획수립 → 투자심사 → 예산편성 운영기준 통보 → 지방채발행승인 → 예산편성 → 예산집행 → 집행

표 3-28 예산과정의 특징

특 징	내 용
정치적 과정	공무원, 지역주민, 의원, 이익집단, 중앙정부 등의 의견을 반영하여 공동체의 가치를 배분하는 것
지역사업의 우선순위를 반영하는 과정	지방정부의 지역적 여건을 반영한 사업들의 우선순위를 선정한 후 이를 집행하여 일정한 성과를 창출할 수 있도록 하는 것
주기적 · 반복적이라는 특징	편성-심의 · 의결-집행-회계검사 · 결산의 단계를 반복하는 순환적 과정
예산순환주기	일정한 기간을 단위로 하여 이루어지는 것

그림 3-2 예산운영시스템

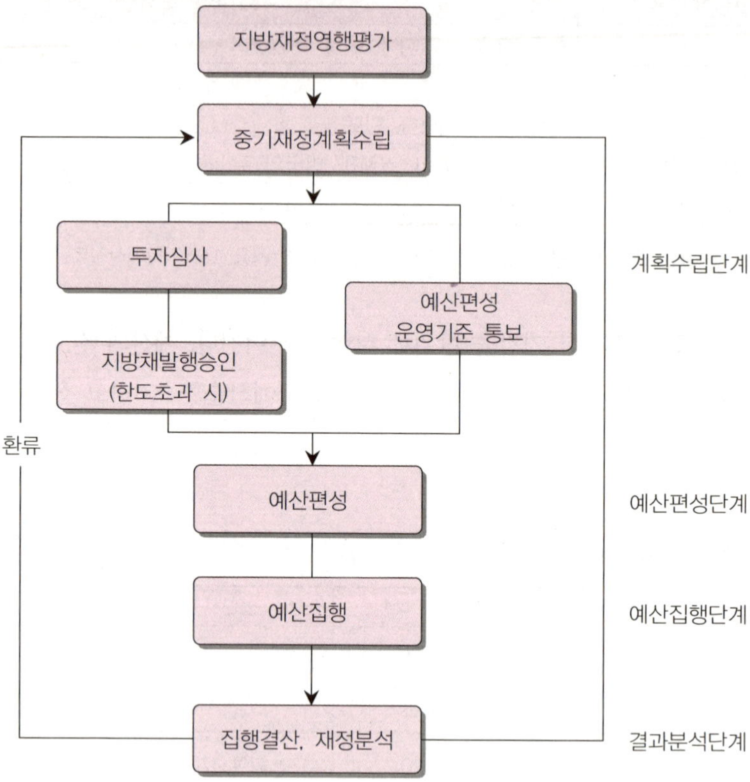

자료: 지방자치인재개발원 · 시도공무원교육원(2020: 81).『2020 공통교재 지방예산실무』.

결산 · 재정분석 → 재정환류의 과정으로 이루어진다([표 3-28], [그림 3-2] 참조)(지방자치인재개발원 · 시도공무원교육원, 2020: 81).

2) 예산과정의 중요성

지방예산의 편성과 집행에 있어 집행부와 의회의 기능이 분립되어 상호 견제와 조화를 통해 성립하도록 서로의 관계가 명확하게 정립되어 있다. 즉, 예산의 편성권은 집행부에, 의결 · 확정권은 지방의회에 있고 예산의 집행에 있어 집행권은 집행부에, 결산의 승인권은 지방의회에 있다. 이러한 책임과 기능의 분립은 지방예산의 운영과정에서 재원이 낭비되지 않고 건전하게 효율적으로 집행하도록 하는 책임성과 민주성을 실현하기 위하여 마련된 것이다. 따라서 지방예산이 소기의 목적을 실현하기 위해서는 집행부의 편성 및 집행기능과 의회의 심의·의결 및 결산기능을 양축으로 하여 상호 건전한 비판과 보완적인 자세로 운영해 나가는 것이 무엇보다 필요하다고 할 것이다(지방자치인재개발원·시도공무원교육원, 2020: 80).

예산과정은 시간적 차원에서 또는 책임의 균형화라는 차원에서 예산운영의 반응성과 책임성을 확보하기 위해 만들어 놓은 최선의 제도적 장치인 것이다. 다시 말하면, 예산과정의 제도화는 좋은 예산 또는 바람직한 예산운영에서 벗어나지 못하도록 하는 동시에 잘못된 결정이 내려질 가능성을 최소화하는 데 기여하도록 한 제도적 장치이다([표 3-29] 참조)(나중식, 2007: 133-134).

표 3-29 지방예산운영의 기능분립

구 분	집행부	지방의회
지방예산편성	예산의 편성	예산의 심의·의결·확정
집행결과결산	확정된 예산의 집행	집행결과승인

자료: 지방자치인재개발원·시도공무원교육원(2020: 81). 『2020 공통교재 지방예산실무』.

2. 예산편성

1) 개 념

예산편성은 김홍래(2005: 296)에 의할 경우 "다음 회계연도에 지방정부가 수행할 각종 활동 및 사업계획과 이러한 제 활동에 소요되는 재원의 수입·지출에 대한 예정적 계산을 금액으로 표시하여 예산안을 작성하는 집행부 내부의 작업과정"이다. 그리고 행정안전부(2020: 155)는 "예산편성이란 다음 회계연도에 지방정부가 하고사 하는 시책이나 사업계획을 재정적인 용어와 금액으로 표시하여 세입·세출 예산안을 작성하는 것으로서, 회계연도 개시 최소 6개월 전부터 재정관리제도 등 사전절차를 이행하고, 예산요구, 조정, 예산안의 확정에 이르는 모든 과정을 포함"한다고 개념화하고 있다. 이희봉(2011: 254)은 "계획된 목표와 필요한 자원배분을 체계적으로 연계시키는 과정"이라고 한다. 지방예산편성을 어떻게 정의하든 지방정부는 이 과정에서 사용될 재원을 추계하고 기존의 사업 가운데 계속할 사업과 새로 착수할 사업을 선정하고, 이에 소요되는 지출규모를 확정하는 작업을 수행한다(손희준, 2019: 313).

이와 같은 지방예산편성이란 한정된 자원을 효율적으로 배분하기 위한 과정으로 지방예산과정의 시작이라고 볼 수 있다. 이 과정에서 다양한 기법이 도입되고 많은 이해관계인이 참여하여 각자의 이익을 확보하기 위하여 복잡한 과정을 거친다. 예산편성을 할 수 있는 권한은 지방정부에게 부여하는데 그 이유는 지방재정운영의 통일을 도모하고, 책임소재를 명확히 하며 예산관리의 적정을 도모하기 위함이다(지방자치인재개발원 · 시도공무원교육원, 2020: 83).

지금까지의 개념을 종합하면 예산편성이란 지방정부가 한정된 자원을 효율적으로 배분하는 것으로 다음 연도에 소요되는 세입과 지출에 대한 예정적 계산서라고 볼 수 있다([표 3-30] 참조).

표 3-30 예산편성의 개념

학 자	개 념
김흥래	다음 회계연도에 지방정부가 수행할 각종 활동 및 사업계획과 이러한 제 활동에 소요되는 재원의 수입 · 지출에 대한 예정적 계산을 금액으로 표시하여 예산안을 작성하는 집행부 내부의 작업과정
행정안전부	다음 회계연도에 지방정부가 하고자 하는 시책이나 사업계획을 재정적인 용어와 금액으로 표시하여 세입 · 세출 예산안을 작성하는 것으로서, 회계연도 개시 최소 6개월 전부터 재정관리제도 등 사전절차를 이행하고, 예산요구, 조정, 예산안의 확정에 이르는 모든 과정을 포함
이희봉	계획된 목표와 필요한 자원배분을 체계적으로 연계시키는 과정
손희준	재원을 추계하고 기존의 사업 가운데 계속할 사업과 새로 착수할 사업을 선정하고, 이에 소요되는 지출규모를 확정하는 것
지방자치인재개발원 · 시도공무원교육원,	한정된 자원을 효율적으로 배분하기 위한 과정으로 지방예산과정의 시작
필자	지방정부가 한정된 자원을 효율적으로 배분하는 것으로 다음 연도에 소요되는 세입과 지출에 대한 예정적 계산서

2) 원 칙

지방정부는 예산을 편성하는 과정에서 주민의 복리증진을 위하여 그 재정을 건전하고 효율적으로 운영하여야 하며, 국가의 정책에 반하거나 국가 또는 다른 지방정부의 재정에 부당한 영향을 미치게 하여서는 곤란하다.

지방정부는 당해 소관에 속하는 사무의 처리에 한하여 예산을 편성하여야 하고, 법령에 근거 없이 국가 또는 다른 지방정부의 사무 및 교육사무 관련 예산은 편성할 수 없다. 또한 특별회계예산은 설치 근거 법률 또는 조례로 정한 목적에 한하여 운영되어야 하고, 일반회계 예산과의 전·출입은 지방정부 자금운영 등 불가피한 경우에 한하여 허용된다. 수년 간에 걸쳐 특정 특별회계로부터 계속적으로 전출하는 것은 허용되지 않는다(행정안전부, 2020: 155).

이와 같은 원칙들을 설정하는 이유는 김흥래(2005: 296)에 의하면 국가 전체의 재원이 국민경제의 성장과 안정, 그리고 균형있는 국가발전에 보다 효율적으로 배분되어야 하며 또 한편으로는 지방재정의 건전한 운영을 확보하는 데 필요하기 때문이다([표 3-31] 참조).

표 3-31 예산편성의 원칙

- 건전하고 효율적으로 운영
- 국가의 정책과 일치
- 국가 또는 다른 지방정부의 재정에 부당한 영향을 미치는 편성금지
- 당해 소관에 속하는 사무처리에 한해서만 편성
- 특별회계는 당초 목적대로 운영
- 수년 간 지속되는 특별회계 전출은 불허용

3) 과 정

예산편성과정을 보면 지방재정영향평가(지방 및 중앙) → 중기재정계획수립과 투자심사(사업부서) → 예산편성기준 통보 및 방침시달(예산부서) → 예산요구(사업부서) → 조정(예산부서) → 예산안의 작성(예산부서) → 예산안 의회제출 → 의회심의 → 확정 → 의결예산이송 → 편성결과 보고 및 고시이다([그림 3-3] 참조).

첫째, 지방재정영향평가이다. 지방재정영향평가는 2014년 지방재정법 개정을 통해 신설되었다. 지방재정법 제27조의6에 의하면 지방정부의 장은 대규모의 재정적 부담을 수반하는 국내·국제경기대회, 축제·행사, 공모사업 등의 유치를 신청하거나 응모를 하려면 미리 해당 지방정부의 재정에 미칠 영향을 평가하고, 그 평가결과를 토대로 지

그림 3-3 일반회계 예산편성절차

지방재정영향평가 (지방재정법 제27조의6)	대규모경기, 축제·행사, 공모사업, 법령 제·개정 시 지방재정에 미치는 영향 평가 실시
▼	
중기재정계획수립 (지방재정법 제33조)	예산편성 이전에 계획을 수립하여 당해 연도 예산편성의 기본으로 활용
▼	
투자심사 (지방재정법 제37조)	중기재정계획에 반영된 사업을 대상으로 투자심사를 거쳐 결정된 사업에 한하여 예산편성
▼	
예산편성기준 통보 (전년도 7월 말) (지방재정법 제38조)	지방교부세 내시: 전년도 10월 15일 국고보조금 등 내시: 전년도 10월 15일
▼	
예산(안) 편성	부서·사업별로 예산요구서를 작성하여 예산부서 제출 예산부서에서 심사·조정하여 예산(안) 마련 지방정부의 장의 결재를 얻어 확정
▼	
예산(안) 심의·의결 –시·도: 회계연도 개시 15일 전까지 –시·군·구: 회계연도 개시 10일 전까지	지방정부가 조정확정예산(안)을 의회에 제출 본회의 제안설명 소관상임위원회 상정 → 예산결산특별위원회 심의·의결 → 본회의 의결
▼	
예산의결결과 이송	지방의회가 의결한 예산을 지방정부의 장에게 이송 의결된 날부터 3일 이내(지방자치법 제133조)
▼	
예산의결내용 보고·고시	의결된 예산은 즉시 상급기관(시·도는 행정안전부장관, 시·군·구는 시·도지사)에 보고 및 고시

자료: 지방자치인재개발원·시도공무원교육원(2020: 88). 『2020 공통교재 지방예산실무』.

방재정투자심사위원회의 심사를 거쳐야 한다. 또한 중앙관서의 장은 지방정부의 부담을 수반하는 법령안, 지방정부의 부담을 수반하는 경비 등 대규모 지방재정부담을 수반하는 사항에 대해서는 대통령령으로 정하는 바에 따라 지방재정에 미치는 영향을 평가한 결과(지방재정영향평가서)를 행정안전부장관에게 제출하여야 한다. 이 경우 평가

대상은 지방재정부담의 소요기간, 소요금액 등을 고려하여 대통령령으로 정한다.

둘째, 중기재정계획의 수립이다. 지방재정법 제33조에 의하면 지방정부의 장은 재정을 계획성 있게 운용하기 위하여 매년 중기지방재정계획을 수립하여 지방의회에 보고하고, 행정안전부장관에게 제출하여야 한다. 지방정부의 장은 중기지방재정계획을 수립할 때에는 행정안전부장관이 정하는 계획수립 절차 등에 따라 그 중기지방재정계획이 관계 법령에 따른 국가계획 및 지역계획과 연계되도록 하여야 한다. 그리고 행정안전부장관은 각 지방정부의 중기지방재정계획을 기초로 관계 중앙행정기관의 장과 협의하여 매년 종합적인 중기지방재정계획을 수립하고, 국무회의에 보고하여야 한다. 이 경우 행정안전부장관은 지방정부의 의견을 최대한 반영하도록 노력하여야 한다. 중기재정계획을 수립하여야 하는 이유는 이희봉(2011: 256)에 의할 경우 예산과 계획을 일치시키기 위해서이다. 즉, 예산은 공공계획의 재정적 측면이며 계획집행에 필요한 자원을 마련하는 수단이다. 그러나 예산은 1회계연도에 한정되지만 재정계획은 중・장기적으로 형성되는 경우가 많아 예산과 계획은 괴리되기 쉽다. 계획과 유기적으로 연결되지 않은 예산은 주요 정책목표와의 관련성을 알 수 없고 또한 자원의 낭비를 초래하기 쉽다. 따라서 계획과 예산은 상호 간 자료정보가 환류되는 상호 교류적인 과정을 이루어야 하는데, 이를 충족시키는 중요한 수단 중 하나는 중기재정계획과 연계하여 예산을 편성하는 것이다.

셋째, 예산편성기준・방침을 시달하는 것이다. 2007년 이전에는 현재의 행정안전부장관이 예산편성지침을 작성하여 지방정부에 시달하였으나 예산편성의 자율성을 제약한다는 문제제기에 따라 폐지되었다. 현재는 행정안전부에서 예산편성운영지침 및 기금운영계획 수립지침을 통해 자율적으로 예산을 편성하도록 하고 있다. 이와 같은 지침을 토대로 각 지방정부의 예산부서는 매 회계연도의 예산편성방침을 정하여 본청 실・과장 및 관서의 장에게 시달한다.

넷째, 본청 실・과장 및 관서의 장이 예산부서에 예산을 요구하는 것이다. 본청 실・과장 및 관서의 장은 사업계획과 관련한 세출예산요구서를 작성하여 예산총괄부서에 제출하여야 한다. 즉, 각 부서장 및 관서의 장은 지정된 기일까지 소관부서의 세입・세출예산요구서와 부속서류를 작성하여 예산부서에 제출하여야 한다(이희봉, 2011: 258). 사업부서가 세입・세출예산안에 대하여 사업관리카드를 작성하여 예산부서에 요구(사업관리카드: 정책사업, 단위사업, 세부사업)한다. 이때 조직의 미션, 실・국단위 전략목표, 정책사업목표, 성과지표 등이 포함된 성과계획서를 작성하여 제출하여야 한다. 지방정부는 2016회계연도 예산안부터 예산의 성과계획서를 지방의회에 예산안 첨부서류로 제출하여야 하는 의무가 있다. 회계별로 세입예산을 요구하되, 보조금 등 특정재원의 경우 보조기관, 보조사업명, 세출사업명을 연계하여 제출한다. 또한 세부사업단위로 편성목 · 통계목 · 산출근거 · 예산요구액을 작성하되 특정재원이 소요되는 경우 세입사업명과 연계하여 제출한다. 보조금사업의 경우에는 보조금 부담조서를 작성하여 제출하여야 한다(행정안전부, 2020: 158). 이 과정에서 주민의 참여를 보장하고 있다. 지방재정법 제39조에 의하면 지방정부의 장은 대통령령으로 정하는 바에 따라 지방예산편성 과정에 주민이 참여할 수 있는 절차를 마련하여 시행하여야 한다. 그리고 지방정부의 장은 예산편성 과정에 참여한 주민의 의견을 수렴하여 그 의견서를 지방의회에 제출하는 예산안에 첨부할 수 있다.

다섯째, 예산조정이다. 예산요구서가 제출되면 예산총괄부서는 예산요구서에 대한 설명을 듣고 난 다음 지방정부의 장의 재정운영방침, 재정상황, 사업의 우선순위 등을 고려하면서 예산요구액을 조정한다. 이때 예산부서는 예산요구내용을 산출근거까지 조정한다. 조정 또는 심사를 할 때는 소관 부서장의 설명을 들어야 하며, 세입예산을 증액 조정할 필요가 있을 때에는 세입주관 부서장의 의견을 들어야 한다(지방자치인재개

표 3-32 예산조정의 요령 및 유의사항

단 계	예산조정의 요령 및 유의사항
1단계	① 예산요구서에 제시된 계수의 산출근거가 정확한가? ② 불필요한 경비가 포함되어 있는가? ③ 의무적경비 등에서 누락된 것은 없는가? ④ 법령 등에 반하거나 해석상 오류는 없는가?
2단계	⑤ 예산편성 관련 규정(예산편성기준 및 세입 · 세출예산과목구분과 설정규정)에서 정한 경비는 준수되었는가? ⑥ 사업비에서 기본운영계획 등의 사업이 반영되고 있으며 그 실시순위는 타당한가? ⑦ 그 사업의 긴급성은 어떠한가? ⑧ 주민의 요망도는 어느 정도인가? ⑨ 경제적 합리성은 어떠한가? ⑩ 향후의 행정에 어떠한 영향을 미칠 것인가?
3단계	⑪ 세입과 세출의 균형을 맞추기 위해 예산요구액을 조정

자료: 지방자치인재개발원 · 시도공무원교육원(2020: 85). 『2020 공통교재 지방예산실무』.

발원 · 시도공무원교육원, 2020: 85). 예산총괄부서가 예산을 조정하는 과정에서 [표 3-32]와 같은 기준을 적용하고 있다.

여섯째, 예산안을 작성하는 것이다. 예산의 조정이 종료되는 즉시 예산총괄부서의 장은 예산안을 작성하여 지방정부의 장에게 결재를 받아야 한다. 그 이후 지방정부의 최종예산조정 결과에 따라 작성된 예산안을 유인하여 각 부서에 배부한다. 각 부서는 지방의회 심의에 대비하여 예산제안 설명자료를 준비하여야 한다. 각 부서에서는 예산설명자료를 작성 예산부서에 제출하여야 하며 예산주관부서에서는 의회 본회의 및 예산결산특별위원회에 제안설명자료를 준비한다(지방자치인재개발원 · 시도공무원교육원, 2020: 87).

일곱째, 마지막으로 예산안을 지방의회에 제출한다. 지방자치법 제127조에 의하면 지방정부의 장은 회계연도마다 예산안을 편성하여 시 · 도는 회계연도 시작 50일 전까지, 시 · 군 및 자치구는 회계연도 시작 40일 전까지 지방의회에 제출하여야 한다. 그리고 시 · 도의회에서는 회계연도 시작 15일 전까지, 시 · 군 및 자치구의회에서는 회계연도 시작 10일 전까지 의결하여야 한다. 지방의회는 지방정부의 장의 동의 없이 지출예산 각 항의 금액을 증가하거나 새로운 비용항목을 설치할 수 없다. 만약 지방정부의 장이 예산안을 제출한 후 부득이한 사유로 그 내용의 일부를 수정하려면 수정예산안을 작성하여 지방의회에 다시 제출할 수 있다. 지방의회에 제출하는 예산안에는 예산편성기준, 세입세출예산 사항별 설명서, 채무부담행위설명서, 명시이월비설명서 등 서류를 첨부하여야 한다. 지방자치법 제130조에 의하면 지방정부의 장은 예산을 변경할 필요가 있으면 추가경정예산안을 편성하여 지방의회의 의결을 받아야 한다.

3. 예산안의 심의 · 의결

예산안의 심의 · 확정은 사업 예산안을 작성하여 의회에 제출하고 이에 따른 심의 결과에 따라 지방정부의 장이 확정한다(행정안전부, 2020: 158). 과정을 보면 심의과정과 의결과정으로 분리된다. 심의과정을 보면 예산안의 지방의회 제출, 상임위원회 및 예산결산특별위원회의 심의이다. 그 이후 예산안을 의결하는 과정을 거친다.

예산안의 지방의회 제출을 보면 다음과 같다. 지방정부의 장은 회계연도마다 예산안

표 3-33 지방예산안의 첨부서류

구 분	첨부서류
지방재정법 제44조의2	1. 재정운용상황개요서 2. 세입 · 세출예산 사업별 설명서 3. 계속비사업에 대한 설명서, 지출상황 및 투자계획 4. 채무부담행위에 대한 설명서, 지출상황 및 전망금액 5. 지방세지출보고서(추정액 기준) 6. 지역통합재정통계 보고서(예산액 기준) 7. 성인지예산서 8. 성과계획서 9. 예산정원표 및 편성기준 단가 10. 명시이월 명세서 11. 중기지방재정계획서 12. 공유재산 관련 서류 13. 회계와 기금 간의 이전 관련 서류 14. 그 밖에 대통령령으로 정하는 서류
지방재정법 시행령 제49조의2	1. 지방정부 예산편성기준 2. 전전년도 결산의 총계표 및 순계표와 전년도 세입 · 세출결산 추정액의 총계표 및 순계표 3. 지방채증권 및 차입금에 관한 전전년도 말의 발행 및 상환실적, 전년도 말 및 해당 연도 말의 현재액의 추정액 4. 지방채증권 및 차입금에 관한 연차별 상환계획에 관한 조서 5. 지방세지출보고서 6. 그 밖에 예산의 내용을 명백히 하는데 필요한 서류

을 편성하여 시 · 도는 회계연도 시작 50일 전까지, 시 · 군 · 구는 회계연도 시작 40일 전까지 지방의회에 제출하여야 한다(지방자치법 제127조 제1항). 지방의회에 제출하는 예산안에는 예산편성기준, 세입 · 세출예산 사항별 설명서, 채무부담행위설명서, 명시이월비설명서 등 서류를 첨부하여야 한다([표 3-33] 참조)(지방재정법 제44조의2, 지방재정법 시행령 제49조의2).

상임위원회 및 예산결산특별위원회의 심의를 보면 다음과 같다. 지방의회에 예산안이 제출될 때에는 지방정부의 장으로부터 예산안에 대한 설명을 들은 후 의장은 이를 소관별 상임위원회에 회부하고 소관별 상임위원회는 예비심사를 하여 그 결과를 의장에게 보고한다. 의장은 예비심사보고서를 첨부하여 예산안을 예산결산특별위원회에 회부하고 그 심사가 끝난 후 본회의에 부의한다. 예산결산특별위원회의 심사를 거친 예산안의 수정동의는 재적의원 3분의 1 이상의 찬성으로 의제가 된다. 예산안의 심사보고가 있을 때에는 예산의 각 부문별로 회의에 부의할 수 있다. 예산 각 부문의 심사가 끝나면 총액에 대하여 의결한다. 이때 만일 예산결산특별위원회에서 다시 심사할 필요가 있는 사항이 발견될 때에는 의회의 의결로 그 사항에 한하여 기한을 정하여 예산결산특별위원회에 재심사를 요구할 수도 있다.

예산안의 의결을 보면 다음과 같다. 의회에서의 심의 확정기한은 시·도의회에서는 회계연도 시작 15일 전(전년도 12월 16일)까지, 시·군·구의회에서는 회계연도 시작

그림 3-4 예산안 심의의결 흐름도

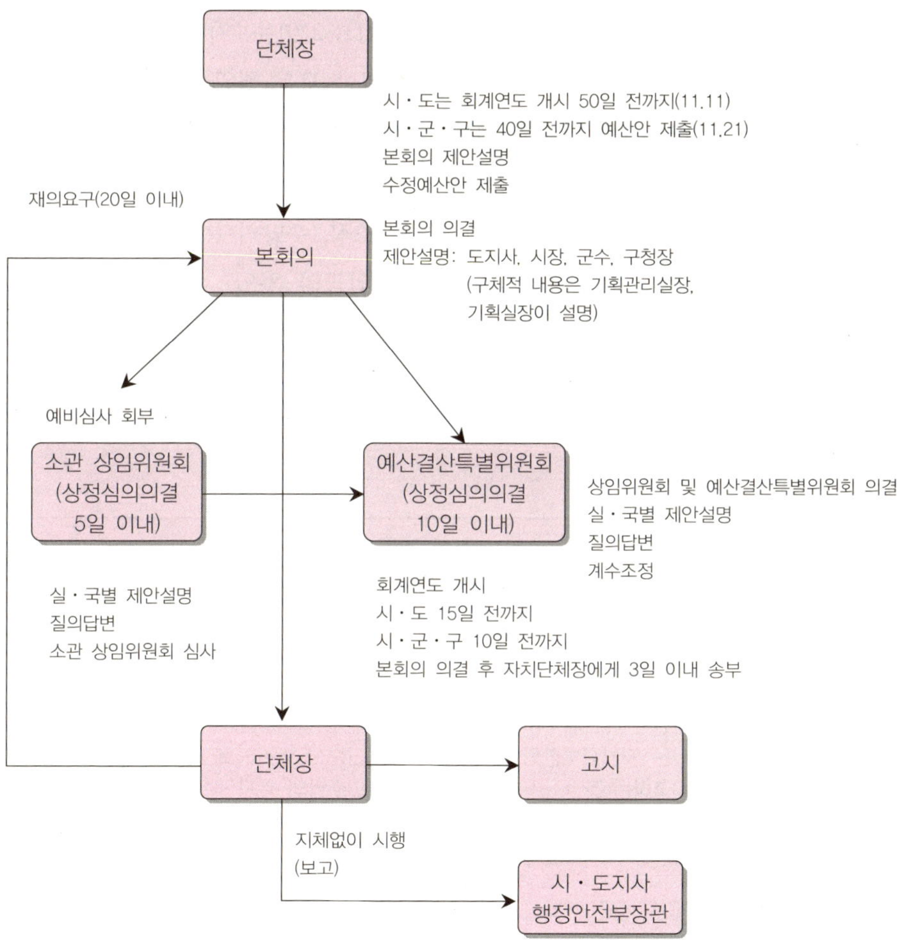

자료: 지방자치인재개발원·시도공무원교육원(2020: 93). 『2020 공통교재 지방예산실무』.

10일 전(전년도 12월 21일)까지 이를 의결하여야 한다([그림 3-4] 참조)(지방자치법 제127조 제2항).

4. 예산집행

1) 개 념

예산집행은 많은 학자들이 조금씩 다른 정의를 하고 있다. 먼저, 손희준(2019: 320)은 "지방의회에서 의결 · 확정된 예산에 따라 수입을 조달하고 공공경비를 지출하는 일체의 재정활동을 의미한다"고 보고 있고, 이희봉(2011: 279)은 "지방의회에서 심의 · 확정된 예산에 따라 집행기관이 수입과 지출을 실행하는 모든 행위를 말한다"고 하고 있다. 또한 김흥래(2005: 305)는 "확정된 예산에 따라 수입과 지출을 구체적으로 실행하는 모든 행위로 이의 권한은 지방정부장의 전속권한이다. 이는 단순한 예산으로 정해진 금액을 수납하고 지출하는 것만이 아니라 수입의 조정, 수납의 통지 · 수납, 예산의 배정, 지출원인행위의 실행, 지방채의 발행, 일시차입금의 차입, 세출예산의 배정 · 이용 · 전용, 계약의 체결 등을 모두 포함한다"고 보고 있다. 이외에도 다양한 개념정의가 존재하고 있다.

표 3-34 예산집행의 개념

학 자	개 념
손희준	지방의회에서 의결 · 확정된 예산에 따라 수입을 조달하고 공공경비를 지출하는 일체의 재정활동
이희봉	지방의회에서 심의 · 확정된 예산에 따라 집행기관이 수입과 지출을 실행하는 모든 행위
김흥래	확정된 예산에 따라 수입과 지출을 구체적으로 실행하는 모든 행위로 이의 권한은 지방정부장의 전속권한. 이는 단순한 예산으로 정해진 금액을 수납하고 지출하는 것만이 아니라 수입의 조정, 수납의 통지 · 수납, 예산의 배정, 지출원인행위의 실행, 지방채의 발행, 일시차입금의 차입, 세출예산의 배정 · 이용 · 전용, 계약의 체결 등을 모두 포함
지방자치인재개발원 · 시도공무원교육원	예산집행은 의회에서 의결 · 확정된 세입과 세출예산을 실행해 나가는 것
필자	지방정부가 편성하고 지방의회가 심의 · 의결한 지방정부의 세입과 세출예산서에 의거하여 지방정부장이 실행하는 것

지금까지 살펴본 내용을 토대로 종합하면 다음과 같은 개념정의가 가능하다. "예산집행은 의회에서 의결·확정된 세입과 세출예산을 실행해 나가는 것이다"(지방자치인재개발원·시도공무원교육원, 2020: 104)라고 볼 수 있다. 중요 개념을 중심으로 재정리하면 지방정부가 편성하고 지방의회가 심의·의결한 지방정부의 세입과 세출예산서에 의거하여 지방정부장이 실행하는 것이라고 할 수 있다([표 3-34] 참조).

2) 과 정

예산집행의 절차를 보면 예산배정→수입과 지출→기록·제출 및 공시의 과정으로 구성되어 있다. 예산배정에는 자금수급계획 및 예산배정계획의 수립→예산배정→예산의 재배정과 관련된 내용이 포함되어 있고, 수입과 지출에는 세입의 징수와 수납→지출원인행위와 출납과 관련된 내용이 포함되어 있다. 그리고 기록·제출 및 공시에는 세입징수보고서 작성, 행정안전부에 자료제출 등 다양한 내용이 포함되어 있다. 이하에서는 각 단계별로 구체적인 내용을 살펴보고자 한다([그림 3-5] 참조).

그림 3-5 예산집행절차

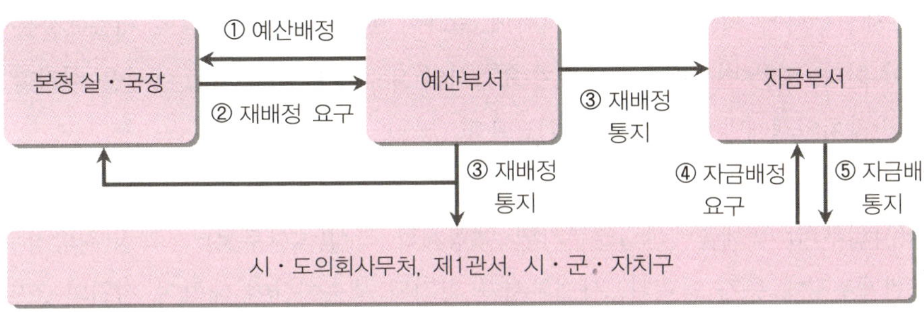

자료: 행정안전부(2020: 161). 「2021년도 지방자치단체 예산편성 운영기준 및 기금운용계획 수립기준」.

(1) 예산배정

① 자금수급계획 및 예산배정계획수립

예산집행과 관련하여 가장 먼저 해야 할 일은 예산배정이다. 여기에서의 예산배정이란 일정기간(월별, 분기별)에 걸쳐 지출원인행위를 할 수 있는 세출예산의 한도액을 통지하는 행위로서 최종예산 집행권자의 지출원인행위를 허용하기 위한 통제수단이다.

최종예산 집행권자는 이 배정액을 한도로 하여 계약체결 등 집행절차를 취하게 된다(행정안전부, 2020: 158). 예산배정을 위해서는 먼저 자금수급계획 및 예산배정계획을 수립하여야 한다. 동 계획에 의거하여 예산을 배정하고 각 부서에 배정된 예산을 부서장이 하위부서에 다시 배정하는 재배정과정을 거친다.

지방재정법 시행령 제56조에 의하면 예산이 성립되면 지방정부의 장은 세입·세출·계속비·채무부담행위와 명시이월비를 포함한 예산배정계획서를 작성하고, 이에 의하여 지방의회의 사무기구·보조기관·소속행정기관 및 하부행정기관에 예산을 월별 또는 분기별로 배정하여야 한다. 예산배정계획서는 세입예산월별징수계획서와 세출예산월별지출계획서를 근거로 작성하여야 한다.

각 부서의 장은 의결예산의 통지를 받은 때에는 즉시 세입예산월별징수계획서, 세출예산월별집행계획서 및 세출예산월별지출계획서를 작성하여 예산부서장과 세입부서장에게 각각 제출한다. 예산부서의 장은 각 부서장의 세출예산월별집행계획서를 기초로 하여 세출예산월별분기별배정계획서를 작성하고, 기관장의 결재를 받아 확정하여 관계부서에 통지한다. 추가경정예산 등 기타 사정의 변경으로 인하여 세출예산 월별·분기별배정계획을 변경할 필요가 있을 경우에는 예산부서장에게 이를 변경요구하게 된다. 예산업무담당실국장은 월별·분기별 배정계획서를 근거로 하여 각 부서장, 경리관 및 지출원, 세입부서에 세출예산배정통지서에 의하여 월별 또는 분기별로 세출예산을 배정하여야 한다. 또한 변경배정필요시 수요관서의 요구를 받아 수시로 예산을 배정할 수 있다(지방자치인재개발원·시도공무원교육원, 2020: 106).

이를 보다 구체적으로 살펴보면 다음과 같다. 수립절차를 보면 세출예산월별집행계획제출(사업부서) → 세출예산월별분기별 배정계획 작성(예산부서) → 확정(지방정부의 장) → 관계부서에 통지 등이다. 사업부서가 확정된 세출예산에 대하여 재원의 조달과 사업시기 등을 고려하여 통계목별로 세출예산집행계획을 수립한 후 예산부서에 제출한다. 사업부서로부터 제출된 세출예산집행계획에 대하여 예산부서는 사업시기와 자금수급계획을 고려하여 배정계획을 조정 후 확정한다. 추가경정예산 등 기타 사정의 변경으로 인하여 세출예산 월별·분기별 배정계획을 변경할 필요가 있을 경우에는 사업부서의 변경요구를 받아 변경수립 후 확정한다. 세입예산에 비하여 실수입이 감소하였거나, 예산절감을 위하여 실행예산을 편성하였을 시, 실행예산만 배정계획수립하고 절감예산은 배정유보한다(행정안전부, 2020: 159).

지방재정법 시행령 제57조에 의하면 지방정부의 예산이 성립된 경우 교통이나 통신이 불편한 지방에서 지급하는 경비, 여비, 외국에서 지급하는 경비, 선박운항에 소요되는 경비, 지방정부의 소속행정기관 및 하부행정기관에서 필요한 부식물의 매입경비, 업무추진비, 지역경제성책상 소기집행을 필요로 하는 공공사업비, 재해복구사업에 소요되는 경비 등은 회계연도 개시 전이라도 이를 배정할 수 있다.

세출예산이 배정되었다고 하더라도 법령이나 조례상 상급관청의 허가, 승인을 요하는 것으로 그 결정이 없을 때, 재원의 전부 또는 일부를 교부금, 부담금, 보조금, 기부금, 지방채, 기타 특정수입에 의하는 것으로 당해 연도 매분기의 해당 수입이 확정되지 않았을 때(다만, 비상재해복구 기타 불가피한 사유로 긴급하다고 인정되는 경우에는 그러하지 아니함)(지방자치인재개발원 · 시도공무원교육원, 2020: 107)에는 예산을 집행할 수 없다.

② 예산의 배정과 재배정

예산은 배정과 재배정으로 구분되며 예산의 배정에는 정기배정과 수시배정이 있다. 먼저, 예산의 배정이란 지방정부의 장이 각 부서가 일정한 기간 동안 집행할 수 있는 예산액을 정해주는 활동을 의미한다(이희봉, 2011: 282). 여기에는 정기배정과 수시배정이 있다. 예산의 정기배정은 배정계획에 의하여 매분기별 또는 월별로 이루어진다. 예산의 수시배정은 사업부서가 세출예산집행계획수정 및 수시배정요구를 하면 예산부서가 세출예산배정계획을 조정하고 수시배정액을 확정한다. 그리고 관계부서에 통지한다.

예산재배정이란 각 과에 배정된 예산범위 내에서 시 · 도의회사무처, 시 · 군 · 자치구, 제1관서의 경리관 및 지출원(분임지출원 포함)으로 하여금 집행을 위임하는 것(지방재정법 시행령 제85조, 지방회계법 시행령 제32조, 지방자치단체 예산 및 기금의 회계관리에 관한 규칙 제19조 · 제48조)이다. 즉, 각 부서의 장이 배정된 예산액의 범위 내에서 다시 그 하위부서에 배정하는 것이다(행정안전부, 2020: 160).

(2) 수입과 지출

① 세입의 징수와 수납

예산의 배정과 재배정 작업이 종료된 후에는 세입의 징수와 수납에 대한 노력이 있어야 한다. 여기에서 세입의 징수란 지방정부가 수입하여야 할 모든 세입을 조사 결정하여 이를 납부할 자에게 통지하는 행위이다. 그리고 수납은 징수통지에 의하여 납부의무자가 납부하는 것을 수령하는 행위이다. 세입징수사무를 담당하는 징수관은 지방정부의 장 또는 그 위임을 받는 공무원이 되며, 수입금의 수납사무담당 기관으로는 지방정부의 장으로부터 임명받은 공무원이 직접 수납하는 경우의 수입금 출납원과 수납을 위임받은 금고가 있다. 또한 징수관과 수입금출납원은 겸할 수 없도록 되어 있다(지방회계법 제23조).

또한 지방회계법 제27조와 제28조를 토대로 하면 출납이 완결된 연도에 속하는 수입 또는 예산 외의 수입은 모두 현년도의 세입에 포함되어야 하며, 세출로서 지출된 금액은 각각 지출된 세출의 과목에 반납할 수 있으나 출납폐쇄기한 내에 반납하여야 한다. 또한 과오납금의 반환은 환부하는 연도의 수입금 중에서 환부되는데 과오납된 회계연도의 출납폐쇄기한이 경과하지 아니한 경우에는 과오납된 연도의 수입금 중에서 환부하도록 되어 있다.

② 지출원인행위와 출납

지출원인행위란 지출의 원인이 되는 계약 및 법령에 의하여 발생된 지출의무를 이행하기 위하여 세출예산에서 지출하기로 결정된 행위를 말한다(이희봉, 2011: 285). 지방회계법 제29조에 의하면 지방정부의 지출의 원인이 되는 계약 기타의 행위인 지출원인행위는 지방정부의 장 또는 그 위임을 받은 공무원이 하며, 이러한 지출원인행위는 법령·조례 및 규칙이 정하는 바에 의하여 배정된 예산의 범위 내에서 이루어져야 한다. 지방회계법 제30조에 의하면 재무관은 원칙적으로 당해 연도 예산의 범위 내에서 지출원인행위를 행하여야 하지만 명시이월비에 국한하여 예산집행상 부득이한 사유가 있을 때에는 익년도에 걸쳐 지출하여야 할 지출원인행위를 할 수 있다. 그리고 지방회계법 제31조에 의하면 재무관이 그 소관에 속하는 세출예산에 의하여 지출원인행위를 할 때에는 지방정부의 장이 임명한 공무원에게 지출원인행위 관계서류를 송부하여야 하며, 지방회계법 제32조에 의하면 지출원이 지출원인행위에 의하여 지출할 때에는 현금의 지급에 대신하여 당해 지방정부의 금고에 대하여 지급명령을 발하여야 한다. 지방정부에서 채권자 등의 금융기관 예금계좌로 이체하여 지급하는 경우 당해 금고와 협의하여 전자적으로 이체하게 할 수 있다. 또한 지방정부가 지출을 하는 때에는 행정안전부장관이 지정하는 정부처리장치를 통해 지출업무를 수행하도록 하고 있다.

(3) 기록 · 제출 및 공시

징수관은 매월 세입징수보고서를 작성하고, 세입 월계표 등 참고서류를 첨부하여 다음달 15일까지 지방정부의 장에게 제출하여야 한다(지방회계법 시행령 제30조).

그리고 지방정부의 장은 대통령령으로 정하는 바에 따라 재정보고서를 행정안전부장관에게 제출하여야 한다. 이 경우 시 · 군 및 자치구는 시 · 도지사를 거쳐 행정안전부장관에게 제출하여야 한다(지방재정법 제54조). 그리고 지방정부의 장은 회계연도마다 일반회계 · 특별회계 및 기금 등을 포함한 그 지방정부의 재정운용상황을 통합적으로 분석한 정보를 행정안전부장관에게 제출하여야 한다(지방재정법 제59조).

마지막으로 지방정부의 장은 회계연도마다 한 번 이상 세입 · 세출예산의 집행상황, 발생주의와 복식부기에 의한 재무보고서, 지방채 · 일시차입금 등 채무의 현재액, 채권관리현황, 기금운용현황, 공유재산의 증감 및 현재액, 재정건전화계획 및 이행현황, 통합재정정보 등을 지역의 주민에게 공시하여야 한다(지방재정법 제60조).

5. 집행결과 결산

1) 개 념

결산은 권형신 외(2001: 308), 이희봉(2011: 303), 그리고 손희준(2019: 324)에 의할 경우 "한 회계연도 동안의 지방정부의 수입과 지출의 실적을 확정된 계수로 표시하는 행위이며, 예산에 의하여 수입과 지출을 한 지방정부의 사후적인 재무보고"이고, 김홍래(2005: 309)에 의하면 "예산집행을 종료한 집행부가 세입 · 세출예산의 집행실적을 확정적 계수로 표시하는 것"이다. 그리고 지방자치인재개발원 · 시도공무원교육원(2020: 110)은 "예산을 1년 간 집행한 실적을 예산과목구조에 따라 일정한 형식으로 계산 정리한 기록의 표시이며, 지방정부가 지역주민에게 1년 간 활동실적으로 계수로 나타낸 것이고, 지방의회의 지방정부에 대한 사후통제"라고 한다. 어떤 의미로 결산을 사용하든 분명한 것은 지방정부가 1회계연도 동안 징수하여 사용한 예산을 숫자로 확정하는 절차라고 볼 수 있다.

결산과정은 예산과정의 마지막단계이며 결산으로 나타난 결과는 다음 연도의 예산편성과 재정운용에 환류된다. 결산의 주체는 지방의회이다. 지방의회의 결산승인권은

표 3-35 결산의 개념

학 자	개 념
권형신 외, 이희봉, 손희준	한 회계연도 동안의 지방정부의 수입과 지출의 실적을 확정된 계수로 표시하는 행위이며, 예산에 의하여 수입과 지출을 한 지방정부의 사후적인 재무보고
김흥래	예산집행을 종료한 집행부가 세입·세출예산의 집행실적을 확정적 계수로 표시하는 것
지방자치인재개발원·시도공무원교육원	예산을 1년 간 집행한 실적을 예산과목구조에 따라 일정한 형식으로 계산 정리한 기록의 표시이며, 지방정부가 지역주민에게 1년 간 활동실적으로 계수로 나타낸 것이고, 지방의회의 지방정부에 대한 사후통제
필자	지방정부가 1회계연도 동안 징수하여 사용한 예산을 숫자로 확정하는 절차

예산심의권과 함께 지방정부에 대한 중요한 재정적 통제수단이다(김흥래, 2005: 309). 이와 같은 결산은 집행책임을 정치적으로 해제한다는 의미를 지니고 있을 뿐 회계적·법적 책임을 해제하는 것은 아니다. 결산을 통해 예산집행을 무효나 취소할 수는 없다고 보는 것이 일반적인 견해이다([표 3-35] 참조).

2) 과 정

결산의 절차는 출납폐쇄→결산서 및 증빙서류의 작성·제출 → 결산검사→결산의 심사 및 승인→결산잉여금의 처리이다.

첫 번째는 출납폐쇄이다. 출납폐쇄란 출납사무를 완결한다는 것이다. 지방회계법 제7조에 의하면 지방정부의 출납은 회계연도가 끝나는 날 폐쇄한다. 우리나라의 회계연도는 지방회계법 제6조에 의할 경우 매년 1월 1일에 시작하여 12월 31일에 끝난다. 따라서 출납폐쇄일은 12월 31일이다. 다만, 해당 회계연도의 예산에 포함되어 있기는 하나 몇 가지 사항에 대해서는 다음 회계연도 1월 20일까지 수입 또는 지출 처리를 할 수 있다. 대표적인 것이 회계연도 말에 계약 이행이 완료되어 회계연도 내에 지출하기가 곤란한 경우, 국가나 다른 지방정부 등으로부터 자금이 교부되지 아니하여 회계연도 내에 지출하기가 곤란한 경우(지방회계법 제7조), 국가의 보조금 및 특별시·광역시·특별자치시·도·특별자치도의 보조금을 정산하여 반납하는 경우, 지방보조사업자가 보조금을 정산하여 반납하는 경우, 지방정부 내 회계 상호 간 지급금액을 대체(對替)납입하는 경우, 선금급(先金給)을 반납하는 경우, 해당 회계연도에 사용한 신용카드의 사용대금을 지급하는 경우, 민간위탁사업의 비용을 정산하여 반납하는 경우(지방회계법 시행령 제3조)이다. 다음 회계연도 1월 20일까지 수납한 세입금은 같은 기한까지 지방정부 금고에 납입할 수 있으며, 관서 운영에 드는 경비 또는 일상경비는 다음 회계연도 1월 20일까지 반납할 수 있다. 해당 회계연도에 속하는 세입 · 세출의 출납에 관한 사무는 다음 회계연도 2월 10일까지 마쳐야 한다(지방회계법 제7조).

두 번째는 결산서 및 증빙서류를 작성하여 제출하여야 한다. 즉, 출납폐쇄 후 80일까지 결산서 및 증빙서류를 작성하고 지방의회가 선임한 감사위원의 감사의견서를 첨부하여 5월 31일까지 지방의회에 제출하여야 한다.

세 번째는 결산 검사의견서를 제출받은 지방의회는 상반기 정례회의 회기 내에 이를 처리하여야 한다. 결산 역시 예산과 마찬가지로 소관 상임위원회에서 예비심사를 한 후 예산결산특별위원회에서 종합심사한다. 그 이후 본회의에 부의한 후 승인을 하게 된다.

네 번째는 결산을 완결함으로써 발생하는 세계잉여금의 처리이다. 세계잉여금이란 한 회계연도에서 실제로 들어온 금액에서 실제로 지출한 금액을 뺀 잔액을 의미한다. 지방회계법 제19조에 의할 경우 세계잉여금은 그 잉여금이 생긴 회계연도의 다음 회계연도까지 세출예산에 관계없이 지방채의 원리금 상환에 사용할 수 있는 바, 여기에 주로 활용하고 있다.

6. 예산의 변경

1) 예산의 이용

예산의 이용은 지방재정법 제47조의2 ①항에 근거를 두고 있다. 동법에 의하면 지방정부의 장은 세출예산에서 정한 목적 외의 용도로 경비를 사용하거나 세출예산에서 정한 각 정책사업 간에 서로 이용할 수 없는 것이 원칙이다. 다만, 예산집행에 필요하여 미리 예산으로서 지방의회의 의결을 얻었을 때에는 이용할 수 있다고 되어 있어 예산운영의 신축성을 도모하고 있다.

여기에서 말하는 예산이용이란 정책사업 간에 예산을 상호 융통하여 사용하는 것이다. 정책사업은 행정과목이 아니라 입법과목이기 때문에 집행부가 독자적으로 수행하는 재량행위가 아니라 반드시 지방의회의 승인을 얻어야 한다. 만약 예산을 집행하는 과정에서 이용이 필요하다면 지방정부의 장이 이용을 필요로 하는 과목 · 금액 · 이유 등을 명시한 서류를 지방의회에 제출하여 지방의회의 의결을 받아야 한다(행정안전부, 2020: 162).

이용의 절차는 사업부서가 통계목단위로 세출예산이용요구서를 작성하고 세출예산 집행계획을 수정하여 예산부서에 제출(이용요구)하면 예산부서는 이용처리에 따른 결격사유가 없을 때에는(지방의회 승인사항) 지체없이 세출예산배정계획을 수정하고 이용 및 수시배정 확정 후 관련 부서에 통보한다.

2) 예산의 전용

예산의 전용은 지방재정법 제49조에 근거를 두고 운영하고 있는 제도이다. 동법에 의하면 지방정부의 장은 대통령령으로 정하는 바에 따라 각 정책사업 내의 예산액 범위에서 각 단위사업 또는 목의 금액을 전용(轉用)할 수 있다고 되어 있다. 또한 전용한 경비의 금액은 세입 · 세출결산서에 명시하고, 그 이유를 적어야 한다고 되어 있다. 지방재정법 시행령 제55조에 의하면 인건비(지방자치단체의 행정기구와 정원기준 등에 관한 규정과 지방교육행정기관의 행정기구와 정원기준 등에 관한 규정에 따른 총액인건비를 포함한다), 시설비 및 부대비, 상환금(다만, 원금과 이자는 상호 전용할 수 있다) 등은 전용할 수 없다.

여기에서 말하는 전용이란 정책사업 내 단위사업 간 예산을 변경하여 사용하는 것을 말한다. 따라서 이는 입법과목이 아니라 행정과목이기 때문에 지방정부의 장이 전용할 수 있다.

전용절차는 다음과 같은 과정을 거친다. 먼저, 사업부서가 전용을 요구한다. 사업부서는 동일한 정책사업에 성과를 극대화하기 위하여 단위사업 간 세출예산의 전용이 필요하다고 판단되면 통계목단위로 세출예산전용 요구서를 작성하고 세출예산집행계획을 수정하여 예산부서에 제출한다. 그 다음에는 예산부서에서는 사업부서의 전용요구서를 심사 및 확정한다. 예산부서는 사업부서로부터 세출예산전용요구서가 제출되면 전용에 따른 결격사유가 없을 때에는 지체없이 세출예산배정 계획을 수정하고 전용 및 수시배정 확정 후 관련 부서에 통보한다. 물론 형식적으로는 예산부서가 심사하고 지방정부의 장이 결정하는 것이다. 그리고 예산부서는 전용결과를 관계부서에 통지하고 지

그림 3-6 예산의 이용과 전용

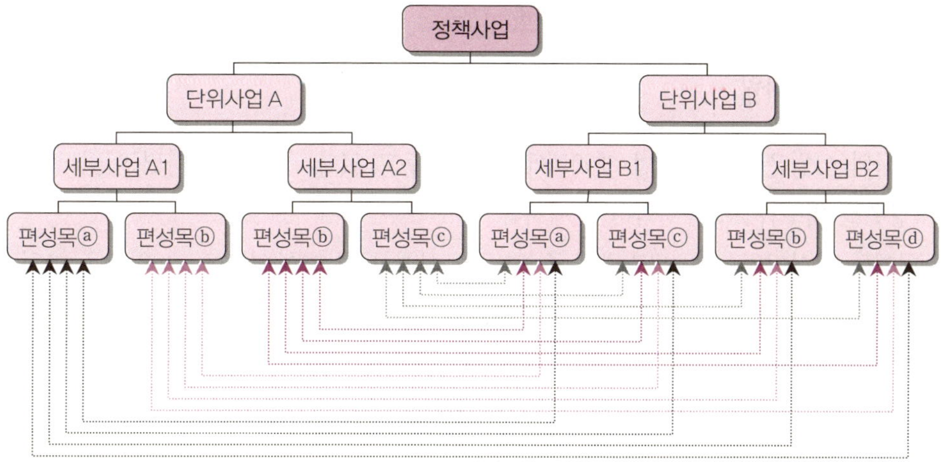

자료: 행정안전부(2020: 164). 『2021년도 지방자치단체 예산편성 운영기준 및 기금운용계획 수립기준』.

방의회에 제출한다. 전용 후에는 재전용 또는 변경사용할 수 없다([그림 3-6] 참조).

3) 예산의 이체

예산의 이체는 지방재정법 제47조의2 ②에 근거를 두고 있다. 동법에 의하면 회계연도 중에서 예산편성 시 고려하지 못한 지방정부의 기구·직제 또는 정원에 관한 법령이나 조례의 제정·개정 또는 폐지로 인하여 관계 기관 사이에 직무권한이나 그 밖의 사항이 변동되었을 때에는 그 예산을 상호 이체(移替)할 수 있다.

이체는 사업의 목적이나 내용이 변경되는 것이 아니라 직무권한의 변동에 해당되기 때문에 지방의회의 심의대상은 아니다(이희봉, 2011: 293). 예산을 이체받은 조직이 다시 변경되는 경우 재이체가 가능하고, 이월 및 이·전용된 예산현액도 이체가 가능하며, 이체된 예산을 사업계획 변경 등으로 인한 전용, 변경사용도 가능하다.

이체절차는 예산이체요구(사업부서) → 심사(예산부서) → 결정(지방정부의 장) → 관계부서에 통지(예산부서) → 지방의회에 제출(예산부서)이다. 사업부서는 지방정부의 기구 및 정원의 개편으로 인하여 이체사유가 발생되면, 당해 연도 발생한 모든 재정운영 내역을 새로운 조직에 맞게 재편성하여 세출예산이체 요구서를 작성하여 예산부서에 이체를 요구한다. 예산부서는 사업부서로부터 세출예산이체요구서가 제출되면 심의·조정 후 확정하여 관련 부서에 통보한다.

4) 예산의 이월

예산의 이월은 지방재정법 제50조에 근거를 두고 있다. 동법에 의하면 이월이 가능한 경우를 몇 가지로 유형화하여 제시하고 있다.

첫째는 명시이월이다. 세출예산 중 경비의 성질상 그 회계연도에 그 지출을 마치지 못할 것으로 예상되어 명시이월비로서 세입·세출예산에 그 취지를 분명하게 밝혀 미리 지방의회의 의결을 얻은 금액은 다음 회계연도에 이월하여 사용할 수 있다.

둘째, 사고이월이다. 세출예산 중 ① 회계연도 내에 지출원인행위를 하고 불가피한 사유로 회계연도 내에 지출하지 못한 경비와 지출하지 아니한 그 부대 경비, ② 지출원인행위를 위하여 입찰공고를 한 경비 중 입찰공고 후 지출원인행위를 할 때까지 오랜 기간이 걸리는 경우로서 대통령령으로 정하는 경비, ③ 공익·공공 사업의 시행에 필요한 손실보상비로서 대통령령으로 정하는 경비, ④ 경상적 성격의 경비로서 대통령령으로 정하는 경비의 금액은 사고이월비(事故移越費)로서 다음 회계연도에 이월하여 사용할 수 있다.

셋째, 계속비이월이다. 계속비의 회계연도별 필요경비 중 해당 회계연도에 지출하지 못한 금액은 그 계속비의 사업완성 연도까지 차례로 이월하여 사용할 수 있다. 계속비로 지출할 수 있는 연한은 당해 연도로부터 5년 이내이나, 필요하다고 인정될 때에는

표 3-36 이월제도와 내용

구 분	명시이월	사고이월	계속비이월
이월단위	편성목 단위까지	편성목 단위	편성목 단위
요구권자	지방정부의 장	부서(기관)의 장	지방정부의 장
승인권자	지방의회	지방정부의 장	지방의회
요구시기	회계연도 완료 후 10일 이내	회계연도 완료 후 40일 이내	회계연도 완료 후 10일 이내
확정시기	회계연도 완료 후 30일 이내	회계연도 완료 후 60일 이내	회계연도 완료 후 30일 이내
기간연장	사고이월 가능	불가능	의회의결 연장, 사고

자료: 행정안전부(2020: 172). 『2021년도 지방자치단체 예산편성 운영기준 및 기금운용계획 수립기준』.

지방의회의 의결을 거쳐 다시 그 연한을 연장할 수 있다([표 3-36] 참조).

5) 예산의 변경사용과 채무부담행위

예산의 변경사용이란 동일 단위사업 내 세부사업 간 또는 동일 세부사업 내 편성목(통계목) 간 예산을 실·국장 책임 하에 상호 융통하여 사용한다는 개념이다. 동일 세부사업 내 편성목의 변경이 목그룹을 달리 할 경우는 전용에 해당된다. 사업담당자는 변경내역서를 작성, 실·국장이 결정하여 변경사용할 수 있으며, 변경내역을 예산부서 및 회계부서에 반드시 통보하여야 한다.

변경사용과정은 변경사용내역작성(사업담당) → 협의(예산부서) → 결정(실·국장) → 예산부서 및 회계부서에 통지 등이다. 동일한 단위사업 내에서 세출예산의 변경사용이 필요할 경우, 사업담당자는 통계목단위로 세출예산변경내역서를 작성하고 세출예산집행계획을 수정하여 실·국장 또는 실·과장의 결재를 받아 처리한다. 사업부서가 변경사용을 처리했을 때에는 지체없이 예산·자금·회계부서에 그 결과를 세출예산변경내역서와 세출예산집행계획서를 제출하며, 예산부서는 변경된 내용에 따라 세출예산배정계획을 수정하여야 한다. 재변경사용 등은 불가하고, 전용제한 편성목은 변경도 제한된다([그림 3-7] 참조).

그림 3-7 예산의 변경사용

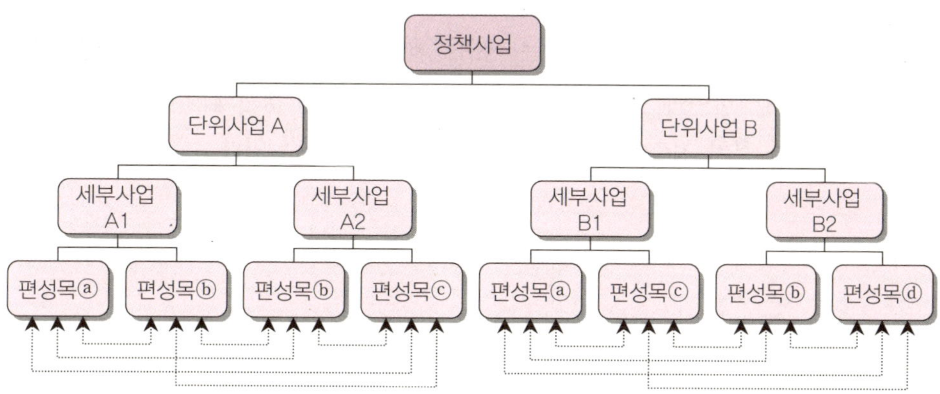

자료: 행정안전부(2020: 164). 『2021년도 지방자치단체 예산편성 운영기준 및 기금운용계획 수립기준』.

표 3-37 예산의 이용 · 전용 · 변경사용 · 이체 구분

구 분	이 용	전 용	변경사용	이 체
적용범위	정책사업 간	단위사업 간	세부사업 간	실 · 과 · 사업소 간
요구권자	지방정부의 장	부서(기관)의 장	사업담당자	부서(기관)의 장
승인권자	지방의회	지방정부의 장	실 · 국장, 사업소장	지방정부의 장

자료: 행정안전부(2020: 172). 『2021년도 지방자치단체 예산편성 운영기준 및 기금운용계획 수립기준』.

유사한 성격을 가지고 있는 이용, 전용, 이체, 그리고 변경사용에 대하여 비교하면 [표 3-37]과 같다.

채무부담행위란 지방정부가 당해 연도의 기정 세출예산에 소요경비가 예산에 계상되지 않음에도 별도의 세출예산 확보 없이 당해 연도 내 사업을 우선 발주하고 사업대금을 익년도 이후에 지불하는 행위를 말한다(행정안전부, 2020: 173). 채무부담행위는 지방재정법 제44조에 근거를 두고 있다. 지방정부의 장은 법령이나 조례에 따른 것, 세출예산·명시이월비 또는 계속비 총액 범위의 것에 해당하는 것을 제외하고는 지방정부에 채무부담의 원인이 될 계약의 체결이나 그 밖의 행위를 할 때에는 미리 예산으로 지방의회의 의결을 얻어야 한다. 만약 지방정부의 장이 지방의회를 소집할 시간적 여유가 없고 해당 사업이 재난 복구를 위하여 시급히 추진할 필요가 있으며, 동시에 지방정부의 채무부담의 원인이 될 계약 중 총사업비가 10억 원 이하의 범위에서 조례로 정하는 금액 이하라면 지방의회의 의결을 거치지 아니하고 체결할 수 있다. 다만, 지방정부의 장은 지방의회의 의결을 거치지 아니하고 계약을 체결하였을 때에는 즉시 지방의회에 보고하여야 한다. 또한 채무부담이 되는 행위를 하였을 때에는 상환하는 회계연도 세출예산에 반드시 계상하여야 한다. 이와 같은 채무부담행위의 경우에는 해당 회계연도와 다음 회계연도에 걸쳐 지출하여야 할 지출원인행위를 할 수 있다.

참고문헌

권형신 외(2001). 『한국의 지방재정: 이론과 실무』. 서울: 도서출판 해남.
김흥래(2005). 『지방재정의 이론과 실제』. 서울: 박영사.
나중식(2007). 『재무행정론』. 서울: 형설출판사.
손희준(2019). 『새지방재정학』. 서울: 대영문화사.
신무섭(2009). 『재무행정론』. 서울: 대영문화사.
윤영진(2010). 『새재무행정학』. 서울: 대영문화사.
이희봉(2011). 『거버넌스 지방재정』. 서울: 사회문화사.
지방자치인재개발원 · 시도공무원교육원(2020). 『2020 공통교재 지방예산실무』.
행정안전부(2020). 『2021년도 지방자치단체 예산편성 운영기준 및 기금운용계획 수립기준』.

지방자치단체 예산 및 기금의 회계관리에 관한 규칙
지방자치법
지방자치법 시행령
지방재정법
지방재정법 시행령
지방회계법
지방회계법 시행령
http://lofin.mospa.go.kr/main.jsp

Musgrave, Richard A & Musgrave, Peggy B.(1989). *Public Finance in Theory and Practice.* McGraw-Hill Book Company.

PART

02

지방세입론

제4장 지방세

제5장 세외수입

제6장 지방교부세

제7장 보조금

제8장 지방채

지방재정론
Local Finance

Chapter 04

지방세

제 1 절 | 지방세의 의의

1. 지방세의 개념

지방세에 대한 개념은 학자 및 실무자들이 조금씩 다르게 정의하고 있다. 먼저, 지방세법 제2조에 의할 경우 지방세는 "특별시세, 광역시세, 도세 또는 시 · 군세, 구세를 말한다"고 되어 있다. 그러나 이와 같은 정의는 지방세의 범위를 의미하는 것으로 지방세에 대한 정의라고 보기에 어려움이 있다. 따라서 지방세에 대하여 정의하고 있는 다른 글을 찾아볼 필요가 있다. 국회예산정책처(2012b: 19-21)는 "조세는 정부의 다양한 활동을 가능하게 하기 위한 자원을 민간부문으로부터 정부부문으로 강제로 이전하는 수단이다. 즉, 국가 또는 지방정부의 재정수요에 필요한 재원을 충당하기 위해 공권력단체가 국민 또는 주민이 소유한 재산이나 소득, 소비로부터 개별적으로 대가를 보상함이 없이 강제력에 의해 징수하는 돈이다"라고 정의하고 있다. 또한 "지방세는 지방정부가 국가로부터 부여받은 과세권에 의해 부과하는 조세"라고 하고 있다. 그리고 이선화(2012: 7)는 "지방세란 지방정부가 당해 지방정부의 재정수요에 충당하기 위하여 주민에게 부과 · 징수하는 조세를 말한다"고 한다. 우리나라의 세법에서는 조세를 정의하는 규정을 별도로 두고 있지 않으나 1977년에 제정된 독일의 조세기본법 제3조에는 조세에 대한 개념이 정의되어 있으며, 그 내용을 보면 "조세는 특별급부에 대한 반대급부가 아니며 공법상 단체가 수입을 얻기 위하여 법률로 당해 급부에 결부되는 요건사실을 충족한 모든 사람에게 과해지는 금전급부이다"라고 규정되어 있다(최명호, 2007; 국회예산정책처, 2012: 19에서 재인용). 또한 이희봉(2011: 361)은 "지방정부가 일정한 재원을 조달하여 재정지출에 충당하기 위해 지방정부의 과세권에 근거하여 관할구역 내의 주민, 재산 또는 수익 기타 특정행위에 대하여 특정한 개별적 보상 없이 강제적으로 부과·징수하는 재화이다"라고 정의하고 있다.

이와 같은 정의를 요소별로 구분하여 살펴보면 다음과 같다. 먼저, 지방세의 부과·징수의 주체는 지방정부이고, 대상은 주민이다. 부과·징수의 목적은 당해 지방정부의 재정수요에 필요한 재원에 충당하기 위해서이다. 그리고 지방세는 특별급부에 대한 반대급부로 징수하는 것이 아니라 강제력을 동원하여 징수한다. 우리나라는 대한민국헌법 제59조에 의거하여 조세의 종목과 세율은 법률로 정하도록 되어 있다. 즉, 조세법률주의를 채택하고 있다([표 4-1] 참조).

표 4-1 지방세의 개념

학 자	개 념
지방세법	특별시세, 광역시세, 도세 또는 시·군세, 구세
국회예산정책처	지방정부가 국가로부터 부여받은 과세권에 의해 부과하는 조세
이선화	당해 지방정부의 재정수요에 충당하기 위하여 주민에게 부과·징수하는 조세
독일의 조세기본법	특별급부에 대한 반대급부가 아니며 공법상 단체가 수입을 얻기 위하여 법률로 당해 급부에 결부되는 요건사실을 충족한 모든 사람에게 과해지는 금전급부
이희봉	지방정부가 일정한 재원을 조달하여 재정지출에 충당하기 위해 지방정부의 과세권에 근거하여 관할구역 내의 주민, 재산 또는 수익 기타 특정행위에 대하여 특정한 개별적 보상 없이 강제적으로 부과·징수하는 재화

2. 지방세의 중요성

지방세는 세외수입과 함께 자주재원 중 하나이다.[1] 지방정부의 재원은 자주재원에

1) 보다 엄밀하게 구분하면 자체재원이 정확한 표현이다. 자체재원은 지방세와 세외수입처럼 지방정부가 스스로 충당하는 세입원을 이야기한다. 반면 자주재원에는 지방세와 세외수입 이외 이전재원인 지방교부세가 포함된다. 지방교부세의 경우 지출용도가 정해져 있지 않기 때문에 자주적으로 활용할 수 있다는 점에서 자주재원으로 불리운다.

의하여 충당되는 것이 바람직하다. 이 의미는 단순히 지방정부들이 자율적으로 사용할 수 있는 재원이라는 측면에서만이 아니라 동시에 조세가격(조세부담)의 역할을 통해서 주민들의 책임성을 확보할 수 있도록 하는 수단이라는 것이다. 이와 같이 자율과 책임이라는 지방자치의 메커니즘을 실현하는 네 있어 가장 핵심은 주민들로 하여금 자신들이 향유하는 지방공공서비스에 대해서 자신들이 그 대가를 부담하는 것이라는 인식을 갖도록 해야 하는 것이다. 이러한 기능을 수행하는 것이 바로 지방세가 지니는 조세가격으로서의 기능인 것이며, 그것이 바로 우리가 지방정부의 재원으로서 의존재원보다는 자주재원인 지방세를 강조하는 본질인 것이다(이보환, 2007).

지방세의 또 다른 역할은 지방정부들이 스스로 선택한 사업에 필요한 재원의 부담을 지방세라는 수단을 통해 주민들에게 부담시킴으로써 주민들로 하여금 과연 그 부담을 지고서도 사업을 할 것인지를 결정하도록 하는 소위 조세가격의 역할이다([표 4-2] 참조). 즉, 주민들의 의사결정에 의한 재정부담을 주민들이 지도록 하는 재정책임성의 확보를 통해서 궁극적으로는 재원부담에 부응하는 편익창출이 가능한 사업이 선택되도록 함으로써 자원배분의 효율성이 달성될 수 있도록 하는 것이다(이선화, 2012: 9-10).

표 4-2 지방세의 중요성

구 분	내 용
재정자율성	지방정부들이 자율적으로 사용할 수 있는 재원
주민의 재정책임성 확보수단	조세가격(조세부담)의 역할을 통해서 주민들의 책임성을 확보할 수 있도록 하는 수단

제 2 절 | 지방세의 특징

1. 구조를 통해 본 지방세의 특징

지방세는 과세주체의 다양성, 재산과세 중심, 부가세의 존재, 국세 연계성과 같은 몇 가지의 특징을 가지고 있다.

첫째는 과세주체가 다양하다. 국세는 중앙정부라는 단일의 과세주체가 있지만 지방정부는 광역지방정부와 기초지방정부로 분리되어 있을 뿐만 아니라 광역지방정부도 단일의 과세주체가 아니라 17개라는 다수의 과세주체가 존재하고 있고, 기초지방정부는 226개로 이보다 훨씬 많다.

둘째는 재산과세 중심이다. 국세는 소득과세와 소비과세의 비중이 높지만 지방세는

표 4-3 지방세 성격별 규모

(단위: 백만 원, %)

구 분		2014	2015	2016	2017	2018	2019
합계		61,725,013	70,977,815	75,531,651	80,409,137	84,318,258	90,460,408
취득세		16,391,220	20,810,277	21,701,648	23,486,685	23,813,501	23,914,677
등록면허세		1,485,081	1,831,318	1,708,312	1,607,731	1,718,217	1,837,440
레저세		1,072,911	1,088,916	1,060,188	1,051,008	1,016,437	970,470
지역자원시설세		1,137,934	1,351,388	1,449,990	1,512,607	1,625,542	1,680,564
지방소비세		5,835,655	6,002,721	6,401,149	7,273,752	7,462,377	11,345,472
지방교육세		5,454,863	5,814,919	6,266,118	6,422,967	6,543,877	6,676,986
주민세		1,388,477	1,501,507	1,754,831	1,863,189	1,994,796	2,129,574
지방소득세		9,716,924	12,784,437	13,094,603	14,439,513	16,705,657	17,425,909
재산세		8,779,080	9,293,705	9,929,915	10,662,094	11,532,145	12,677,115
자동차세		6,920,114	7,072,064	7,553,271	7,772,210	7,887,738	7,725,108
담배소비세		2,952,766	3,034,951	3,743,958	3,602,631	3,477,561	3,357,713
도시계획세		1,050	58	-9	-292	-45	-3
과년도수입		588,938	391,554	867,677	715,042	540,455	719,383
소비과세	금액	9,861,332	10,126,588	11,205,295	11,927,391	11,956,375	15,673,655
	비율	16.0	14.3	14.8	14.8	14.2	17.3
소득과세	금액	11,105,401	14,285,944	14,849,434	16,302,702	18,700,453	19,555,483
	비율	18.0	20.1	19.7	20.3	22.2	21.6
재산과세	금액	34,714,479	40,358,810	42,343,127	45,041,035	46,577,098	47,834,901
	비율	56.2	56.9	56.1	56.0	55.2	52.9
기타	금액	6,043,801	6,206,473	7,133,795	7,138,009	7,084,332	7,396,369
	비율	9.8	8.7	9.4	8.9	8.4	8.2

주: 비율은 전체에서 차지하는 비중을 의미함.
자료: 행정안전부(2020). 『지방세통계연감』.

재산과세의 비중이 높은 수준을 보이고 있다. 그나마 지방소비세와 지방소득세가 도입됨으로 인하여 소득과세와 소비과세의 비중이 높아지기는 하였으나 여전히 재산과세의 비중이 높다([표 4-3] 참조).

셋째는 독립세 중심이기는 하나 여전히 부가세가 존재하고 있다. 대다수의 지방세는 독립과세 원칙을 고수하고 있으나 지방교육세 등 일부 세목의 경우 부가세 형식을 취하고 있다.

넷째는 중앙재정(국세)과 지방재정(지방세)은 중앙재정과 긴밀하게 연계되어 있다. 따라서 국세 감세정책이 이루어지면 지방세 역시 감세 효과가 발생한다. 예를 들면, 지방세인 지방소비세는 국세인 부가가치세와 연동되어 있다. 따라서 부가가치세가 감소되면 지방소비세 역시 줄어든다. 또한 내국세가 감소되면 내국세의 일정부분을 재원으로 하는 지방교부세가 감소된다([표 4-4] 참조).

표 4-4 지방세의 특징

특 징	내 용
과세주체의 다양성	243개 지방정부
재산과세 중심	50% 이상이 재산과세
부가세 존재	독립세원칙이나 일부 부가세 존재
국세의 연계성	국세감소가 지방세 감소로 연계

2. 수치로 본 지방세의 특징

지방세의 특징을 파악하기 위하여 국세와 지방세의 비중을 살펴보면 다음의 [표 4-5]와 같다. 2013년 국세와 지방세의 비중이 79.0%:21.0%였다가 2019년 76.4%:23.6%로 변화하였다. 지방세의 비중이 다소 높아졌다고 볼 수 있다([표 4-5] 참조).

우리나라의 지방세 특징을 파악하기 위하여 주요 국가의 국세와 지방세 비중을 살펴보면 다음과 같다. 단일국가인 일본의 국세와 지방세 비중은 61.1%:38.9%이고, 프랑스는 71.5%:28.5%인 것으로 나타났다. 연방국가인 미국의 국세와 지방세 비중은 52.8%:47.2%를 보이고 있다. 우리나라는 77.7%:22.3%로 나타나 매우 낮은 수준임을 알 수 있다([표 4-6] 참조).

표 4-5 국세와 지방세 비교

(단위: 억 원, %)

구 분		2013	2014	2015	2016	2017	2018	2019
조세총액		2,556,854	2,672,448	2,888,629	3,180,934	3,457,940	3,778,887	3,839,147
국세	금액	2,019,065	2,055,198	2,178,851	2,425,617	2,653,849	2,935,704	2,934,543
	비중	79.0	76.9	75.4	76.3	76.7	77.7	76.4
지방세	금액	537,789	617,250	709,778	755,317	804,091	843,183	904,604
	비중	21.0	23.1	24.6	23.7	23.3	22.3	23.6

자료: 행정안전부(2020). 『지방세통계연감』.

표 4-6 외국의 국세와 지방세 비중

(단위: %)

국 명	연 도	비 중	
		국 세	지방세
일본	2018	61.1	38.9
미국	2018	52.8	47.2
영국	2018	93.8	6.2
독일	2018	47.8	52.2
프랑스	2018	71.5	28.5
한국	2018	77.7	22.3

자료: 행정안전부(2020). 『지방세통계연감』.

GDP를 기준으로 조세부담률을 살펴보면 2015년 총17.4%이고, 이 중에서 국세가 13.1%, 그리고 지방세가 4.3%를 차지하고 있다. GDP 대비 조세부담률은 지속적으로 증가하여 2019년에는 20.0%가 까지 상승하였고, 이 중에서 국세는 15.3%, 그리고 지방세는 4.7%를 차지한다. 국세와 지방세 모두 조세부담률이 증가하였음을 알 수 있다([표 4-7] 참조).

표 4-7 GDP 대비 조세부담률

(단위: %)

구 분		2015	2016	2017	2018	2019
조세 부담률 (%)	합 계	17.4	18.3	18.8	19.9	20.0
	• 국세	13.1	13.9	14.4	15.5	15.3
	– 내국세	11.2	12.0	12.6	13.6	13.5
	– 관세	0.5	0.5	0.5	0.5	0.4
	– 방위세	–	–	–	–	–
	– 교통・에너지・환경세	0.8	0.9	0.8	0.8	0.8
	– 교육세	0.3	0.3	0.3	0.3	0.3
	– 농어촌특별세	0.2	0.2	0.2	0.2	0.2
	– 종합부동산세	0.1	0.1	0.1	0.1	0.1
	• 지방세	4.3	4.4	4.4	4.4	4.7

자료: 행정안전부(2020). 『지방세통계연감』.

GDP 대비 조세부담수준이 적정한지를 파악하기 위하여 주요 국가와 비교하면 다음의 [표 4-8]과 같다. 2018년 기준 GDP 대비 지방세 부담률은 4.4%로 나타나 주요 국가와 비교할 때 높지 않은 수준임을 알 수 있다. 반면 국세는 보통 이상의 수준을 보이고 있다([표 4-8] 참조).

표 4-8 GDP 대비 외국의 조세부담률

(단위: %)

구 분		2016			2017			2018		
		합 계	국세	지방세	합 계	국세	지방세	합 계	국세	지방세
조세 부담률 (%)	한국	18.3	13.9	4.4	18.8	14.4	4.4	19.9	15.5	4.4
	일본	18.3	11	7.3	18.6	11.3	7.3	19.1	11.7	7.4
	미국	19.8	11.2	8.6	20.8	12.1	8.7	18.3	9.7	8.6
	영국	26.4	24.8	1.6	26.6	25	1.6	26.6	25	1.6
	독일	23.3	11.2	12.1	23.1	11.1	12	23.9	11.4	12.5
	프랑스	21.2	15.1	6.1	22.1	15.9	6.2	21.8	15.6	6.2

자료: 행정안전부(2020). 『지방세통계연감』.

제 3 절 | 지방세의 원칙

1. 지방세원칙의 개요

지방세의 원칙이란 지방세목이 충족시켜야 할 원칙을 의미한다. 즉, 지방세가 되기 위해서는 여기에서 제시하는 원칙들을 충족시킬 수 있어야 한다는 것이다. 여기에는 다양한 원칙들이 있고 이는 학자마다 조금씩 차이가 있다. 강인재 외(1993)는 세수안정성, 지역성, 세원의 보편성, 책임분담 등의 성격을 지방세원칙으로 제시하고 있고, 오연천(1993)은 공평성과 효율성, 응익성, 세원의 분포, 세수의 안정성, 세무행정상의 적합성을 제시하였다. 그리고 이재기(1992)는 조세수입의 안정성, 응익성, 책임분담, 지역성, 보편성의 원칙을 제시하고 있다. 외국 학자 중에서 스탠퍼드(Standford, 1984)는 보편성, 편의성, 지역성, 충분성, 형평성, 중복과세금지, 응익성을 제시하였다(박병희, 2012: 6-7). 여기에서는 다수의 학자들이 공통적으로 제시하고 있는 세수안정성과 신장성, 지역성(고착성 또는 정착성), 보편성, 부담분임의 원칙, 응익성의 원칙에 대해서만 살펴보고자 한다.

표 4-9 학자별 지방세원칙

구 분	강인재 외	오연천	이재기	Standford
세수안정성	○	○	○	
지역성	○		○	○
세원의 보편성	○	○	○	○
책임분담	○		○	
공평성과 효율성		○		
응익성		○	○	○
세무행정상 적합성		○		
중복과세금지				○
세수입의 자주성				
편의성				○
충분성				○
형평성				○

2. 지방세원칙

1) 세수안정성의 원칙: 신장성의 원칙

세수안정성의 원칙이란 지방세의 세목은 경기의 변동에 관계없이 그 세수가 안정성이 높은 세목이 바람직하다는 것이다(이희봉, 2011: 368). 즉, 세수가 호황기나 불황기에 의하여 영향을 받지 않고 안정적으로 유지되어야 한다는 것이다(한영은, 2012: 69). 국세의 경우 세수가 많기 때문에 일정부분 줄어들어도 큰 문제는 발생하지 않으나 지방세의 경우 세수규모가 크지 않기 때문에 일정수준 이상은 반드시 확보되어야 할 필요가 있다.

2) 지역성의 원칙: 고착성 또는 정착성의 원칙

지역성의 원칙은 고착성의 원칙 또는 정착성의 원칙이라고도 불리운다. 이 원칙은 과세객체가 가급적이면 각 지방정부의 관할 구역 내에 법률적 또는 기술적으로 정착화 또는 국지화함으로써 지역적 이동이 작은 것이 적합하다는 것이다(한영은, 2012: 69-70). 즉, 지방세와 관련된 제 효과가 지방정부 내부에 국한되어야 하며 외부에 파급되어서는 곤란하다는 원칙이다. 특정 지역을 관할하는 지방정부의 조세가 다른 지역의 주민에게 최종적으로 부담된다면 "주민부담에 의한, 주민을 위한 공공서비스의 공급원칙"에 어긋난다. 이러한 관점에서 볼 때 지방세의 과세대상은 가능한 한 지역을 이동하지 않는 것이 바람직하다(박병희, 2012: 8).

3) 세원의 보편성 원칙

보편성의 원칙은 지방세의 세원이 특정 지역에 편재되어 있지 않고 고루 분포되어 있어야 한다는 것이다(권형신 외, 2001: 67). 즉, 세원의 분포가 일부 지역에 편중되어 있다면 지역 간의 세원불균등을 억제시키기 위하여 국세로 포함시키고, 세원이 보편적으로 균형을 이루고 있으면 지방세로 구분하여 세원분 포의 수평적 균형을 유지하여야 한다(한영은, 2012: 67). 세원이 편재되면 지방정부 간에 조세수입의 불균형이 초래될 것이다. 우리나라나 일본처럼 모든 지방정부에 동일한 지방세체계가 적용되는 경우에는 이 원칙이 매우 중요한 의미를 가진다. 그러나 각 지방정부가 해당 지역에 적합한 세목들을 중심으로 독자적인 지방세체계를 가지는 경우에는 보편성의 원칙을 지방세 원칙 중 우선적으로 고려해야 하는 일반원칙으로 간주할 수 없다(박병희, 2012: 8).

4) 책임분담의 원칙: 부담분임의 원칙

부담분임의 원칙은 지역주민이라면 지방정부의 구성원(회원)으로서 자치운영에 필요한 경비를 공동으로 분담하여야 하며 이는 주민의 책무라는 것이다(권형신 외, 2001: 69). 즉, 지방세의 부담은 지역주민 모두에게 골고루 소액씩이라도 분담시켜야 한다는 원칙이다. 이 원칙은 각 주민이 지방정부라는 일정의 재정클럽의 회원으로서 회비를 부담하는 것과 같은 맥락에서 이해할 수 있을 것이다. 책임분담의 원칙은 주민이 지방세 부담을 통해 지방자치나 지방행정에 보다 큰 관심과 책임의식을 보일 것이며, 또한 그를 통해 지방자치의 육성, 발전을 도모할 수 있다는 데 근거를 두고 있다(박병희, 2012: 7).

5) 응익성의 원칙

응익성의 원칙이란 지방정부가 주민에게 일상적인 서비스를 제공하게 되므로, 이러한 수혜와 관련되는 범위에서 주민으로부터 조세를 부과징수하는 것이 필요하다는 것이다(이희봉, 2011: 368). 즉, 공공서비스 급부와 주민의 세부담 간에 개별적인 보상관계를 설정할 수 있어야 한다는 것이다. 지방세에 있어 응익성의 원칙이 지켜지지 않을 경우 일부 지역의 주민들은 세부담이 많은 데 비해, 공공서비스를 적게 받거나 그 반대의 경우가 발생하게 되면 이는 지역주민의 불필요한 이동을 초래함으로써 국가적인 자원배분의 왜곡을 가져올 수 있다(한영은, 2012: 70).

응익원칙의 적용근거는 지방정부가 공급하는 공공서비스의 성질에서 찾을 수 있다. 지방정부가 공급하는 서비스는 일반적으로 그 편익이 일정한 지역의 주민에게 한정되며 또한 일상생활에 직접 관련되는 것이 많기 때문에 지방정부의 공공서비스의 편익을 기준으로 조세부담을 배분하는 것이 바람직하다([표 4-10] 참조)(박병희, 2012: 7).

표 4-10 지방세원칙

구 분	내 용
세수안정성의 원칙	지방세의 세목은 경기의 변동에 관계없이 그 세수가 안정성이 높은 세목이 바람직하다는 것
지역성의 원칙	과세객체가 가급적이면 각 지방정부의 관할 구역 내에 법률적 또는 기술적으로 정착화 또는 국지화함으로써 지역적 이동이 작은 것이 적합하다는 것
보편성의 원칙	지방세의 세원이 특정 지역에 편재되어 있지 않고 고루 분포되어 있어야 한다는 것
책임분담의 원칙	지역주민이라면 지방정부의 구성원(회원)으로서 자치운영에 필요한 경비를 공동으로 분담하여야 하며 이는 주민의 책무라는 것
응익성의 원칙	지방정부가 주민에게 일상적인 서비스를 제공하게 되므로, 이러한 수혜와 관련되는 범위에서 주민으로부터 조세를 부과징수하는 것이 필요하다는 것

제 4 절 | 지방세현황

1. 법 · 제도적 현황

1) 근거법률

지방세는 지방세기본법, 지방세법, 지방세특례제한법에 근거를 두고 운영되고 있다. 지방세기본법은 "지방세에 관한 기본적 사항과 부과 · 징수에 필요한 사항 및 위법 또는 부당한 처분에 대한 불복절차와 지방세 범칙행위에 대한 처벌에 관한 사항 등을 규정함으로써 지방세에 관한 법률관계를 확실하게 하고, 공정한 과세를 추구하며, 지방정부 주민의 납세의무의 원활한 이행에 기여함을 목적으로 한다"(지방세기본법 제1조). 지방세법은 "지방정부가 과세하는 지방세 각 세목의 과세요건 및 부과 · 징수, 그 밖에 필요한 사항을 규정함을 목적으로 한다"(지방세법 제1조). 그리고 지방세특례제한법은 "지방세 감면 및 특례에 관한 사항과 이의 제한에 관한 사항을 규정하여 지방세 정책을 효율적으로 수행함으로써 건전한 지방재정운영 및 공평과세 실현에 이바지함을 목적으로 한다"(지방세특례제한법 제1조).

2) 지방세의 구성체계

현행 지방세 구성체계는 2010년 2월 26일 국회에서 지방세 분법화 법안이 통과되었고, 2011년부터 적용됨에 따라 새롭게 구성되었다. 과거에는 지방세법이라는 단일법으로 되어 있었으나 지방세 분법화에 따라 지방세기본법, 지방세법, 그리고 지방세특례제한법으로 나누어지게 되었다.

지방세기본법은 납세자 권익보호 강화와 지방세 통칙규정의 체계화를 뒷받침하기 위한 것이고, 지방세법의 전부개정은 지방세목 체계의 간소화와 납세자를 우선하는 지방세 운영을 위한 것이며, 지방세특례제한법의 제정은 비과세 감면의 전면 재정비와 감면조례 허가제 폐지를 골자로 하고 있다. 지방세기본법은 지방세의 기본적·공통적·절차적 사항을 규정하며, 동법은 행정 중심에서 납세자 중심으로 새로운 지방세제도를 운영함에 있어 그 기본방향을 제시하고 있다. 지방세기본법은 현행 지방세법의 총칙부분을 근간으로 하고 있으며, 납세자 중심의 지방세제 운영을 위해 수정신고제도의 개선, 기한 후 신고의 확대, 성실납세자의 보호, 관허사업제한의 요건강화, 세무조사 기간의 명확화 등을 핵심적인 내용으로 다루고 있다.

지방세목의 수는 2011년 지방세제 개편작업을 통하여 기존의 16개 세목을 11개 세목으로 통폐합한 후 현재에 이르고 있다.[2] 변경내용을 구체적으로 살펴보면 통합, 폐지, 그리고 조정으로 나눌 수 있다. 먼저, 통합이다. 통합의 내용을 보면 취득세(취득세+취득관련 등록세), 재산세(재산세+도시계획세), 등록면허세(취득무관분 등록세+면허세), 지역자원시설세(공동시설세+지역개발세), 자동차세(자동차세+주행세)이다. 다음은 폐지이다. 도축세와 농업소득세를 폐지하였다. 마지막으로 조정이다. 구체적인 내용을 보면 주민세(소득+균등)와 사업소세(종업원+재산)를 조정하여 지방소득세(소득할 주민세+종업원할 사업소세)와 주민세(균등할 주민세+재산할 사업소세) 등이다. 그 결과는 [그림 4-1]과 같다.

2) 과거의 내용을 살펴보는 이유는 현행 지방세목의 구성형태와 내용을 이해하는 데 도움이 되기 때문이다.

그림 4-1 현행 지방세제의 세목 구성

과거: 16개 세목

구분	현행
중복과세 통·폐합	① 취득세 + ② 등록세(취득 관련분)
	③ 재산세 + ④ 도시계획세
유사세목 통합	② 등록세(취득무관분) + ⑤ 면허세
	⑥ 공동시설세 + ⑦ 지역개발세
	⑧ 자동차세 + ⑨ 주행세
폐지	⑯ 도축세
현행유지	⑩ 주민세 ⑪ 지방소득세 ⑫ 지방소비세 ⑬ 담배소비세 ⑭ 레저세 ⑮ 지방교육세

현행: 11개 세목

세목간소화
① 취득세
② 재산세
③ 등록면허세
④ 지역자원시설세
⑤ 자동차세 ※ 주행세 → 자동차세 하위세원
(폐지)
⑥ 주민세 ⑦ 지방소득세 ⑧ 지방소비세 ⑨ 담배소비세 ⑩ 레저세 ⑪ 지방교육세

11개 세목 중 도세는 취득세, 등록면허세, 레저세, 지방소비세, 지역자원시설세, 지방교육세 등 6개 세목이고, 시·군세는 주민세, 재산세, 자동차세, 담배소비세, 지방소득세 등 5개 세목이다. 특별시·광역시세는 취득세, 레저세, 담배소비세, 지방소비세, 주민세, 지방소득세, 자동차세, 지역자원시설세, 지방교육세이고, 자치구세는 등록면허세와 재산세이다. 다만, 지방세기본법 제9조와 제11조에 의하여 일부 변화가 있다. 지방세기본법 제9조는 특별시의 관할 구역 재산세의 공동과세에 대하여 명시하고 있다. 특별시 관할 구역에 있는 구의 경우에 재산세는 자치구세라는 제8조의 명문규정에도 불구하고 특별시세 및 구세인 재산세로 한다고 되어 있다. 이는 공동세제도를 의미한다. 그리고 제11조는 주민세의 특례에 대하여 규정하고 있다. 구체적인 내용을 보면 광역시의 경우에는 주민세 사업소분과 종업원분을 구세로 명명하고 있다([그림 4-2] 참조).

지방세는 몇 가지 기준에 의거할 때 특성별로 묶여질 수 있다. 이러한 과정을 통하여 지방세에 대한 이해의 폭을 넓힐 수 있을 것이다. 지방세의 분류기준은 직접세와 간접

그림 4-2 현행 지방세의 체계

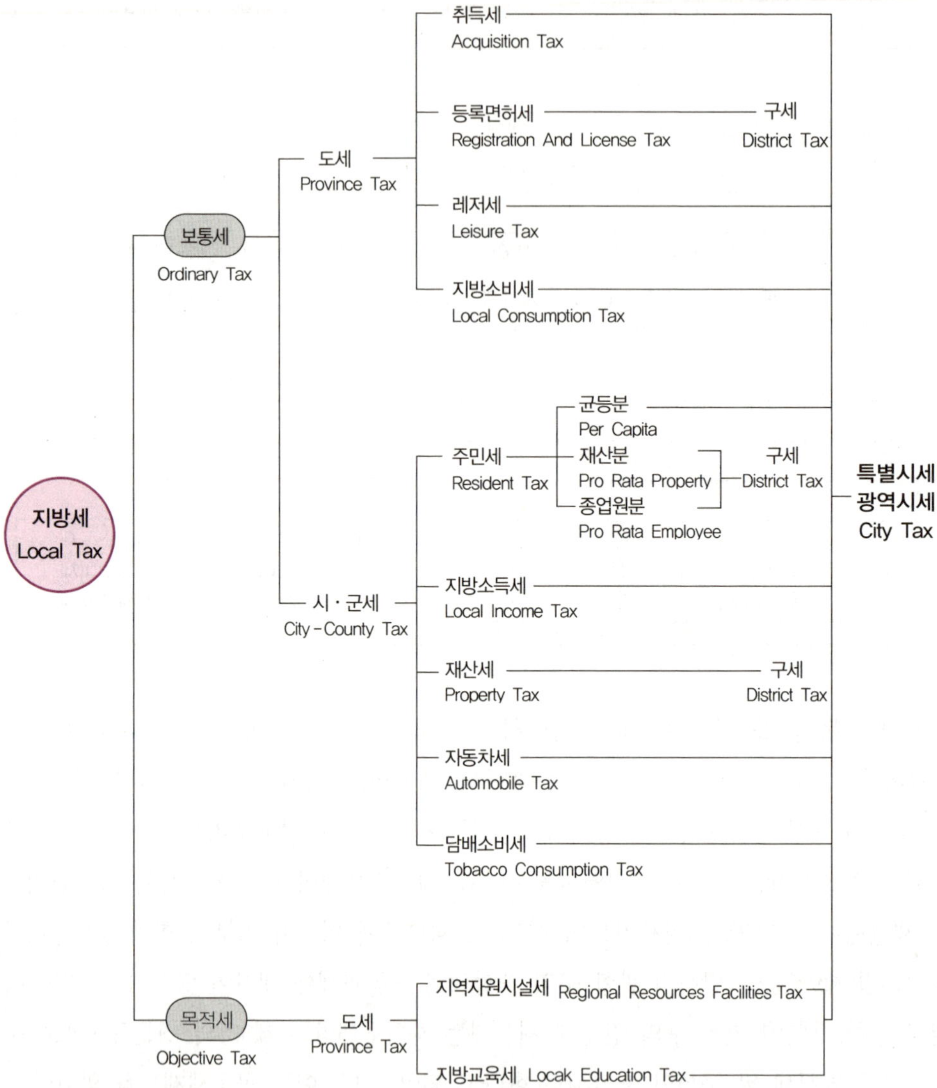

주: 1. 광역시의 군지역은 도세와 시 · 군세로 세목 구분.
2. 광역시의 구세는 주민세 재산분과 종업원분을 포함.
3. 지방교육세가 부과되는 세목은 취득세, 등록면허세(등록분), 레저세, 주민세(균등분), 재산세, 자동차세, 담배소비세임.
4. 농어촌특별세가 부과되는 세목은 취득세, 등록면허세(감면세액), 레저세임.

자료: 행정안전부(2020). 『지방세통계연감』.

세, 보통세와 목적세, 독립세와 부가세, 종가세와 종량세, OECD 분류(소득 · 소비 · 재산 · 기타) 등이다.

첫 번째는 직접세와 간접세이다. 직접세와 간접세의 구분은 법률상의 납세의무자와 경제상의 조세부담자가 일치하는가의 유무에 의하여 이루어진다. 직접세는 법률상의 납세의무자와 경제상의 조세부담자가 일치하는 조세이고, 간접세는 조세부담이 경제거래를 통해 다른 사람에게 전가되어 법률상의 납세의무자와 경제상의 조세부담자가 일치하지 않는 조세이다.

두 번째는 보통세와 목적세이다. 보통세와 목적세의 구분은 조세수입의 용도가 특정되어 있는가의 유무에 따른 분류이다. 보통세는 세수의 용도를 특정하지 않고 일반경비에 충당할 수 있는 조세이다. 목적세는 세수의 용도를 특정하여 그 특정 경비에만 충당하는 조세이다. 현행 지방세 중 보통세는 취득세, 등록면허세, 레저세, 담배소비세, 지방소비세, 주민세, 지방소득세, 재산세, 자동차세 등 9개 세목이고, 목적세는 지역자원시설세, 지방교육세 등 2개 세목이다.

세 번째는 독립세와 부가세(surtax)이다. 독립세와 부가세는 다른 조세에 부가되는지 여부에 따른 분류이다. 부가세는 다른 조세에 부가되는 조세이다. 현행 지방세 중 부가세는 자동차 주행에 따른 자동차세분, 지방교육세 등이다.

네 번째는 종가세와 종량세이다. 종가세와 종량세는 과세표준을 화폐금액으로 표시하느냐 혹은 물량으로 표시되느냐의 기준에 따른 분류이다. 종가세는 과세표준이 금액으로 표시되는 조세이고, 종량세는 과세표준을 중량, 용량, 건수, 인원 등 물량에 의하여 표시한다.

다섯 번째는 OECD 분류기준이다. OECD에서는 과세물건을 기준으로 소득과세, 소비과세, 재산과세, 그리고 기타 과세로 분류한다. 소득세는 수입 또는 소득을 얻고 있다는 사실에 담세능력을 인정하여 과세하는 조세이다. 소비세는 납세자가 재화 또는 용역을 구입 · 소비하는 사실에 대해 간접적으로 담세능력을 인정하여 과세하는 조세이다. 그리고 재산세는 재산을 소유한다는 사실에 담세능력을 인정하여 과세되는 조세이다([표 4-11] 참조).

표 4-11 지방세의 유형

구 분	내 용
직접세와 간접세	직접세는 법률상의 납세의무자와 경제상의 조세부담자가 일치하는 조세이고, 간접세는 조세부담이 경제거래를 통해 다른 사람에게 전가되어 법률상의 납세의무자와 경제상의 조세부담자가 일치하지 않는 조세
보통세와 목적세	보통세는 세수의 용도를 특정하지 않고 일반경비에 충당할 수 있는 조세이고, 목적세는 세수의 용도를 특정하여 그 특정 경비에만 충당하는 조세
독립세와 부가세	부가세는 다른 조세에 부가되는 조세
종가세와 종량세	종가세는 과세표준이 금액으로 표시되는 조세이고, 종량세는 과세표준을 중량, 용량, 건수, 인원 등 물량에 의하여 표시되는 조세
소득과세 · 소비과세 · 재산과세	소득세는 수입 또는 소득을 얻고 있다는 사실에 담세능력을 인정하여 과세하는 조세이고, 소비세는 납세자가 재화 또는 용역을 구입 · 소비하는 사실에 대해 간접적으로 담세능력을 인정하여 과세하는 조세이며, 재산세는 재산을 소유한다는 사실에 담세능력을 인정하여 과세되는 조세

2. 지방세의 세목별 요건[3)]

1) 취득세

(1) 과세주체

취득세는 매매, 교환, 상속, 증여, 기부, 법인에 대한 현물출자, 건축, 개수(개수), 공유수면의 매립, 간척에 의한 토지의 조성 등과 그 밖에 이와 유사한 취득으로서 원시취득, 승계취득 또는 유상 · 무상의 모든 취득에 대하여 과세하는 특별시 · 광역시 · 도세 보통세이다.

(2) 과세대상

취득세 과세대상은 일반취득과 간주취득으로 구분하여 설명할 수 있다. 일반취득은 토지 · 건축물, 차량, 기계장비, 선박, 항공기, 입목, 광업권, 어업권, 골프 · 콘도 · 종합체육시설이용 · 승마 · 요트회원권이다. 그리고 간주취득은 토지 지목변경, 과점주주 주식취득, 선박 · 차량 · 기계장비 종류변경, 건축물 개수 등이다([그림 4-3] 참조).

3) 행정안전부(2020). 『지방세통계연감』과 지방세법의 내용을 중심으로 정리하였다.

그림 4-3 취득의 개념과 유형

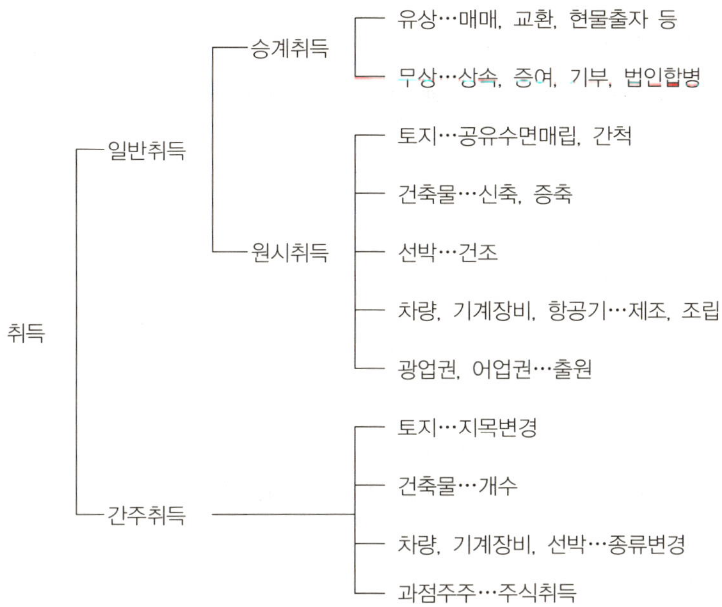

자료: 행정안전부(2020). 『지방세통계연감』.

(3) 납세의무자

취득세의 납세의무자는 취득세 과세대상 물건을 취득하는 자이다. 등기·등록을 하지 않은 경우라도 잔금지급 등 사실상 취득한 경우에도 취득세의 납세의무자가 된다.

(4) 과세표준

취득세의 과세표준은 취득자가 신고한 취득당시의 가액으로 한다. 단, 신고가액이 없거나 신고가액이 시가표준액 보다 적을 때에는 그 시가표준액으로 한다. 국가 등과 거래, 수입, 공매, 판결문·법인장부, 실거래가 신고·검증 등으로 사실상 취득가격이 입증되는 경우는 그 가격을 과세표준으로 적용한다.

(5) 세 율

세율은 부동산에 대한 세율과 부동산 이외의 것으로 구분되어 있으며, 각각의 구체적인 내용은 [표 4-12], [표 4-13]과 같다. 취득가액이 50만 원 이하가 면세점이다.

표 4-12 부동산에 대한 취득세율

구 분			취득세	농어촌특별세	지방교육세	합계세율
주택	6억 이하	85m² 이하	1%	비과세	0.1%	1.1%
		85m² 초과		0.2%	0.1%	1.3%
	6억 초과 9억 이하	85m² 이하	2%	비과세	0.2%	2.2%
		85m² 초과		0.2%	0.2%	2.4%
	9억 초과	85m² 이하	3%	비과세	0.3%	3.3%
		85m² 초과		0.2%	0.3%	3.5%
주택외 유상거래(토지, 건축물 등)			4%	0.2%	0.4%	4.6%
원시취득, 상속(농지 외)			2.8%	0.2%	0.16%	3.16%
무상취득(증여)		비영리사업자	2.8%	0.2%	0.16%	3.16%
		그 외	3.5%	0.2%	0.3%	4.0%
농지		매매	3.0%	0.2%	0.2%	3.4%
		상속	2.3%	0.2%	0.06%	2.56%
공유물 분할			2.3%	0.2%	0.06%	2.56%

주: 구 취득세액(2%)의 10%를 농특세로 부과, 구 등록세액(취득세율-2%)의 20%를 지방교육세로 부과.
자료: 행정안전부(2020). 『지방세통계연감』.

표 4-13 부동산 외에 대한 취득세율

구 분			취득세	농어촌특별세	지방교육세	합계세율
선박	등기·등록대상 (소형 제외)	상속취득	2.5%	0.2%	0.1%	2.8%
		상속 외 무상취득	3.0%	0.2%	0.2%	3.4%
		원시취득	2.02%	0.2%	0.004%	2.224%
		수입·주문건조 취득	2.02%	0.2%	0.004%	2.224%
		그 밖의 원인	3.0%	0.2%	0.2%	3.4%
	소형 선박	소형선박	2.02%	0.2%	0.004%	2.224%
		동력수상레저기구	2.02%	0.2%	0.004%	2.224%
	그 밖의 선박		2.0%	0.2%	-	2.2%
차량	비영업용 승용자동차	경자동차	4.0%	비과세	미과세	4.0%
		그 외	7.0%			7.0%

그 밖의 자동차	비영업용	경자동차	4.0%			4.0%
		그 외	5.0%			5.0%
	영업용		4.0%			4.0%
	이륜자동차		2.0%			2.0%
위 외의 자동차			2.0%			2.0%
기계장비	등록대상		3.0%	0.2%	0.2%	3.4%
	등록대상이 아닌 것		2.0%	0.2%	–	2.2%
항공기	등록대상		2.02%	0.2%	0.004%	2.224%
		최대이륙 중량 5,700kg 이상	2.01%	0.2%	0.002%	2.222%
	등록대상이 아닌 것		2.0%	0.2%	–	2.2%
입목			2.0%	0.2%	미과세	2.2%
광업권 · 어업권			2.0%	0.2%		2.2%
골프, 승마, 콘도, 종합체육, 요트 회원권			2.0%	0.2%		2.2%

자료: 행정안전부(2020). 『지방세통계연감』.

☞ 참고: 내가 부동산을 취득하여 가지고 있다면 어떤 세금을 내야 하는가?

구 분	국 세	지방세
부동산 취득	• 상속세 • 증여세 • 농어촌특별세 • 부가가치세 • 인지세	• 취득세 • 등록면허세 • 지방교육세 • 지방소비세
부동산 보유	• 종합부동산세(일정금액 초과 시) • 종합소득세(부동산 임대업) • 농어촌특별세 • 부가가치세(부동산 임대업)	• 재산세 • 지방교육세 • 지방소득세 • 지방소비세 • 지역자원시설세(특정 부동산분)
부동산 매각	• 양도소득세 • 종합소득세(부동산 매매업) • 농어촌특별세 • 부가가치세 • 인지세	• 지방소득세 • 지방소비세

(6) 징수방법

취득세는 취득일부터 60일(상속 6개월, 외국주소 9개월) 이내 과세관청에 신고납부한다.

2) 등록면허세(등록분)

(1) 과세주체

등록이란 재산권과 그 밖의 권리의 설정·변경 또는 소멸에 관한 사항을 공부에 등기하거나 등록하는 것을 말한다. 그리고 면허란 각종 법령에 규정된 면허·허가·인가·등록·지정·검사·검열·심사 등 특정한 영업설비 또는 행위에 대한 권리의 설정, 금지의 해제 또는 신고의 수리 등 행정청의 행위를 말한다. 등록면허세란 등록과 면허의 행위에 대하여 각각 과세하는 자치구세, 도세 보통세이다.

(2) 과세대상

등록면허세의 과세대상은 재산권과 그 밖의 권리의 설정·변경 또는 소멸에 관한 사항을 공부에 등기 또는 등록하는 행위이다. 등기·등록을 하게 된 원인의 실질적인 정당성, 합법성 여부와 관계없이 외형상 등기·등록의 형식적 요건만 갖추면 과세대상에 해당된다.

(3) 납세의무자

등록면허세의 납세의무자는 공부에 등기·등록을 하는 자이다. 외형상 권리자를 말하며 실질적인 권리자를 말하는 것이 아니다.

(4) 과세표준

부동산·선박·항공기·자동차·건설기계 소유권등기의 과세표준은 등록 당시의 가액이고, 저당권, 경매신청, 가압류, 가처분, 가등기 등의 과세표준은 채권금액이다.

(5) 세 율

등록면허세의 세율은 부동산·법인등기로 구분하여 살펴볼 수 있다([표 4-14], [표 4-15] 참조).

[표 4-15]와 같은 세율이 있음에도 불구하고 대도시에서 법인을 설립(설립 후 또는 휴면법인을 인수한 후 5년 이내에 자본 또는 출자액을 증가하는 경우를 포함한다)하거나 지점이나 분사무소를 설치함에 따른 등기, 대도시 밖에 있는 법인의 본점이나 주사

표 4-14 등록면허세 부동산 등기 세율

구 분			과세표준	세 율
소유권의 보존			부동산가액	0.8%
소유권의 이전	유상		〃	2.0%
	무상		〃	1.5%
		상속	〃	0.8%
지상권 설정·이전			〃	0.2%
저당권 설정·이전 (지상·전세권에 대한 저당권 포함)			채권금액	0.2%
지역권 설정·이전			요역지가액	0.2%
전세권 설정·이전			전세금액	0.2%
임차권 설정·이전			월 임대차금액	0.2%
경매신청·가압류·가처분·가등기 (부동산권리에 대한 경매신청 등 포함)			채권금액 또는 부동산가액(가등기 한정)	0.2%
그 밖의 등기			매 1건당	6,000원

주: 등록면허세액의 20%에 해당하는 지방교육세가 추가로 부과됨.
자료: 행정안전부(2020). 『지방세통계연감』.

표 4-15 등록면허세 법인 등기 세율

등기별	원인별	과세표준	세 율
㉠ 상사회사, 영리법인의 설립·합병	• 설립과 납입	납입·출자금액, 출자가액	0.4%
	• 자본·출자 증가	납입금액·출자가액	0.4%
㉡ 비영리법인의 설립·합병	• 설립과 납입	납입 출자총액 또는 재산가액	0.2%
	• 출자총액 또는 재산총액의 증가	납입한 출자 또는 재산가액	0.2%
㉢ 자산재평가 적립금에 의한 자본·출자금의 증가		증가한 금액	0.1%
㉣ 본점 또는 주사무소의 이전		매 1건당	112,500원
㉤ 지점 또는 분사무소의 설치		〃	40,200원
㉥ ㉠ 내지 ㉥ 이외의 등기		〃	40,200원

주: 등록면허세액의 20%에 해당하는 지방교육세가 추가로 부과됨.
자료: 행정안전부(2020). 『지방세통계연감』.

무소를 대도시로 전입(전입 후 5년 이내에 자본 또는 출자액이 증가하는 경우를 포함한다)함에 따른 등기 등의 경우에는 해당 세율의 100분의 300으로 중과세한다. 그리고 지방정부의 장은 조례로 정하는 바에 따라 등록면허세의 세율을 표준세율의 100분의 50

의 범위에서 가감할 수 있다. 이를 탄력세율이라 한다.

(6) 징수방법

등기·등록을 하고자 하는 자는 등기·등록을 하기 전까지 등록면허세를 신고하고 납부하여야 한다. 등기·등록을 할 때는 신청서에 등록면허세 영수증을 첨부하여야 하고, 해당 등기·등록관서는 이를 확인 후 과세관청에 송부하여야 한다. 그리고 특허권, 실용신안권, 디자인권, 상표권의 경우에는 특허청장이 특별징수하여, 다음 달 말일까지 납세지 관할 지방정부의 장에게 납부하여야 한다.

납세지를 물건별로 좀 더 구체적으로 살펴보면 부동산은 부동산 소재지, 선박은 선적항소재지, 자동차는 사용본거지, 건설기계는 등록지, 항공기는 정치장소재지, 법인등기는 주사무소 등 소재지, 상호는 영업장소재지, 광업권·조광권은 광구, 어업권은 어장, 저작권 등은 주소지, 특허권 등은 등록권자주소지, 상표 등은 주사무소, 영업허가는 영업장, 지식재산권담보권은 주소지이다.

3) 등록면허세(면허분)

(1) 과세주체

각종 법령에 규정된 면허·허가·인가·등록·지정·검사·검열·심사 등 특정한 영업설비 또는 행위에 대한 권리의 설정, 금지의 해제 또는 신고의 수리 등 행정청의 행위에 부과하는 세금이다.

(2) 과세대상

등록면허세 면허분의 과세대상은 면허의 종류 및 규모에 따라 제1종~제5종으로 구

표 4-16 등록면허세 면허분 과세대상

면허의 종류	제1종	제2종	제3종	제4종	제5종
921개	229개	193개	255개	197개	47개

주: 도에서는 광역세인 도세이나 특별·광역시에서는 자치구세임.
자료: 행정안전부(2020). 『지방세통계연감』.

분된다. 구체적인 내용은 지방세법 시행령 별표에 열거되어 있으나 여기에서는 종합표만 제시하고자 한다([표 4-16] 참조). 구체적인 내용은 지방세법 시행령 별표를 참고하기 바란다.

(3) 납세의무자

등록면허세 면허분은 정기분과 수시분으로 구분된다. 정기분은 매년 1월 1일 현재 면허를 소지하고 있는 자가 납세의무자이고, 수시분은 각종 면허를 받거나 변경하는 자가 납세의무자이다.

(4) 과세표준

등록면허세 면허분에 대한 과세표준은 납세지 및 면허의 종별 구분에 따라 차이가 있다. 즉, 면허의 종류와 납세지에 따라 달라진다는 것이다.

(5) 세 율

등록면허세(면허분)의 세율은 납세지 및 면허의 종별 구분에 따라 차등세율 적용된다. 다만, 동일 면허라도 종업원, 연면적, 차량대수 등으로 종을 구분한다([표 4-17] 참조).

표 4-17 등록면허세 면허 관련 세율

(단위: 원)

구 분	제1종	제2종	제3종	제4종	제5종
인구 50만 명 이상의 시	67,500	54,000	40,500	27,000	18,000
기타 시	45,000	34,000	22,500	15,000	7,500
군	27,000	18,000	12,000	9,000	4,500

(6) 징수방법

등록면허세(면허분) 정기분은 면허 유효기간이 없거나 1년을 초과하는 경우 매년 1월 1일 갱신된 것으로 보아 보통징수한다. 수시분은 면허증서 발급·송달 전까지 지방정부의 장에게 신고납부한다.

4) 레저세

(1) 과세주체

레저세는 경마, 경륜, 경정 및 소싸움을 영위하는 사업자에게 과세하는 지방세이다. 레저세는 승자투표권이나 승마투표권 등의 판매금액을 과세표준으로 과세하는 세금이다. 경마 등 사행행위에 대하여 과세하는 간접세이며 소비세이다. 레저세는 특별시·광역시·도세이고 보통세이다.

(2) 과세대상

레저세의 과세대상은 경륜·경정법에 따른 경륜 및 경정, 한국마사회법에 따른 경마, 전통소싸움경기에 관한 법률 등에 따라 승자투표권, 승마투표권 등을 팔고 투표적중자에게 환급금 등을 지급하는 행위로서 대통령령으로 정하는 것이다.

위의 과세대상에 해당하는 사업을 하는 자는 해당 과세대상 사업장과 장외발매소가 있는 지방정부에 각각 레저세를 납부할 의무가 있다([그림 4-4] 참조).

그림 4-4 레저세 과세대상의 변화

시행연도	1961	1994	2002	2003
명칭	마권세	경주·마권세	레저세	레저세
과세대상	경마	경마, 경륜·경정	경마, 경륜·경정	경마, 경륜, 경정, 소싸움경기

자료: 행정안전부(2020). 『지방세통계연감』.

(3) 납세의무자

레저세의 납세의무자는 과세대상 사업을 영위하는 자이다. 구체적으로는 한국마사회(경마), 국민체육진흥공단·부산지방공단·창원경륜공단(경륜), 국민체육진흥공단(경정), 청도공영사업공사(소싸움) 등이다.

(4) 과세표준

레저세의 과세표준은 승자투표권, 승마투표권 등의 발매금 총액이다.

(5) 세 율

레저세의 세율은 승자투표권 · 승마투표권 등 발매금 총액의 100분의 10이다.

(6) 징수방법

레저세 납세의무자는 승자투표권, 승마투표권 등의 발매일이 속하는 달의 다음 달 10일까지 산출한 세액을 대통령령으로 정하는 바에 따라 경륜장등의 소재지 및 장외발매소의 소재지별로 안분계산하여 해당 지방정부의 장에게 각각 신고하고 납부하여야 한다. 사업장 분포는 경마(과천, 부산-김해, 제주, 장외 30개소), 경륜(광명, 부산, 창원, 장외 20개소), 경정(하남, 장외 18개소), 소싸움경기(청도) 등이다.

5) 담배소비세

(1) 과세주체

담배소비세는 제조담배 또는 수입담배 등 담배의 소비행위에 대하여 과세하는 지방세이다. 담배소비세는 간접세이며 소비세이고, 특별시 · 광역시세이자 시 · 군세이고 보통세이다.

(2) 과세대상

담배소비세의 과세대상은 담배이다. 담배종류는 피우는 담배, 씹는 담배, 냄새 맡는 담배이다. 피우는 담배에는 다섯 개의 종류가 있다. 제1종 궐련, 제2종 파이프담배, 제3종 엽궐련, 제4종 각련, 제5종 전자담배이다.

제조자는 제조장으로부터 반출(搬出)한 담배에 대하여 담배소비세를 납부할 의무가 있다. 수입판매업자는 보세구역으로부터 반출한 담배에 대하여 담배소비세를 납부할 의무가 있다. 외국으로부터 입국하는 사람의 휴대품 또는 탁송품(託送品) · 별송품(別送品)으로 담배가 반입(搬入)될 때에는 그 반입한 사람이 담배소비세를 납부할 의무가 있다. 기타의 방법으로 담배를 제조하거나 국내로 반입하는 경우에는 그 제조자 또는 반입한 사람이 각각 담배소비세를 납부할 의무가 있다. 면세담배를 반출한 후 해당 용도에 사용하지 아니하고, 매도, 판매, 소비, 그 밖의 처분을 한 경우에는 처분을 한 자가 담배소비세를 납부할 의무가 있다.

(3) 납세의무자

담배소비세의 납세의무자는 담배를 제조하는 자(KT&G, 필립모리스, 브리티시 아메리칸 타바코), 담배를 수입하여 판매하는 자, 그리고 외국으로부터 담배를 반입하는 자(여행자 등)이다.

(4) 과세표준

담배소비세의 과세표준은 담배의 개비수, 중량 또는 니코틴 용액의 용량이다.

(5) 세 율

담배소비세의 세율은 개비수, 중량 또는 니코틴 용액의 용량당 정액세율(종량세)이다. 담배소비세의 세율은 궐련 20개비당 세율을 기준으로 할 때 ('89) 360원→('95) 460원→('01) 510원→('05) 641원→('15) 1,007원으로 변화하여 현재에 이르고 있다. 2015년에 대폭 증가하였다([표 4-18] 참조).

표 4-18 담배소비세 세율

<table>
<tr><th colspan="3">과세대상</th><th colspan="2">과세단위</th><th>세 율</th></tr>
<tr><td rowspan="8">피우는 담배</td><td colspan="2">제1종 궐련</td><td colspan="2">20개비당</td><td>1,007원</td></tr>
<tr><td colspan="2">제2종 파이프담배</td><td colspan="2">1g당</td><td>36원</td></tr>
<tr><td colspan="2">제3종 엽궐련</td><td colspan="2">〃</td><td>103원</td></tr>
<tr><td colspan="2">제4종 각련</td><td colspan="2">〃</td><td>36원</td></tr>
<tr><td rowspan="3">제5종 전자담배</td><td>니코틴용액</td><td colspan="2">1ml당</td><td>628원</td></tr>
<tr><td rowspan="2">연초 및 연초 고형물</td><td>궐련형</td><td>20개비</td><td>897원</td></tr>
<tr><td>기타</td><td>1g당</td><td>88원</td></tr>
<tr><td colspan="2">제6종 물담배</td><td colspan="2">1g당</td><td>715원</td></tr>
<tr><td colspan="3">씹거나 머금는 담배</td><td colspan="2">〃</td><td>364원</td></tr>
<tr><td colspan="3">냄새 맡는 담배</td><td colspan="2">〃</td><td>26원</td></tr>
</table>

자료: 행정안전부(2020). 『지방세통계연감』.

2015년에는 담배세율뿐만 아니라 담뱃값이 대폭 인상되었다. 구체적인 내역을 살펴보면 [표 4-19]와 같다.

표 4-19 2015년 담뱃값 인상내역

(단위: 원, %)

구 분	2014년 12월		인상금액	2015년 1월	
	금 액	비 중		금 액	비 중
원가 마진	950	38.0%	232	1,182	26.3%
담배소비세	641	25.6%	366	1,007	22.4%
지방교육세	321	12.8%	122	443	9.8%
건강증진부담금	354	14.2%	488	841	18.7%
개별소비세			594	594	13.2%
부가가치세	227	9.1%	182	409	9.1%
폐기물부담금	7	0.3%	17	24	0.5%
판매가격	2,500	100.0%	2,000	4,500	100.0%

(6) 징수방법

제조자는 매월 1일부터 말일까지 제조장에서 반출한 담배에 대한 과세표준과 세율에 따라 산출한 세액을 대통령령으로 정하는 안분기준에 따라 다음 달 말일까지 각 지방정부의 장에게 신고납부하여야 한다.

수입판매업자는 매월 1일부터 말일까지 보세구역에서 반출한 담배에 대한 산출세액을 다음 달 말일까지 대통령령으로 정하는 바에 따라 수입판매업자의 주사무소 소재지를 관할하는 지방정부의 장에게 신고납부하여야 한다. 이 경우 수입판매업자의 주사무소 소재지를 관할하는 지방정부의 장을 수입담배의 담배소비세에 대한 각 지방정부의 특별징수의무자로 한다. 특별징수의무자는 징수한 담배소비세를 대통령령으로 정하는 안분기준에 따라 다음 달 10일까지 각 지방정부의 장에게 납부하여야 한다. 이 경우 특별징수의무자는 담배소비세의 징수·납부에 따른 사무처리비 등을 행정안전부령으로 정하는 바에 따라 해당 지방정부의 장에게 납부하여야 할 세액에서 공제할 수 있다. 특별징수의무자가 징수하였거나 징수할 세액을 해당 기한까지 납부하지 아니하거나 부족하게 납부하더라도 특별징수의무자에게 가산세는 부과하지 아니한다([그림 4-5] 참조).

개업신고를 하지 아니하고 영업행위를 한 경우, 폐업신고를 하지 아니하거나 사용계획서를 제출하지 아니한 경우, 기장의무를 이행하지 아니하거나 거짓으로 기장한 경우, 신고하지 아니하였거나 신고한 세액이 산출세액보다 적은 경우, 지방정부별 담배의 매

그림 4-5 담배소비세 안분기준

안분기준

① 담배제조업

$$\text{해당 시·군이 실제로 받을 세액} = \text{전월 중 해당 시·군에서 팔린 담배의 산출 세액} \times \frac{\text{전월 중 제조장 반출 담배 산출세액}}{\text{전월 중 전 시·군에서 실제 소매인에게 팔린 담배 총 산출세액}}$$

② 담배수입업

$$\text{각 시·군이 실제로 받을 세액} = \text{전월 중 각 시·군에서 소매인에게 팔린 외국산 담배 산출세액} \times \frac{\text{전월 중 보세구역에서 반출된 외국산 담배 산출세액}}{\text{전월 중 전 시·군 지역별로 소매인에게 실제 팔린 외국산 담배 산출세액}}$$

자료: 행정안전부(2020). 「지방세통계연감」.

도에 따른 세액을 거짓으로 신고한 경우에는 그 산출세액 또는 부족세액의 100분의 10에 해당하는 가산세를 징수하여야 할 세액에 가산하여 징수한다.

반출된 담배를 해당 용도에 사용하지 아니하고 매도, 판매, 소비, 그 밖의 처분을 한 경우, 담배소비세가 면제되는 담배를 해당 용도에 사용하지 아니하고 매도, 판매, 소비, 그 밖의 처분을 한 경우, 제조자 또는 수입판매업자가 신고를 하지 아니한 경우, 부정한 방법으로 세액의 공제 또는 환급을 받은 경우, 과세표준의 기초가 될 사실의 전부 또는 일부를 은폐하거나 위장한 경우에는 그 산출세액 또는 부족세액의 100분의 30에 해당하는 금액을 징수하여야 할 세액에 가산하여 징수한다.

6) 지방소비세

(1) 과세주체

지방소비세는 재화 또는 용역의 공급, 재화의 수입거래에 부과하는 지방세이다. 특별시·광역시·도세이고 보통세이다.

(2) 과세대상

지방소비세의 과세대상은 부가가치세법을 준용하도록 되어 있다. 부가가치세의 과세대상은 재화 또는 용역의 공급, 재화의 수입에 대하여 부과하도록 되어 있다. 따라서 지방소비세의 과세대상은 재화 또는 용역의 공급, 재화의 수입이라고 볼 수 있다. 여기에서 재화란 재산 가치가 있는 모든 유체물(有體物)과 무체물(無體物)을 말하고, 용역이란 재화 외의 재산 가치가 있는 모든 역무(役務) 및 그 밖의 행위를 말한다.

(3) 납세의무자

지방소비세는 재화와 용역을 소비하는 자의 주소지 또는 소재지를 관할하는 도에서 부가가치세를 납부할 의무가 있는 자에게 부과한다. 부가가치를 납부할 자는 사업목적이 영리이든 비영리이든 관계없이 사업상 독립적으로 재화 또는 용역을 공급하는 자, 재화를 수입하는 자이다. 납세의무자에는 개인 · 법인(국가 · 지방정부와 지방정부조합을 포함)과 법인격이 없는 사단 · 재단 또는 그 밖의 단체를 포함한다.

지방소비세는 납세지를 관할하는 세무서장 또는 재화의 수입에 대한 부가가치세를 징수하는 세관장을 특별징수의무자로 한다.

(4) 과세표준

지방소비세의 과세표준은 부가가치세법에 따른 부가가치세의 납부세액에서 부가가치세법 및 다른 법률에 따라 부가가치세의 감면세액 및 공제세액을 빼고 가산세를 더하여 계산한 세액으로 한다.

(5) 세 율

지방소비세의 세율은 과세표준×21%(2020년 기준)이다. 보다 구체적으로 지방소비세의 안분기준을 보면 다음의 세 가지 방식이다. 첫째, 과세표준의 100분의 21 중 5에 해당하는 부분은 지역별 소비지출 등을 고려하여 대통령령으로 정하는 바에 따라 특별시장 · 광역시장 · 특별자치시장 · 도지사 및 특별자치도지사에게 안분하여 납입한다. 둘째, 과세표준의 100분의 21 중 6에 해당하는 부분은 법 개정으로 인해 감소되는 취득세, 지방교육세, 지방교부세, 지방교육재정교부금 등을 보전하기 위하여 대통령령으로 정하는 바에 따라 지방정부의 장과 특별시·광역시·특별자치시·도 및 특별자치도의 교육감에게 안분하여 납입한다. 셋째, 과세표준의 100분의 21 중 10에 해당하는 부분은 다음의 세 가지로 다시 구분하여 납입한다. ① 납입관리자는 국가에서 지방으로 전환되는 국가균형발전특별회계 사업 등의 비용을 보전하기 위하여 대통령령으로 정하는 금액을 지방자치단체 기금관리기본법 제17조 제2항에 따라 설립된 조합의 장에게 납입한다. 이 경우 조합의 장은 납입받은 세액을 같은 법 제18조 제1항 제5호에 따라 지방정부의 장에게 안분하여 배분한다. ② 시·도 전환사업을 보전함으로써 감소하는 지방재정법 제29조에 따른 시·군 조정교부금, 같은 법 제29조의2에 따른 자치구 조정교부금, 지방교육재정교부금법 제11조 제2항 및 세종특별자치시 설치 등에 관한 특별법 제14조 제5항에 따른 시·도 교육비특별회계 전출금을 보전하기 위하여 대통령령으로 정하는 바에 따라 지방정부의 장과 특별시·광역시·특별자치시·도 및 특별자치도의 교육감에게 안분하여 납입한다. ③ 그 이외 세액은 지역별 소비지출 등을 고려하여 대통령령으로 정하는 바에 따라 특별시장·광역시장·특별자치시장·도지사 및 특별자치도지사에게 안분하여 납입한다([그림 4-6] 참조).

그림 4-6 지방소비세의 납입흐름

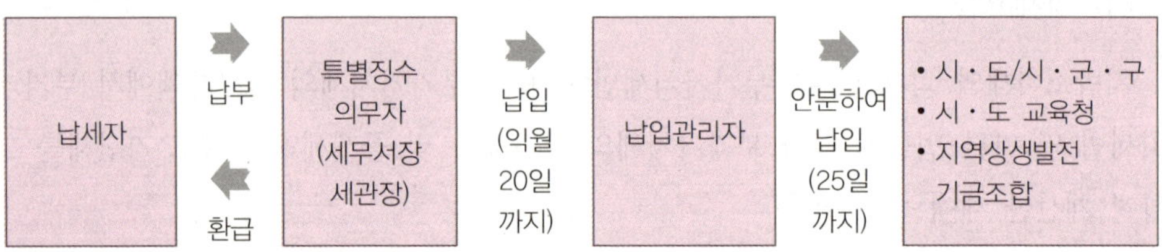

자료: 행정안전부(2020). 『지방세통계연감』.

(6) 징수방법

지방소비세는 각 시·도가 별도로 부과하지 않고, 국가가 징수한 부가가치세 총액의 일부를 납입관리자를 통해 납입받는 방식으로 징수한다.

7) 지방소비세와 지역상생발전기금

(1) 개 념

지역상생발전기금은 부가가치세의 일정부분을 재원으로 하는 지방소비세의 도입과 무관하지 않다. 지방소비세를 도입하면 수도권의 지방정부는 다수의 재정확충을 도모할 수 있으나, 비수도권의 지방정부 재정확충은 상대적으로 미흡할 수 있다는 지적이 있었다. 즉, 지방정부 간 재정격차가 더욱 커질 수 있다는 우려가 있었다. 이러한 점을 고려하여 서울특별시, 인천광역시, 경기도 등 수도권 지방정부가 일정부분을 출연하는 지역상생발전기금을 도입하여 비수도권 지방정부와 재원을 공유하는 제도를 도입한 것이다. 이러한 점 때문에 지역상생발전기금을 수평적 지방재정조정제도라고도 부른다.

지역상생발전기금은 지방자치단체 기금관리기본법 제17조(지역상생발전기금의 설치 · 운용)에 근거하고 있다. 지역상생발전기금은 지방정부 간 상생(相生) 발전을 지원하고, 기금의 여유자금을 효율적으로 관리 · 활용하기 위하여 설치한다. 지역상생발전기금을 설치하는 시 · 도는 발전기금의 관리 · 운용을 위하여 지방정부조합을 설립하여야 하고, 조합은 발전기금의 관리 · 운용에 관한 사무를 대통령령으로 정하는 전문기관에 위탁할 수 있다.

(2) 재 원

지역상생발전기금의 재원은 기금관리법 제17조의2에 제시되어 있으며, 구체적으로는 서울특별시 · 인천광역시 · 경기도의 출연금으로서 회계연도별 지방소비세 세입 등을 고려하여 대통령령으로 정하는 금액이다. 물론 그 이외에도 지방정부의 출연금, 지방정부를 회원으로 하는 공익법인의 출연금, 발전기금의 운용수익 등이 포함되어 있다. 여기에서 대통령령으로 정하는 금액은 지방자치단체 기금관리법 시행령 제12조의2에 제시되어 있다. 즉, 해당 지방정부별로 다음의 계산식에 따라 산출한 금액을 말한다. 서울특별시장 · 인천광역시장 · 경기도지사는 제1항에 따른 출연금을 분기별로 균등히 분할하여 조합의 장이 지정하는 계좌에 분기말일까지 납입하여야 한다.

지방세법 시행령 제75조 제1항 제5호에 따라 산출한 시 · 도의 안분액×(35/100)

지역상생발전기금은 재정지원계정, 융자관리계정 및 전환사업보전계정으로 구분한다. 구체적으로 살펴보면 재정지원계정은 서울특별시·인천광역시·경기도의 출연금으로서 회계연도별 지방소비세 세입 등을 고려하여 대통령령으로 정하는 금액에 따른 출연금의 2분의 1에 해당하는 금액, 그 밖의 수입금 중 재정지원계정의 수입금, 융자관리계정 및 전환사업보전계정으로부터의 전입금을 재원으로 한다. 또한 융자관리계정은 예치받은 자금, 지방채발행 수입 및 일시차입금, 지방정부의 출연금, 지방정부를 회원으로 하는 공익법인의 출연금, 발전기금의 운용수익과 서울특별시·인천광역시·경기도의 출연금으로서 회계연도별 지방소비세 세입 등을 고려하여 대통령령으로 정하는 금액에 따른 출연금의 2분의 1에 해당하는 금액, 그 밖의 수입금 중 융자관리계정의 수입금, 그리고 재정지원계정 및 전환사업보전계정으로부터의 전입금이다. 전환사업보전계정의 재원은 부가가치세의 100분의 21 중 10에 해당하는 부분이다. 구체적으로는 국가에서 지방으로 전환되는 국가균형발전특별회계 사업 등의 비용을 보전하기 위하여 대통령령으로 정하는 금액이다. 또한 그 밖의 수입금 중 전환사업보전계정의 수입금이다.

(3) 용 도

지역상생발전기금의 용도는 지방채의 인수, 공사채(公社債)의 인수, 예치금의 원리금 상환, 지역발전을 위한 지방정부 재정지원 및 보조사업 지원, 국가에서 지방으로 전환되는 사업의 비용 보전, 그 밖에 발전기금의 관리·운용을 위하여 필요한 경비의 지출 등이다.

8) 주민세

(1) 과세주체

주민세는 지방정부의 구성원인 주민을 대상으로 과세되는 지방세로서 소득의 크기에 관계없이 균등하게 과세되는 주민세 개인분과 지방정부에 소재한 사업소 및 그 연면적을 과세표준으로 하여 부과하는 주민세 사업소분, 그리고 지방정부에 소재한 사업소 종업원의 급여총액을 과세표준으로 하여 부과하는 주민세 종업원분을 말한다. 주민세는 특별시·광역시세, 시·군세이자 보통세이다. 다만, 주민세 사업소분은 광역시의 구세이다.

(2) 과세대상

주민세는 개인분, 사업소분, 그리고 종업원분으로 구분하여 설명할 수 있다. 개인분은 지방정부에 주소를 둔 개인에 대하여 부과하고, 사업소분은 지방정부에 소재한 사업소 및 그 연면적이 대상이고, 종업원분은 지방정부에 소재한 사업소 종업원의 급여총액이다.

(3) 납세의무자

주민세의 납세의무자는 개인분, 사업소분, 종업원분으로 구분하여 살펴볼 수 있다. 개인분의 납세의무자는 과세기준일 현재 지방정부에 주소(외국인의 경우에는 출입국관리법에 따른 체류지)를 둔 개인으로 한다. 다만, 국민기초생활 보장법에 따른 수급자, 민법에 따른 미성년자, 주민등록법에 따른 세대원 및 이에 준하는 개인으로서 대통령령으로 정하는 사람, 출입국관리법 제31조에 따른 외국인등록을 한 날부터 1년이 경과되지 아니한 외국인은 제외한다. 사업소분의 납세의무자는 과세기준일 현재 지방정부에 대통령령으로 정하는 규모 이상의 사업소를 둔 개인, 지방정부에 사업소를 둔 법인에 해당하는 사업주이다. 다만, 사업소용 건축물의 소유자와 사업주가 다른 경우에는 대통령령으로 정하는 바에 따라 건축물의 소유자에게 제2차 납세의무를 지울 수 있다. 종업원분의 납세의무자는 종업원에게 급여를 지급하는 사업주이다.

(4) 과세표준

주민세의 과세표준은 개인분은 세대이고, 사업소분은 과세기준일 현재의 사업소 및 그 연면적이다. 그리고 종업원분은 종업원에게 지급한 그 달의 급여 총액이다.

(5) 세 율

주민세의 세율은 개인분, 사업소분, 그리고 종업원분으로 구분하여 살펴볼 수 있다. 먼저, 개인분은 1만 원을 초과하지 아니하는 범위에서 지방정부의 장이 조례로 정한다. 그리고 주민세 사업소분은 다음의 [표 4-20]과 같다. 물론 지방정부의 장은 조례로 정하는 바에 따라 세율을 각각 100분의 50범위에서 가감할 수 있다([표 4-20] 참조).

표 4-20 주민세 사업소분 세율

<table>
<tr><th colspan="3">구 분</th><th>세 액</th></tr>
<tr><td rowspan="5">기본 세율</td><td colspan="2">사업주가 개인인 사업소</td><td>50,000</td></tr>
<tr><td rowspan="4">사업주가 법인인 사업소</td><td>자본금액 또는 출자금액이 30억 원 이하인 법인</td><td>50,000</td></tr>
<tr><td>자본금액 또는 출자금액이 30억 원 초과 50억 원 이하인 법인</td><td>100,000</td></tr>
<tr><td>자본금액 또는 출자금액이 50억 원을 초과하는 법인</td><td>200,000</td></tr>
<tr><td>그 밖의 법인</td><td>50,000</td></tr>
<tr><td colspan="3">연면적에 대한 세율</td><td>사업소 연면적 1m²당 250원</td></tr>
</table>

종업원분의 표준세율은 종업원 급여총액의 1천분의 5이다. 지방정부의 장은 조례로 정하는 바에 따라 종업원분의 세율을 표준세율의 100분의 50의 범위에서 가감할 수 있다.

(6) 징수방법

주민세의 징수방법은 개인분, 사업소분, 그리고 종업원분으로 구분하여 살펴볼 수 있다.

개인분은 납세지를 관할하는 지방정부의 장이 보통징수의 방법으로 징수한다. 개인분의 과세기준일은 매년 7월 1일이고, 납기는 매년 8월 16일부터 8월 31일까지이다.

사업소분은 신고납부의 방법으로 징수한다. 사업소분의 과세기준일은 7월 1일이고, 사업소분의 납세의무자는 매년 납부할 세액을 8월 1일부터 8월 31일까지를 납기로 하여 납세지를 관할하는 지방정부의 장에게 대통령령으로 정하는 바에 따라 신고하고 납부하여야 한다. 물론 납세지 관할 지방정부의 장은 사업소분의 납세의무자에게 행정안전부령으로 정하는 납부서를 발송할 수 있다. 납부서를 받은 납세의무자가 납부서에 기재된 세액을 해당 기한까지 납부한 경우에는 신고를 하고 납부한 것으로 본다. 사업소분의 납세의무자가 신고 또는 납부의무를 다하지 아니하면 가산세를 합한 금액을 세액으로 하여 보통징수의 방법으로 징수한다. 사업소분의 납세의무자 또는 그 사업소용 건축물의 소유자는 조례로 정하는 바에 따라 필요한 사항을 신고하여야 한다. 납세의무자가 신고를 하지 아니할 경우에는 세무공무원은 직권으로 조사하여 과세대장에 등재할 수 있다.

종업원분은 신고납부의 방법으로 징수한다. 종업원분의 납세의무자는 매월 납부할 세액을 다음 달 10일까지 납세지를 관할하는 지방정부의 장에게 대통령령으로 정하는 바에 따라 신고하고 납부하여야 한다. 종업원분의 납세의무자가 신고 또는 납부의무를 다하지 아니하면 가산세를 합한 금액을 세액으로 하여 보통징수의 방법으로 징수한다. 종업원분의 납세의무자는 조례로 정하는 바에 따라 필요한 사항을 신고하여야 한다. 납세의무자가 제1항에 따른 신고를 하지 아니할 경우에는 세무공무원은 직권으로 조사하여 과세대장에 등재할 수 있다.

9) 지방소득세

(1) 과세주체

지방소득세는 소득세법에 따른 소득세 또는 법인세법에 따른 법인세의 납세의무가 있는 자를 대상으로 하는 특별시·광역시세이자 시·군세 보통세이다. 지방소득세는 개인지방소득세(개인분)와 법인지방소득세(법인분)로 구분된다.

개인분의 납세지는 원칙적으로 주소지이며 각 종류별 특별징수 납세지가 규정되어 있다. 소득세는 사업장 소재지를 납세지로 지정할 수 있으나 지방소득세는 해당 없다. 법인분의 납세지는 각 사업장 소재지(종업원 수, 건축물 연면적 1:1 기준 안분)이다. 각 사업장 소재지에 안분비율대로 신고·납부해야 한다.

> 법인지방소득세 안분계산식
>
> $$\left[\left(\frac{\text{관할 지방정부 안 종업원 수}}{\text{법인의 총 종업원 수}}\right) + \left(\frac{\text{관할 지방정부 안 건축물 연면적}}{\text{법인의 총 건축물 연면적}}\right)\right] \div 2$$

(2) 과세대상

지방소득세 과세대상은 개인지방소득과 법인지방소득으로 구분된다. 개인지방소득은 종합소득(이자·배당·사업·근로·연금·기타소득), 퇴직·양도소득이고, 법인지방소득은 각 사업연도소득, 토지 등 양도소득, 미환류소득, 청산소득 등이다.

(3) 납세의무자

지방소득세의 납세의무자는 소득세와 법인세 납세의무자 있는 개인과 법인이다([표 4-21] 참조).

표 4-21 지방소득세 납세의무자

구 분	거주자(국내에 주소 또는 183일 이상 거소를 둔자), 내국법인	비거주자, 외국법인
과세범위	국내·외 소득 모두 ※ 단, 국외납부세액은 이중과세 조정 위해 국세에서 세액공제	국내 원천소득만

자료: 행정안전부(2020). 『지방세통계연감』.

(4) 과세표준

지방소득세의 과세표준은 개인분, 법인분으로 구분된다. 보다 구체적으로는 [표 4-22]와 같다.

표 4-22 지방소득세 과세표준

구분	과세표준
개인분	1,200만 원 이하
	1,200만 원~4,600만 원
	4,600만 원~8,800만 원
	8,800만 원~1억 5천만 원
	1억 5천만 원~3억 원
	3억 원~5억 원
	5억 원 초과
법인분	2억 원 이하
	2억 원~200억 원
	200억 원~3천억 원
	3천억 원 초과

(5) 세 율

지방소득세의 세율은 신고납부와 특별징수로 구분할 수 있고, 신고납부는 다시 개인과 법인으로 구분하여 설명할 수 있다. 구체적인 세율은 [표 4-23]과 같다.

표 4-23 지방소득세의 세율

과세표준		소득세·법인세법상 과세표준과 동일		※ (~'13년) 소득·법인세액(결정세액)
세 율	개인분	1,200만 원 이하	0.6%	※ (~'13년) 소득세·법인세액의 10%(탄력세율 적용)
		1,200만 원~4,600만 원	1.5%	
		4,600만 원~8,800만 원	2.4%	
		8,800만 원~1억 5천만 원	3.5%	
		1억 5천만 원~3억 원	3.8%	
		3억 원~5억 원	4.0%	
		5억 원 초과	4.2%	
	법인분	2억 원 이하	1.0%	
		2억 원~200억 원	2.0%	
		200억 원~3천억 원	2.2%	
		3천억 원 초과	2.5%	
	특별징수	소득세·법인세 원천징수세액의 10%		
	탄력세율	지방자치단체별로 세율의 50% 가감 적용		

자료: 행정안전부(2020). 『지방세통계연감』.

(6) 징수방법

지방소득세의 징수방법은 신고납부와 특별징수가 있다. 신고납부는 [표 4-24]와 같다.

표 4-24 지방소득세 징수방법: 신고납부

개 인	근로소득	매월 특별징수(원천징수) 후 다음 해 2월에 연말정산
	사업소득 등 종합소득	다음 해 5월에 확정신고·납부
	양도소득	양도소득세 예정신고기간에 2개월을 더한 날까지 예정신고·납부하고, 다음 해 양도소득세 확정신고기한에 2개월을 더한 날까지 확정신고·납부(누진분 추가납부)
법 인	사업연도소득 등	사업연도 종료일이 속하는 달의 말일부터 4개월(법인세는 3개월) 이내 신고·납부
	청산소득	해산 시 잔여재산가액 확정일이 속하는 달의 말일부터 3개월 이내 신고·납부

자료: 행정안전부(2020). 『지방세통계연감』.

표 4-25 소득종류별 개인지방소득세 특별징수 납세지

구 분	근로소득	이자 · 배당소득	연금소득	퇴직소득	기 타
과세범위	근무지	계좌개설지	주소지	근무지	징수자 소재지

주: 퇴직소득을 연금외수령 하는 경우의 납세지는 주소지.
자료: 행정안전부(2020). 『지방세통계연감』.

특별징수 납세지를 살펴보면 [표 4-25]와 같다.

10) 재산세

(1) 과세주체

재산세는 납세자가 소유한 재산의 경제적 교환가치에 담세력을 두어 과세하는 조세이다. 재산세(본세)와 도시지역분(구 도시계획세)이 합쳐진 조세이다.

재산세는 토지, 건축물, 주택, 항공기 및 선박을 대상으로 부과하는 시 · 군세이자 자치구세이며 보통세이다. 다만, 서울특별시와 자치구는 공동과세형태로 운영하고 있다. 서울특별시는 재산세 본세 50%는 특별시세(단, 특별시세는 전액 각 구로 안분교부), 나머지 50%는 구세로 하고, 도시지역분(구 도시계획세)은 전액 특별시세로 한다.

(2) 과세대상

재산세의 과세대상은 토지, 건축물, 주택, 항공기 및 선박이다. 좀 더 구체적으로 살펴보면 다음과 같다.

토지는 종합합산과세대상, 별도합산과세대상 및 분리과세대상으로 구분한다. 종합합산과세대상은 과세기준일 현재 납세의무자가 소유하고 있는 토지 중 별도합산과세대상 또는 분리과세대상이 되는 토지를 제외한 토지이다. 별도합산과세대상은 과세기준일 현재 납세의무자가 소유하고 있는 토지 중 공장용 건축물의 부속토지 등 대통령령으로 정하는 건축물의 부속토지, 차고용 토지, 보세창고용 토지, 시험 · 연구 · 검사용 토지, 물류단지시설용 토지 등 공지상태(空地狀態)나 해당 토지의 이용에 필요한 시설 등을 설치하여, 업무 또는 경제활동에 활용되는 토지로서 대통령령으로 정하는 토지, 철거 · 멸실된 건축물 또는 주택의 부속토지로서 대통령령으로 정하는 부속토지 등에 해당하는 토지이다. 분리과세대상은 과세기준일 현재 납세의무자가 소유하고 있는 토지 중 국가의 보호·지원 또는 중과가 필요한 토지로서 공장용지·전·답·과수원 및 목장용지로서 대통령령으로 정하는 토지, 산림의 보호육성을 위하여 필요한 임야 및 종중 소유 임야로서, 대통령령으로 정하는 임야, 고급오락장용 토지로서 대통령령으로 정하는 토지, 공장의 부속토지로서 개발제한구역의 지정이 있기 이전에 그 부지취득이 완료된 곳으로서 대통령령으로 정하는 토지, 국가 및 지방정부 지원을 위한 특정 목적 사업용 토지로서 대통령령으로 정하는 토지, 에너지·자원의 공급 및 방송·통신·교통 등의 기반시설용 토지로서 대통령령으로 정하는 토지, 국토의 효율적 이용을 위한 개발사업용 토지로서 대통령령으로 정하는 토지, 그 밖에 지역경제의 발전, 공익성의 정도 등을 고려하여 분리과세하여야 할 타당한 이유가 있는 토지로서 대통령령으로 정하는 토지의 어느 하나에 해당하는 토지이다.

(3) 납세의무자

재산세의 납세의무자는 재산세 과세기준일 현재 재산을 사실상 소유하고 있는 자이다. 다만, 공유재산인 경우에는 그 지분에 해당하는 부분(지분의 표시가 없는 경우에는 지분이 균등한 것으로 봄)에 대해서는 그 지분권자, 주택의 건물과 부속토지의 소유자

표 4-26 재산세 납세의무자

① 공부상의 소유자가 매매 등의 사유로 소유권이 변동되었는 데도 신고하지 아니하여 사실상의 소유자를 알 수 없을 때에는 공부상 소유자
② 상속이 개시된 재산으로서 상속등기가 이행되지 아니하고, 사실상의 소유자를 신고하지 아니하였을 때에는 행정안전부령으로 정하는 주된 상속자
③ 공부상에 개인 등의 명의로 등재되어 있는 사실상의 종중재산으로서, 종중소유임을 신고하지 아니하였을 때에는 공부상 소유자
④ 국가, 지방자치단체, 지방자치단체조합과 재산세 과세대상 재산을 연부(年賦)로 매매계약을 체결하고, 그 재산의 사용권을 무상으로 받은 경우에는 그 매수계약자
⑤ 신탁법 제2조에 따른 수탁자의 명의로 등기 또는 등록된 신탁재산의 경우에는 제1항에도 불구하고, 같은 조에 따른 위탁자. 이 경우 위탁자가 신탁재산을 소유한 것으로 본다.
⑥ 도시개발법에 따라 시행하는 환지(換地) 방식에 의한 도시개발사업 및 도시 및 주거환경정비법에 따른 정비사업(재개발사업만 해당한다)의 시행에 따른 환지계획에서 일정한 토지를 환지로 정하지 아니하고, 체비지 또는 보류지로 정한 경우에는 사업시행자
⑦ 외국인 소유의 항공기 또는 선박을 임차하여 수입하는 경우에는 수입하는 자

가 다를 경우에는 그 주택에 대한 산출세액을 건축물과 그 부속토지의 시가표준액 비율로 안분계산(按分計算)한 부분에 대해서는 그 소유자가 납세의무자가 된다.

재산세 과세기준일 현재 다음과 같은 일곱 개 중 하나에 해당하는 자는 재산세를 납부할 의무가 있다([표 4-26] 참조).

그리고 만약 재산세 과세기준일 현재 소유권의 귀속이 분명하지 아니하여 사실상의 소유자를 확인할 수 없는 경우에는 그 사용자가 재산세를 납부할 의무가 있다.

(4) 과세표준

재산세의 과세표준은 물건별로 차이가 있다. 먼저, 토지 · 건축물 · 주택에 대한 재산세의 과세표준은 시가표준액에 부동산 시장의 동향과 지방재정 여건 등을 고려하여 토지 및 건축물은 시가표준액의 100분의 50부터 100분의 90까지, 주택은 시가표준액의 100분의 40부터 100분의 80까지의 범위에서 대통령령으로 정하는 공정시장가액비율을 곱하여 산정한 가액으로 한다. 여기에서의 시가표준액은 토지는 공시지가, 건축물은 시가표준액, 그리고 주택은 공시가격이다. 2020년 현재 공정시장가액비율은 토지 · 건축물은 70%, 주택은 60%이다. 그리고 선박 및 항공기에 대한 재산세의 과세표준은 시가표준액이다.

(5) 징수방법과 세율

재산세는 관할 지방정부의 장이 세액을 산정하여 보통징수의 방법으로 부과 · 징수한다. 재산세를 징수하려면 토지, 건축물, 주택, 선박 및 항공기로 구분한 납세고지서에 과세표준과 세액을 적어 늦어도 납기개시 5일 전까지 발급하여야 한다.

그림 4-7 재산세 세액 산출방법

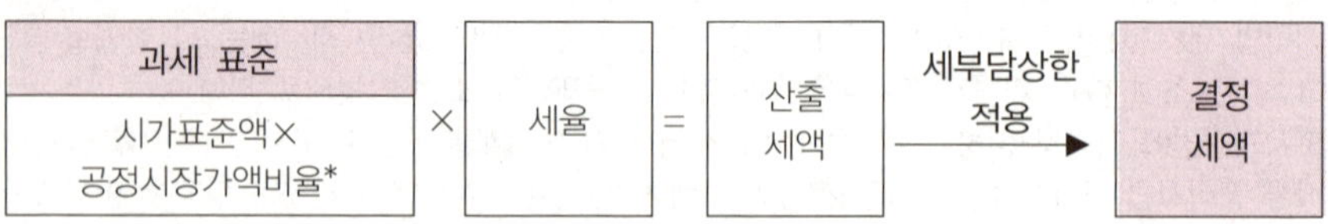

주: 토지, 건축물, 주택에만 적용.
자료: 행정안전부(2020). 『지방세통계연감』.

재산세의 세액 산출방식은 [그림 4-7]과 같다. 과세표준에 세율을 곱하여 산출세액을 산정한다. 그 다음에는 세부담상한을 적용하여 세액을 결정한다.

재산세의 세율은 물건별로 차이가 있기 때문에 분리하여 살펴보아야 한다. 먼저, 토지이다. 토지는 종합합산과세대상, 별도합산과세대상, 그리고 분리과세대상으로 유형화하여 살펴보아야 한다([표 4-27], [표 4-28], [표 4-29] 참조).

표 4-27 종합합산과세대상에 대한 재산세율

과세표준	세 율
5,000만 원 이하	1,000분의 2
5,000만 원 초과 1억 원 이하	10만 원+5,000만 원 초과금액의 1,000분의 3
1억 원 초과	25만 원+1억 원 초과금액의 1,000분의 5

표 4-28 별도합산과세대상에 대한 재산세율

과세표준	세 율
2억 원 이하	1,000분의 2
2억 원 초과 10억 원 이하	40만 원+2억 원 초과금액의 1,000분의 3
10억 원 초과	280만 원+10억 원 초과금액의 1,000분의 4

표 4-29 분리과세대상에 대한 재산세율

구 분	세 율
전·답·과수원·목장용지 및 임야	과세표준의 1천분의 0.7
골프장 및 고급오락장용 토지	과세표준의 1천분의 40
그 밖의 토지	과세표준의 1천분의 2

건축물에 대한 세율은 [표 4-30]과 같다.

표 4-30 건축물에 대한 재산세율

구 분	세 율
골프장, 고급오락장용 건축물	과세표준의 1천분의 40
특별시·광역시, 특별자치시, 특별자치도, 또는 시지역에서 대통령령으로 정하는 공장용 건축물	과세표준의 1천분의 5
그 밖의 건축물	과세표준의 1천분의 2.5

주택에 대한 세율은 [표 4-31]과 같다. 별장은 과세표준의 1천분의 40이고, 그 밖의 주택에 대한 세율은 [표 4-31]과 같다.

표 4-31 주택에 대한 재산세율

과세표준	세 율
6천만 원 이하	1,000분의 1
6천만 원 초과 1억 5천만 원 이하	60,000원+6천만 원 초과금액의 1,000분의 1.5
1억 5천만 원 초과 3억 원 이하	195,000원+1억 5천만 원 초과금액의 1,000분의 2.5
3억 원 초과	570,000원+3억 원 초과금액의 1,000분의 4

선박에 대한 세율은 고급선박의 경우 과세표준의 1천분의 50이고, 그 밖의 선박은 과세표준의 1천분의 3이다. 항공기는 과세표준의 1천분의 3이다.

수도권정비계획법에 따른 과밀억제권역에서 행정안전부령으로 정하는 공장 신설·증설에 해당하는 경우 그 건축물에 대한 재산세의 세율은 최초의 과세기준일부터 5년간 표준세율의 100분의 500에 해당하는 세율로 한다. 지방정부의 장은 특별한 재정수요나 재해 등의 발생으로 재산세의 세율 조정이 불가피하다고 인정되는 경우 조례로 정하는 바에 따라 표준세율의 100분의 50의 범위에서 가감할 수 있다. 다만, 가감한 세율은 해당 연도에만 적용한다.

(6) 징수방법

재산세는 관할 지방정부의 장이 세액을 산정하여 보통징수의 방법으로 부과·징수한다. 재산세를 징수하려면 토지, 건축물, 주택, 선박 및 항공기로 구분한 납세고지서에 과세표준과 세액을 적어 늦어도 납기개시 5일 전까지 발급하여야 한다.

11) 자동차세

(1) 과세주체

자동차세는 소유와 주행으로 구분하여 부과되고 있다. 자동차의 소유에 대한 자동차세는 자동차의 소유에 대하여 과세하는 재산세적인 성격과 도로이용손상 및 환경오염에 대한 부담금적 성격을 동시에 갖는 지방세이다. 그리고 자동차주행에 대한 자동차세는 휘발유・경유 및 이와 유사한 대체 유류에 대한 교통세 납세의무가 있는 자에게 과세하는 지방세이다. 자동차세는 특별시・광역시세이자 시・군세이고 보통세이다.

(2) 과세대상

자동차 소유에 대한 자동차세는 지방정부 관할 구역에 등록되어 있거나 신고되어 있는 자동차를 소유하는 자에게 부과한다. 과세기준일 현재 상속이 개시된 자동차로서 사실상의 소유자 명의로 이전등록을 하지 아니한 경우에는 민법상 상속지분이 가장 높은 자, 연장자의 순으로 자동차세를 납부할 의무를 진다. 그리고 과세기준일 현재 공매되어 매수대금이 납부되었으나 매수인 명의로 소유권 이전등록을 하지 아니한 자동차에 대하여는 매수인이 자동차세를 납부할 의무를 진다.

(3) 과세표준

자동차 소유에 대한 자동차세의 과세표준은 배기량, 적재량 등의 기준에 따라 다양하게 구분할 수 있다. 그리고 자동차 주행에 대한 자동차세의 과세표준은 교통・에너지・환경세액이다. 구체적인 내용은 세율에서 제시하는 [표 4-32]를 참고할 필요가 있다.

(4) 세 율

승용자동차는 배기량에 cc당 세액을 곱하여 산정한 세액을 자동차 1대당 연세액(年稅額)으로 한다([표 4-32] 참조).

표 4-32 자동차 소유에 대한 자동차세: 승용자동차

영업용		비영업용	
배기량	cc당 세액	배기량	cc당 세액
1,000cc 이하	18원	1,000cc 이하	80원
1,600cc 이하	18원	1,600cc 이하	140원
2,000cc 이하	19원	1,600cc 초과	200원
2,500cc 이하	19원		
2,500cc 초과	24원		

비영업용 승용자동차 중 대통령령으로 정하는 차령이 3년 이상인 자동차에 대하여는 다음의 계산식에 따라 산출한 해당 자동차에 대한 제1기분(1월부터 6월까지) 및 제2기분(7월부터 12월까지) 자동차세액을 합산한 금액을 해당 연도의 그 자동차의 연세액으로 한다. 이 경우 차령이 12년을 초과하는 자동차에 대하여는 그 차령을 12년으로 본다.

자동차 1대의 각 기분세액$=A/2-(A/2\times 5/100)(n-2)$

A: 제1호에 따른 연세액

n: 차령$(2\leq n\leq 12)$

그 밖의 승용자동차에 대해서는 다음의 세액을 1대당 연세액으로 한다([표 4-33] 참조).

표 4-33 자동차 소유에 대한 자동차세: 기타 승용자동차

영업용	비영업용
20,000원	100,000원

승합자동차는 다음의 세액을 자동차 1대당 연세액으로 한다([표 4-34] 참조).

표 4-34 자동차 소유에 대한 자동차세: 승합자동차

구 분	영업용	비영업용
고속버스	100,000원	–
대형전세버스	70,000원	–
소형전세버스	50,000원	–
대형일반버스	42,000원	115,000원
소형일반버스	25,000원	65,000원

화물자동차는 다음의 세액을 자동차 1대당 연세액으로 한다([표 4-35] 참조). 다만, 적재정량 1만 킬로그램 초과 자동차에 대하여는 적재정량 1만 킬로그램 이하의 세액에 1만 킬로그램을 초과할 때마다 영업용은 1만 원, 비영업용은 3만 원을 가산한 금액을 1대당 연세액으로 한다.

표 4-35 자동차 소유에 대한 자동차세: 화물자동차

구 분	영업용	비영업용
1,000kg 이하	6,600원	28,500원
2,000kg 이하	9,600원	34,500원
3,000kg 이하	13,500원	48,000원
4,000kg 이하	18,000원	63,000원
5,000kg 이하	22,500원	79,500원
8,000kg 이하	36,000원	130,500원
1만kg 이하	45,000원	157,500원

특수자동차는 다음의 세액을 자동차 1대당 연세액으로 한다([표 4-36] 참조).

표 4-36 자동차 소유에 대한 자동차세: 특수자동차

구 분	영업용	비영업용
대형특수자동차	36,000원	157,500원
소형특수자동차	13,500원	58,500원

3륜 이하 소형자동차는 다음의 세액을 자동차 1대당 연세액으로 한다([표 4-37] 참조).

표 4-37 자동차 소유에 대한 자동차세: 3륜 이하 소형자동차

영업용	비영업용
3,300원	18,000원

지방정부의 장은 조례로 정하는 바에 따라 자동차세의 세율을 배기량 등을 고려하여 표준세율의 100분의 50까지 초과하여 정할 수 있다.

자동차 주행에 대한 자동차세의 세율은 과세물품에 대한 교통·에너지·환경세액의 1천분의 360으로 한다. 다만, 교통·에너지·환경세율의 변동 등으로 조정이 필요하면 그 세율의 100분의 30의 범위에서 대통령령으로 정하는 바에 따라 가감하여 조정할 수 있다.

(5) 징수방법

자동차세는 1대당 연세액을 2분의 1의 금액으로 분할한 세액을 다음 각 기간 내에 그 납기가 있는 달의 1일 현재의 자동차 소유자로부터 자동차 소재지를 관할하는 지방정부에서 징수한다. 다만, 납세의무자가 연세액을 4분의 1의 금액(비영업용 승용자동차의 경우에는 각 기분세액의 2분의 1의 금액)으로 분할하여 납부하려고 신청하는 경우에는 제1기분 세액의 2분의 1은 3월 16일부터 3월 31일까지, 제2기분 세액의 2분의 1은 9월 16일부터 9월 30일까지 각각 분할하여 징수할 수 있다. 이 경우 지방정부에서 납기 중에 징수할 세액은 이미 분할하여 징수한 세액을 공제한 금액으로 한다([표 4-38] 참조).

표 4-38 자동차 소유에 대한 자동차세의 납기

기 분	기 간	납 기
제1기분	1월부터 6월까지	6월 16일부터 6월 30일까지
제2기분	7월부터 12월까지	12월 16일부터 12월 31일까지

자료: 행정안전부(2020). 『지방세통계연감』.

지방정부의 장은 납기마다 늦어도 납기개시 5일 전에 그 기분의 납세고지서를 발급하여야 한다. 다만, 다음의 경우에는 수시로 부과할 수 있다.

1. 자동차를 신규등록 또는 말소등록하는 경우
2. 과세대상 자동차가 비과세 또는 감면대상이 되거나, 비과세 또는 감면대상 자동차가 과세대상이 되는 경우
3. 영업용 자동차가 비영업용이 되거나, 비영업용 자동차가 영업용이 되는 경우
4. 자동차를 승계취득함으로써 일할계산(日割計算)하여 부과·징수하는 경우

납세의무자가 연세액을 한꺼번에 납부하려는 경우에는 대통령령으로 정하는 바에 따라 연세액(한꺼번에 납부하는 납부기한 이후의 기간에 해당하는 세액을 말한다)의 100분의 10을 공제한 금액을 연세액으로 신고납부할 수 있다.

1. 1월 중에 신고납부하는 경우: 1월 16일부터 1월 31일까지
2. 제1기분 납기 중에 신고납부하는 경우: 6월 16일부터 6월 30일까지
3. 분할납부기간에 신고납부하는 경우: 3월 16일부터 3월 31일까지 또는 9월 16일부터 9월 30일까지

연세액이 10만 원 이하인 자동차세는 제1기분을 부과할 때 전액을 부과·징수할 수 있다. 이 경우 제2기분 세액의 100분의 10을 공제한 금액을 연세액으로 한다. 자동차를 이전등록하거나 말소등록하는 경우 그 양도인 또는 말소등록인은 제1항 및 제2항에도 불구하고 해당 기분(期分)의 세액을 이전등록일 또는 말소등록일을 기준으로 대통령령으로 정하는 바에 따라 일할 계산하여 그 등록일에 신고납부할 수 있다.

자동차 주행에 대한 부과징수 절차를 보면 자동차세의 납세의무자는 교통·에너지·환경세 납부기한까지 교통·에너지·환경세의 납세지를 관할하는 지방정부의 장에게 자동차세의 과세표준과 세액을 대통령령으로 정하는 바에 따라 신고하고 납부하여야 한다. 이 경우 교통·에너지·환경세의 납세지를 관할하는 지방정부의 장을 각 지방정부가 부과할 자동차세의 특별징수의무자로 한다. 납세의무자가 신고 또는 납부의무를 다하지 아니하면 해당 특별징수의무자가 산출한 세액 또는 그 부족세액에 가산세를 합한 금액을 세액으로 하여 보통징수의 방법으로 징수한다.

특별징수의무자는 징수한 자동차세를 다음 달 25일까지 지방정부별 자동차세의 징수세액 등을 고려하여 대통령령으로 정하는 안분기준 및 방법에 따라 각 지방정부에 납부하여야 한다. 이 경우 특별징수의무자는 징수·납부에 따른 사무처리비 등을 행정

안전부령으로 정하는 바에 따라 해당 지방정부에 납부하여야 할 세액에서 공제할 수 있다. 특별징수의무자가 징수하였거나 징수할 세액을 기한까지 납부하지 아니하거나 부족하게 납부하더라도 특별징수의무자에게 가산세는 부과하지 아니한다. 과세물품을 관세법에 따라 수입신고 수리 전에 반출하려는 자는 특별징수의무자에게 해당 자동차 세액에 상당하는 담보를 제공하여야 한다.

세무서장 또는 세관장이 교통·에너지·환경세액을 결정 또는 경정하거나 신고 또는 납부받았을 때에는 그 세액을 다음 달 말일까지 교통·에너지·환경세의 납세지를 관할하는 지방정부의 장에게 대통령령으로 정하는 바에 따라 통보하여야 한다.

☞ 참고: 내가 자동차를 취득하여 가지고 있다면 어떤 세금을 내야 하는가?

구 분	국 세	지방세
자동차 구매	개별소비세 부가가치세 교육세	
자동차 등록		취득세 공채매입비
자동차 보유		자동차세 지방교육세

12) 지역자원시설세

(1) 과세주체

지역자원시설세는 지역자원 보호·개발, 지역의 소방사무, 특수 재난예방 등 안전관리사업과 환경보호·개선사업과 오물처리시설, 수리시설 등 그 밖의 공공시설에 필요한 비용을 충당하기 위해 과세하는 목적세이다. 과세대상에 따라 특정 자원분, 특정 부동산분으로 구분한다. 지역자원시설세는 특별시·광역시세 및 시·도세이다.

지역자원시설세는 선택적 과세제도와 연계하여 매우 중요한 의미를 가진다. 선택적 과세제도란 납세의무자, 과세물건, 과세표준, 세율 등 과세요건은 지방세법에서 규정(과세요건법정주의)하고, 부과·징수절차 등 집행에 필요한 세부사항은 지방세법이 정한 범위 내에서 지방정부의 조례로 규정함으로써 과세자주권을 행사할 수 있도록 하는 제도이다. 지역자원시설세는 지방세법에 정해진 범위 내에서 각 지역 특성에 적합한 대상을 선택하여 과세함으로써 재정수요를 충당하고, 지방정부의 자율과 책임성을 극대화 하는 수단이 되고 있다는 점에서 선택적 과세제도를 실현할 수 있는 세목이다. 법정외세의 도입을 통해 과세자주권을 확보할 수 없는 현재의 세법을 고려할 때 선택적 과세제도로서의 역할을 수행하고 있는 지역자원시설세는 매우 중요하다.

(2) 과세대상

지역자원시설세의 과세대상은 특정 자원분과 특정 시설분, 그리고 소방분으로 구분할 수 있다. 특정 자원분 지역자원지설세는 주민생활환경 개선사업 및 지역개발사업에 필요한 재원을 확보하기 위하여 부과하고, 특정 시설분 지역자원시설세는 컨테이너, 원자력발전, 화력발전 시설에 필요한 재원을 확보하기 위하여 부과한다. 그리고 소방분 지역자원시설세는 소방사무에 소요되는 제반비용에 충당하기 위하여 부과한다.

특정 자원분 지역자원시설세의 과세대상은 발전용수(양수발전용수 제외), 지하수(용천수 포함), 지하자원 등이다. 특정 시설분 지역자원시설세의 과세대상은 컨테이너를 취급하는 부두를 이용하는 컨테이너, 원자력발전으로서 대통령령으로 정하는 것, 화력발전으로서 대통령령으로 정하는 것이다. 그리고 소방분 지역자원시설세의 과세대상은 소방시설로 인하여 이익을 받는 자의 건축물(주택의 건축물 부분 포함) 및 선박(납세지를 관할하는 지방정부에 소방선이 없는 경우는 제외) 등이다.

(3) 납세의무자

지역자원시설세의 납세의무자는 특정 자원분 지역자원시설세, 특정 시설분 지역자원시설세, 그리고 소방분 지역자원시설세에 따라 다르다.

먼저, 특정 자원분 지역자원시설세의 납세의무자는 발전용수의 경우 흐르는 물을 이용하여 직접 수력발전(양수발전 제외)을 하는 자, 지하수는 지하수를 이용하기 위하여 채수(採水)하는 자, 그리고 지하자원은 지하자원을 채광(採鑛)하는 자이다.

특정 시설분 지역자원시설세의 납세의무자는 컨테이너의 경우 컨테이너를 취급하는 부두를 이용하여 컨테이너를 입항·출항시키는 자, 원자력발전은 원자력을 이용하여 발전을 하는 자, 그리고 화력발전은 연료를 연소하여 발전을 하는 자이다.

소방분 지역자원시설세의 납세의무자는 건축물 또는 선박의 소유자이다.

(4) 과세표준

지역자원시설세의 과세표준은 특정 자원분, 특정 시설분과 소방분으로 구분하여 살펴볼 수 있다. 먼저, 특정 자원분은 과세대상별로 차등규정되어 있다. 예를 들면, 발전용수는 $10m^2$, 원자력발전과 화력발전은 발전량, 지하수는 m^3이다.

그리고 특정 시설분과 소방분의 과세물건인 건축물, 주택의 건축물, 토지, 선박 등의 과세표준은 [표 4-39]와 같다. 건축물은 시가표준액 × 공정시장가액비율(70%)이고, 주택의 건축물은 시가표준액 × 공정시장가액비율(60%), 토지는 시가표준액(공시지가) × 공정시장가액비율(70%), 그리고 선박은 시가표준액이다.

(5) 세 율

지역자원시설세의 세율은 특정 자원분, 특정 시설분과 소방분으로 구분하여 살펴볼 수 있다. 특정 자원분 지역자원시설세에 대한 표준세율은 [표 4-39]와 같다.

표 4-39 지역자원시설세 과세표준과 세율: 특정 자원

구 분		과세표준	세 율
발전용수		발전에 이용된 물 $10m^3$	2원
지하수	먹는 물로 판매하기 위하여 채수된 물	m^3	200원
	목욕용수로 이용하기 위하여 채수된 온천수	m^3	100원
	용도로 이용하거나 목욕용수로 이용하기 위하여 채수된 온천수 외의 물	m^3	20원
지하자원		채광된 광물가액	5/1,000

특정 시설분 지역자원시설세의 과세표준과 표준세율은 [표 4-40]과 같다.

표 4-40 지역자원시설세 과세표준과 세율: 특정 시설

구 분	과세표준	세 율
컨테이너	TEU	15,000원
원자력발전	발전량 kWh	1원
화력발전	발전량 kWh	0.3원

소방분에 충당하는 지역자원시설세는 건축물(주택의 건축물 부분 포함) 또는 선박(소방선이 없는 지방정부 제외)의 가액 또는 시가표준액을 과세표준으로 하여 [표 4-41]의 표준세율을 적용하여 산출한 금액을 세액으로 한다

표 4-41 지역자원시설세 과세표준과 세율: 소방분

과세표준	세 율
600만 원 이하	10,000분의 4
600만 원 초과~1,300만 원 이하	2,400원+600만 원 초과금액의 10,000분의 5
1,300만 원 초과~2,600만 원 이하	5,900원+1,300만 원 초과금액의 10,000분의 6
2,600만 원 초과~3,900만 원 이하	13,700원+2,600만 원 초과금액의 10,000분의 8
3,900만 원 초과~6,400만 원 이하	24,100원+3,900만 원 초과금액의 10,000분의 10
6,400만 원 초과	49,100원+6,400만 원 초과금액의 10,000분의 12

저유장, 주유소, 정유소, 백화점, 호텔, 유흥장, 극장, 4층 이상의 건축물 등 대통령령으로 정하는 화재위험 건축물에 대하여는 앞의 기준에 의거하여 산출한 금액의 100분의 200을 세액으로 한다. 그리고 대형마트, 복합상영관, 백화점, 호텔, 11층 이상의 건축물 등 대통령령으로 정하는 대형 화재위험 건축물에 대해서는 앞에서 산출한 금액의 100분의 300을 세액으로 한다.

지방정부의 장은 조례로 정하는 바에 따라 지역자원시설세의 세율을 표준세율의 100분의 50의 범위에서 가감할 수 있다.

(6) 징수방법

특정 자원분 지역자원시설세와 특정 시설분 지역자원시설세는 신고납부의 방법으로 징수한다. 다만, 지하수에 대한 지역자원시설세의 경우 조례로 정하는 바에 따라 보통징수의 방법으로 징수할 수 있다. 지역자원시설세를 신고납부하는 경우 납세의무자는 산출한 세액을 납세지를 관할하는 지방정부의 장에게 조례로 정하는 바에 따라 신고하고 납부하여야 한다. 납세의무자가 신고 또는 납부의무를 다하지 아니하면 산출세액 또는 그 부족세액에 가산세를 합한 금액을 세액으로 하여 보통징수의 방법으로 징수한다.

소방분 지역자원시설세는 재산세의 규정을 준용한다.

13) 지방교육세

(1) 과세주체

지방교육세는 지방교육의 질적 향상에 필요한 지방교육재정의 확충에 드는 재원을 확보하기 위하여 부과한다. 지방교육세는 지역사회 교육의 질적 향상에 소요되는 재원 마련을 위하여 과세되는 목적세로서 등록세 등 지방세에 붙는 부가세 형태의 지방세이다. 지방교육세는 특별시·광역시세이자 도세이고 목적세이다.

(2) 과세대상

지방교육세는 지방세 부가세 형태이기 때문에 과세대상은 취득세(부동산, 기계장비, 항공기 및 선박), 등록분 등록면허세, 레저세, 담배소비세, 주민세 균등분, 재산세, 자동차세(비영업용 승용자동차)와 일치한다.

(3) 납세의무자

지방교육세의 납세의무자는 부동산, 기계장비, 항공기 및 선박의 취득에 대한 취득세의 납세의무자, 등록에 대한 등록면허세의 납세의무자, 레저세의 납세의무자, 담배소비세의 납세의무자, 주민세 균등분의 납세의무자, 재산세의 납세의무자, 비영업용 승용자동차에 대한 자동차세의 납세의무자 등이다.

(4) 과세표준

지방교육세의 과세표준은 등록세액, 레저세액, 균등할 주민세액, 재산세액, 자동차세액, 담배소비세액이다.

(5) 세 율

지방교육세의 세율은 [표 4-42]와 같다. 지방정부의 장은 지방교육투자재원의 조달을 위하여 필요한 경우에는 해당 지방정부의 조례로 정하는 바에 따라 지방교육세의 세율을 표준세율의 100분의 50의 범위에서 가감할 수 있다.

표 4-42 지방교육세의 세율

구 분	과세표준 및 세율	세율조정범위
취득세분	구 등록세분 취득세액*의 20%	50% 가감 조정 (레저세분 제외)
등록면허세분(등록분)	등록면허세액의 20%	
레저세분	레저세액의 40%	
담배소비세분	담배소비세액의 43.99%	
주민세(균등분)	주민세액의 10%(인구 50만 명 이상 시 25%)	
재산세분	재산세액의 20%	
자동차세분	자동차세액의 30%	

(6) 부과 · 징수절차

지방교육세 납세의무자가 취득세, 등록에 대한 등록면허세, 레저세 또는 담배소비세를 신고하고 납부하는 때에는 그에 대한 지방교육세를 함께 신고하고 납부하여야 한다. 이 경우 담배소비세 납세의무자의 주사무소 소재지를 관할하는 지방정부의 장이 담보 제공을 요구하는 경우에는 담배소비세분 지방교육세에 대한 담보제공도 함께 요구할 수 있다. 지방정부의 장이 납세의무자에게 주민세 균등분 · 재산세 및 자동차세를 부과 · 징수하는 때에는 그에 대한 지방교육세를 함께 부과 · 징수한다. 결국 취득세, 등록면허세, 레저세, 담배소비세는 신고납부, 주민세 균등분, 재산세, 자동차세는 부과 고지한다.

3. 지방세 과세체계 종합

지금까지 11개 지방세목에 대하여 과세주체, 과세대상, 납세의무자, 과세표준, 세율, 그리고 징수방법에 대하여 살펴보았다. 살펴본 것처럼 세목별로 차이가 있다. 이를 종합하여 제시하면 [표 4-43]과 같다.

표 4-43 지방세 과세체계 종합

세 목	과세대상	세 율
취득세	부동산, 차량 등 취득	• 일반세율: 2.8%, 3.5%, 4.0% 등 • 유상취득(주택): 1.0~3.0%, 8.0%, 12.0% 등 • 중과세율: 4.4%, 8.0%, 8.4% 등

세목	구분	대상	세율
지방소득세	종합소득, 퇴직소득		0.6~4.2%
	양도소득		0.6~7.0%
	법인소득		1.0~2.5%
	특별징수		법인 · 소득세액의 10.0%
재산세	재산세	건축물, 주택, 토지, 선박, 항공기	• 주택: 0.1~0.4% • 건축물: 0.25~4% • 토지 종합: 0.2~0.5%, 별도: 0.2~0.4%, 분리: 0.07~4% • 선박: 0.3~5% • 항공기: 0.3%
	도시 지역분	토지, 건축물, 주택	법 제110조에 따른 토지 등의 과세표준 0.14%
지방소비세	부가가치세(국세)		부가가치세액의 21%
자동차세	소유분	승용 자동차	1cc당 18~200원(승합자동차 등은 다름)
	주행분	교통 · 에너지 · 환경세	교통세액의 36%(탄력세율 26%)
담배소비세	담배 제조 및 수입업자		20개비(1갑)당 1,007원(종류별 다름)
등록면허세	등록	부동산 등기	보존(0.8%), 이전(1.5%, 2.0%), 설정(0.2%)
		선박 등기	보존(0.02%), 기타(건당 15,000원)
		차량의 등록	소유권 등록(비영업용 5%, 경차 2%)
		기계장비	소유권 등록(1.0%), 설정(0.2%), 기타(10,000원)
		법인등기	• 영리법인: 설립(0.4%) 자본증가(0.4%) • 비영리법인: 설립(0.2%) 출자증가(0.2%)
	면허	가족 인 · 허가 등 면허	18,000~67,500원
주민세	균등분	개인 · 법인	개인(1만 원 이하), 법인(5~50만 원)
	재산분	사업소 연면적	1m^{2}당 250원(사업소 연면적 330m^2 초과 시)
	종업원분	급여액	급여총액의 0.5%(1억 5,000만 원 초과)
레저세	승마(승자) 투표권 발매액		발매액의 10%
지방교육세	취득세액, 등록분 등록면허세, 레저세, 균등분 주민세, 재산세액, 자동차세액, 담배소비세액		각각 20%(취등분 20% 제외), 20%, 40%, 10~25%, 20%, 30%, 43.99%
지역자원 시설세	특정 시설분	건축물, 선박	재산가액의 0.04~0.12%
	특정 자원분	발전용수	10m^3 2원
		원자력발전	발전량 kWh당 1원
		화력발전	발전량 kWh당 0.3원
		지하수	m^{3}당 20~200원
		지하자원	채광된 광물가액의 0.5%
		컨테이너	컨테이너 TEU당 1만 5천 원

제 5 절 | 지방세 구제제도

지방세 구제제도에는 세금이 고시되기 전에 구제받을 수 있는 제도로서 과세전 적부심사제도가 있고, 세금고지서가 나간 후에 구제받는 이의신청 및 심사청구제도(감사원 심사청구 포함)와 행정소송 제도가 있다(http://www.wetax.go.kr).

1. 과세전 적부심사제도

과세전 적부심사제도는 세금이 고지되기 전에 세무조사결과에 대한 서면통지와 과세예고통지 및 비과세 또는 감면의 신청을 반려하는 통지를 받고 이의가 있는 경우에 통지를 받은 날부터 30일 이내에 시ㆍ군ㆍ구세는 시장ㆍ군수ㆍ구청장에게 시ㆍ도세는 시ㆍ도지사에게 그 통지의 적법성 여부에 대한 심사를 청구할 수 있는 제도로서, 권리가 침해되기 전에 구제받을 수 있는 실질적인 권리보호제도라 할 수 있다([그림 4-8] 참조).

그림 4-8 지방세 과세전 적부심사제도 흐름도

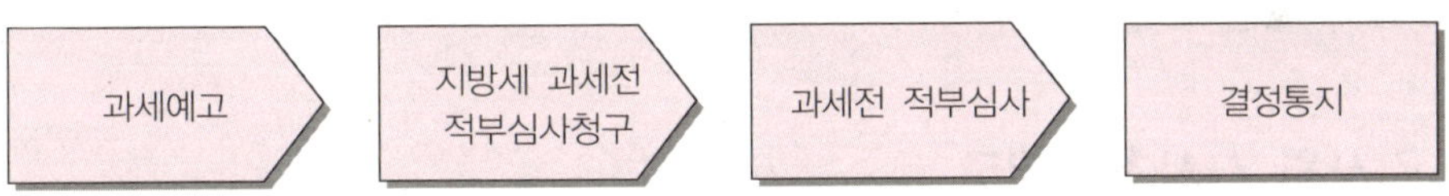

자료: http://www.wetax.go.kr

2. 이의신청제도

지방세 부과ㆍ징수처분에 이의가 있는 경우 그 처분이 있은 것을 안 날(처분의 통지를 받은 때에는 그 통지를 받은 날)부터 90일 이내에 당해 지방세를 부과고지한 시장ㆍ군수ㆍ구청장 또는 시ㆍ도지사에게 이의신청을 하여 침해된 권리를 구제받을 수 있는 제도이다([그림 4-9] 참조).

그림 4-9 지방세 이의신청제도 흐름도

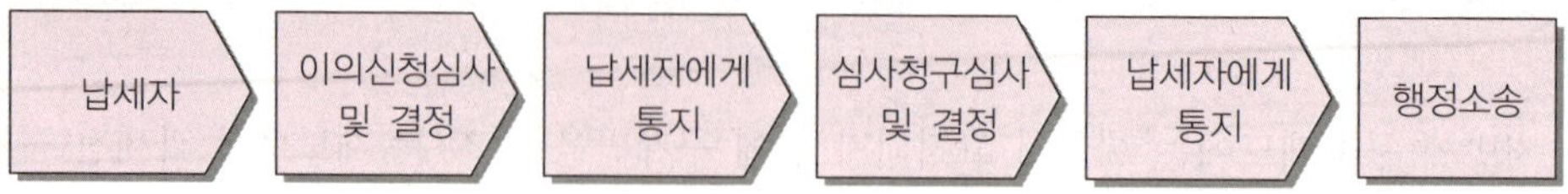

자료: http://www.wetax.go.kr

3. 심사청구제도

이의신청을 거친 후 심사청구를 하고자 할때에는 이의신청에 대한 결정의 통지를 받은 날부터 90일 이내에 시·도지사의 결정에 대하여는 조세심판원장에게, 시장·군수·구청장의 결정에 대하여는 시·도지사 또는 조세심판원장에게 각각 심사청구를 하여 침해된 권리를 구제받을 수 있는 제도이다([그림 4-10] 참조).

그림 4-10 지방세 심사청구제도 흐름도

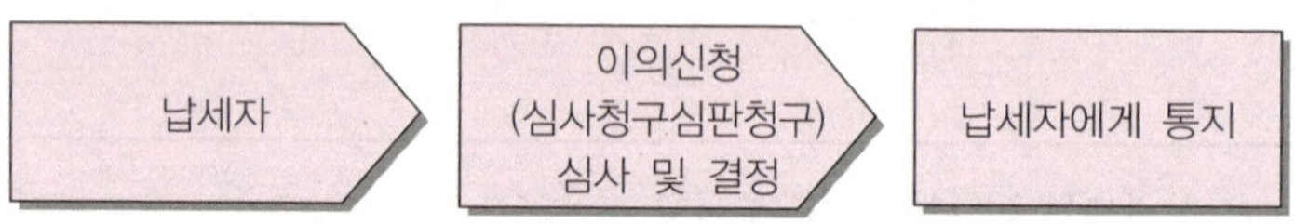

자료: http://www.wetax.go.kr

4. 감사원 심사청구제도

지방세 부과·징수처분에 이의가 있는 경우 그 처분이 있은 것을 안 날(처분의 통지를 받은 때에는 그 통지를 받은날)부터 90일 이내에 당해 지방세를 부과·고지한 시장·군수·구청장을 경유하여 감사원장에게 심사청구를 하여 침해된 권리를 구제받을 수 있는 제도이다([그림 4-11] 참조).

그림 4-11 지방세 감사원 심사청구제도 및 행정소송제도 흐름도

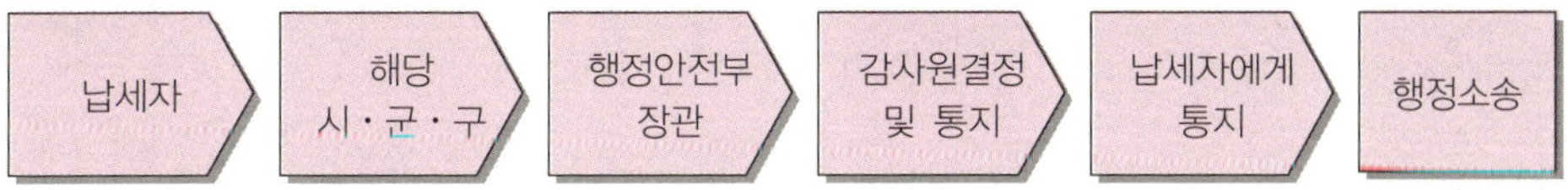

자료: http://www.wetax.go.kr

5. 행정소송제도

지방세 부과 징수처분에 이의가 있는 경우 그 처분이 있은 것을 안날(처분의 통지를 받은 때에는 그 통지를 받은 날)부터 90일 이내에 서울지역의 경우 행정법원, 서울이외 지방의 경우 지방법원에 행정소송을 제기하여 침해된 권리를 구제받을 수 있는 제도이다([그림 4-12] 참조).

그림 4-12 지방세 구제제도 절차도

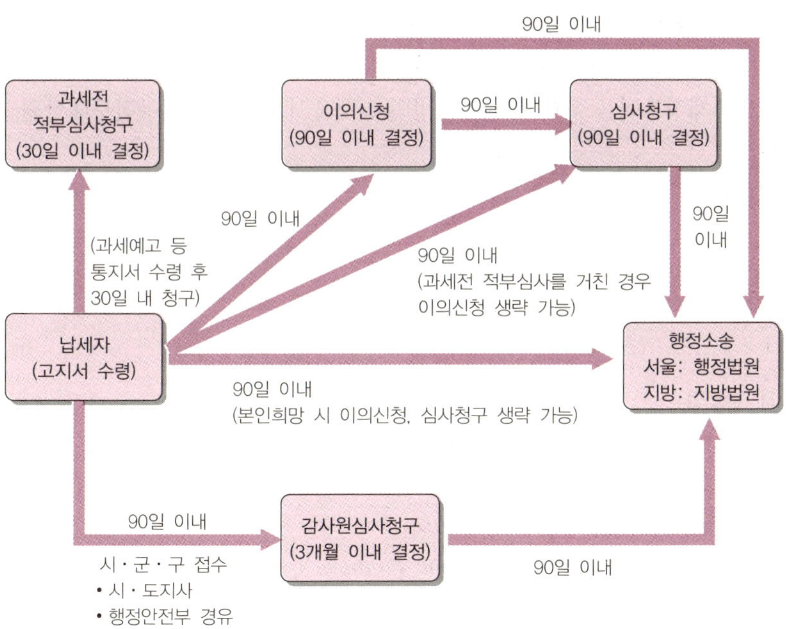

자료: http://www.wetax.go.kr

참고문헌

국회예산정책처(2012a). 『지방재정 현안과 대책』.

______(2012b). 『알기 쉬운 조세제도』.

박병희(2012). “신세원 발굴과 지방세입 자주성 확대.” 2012 한국지방재정학회 지방세 발전 포럼 발표논문.

손희준(2019). 『새지방재정학』. 서울: 대영문화사.

신항진(2012). “알기 쉬운 조세제도.” 『제19대 개원기념 NABO 재정아카데미』. 국회예산정책처.

오연천(1993). 『한국조세론』. 서울: 박영사.

이선화(2012). 『지방자치단체 재원 확충방안에 대한 연구: 안성시를 중심으로』. 한경대학교 전자정부대학원 석사학위논문.

이재기(1992). “중앙정부 기능 및 재원의 지방이양에 관한 재정경제학적 연구.” 『한국경제』, 19(2). 성균관대학교 한국산업연구소.

이희봉(2011). 『거버넌스 지방재정』. 서울: 사회문화사.

임상수 · 박지혜(2012). 『지방정부 수입을 축소시킬 수 있는 요인에 관한 연구: 중앙정부 감세 정책이 지방정부 재정을 악화시킨다』. 한국지방세연구원 연구보고서.

최명호(2007). 『세무학 강의』. 영화조세통람.

한영은(2012). 『재정분권을 위한 세원조정방안』. 서울시립대학교 세무전문대학원 석사학위논문.

행정안전부(2020). 『지방세통계연감』.

대한민국헌법

지방세기본법

지방세법

지방세특례제한법

http://www.wetax.go.kr/

OECD(2011). *Revenue Statistics 1965-2010.*

Standford, Cedric(1984). *Economic of Public Finance.* London: Pergamon Press.

Chapter 05

세외수입

제 1 절 | 세외수입의 의의

1. 세외수입의 개념

세외수입에 대한 개념은 명확하게 정의되어 있지는 않다. 그 이유는 세외수입이 포함하고 있는 범위의 문제 때문이라고 볼 수 있다. 세외수입은 광의의 세외수입과 협의의 세외수입, 그리고 최협의의 세외수입이 있다([표 5-1] 참조).

광의의 세외수입은 지방재정수입 중 자체수입에서 지방세를 제외한 나머지 일체의 수입을 총괄한 개념이다. 따라서 광의의 세외수입에는 전입금, 이월금 등 회계의 조작에서 생기는 수입도 포함된다. 지방예산의 세입구조는 지방세, 세외수입, 지방교부세, 조정교부금, 보조금 등으로 분류하는데, 이 경우의 세외수입은 광의로 사용되는 경우이다.

협의의 세외수입은 위에서 말한 광의의 세외수입 중에서 전입금, 이월금 등과 같은 명목적 수입과 당해 연도에만 특별한 요인으로 세입이 이루어지는 잡수입, 지난년도수입 등과 같은 임시적 수입을 제외한 실질적 세외수입을 말한다. 협의의 세외수입은 말하자면 일반회계의 재산임대수입, 사용료수입, 수수료수입 등 경상적 수입과 특별회계의 사업수입(경영수입)만을 지칭하는 개념이다. 우리가 행정실무상 자주 사용하는 "세외수입의 증대"라고 하는 경우에 있어서의 세외수입은 협의의 세외수입을 말한다.

최협의의 세외수입은 협의의 세외수입에서 상수도사업, 주차장관리사업, 공영개발사

표 5-1 세외수입의 개념

구 분	개 념
광의의 세외수입	지방재정수입 중 자체수입에서 지방세를 제외한 나머지 일체의 수입을 총괄한 개념
협의의 세외수입	광의의 세외수입 중에서 전입금, 이월금 등과 같은 명목적 수입과 당해 연도에만 특별한 요인으로 세입이 이루어지는 잡수입, 지난년도수입 등과 같은 임시적 수입을 제외한 실질적 세외수입
최협의의 세외수입	협의의 세외수입에서 상수도사업, 주차장관리사업, 공영개발사업 등과 같은 특별회계의 사업수입을 제외한 수입

업 등과 같은 특별회계의 사업수입을 제외한 수입을 말하는 것으로, 일반회계의 경상적 수입만을 지칭할 때 사용되는 개념이다(행정안전부, 2009: 6-7).

2. 세외수입의 중요성

세외수입은 몇 가지의 이유 때문에 점점 더 중요해지고 있다([표 5-2] 참조). 첫째, 지방정부수입은 원칙적으로 지방세수입이 중심이 되어야 한다. 그러나 경제규모가 성장함에 따라 지방정부의 수입은 원칙적으로 지방세수입 이외에도 지방정부가 사업을 운영하거나 특정한 국민이 요구하는 서비스를 제공하는 데 따른 대가로서 징수하는 수입이 불가피하게 점증하며 발생한다(이선화, 2012: 16). 이러한 수입을 총칭하여 세외수입이라고 한다. 둘째, 지방세수의 확충은 조세저항, 부동산경기침체로 그리 쉽지 아니한 반면, 지방재정이 점차 경영화되고 각종 공기업의 확대, 경영수입의 개발·확충 등

표 5-2 세외수입의 중요성

구 분	내 용
지방세를 보완하는 주요 수입원	지방정부가 사업을 운영하거나 특정한 국민이 요구하는 서비스를 제공하는 데 따른 대가로서 징수하는 수입이 불가피하게 점증하며 발생
지방세수확충의 주요 수단 중 하나	지방재정이 점차 경영화되고 각종 공기업의 확대, 경영수입의 개발·확충 등으로 세외수입의 영역과 규모가 확대
지방세출의 주요 재원	지역경제발전과 주민복지증진에 크게 기여

으로 세외수입의 영역과 규모는 계속 확대되어 가고 있다. 또한 기능적인 면에 있어서도 지역경제발전과 주민복지증진에 크게 기여하는 등 지방재정상 세외수입의 중요성은 날로 커지고 있다(행정안전부, 2009: 6).

제 2 절 | 세외수입의 특성과 주요 내용

1. 세외수입의 특성

세외수입은 다양한 특성을 가지고 있다. 먼저, 이선화(2012: 18-19)에 의하면 다양성, 응익성, 용도의 지정, 지역의 특수성, 세원개발의 용이성 등의 특성을 가지고 있다. 그리고 행정안전부(2009: 8)에 의하면 세원개발의 용이성, 세외수입의 다양성, 증대가능성, 용도의 지정, 국민저항이 최소화된 세원, 징수형태의 다양성 등의 특성을 가지고 있다. 이희봉(2011: 480)에 의하면 지방세외수입은 의존수입과 달리 자주성을 가지며 같은 자체재원인 지방세나 지방채와 달리 응익성, 신장성, 다양성, 가변성 등을 지니고 있다. 또한 손희준(2019: 175-176)에 의하면 재원신장의 자율성 및 특수성, 수익자 부담성의 원칙, 세원발굴의 다양성, 수입의 분절성, 용도의 제한성 등의 특성을 가지고 있

표 5-3 세외수입의 특성 종합

특 성	이선화	행정안전부	이희봉	손희준
다양성	○	○	○	○
응익성	○		○	○
용도의 지정	○	○	○	○
지역의 특수성	○			○
세원개발의 용이성	○	○		
증대가능성(신장성)		○	○	○
국민저항이 최소화된 세원		○		
징수형태의 다양성		○		
자주성			○	

다. 이를 종합하면 [표 5-3]과 같다. 즉, 다양성, 응익성, 용도의 지정, 지역의 특수성, 세원개발의 용이성, 신장성, 국민저항이 최소화된 세원, 징수형태의 다양성, 자주성이라는 특성을 가지고 있다.

2. 세외수입의 특성별 주요 내용

지방세외수입의 특성은 앞에서 살펴본 것처럼 다양하다. 여기에서는 다양성, 응익성, 용도의 지정 등 여덟 가지를 중심으로 살펴보고자 한다.

첫째, 다양성이다. 지방세외수입은 종류가 많고 그 수입근거와 형태가 다양하다(이희봉, 2011: 481). 수입근거는 법률, 대통령령, 부령, 조례 또는 사법상의 계약 등에서 보는 것처럼 매우 다양하다. 종류도 행정서비스의 제공에 의한 수입, 사용료 및 수수료, 부담금, 경제활동에 의한 재산임대수입, 기부금 또는 다른 특별회계와의 관계에서 발생하는 전입금, 회계연도의 단년도 주의에 따라 경리 기술상의 수입인 이월금, 과징금, 과태료 등과 같이 행정 처벌적인 성격의 수입 등이 있다(이선화, 2012: 18).

둘째, 응익성이다. 지방세외수입은 공공시설의 사용, 지방정부의 행정서비스 제공에 대한 반대급부 또는 대가로 징수하는 것이기 때문에 응익성을 띄게 된다(권형신 외, 2001: 142).

셋째, 용도의 지정이다. 지방세외수입은 경비의 용도가 정해져 있는 경우가 많다(이희봉, 2011: 481). 즉, 법령상 또는 성격상 재원의 용도가 특정되어 있는 것이 많다(이선화, 2012: 18). 예를 들어, 하천사용료는 하천에 관한 비용에 사용되어야 하며, 공원사용료수입은 공원의 관리개발 등을 위한 비용, 자동차운수사업과징금은 교통안전시설 등의 확충, 주정차위반 과태료는 주정차시설 확충에 사용되어야 한다.

넷째, 지역의 특수성이다. 지방세외수입은 지방정부의 입지와 환경, 사회경제적 여건, 지역특수성에 따라 불규칙적이며 회계연도에 따라 불균형성을 보인다(이선화, 2012: 18).

다섯째, 세외수입은 법령에 저촉되지 않는 한 비교적 자유로운 영역이다. 따라서 지방정부의 노력 여하에 따라서는 계속적인 확대 및 개발이 용이하여 지방정부의 중요한 잠재 수입원이 될 수 있다(행정안전부, 2009: 8).

여섯째, 세외수입의 징수형태의 다양성이다. 세외수입의 징수형태로는 현금으로 징수(금고납부)하는 것 외에 수입증지나 금권으로 징수하는 것이 있다. 수입증지나 금권은 주로 그 건당 수입금액이 영세한 제증명 등에 대한 수수료 등의 징수 시에 이용되고 있지만, 최근 수수료 현실화계획에 따라 점차 고액권종화되고 있는 실정이다.

일곱째, 세외수입은 주로 특정인의 공물사용 및 역무제공 등에 대한 반대급부 또는 대가이므로, 조세와는 달리 국민저항이 비교적 적다는 점이다(행정안전부, 2009: 8).

여덟째, 지방세외수입은 지방교부세나 국고보조금 등 의존재원과는 달리 일반적으로 자체재원이다. 따라서 지방세외수입은 중앙정부의 통제를 받지 않고 수입원의 개발을 통해 지방재정의 자립수준을 제고하는 데 기여하는 바가 크다([표 5-4] 참조)(이희봉, 2011: 481).

표 5-4 세외수입의 특성

특 성	내 용
다양성	지방세외수입은 종류가 많고 그 수입근거와 형태가 다양함
응익성	공공시설의 사용, 지방정부의 행정서비스 제공에 대한 반대급부 또는 대가로 징수함
용도의 지정	경비의 용도가 정해져 있는 경우가 많음
지역의 특수성	지방정부의 입지와 환경, 사회경제적 여건, 지역특수성에 따라 불규칙적이며 회계연도에 따라 불균형적임
개발이 자유로운 영역	법령에 저촉되지 않는 한 비교적 자유로운 영역임
징수형태의 다양성	현금으로 징수(금고납부)하는 것 외에 수입증지나 금권으로 징수하는 것이 있음
국민저항이 적은 영역	주로 특정인의 공물사용 및 역무제공 등에 대한 반대급부 또는 대가이므로, 조세와는 달리 국민저항이 비교적 적음
자주재원	지방세외수입은 중앙정부의 통제를 받지 않고 수입원의 개발을 통해 지방재정의 자립수준을 제고하는 데 기여함

제 3 절 | 세외수입의 종류별 내용

1. 세외수입의 종류

세외수입의 종류를 일반회계와 특별회계 구분하여 도표로 정리하면 [그림 5-1]과 같다. 크게는 실질상 세외수입과 명목상 세외수입으로 구분할 수 있다. 실질상 세외수입에는 경상적 수입과 사업수입이 있고, 명목상 세외수입에는 임시적 수입과 사업외수입이 있다. 경상적 세외수입과 임시적 세외수입은 일반회계수입이고, 사업수입과 사업외 수입은 특별회계수입이다.

그림 5-1 세외수입의 종류

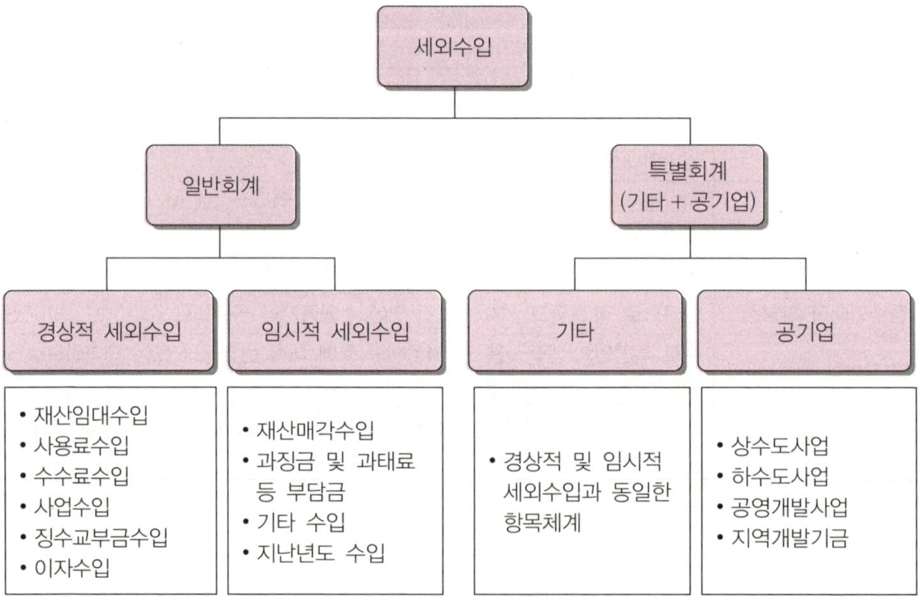

2. 세외수입의 내용[1)]

1) 일반회계: 경상적 세외수입

경상적 세외수입이란 계속성과 안정성이 확보되고 매 회계연도마다 계속적으로 반복하여 조달되는 예측 가능한 수입으로 세외수입 중 수입원이 가장 많고 지방 자주재원 확충에 가장 기여를 많이 하는 수입이다.

(1) 재산임대수입

재산임대수입이란 지방정부가 국·공유재산을 관리·운영함으로써 발생하는 수입을 말한다. 재산임대수입에는 국·공유재산을 매각, 처분함으로써 발생하는 수입은 제외되며, 지방세입예산에 있어서는 국유재산임대료와 공유재산임대료로 구분되는데 국유재산임대료는 지방정부가 관리하는 국유 토지(임야 포함) 및 건물임대수입을 말하며, 공유재산임대료는 공유재산 및 물품 관리법령 및 관련 조례에 의하여 부과 및 징수되는 행정재산의 사용료와 일반재산의 대부료를 말한다.

(2) 사용료수입

사용료는 공공시설의 이용이나 재산의 사용에 대한 반대급부로서 이용자에게 부과·징수하는 수입을 말하며, 이 경우 공공시설이란 주민의 이용에 제공하기 위하여 지방정부가 설치한 시설을 말한다.

사용료는 개별적 보상원칙에 의해 강제 징수하는 점에 있어서는 수수료와 같으나 수수료가 지방정부의 특별한 활동에 의하여 이익을 받는 경우에 부과하는 데 반하여, 사용료는 지방정부 공공시설을 개인이 이용함으로써 이익을 받는 경우에 부과하는 점이 다르다.

지방세입 예산과목상 사용료수입은 도로, 하천, 하수도, 상수도, 시장, 도축장, 운동장, 공연장, 입장료 및 공원·복지회관·시민회관 등과 기타 사용료가 있다.

---

1) 이 부분은 행정안전부(2020)가 발간한 『지방세외수입 통계연감』과 행정안전부와 한국지방세연구원(2019)이 발간한 『지방세외수입 업무 해설집』을 토대로 작성한 것이므로 자세한 내용은 위의 책을 참고하기 바란다.

(3) 수수료수입

수수료는 지방정부가 특정인에게 제공한 특정 역무에 대하여 그 비용의 전부 또는 일부를 당해 역무에 대한 반대급부로 징수하는 금전 또는 금전적 가치를 말하며(지방자치법 제137조), 주민등록, 인감 등 제증명에 관한 수수료 수입과 광역시나 군·구에서 시행하는 각종 시험에 관한 증지수입 등이 있다.

그리고 수수료는 특정인에 대한 특정성, 응익성 및 비용변상성의 3원칙이 함께 적용되는 성질을 가지고 있다.

(4) 사업수입

사업수입은 지방정부가 각종 사업을 운영하면서 얻어지는 수입으로 생산물 및 부산물(예: 잠종장의 잠종, 종축장의 우량 종축, 원종장의 농산물, 임업시험장의 묘목, 공유림사업소의 임목 등)의 매각수입, 주차장법 제9조 및 제14조에 의한 노상주차장과 노외주차장 요금수입, 법령 또는 조례의 규정에 의한 도로 통행료수입, 환지 청산금수입, 공사완료지구 분담금수입과 주택, 택지, 공업용지, 생산품 등의 매각수입 및 타 과목에 속하지 않는 기타 사업수입 등이 있다.

(5) 징수교부금수입

징수교부금수입은 시·도세(지방세), 하천사용료 및 도로사용료 등을 시장·군수·구청장이 징수할 경우 징수위임 기관인 국가 또는 시·도에서 교부하는 것을 말하며, 이와 같은 징수교부금은 형식적으로는 위임한 세입 징수에 소요되는 경비를 보상하는 성질의 것이지만 실질적으로 시·도와 시·군·구 간의 재원의 배분이라는 의미도 없지 않다.

(6) 이자수입

이자수입은 지방정부의 각종 수입금을 금고은행에[2] 예치함에 따른 과실(果實)수입

---

2) 국가 또는 지방정부의 현금출납기관을 말하며 일종의 주거래은행이다. 지방정부는 현금과 유가증권의 출납 및 보관 등 업무를 취급케 하기 위해 금융기관을 금고로 지정 운영하고 있다. 한국은행 이외에 은행법 제3조에서 규정하는 금융기관 중에서 하나를 금고로 지정할 수 있으며, 경쟁입찰방식 등으로 투명한 절차를 거치고 지방정부에 가장 큰 혜택을 주는 금융기관을 지정하는 것이 바람

표 5-5 경상적 세외수입의 종류

구 분	내 용	종 류
재산 임대 수입	지방정부가 국·공유재산을 관리·운영하는 과정에서 발생하는 수입으로, 국·공유재산을 매각·처분하여 발생하는 수입은 제외되며, 국유재산 임대료와 공유재산 임대료로 구분	토지·건물의 임대수입, 잡종재산의 임대수입 등
사용료 수입	• 공공시설의 이용이나 재산의 사용에 대한 반대급부로서 이용자에게 부과·징수하는 수입으로 개별적인 보상원칙에 의거하여 징수 • 사용료와 수수료의 차이점: 수수료가 지방정부의 특별한 활동에 의하여 이익을 받는 경우에 부과되는 데 반하여, 사용료는 지방정부의 공공시설을 개인·단체 등이 이용함으로써 이익을 받는 경우 부과	도로·하천·하수도·상수도·시장·도축장 사용료, 입장료 수입 등
수수료 수입	지방정부가 특정인에게 제공한 특정 역무에 대하여 그 비용의 전부 또는 일부를 당해 역무에 대한 반대급부로 징수하는 금전 또는 금전적 가치	증지수입, 쓰레기 처리봉투 판매수입 등
사업 수입	지방정부에서 운영하는 종축장·임업시험장·원종장 등에서 발생하는 부산물 매각수입과 주차장 운영수입·보건소 진료수입 등	사업장생산수입, 주차요금수입, 통행료 수입 등
징수 교부금 수입	시·도세(지방세), 하천사용료 및 도로사용료 등을 시장·군수·구청장이 징수할 경우 징수위임 기관인 국가 또는 시·도에서 교부하는 것	시·도세 징수교부금, 사용료 및 수수료 징수교부금
이자 수입	지방정부의 각종 수입금을 금고은행에 예치함에 따른 과실(果實) 수입	공공예금 및 민간 융자금 이자수입 등

자료: 행정안전부(2020). 『2020 지방세외수입 통계연감』.

으로서 통상 공금(정기)예금에서 발생되는 공공예금이자수입과 민간융자금에 대한 이자수입, 세입세출 외 현금관리에 따른 이자수입 등의 기타 이자수입이 있다([표 5-5] 참조).

2) 일반회계: 임시적 세외수입

임시적 세외수입은 주로 공공부문 내부 또는 지방재정 내부에서의 단순한 재원이전 또는 회계조작상의 수입 등을 말한다. 그 수입의 발생이 임시적이고 과징예상이 명확하지 않아 예산의 계상이 곤란한 수입이다. 전년도 과징실적 및 당해 연도 사업계획을 감안하여 일정액을 책정할 수 있는 것으로, 지방정부 수입 중 불규칙적으로 발생하는 수

직하다(https://lofin.mois.go.kr).

입이다. 그 규모는 크나 수입원이 일회성에 그치는 경우가 많아 세입규모를 예측하기 어려운 수입이다.

(1) 재산매각수입

재산매각수입은 국유재산법에 의거하여 국가로부터 매각을 위임받은 국유재산(토지, 건물 등) 매각수입 중 지방정부에 귀속되는 수입인 국유재산매각귀속수입금과 공유재산 및 물품 관리법과 동법 시행령의 규정에 따라 시·도로부터 매각을 위임받은 시·도유재산(토지, 건물 등)매각수입 중 기초지방정부에 귀속되는 수입인 시·도유재산매각귀속수 입금, 그리고 지방정부의 재산매각계획에 따른 공유재산매각수입 또는 공유재산과 타인 재산의 교환차액수입인 공유재산매각수입금이 있다.

(2) 부담금(분담금)수입

부담금 또는 분담금이라 함은 지방정부의 재산 또는 공공시설의 설치로 인하여 주민의 일부가 특별히 이익을 받을 때 그 비용의 일부를 부담시키기 위하여 그 이익을 받는 자로부터 수익의 정도에 따라 징수하는 공과금으로 수익자부담금 또는 특별부담금이라고 한다.

부담금은 개개의 사업마다 법률로서 그 징수근거가 정해져 있는 것이 원칙이지만 지

표 5-6 부담금의 분류

구 분	내 용
수익자부담금	당해 공익사업으로부터 특별한 이익을 받는 자에 대하여 그 수익의 한도 내에 사업경비의 일부를 부담하게 하는 경우
원인자부담금	그 사업을 필요로 하게 한 원인을 제공한 자에게 과해지는 경우 (예: 교통유발부담금)
손괴자부담금	그 사업으로 인하여 특정시설을 손괴한 자에게 과해지는 경우 → 넓은 의미에서는 원인자 부담금에 포함됨 (예: 수도요금의 납부 등)
오염자부담금	환경을 오염하는 자가 공해방지시설의 설치·유지관리비용, 오염된 환경의 복원비용 및 피해자의 인적·물적 피해의 구제에 필요한 비용 등을 부담하여야 한다는 '오염자부담원칙(The Polluter Pay Principle: PPP)'이 적용되는 경우(예: 환경개선부담금)

주: 지방예산과목상의 부담금수입은 지방정부 간의 부담금수입도 포함하고 있다.
자료: 행정안전부(2020). 『2020 지방세외수입 통계연감』.

방정부가 징수하는 것에 대해서는 지방자치법에서 일반적인 징수근거를 설정하고 있다([표 5-6] 참조).

(3) 잡수입

① 불용품매각대

사무용 비품, 차량, 기타 물품 등의 노후화로 그 용도를 폐기한 물품의 매각으로 인한 수입을 말한다.

② 변상금 및 위약금

법규에서 정하는 바에 의하여 변상하거나 변상명령에 의하여 변상되는 수입 및 약정으로 인한 위약금수입을 말한다.

③ 과태료

주민등록법 등 법령위반으로 인한 과태료, 기타 특별회계의 주차장법에 의한 과태료 및 도로교통법에 의한 주·정차위반과태료, 기타 질서위반행위규제법에 의한 과태료 등이 있다.

④ 과징금 및 이행강제금

자동차운송사업의 규정에 의한 과징금, 기타 특별회계의 주차장법에 의한 노외주차장 관리위반과징금, 여객자동차운수사업법에 의한 과징금과 건축법 등 법령위반 이행강제금 등이 있다.

⑤ 체납처분수입

지방정부가 지방세, 공과금 등의 체납자에 대하여 재산을 압류하고 공매에 붙인 경우 체납처분비용으로 징수하는 수입을 말한다.

⑥ 보상금수납금

법령 및 조례의 규정에 의하여 지방정부에서 수납하는 보상금을 말한다.

⑦ 시·도비반환금수입

시·도에서 전년도에 시·군·구에 보조한 시·도비보조금 중 시·군·구에서 사용하고 남은 보조금을 시·도에서 반환받는 금액을 말한다.

⑧ 기부금수입

기부금이란 주민, 공공단체 또는 타 기관 등이 자발적인 의사에 따라 당해 지방정부에 기부하는 금품으로서 용도를 지정하는 지정기부금과 용도를 지정하지 아니하는 기타(보통) 기부금으로 구분된다.

⑨ 기타 잡수입

기타 타 과목에 속하지 않는 수입을 말한다.

(4) 지난년도 수입

징수결정된 수입금이 당해 연도의 출납폐쇄기한인 12월 말까지 수입되지 않고 그 후에 납부되었을 때에는 이를 현년도, 즉 납부한 날이 속하는 연도의 수입으로 하고 이를 지난년도 수입으로 한다([표 5-7] 참조).

표 5-7 임시적 세외수입의 종류

구 분	내 용	종 류
재산매각수입	국공유재산에 대한 매각수입	국유 및 시・도유재산귀속수입금, 공유재산매각수입금
부담금수입	지방정부의 재산 또는 공공시설의 설치로 인하여 주민의 일부가 특별히 이익을 받을 때 그 비용의 일부를 부담시키기 위하여 그 이익을 받는 자로부터 수익의 정도에 따라 징수하는 공과금	지방정부 간 부담금, 일반부담금
잡수입	불용품매각대, 변상금 및 위약금, 과태료, 과징금 및 이행강제금, 체납처분수입, 보상금수납금, 시・도비반환금수입, 기부금수입 등	과징금, 이행강제금, 변상금, 위약금, 과태료, 불용품매각수입, 체납처분수입, 시・도비반환금수입, 기부금
지난년도 수입	징수결정된 수입금이 당해 연도의 출납폐쇄기한인 12월 말까지 수입되지 않고 그 후에 납부된 금액	

자료: 행정안전부(2020). 『2020 지방세외수입 통계연감』.

3) 특별회계

(1) 사업수입

사업수입은 지방정부가 지방공기업법에 의거 특별회계를 설치하여 직접 사업을 운영하는 것을 말한다. 이러한 사업수입은 상·하수도 및 기타 특별회계로 설치·운영하는 사업이 있다. 공기업 형태로 운영되는 사업수입은 대부분 수익성보다 공공성이 강하기 때문에 일부사업을 제외하고 수익성이 없어 적자로 운영하는 경우가 많다.

일반회계(기타 특별회계)의 경상적 세외수입과 유사한 개념으로, 상수도사업의 급수수익, 하수도사업의 사용료수익, 공영개발사업의 용지매출수익, 지역개발기금의 융자금 이자수입 등이 해당된다.

(2) 사업외수입

특별회계의 사업외수입은 일반회계의 임시적 수입과 같이 동일하게 적용한다. 고정자산 매각수입, 투자자산수입, 지난년도 수입 등이 이에 해당된다([표 5-8] 참조).

표 5-8 특별회계에 의한 세외수입

구 분	내 용
사업수입	지방정부가 지방공기업법에 의거 특별회계를 설치하여 직접 사업을 운영하는 것
사업외수입	일반회계의 임시적 수입과 같이 동일하게 적용

제 4 절 | 세외수입원으로서 공유재산

공유재산은 주된 세외수입원 중에 하나이다. 향후 지방재정확충 방안을 마련하고자 할 때 매우 중요한 역할을 수행할 것으로 예상되어 별도의 절로 구분하여 다루고자 한다.

1. 공유재산의 의의

1) 개 념

공유재산이 무엇인가에 대한 논의는 학자 간에 크게 다르지는 않으나 광의의 개념과 협의의 개념으로 분류하여 개념화할 수 있다. 박우서 외(1996)는 광의의 개념으로 공유재산을 개념화하고 있다. 그들은 공유재산을 지방정부가 소유하는 재화이며, 일정한 목적을 달성하기 위하여 합쳐진 경제적 가치의 총합이라고 개념화하고 있다. 그리고 이삼주・김성주(2015)는 협의의 개념으로 공유재산을 개념화하고 있다. 그들은 공유재산을 공유재산 및 물품 관리법 제2조에 제시되어 있는 지방정부 소유 또는 건설 중에 있는 재산으로 예산부담, 기부채납, 교환 등으로 소유권을 이전받은 재산이라고 개념화하고 있다. 또한 그들은 공유재산을 공유재산 및 물품 관리법 제4조에서 제시하고 있는 것으로 범위를 한정하고 있다. 구체적으로 보면 다음과 같다.

1. 부동산과 그 종물(從物)
2. 선박, 부잔교(浮棧橋), 부선거(浮船渠) 및 항공기와 그 종물
3. 공영사업 또는 공영시설에 사용하는 중요한 기계와 기구
4. 지상권・지역권・전세권・광업권과 그 밖에 이에 준하는 권리
5. 특허법・실용신안법・디자인보호법 및 상표법에 따라 등록된 특허권, 실용신안권, 디자인권 및 상표권, 저작권법에 따른 저작권, 저작인접권 및 데이터베이스제작자의 권리 및 그 밖에 같은 법에서 보호되는 권리로서 한국저작권위원회에 등록된 권리, 식물신품종 보호법에 따른 품종보호권, 지식재산 기본법 제3조 제3호에 따른 지식재산권. 다만, 저작권법에 따라 등록되지 아니한 권리는 제외한다.
6. 주식, 출자로 인한 권리, 사채권・지방채증권・국채증권과 그 밖에 이에 준하는 유가증권
7. 부동산신탁의 수익권
8. 건설 중인 재산

그리고 행정안전부(2018)에 의하여 발간된 『공유재산 업무편람』에 의하면 공유재산은 지방정부 소유 또는 건설 중에 있는 재산을 말하며, 구체적으로는 지방정부가 업무수행을 위하여 부담이나 기부의 채납 또는 법령의 규정에 의하여 지방정부의 소유로 된 재산이다. 이와 같은 공유재산에 대하여 지방정부의 장(長)은 관리, 보호할 책임이 있으며 매년 취득, 관리, 처분에 관한 계획을 수립하여 지방의회의 의결을 얻어야 한다고 되어 있다([표 5-9] 참조).

표 5-9 공유재산의 개념

학 자	개 념
박우서 외	지방정부가 소유하는 재화이며, 일정한 목적을 달성하기 위하여 합쳐진 경제적 가치의 총합
이삼주 · 김성주	지방정부 소유 또는 건설 중에 있는 재산으로 예산부담, 기부채납, 교환 등으로 소유권을 이전받은 재산
공유재산 및 물품 관리법	
행정안전부	지방정부가 업무수행을 위하여 부담이나 기부의 채납 또는 법령의 규정에 의하여 지방정부의 소유로 된 재산

2) 특성과 보호

지방정부 소유 또는 건설 중에 있는 재산으로 예산부담, 기부채납, 교환 등으로 소유권을 이전받은 재산인 공유재산은 융통성의 제한, 강제집행의 제한, 공공수용의 제한과 같은 몇 가지의 특성을 가지고 있다([표 5-10] 참조).

표 5-10 공유재산의 특성

특 성	내 용
융통성의 제한	공유재산 중 행정재산과 보존재산의 경우 사권의 설정을 금하고 있고 처분도 제한하고 있으며, 동 재산에 대한 사인의 사용 및 수익행위는 일정한 범위 내에서만 제한적으로 허용
강제집행의 제한	행정재산과 보존재산은 강제집행제한, 잡종재산은 강제집행 가능
공공수용의 제한	원칙적으로 공용수용의 대상에 미포함

첫째, 융통성의 제한이란 공유재산 중 행정재산과 보존재산의 경우 지방정부의 공공목적 수행에 사용되는 공물이기 때문에 원칙적으로 사권의 설정을 금하고 있고 처분도 제한하고 있으며, 동 재산에 대한 사인의 사용 및 수익행위는 일정한 범위 내에서만 제한적으로 허용되고 있다는 것이다.

둘째, 강제집행의 제한을 들 수 있는데, 공유재산이 강제집행의 대상이 될 수 있는지의 여부는 재산의 융통성을 기준으로 판단할 문제로 융통성이 제한되는 행정재산과 보존재산은 강제집행이 제한된다고 하겠으나, 잡종재산은 융통성의 제한을 받지 않으므로 강제집행이 가능하다 할 것이다.

셋째, 공용수용의 제한을 들 수 있는데, 토지를 수용 또는 사용할 수 있는 사업에 이용되고 있는 토지는 특별한 필요가 있는 경우가 아니면 이를 수용할 수 없다고 토지수용법 제5조에 규정되어 있으므로, 공유재산은 원칙적으로 공용수용의 대상이 되지 아니한다 할 것이다(정헌영 · 노시평, 2003).

지방정부의 공유재산은 재화에 대한 네 가지로 분류가 가능하다. 사적재화의 성격을 띠고 있는 것도 있으며, 요금재, 공유자원, 공공재의 성격을 띠고 있는 것도 있다. 지방정부의 공유재산은 그 활용이나 상황에 따라서 다양하게 사적재, 공유재, 요금재, 공공재로서의 성격을 복합적으로 지니고 있다. 공유재산의 성격을 고려하여 적정한 공유재산관리 원칙과 전략을 세워야할 것이다(허익구, 2010).

공유재산에 대해서는 공유재산 및 물품 관리법에 다양한 보호장치가 마련되어 있다([표 5-11] 참조).

표 5-11 공유재산의 보호장치

구 분	보호장치
1	누구든지 공유재산 및 물품 관리법 또는 다른 법률에서 정하는 절차와 방법에 따르지 아니하고는 공유재산을 사용하거나 수익하지 못한다.
2	사권설정이 금지되어 있다.
3	공유재산은 등기 · 등록하여야 할 의무가 있다.
4	공유재산은 전대가 금지되어 있다.
5	공유재산에는 원상복구 의무가 부여되어 있다.

첫째, 누구든지 공유재산 및 물품 관리법 또는 다른 법률에서 정하는 절차와 방법에 따르지 아니하고는 공유재산을 사용하거나 수익하지 못한다(공유재산 및 물품 관리법 제6조 제1항). 만약 이를 위반하여 행정재산을 사용하거나 수익한 자는 2년 이하의 징역 또는 1천만 원 이하의 벌금에 처한다(공유재산 및 물품 관리법 제99조)고 되어 있다.

둘째, 사권설정이 금지되어 있다. 공유재산은 공공목적을 수행하는 데 활용되므로 법원의 판결에 따라 취득하는 경우 외에는 사권설정 및 처분을 제한한다(공유재산 및 물품 관리법 제8조).

셋째, 공유재산은 등기 · 등록하여야 할 의무가 있다. 지방정부의 장은 공유재산으로 취득하는 경우 법령에서 정하는 바에 따라 해당 지방정부의 소관에 속하게 된 날부터

60일 이내에 등기·등록이나 그 밖에 권리 보전에 필요한 조치를 하여야 한다(공유재산 및 물품 관리법 제9조 제1항).

넷째, 공유재산은 전대가 금지되어 있다. 사용·수익 허가, 대부를 받은 자는 그 공유재산을 다른 자에게 사용·수익하게 하여서는 아니 된다. 전대를 하는 경우 사용·수익 허가와 대부의 취소 대상이 된다. 다만, 사용·수익의 허가를 받은 자가 기부자와 그 상속인 또는 그 밖의 포괄승계인인 경우에는 지방정부의 장의 승인을 받아 다른 자에게 사용·수익하게 할 수 있다.

다섯째, 공유재산에는 원상복구 의무가 부여되어 있다. 사용·수익허가 또는 대부를 받은 자는 그 계약기간이 끝나거나 취소가 된 경우에는 그 공유재산을 원상태로 반환하여야 한다. 사용·수익 허가 종료 또는 취소 이후에도 계속하여 점유한 경우 무단점유에 해당되어 변상금 등 처분 대상이다. 다만, 지방정부의 장이 미리 원상의 변경을 승인한 경우와 사용목적의 성질상 재산의 원상회복이 불필요한 경우(이 경우 시설물 포기각서 징구 필요)에는 변경된 상태로 반환할 수 있다. 사용수익 또는 대부재산을 인도받을 시에는 원상변경 및 제공과금의 미납 여부 등을 면밀히 조사하여야 하며, 원상변경된 경우 원상회복 조치를 하고 미납 제공과금이 있을 시에는 재산 인도일까지 정산토록 한다(행정안전부, 2018).

공유재산은 지방재정의 확보, 그리고 지역개발 촉매제로서 지역경제 활성화를 위한 효율적 활용의 필요성이 증대되고 있다. 공유재산은 지방정부가 행정주체로서 공공성 및 공익성을 위해 관리하는 한편 수익재로서 경제적 수익성을 도모하는 데 활용하는 특징을 보유하고 있어 최근 적극적인 재원조달 수단으로 활용되고 있다. 다시 말해, 공유재산은 공공의 이익을 위해 사용하는 한편 경제적 수익수단으로 활용되는 이중적인 특성이 있기 때문에 종래에는 국공유재산에 대하여 보수적인 관리와 운영을 해왔으나, 오늘날에는 출자 등을 위시한 효율적 운용의 필요성을 갖게 되었고, 단순한 보유재산으로서 관리와 처분뿐만 아니라 활용을 촉진하는 추세에 있다(이삼주·김성주, 2015).

3) 종류 및 범위

(1) 공유재산의 종류

공유재산은 용도에 따라 행정재산과 일반재산으로 구분하며, 행정재산은 다시 공용재산, 공공용재산, 기업용재산, 보존용재산으로 분류된다. 공용재산은 지방정부가 직접 사무용·사업용 또는 공무원의 주거용으로 사용하거나 사용하기로 결정한 재산 및 사용목적으로 건설 중인 재산을 말한다. 여기에는 청사, 시·도립학교, 박물관, 도서관, 시민회관, 관사 등이 포함된다. 공공용재산은 지방정부가 직접 공공용으로 사용하거나 사용하기로 결정한 재산 및 사용목적으로 건설 중인 재산을 말한다. 여기에는 도로, 제방, 하천, 시·도립 공원, 구거, 유수지 등(공공시설, 기반시설 등)이 포함되어 있다. 기업용재산은 지방정부가 직접 경영하는 기업용 또는 그 기업에 종사하는 직원의 거주용으로 사용하거나 사용하기로 결정한 재산 및 사용목적으로 건설 중인 재산이며, 여기에는 상·하수도, 건설 중인 지하철, 공영개발 사업 등이 포함되어 있다. 그리고 보존용재산은 법령, 조례, 규칙 또는 필요에 의하여 지방정부가 보존하고 있거나 보존하기로 결정한 재산을 의미하며, 여기에는 문화재, 보존림, 민속자료 등이 포함된다.

일반재산은 행정목적으로 사용하지 않거나 사용할 계획이 없는 행정재산 이외의 모든 재산을 말한다. 구체적으로는 행정재산의 용도 폐지된 재산, 매각하기 위해 취득한 재산 등이 포함된다([표 5-12] 참조).

표 5-12 공유재산의 종류

공유재산	행정재산	공용재산
		공공용재산
		기업용재산
		보존용재산
	일반재산	-

(2) 공유재산의 범위

공유재산은 공유재산 및 물품 관리법 제4조 각 호에 해당하는 재산으로 구분할 수 있고, 그 결과는 [표 5-13]과 같다.

부동산과 그 종물은 토지, 건물(부동산)과 그 종물, 부동산의 부속물·부합물 중 물품이 아닌 재산을 의미한다.[3] 토지의 정착물이란 토지에 계속하여 고착되어 용이하게 이동할 수 없고 거래관념상 그러한 상태에서만 사용될 수 있는 것으로 보는 물건을 말

3) 토지 및 그 정착물은 부동산이며, 부동산 이외의 물건은 동산(민법 제99조)이다.

표 5-13 공유재산의 범위

<table>
<tr><td rowspan="10">공유재산 범위</td><td rowspan="5">물 건</td><td rowspan="3">부동산</td><td>토지, 건물</td></tr>
<tr><td>토지의 정착물: 부속물・부합물 등(건설 중인 재산 포함)</td></tr>
<tr><td>종물: 농가주택의 창고 등</td></tr>
<tr><td rowspan="2">동 산</td><td>선박, 부잔교, 부선거 및 항공기</td></tr>
<tr><td>공영사업 또는 시설에서 사용하는 중요 기계</td></tr>
<tr><td rowspan="4">권 리</td><td>용익물권</td><td>지상권, 지역권, 전세권, 광업권, 기타 이에 준하는 권리</td></tr>
<tr><td>지식재산권</td><td>저작권, 특허권, 디자인권, 의장권, 상표권, 실용신안권</td></tr>
<tr><td>유가증권</td><td>주식, 출자로 인한 권리, 사채권・지방채증권・국채증권, 기타 이에 준하는 권리</td></tr>
<tr><td>수익권</td><td>부동산 신탁의 수익권</td></tr>
</table>

자료: 행정안전부(2018). 『공유재산 업무편람』을 변형한 것임.

하며, 그 정착물은 토지와 별개의 부동산으로 취급하여야 한다. 건물, 입목은 법률에 의해 토지와는 별도로 부동산으로 취급한다. 주물・종물은 물건의 소유자가 그 물건의 상용에 공하기 위하여 자기소유인 다른 물건을 이에 부속하게 한 때에는 그 부속물은 종물이며, 종물은 주물의 처분에 따른다(민법 제100조). 종물의 요건은 ① 주물의 상용(常用)에 이바지하는 것이어야 한다. 즉, 사회관념상 공물의 경제적 효용을 계속해서 다하게 하는 작용이어야 하고, ② 주물・종물이 모두 독립된 물건이며, ③ 주물・종물 모두 동일 소유자에 속해 있을 것 등이고, 이는 소유자가 다른 것을 인정하면 주물의 처분으로 제3자의 권리가 침해될 우려가 있기 때문이다. 주유소와 주유기, 건물과 전화교환설비, 본채 건물에서 떨어진 방・창고・주차장 등이다. 부합물은 부동산과 별개의 물건이지만 부동산에 결합하여 거래관념상 부동산과 하나의 물건으로 부동산 소유자에게 귀속되는 물건이다. 훼손하지 않으면 분리할 수 없거나 분리에 과다한 비용이 드는 경우, 분리할 경우 경제적 가치가 감소되는 경우 등이다. 토지의 부합물(정원수・정원석・도랑・건설중인 건물 등), 건물의 부합물(바닥의 타일, 보일러 배관, 급수용 물탱크 등)이다. 부속물은 부합물과 유사하나, 부착의 정도가 약한 것을 의미한다. 중앙난방식 보일러, 조명, 음향설비, 건물과 태양열 설비 등이 여기에 해당된다.

다음으로는 선박, 부잔교, 부선거 및 항공기와 그 종물이 있다. 선박은 선박등기법 등에 따라 등기・등록된 지방정부 소유 선박과 그 종물이고, 항공기는 항공기등록령・규칙에 따라 등기・등록된 지방정부 소유 항공기와 그 종물이다. 부잔교는 해저에 교각을 교착시키지 아니하고 선박에 닿기 위해 물위에 뜰 수 있도록 만들어진 다리모양의 구조물이고, 부선거는 선박 수선용으로 선체를 물위에 올려놓고 작업할 수 있게 된 함선이다.

다음은 공영사업 또는 공영시설에 사용하는 중요한 기계와 기구이다. 지방정부가 지방공기업법상 직영기업(예 : 상수도, 지하철 등)에 설치된 기계시설 등이거나 이에 준하는 시설로서 가치가 상당히 커야 하며 기업회계 방식의 고정자산으로서 관리되어야 할 기관차 · 전차 · 객차 · 화차 · 기동차 등 궤도차량 및 상수도 취수펌프, 병원 엑스레이(X-ray) 등이다. 지방공기업법 시행령 제2조에 제시되어 있는 기계와 기구의 범위를 보면 기관차 · 전차 · 객차 · 화차 · 기동차 등의 궤도차량, 그 밖에 지방정부의 장이 행정안전부장관의 승인을 얻어 정하는 기계와 기구이다.

다음은 지상권 · 지역권 · 전세권 · 광업권과 그 밖에 이에 준하는 권리이다. 지상권은 타인의 토지를 이용해서 건물 기타 공작물이나 수목을 소유하기 위하여 그 토지를 사용하는 권리(민법 제279조)이고, 지상권은 토지의 사용권을 말하므로 지상권자는 점유권에 의한 점유보호청구권을 가지며, 토지의 일부에 지상권을 설정하는 경우에는 그 범위를 특정하여 등기하여야 하고, 그 범위는 토지의 상하에 미칠 수도 있다. 지역권은 일정한 목적을 위하여 타인의 토지를 자기토지의 편익에 이용하는 권리(민법 제291조)이고, 전세권은 전세금을 지급하고 타인의 부동산을 점유하여 사용 · 수익하는 것을 내용으로 하는 물권(민법 제303조)이다. 임대차는 당사자 일방이 상대방에게 목적물을 사용 · 수익하게 할 것을 약정하고 상대방이 이에 대하여 차임을 지급할 것을 약정함으로써 그 효력이 발생하는 채권계약이다. 회원권은 특정 시설물을 배타적으로 이용하거나 일반 이용자에 비하여 유리한 조건으로 이용할 수 있도록 약정한 시설물 중 지분소유권을 취득한 회원권이다. 지분 등기가 안된 회원권(소유권 취득을 아니한 회원권)은 채권으로 관리하여야 한다. 광업권은 등록을 한 일정한 광구에서 등록을 한 광물과 이와 동일 광산 중에 부존하는 다른 광물을 채굴 및 취득하는 권리(광업법 제3조)이다.

다음은 저작권 · 특허권 · 디자인권 · 상표권 · 실용신안권과 그 밖에 이에 준하는 권리이다. 저작권은 저작권법에 따른 저작권, 저작인접권, 데이터베이스 제작자의 권리 및 그 밖에 같은 법에서 보호되는 권리로서 같은 법 제53조 및 제112조 제1항에 따라 한국저작권위원회에 등록된 권리이다. 특허권은 특허법에 기초를 둔 권리로서, 산업에 이용할 수 있는 신규의 발명을 한 자가 그 발명에 대하여 특허를 얻어 특허권으로써 설정등록을 한 것을 말하고, 발명품을 제작사용, 판매 또는 확보할 권리를 독점하는 것을 내용으로 하는 것이다. 디자인권은 디자인보호법에 기초를 둔 권리로서, 물품의 형상·모양·색채 또는 이들을 결합한 것으로 시각을 통하여 미감을 일으키게 하는 디자인의 등록권리이다. 상표권은 상표법에 기초를 둔 권리로서, 상표, 즉 상품을 생산·가공·증명 또는 판매하는 것을 업으로 영위하는 자가 자기의 업무에 관련된 상품을 타인의 상품과 식별되도록 하기 위하여 사용하는 표장(기호·문자·도형·입체적 형상·색채·홀로그램·동작 또는 이들을 결합한 것)과 그 밖에 시각적으로 인식할 수 있는 것(상표법 제2조)을 사용할 권리이다. 실용신안권은 실용신안법에 기초를 둔 권리로서, 산업상 이용할 수 있는 물품의 형상·구조 또는 조합에 관한 신규의 기술고안을 한 자가 실용신안으로 등록한 것을 말하고, 그 등록된 실용신안의 물건을 제작, 사용 판매 또는 확보하는 권리를 독점하는 것이다. 품종보호권은 식물신품종 보호법에 따른 권리를 말한다.

다음은 주식, 출자로 인한 권리, 사채권·지방채증권·국채증권과 그 밖에 이에 준하는 유가증권이다. 유가증권은 재산적 가치를 표상하는 증권으로서 권리의 발생·이전·행사 등의 전부 또는 일부가 증권으로 이루어진 권리이고, 주식은 주식회사의 자본으로서 민간기업(회사)가 발행하고 주주가 이를 인수하는 것, 그리고 출자로 인한 권리는 지방정부가 법령·조례로 정한 기업에 자본(현금·현물)을 출자하고 그 대가로 유가증권으로 표상되는 것이다. 사채권은 주식회사가 발행하는 채권을 표시한 증권(상법 제478조)이고, 지방채·국채증권은 지방정부 또는 중앙정부가 채권을 발행하고 표시한 증권이다.

다음은 부동산 신탁의 수익권이다. 수익자인 지방정부가 신탁계약에 따라 신탁재산에서 이익을 받을 수 있는 권리와 함께 신탁사무 처리에 관한 서류 열람청구건 및 수탁자에 대한 설명청구권, 법원에 대한 신탁재산관리방법 청구권, 법원에 대한 수탁자 해임청구권, 수탁자 경질에 따른 사무인계 인수권과 승인권, 수익자를 특정하지 않을 때 법원에 대한 신탁관리인 청구권, 법원에 대한 신탁해지 명령권, 신탁위반행위 취소권의 권리를 포함한 포괄적 권리를 말한다.

다음은 건설 중인 재산(부동산, 선박, 부잔교, 부선거, 항공기)이다. 건설 중인 재산은 지방정부 복식부기 제도의 도입(2007.1.1)과 연계하여 건물, 선박, 항공기 등에 대해 공사(건설)가(이) 준공되기 이전까지 임시적으로 관리하는 것이다. 건설 중인 재산은 지출행위 즉, 예산의 집행과정 중 회계적으로 의미를 가지는 선급금 등의 지출시점부터 준공시점까지 지방재정관리시스템(e-호조)에 등록하여 관리한다(행정안전부, 2018).

2. 공유재산관리

1) 개 념

공유재산관리에 대한 개념은 공유재산 및 물품 관리법, 지방재정학자 등에 의하여 정리되고 있다. 먼저, 공유재산 및 물품 관리법 제2조에 의하면 공유재산은 지방정부의 부담, 기부채납(寄附採納)이나 법령에 따라 지방정부 소유로 된 제4조 제1항 각 호의 재산이고, 관리는 공유재산 및 물품의 취득·운용과 유지·보존을 위한 모든 행위이다. 또한 김흥래(2005)와 김동기(2009)는 지방정부가 행정주체로서 공유재산을 공공재(public goods)로 보아 공공성·수익성을 실현하기 위해 적극 관리하고, 한편으로는 지방정부가 사경제의 주체가 되어 수익재로써 경제적 수익성을 도모하는 것이라고 개념화하고 있다.

공유재산관리는 경제적·행정적·기술적 측면으로 구분하여 특성을 살펴볼 수 있다(정헌영·노시평, 2003).

첫째, 경제적 측면에서 재산관리는 재산을 운영하여 발생하는 총수입에서 관리비를 제외한 순수익이 어느 정도 되는가를 합리적으로 산출하는 행위이다. 즉, 현재 재산가치의 하락을 방지하고 보존하는 행위로서 재산운용에 의한 순수익을 산출하는 행위를 의미한다. 둘째, 행정적 측면에서 재산관리는 관리대상 재산에 대하여 적절한 행정적·법률적 조치를 취하는 행위를 의미한다. 즉, 재산상 수익보호를 위하여 행정 및 법적 보장을 위한 관리 행위를 의미한다. 셋째, 기술적 측면에서 재산관리는 대상재산에 대

표 5-14 공유재산관리의 개념

구 분	개 념
공유재산 및 물품 관리법	공유재산 및 물품의 취득·운용과 유지·보존을 위한 모든 행위
김흥래 김동기	지방정부가 행정주체로서 공유재산을 공공재(public goods)로 보아 공공성·수익성을 실현하기 위해 적극 관리하고, 한편으로는 지방정부가 사경제의 주체가 되어 수익재로써 경제적 수익성을 도모하는 것

한 물리적 · 기능적 하자를 파악하여 필요한 기술 조치를 취하는 행위를 의미한다. 즉, 재산의 유지 및 보존을 위해 물리적 · 기능적인 조치를 취하는 행위이다([표 5-14] 참조).

2) 중요성

공유재산은 지방정부가 주민의 복지증진을 위한 기본적 공공시설이며, 미래의 지방재정을 확보하기 위한 잠재적 자산으로서의 가치를 가지고 있기 때문에 중요하다. 단기적 관점에서 공유재산의 매각 등의 처분은 일시적 현금수입의 증대를 가져올 수 있다. 그러나 장기적으로 지방정부의 행정환경 변화에 따라서 필요한 재산을 민간으로부터 높은 가격으로 구매하거나 임대해야 하는 결과를 가져올 수도 있다. 이로 인해 지방정부의 재정적 부담을 증가시키는 요인이 될 수 있는 것이다. 이와 같이 공유재산에 대한 적정한 관리 및 운용을 통해서 현재뿐만 아니라, 장기적으로 지방정부가 지역주민을 위한 공공시설 등의 공공서비스를 제공하기 위해 재고자산의 대비계획도 필요하다. 무엇보다 공유재산에 대한 체계적인 관리와 이의 재정적 가치 창출은 시민들의 재정적 부담을 감소시키는 효과를 기대할 수 있다. 공유재산이 사유재산과 달리 그 취득과 관리에 사용되는 재원은 주민의 세금에 의해 충당되고, 처분에 따른 수입은 지역주민들의 행정서비스를 위해서 제공되기 때문이다(이재인, 2007).

또한 공유재산은 다음과 같은 이유 때문에 필요하다고 볼 수 있다. 공유재산은 공공복리의 증진을 위해서 활용되는 측면으로서 공공재적 성격을 갖고 있으며, 수익성을 창출하여 지방정부의 재정수준에 영향을 미친다. 이에 따라 유휴재산의 활용, 무단점유 문제의 해결, 수익성 창출 방안 모색 등 지방정부가 공유재산을 어떻게 관리할 것인가에 관련된 문제가 대두되기 시작하였다. 특히, 공유재산은 지방정부에 귀속되며 관리주체라는 점을 고려할 때 지방정부에서 보다 적극적으로 공유재산을 관리하는 것이 필요하다.

이를 종합하면, 공유재산은 지방정부에 귀속된 재산이며, 재화의 특성에 의해 발생되는 문제들을 관리할 필요가 있고 시장실패의 방지를 위해 관리될 것이 요구된다(전영길 외, 2017: 35-45).

첫째, 공유재산은 지방정부의 재정수입을 증대시킬 수 있고, 주민에게 공공서비스를 제공하며 향후 행정환경 변화에 적절히 대응할 수 있는 자산이다.

둘째, 공유재산이 갖는 공공재적 특성으로 인해 무임승차, 외부효과 등이 발생할 수 있고, 토지시장의 불완전 경쟁으로 발생할 수 있는 폐해를 방지하여 공익을 추구할 필요가 있다([표 5-15] 참조).

표 5-15 공유재산관리의 중요성

구 분	중요성
1	지방정부의 재정수입을 증대시킬 수 있고, 주민에게 공공서비스를 제공하며 향후 행정환경 변화에 적절히 대응할 수 있는 자산
2	공유재산이 갖는 공공재적 특성으로 인해 무임승차, 외부효과 등이 발생할 수 있고, 토지시장의 불완전 경쟁으로 발생할 수 있는 폐해를 방지하여 공익 추구 필요

3) 관리원칙과 관리방식의 유형

(1) 관리원칙

공유재산관리는 공유재산 및 물품 관리법 제3조의2에 의할 경우 다음과 같은 몇 가지의 원칙을 충족시켜야 한다.

첫째, 해당 지방정부 전체의 이익에 부합할 필요가 있다.

둘째, 취득과 처분의 적절한 균형을 이루어야 한다.

셋째, 공공가치와 활용가치를 고려할 필요가 있다.

넷째, 투명하고 효율적인 절차에 따라 관리되어야 한다.

(2) 관리방식의 유형

공유재산 관리는 몇 가지의 유형으로 구분할 수 있다. 공유재산의 관리는 취득, 운용, 유지, 보존을 위한 모든 행위를 의미한다(곽태열, 2013). 재산관리의 유형은 관리주체, 관리방식, 재산의 상태유지 여부와 같은 분류기준에 의거하여 살펴볼 수 있다([표 5-16] 참조).

첫째, 관리주체를 기준으로 한 유형이다. 여기에는 직접관리와 위탁관리, 그리고 혼합관리유형이 있다. 직접관리유형은 자신이 직접 관리하는 것이고, 위탁관리유형은 타인에게 위탁하여 간접적으로 관리하는 것이며, 혼형관리유형은 직접관리와 위탁관리를 혼용하는 관리유형이다(곽태열 · 김영표, 1996).

둘째, 관리방식을 기준으로 한 유형이다. 여기에는 위탁과 개발이 있다. 위탁은 지방정부 외의 자에게 공유재산 관리・처분 사무의 전부 또는 일부를 수행하게 하는 것이다. 공유재산 및 물품 관리법상의 관리위탁은 공유재산 중 행정재산을 관련 단체 또는 법인에게 위탁하여 당해 지방정부가 직접 관리 운영하는 것과 같은 효과를 얻기 위한 목적으로, 수탁자가 위탁자를 대신하여 재산을 관리 운영하는 업무형태라고 할 수 있다. 현행 공유재산법에서는 행정재산과 일반재산의 민간위탁을 나누어 관리하도록 하고 있으며, 이때 행정재산의 민간위탁을 관리위탁, 일반재산은 위탁관리라는 용어로 구분하여 사용하고 있으나 양자를 구분하는 데 따르는 명확한 이유를 찾기는 어렵다. 다만, 양자 간의 위탁방법 및 절차가 차별화되어 있어 이를 구분하기 위한 것으로 판단된다. 다시 말해, 관리위탁(행정재산)은 공유재산에 대한 관리업무만을 위탁하는 것임에 비해, 위탁관리(일반재산)는 관리와 처분 업무를 위탁할 수 있도록 하고 있다(이삼주・김성주, 2015).

개발은 재산의 가치를 증진시키는 관리방식을 의미하며, 현행 법에서는 신탁개발과 위탁개발제도로 구분하고 있다. 이 중 위탁개발제도는 수탁기관이 위탁관리 중인 일반재산에 대해 재산의 가치제고 등을 도모하기 위하여 개발을 하고 발생하는 수익은 해당 지방정부에 귀속되며, 개발비용 상환 등을 위한 수수료를 수취하는 관리방식을 의미한다. 현행 법을 기준으로 할 때, 위탁개발 대상은 위탁관리가 가능한 일반재산으로 한정되며, 위탁개발을 통해 개발된 시설물도 일반재산으로 위탁관리할 수 있도록 하고 있다. 다만, 행정재산의 경우는 다음과 같은 사유가 있을 경우 일반재산으로 용도폐지 후 수탁기관에 개발을 위탁할 수 있도록 하고 있다. 첫째, 건물의 노후화, 사용면적 협소 및 타 용도로의 사용 등을 위해 개발이 필요한 경우, 둘째, 행정재산의 개발(신축, 증축, 개축, 재축 등)이 필요하나 당해 지방정부의 재정 여건 등을 감안하여 위탁개발이 필요한 경우, 셋째, 기타 행정재산이 사실상 행정 목적으로 사용되지 않게 되는 경우이다. 위탁개발을 통해 개발된 시설물은 공용・공공용으로 활용할 수 있으며, 공용・공공용 시설과 수익시설이 복합된 건물 등으로 개발이 가능하도록 열어두고 있다. 넷째, 공유재산의 상태유지 여부를 기준으로, 관리와 처분으로 구분될 수 있다. 현행 공유재산법에 따르면(법 제2조 제4호 및 제6호), 관리는 공유재산 및 물품의 취득・운용과 유지・보존을 위한 모든 행위로 정의하고 있다. 반면에 처분은 공유재산 및 물품의 매각, 교환, 양여(讓與), 신탁, 현물 출자 등의 방법으로 공유재산 및 물품의 소유권이 해당 지방정부 외의 자에게 이전되는 것을 의미한다. 따라서 상태유지 여부에 대한 기준은 소유권을 유지한 채 관리하는 것인지에 따른 유형화라고 할 수 있다(이삼주·김성주, 2015).

표 5-16 공유재산관리방식의 유형

구 분	종 류
관리주체	직접관리, 위탁관리, 혼합관리
관리방식	위탁, 개발

제 5 절 | 세외수입현황

1. 세외수입 신장추이

세외수입의 규모를 보면 2000년부터 2013년까지는 증가하다가 2014년 대폭 감소되었다가 다시 증가하는 형태를 보이고 있다. 일반회계가 특별회계보다 더 높은 비중을 차지하다가 2014년부터는 특별회계의 비중이 좀 더 많은 비중을 차지하고 있는 것으로 나타났다. 이와 같은 현상이 발생한 이유는 2014년부터 지방세외수입제도에 큰 변화가 있었기 때문이다. 제도의 변화를 파악하기 위해서는 지방세외수입제도의 변화과정을 살펴볼 필요가 있다([표 5-17], [그림 5-2] 참조).

표 5-17 회계별 세외수입 연도별 신장추이

(단위: 억 원)

연 도	규 모			비 율	
	일반회계	특별회계	계	일반회계	특별회계
2000	17,715,104	17,638,868	35,353,972	50.1	49.9
2001	19,636,673	21,367,824	41,004,497	47.9	52.1
2002	23,343,339	24,942,617	48,285,956	48.3	51.7
2003	32,942,683	26,150,931	59,093,614	55.7	44.3

2004	34,856,208	29,117,851	63,974,059	54.5	45.5
2005	30,872,189	27,416,244	58,288,433	53.0	47.0
2006	29,911,488	29,264,797	59,176,285	50.5	49.5
2007	34,243,922	31,490,916	65,734,838	52.1	47.9
2008	36,939,533	31,008,285	67,947,818	54.4	45.6
2009	40,851,023	32,055,376	72,906,399	56.0	44.0
2010	30,520,401	29,357,558	59,877,959	51.0	49.0
2011	28,234,980	30,095,085	58,330,065	48.4	51.6
2012	33,660,565	32,519,689	66,180,254	50.9	49.1
2013	38,696,097	33,911,532	72,607,629	53.3	46.7
2014	10,822,148	12,556,216	23,378,364	46.3	53.7
2015	11,512,758	15,050,254	26,563,012	43.3	56.7
2016	12,715,011	15,974,560	28,689,571	44.3	55.7
2017	13,105,739	15,405,467	28,511,206	46.0	54.0
2018	12,948,717	15,509,250	28,457,967	45.5	54.5
2019	14,071,360	15,316,495	29,387,855	47.9	52.1

자료: 행정안전부(2020). 『2020 지방세외수입 통계연감』.

그림 5-2 회계별 세외수입 연도별 신장추이(순계기준)

(단위: 억 원)

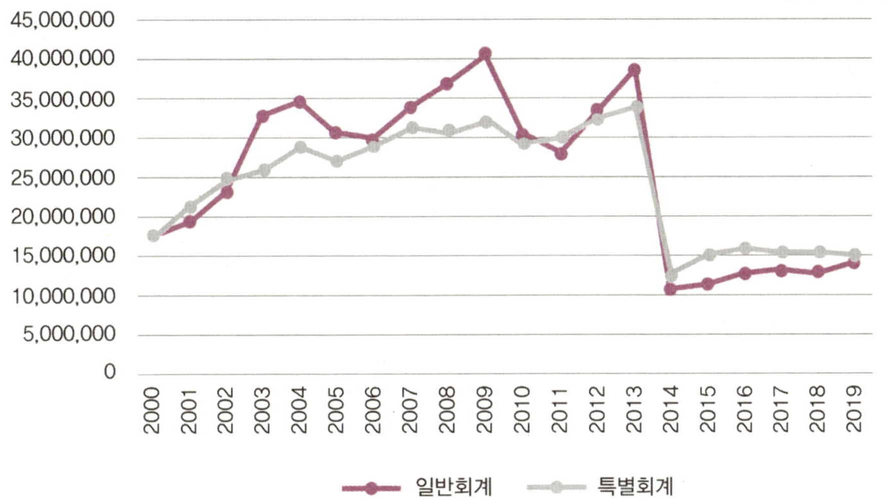

2013년에는 지방세외수입법을 대체하는 지방세외수입 징수관리를 위한 일반법으로 지방세외수입징수금의 징수 등에 관한 법률을 제정하여 독촉 등 체납절차, 세외수입정보시스템의 구축 · 운영, 체납자대금지급 정지 등 제재수단, 과세자료의 제공 등을 명문화하였다.

2014년에는 2014년 8월 7일 지방세외수입징수금의 징수 등에 관한 법률 시행에 앞서 지방세외수입의 체계적인 운영 · 관리를 위한 전담조직 역할로 행정안전부에 지방세입정보과를 신설(2014년 4월 1일)하였다. 또한 지방정부에도 체납징수 등에 전문성이 있는 세무부서의 전담조직 신설을 추진하여 개별부서별로 산재한 지방세외수입의 징수의 효율성을 제고하였다. 그리고 세외수입 납부편의를 위해 간단 e-납부 서비스의 확대 시행을 통해 주정차 위반 과태료, 상 · 하수도 요금 등을 고지서 없이 은행 ATM, 신용카드 등을 활용하여 납부가능하게 되었다. 그 외, 제도적인 측면에서는 지방정부 예산편성 운영기준 시행에 따라 2014년도 지방정부의 세입 · 세출예산 편성 시부터는 세입예산 과목 구분이 변경되어 잉여금, 전년도이월금, 융자금 원금, 전입금, 예수금 및 예탁금이 '보전수입 및 내부거래 등'의 별도과목으로 신설되어 세외수입 항목에서 제외되었다.

2015년에는 세외수입 전담조직 설치 독려를 위한 현장점검 및 모니터링을 지속적으로 실시해온 결과 전담조직 설치 지방정부의 수가 당초 54개 지방정부에서 2015년 12월 31일 기준 139개 지방정부로 크게 증가되었다. 그리고 지방세외수입의 효율적인 관리를 도모하고 지방정부의 자율적인 세입확충 노력을 유도하기 위한 제도적 장치가 필요함에 따라, '지방세외수입 운영실적 분석 · 진단'을 도입하였다. 이를 통해 열악한 세외수입 운영체계에 대한 관심도 제고에 기여하고, 자율적으로 세외수입 운영상황을 점검하는 계기가 되어 지방정부 간 선의의 경쟁을 유도한 점에서 긍정적인 효과가 있었다.

2016년에는 체납징수의 실효성을 높이기 위해 지방세외수입금을 체납한 경우 그 체납행위와 관련된 사업의 허가 등을 거부하거나, 고액의 지방세외수입금 체납자의 명단을 공개할 수 있도록 지방세외수입금의 징수 등에 관한 법률을 개정하여 간접강제제도의 법적근거를 마련하였다. 또한 2015년에 처음 실시한 '지방세외수입 운영실적 분석 · 진단'을 보완 · 개선하여 지방정부의 지방세외수입에 대한 관심이 더욱 높아지는 계기가 되었고, 징수율제고 및 세외수입 확충에도 기여하였다.

2017년에는 지방세외수입금의 징수 등에 관한 법률 개정을 통해 지방세 부과 · 징수과정에서 획득한 과세정보를 활용할 수 있는 근거를 도입하여 체납징수 업무의 효율성을 제고하였고, 12월부터는 관허사업제한이 시행되었다. 그리고 2016회계연도까지 공기업특별회계로 운영되던 '지역개발기금'이 2017 회계연도부터는 기금으로 변경되었다. 또한 지방정부 예산편성 운영기준이 개정되어 2017년도 지방정부의 세입예산 편성 시부터는 과징금 및 이행강제금, 변상금 및 위약금이 과징금, 이행강제금, 변상금, 위약금으로 각각 분리되어 통계의 정확성 및 관허사업 제한대상 구분을 명확히 하였고, 시·군·구 융자금회수 이자수입이 신설되어 지방정부별 순계값 산출 시에 발생된 광역-기초 간 금액차이 등의 오류를 최소화하여 통계자료의 신뢰성을 높이도록 하였다.

2018년에는 지방세외수입금 고액·상습체납자를 대상으로 명단공개를 최초로 실시하였다. 또한 지방세외수입 업무의 통일성과 정확성 향상을 위해, 부과·징수 절차와 근거 법령 등을 수록한 지방세외수입 업무 해설집을 발간하였다.

2019년에는 지방세외수입 31개 과목의 고지서 전자송달 시범서비스 시행을 통해 우편수신 불편, 고지서 분실로 인한 개인정보 노출 등 현행 고지서 우편송달의 한계를 보완하여 납부자 편의 증대를 모색하였다. 또한 제재적 성격의 지방세외수입을 대상으로 '지방세외수입운영실적 분석·진단'을 진행하여 지방행정제재·부과금의 체납관리에 대한 관심을 높였고, 세외수입성격에 따른 정확한 부과·징수가 이뤄질 수 있도록 지방세외수입 분류체계 개편안을 마련하였다(행정안전부, 2020: 6-8).

살펴본 것처럼 2014년에 잉여금, 전년도이월금, 융자금 원금, 전입금, 예수금 및 예탁금이 '보전수입 및 내부거래 등'의 별도과목으로 신설되어 세외수입 항목에서 제외되었기 때문에 지방세외수입규모가 대폭 감소된 것이다.

2. 회계별 규모

지방세외수입을 회계별로 살펴보면 [표 5-18]과 같다. 2019년 결산기준을 보면, 일반회계의 경우 경상적 세외수입에 비해 임시적 세외수입의 비율이 더 높아지는 것으로 나타났다. 그리고 기타특별회계와 공기업특별회계는 경상적 세외수입의 비율이 임시적 세외수입의 비율보다 높은 것으로 나타났다.

표 5-18 회계별 세외수입규모

(단위: 억 원, %)

구 분		규 모		경상적수입과 임시적수입의 비율	
		2018	2019	2018	2019
일반 회계	경상적수입	64,056	67,900	49.5	48.3
	임시적수입	65,431	72,813	50.5	51.7
	소계	129,487	140,713	100.0	100.0
기타 특별회계	경상적수입	22,646	23,435	43.3	46.5
	임시적수입	29,680	26,997	56.7	53.5
	소계	52,326	50,432	100.0	100.0
공기업특별회계	경상적수입	86,922	89,574	84.6	87.2
	임시적수입	15,844	13,158	15.4	12.8
	소계	102,766	102,732	100.0	100.0
계		284,579	293,877		

자료: 행정안전부(2020). 『2020 지방세외수입 통계연감』.

좀 더 구체적으로 지방세외수입의 규모를 살펴보기 위하여 세목별로 정리하면 [표 5-19]와 같다. 경상적 세외수입에서는 사용료수입이 가장 많은 비중을 차지하고 있고, 그 다음은 사업장수입인 것으로 나타났다. 임시적 세외수입에서는 기타 수입이 가장 많은 것으로 나타났고, 이를 제외하면 일반부담금, 재산매각수입 등인 것으로 나타났다.

표 5-19 회계별 · 세목별 세외수입규모

(단위: 억 원, %)

구 분		일반회계		기타특별회계		계	
		규 모	비 율	규 모	비 율	규 모	비 율
경상적 세외수입	소계	67,900	100.0	23,436	100.0	91,336	100.0
	재산임대수입	3,601	5.3	6,687	28.5	10,288	11.3
	사용료	16,418	24.2	2,936	12.5	19,354	21.2
	수수료	16,970	25.0	221	0.9	17,191	18.8
	사업장수입	6,583	9.7	11,612	49.5	18,195	19.9
	징수교부금	15,358	22.6	255	1.1	15,613	17.1
	이자수입	8,970	13.2	1,725	7.4	10,695	11.7

임시적 세외수입	소계	72,813		26,997		99,810	
	재산매각수입	11,970	16.4	1,819	6.7	13,789	13.8
	지방정부 간 부담금	5,341	7.3	3,609	13.4	8,950	9.0
	일반부담금	5,553	7.6	10,936	40.5	16,489	16.5
	과징금	425	0.6	91	0.3	516	0.5
	이행강제금	1,413	1.9	75	0.3	1,488	1.5
	변상금	389	0.5	11	0.0	400	0.4
	위약금	38	0.1	15	0.1	53	0.1
	과태료	2,296	3.2	3,492	12.9	5,788	5.8
	불용품매각대	270	0.4	47	0.2	317	0.3
	체납처분수입	1	0.0	0	0.0	1	0.0
	보상금수납금	16	0.0	0	0.0	16	0.0
	시·도비반환금수입금	4,954	6.8	261	1.0	5,215	5.2
	기부금	612	0.8	108	0.4	720	0.7
	그 외 수입	35,242	48.4	3,233	12.0	38,475	38.5
	지난년도 수입	4,293	5.9	3,300	12.2	7,593	7.6

주: 2019년 징수액 기준.
자료: 행정안전부(2020). 『2020 지방세외수입 통계연감』.

일반회계 경상적 세외수입을 기준으로 하면 수수료가 가장 많은 비중을 차지하고 있고, 그 다음은 사용료, 그리고 징수교부금의 순서이다. 일반회계 임시적 세외수입을 보면 그 외 수입을 제외하면 재산매각수입이 가장 많은 것으로 나타났다.

3. 세외수입 회계별 · 단체별 규모

세외수입을 단체별로 보면 경기도가 가장 많은 비중을 차지하고 있고, 그 다음은 서울특별시인 것으로 나타났다([표 5-20], [그림 5-5] 참조).

표 5-20 세외수입 회계별 · 단체별 규모(일반+특별회계)

(단위: 억 원, %)

구 분	일반회계	기타 특별회계	공기업특별회계	합 계
서울	26,542	15,177	15,682	57,400
부산	6,372	2,895	6,992	16,259

대구	5,181	1,552	4,488	11,221
인천	9,883	3,710	8,937	22,530
광주	2,988	1,112	2,154	6,254
대전	2,885	739	2,305	5,930
울산	2,808	738	2,727	6,274
세종	701	266	834	1,801
경기	31,331	10,012	28,419	69,762
강원	7,792	1,232	3,545	12,569
충북	5,173	1,119	3,316	9,608
충남	6,750	1,827	4,249	12,826
전북	5,741	1,164	3,840	10,745
전남	6,852	2,883	2,283	12,018
경북	9,187	1,613	5,079	15,879
경남	8,661	3,898	6,327	18,887
제주	1,868	496	1,553	3,917

주: 2019년 징수액 기준.
자료: 행정안전부(2020). 『지방세외수입 통계연감』.

그림 5-3 지방정부별 지방세외수입규모(2019년 징수액)

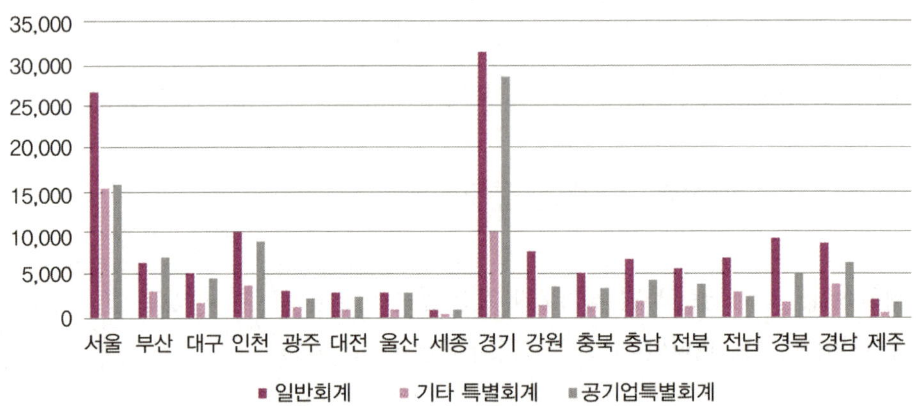

참고문헌

곽태열(2013). "경상남도 공유재산의 효율적 관리방안." 『정책포커스』, 12월호: 1-34.
곽태열 · 김영표(1996). 『경상남도 공유재산의 효율적 관리방안』. 경남개발연구원 연구보고서.
권형신 외(2011). 『한국의 지방재정: 이론과 실무』. 서울: 도서출판 해남.
김동기(2009). 『지방분권시대의 한국 지방재정학』. 서울: 법문사.
김흥래(2005). 『지방재정의 이론과 실제』. 서울: 박영사.
박우서 · 고석찬 · 박경원(1996). "국유잡종재산의 관리 및 운용 개선방안에 관한 연구." 『국토계획』, 31(5): 47-63. 대한국토도시계획학회.
손희준(2019). 「새지방재정학」. 서울: 대영문화사.
이삼주 · 김성주(2015). "공유재산 관리체계의 개선방안." 『국가정책연구』, 29(4): 243-269.
이선화(2012). 『지방자체재원 확충방안에 대한 연구』. 한경대학교 전자정부대학원 석사학위논문.
이재인(2007). "공유재산관리관련 법령의 정비방안에 관한 연구." 『연구논문집』, 220-244. 감사교육원.
이희봉(2011). 『거버넌스 지방재정』. 서울: 사회문화사.
전영길 · 이성익(2017). "토지조사사업을 통한 일제의 토지수탈 사례연구." 『한국지적정보학회지』.
정헌영 · 노시평(2003). "지방정부 공유재산의 효율적 관리방안에 관한 연구." 『한국정책과학학회보』, 7(3): 270-291.
청주시(2010). 『세외수입징수실무』.
행정안전부(2009). 『세외수입 실무편람』.
______(2018). 『공유재산 업무편람』. 토지수용법.
______(2020). 『지방세외수입 통계연감』.
행정안전부 · 한국지방세연구원(2019). 『지방세외수입 업무 해설집』.
허익구(2010). "공유재산의 효율적 운영방안에 관한 연구." 『국제회계연구』, 29: 319-346.

공유재산 및 물품 관리법, 동법 시행령, 동법 시행규칙
광업법
디자인보호법
민법
상법

상표법
식물신품종보호법
실용신안법
저작권법
특허법

Chapter 06

지방교부세

제 1 절 | 지방교부세의 의의

1. 지방교부세의 개념

지방교부세의 개념을 파악하기 위해서는 먼저 지방재정조정제도에 대한 개념정립이 우선되어야 한다. 그 이유는 지방교부세의 경우 지방재정조정제도 중 하나이기 때문이다.

지방재정조정제도는 지방정부 간 경제력의 차이 등으로 인한 재정상의 불균형을 완화하여 국가 전체적으로 재정운영의 효율성을 제고하기 위하여 국가나 상위 지방정부가 재정력이 취약한 지방정부로 재원을 이전하여 주는 제도이다(김동기, 2008: 151). 지방재정조정제도는 지방정부 간 재정력 격차해소, 일정한 행정수준 유지재원의 보장, 국가・지역 시책사업의 구현 유도, 천재지변 등 각종 재해의 신속한 복구를 위하여 필요하다(윤길호, 2012: 14). 이와 같은 역할을 수행하고 있는 지방재정조정제도 중에 하나가 지방교부세이다.

지방교부세는 지방정부의 행정운영에 필요한 재원(財源)을 교부하여 그 재정을 조정함으로써 지방행정을 건전하게 발전시키도록 함을 목적으로 한다(지방교부세법 제1조). 국세수입의 일부를 지방정부에 교부하여 줌으로써 지역 간 세원편재와 재정불균형을 해소하고, 모든 지방정부가 일정한 행정수준을 확보할 수 있도록 함으로써 지방행정의

표 6-1 지방교부세의 개념

구 분	개 념
지방재정조정제도	지방정부 간 경제력의 차이 등으로 인한 재정상의 불균형을 완화하여 국가 전체적으로 재정운영의 효율성을 제고하기 위하여 국가나 상위 지방정부가 재정력이 취약한 지방정부로 재원을 이전하여 주는 제도
지방교부세	지방정부의 행정운영에 필요한 재원(財源)을 교부하여 그 재정을 조정함으로써 지방행정을 건전하게 발전시키도록 하기 위하여 운영하는 제도

건전한 발전을 기하는 제도이다(윤길호, 2012: 14). 지방교부세에는 보통교부세·특별교부세·부동산교부세 및 소방안전교부세가 있다([표 6-1] 참조).

2. 지방교부세의 중요성

우리나라의 국민은 전국 어디에 살더라도 표준적인 행정서비스를 제공받을 수 있어야 한다. 따라서 모든 지방정부는 다양한 법령 등에 따라 의무로서 부여된 행정서비스를 그 재정력에 관계없이 일정수준 제공할 것을 요구받고 있다. 지방정부가 이러한 행정서비스를 제공하기 위한 가장 바람직한 재원조달 방안은 지방정부 스스로가 징수하여 자유롭게 사용할 수 있는 지방세이다. 그러나 조세재원의 중앙 집중과 지역 간 세원의 불균형으로 인하여, 모든 지방정부가 필요한 재원을 지방세수로 충당하는 재정구조는 사실상 불가능하다고 할 수 있다. 따라서 지역주민으로부터 징수되는 지방세만으로 표준적인 행정서비스를 제공하는 데 필요한 재원을 확보할 수 없는 재정 부족단체에 대해서는 그 부족 정도에 따라 재원을 보전해 주는 재정지원제도가 필요하게 된다. 지역 간 세원 편재와 재정 불균형을 해소하고 모든 지방정부가 일정한 행정수준을 확보할 수 있도록 재원을 보장하는 재정조정제도의 중추적 기능을 담당하는 것이 바로 지방교부세이다(행정안전부, 2020: 3).

지방교부세제도는 지방정부의 행정운영에 필요한 재원을 교부하여 그 재정을 조정함으로써 지방행정의 건전한 발전을 도모하는 데 그 목적을 두고 있으며, 그 기능으로는 재정조정기능과 재원보장기능이 있다.

재정조정기능은 지방교부세의 적정한 배분으로 지방정부 상호 간의 과부족 조정 및

표 6-2 지방교부세의 중요성

구 분	내 용
재정의 조정기능	지방정부 간 재정력 격차를 해소하기 위해 지방교부세의 적정한 배분을 통해 지방정부 상호 간 과부족을 조정하고 균형화를 도모하는 것
재원의 보장기능	지방교부세 총액을 내국세의 19.24%(부동산 교부세 제외)로 법정화하여 지방재원을 총액으로 보장하고 있으며, 기준재정수요액과 기준재정수입액이라는 기준설정을 통해 모든 지방정부가 행정의 계획적인 운영이 가능하도록 부족한 재원을 보장해주는 재원보장기능을 수행

균형화를 통해 지방정부 간 재정력 격차를 해소하는 데에 있다. 또한 재원보장기능은 지방교부세 재원을 내국세의 19.24%, 종합부동산세 전액 및 담배에 부과되는 개별소비세액의 45%로 법정화하여 재원을 총액으로 보장하고 있음을 말한다(행정안전부, 2020: 4). 소방직 국가직화와 연계하여 2020년 4월 1일 시행된 지방교부세법도 소방안전교부세 재원이 담배에 부과하는 개별소비세액의 20%에서 45%로 개정되었다([표 6-2] 참조).

3. 지방교부세의 재원

지방교부세법 제4조에 의하면 교부세의 재원은 해당 연도의 내국세(교통 · 에너지 · 환경세, 교육세, 농어촌특별세 및 종합부동산세, 담배에 부과하는 개별소비세 총액의 100분의 45와 다른 법률에 따라 특별회계의 재원으로 사용되는 주세의 해당 금액은 제외) 총액의 1만분의 1,924에 해당하는 금액, 종합부동산세법에 따른 종합부동산세 총액과 개별소비세법에 따라 담배에 부과하는 개별소비세 총액의 100분의 45에 해당하는 금액, 그리고 정산한 금액이다.

여기서 내국세의 19.24%로 표시되는 부분을 교부세 '법정률'이라고 하는데, 이는 국가와 지방정부 간에 결정된 '세원의 배분율'이라 할 수 있다. 이 같은 교부세 법정률은 1983년 이후 13.27%로 운영되어 왔으나, 2000년부터 15.0%로 인상되었고, 2005년부터는 기존의 지방양여금 재원 중 지방도로정비사업 재원 등 일부(2.8%p)가 지방교부세 재원으로 편입되고, 열악한 지방재정 여건과 현실을 감안한 추가 재원(0.5%p)과 국고보조사업의 지방이양에 따른 재원보전을 위해 분권교부세가 신설(0.83%p)되면서 19.13%로 인상되었으며, 2006년에는 분권교부세율이 0.83%에서 0.11%p 인상되면서 교부세 법정률은 현재와 같이 19.24%가 되었다. 2015년에는 분권교부세가 폐지되었고, 담배에 부과되는 개별소비세의 20%를 재원으로 하는 소방안전교부세가 신설되었다. 한편 2020년에는 소방직 국가직화가 시행됨에 따라 소방안전교부세율이 담배에 부과되는 개별소비세의 20%에서 45%로 인상되었다.

매년도 지방교부세의 총액은 해당 연도의 내국세 수입예정액의 19.24%에 해당하는 금액, 담배에 부과되는 개별소비세액의 45%에 해당하는 금액과 종합부동산세 총액, 그리고 전년도 지방교부세 정산액(내국세와 종합부동산세, 개별소비세 예산액과 결산액과의 차액으로 인한 교부세의 차액)을 가감한 금액으로 운영되고 있으며, 국가의 추가경정예산에서 내국세의 증감이 있는 경우 지방교부세도 증감시켜야 하나, 감소하는 경우에는 지방의 재정적 충격 완화를 위해 다음 다음 연도까지 국가예산에 계상하여 정산하도록 하였다(행정안전부, 2020: 6-7).

지방교부세규모를 보면 보통교부세가 가장 많은 비중을 차지하고 있고, 그 다음은 부동산교부세인 것으로 나타난다([표 6-3] 참조).

표 6-3 2020년도 지방교부세규모

(단위: 억 원, %)

구 분	배분비율	2019	2020	증감액	증감률
총계		524,618	522,068	-2,550	-0.49
정률분(소계)	내국세의 19.24%	490,749	481,716	-9,033	-1.84
보통교부세	정률분 중 97%	476,026	467,264	-8,762	-1.84
특별교부세	정률분 중 3%	14,722	14,451	-271	-1.84
부동산교부세	종합부동산세	28,494	33,210	4,716	16.55
소방안전교부세	담배개별소비세의 45%('19년 27.5% →'20년 38.75%)	5,375	7,143	1,768	32.89

주: 당초예산 기준.

자료: 행정안전부(2020: 12). 『2020년 지방교부세 산정해설』.

지방교부세규모를 연도별로 살펴보면 지속적으로 증가하다가 2009년과 2010년에 감소하였다. 그 후 다시 증가하여 2020년 현재 52조 2,068억 원의 수준을 보이고 있는 것으로 나타났다([표 6-4] 참조).

표 6-4 지방교부세 연도별 규모

(단위: 백만 원)

연 도	계	보통 교부세	특별 교부세	분권 교부세	부동산 교부세	증액 교부금	소방 안전 교부세
1991	3,452,402	3,053,265	305,411			93,726	
1992	3,927,749	3,533,726	353,373			40,650	
1993	4,413,085	4,011,896	401,189				
1994	4,724,569	4,295,062	429,507				
1995	5,484,226	4,985,661	498,565				
1996	6,377,734	5,797,940	579,794				
1997	6,798,732	6,142,666	614,266			41,800	
1998	7,039,226	6,353,842	635,384			50,000	
1999	6,710,770	5,782,518	578,252			350,000	
2000	8,266,546	7,468,678	746,868			51,000	
2001	12,288,992	11,119,539	1,111,953			57,500	
2002	12,259,425	10,884,910	1,088,490			286,025	
2003	14,905,674	12,238,522	1,223,852			1,443,300	
2004	14,469,054	13,012,867	1,301,287			154,900	
2005	19,877,486	17,927,570	711,566	845,381	392,969		
2006	21,461,392	18,691,488	743,396	1,006,508	1,020,000		
2007	25,196,900	21,316,202	852,759	1,138,733	1,889,206		
2008	31,098,993	25,795,852	1,039,411	1,378,423	2,885,307		
2009	28,319,634	23,032,062	924,253	1,230,543	3,132,776		
2010	28,012,760	24,679,136	992,880	1,318,672	1,022,072		
2011	30,895,246	27,274,652	1,101,027	1,457,548	1,062,019		
2012	34,186,188	30,191,425	1,257,977	1,615,433	1,121,353		
2013	35,724,592	31,558,105	1,314,921	1,688,560	1,163,006		
2014	35,698,180	31,884,524	986,119	1,688,437	1,139,100		
2015	34,888,072	32,176,185	987,407		1,410,400		314,080
2016	37,967,278	35,023,661	1,083,206		1,445,711		414,700
2017	44,363,917	41,032,266	1,269,038		1,549,126		513,487
2018	49,044,581	45,211,842	1,398,305		2,017,174		417,260
2019	57,709,283	52,602,827	1,626,892		2,942,062		537,502
2020	52,206,824	46,726,415	1,445,147		3,320,970		714,292

자료: 행정안전부(2020). 『2020년 지방교부세 산정해설』.

제 2 절 | 지방교부세의 특징

1. 지방정부의 고유재원

지방교부세는 국가와 세원을 공유하는 세원 재배분의 한 형태이며 지방정부의 독립된 고유재원으로서의 성격을 가지고 있다. 즉, 지방교부세는 본래 지방정부의 세수입으로 배분되어야 할 세원을 지방정부의 세원편제에서 비롯되는 지방정부 간 재정불균형을 시정하고, 모든 지방정부가 일정한 행정수준을 유지할 수 있도록 재원을 보장하기 위해 국세로 징수하여 일정한 기준에 따라 지방정부에 배분되는 것으로 국가가 징수하는 일종의 지방세이다(이희봉, 2011: 535). 지방교부세법은 교부세의 재원은 "내국세의 19.24%에 해당하는 금액과 종합부동산세 총액, 담배에 부과되는 개별소비세액의 45%로 한다"라고 규정하고 있다(지방교부세법 제4조). 이런 표현은 국세수입 중 일정비율은 당연히 지방교부세가 된다는 것을 의미하고 지방교부세가 단순히 국고에서 지원되는 교부금이 아니라 본래 지방정부가 공유한 고유재원이라는 것을 표현하고 있는 것이다.

이처럼 지방교부세는 그 명칭에서도 나타나듯이 국가가 교부하는 세이고, 본래 지방정부의 세수입인 것을 국가가 대신 징수하여 일정한 기준에 따라 지방정부에 재배분하는 일종의 간접과징 형태의 지방세라고 할 수 있다(행정안전부, 2020: 4). 지방교부세는 일반적으로 부르는 지방세가 아님에도 불구하고 지방교부세라는 명칭을 사용하는 이유가 여기에 있는 것이다.

2. 용도가 지정되지 않은 지방의 일반재원

지방교부세는 법령에서 정한 객관적인 기준에 의하여 재정이 부족한 지방정부에 교부되지만 일단 교부된 지방교부세를 어떤 용도에 사용할 것인가는 그 지방정부의 자율에 맡겨져 있고, 국가가 지방교부세를 교부함에 있어서 일정한 조건을 붙이거나 용도제한을 할 수 없다. 다만, 특별교부세는 용도지정이나 조건부여가 가능하다(손희준, 2019:

243). 지방교부세는 형식적으로는 국가의 일반회계에서 지출되지만 이러한 점 때문에 국고보조금과는 차이가 있다. 또한 지방정부의 자율성이 보장되는 일반재원이나 국가가 징수하는 내국세의 일정비율을 그 재원으로 하고 있다는 점에서 지방정부가 직접 징수하는 지방세나 지방세외수입과는 다르다(이희봉, 2011: 535).

지방교부세는 지방세와 함께 헌법에 보장된 지방자치를 실현해 나가는 데 중요한 일반재원인 것이다. 다만, 이와 같은 용도제한의 금지는 어디까지나 지방정부가 공유하는 고유재원으로서 지방자치에 대한 국가의 부당한 간섭을 배제하려는 취지로 해석되어야 하며 지방정부가 이 재원을 법령에 반하여 무제한적으로 자의적인 사용을 할 수 있음을 인정하고 있다는 의미는 결코 아니다.

따라서 지방정부는 그 소관 행정에 대해서 합리적이고 타당한 수준을 유지함은 물론 위법·부당한 재정운영이나 세수입의 징수를 태만히 해서는 안 된다(행정안전부, 2020: 5).

3. 국가와 지방의 세원배분을 보완

국가와 지방은 서로 협력하여 공경제를 담당하고 있다. 2020년도 당초예산기준 중앙정부와 지방정부 간 재정비율은 세출예산 기준 61.1% : 38.9%이고, 전체 조세수입 가운데서 국세와 지방세의 비율은 약 78.3% : 21.7%로 지방에 배분되는 세입이 상대적으로 적다. 지방교부세는 국가와 지방 간 재원재배분방안의 일환으로서 이러한 수직적인 재원불균형을 보완하는 기능을 하고 있다(행정안전부, 2020: 5).

4. 법에 근거한 재원배분 등

지방교부세는 중앙정부의 일반회계로 관리·운용된다. 즉, 현행 지방교부세는 교부세의 재원을 중앙정부의 일반회계예산에 편성하고, 이 예산을 행정안전부 소관으로 이관하여 일정한 산정방식에 의해 재정부족 지방정부에 교부하고 있다([표 6-5] 참조). 지방교부세는 당해 연도의 내국세 총액의 1만분의 1,924에 해당하는 금액과 전전 연도 내국세 정산액으로 되어 있다(손희준, 2019: 244).

표 6-5 지방교부세의 특징

구 분	내 용
지방정부의 고유재원	본래 지방정부의 세수입으로 배분되어야 할 세원을 지방정부의 세원편제에서 비롯되는 지방정부 간 재정불균형을 시정하고, 모든 지방정부가 일정한 행정수준을 유지할 수 있도록 재원을 보장하기 위해 국세로 징수하여 일정한 기준에 따라 지방정부에 배분되는 것으로 국가가 징수하는 일종의 지방세임
용도가 지정되지 않은 지방의 일반재원	법령에서 정한 객관적인 기준에 의하여 재정이 부족한 지방정부에 교부되지만 일단 교부된 지방교부세를 어떤 용도에 사용할 것인가는 그 지방정부의 자율에 맡겨져 있고, 국가가 지방교부세를 교부함에 있어서 일정한 조건을 붙이거나 용도제한을 할 수 없음
국가와 지방의 세원배분을 보완	국가와 지방 간 재원재배분방안의 일환으로서 수직적인 재원불균형을 보완하는 기능을 수행함
법에 근거한 재원배분 등	교부세의 재원을 중앙정부의 일반회계예산에 편성하고, 이 예산을 행정안전부 소관으로 이관하여 일정한 산정방식에 의해 재정부족 지방정부에 교부함

제 3 절 | 지방교부세의 종류

지방교부세는 보통교부세, 특별교부세, 부동산교부세, 그리고 소방안전교부세로 구성되어 있다(지방교부세법 제3조). 보통교부세는 소방안전교부세를 공제한 내국세 총액의 19.24%에 해당하는 금액의 97%와 전년도 내국세 정산에 따른 교부세 정산액의 97%를 합산한 금액, 특별교부세는 나머지 3%에 해당하는 금액, 부동산교부세는 종합부동산세 총액, 소방안전교부세는 담배에 부과되는 개별소비세액의 45%에 해당하는 금액이 된다.[1)]

1. 보통교부세

1) 개 념

보통교부세는 모든 지방정부가 일정한 행정수준을 유지할 수 있도록 표준수준의 기

1) 이 부분은 행정안전부(2020). 『2020 지방교부세 산정해설』을 토대로 정리하였다.

본적 행정수행경비를 산출하고, 지방세 등 일반재원수입으로 충당할 수 없는 부족분을 일반재원으로 보전하는 재원이다(행정안전부, 2020: 13; 한인섭, 2011: 18). 즉, 보통교부세는 지방정부의 기본적 행정수행경비의 충당부족분을 보전하는 일반재원으로서 매년도 기준재정수입액이 기준재정수요액에 미달하는 지방정부에 대하여 그 미달액(재정부족액)을 기초로 교부하는 재정부족액 보전분으로서 산정 및 배분방법을 보면 공식적인 통계, 객관성있는 자료 등을 기초로 하여 법령에서 정한 기준과 방식에 따라 산정하여 배정하게 된다(안병윤, 2012: 46).

여기서 기준재정수요액은 각 지방정부의 재정수요를 '합리적 기준'에 따라 지방정부별로 산정한 '표준적인' 재정수요액이고, 기준재정수입액은 기준재정수요액에 대응하는 개념으로, 각 지방정부의 재정력을 '합리적 기준'에 따라 지방정부별로 산정한 '표준적인' 재정수입액이다(행정안전부, 2020: 13). 보다 구체적으로 살펴보면, 기준재정수요액은 지방교부세법 시행령에 규정된 측정항목 및 측정단위와, 동법 시행규칙에서 규정한 단위비용과 보정계수에 의하여 산정하는 '기초수요', 각종 법령에 근거하여 산정하는 법정수요 및 지역균형수요, 사회복지균형수요 등의 '보정수요', 그리고 지방정부의 세출절감 등 노력 정도를 반영하는 '자체노력'을 합산하여 산정하게 되는데, 이때 필요한 기초통계 자료는 지방정부의 장이 작성 · 제출하는 자료를 사용하고 있다.

또한 기준재정수입액은 지방교부세법령에서 규정한 지방세법상의 보통세를 '기초수입'으로 하고, 경상세외수입, 시 · 군 일반조정교부금, 시 · 도세 징수교부금 등의 '보정수입', 그리고 세입 증대 노력 등을 반영하는 '자체노력'을 합산하여 산정한다.

다음으로 기준재정수요액과 기준재정수입액의 차액에 의하여 각 지방정부별 재정부족액을 산정하여, 재정부족이 발생한 지방정부의 재정부족액을 합산한 후, 보통교부세 총액이 재정부족액 총액과 합치될 수 있도록 조정률을 구하고, 각 지방정부의 재정부족

표 6-6 보통교부세의 개요

구 분	내 용
개념	모든 지방정부가 일정한 행정수준을 유지할 수 있도록 표준수준의 기본적 행정수행경비를 산출하고, 지방세 등 일반재원수입으로 충당할 수 없는 부족분을 일반재원으로 보전하는 재원
재원배분기준	매년도 기준재정수입액이 기준재정수요액에 미달하는 지방정부에 대하여 그 미달액을 기초로 산정하여 교부

그림 6-1 보통교부세 산정 흐름도

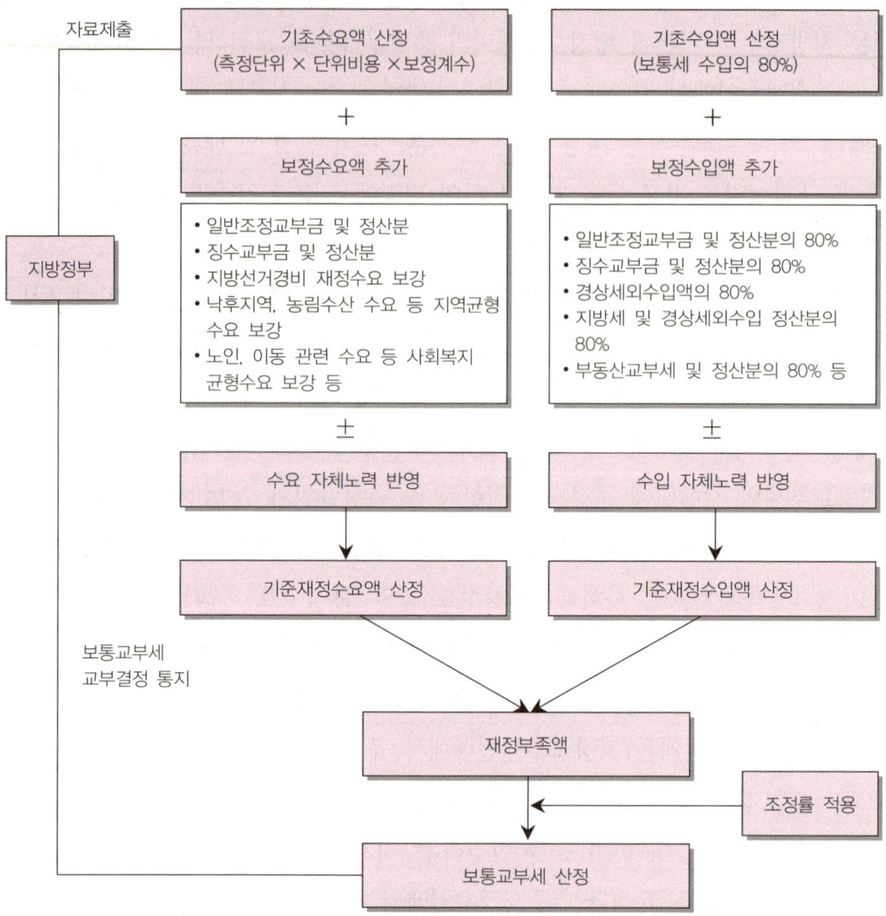

자료: 행정안전부(2020). 『2020년 지방교부세 산정해설』.

액에 이 조정률을 각각 곱하여 지방정부별 보통교부세 교부액을 산정한다([표 6-6], [그림 6-1] 참조).

2) 보통교부세 산정방식

(1) 산정방식

재원배분은 매년도 기준재정수입액이 기준재정수요액에 미달하는 지방정부에 대하여 그 미달액을 기초로 산정하여 교부한다.

보통교부세액 ≒ 재정부족액 = 기준재정수요액 – 기준재정수입액

그러나 보통교부세 재원의 규모가 각 지방정부의 재정부족액을 합산한 금액과 차이가 발생하는 것이 일반적이다. 즉, 기준재정수요액과 기준재정수입액과의 차액이 바로 보통교부세액으로 되는 것이 보통교부세 배정원리이지만, 보통교부세 총액이 지방정부의 재정부족액의 합보다 적을 경우에는, 보통교부세 총액의 범위 내에서 교부되지 않으면 안 된다. 따라서 각 지방정부에 교부하는 보통교부세는 기준재정수입액이 기준재정수요액에 미달하는 금액을 기초로 산정하여 교부하되, 재정이 부족한 각 지방정부의 재정부족액에 조정률을 곱해서 산정된 금액을 해당 지방정부의 보통교부세로 한다.

보통교부세액 = 재정부족액 × 조정률

다만, 2007년부터 제주특별자치도 설치 및 국제자유도시 조성을 위한 특별법에 의하여 재정부족액에 관계없이 보통교부세 총액의 3%를 정률로 교부받는 제주특별자치도분 보통교부세와, 보통교부세 불교부단체에 교부되는 분권교부세 보전분 금액은 조정률 산정 시 제외된다.

$$조정률액 = \frac{보통교부세총액(제주도\ 3\%\ 및\ 분권보전분\ 제외)}{재정부족액이\ 발생한\ 지방정부의\ 재정부족액\ 총액}$$

기준재정수입액이 기준재정수요액에 미달하는 지방정부를 '재정부족단체'라고 하고, 반대로 기준재정수입액이 기준재정수요액을 초과하는 지방정부를 '재정초과단체'라고 한다. 기준재정수입액이 기준재정수요액을 상회하는 재정초과단체에는 당연히 보통교부세가 교부되지 않는다. 이는 지방교부세가 어디까지나 재정부족단체에 대해서만 재원을 보장해 주는 것을 주된 목적으로 하고 있기 때문이다. 보통교부세를 교부받는 '교부단체'와 교부받지 못하는 '불교부단체'는 고정되어 있는 것이 아니라 매년 지방정부의 재정여건에 따라 달라질 수 있다. 2020년도 불교부단체는 광역지방정부 중 서울특별시와 경기도, 기초지방정부 중에서는 성남시와 화성시가 있다. 자치구에 대하여는 그 기준재정수요액과 기준재정수입액을 각각 해당 특별시 또는 광역시의 기준재정수요액 및 기준재정수입액에 합산하여 산정하고, 이를 해당 특별시 또는 광역시에 교부하도록 규

정하고 있다. 자치구의 경우 시・군과는 처리하는 행정의 대상과 범위, 기능과 권능의 차이가 클 뿐 아니라 지방세 운영체계나 재정운영 측면에서 특례적인 조치를 취하는 부분이 많다. 이에 따라 자치구에 대해서는 제도운영의 중복을 피하고, 이를 제도적으로 연계시키는 차원에서 보통교부세를 분리 산정・교부하지 않고, 특별・광역시 본청에 합산 산정하여 교부하고 있다(행정안전부, 2020: 33-36).

(2) 기준재정수요액의 산정

① 산정방식

기준재정수요액은 각 지방정부의 재정수요를 일정한 방법에 의해서 산정한 금액을 말한다. 기준재정수요액 중 가장 기본이 되는 기초수요액은 다음과 같은 의미를 갖는다.

첫째, 표준적인(National-Standard) 금액이라는 의미를 가진다. 기준재정수요액은 각급 지방정부의 결산액에 의한 경비 지출액도 아니고, 실제로 지출하려는 예산액도 아니다. 만약 교부세가 구체적인 실적을 그 재정수요의 산정에 사용한다면 지방정부의 개별적인 특수한 사정이나 독자적 판단의 개입 가능성이 있어 불공평한 결과를 초래하게 된다. 따라서 기준재정수요액은 그 지방정부의 자연적, 지리적, 사회적 제반여건에 대응하는 합리적이고 타당한 수준의 '표준적인' 재정수요로 산정되는 것이다.

둘째, 재정수요 중 일반재원 충당분이라는 의미를 가진다. 기준재정수요액은 각 지방정부가 필요로 하는 일반재원으로서의 재정수요를 나타내는 것이다. 이것은 지방정부의 각종 지방재정수요 가운데 일반수입으로 충당해야 할 부분의 부족액을 보전(補塡)하는 것이 보통교부세의 본질적 기능임을 고려할 때 당연한 귀결이라 할 것이다. 그러므로 기준재정수요액을 산정함에 있어서 특정목적의 국고보조금 등 특정재원으로 충당되는 재정수요는 제외된다. 다만, 국고보조에 따른 지방비부담액은 지방정부의 일반재원에서 충당하게 되므로 이를 기준재정수요에 포함하고 있다. 기준재정수요액은 측정항목별 기초통계자료 등으로 일정한 산식에 의해 산정되는 기초수요액과, 법령 등의 규정에 의한 보정수요액, 그리고 지방정부의 자구노력 정도를 반영하는 수요 자체노력 항목의 합산액으로 구성된다.

기준재정수요액 = 기초수요액 + 보정수요액 ± 수요 자체노력

② 기초수요액

여기에서 말하는 기초수요액은 측정항목별로 각 지방정부가 표준적인 수준의 행정을 수행하는 데 필요한 일반재원을 산정하는 것으로, 측정항목별로 상관성(유의성) 있는 지표로 채택된 측정단위 수치(통계)에 단위비용과 보정계수를 곱하여 산정된다.

$$기초수요액 = \Sigma\ 측정항목별(측정단위\ 수치 \times 단위비용 \times 보정계수)$$

측정항목은 일반 예산과목 구조에 상응한 항목들로서 일반행정비, 문화환경비, 사회복지비, 지역경제비 등 4개 측정항목과 인건비, 환경보호비, 노인복지비, 산업경제비 등 16개 세항목으로 구성되며 [표 6-7]과 같다.

표 6-7 보통교부세 측정항목

측정항목		측정단위	표시단위
1. 일반행정비	가. 인건비	공무원 수	명
	나. 일반관리비	공무원 수	명
	다. 안전관리비	인구 수	명
2. 문화환경비	가. 문화관광비	인구 수	명
	나. 환경보호비	인구 수	명
3. 사회복지비	가. 기초생활보장비	국민기초생활보장수급권자 수	명
	나. 노인복지비	노령인구 수	명
	다. 아동복지비	아동 수	명
	라. 장애인복지비	등록장애인 수	명
	마. 보건사회복지비	인구 수	명
4. 지역경제비	가. 농업비	경지면적	천제곱미터
	나. 임수산비	산림 · 어장 · 갯벌 면적	천제곱미터
	다. 산업경제비	사업체종사자 수	명
	라. 도로관리비	도로면적	천제곱미터
	마. 교통관리비	자동차 대수	대
	바. 지역관리비	행정구역면적	천제곱미터

자료: 행정안전부(2020). 『2020년 지방교부세 산정해설』.

③ 보정수요액

보정수요액은 측정항목 및 측정단위의 형태로는 산정할 수 없는 행정 · 재정상의 수요가 발생하는 경우 이에 해당되는 경비를 가산해 주는 방식이다. 따라서 보정수요액은 측정항목을 설정할 수 없는 경비 중 보편·타당하면서도 기초수요액으로는 반영할 수 없는 수요, 지역의 균형있는 개발을 촉진하기 위한 수요, 인구규모, 자연조건 등의 차이에서 발생하는 재정수요 등을 대상으로 하되 그 대상을 법령에 규정하고 있다. 현재의 보정수요 반영항목으로는 지방교부세법 시행령과 시행규칙에서 규정하는 일반조정교부금(특별조정교부금은 제외됨), 징수교부금, 통합지방정부 수요, 세종특별자치시 수요, 지역균형수요, 사회복지균형수요 등이 있다.

④ 수요 자체노력

그리고 자체노력 산정은 지방정부의 건전재정운영을 도모하고, 지방정부의 세출절감과 세입증대 노력을 촉진·유도하기 위한 것으로서, 기준재정수요·수입 산정과 직접 관련된 16개 항목별로 자체노력 정도를 평가하여 기준재정수요액과 기준재정수입액 산정 시 가감하여 반영한다. 2020년에는 기준재정수요 항목 중 1개 항목을 일몰폐지하고, 1개 항목을 신설하였다.

기준재정수요 관련 자체노력 산정은 9개 항목을 반영하고 있다([표 6-8] 참조). 9개 항목을 선정한 이유는 다음과 같다. 지방정부가 한정된 재원을 가지고 합리적인 재정을 운영하기 위해서는 세출구조조정을 통한 재정운영의 비효율성을 제거하고 방만한 재정운영을 억제하는 노력이 필요하다. 따라서 인건비 건전운영, 지방의회경비 절감, 업무추진비 절감, 지방보조금(민간이전경비) 및 민간위탁금 절감 등의 세출 절감 외에 민간

표 6-8 기준재정수요 산정 시 자체노력반영 항목

구 분	기준재정수요(9종)
기준재정수요(9종)	• 인건비 건전운영 • 지방의회경비 절감 • 업무추진비 절감 • 행사·축제성 경비 절감 • 지방보조금 절감 • 민간위탁금 절감 • 일자리 창출 • 예산집행 노력 • 지방정부 간 협력(2020년 신설)

자료: 행정안전부(2020). 『2020년 지방교부세 산정해설』.

부문 일자리 창출과 예산집행률 제고와 관련한 지방정부별 노력 정도를 기준재정 수요액에 가감하여 산정하는 것이다(행정안전부, 2020: 37-87).

(3) 기준재정수입액의 산정

① 산정방식

기준재정수입액은 기준재정수요액에 대응하는 개념이다. 기준재정수요액이 지방정부의 실제 재정수요를 나타내는 것이 아닌 것과 같이, 기준재정수입액도 지방정부의 실제 수입 실적이 아니라, 가능한 한 객관적인 기준이 되는 표준수준의 일반재원 수입액으로서 산정된다고 할 수 있다. 기준재정수입액은 산정된 결과를 모두 반영하는 것이 아니라 80%만을 반영하고 있는데, 이는 지방세입의 여력을 확보하여 지방재정의 신축성을 보완하고 지방정부의 징세노력을 촉진하기 위한 것이다. 기준재정수입액에 산입되지 않는 20%의 유보재원은 기준재정수요 산정 시에 포착되지 않는 지방정부의 필요에 충당하게 된다.

기준재정수입액이 지방세 일부만을 기준재정수입액으로 산정하는 이유는 다음과 같다. 첫째, 다양한 형태인 모든 지방정부의 재정수요를 완전히 포착하는 것이 불가능하고 한계가 있기 때문에, 기준재정수요액으로 반영되지 못하는 스스로의 시책을 수행할 수 있도록 재원적 여지를 남기고, 지방재정의 자율성과 신축성을 보완할 필요가 있기 때문이다. 둘째, 만일 지방세 전액을 기준재정수입액으로 산정하여 보통교부세를 배분한다면 지방세수가 적을수록 보통교부세의 배분규모가 커지게 됨으로써 지방정부의 징세노력을 촉진하기보다는 오히려 감소시킬 수 있기 때문에, 지방정부의 재정확충을 위한 자체 징세노력을 제고하는 일종의 간접적인 인센티브를 제공하기 위한 것이다.

② 기초수입액

기준재정수입액은 지방교부세법에서 규정한 방법을 적용하여, 지방세법상 표준세율의 100분의 80에 상당하는 비율인 기준세율로 산정한 해당 지방정부의 지방세 보통세 수입액을 기초수입액으로 하고, 여기에 보정수입액을 더하며, 수입과 관련된 자체노력을 가감하여 산정한다.

기준재정수입액 = 기초수입액 + 보정수입액 ± 수입 자체노력

기초수입액은 지방교부세법의 규정에 의하여 지방세법상 표준세율로서 산정한 보통세 수입액의 80%에 상당한 금액이다. 기초수입액은 지방세 중 보통세 9종(취득세, 등록면허세, 레저세, 재산세, 담배소비세, 주민세, 지방소득세, 지방소비세, 자동차세)을 대상으로 추계하고, 추계된 보통세 수입총액의 80%를 반영한다.

③ 보정수입액

보정수입액은 지방교부세법에서 규정한 보통세의 80%에 상당한 기준재정수입액 등을 보완하기 위한 것으로, 경상세외수입 등을 그 대상으로 산정하고 있다. 경상세외수입의 경우도 보통세와 마찬가지로 80% 상당액을 기준재정수입액에 반영하고, 나머지 20% 상당액은 유보재원으로 운영된다. 그러나 지방세와 경상세외수입의 정산분(추계액과 결산액과이 차이)의 경우는 지방정부의 세수증대 노력을 촉진, 유도하는 차원에서 2005년까지는 50%만을 반영하였으나, 추계액의 다소에 따른 교부세 배정의 형평성 제고를 위해 2006년부터 매년 10%p씩 반영률을 상향하여 2008년부터는 80%를 반영하고 있다. 또한 지방세기본법령 및 지방재정법령 규정에 의해 시·도에서 시·군으로 이전되는 시·도세 징수교부금과 시·군의 일반조정교부금(구 일반재정보전금)의 80%를 반영하고 있다. 보정수입액은 지방교부세법 시행규칙에서 규정하는 경상세외수입, 시·군의 일반조정교부금, 시·도세 징수교부금, 부동산교부세 및 지방소비세 재원으로 조성된 지역상생발전기금에서 배분받은 수입액 등의 80%를 반영하고, 전전년도 산정 정산액(지방세, 경상세외수입, 시·군의 일반조정교부금, 징수교부금, 부동산교부세, 지역상생발전기금 배분액 등)의 80%를 보정수입으로 반영하고 있다.

④ 수입 자체노력

수입 자체노력은 지방교부세법 시행규칙의 규정에 근거하여 지방정부의 건전재정운영을 도모하고 세입증대노력을 촉진·유도하기 위한 것으로서, 기준재정수입액 산정 시 가감하여 산정한다([표 6-9] 참조). 현재 수입 자체노력 항목은 지방세 징수율 제고, 지방세 체납액 축소, 경상세외수입 확충, 세외수입 체납액 축소, 탄력세율 적용, 지방세 감면액 축소, 적극적 세원 발굴 및 관리 등 7종이다(행정안전부, 2020: 88-105).

표 6-9 기준재정수입 산정 시 자체노력반영 항목

구 분	기준재정수입(7종)
기준재정수입(7종)	• 지방세 징수율 제고 • 지방세 체납액 축소 • 경상세외수입 확충 • 세외수입 체납액 축소 • 탄력세율 적용 • 지방세 감면액 축소 • 적극적 세원 발굴 및 관리

3) 보통교부세 산정결과

2020년도 기준재정수요액은 127조 6,975억 원이며, 기준재정수입액은 77조 6,782억 원이다. 이 중 기준재정수입액이 기준재정수요액을 초과하는 4개 불교부단체를 제외한 교부대상단체의 기준재정수요액은 103조 1,783억 원이며, 기준재정수입액은 49조 3,258억 원이다([표 6-10] 참조).

따라서 불교부단체를 제외한 지방정부의 재정부족액(기준재정수요액－기준재정수입

표 6-10 2020년 보통교부세 산정결과

(단위: 억 원, 개)

구 분	기준재정 수요액	기준재정 수입액	재정 부족액	교부세 산정액	교부단체
계(174) (불교부 포함)	1,031,783 (1,276,975)	493,258 (776,782)	538,525	464,027	170
특별광역시분(8)	222,409 (368,094)	159,891 (325,582)	62,519	52,242	7
도분	163,817 (243,899)	87,611 (177,828)	76,207	63,681	7
시분	409,646 (429,072)	196,470 (224,094)	213,167	178,129	73
군분	235,911	49,278	186,633	156,957	82
제주특별자치도	3% 정률교부			14,018	1

주: ( )는 불교부단체 포함분임. 교부세 산정액에는 산정 이후에 반영되는 감액 · 인센티브 · 보전분, 불교부단체에 대한 분권교부세 보전분은 포함되어 있지 않음. 제주특별자치도는 보통교부세 재원의 3%를 교부하므로 기준재정수요 · 수입액은 별도로 산정되지 않으나 보통교부세 교부단체에는 포함됨.

자료: 행정안전부(2020). 『2020년 지방교부세 산정해설』.

액)은 53조 8,525억 원인데, 제주특별자치도 설치 및 국제자유도시 조성을 위한 특별법의 특례에 따라 보통교부세 총액의 3%를 정률로 교부받는 제주특별자치도의 산정액(1조 4,018억 원)과 불교부단체에 교부되는 분권교부세 보전분(3,237억 원)을 제외한 보통교부세 총액은 45조 9억 원이다. 따라서 조정률은 보통교부세 총액(450,009억 원)을 재정부족액(538,525억 원)으로 나눈 0.836이다.

각 지방정부의 보통교부세 배분액은 지방정부의 재정부족액에 2020년도 조정률을 각각 곱하여 산정하게 된다. 시 · 도별로 배정된 보통교부세규모를 보면, 전라남도가 62,596억 원으로 가장 많은 것으로 나타났다([표 6-11] 참조).

표 6-11 보통교부세 지방정부별 산정결과

(단위: 억 원)

구 분	합 계	시 · 도본청분	시 분	군 분
합계	467,261	133,017	178,298	155,946
서울	1,464	1,464		
부산	10,996	10,341		655
대구	11,435	10,114		1,321
인천	10,370	7,232		3,138
광주	9,683	9,683		
대전	9,829	9,829		
울산	5,801	4,477		1,324
세종	566	566		
경기	39,523	1,610	33,160	4,753
강원	50,359	10,074	18,134	22,151
충북	31,961	7,006	12,004	12,951
충남	40,459	7,395	18,905	14,159
전북	46,984	9,827	21,602	15,555
전남	62,595	11,081	14,647	36,867
경북	71,822	11,622	36,542	23,658
경남	49,396	6,678	23,304	19,414
제주	14,018	14,018		

자료: 행정안전부(2020). 『2020년 지방교부세 산정해설』.

2. 특별교부세

1) 개 념

특별교부세는 객관성 · 통일성을 중시하는 보통교부세의 산정과정상 필연적으로 발생할 수밖에 없는 획일성과 시기적인 이유로 인해 반영할 수 없었던 구체적인 사정을 고려해 특별히 교부하는 지방교부세이다(안병윤, 2012: 47). 즉, 지역적 특수성이나 시기적 이유 등으로 보통교부세 산정과정에서 반영할 수 없는 구체적 사정을 반영하여 교부하는 교부세이다(한인섭, 2011: 20).

특별교부세의 재원배분기준은 지방교부세법 제9조에 구체적으로 제시되어 있다. 지방교부세법 제9조에 의하면 몇 가지 재원배분기준이 제시되어 있다.

구체적으로는 첫째, 기준재정수요액의 산정방법으로는 파악할 수 없는 지역 현안에 대한 특별한 재정수요가 있는 경우 특별교부세 재원의 100분의 40에 해당하는 금액, 둘째, 보통교부세의 산정기일 후에 발생한 재난을 복구하거나 재난 및 안전관리를 위한 특별한 재정수요가 생기거나 재정수입이 감소한 경우 특별교부세 재원의 100분의 50에 해당하는 금액, 그리고 셋째, 국가적 장려사업, 국가와 지방정부 간에 시급한 협력이 필요한 사업, 지역 역점시책 또는 지방행정 및 재정운용 실적이 우수한 지방정부에 재정지원 등 특별한 재정수요가 있는 경우 특별교부세 재원의 100분의 10에 해당하는 금액

표 6-12 특별교부세의 개요

구 분	내 용
개념	객관성 · 통일성을 중시하는 보통교부세의 산정과정상 필연적으로 발생할 수밖에 없는 획일성과 시기적인 이유로 인해 반영할 수 없었던 구체적인 사정을 고려해 특별히 교부하는 지방교부세
교부기준	• 기준재정수요액의 산정방법으로는 파악할 수 없는 지역 현안에 대한 특별한 재정수요가 있는 경우 특별교부세 재원의 100분의 40에 해당하는 금액 • 보통교부세의 산정기일 후에 발생한 재난을 복구하거나 재난 및 안전관리를 위한 특별한 재정수요가 생기거나 재정수입이 감소한 경우 특별교부세 재원의 100분의 50에 해당하는 금액 • 국가적 장려사업, 국가와 지방정부 간에 시급한 협력이 필요한 사업, 지역 역점시책 또는 지방행정 및 재정운용 실적이 우수한 지방정부에 재정 지원 등 특별한 재정수요가 있는 경우 특별교부세 재원의 100분의 10에 해당하는 금액

등을 교부한다([표 6-12] 참조).

당초 특별교부세 3개 수요 모두 행정안전부가 통합 운용해 왔으나, 2014년 조직개편으로 인해 신설된 국민안전처에서 재난관리수요를 관장하도록 하고, 나머지 2개 수요만 행정안전부(구 행정자치부)에서 관장하도록 변경(2015년부터 2017년 7월까지)되었다. 2017년 국민안전처가 다시 행정안전부로 통합되었으나, 그 운영은 국민안전처의 후신인 행정안전부 재난안전관리본부에서 맡고 있으며, 다만 특별교부세 전체적인 효율성 제고를 위해 지역현안수요와 재난관리수요를 연계하여 운용하고 있다(행정안전부, 2020: 129).

2) 특별교부세의 교부와 집행관리

(1) 특별교부세의 교부

특별교부세의 교부는 지방교부세법에 의거 해당 지방정부의 신청에 대해 심사를 통해 교부하게 된다. 다만, 행정안전부장관이 필요하다고 인정하는 경우에는 신청이 없는 경우에도 일정한 기준을 정하여 교부할 수 있다.

특별교부세의 신청기관은 지방자치법상 지방정부인 특별시・광역시・특별자치시・도・특별자치도, 시・군・자치구이다.

신청요령은 지방정부의 장이 지방교부세법에 해당하는 사유가 발생하여 교부신청을 하고자 할 때에는 사업의 필요성, 투자효과, 재원계획 등을 종합적으로 판단한 후 해당 연도에 필수적으로 소요되는 금액 범위 내에서 신청해야 한다. 다만, 지방교부세법에 의해 민간에 지원하는 보조사업에 대하여는 신청・교부할 수 없도록 제한을 두고 있다. 교부신청 서류는 예산담당부서에서 신청서와 사업계획 검토의견서(광역지방정부의 장 명의로만 작성 가능)를 작성하여 신청하고, 필요시 세부사업계획서나 관련 위치도면, 사진 등을 첨부하여 제출한다.

신청절차를 보면 다음과 같다. 광역지방정부의 장은 직접 행정안전부장관에게 신청하고, 기초지방정부의 장은 해당 광역지방정부의 장을 경유하여 신청한다.

(2) 특별교부세의 집행관리

특별교부세의 집행관리에서는 특별교부세 교부조건의 이행, 집행계획의 수립, 예산

반영 및 집행, 용도변경 및 잔액 사용계획 수립, 그리고 교부접수 및 집행대장의 관리 등의 내용을 검토하여야 한다.

첫째, 특별교부세 교부조건의 이행이다. 지방교부세법의 규정에 따라 교부조건 또는 용도제한이 있는 사업의 경우 당해 조건 및 용도에 따라 집행되어야 한다. 이를 위반하여 사용할 경우 당해 연도에 반환조치되거나 다음 연도 교부세에서 감액할 수 있다.

둘째, 집행계획의 수립이다. 예산담당부서는 당초 사용용도에 따라 해당 사업부서와 협의하여 구체적인 사업계획을 수립, 연도 내에 사업이 완결되도록 추진하여야 한다. 연차별 계획에 의한 대규모사업에 대해서는 자체 가용재원 범위 내에서 추진하되, 사업비 부족에 따른 미완공을 이유로 계속적인 지원을 요구하는 사례가 없도록 해야 하며, 교부액이 신청액에 미달된 경우 사업을 축소하거나 부족 사업비를 자체재원으로 확보하여 사업추진에 차질이 없도록 해야 한다.

셋째, 예산반영 및 집행이다. 특별교부세는 교부 목적에 따라 예산에 반영·집행하여야 하며, 연도 중 용도가 지정되고 소요 전액이 교부된 사업비는 추가경정예산 성립 전에 사용할 수 있다. 사업비로 교부된 특별교부세는 원칙적으로 사업 직접경비에 사용하여야 하고, 시설운영비 등 부대적 경비로는 집행되지 않도록 해야 한다. 또한 예산담당부서는 해당 사업부서와 협조하여 집행실적, 사업추진상황 등을 파악하여 특별교부세사업 집행대장에 기록·관리토록 해야 하고, 교부일로부터 3년 이내에 사업비를 미집행할 경우에는 반환 또는 감액 조치가 취해질수 있다.

넷째, 용도변경 및 잔액 사용계획 수립이다. 특별교부세를 교부받은 후 부득이한 사정으로 당초 사업을 시행할 수 없거나 사업장 등을 변경할 필요가 있을 경우에는, 용도변경을 통하여 다른 사업을 추진할 수 있다. 용도변경은 미리 행정안전부장관의 승인을 받은 후 사용하여야 하며, 이 경우에도 지방정부의 명백한 절차상 하자 등으로 사업추진이 불가·지연되거나 또는 별도재원 확보로 인한 특별교부세 집행불가 사례가 발생할 경우에는 용도변경 승인이 불가하고, 반환 또는 감액 조치된다. 특별교부세사업 집행결과 발생한 잔액(연도 내에 집행하지 아니한 재원 제외)에 대하여는 지방정부별로 집행잔액 사용계획을 수립하여 지역경제활성화, 서민생활 안정화사업 등에 재투자하여야 한다. 다만, 집행잔액이 1억 원 이상이거나 또는 교부액 대비 20% 이상일 경우에는 행정안전부장관 승인 후 사용하여야 한다.

다섯째, 교부접수 및 집행대장의 관리이다. 지방정부의 장은 특별교부세의 접수상황을 기록·유지관리하기 위하여 특별교부세 접수대장을 작성 비치하여야 하며, 특별교부세 배정통지(교부일 기준)를 받는 동시에 기록·관리해야 한다. 또한 특별교부세사업 집행대장은 집행실적 및 사업추진상황 등에 따라 기록·관리하며, 사업관리카드를 작성·비치한다. 특별교부세의 관리책임자는 재원관리 책임자 및 사업관리 책임자를 지정하여 관리하며, 재원관리 책임자는 예산담당 부서장, 사업관리 책임자는 사업주관 부서장이 된다. 특별교부세는 해당 지방정부의 특별한 재정수요를 충당하는 만큼 보다 엄밀한 관리가 필요하므로 집행관리에 보다 만전을 기해야 한다(행정안전부, 2020: 132-133).

3) 특별교부세규모

특별교부세의 교부대상은 지역현안수요, 국가지방협력수요, 재난안전수요 등 세 가지 유형으로 나누어 운영되며, 2020년도 재원규모는 [표 6-13]과 같다.

2020년 재원규모는 1조 4,451억 원이며, 이 중에서 재난안전수요가 7,226억 원으로 전체의 50%를 차지하고 있고, 지역현안수요가 5,780억 원으로 전체의 40%를 차지하고 있다. 마지막은 국가지방협력수요로 1,445억 원이 있다.

표 6-13 특별교부세 재원배분규모

(단위: 억 원)

구 분	비 율	규 모	비 고
총계		14,451	
지역현안수요	40%	5,780	지방정부의 지역현안사업 등
국가지방협력수요	10%	1,445	국가적 행사 및 국가적 장려사업 행재정운용실적 우수단체 인센티브
재난안전수요	50%	7,226	재난복구 및 예방사업 등

자료: 행정안전부(2020). 『2020년 지방교부세 산정해설』.

3. 부동산교부세

1) 개 념

부동산교부세는 2004년 말에 지방세로만 운영되던 재산세와 종합토지세를 지방세인 재산세와 국세인 종합부동산세로 이원화하면서 2005년부터 종합부동산세제도가 시행됨에 따라 그 징수세액 전액을 지방정부 일반재원인 부동산교부금으로 지방정부에 전액 교부함으로써 지방재정의 확충과 지역균형발전을 도모하고 있다(안병윤, 2012: 48).

부동산교부세는 종합부동산세인 국세로 징수하나, 세원 자체가 주택, 토지 등 지방세를 근원으로 하기 때문에 지방정부의 고유재원이며, 사용목적은 지방정부의 자주적인 판단에 맡겨져 있고 국가가 그 사용목적을 제한하거나 조건을 붙이지 않는 일반재원이다([표 6-14] 참조).

표 6-14 부동산교부세의 개요

구 분	내 용
개념	지방세로만 운영되던 재산세와 종합토지세를 지방세인 재산세와 국세인 종합부동산세로 이원화하면서 국세인 종합부동산세를 지방으로 이양하기 위하여 마련한 제도
재원배분기준	균형재원으로 활용

2) 부동산교부세 산정기준

2009년까지 부동산교부세는 재산세 감소분(시·도 및 시·군·구 귀속분) 및 거래세 감소분(시·도 귀속분) 보전에 먼저 사용되고 남는 재원을 균형재원으로 시·군·구(제주특별자치도 포함)에 배정하도록 되어 있었으나, 2010년부터는 시·도세인 지방소비세가 도입되면서 세수감소분 보전을 폐지하고 전액 균형재원으로 활용하도록 법을 개정하였다(안병윤, 2012: 48). 따라서 부동산교부세는 2010년부터 전액 균형재원으로 시·군·구별로 교부(세종특별자치시는 2012년부터)하고 있다.

부동산교부세의 교부기준 및 산정지표는 [표 6-15]와 같다.

표 6-15 부동산교부세 교부기준 및 산정지표

구 분	교부기준	산정지표
특별자치시 · 시 · 군 및 자치구	재정여건(50%)	재정력 역지수(50)
	사회복지(35%)	사회복지비 지수(18.2), 노령인구 지수(5.6), 노인보호 지수(2.8), 국민기초생활보장 수급권자 지수(4.2), 장애인 지수(4.2)
	지역교육(10%)	지역교육 현안수요 지수(3.0), 영어체험교실 운영 지수(4.0), 보육 · 교육 지원 지수(1.6), 영어체험교실 수(1.0), 보육 · 교육학급 수(0.4)
	보유세규모(5%)	재산세 부과액 지수(5.0)
특별자치도	부동산교부세 총액의 1.8% 부동산교부	

자료: 행정안전부(2020). 『2020년 지방교부세 산정해설』.

부동산교부세의 교부절차를 보면 [그림 6-2]와 같다. 매년 4월 1차 교부결정통지를 한다. 7월에 2차 교부결정통지, 그리고 12월에 3차 교부결정을 통지한다.

그림 6-2 부동산교부세 교부절차

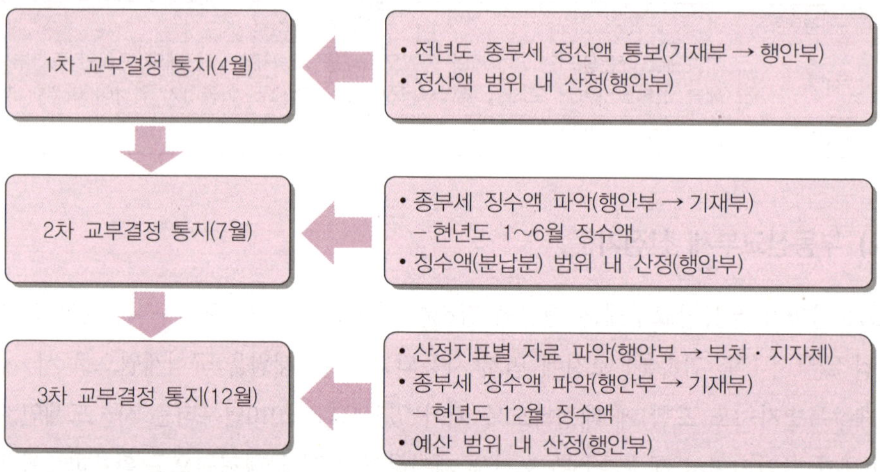

자료: 행정안전부(2020). 『2020년 지방교부세 산정해설』.

3) 부동산교부세규모

부동산교부세의 규모를 보면 [표 6-16]과 같다. 2005년 3,930억 원에서 2006년 처음으로 1조 원을 넘어선 이후 지속적으로 증가하여 2020년 당초 예산기준 3조 3천억 원

표 6-16 부동산교부세의 규모

(단위: 억 원)

연 도	규 모	연 도	규 모
2005	3,930	2013	11,630
2006	10,200	2014	11,391
2007	18,892	2015	14,104
2008	28,853	2016	14,457
2009	31,328	2017	15,328
2010	10,221	2018	20,172
2011	10,436	2019	28,494
2012	11,214	2020	33,210

자료: 행정안전부(2020). 『2020년 지방교부세 산정해설』.

을 넘어섰다.

4. 소방안전교부세

1) 개 념

소방안전교부세는 담배가격 인상과 아울러 개별소비세법에 따라 담배에 부과되는 개별소비세가 신설되면서, 주요 화재원인인 담배에 대하여 부과되는 개별소비세 총액의 20%를 재원으로 2015년에 신설되었다. 신설이유는 지방정부의 소방인력 운용, 소방 및 안전시설 확충, 안전관리 강화 등을 위해서이다.

당초 지방세의 목적세인 소방안전세 도입을 위한 지방세기본법 및 지방세법 개정을 추진하였으나, 법안 검토과정에서 국세인 개별소비세의 20%를 그 재원으로 하는 소방안전교부세로 변경되었다. 재난관리 특별교부세와 마찬가지로 소방안전교부세 역시 2014년 조직개편으로 인해 신설된 국민안전처에서 관장(2015년부터 2017년 7월까지)해 왔으며, 2017년 국민안전처가 다시 행정안전부로 통합되면서 국민안전처의 후신인 행정안전부 재난안전관리본부에서 운영하고 있다.

소방안전교부세는 담배에 부과하는 개별소비세 총액의 45%와 그 정산액을 재원으로 한다. 당초 담배에 부과하는 개별소비세 총액 20%를 재원으로 하였으나 45%로 인상된 이유는 지방직이었던 소방공무원이 국가직으로 전환되었기 때문이다. 교부기준에 따라 지방정부에 전액 교부하고 있으나, 소방 및 안전시설 확충, 안전관리 강화라는 목적이 명시되어 있어 해당 목적에 맞게 사용해야 한다는 점에서 보통교부세 및 부동산교부세와 같은 일반재원이라고 보기 어렵다고 할 수 있다. 다만, 지방교부세법에 명시된 목적에 맞게 사용하되, 직접적으로 사용조건이나 용도를 제한하는 것이 불가능한 목적성 교부세의 성격을 지니고 있다(행정안전부, 2020: 141).

2) 소방안전교부세 교부기준

소방사무가 광역사무임을 감안하여 소방안전교부세를 시・도에 전액 교부하고 있으며, 시・도에서는 소방안전교부세 산정에 필요한 자료를 매년 9월 30일까지 제출하여야 한다. 소방안전교부세 교부기준은 소방 및 안전시설현황과 투자소요(40%), 재난예방 및 안전강화 노력(40%), 재정여건(20%)에 따라 배분되며, 시・도에서는 대상사업(중점사업과 재량사업) 범위 내에서 자율적으로 사용할 수 있다.

여기에서 중점사업이란 중요하고 시급한 소방시설(소방장비 포함) 및 안전시설의 확충, 소방안전관리 및 안전관리 강화 사업을 의미하고, 재량사업이란 중점사업에 해당하지 않는 일반적인 소방시설 및 안전시설의 확충, 소방안전관리 및 안전관리 강화 사업 등을 의미한다.

소방안전교부세 교부기준 및 산정지표를 보면 [표 6-17]과 같다.

표 6-17 소방안전교부세 교부기준 및 산정지표

구 분	교부기준	
	소방분야	안전분야
투자소요 (40%)	노후・부족 소방장비 교체・보강 소요비용(18), 소방출동 비율(4), 소방공무원 수(4)	지방도로 위험도(5), 지방하천 위험도(4), 안전지수 소요비율(3), 안전신고 비율(2)
노력도 (40%)	소방시설 확충 노력률(16), 소방예산 확대 노력률(5)	안전시설 확충 노력률(6), 안전지수 개선 비율(2), 안전신고 개선율(1)
	소방안전교부세 적정 사용률(10)	
재정여건 (20%)	재정자주도(20)	

자료: 행정안전부(2020). 『2020년 지방교부세 산정해설』.

3) 소방안전교부세규모

소방안전교부세의 재원규모는 [표 6-18]과 같다.

표 6-18 소방안전교부세규모

(단위: 억 원)

구 분	2016	2017	2018	2019	2020
재원규모	4,147	4,588	4,173	5,376	7,143

자료: 행정안전부(2020). 『2020년 지방교부세 산정해설』.

제 4 절 | 지방교부세의 검사, 시정 및 구제, 그리고 교부

1. 지방교부세의 검사

지방교부세는 시·도 또는 시·군이 제출한 자료를 기초로 해서 산정된다. 지방교부세의 산정에 사용하는 자료의 대부분은 공식 통계 또는 행정기관의 조사자료에 의하고 있으나, 지방정부가 관리하고 있는 대장이나 실적에 의한 자료를 사용하고 있는 것도 있다. 따라서 교부세 결정 후 그 산정에 사용한 자료를 검사하고 그 산정 착오의 유무를 조사함으로써, 만일 착오가 있으면 이를 시정하는 것은 물론 착오가 생기는 것을 예방하기 위한 수단으로서, 자료를 검사하고 시정할 수 있도록 하고 있다.

1) 검사대상

검사는 원칙적으로 보통교부세 교부단체뿐만 아니라 불교부단체도 그 대상이 된다. 검사의 대상이 되는 자료는 기본적으로 보통교부세 관계자료이지만, 특별교부세 등 지방교부세의 관계자료가 모두 포함된다. 그리고 보통교부세의 산정에 필요한 자료라 함은 보통교부세 측정항목에 사용하는 통계, 행정기관의 조사자료, 지방정부에 비치의무가 있는 각종 대장이나 실적에 의한 수치를 말하는 것으로서, 이들 자료의 작성기초가

되는 개별조사표들도 검사의 대상이 된다.

2) 검사의 방법

검사는 일반적으로 서면검사와 현지검사를 병행해서 할 수 있다. 교부세 산정에 사용한 자료의 수치와 그 실태의 일치 여부를 확인하는 것이다.

교부세 산정자료 검사 시에는 특히 다음 사항들에 유의해야 한다.

첫째, 검사는 지엽적인 면에 치우치지 말고 전체적인 면을 고려해야 한다. 지방정부가 통계자료 제출 전 서면검사에서 통계수치뿐만 아니라 전년도 수치와의 비교 대조, 증감의 근거, 논리적 타당성 여부와 연관계수들의 일치 여부 등도 검사하는 것이 필요하다.

둘째, 각종 비치대장 등을 기초로 작성된 기초자료는 때때로 정비가 불완전 또는 부정확할 수 있고, 현지조사에 의하지 않으면 수치의 확인이 되지 않는 경우도 있으므로, 검사와 현지검사를 병행하는 것이 필요하다. 검사는 자료의 제출단계에서 시·군·구에서 작성한 자료를 시·도에서 1차로 확인·검사하고, 2차로 행정안전부에서 사전점검과 합동작업을 통해 확인·검사를 하고 있다. 이와 더불어 교부세 산정 이후에는 현장 실태점검을 통해 산정 기초자료의 신뢰성을 확보하고 있다.

3) 검사결과의 처리

교부세 검사결과, 발견된 계산과정의 잘못이나 수치를 잘못 제출하는 등 명백한 착오로 인정될 수 있는 것에 대해서는 측정항목마다 검사 전후의 수치, 금액 및 사유를 파악해서 사실을 확인한 시점의 다음 연도 교부세 산정 시 잘못 산정된 금액을 가감하여 반영하게 된다.

2. 부당교부세의 시정

1) 교부세 산정자료를 허위로 제출한 경우

지방정부가 교부세 산정에 필요한 자료를 부풀리거나 거짓으로 기재하여 부당하게 교부세를 교부받거나 받으려 하는 경우에는, 그 지방정부가 정당하게 받을 수 있는 금액을 초과하는 부분을 반환하도록 명하거나 부당하게 받으려 하는 금액을 감액할 수 있다. 여기서 '부풀리거나 거짓으로'의 의미는 교부세 산정에 사용하는 자료 등에 대하여 사실이 아닌 것을 사실인 것처럼 보이게 만들어 부당하게 교부를 받는 것을 의미한다. 이는 명백한 위법행위이므로 부당하게 교부받은 금액을 반환시키거나 감액조치를 하여야 한다.

2) 법령위반 과다지출 또는 수입징수 태만의 경우

지방정부가 법령을 위반하여 지나치게 많은 경비를 지출하였거나 수입확보를 위한 징수를 게을리한 경우에는 그 지방정부에 교부할 교부세를 감액하거나 이미 교부한 교부세의 일부를 반환하도록 명할 수 있다. 지방정부는 재정이 풍족하다고 하여 이를 낭비하거나 확보해야 할 수입의 징수를 게을리해서는 안 된다. 왜냐하면, 이러한 행위는 그 지방정부에게 직접적인 재정적 손실을 입히는 것은 물론, 다른 지방정부에게도 교부세 산정체계를 통해 간접적으로 피해를 줄 수 있기 때문이다.

3. 이의신청

교부세는 시 · 도 또는 시 · 군이 제출한 자료에 의해 산정되며, 최종적으로 행정안전부장관이 결정한다. 그러나 산정의 기초가 되는 자료나 산정과정에서 착오가 있을 수 있고, 또 교부세액의 규모에 따라 지방정부의 재정에 끼치는 영향도 적지 않으므로, 그 금액을 결정하고 난 후 해당 지방정부에 대한 구제수단이 없다면 문제가 될 수 있다. 따라서 교부세 산정과 관련하여 지방정부가 불이익을 당하는 일이 없도록 하기 위하여 이의신청제도를 두고 있다.

이는 지방정부에 대해서만 인정되는 구제제도로서, 행정청의 위법 또는 부당한 처분 기타 공권력의 행사에 해당하는 행위에 대해 국민으로 하여금 행정청에 대한 불복신청의 길을 열어 국민의 권리이익의 구제를 도모하는 것을 목적으로 하는 행정소송이나 청원과는 구분된다.

1) 이의신청 대상

지방정부의 장은 지방교부세의 결정통지를 받은 경우, 해당 지방정부의 교부세액 산정기초 등에 대하여 이의가 있는 때에는 행정안전부장관에게 이의를 신청할 수 있다. 이는 행정안전부장관이 교부결정한 사항에 대해 지방정부의 구제를 도모하고, 그 처분의 공정성을 확보할 것을 목적으로 만들어진 것으로 이의신청의 대상은 다음과 같다.

첫째, 보통교부세액의 통지 후 보통교부세액의 산정기초에 사용한 통계에 대해 착오가 있는 경우, 둘째, 지방정부가 제출한 교부세 산정자료에 대해 과장 또는 허위로 기재한 사실이 없음에도 부당 교부세로 판명을 받은 경우 등이다.

2) 이의신청에 대한 조치

행정안전부장관이 이의신청을 받은 경우는 그 신청을 받은 날부터 30일 이내에 심사하여 그 결과를 해당 지방정부에 통지하여야 한다. 이의신청이 인정되는 처분은 그 이유, 금액 기타 필요한 사항을 표시한 문서로 행하고, 이의제출기간은 이 통지를 받은 날부터 30일 이내이다.

이의신청기관이 시 · 군인 경우는 시 · 도지사를 경유하되, 이에 대한 의견을 붙이도록 하는 것이 바람직하며, 심사결과도 시 · 군인 경우 신청 때와 마찬 가지로 시 · 도지사를 경유하는 것이 바람직하다.

그리고 심사결과 산정에 착오가 없었을 때는 그 뜻의 통지로 족하지만, 그렇지 않을 경우에는 해당 지방정부에 대한 교부세액을 변경할 필요가 발생한다. 그러나 보통교부세의 산정에 잘못이 있는 경우라도 해당 연도의 해당 지방정부에 대한 보통교부세 결정액을 변경시키는 경우에는 다른 많은 지방정부의 재정운영에 영향을 끼치게 되므로, 연도 중 재원변동이 없는 한 다음 연도에 반영해 주는 것이 바람직하다.

4. 지방교부세의 교부

1) 지방교부세의 교부결정 통지

지방교부세의 교부결정 통지는 매년도의 기준재정수입액이 기준재정수요액에 미달하는 지방정부에 대하여 그 미달액을 기초로 산정한 보통교부세, 특별교부세, 부동산교부세, 소방안전교부세 등의 교부예정액을 주관부처인 행정안전부가 지방정부에 알려주는 문서의 내용을 말하는 것으로, 향후 예산배정 및 자금배정을 전제로 교부되는 금액을 미리 알려주는 행성 내부석인 행위를 의미한다.

지방교부세의 교부결정 통지액은 곧 교부액을 의미한다고 볼 수 있으며, 교부결정 통지가 이루어질 경우 지방정부는 이를 기초로 예산에 계상한 후 사용할 수 있다. 다만, 특별교부세의 경우는 용도가 지정되고 소요 전액이 교부되는 경우 예산이 편성되기 전이라도 사전에 사용할 수 있다.

2) 지방교부세 예산배정

지방교부세의 예산배정은 예산배정요구서를 작성하여 기획재정부장관에 제출하고, 기획재정부장관은 예산배정요구서와 월별 자금계획에 의거, 4분기별 예산배정계획을 작성한다. 매분기별로 기획재정부에서 배정하는 지방교부세 예산배정액은 지방교부세 교부결정 통지액 규모에 따라 해당 지방정부에 재배정한다.

3) 지방교부세 자금교부

지방교부세의 자금은 행정안전부장관이 기획재정부장관에게 제출한 월별자금배정계획에 의거, 매월 국세의 징수실적 등을 고려하여 배정한다.

지방교부세의 자금송금은 기획재정부로부터 통지된 지출한도액 범위 내에서 매월 순기별로 지방교부세 자금을 교부한다. 다만, 특별한 자금수요와 자금의 집중투입이 필요한 경우, 신청사유 및 객관적인 입증자료를 첨부하여 특별배정을 요청할 수 있다.

제 5 절 | 광역지방정부와 기초지방정부 간 재정조정

1. 시 · 군 조정교부금

1) 개 념

시 · 군 조정교부금은 시 · 도지사(특별시장은 제외)가 관할 시 · 군 간의 재정력 격차를 조정하기 위하여 확보한 재원이다. 과거에는 재정보전금이라고 명명하였으나 현재는 조정교부금으로 명칭을 변경하였다. 재정보전금제도는 광역시 · 도가 관할 시 · 군에 교부하는 수평적 재정조정을 위한 것으로서, 징세비 보전을 목적으로 운영되던 과거의 도세징수교부금제도의 문제점을 개선하기 위하여 도입된 것이다. 즉, 도 내 시 · 군 상호 간의 재정형평을 도모함을 목적으로 도입된 제도이다.

2) 시 · 군 조정교부금의 종류와 재원

시 · 군 조정교부금의 종류는 일반조정교부금과 특별조정교부금의 두 가지로 구분할 수 있다.

일반조정교부금은 시 · 군의 행정운영에 필요한 재원을 보전하는 등 일반적 재정수요에 충당하기 위한 교부금이고, 특별조정교부금은 시 · 군의 지역개발사업 등 시책을 추진하는 등 특정한 재정수요에 충당하기 위한 교부금이다. 특별조정교부금은 민간에 지원하는 보조사업의 재원으로 사용할 수 없다.

일반조정교부금의 재원은 조정교부금 총액의 100분의 90에 해당하는 금액으로 하고, 특별조정교부금의 재원은 조정교부금 총액의 100분의 10에 해당하는 금액으로 한다.

조정교부금의 재원은 다음에서 제시하고 있는 세목의 27퍼센트(인구 50만 명 이상의 시와 자치구가 아닌 구가 설치되어 있는 시의 경우에는 47퍼센트)에 해당하는 금액이다.

1. 시 · 군에서 징수하는 광역시세 · 도세(화력발전 · 원자력발전에 대한 지역자원시설세, 특정 부동산에 대한 지역자원시설세 및 지방교육세는 제외)의 총액
2. 해당 시 · 도(특별시는 제외)의 지방소비세액을 전년도 말의 해당 시 · 도의 인구로 나눈 금액에 전년도 말의 시 · 군의 인구를 곱한 금액

3) 시 · 군 조정교부금 배분기준

일반조정교부금을 배분할 때에는 일반조정교부금 총액의 100분의 50에 해당하는 금액의 경우 해당 시 · 군의 인구 수에 따라 배분하고, 100분의 20에 해당하는 금액은 해당 시 · 군의 광역시세 · 도세 징수실적에 따라 배분하며, 100분의 30에 해당하는 금액은 재정력지수(지방교부세법에 따라 산정한 매년도 기준재정수입액을 기준재정수요액으로 나눈 값)가 1 미만인 시 · 군을 대상으로 1에서 해당 시 · 군의 재정력지수를 뺀 값을 기준으로 배분한다.

특별조정교부금은 시 · 군이 추진하는 지역개발사업이나 둘 이상의 시 · 군이 연관되어 광역행정차원에서 추진하는 사업의 경우, 재해로 인한 특별한 재정수요가 있어 예비비를 포함한 해당 시 · 군의 재원만으로는 충당하기 어려운 사업의 경우, 취득세, 레저세 등 도세징수실적이 우수한 시 · 군에서 필요로 하는 사업의 경우, 일반조정교부금이 재원형성금액에 미치지 못하여 시 · 군 간 재정형평화의 기능을 하지 못하는 경우, 그 밖에 특별한 재정수입의 감소가 있거나 특별한 재정수요가 있는 경우에 배분한다(경기도 조정교부금 배분조례).

또한 시 · 도지사는 화력발전 · 원자력발전에 대한 각각의 지역자원시설세의 100분의 65에 해당하는 금액(지방세징수법에 따른 징수교부금을 교부한 경우에는 그 금액을 뺀 금액)을 화력발전소 · 원자력발전소가 있는 시 · 군에 각각 배분하여야 한다([표 6-19] 참조).

표 6-19 시 · 군 조정교부금의 개요

구 분	내 용
개념	▸ 광역시 · 도가 관할 시 · 군에 교부하는 수평적 재정조정을 위한 것으로서, 징세비 보전을 목적으로 운영되던 과거의 도세징수교부금제도의 문제점을 개선하기 위하여 도입된 것
재원	▸ 아래 세목의 27퍼센트(인구 50만 명 이상의 시와 자치구가 아닌 구가 설치되어 있는 시의 경우에는 47퍼센트)에 해당하는 금액 ▸ 시 · 군에서 징수하는 광역시세 · 도세(화력발전 · 원자력발전에 대한 지역자원시설세, 특정 부동산에 대한 지역자원시설세 및 지방교육세는 제외)의 총액 ▸ 해당 시 · 도(특별시는 제외)의 지방소비세액을 전년도 말의 해당 시 · 도의 인구로 나눈 금액에 전년도 말의 시 · 군의 인구를 곱한 금액

재원배분 기준	▸일반조정교부금: 일반조정교부금 총액의 100분의 50에 해당하는 금액은 해당 시·군의 인구 수에 따라 배분하고, 100분의 20에 해당하는 금액은 해당 시·군의 광역시세·도세 징수실적에 따라 배분하며, 100분의 30에 해당하는 금액은 재정력지수(지방교부세법에 따라 산정한 매년도 기준재정수입액을 기준재정수요액으로 나눈 값)가 1 미만인 시·군을 대상으로 1에서 해당 시·군의 재정력지수를 뺀 값을 기준으로 배분 ▸특별조정교부금: 특별조정교부금은 시·군이 추진하는 지역개발사업이나 둘 이상의 시·군이 연관되어 광역행정차원에서 추진하는 사업의 경우, 재해로 인한 특별한 재정수요가 있어 예비비를 포함한 해당 시·군의 재원만으로는 충당하기 어려운 사업의 경우, 취득세, 레저세 등 도세징수실적이 우수한 시·군에서 필요로 하는 사업의 경우, 일반조정교부금이 재원형성금액에 미치지 못하여 시·군 간 재정형평화의 기능을 하지 못하는 경우, 그 밖에 특별한 재정수입의 감소가 있거나 특별한 재정수요가 있는 경우에 배분 ▸기타: 시·도지사는 화력발전·원자력발전에 대한 각각의 지역자원시설세의 100분의 65에 해당하는 금액(지방세징수법에 따른 징수교부금을 교부한 경우에는 그 금액을 뺀 금액)을 화력발전소·원자력발전소가 있는 시·군에 각각 배분

4) 시·군 조정교부금의 규모

시·군 조정교부금의 규모는 [표 6-20]과 같다. 시·군 조정교부금이기 때문에 일반적으로 도 광역지방정부에만 해당되는 것으로 생각할 수 있으나 부산광역시 기장군, 대구광역시 달성군, 인천광역시 옹진군과 강화군, 울산광역시 울주군 등 5개의 군이 포함되어 있다. 따라서 조정교부금이 배분되는 것이다.

표 6-20 시·군 조정교부금규모

(단위: 억 원)

구 분	2019	2020
서울		
부산	549	424
대구	583	290
인천	249	231
광주		
대전		
울산	517	448
세종		
경기	35,573	30,767
강원	2,491	2,109

충북	3,324	2,613
충남	4,524	3,761
전북	3,480	2,851
전남	2,558	2,150
경북	5,390	3,739
경남	7,659	6,568
제주		
계	66,897	55,951

주: 당초예산기준
자료: 행정안전부(2020: 87). 『지방자치단체 통합재정개요(상)』.

2. 자치구 조정교부금

1) 개 념

지방재정조정제도는 중앙정부와 지방정부 사이에서 뿐만 아니라 광역지방정부와 기초지방정부 간에도 이루어지고 있다. 광역지방정부와 기초지방정부 사이에서 시행되고 있는 시·군 조정교부금과 자치구 조정교부금이 그것이다. 여기에서는 지방교부세와 유사한 기능을 수행하는 자치구 조정교부금제도에 대하여 살펴보고자 한다.

자치구 조정교부금은 자치구들의 재정력 격차를 해소하기 위하여 특별·광역시가 활용하는 제도이다(주만수, 2012: 1). 구체적으로 보면 조정교부금은 특별·광역시가 자치구의 안정적인 행정서비스를 위해 자치구에 재정을 지원하는 제도이다. 즉, 특별·광역시의 관할 구역 내 자치구 간 재정불균형 해소와 광역행정의 효율성과 통일성을 도모하기 위하여 도입된 제도이다.

2012년까지는 부동산 경기에 민감하고 재원변동이 심한 취득세를 재원으로 하여 자치구의 안정적인 재정운영에 지장을 주는 측면이 있었다는 지적이 있었으며, 이를 개선하기 위하여 2013년부터는 보통세로 확대되었다. 보통세에는 취득세, 레저세, 담배소비세, 지방소비세, 자동차세, 주민세, 지방소득세 등이 있다.

법적근거를 보면 지방자치법과 동법 시행령이다. 지방자치법에 보면 "특별시장이나 광역시장은 지방재정법에서 정하는 바에 따라 해당 지방정부의 관할 구역 안의 자치구 상호 간의 재원을 조정하여야 한다"고 되어 있다. 그리고 지방자치법 시행령을 보면

"자치구 상호 간의 조정 재원은 해당 시세(市稅) 중 지방세기본법에 따른 보통세(광역시의 경우에는 주민세 사업소분 및 같은 장 제4절에 따른 주민세 종업원분은 제외)로 한다"고 되어 있다.

2) 자치구 조정교부금의 종류와 재원

지방재정법에 보면, 특별시장 및 광역시장은 대통령령으로 정하는 보통세 수입의 일정액을 조정교부금으로 확보하여 조례로 정하는 바에 따라 해당 지방정부 관할 구역의 자치구 간 재정력 격차를 조정하여야 한다.

자치구 조정교부금은 시·군 조정교부금과 동일하게 일반적 재정수요에 충당하기 위한 일반조정교부금과 특정한 재정수요에 충당하기 위한 특별조정교부금으로 구분하여 운영하되, 특별조정교부금은 민간에 지원하는 보조사업의 재원으로 사용할 수 없다.

자치구 조정교부금의 재원은 특별시·광역시의 시세(市稅) 중 지방세기본법에 따른 보통세로 하되, 특별시는 지방세법에 따라 배분되는 지방소비세, 광역시는 지방세법에 따라 배분되는 지방소비세, 같은 법에 따른 주민세 사업소분 및 주민세 종업원분은 제외한다.

구체적인 재원규모는 해당 지방정부의 보통세 중 조례로 정하도록 하고 있다. 2020년의 경우 광주광역시가 보통세의 23.9%를 조정교부금 재원으로 하고 있어 가장 높은 비율을 보이고 있고, 인천광역시와 울산광역시가 가장 낮은 20.0%를 조정교부금 재원으로 하고 있다([표 6-21] 참조).

표 6-21 자치구 조정교부금 재원

(단위: %)

구 분	서 울	부 산	대 구	인 천	광 주	대 전	울 산
비율	22.6	23.0	22.29	20.0	23.9	23.0	20.0

자료: 행정안전부(2020: 87). 『지방자치단체 통합재정개요(상)』.

3) 자치구 조정교부금 배분기준

조정교부금은 보통교부금과 특별교부금으로 구분되는데 보통교부금은 재정형평성을 목적으로 한다. 보통교부금은 조정교부금 전체 재원의 90%이고, 매년도 기준재정수입액이 기준재정수요액에 미달하는 재정부족단체에 그 미달액을 기준으로 교부한다. 특별교부금은 조정교부금 전체 재원의 10%이고, 재해, 공공시설의 신설·복구·보수 등 특별한 재정수요가 인정되는 경우에 교부한다.

일반조정교부금은 매년도 기준수입액이 기준수요액에 미달하는 자치구에 한하여 그 미달액(재원부족액)을 기초로 하여 교부한다.

특별조정교부금은 지방세입확충 등 노력단체에 대한 인센티브를 부여할 경우, 예산성립 후에 발생한 자치구의 특별한 재정수요가 있거나 재정수입의 감소가 있을 때, 기준수요액의 산정방법으로 포착할 수 없는 특별한 재정수요가 있을 때, 공공시설의 신설, 복구, 보수 등의 사유로 인하여 특별한 재정수요가 있을 때 교부한다(부산광역시 자치구 조정교부금 조례 제5조).

일반조정교부금은 용도지정 없이 지방정부의 일반재원으로 사용하고, 특별조정교부금은 교부 시 부과된 조건이나 목적에 맞게 사용하여야 한다([표 6-22] 참조).

표 6-22 자치구 조정교부금의 개요

<table>
<tr><th>구 분</th><th>내 용</th></tr>
<tr><td>개념</td><td>자치구들의 재정력 격차를 해소하기 위하여 특별·광역시가 활용하는 제도</td></tr>
<tr><td>재원</td><td>특별시·광역시의 시세(市稅) 중 지방세기본법에 따른 보통세로 하되, 특별시는 지방세법에 따라 배분되는 지방소비세, 광역시는 지방세법에 따라 배분되는 지방소비세, 같은 법에 따른 주민세 사업소분 및 주민세 종업원분은 제외
<table>
<tr><td>구 분</td><td>서 울</td><td>부 산</td><td>대 구</td><td>인 천</td><td>광 주</td><td>대 전</td><td>울 산</td></tr>
<tr><td>비율</td><td>22.6</td><td>23.0</td><td>22.29</td><td>20.0</td><td>23.9</td><td>23.0</td><td>20.0</td></tr>
</table></td></tr>
<tr><td>재원배분기준</td><td>• 일반조정교부금: 매년도 기준수입액이 기준수요액에 미달하는 자치구에 한하여 그 미달액(재원부족액)을 기초로 하여 교부
• 특별조정교부금: 지방세입확충 등 노력단체에 대한 인센티브를 부여할 경우, 예산성립 후에 발생한 자치구의 특별한 재정수요가 있거나 재정수입의 감소가 있을 때, 기준수요액의 산정방법으로 포착할 수 없는 특별한 재정수요가 있을 때, 공공시설의 신설, 복구, 보수 등의 사유로 인하여 특별한 재정수요가 있을 때 교부</td></tr>
</table>

4) 자치구 조정교부금의 규모

조정교부금의 재원규모는 특별시·광역시세 보통세의 일정률이기 때문에 각 지방정부의 조례를 살펴보아야 한다. 각 지방정부의 조정률을 적용하여 산정한 결과를 보면 [표 6-23]과 같다.

표 6-23 자치구 조정교부금규모

(단위: 억 원)

구 분	2019	2020
서울	32,354	30,006
부산	8,253	6,030
대구	4,932	4,125
인천	6,558	5,931
광주	3,545	3,074
대전	3,370	2,860
울산	2,302	1,917

주: 당초예산기준.
자료: 행정안전부(2020: 87). 『지방자치단체 통합재정개요』.

참고문헌

김동기(2008). 『지방분권시대의 한국지방재정학』. 법문사.

김종희 · 김혜정(2008). "재정보전금제도의 재정조정효과에 관한 연구: 충청남도를 중심으로." 『한국정책과학학회보』, 12(4): 327-345. 한국정책과학학회.

박광배(2011). "지방세법 개정에 따른 조정교부금제도 개선방안에 관한 연구." 『세무와 회계저널』, 12(2): 383-406. 한국세무학회.

손희준(2019). 『새지방재정학』. 서울: 대영문화사

안병윤(2012). "2012 지방교부세제도 운용방향." 『지방재정』, 2012년 제1호. 한국지방재정공제회.

윤길호(2012). 『인천광역시 재정위기 극복방안에 관한 연구』. 인천대학교 경영대학원 석사학위논문.

이희봉(2011). 『거버넌스 지방재정』. 사회문화사.

주만수(2011). "조정교부금 배분방식에 따른 재정형평화 효과 비교 분석." 『창립 30주년 기념 추계정기학술대회 및 정책토론회 발표자료집』. 한국재정학회.

한인섭(2011). "지방교부세 제도의 현황 및 개선과제." 『광주연구』, 12(1): 17-27. 광주발전연구원.

행정안전부(2020a). 『2020 지방교부세 산정해설』.

______(2020b). 『2020년도 지방자치단체 통합재정 개요(상)』.

경기도 조정교부금 배분조례

부산광역시 자치구 조정교부금 조례

지방교부세법

지방자치법

지방자치법 시행령

지방재정법

지방재정법 시행령

지방재정연감

Chapter 07

보조금

제 1 절 | 보조금의 의의

1. 보조금의 개념

보조금과 관련된 법은 보조금 관리에 관한 법률이다. 동법은 보조금 예산의 편성, 교부신청, 교부결정 및 사용 등에 관한 기본적인 사항을 규정함으로써 효율적인 보조금의 예산편성 및 집행 등 보조금 예산의 적정한 관리를 도모하기 위하여 제정된 것으로 지출에 관한 법률에 해당된다(보조금 관리에 관한 법률 제1조).

보조금은 중앙정부 또는 광역지방정부가 특정 공익사업 지원을 위해 반대급부 없이 교부하는 금전적 급부를 말한다(국회예산정책처, 2012: 29). 일반적으로 특정 용도가 지정되어 제공되는 국고보조금은 지방교부세와 함께 가장 보편적인 지방재정조정재원으로서 지방정부의 중요한 수입원이며 또한 정책실현 재원이다(이희봉, 2011: 557). 중앙정부가 지방정부에 보조하는 것을 국고보조금이라고 하고, 광역지방정부가 기초지방정부에 보조하는 것을 시 · 도비보조금이라고 한다. 우리나라의 보조금 관리에 관한 법률 제2조는 "보조금이란 국가 외의 자가 수행하는 사무 또는 사업에 대하여 국가가 이를 조성하거나 재정상의 원조를 하기 위하여 교부하는 보조금, 부담금, 그 밖에 상당한 반대급부를 받지 아니하고 교부하는 급부금으로서 대통령령으로 정하는 것"으로 규정하고 있다. 또한 국고보조금은 국가정책상 필요가 있거나 또는 지방정부의 재정사정상 특히 필요하다고 인정될 때 국가예산의 범위 안에서 지방정부에 교부하는 것으로 보조금 이외에 부담금, 조성금, 장려금, 위탁금의 명칭도 사용된다(김동기, 2008: 180). 국고보조금은 국가위임사무와 시책사업 등에 대한 사용범위를 정하여 그 경비의 전부 또는 일부를 보조하거나 재정상의 원조를 하기 위하여 교부하는 제도로서 교부금, 국고부담금, 협의의 국고보조금 등을 포괄하고 있다. 여기에서 교부금(交付金)은 국가가 행하여야 할 사무를 지방정부 또는 그 기관에 위임 하여 수행하는 경우에 그 소요되는 경비전액이 교부되는 보조금을 의미한다(지방재정법 제21조 제2항). 부담금(負擔金)은 지방정부 또는 그 기관이 법령에 의하여 처리하여야 할 사무로서 국가와 지방정부 간에 이해관계가 있는 경우에는 원활한 사무처리를 위하여 국가에서 부담하지 아니하면 아니 되는 경비를 국가가 전부 또는 일부를 부담하는 보조금을 의미한다(지방재정법 제21조 제1항). 그리고 보조금(補助金, 협의)이란 국가행정상 특별히 필요하다고 인정할 때 또는 지방정부의 재정사정상 특히 필요하다고 인정될 때 지원하는 경비(국고보조금), 또는 시・도가 정책상 필요하다고 인정할 때 또는 시・군 및 자치구의 재정사정상 특히 필요하다고 인정할 때 지원하는 경비(지방보조금)를 의미한다(지방재정법 제23조 제1항, 제2항). 국가의 사무를 지방정부에 위임하였을 경우 그 경비를 부담하는 것이고, 국고부담금은 지방정부가 행하는 사업 중 그 성질상 국가의 책임 정도에 따라 그 경비의 전부 또는 일부를 부담하는 것이며, 협의의 국고보조금은 지방정부에 대해 특정 사업의 실시를 권장하거나 지방정부의 재정을 지원(행정안전부, 2020: 78)하는 것이다. 광의의 보조금 범위에는 교부금과 부담금, 협의의 보조금이 모두 포함되게 되며, 이 경우 지방정부 입장에서는 중앙정부로부터 제공되는 이전재원이 모두 포함되게 된다. 따라서 일반적으로 국고보조금 또는 지방보조금을 통칭할 때의 보조금은 협의의 보조금으로 이해되고 있다.

한편 OECD에서는 보조금을 "소비자에게 시장수준 이하의 가격을 유지시키거나 생산자에게 시장수준 이상의 가격을 유지하도록 지원하여 소비자 혹은 생산자의 비용을 감소시키는 관련 조치"라고 정의하고 있으며, WTO 보조금 협정에서는 "정부 또는 공공기관의 재정적 기여(financiall contribution by government or any public body)로 인하여 수혜자에게 혜택이 발생하는 경우"를 보조금으로 규정하고 있다(이현우, 2010: 11). 학술적 측면에서는 보조금의 개념이 보다 다양하게 정의되고 있다. 마이어스와 켄트(Myers & Kent, 2001)는 정부가 판단할 때 경제 전반과 사회 전체에 이익이 될 것으로 생각되는 활동을 촉진하기 위해 지원하는 것으로 정의하고 있다. 살라몬(Salamon, 2002)은 보조금이란 정부가 단체 또는 개인에 주는 금전적 지원이라고 정의하고 있다.

이상의 내용을 정리해 보면 [표 7-1]과 같다. 보조금은 소비자로 하여금 재화와 서비스를 완전경쟁 하의 사적 시장에서 제공되는 것보다 낮은 가격에 구입할 수 있게 하며, 정부의 개입없이 벌 수 있는 소득보다 생산자의 소득을 더 끌어올리는 것이라고 할 수 있다(Schwartz & Clements, 1999). 그러나 이러한 전통적인 견해 이외에도 시장실패의 결과로 나타나는 보조금의 유형이 있는데, 부정적 환경외부효과와 같은 일반적인 시장실패가 정부의 정책개입이 없다면 보조금으로 간주될 수도 있다(이현우, 2010: 12).

표 7-1 보조금의 개념

학 자	개 념
국회예산정책처	중앙정부 또는 광역지방정부가 특정 공익사업 지원을 위해 반대급부 없이 교부하는 금전적 급부
이희봉	특정 용도가 지정되어 제공되는 국고보조금은 지방교부세와 함께 가장 보편적인 지방재정조정재원으로서 지방정부의 중요한 수입원이며 또한 정책실현 재원
김동기	국가정책상 필요가 있거나 또는 지방정부의 재정사정상 특히 필요하다고 인정될 때 국가예산의 범위 안에서 지방정부에 교부하는 것으로 보조금 이외에 부담금, 조성금, 장려금, 위탁금의 명칭도 사용
OECD	소비자에게 시장수준 이하의 가격을 유지시키거나 생산자에게 시장수준 이상의 가격을 유지하도록 지원하여 소비자 혹은 생산자의 비용을 감소시키는 관련 조치
WTO 보조금 협정	정부 또는 공공기관의 재정적 기여(financiall contribution by government or any public body)로 인하여 수혜자에게 혜택이 발생하는 경우
Myers & Kent	정부가 판단할 때 경제 전반과 사회 전체에 이익이 될 것으로 생각되는 활동을 촉진하기 위해 지원하는 것
Salamon	정부가 단체 또는 개인에 주는 금전적 지원
Schwartz & Clements	소비자로 하여금 재화와 서비스를 완전경쟁 하의 사적 시장에서 제공되는 것보다 낮은 가격에 구입할 수 있게 하며, 정부의 개입없이 벌 수 있는 소득보다 생산자의 소득을 더 끌어올리는 것
권오성 · 박민정	정부가 소비자와 생산자들에게 직 · 간접적인 지원을 함으로써 그들의 비용을 줄일 수 있는 모든 조치
행정안전부	국가위임사무와 시책사업 등에 대한 사용범위를 정하여 그 경비의 전부 또는 일부를 보조하거나 재정상의 원조를 하기 위하여 교부하는 제도로서, 교부금, 국고부담금, 협의의 국고보조금 등을 포괄

이러한 두 가지의 보조금 유형을 포함하면, 보조금은 정부가 소비자와 생산자들에게 직·간접적인 지원을 함으로써 그들의 비용을 줄일 수 있는 모든 조치를 의미한다고 정의할 수 있다(권오성·박민정, 2009: 280).

2. 보조금의 중요성과 기능

1) 긍정적인 효과

보조금은 긍정적인 효과와 부정적인 효과를 동시에 가지고 있다. 긍정적인 효과 때문에 보조금은 매우 중요하다고 볼 수 있다. 이하에서는 긍정적인 효과와 부정적인 효과를 살펴보고자 한다.

국고보조금제도는 국가재정을 지방재정과 연결시키는 중요한 고리역할을 한다. 재정규모, 재정파급효과, 중앙·지방 간 재정 및 행정협력관계 등의 관점에서 중요성을 도출할 수 있다.

첫째, 국고보조금은 지방재정의 기간 세입원으로서 위상을 정립하고 있다. 국고보조금이 지방재정에서 차지하는 비중은 2015년에 19.5%의 수준을 보이고 있었으나 지속적으로 증가하여 2020년에는 24.0%의 수준을 보이고 있다. 즉, 지방재정의 1/4이 보조금이라는 것을 알 수 있다. 이러한 통계는 국고보조금이 지방재정에서 매우 중요한 재원으로 활용되고 있음을 입증한다([표 7-2] 참조).

둘째, 국고보조금은 전국적으로 최소수준 이상의 표준화된 행정서비스를 공급하는데 기여하고 있다. 만일 국고보조금제도가 없었다면 재정력이 취약하거나 특정 행정서비스에 대해 관심을 두지 않는 지역에서는 해당 서비스가 공급되지 못하는 결과가 발생할 수 있다. 그리고 국고보조사업 중 일부는 외부효과를 유발하여 국가와 지역에 긍정적인 사회·경제적 파급효과를 가져다준다. 좀 더 구체적으로 살펴보면 다음과 같다. 보조금은 특정 공공서비스를 일정수준으로 확보하거나, 외부효과에 대한 자원배분의 비효율성을 시정하기 위하여 지출된다. 경제학적 관점에서 파급효과는 외부효과로서 공공재에 대하여 소비자인 시민들이 지불하는 조세가격과 그러한 조세를 재원으로 삼아 공급되는 공공서비스의 편익 간의 괴리를 언급하는데(최병호 외, 2012: 18), 일반적으로 사회적 한계편익이 개인적 한계편익보다 큰 경우에 발생한다(권오성 외, 2005:

표 7-2 지방재정규모

(단위: 억 원, %)

구 분	2015	2016	2017	2018	2019	2020
지방세	709,778	755,306	804,063	843,153	855,359	909,501
	31.2	30.6	30.7	30.2	31.4	35.9
세외수입	240,456	260,507	259,508	257,879	259,804	240,541
	10.6	10.6	9.9	9.2	9.5	9.5
지방교부세	349,913	380,162	443,547	490,290	561,809	493,705
	15.4	15.4	16.9	17.6	20.7	19.5
조정교부금	692	1,238				
	0.0	0.1				
보조금	444,259	455,308	474,317	506,304	607,212	607,488
	19.5	18.4	18.1	18.1	22.3	24.0
지방채	60,773	43,504	23,435	19,843	40,316	55,605
	2.7	1.8	0.9	0.7	1.5	2.2
보전수입 등 및 내부거래	469,250	571,881	612,366	672,992	396,032	225,423
	20.6	23.2	23.4	24.1	14.6	8.9
계	2,275,121	2,467,906	2,617,236	2,790,461	2,720,532	2,532,263
	100.0	100.0	100.0	100.0	100.0	100.0

주: 1. 일반회계 + 특별회계 순계기준.
2. 2018년까지는 결산액, 2019년은 최종예산액, 2020년 이후는 당초예산액.
3. 회계 · 재원별에서 '지방채'는 2013년까지는 종전 세입구조에 따라 '지방채 및 예치금회수(600)' 과목에 편성된 금액이며, '보전수입 등 및 내부거래' 과목은 기존 세외수입 과목 등을 개편하여 2014년부터 신설한 과목임.

자료: 행정안전부(2020: 33). 『2020년도 지방자치단체 통합재정개요(상)』.

11). 긍정적 또는 부정적 파급효과를 발생시키는 재화 또는 서비스의 공급을 시장기능에 맡겨두면 사회적으로 바람직한 수준의 재화 또는 서비스가 공급되지 못하고 과소공급 또는 과다 공급이 나타나기 때문에 정부가 보조금을 지원하여 시장기능을 보완하려는 것이다. [그림 7-1]에서 특정 공공재에 대한 수요곡선(D)은 MPB(D_1)가 되고, 개인적 편익(MPB)과 공급곡선(S)이 만나는 점에서 가격(P_0)이 형성되며, 소비량(Q_0)만큼 소비된다. 이 재화의 수요자는 그들에게 직접적으로 귀속되는 개인적 편익만을 기준으로 가격을 지불하려고 하고, 본인 이외의 사회에 파급되는 효과에 대해서는 비용을 지불하려 하지 않기 때문이다. 그러나 사회에 파급되는 긍정적 외부효과를 고려하면 사

회적인 한계편익곡선(MSB)은 $\overline{ab}$만큼 위로 이동한 곡선이 되어야 하며, 사회적으로 바람직한 소비량은 Q^*가 되어야 한다. 개인적 편익(MPB)곡선상에서 Q^*만큼 소비하기 위해서는 개별 수요자는 P_0보다 낮은 P^*를 지불하려고 할 것이다. 따라서 사회 전체적으로는 개인의 결정에만 전적으로 맡겨두는 경우보다 $\overline{Q_0Q^*}$만큼의 공급확대가 필요하게 되며, 이렇게 하기 위해서 정부는 (P_0-P^*)만큼의 비용을 지급하는 정부개입을 하여야 한다. 외부효과를 가지는 재화를 확대공급하기 위한 수단으로는 보조금 지급 등의 방법이 있는데, 보조금(P_0-P^*)이 지급되면 소비자가 지불하는 가격은 P_0에서 P^*로 줄어드나 보조금이 가격에 더해지므로, 수요곡선 자체가 D_1에서 D_2로 이동하는 것과 동일한 효과가 발생하여 소비량은 Q_0에서 Q^*로 증가하게 된다. 따라서 시장에만 맡겨두면 공급부족이 발생하는 사회적으로 바람직한 재화의 경우 외부효과에 상응하는 가격보조를 할 경우 효율적인 자원배분이 이루어질 수 있다(이준구, 2003). 전통적인 보조금의 이론에서는 긍정적인 파급효과를 내부화하기 위해서는 지방정부의 대응부담을 요구하는 특정대응보조금(earmarked matching grant)이 유용하다고 권고한다(최병호 외, 2012: 18). 대응보조금이 지급되면 공공서비스의 상대가격이 변화하는데, 대응보조금이 가지는 가격효과로 인해 중앙정부는 대응보조금을 활용하여 공공서비스의 한계

그림 7-1 외부효과 교정을 위한 보조금 지급의 효과

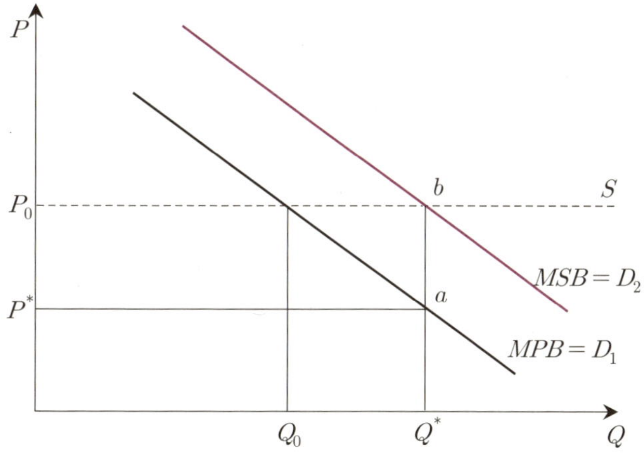

자료: 이준구(2003).

공급비용을 절감할 수 있다(라휘문 외, 2018: 30).

셋째, 국고보조금은 지방재정과 지역경제 성장에 다양한 파급효과를 야기한다. 일부 도시형 지방정부들을 제외한 대부분의 지방정부의 경우 국고보조금은 다른 어떤 재원보다도 더 큰 지방재정·지역경제 파급효과를 미치고 있다. 보조금 이론에 의하면 국고보조금과 같은 특정보조금은 가격효과와 소득효과를 유발하면서 지방재정과 지역경제 성장에 기여한다. 소득효과는 국고보조금으로 인해 지방정부의 실질소득이 늘어나는 것과 같은 효과가 나타남을 의미한다. 가격효과는 특정 지방정부가 보조금을 받게 되면 보조금 없이 자체재원으로 사업을 수행할 때에 비해 사업의 실제 가격이 보조금만큼 줄어드는 효과가 나타나는 것을 의미한다.

넷째, 국고보조금은 지방과의 재정관계 속에서 국가의 재정자원을 기능 및 사업별로 할당하고 관리하는 효과적인 수단으로서 역할을 수행한다. 국고보조금은 지방정부가 수행하는 보건·복지, 건설·교통·지역개발, 농림수산 등의 행정서비스를 적극적으로 진작시키는 역할을 수행한다.

다섯째, 국고보조금은 중앙정부와 지방정부 간에 행정 및 재정 측면의 협력적 관계를 형성해주는 가교 역할을 한다. 지방교부세의 경우 중앙정부가 지방정부의 재정수요와 재정능력을 감안하여 자금을 배분하고 나면 사실상 중앙·지방 간의 관계는 종료된다. 그러나 국고보조금은 사업의 계획단계에서부터 집행 및 사후관리단계까지 중앙정부와 지방정부 간에 지속적으로 업무협의, 자금의 이전, 집행모니터링, 사업조정, 성과평가가 이루어진다. 이러한 관계형성은 국고보조금이 단순히 정부 간 자금이전만이 아닌 자금과 사업, 그리고 운영주체가 동시에 관련되는 복합적 행정·재정운영시스템임을 시사한다([표 7-3] 참조)(임성일, 2012: 10-13).

표 7-3 보조금의 긍정적 효과

구 분	내 용
지방재정의 기간 세입원	전체 지방재정 대비 보조금의 비율이 2020년 기준 24.0%로 급격히 증가
전국적으로 최소수준 이상의 표준화된 행정서비스를 공급하는 데 기여	국고보조금제도가 없었다면 재정력이 취약하거나 특정 행정서비스에 대해 관심을 두지 않는 지역에서는 해당 서비스가 공급되지 못하는 결과 발생

지방재정과 지역경제 성장에 다양한 파급효과를 야기	가격효과와 소득효과를 유발하면서 지방재정과 지역경제 성장에 기여함
국가의 재정자원을 기능 및 사업별로 할당하고 관리하는 효과적인 수단으로서 역할을 수행	지방정부가 수행하는 보건·복지, 건설·교통·지역개발, 농림수산 등의 행정서비스를 적극적으로 진작시키는 역할을 수행함
중앙정부와 지방정부 간에 행정 및 재정 측면의 협력적 관계를 형성해주는 가교 역할	사업의 계획단계에서부터 집행 및 사후관리단계까지 중앙정부와 지방정부 간에 지속적으로 업무협의, 자금의 이전, 집행모니터링, 사업조정, 성과평가가 이루어짐. 이러한 관계형성은 국고보조금이 단순히 정부 간 자금이전만이 아닌 자금과 사업, 그리고 운영주체가 동시에 관련되는 복합적 행정·재정운영시스템임을 시사

2) 부정적인 효과

보조금은 지방정부의 세수확보 노력을 저해하는 등 의도하지 않은 부작용을 가져올 수 있다. 이를 구체적으로 살펴보기 위하여 몇 개의 유형으로 구분하여 접근하고자 한다.

첫째, 보조금의 외부성 문제이다(최순영, 2014: 32-33). 보조금은 많은 경우 하위정부의 재정수입 확보능력에 반비례하여 교부됨으로써 형평화의 기능을 하는데, 하위정부가 자체적인 재정수입 확보가 증가하게 되면, 보조금 교부액이 줄어들게 되는 구조로 인해 하위정부의 세수 확보노력이 저하되는 결과를 초래하는 문제를 갖게 된다(최병호 외, 2012: 15). 대응 지방비 부담을 요구하는 보조금의 경우는 하위정부로 하여금 대상 공공서비스에 대해 더 많이 지출하도록 유도하는데, 파급효과의 교정을 위해 제공되는 보조금의 경우도 지방의 대응 부담률이 과도하게 높다면 필요 이상의 지출을 초래하게 되는 문제를 지니게 되거나(최병호 외, 2012: 16), 특정 행정서비스에 대해 파급효과를 상쇄하는 이상의 보조금이 교부될 경우 과도한 행정서비스가 제공하도록 하게 되고, 파급효과에 못 미치는 보조금이 교부된다면 과소한 행정서비스의 제공을 야기하게 된다(허명환, 2000: 159).

둘째, 대리인 관계에서의 정보 비대칭 문제와 도덕적 해이 문제가 발생한다(서정섭·김성주, 2016: 20-21). 중앙정부가 정책을 기획하고 지방정부 등에서 이를 실행하는 국고보조사업의 추진형태를 대리인 이론으로 설명할 수 있다. 국고보조사업 추진과 관련하여 중앙정부와 지방정부 간에는 위임자와 대리인의 관계가 성립하며, 이때 위임자와 대리인 간에는 정보의 비대칭 현상이 존재하게 된다. 정보의 비대칭은 보조사업의 기획과 예산편성에 필요한 정보에 있어 지방정부가 중앙부처에 비해 유리한 위치에 있다는 것이다. 정보의 비대칭 상황에서는 보조사업자를 선정하는 과정에서 역선택이 발생할 수 있고, 보조사업자가 선정된 이후에는 모럴해저드(도덕적 해이, Moral Hazard) 문제가 발생할 수 있다. 사업자의 사업수행 능력이 어느 정도인지, 사업자가 성실히 사업을 수행할 것인지 등에 대한 정보는 제출된 자료만으로 충분히 파악하기 어렵기 때문에, 만약 중앙관서 등의 위임자가 사업자의 특성에 대한 충분한 정보를 갖고 있지 못하다면, 사업을 부실하게 할 보조사업자를 선정할 가능성이 높아진다(오윤섭 · 홍수완, 2015: 26). 보조금사업에서 도덕적 해이는 보조금 지급 후에 보조사업자가 사업집행을 소홀히 하거나, 대리인인 지방정부가 위임자인 중앙정부가 수립한 정책방향에 맞게 집행하지 않음에 따라 비효율이 발생하는 경우에 해당된다.

셋째, 예산극대화와 연성예산제약의 문제가 발생한다. 관료제 이론에 의하면 중앙정부뿐만 아니라 지방정부의 정책결정자들인 관료는 자신들의 정치적 영향력 증대를 위해 가능한 한 예산규모를 확대하려는 경향이 있는데, 이를 관료의 예산극대화 이론이라 한다. 국고보조금은 신청주의 원칙이고, 중앙정부의 사업지침에 따라 사업의 적절성과 지방비 분담 등을 검토해 보조사업 지원 여부가 결정되므로, 지방정부의 신청노력에 따라 보조사업비가 차등화될 수 있는 구조이다. 이러한 환경 속에서 지방정부는 가능한 한 많은 보조사업을 수주하려고 일단 보조사업을 신청해 보자는 관행도 만연되어 있기도 하다([표 7-4] 참조)(장덕희, 2009: 58-59). 국고보조에 따라 지방정부의 재정통제

표 7-4 보조금의 부정적 효과

구 분	내 용
보조금의 외부성 문제	특정 행정서비스에 대해 파급효과를 상쇄하는 이상의 보조금이 교부될 경우 과도한 행정서비스가 제공하도록 하게 되고, 파급효과에 못 미치는 보조금이 교부된다면 과소한 행정서비스의 제공을 야기
대리인 관계에서의 정보 비대칭 문제와 도덕적 해이 문제가 발생	정보의 비대칭 상황에서는 보조사업자를 선정하는 과정에서 역선택이 발생할 수 있고, 보조사업자가 선정된 이후에는 모럴해저드(도덕적 해이, Moral Hazard) 문제가 발생
예산극대화와 연성예산제약의 문제가 발생	지방정부는 가능한 한 많은 보조사업을 수주하려고 일단 보조사업을 신청해 보자는 관행도 만연 국고보조에 따라 지방정부의 재정통제를 약화시키는 연성예산제약 문제는 재정건전성을 위협

를 약화시키는 연성예산제약 문제는 재정건전성을 위협할 수 있다. 지방정부가 재정사업을 설계할 때 자체 재원뿐 아니라 중앙재원을 함께 고려할 경우, 국고보조사업은 끈끈이 효과에 따른 지방정부의 재정규모 팽창의 주요 원인이 된다(이재원, 2016: 26-27). 우리나라에서 국고보조금과 같은 특정보조금은 중앙정부의 관리감독 등 통제적 요소가 작동하고 있다고 하더라도 예산제약의 연성화로 인한 비효율성을 유발하는 요인으로 작용하게 된다(문광민, 2011: 107).

3. 보조금의 특성

보조금은 대부분 용도와 수행조건 등을 지정하는 조건이 붙게 되며 피보조자나 단체는 그 자금의 집행에 관하여 보조자의 행정감독과 재정적 통제를 받을 의무가 주어진다. 보조금은 일정한 자부담을 하여야 하고 보조금 중 남은 잔액은 일반용도로 쓸 수 없고 반드시 교부자에게 정산하여 보고하여야 한다. 보조금에 관한 일반법인 보조금의 관리에 관한 법률과 지방재정법, 그리고 각 개별법인 생활보호법 등 법령과 지방정부의 조례의 적용을 받는다(김동기, 2008: 180).

보조금의 특성을 보다 명확하게 이해하기 위하여 지방재정조정제도의 하나인 지방교부세와 비교하여 설명하면 [표 7-5]와 같다. 보통교부세는 일반재원으로서 용도가 정해져 있지 않으나 보조금은 용도가 지정되어 있다는 점에 차이가 있다.

표 7-5 지방교부세와 국고보조금의 비교

구 분	지방교부세	국고보조금
근거 법령	지방교부세법	보조금 관리에 관한 법률
재원 구성	▸내국세의 19.24% - 보통교부세: 정률분 교부세 총액의 97% - 특별교부세: 정률분 교부세 총액의 3% ▸부동산교부세: 종합부동산세 전액 ▸소방안전교부세: 담배에 부과하는 개별소비세의 38.75%* * 소방직 국가직화 시기('20.4.1 예정) 관련, '20년 소방안전 교부세율 인상분 25%p(담배개별소비세의 20% → 45%) 중 3/4만 계상	국가의 일반회계 또는 특별회계 예산으로 계상

용도	▸보통 부동산교부세: 용도 지정 없이 자치단체 일반예산으로 사용 ▸특별교부세: 용도 지정, 조건 부여 가능 ▸소방안전교부세: 특수수요는 용도 지정 가능 – 소방분야에 교부세 총액의 75% 이상 사용 규정	용도와 조건이 지정되어 특정 목적 재원으로 운용
배분 방법	▸보통교부세: 단체별 기준재정수입액과 기준재정수요액 산정 후 재정 부족액을 기준으로 산정·교부 ▸특별교부세: 지역현안, 재난안전관리, 국가지방협력 수요사업에 대하여 사업의 타당성 등을 심사하여 사업별·시책별로 교부 ▸부동산교부세: 재정여건, 사회복지, 지역교육, 보유세규모 등에 따라 산정·교부 ▸소방안전교부세: 소방 및 안전시설현황과 투자소요, 재난예방 및 안전강화 노력, 재정여건 등에 따라 산정·교부	소관 부처별 중장기 사업계획 등을 고려하여 매년 정부예산으로 정함
성격	▸보통 부동산교부세: 일반재원(자주재원 성격) ▸특별교부세: 특정재원(자주재원 성격) ▸소방안전교부세: 일반 및 특정재원(자주재원 성격)	특정재원(이전재원 성격)

자료: 행정안전부(2020: 69). 『2020년도 지방자치단체 통합재정개요(상)』.

결국 보조금은 의존재원, 조정재원, 특정재원, 지방비부담재원, 비법정재원이라는 특징을 가진다(이희봉, 2011: 558). 또한 지방재정법과 보조금 관리에 관한 법률에 의거할 때 지방비부담을 수반하는 경비에 대해서는 협의하도록 되어 있기 때문에 지방비부담을 수반하는 보조금의 보조에 대해서는 상호 협의하여야 한다. 사전협의의 필요성은 중앙 각 부처로부터 지방비부담이 수반되는 사업 등이 자의적으로 편성운영되는 경우 지방비부담이 과중하게 되므로, 사전협의를 통해 적법하고 합리적인 범위 내에서 중앙정부와 지방정부의 부담비율을 정하기 위한 것이다([표 7-6] 참조).

표 7-6 보조금의 특성

특 성	의존재원, 조정재원, 특정재원, 지방비부담재원, 비법정재원

제 2 절 | 국고보조금

1. 개 념

국고보조금이란 국가 외의 자가 수행하는 사무 또는 사업에 대하여 국가가 이를 조성하거나 재정상의 원조를 하기 위하여 교부하는 보조금(지방정부에 교부하는 것과 그 밖에 법인 · 단체 또는 개인의 시설자금이나 운영자금으로 교부하는 것만 해당), 부담금(국제조약에 따른 부담금은 제외), 그 밖에 상당한 반대급부를 받지 아니하고 교부하는 급부금으로서 대통령령으로 정하는 것을 말한다(보조금에 관한 법률 제2조). 급부금에는 농산물의 생산자를 위한 직접지불제도 시행규정 제3조에 따른 소득보조금으로 한다.

2. 국고보조금의 유형

국고보조금은 몇 가지의 기준에 의거하여 분류할 수 있다. 분류기준을 보면 경비의 성질에 의한 분류, 보조형태에 의한 분류, 신청 여부에 의한 분류, 교부조건에 의한 분류, 시행주체에 의한 분류이다.

첫째, 경비의 성질에 의한 분류를 보면 부담금, 교부금, 보조금이다. 부담금은 지방재정법 제21조 제1항에 근거를 두고 있다. 구체적인 내용을 보면 "지방정부나 그 기관이 법령에 따라 처리하여야 할 사무로서 국가와 지방정부 간에 이해관계가 있는 경우에는 원활한 사무처리를 위하여 국가에서 부담하지 아니하면 아니 되는 경비를 국가가 그 전부 또는 일부를 부담한다"고 되어 있다. 여기에는 전염병예방, 재해복구사업 등 단체위임사무 등이 있다(이희봉, 2011: 559). 교부금은 지방재정법 제21조 제2항에 근거를 두고 있다. 구체적인 내용을 보면 "국가가 스스로 하여야 할 사무를 지방정부나 그 기관에 위임하여 수행하는 경우 그 경비는 국가가 전부를 그 지방정부에 교부하여야 한다"고 되어 있다. 여기에는 국민투표, 대통령과 국회의원선거, 외국인 등록, 병사, 민방위 등 기관위임사무를 수행하는 경우 등이 포함되어 있다(이희봉, 2011: 559). 그리고 보조금의 교부와 관련하여 지방재정법 제23조에는 다음과 같은 내용을 제시하고 있다. "① 국가는 정책상 필요하다고 인정할 때 또는 지방정부의 재정사정상 특히 필요하다고 인정할 때에는 예산의 범위에서 지방정부에 보조금을 교부할 수 있다. ② 시·도는 정책상 필요하다고 인정할 때 또는 시·군 및 자치구의 재정사정상 특히 필요하다고 인정할 때에는 예산의 범위에서 시·군 및 자치구에 보조금을 교부할 수 있다. ③ 지방정부에 보조금을 교부할 때에는 법령이나 조례에서 정하는 경우와 국가정책상 부득이한 경우 외에는 재원부담 지시를 할 수 없다"고 되어 있다. 여기에는 지하철건설, 경지정리사업 등과 같은 주로 자치사무의 경우를 포함하고 있다(이희봉, 2011: 559).

둘째, 보조형태에 의한 분류이다. 보조금을 지급하는 형태, 즉 일정한 금액 또는 비율이냐에 따른 구분이다. 정액보조금은 특정한 사업에 대하여 일정액의 보조금을 정액으로 교부하는 것으로 보조대상사업의 양에 일정단가를 곱한 금액을 교부하는 방법과 매 건별로 일정액을 교부하는 방법이 있다. 정률보조금은 지방정부가 지출하는 경비의 일정비율에 해당하는 금액을 국가가 보조하는 것으로 대부분이 정률보조금이다. 그 보조비율은 국가의 재정사정, 지방비부담능력, 주민의 요구정도, 당해 사무나 사업에 대한 국가의 관심도 또는 장려의 정도 등을 감안하여 결정되나 대부분의 사업이 보조금관리에 관한 법률에서 규정하고 있다(이희봉, 2011: 560-561).

셋째, 신청 여부에 의한 분류이다. 이는 지방정부가 국고보조사업을 수행할 때 보조금을 교부신청하게 되는데 이러한 사전신청 여부에 신청보조금과 무신청보조금으로 구분할 수 있다. 신청보조금은 보조사업을 수행하려는 자가 보조하려는 자에게 관계법령 및 지침에 의하여 예산계상을 신청하고, 이에 따라 받는 보조금으로 대부분의 보조금이 이와 같은 형태를 취한다. 무신청보조금은 보조사업을 수행하려는 자의 신청이 없이도 국가시책 수행상 부득이하여 보조하려는 자의 주관적 판단에 의하여 예산에 계상하여 보조하는 보조금이다. 국가가 소요경비의 전액을 교부하는 보조사업의 경우, 재해발생 등 사전에 예기치 못한 사유로 인하여 보조금의 교부가 불가피한 경우, 기타 기획재정부장관이 국가의 주요 시책수행상 보조금의 교부가 불가피하다고 설정하는 사업의 경우에 가능하다(권형신 외, 2001: 403).

넷째, 교부조건에 의한 분류이다. 국가가 지방정부에 보조금 지급시 교부조건에 따라 일반적 보조금과 특정 보조금으로 구분한다. 일반적 보조금이란 일정한 범위 또는 지역의 사업이나 일정한 효과를 가져오는 사업의 추진을 도모하기 위하여 그러한 취지에 맞는 사업에 소요되는 경비를 지원하면서 총액과 용도만을 정해주고 교부하는 보조금을 말한다. 특정 보조금이란 특정 사업에 필요한 경비를 원조하기 위하여 그 사용처를 한정하여 지출하는 보조금으로 이미 국가로부터 교부되는 시점에서 그 용도가 사전에 구체적으로 지정된다(권형신 외, 2001: 404).

다섯째, 시행주체에 의한 분류이다. 직접보조금과 간접보조금이 있다. 직접보조금이란 국가로부터 교부된 보조금을 지방정부가 직접집행하는 경우로서 우리나라에서는 재해위험지구 정비사업비, 자전거도로 정비사업비 등의 보조금 등이 있다. 간접보조금이란 국가로부터 교부된 보조금을 지방정부를 통하여 실수요자인 민간이나 타 기관에 재교부되는 보조금을 말한다. 우리나라에서는 공동양식장사업비, 일반경지정리사업비, 조림사업비 등의 경우 어촌계나 농촌공사, 산림조합 등에 재교부하여 사업을 집행하게 하고 있다([표 7-7] 참조)(윤길호, 2012: 15-18).

표 7-7 국고보조금의 유형

구 분	유 형
경비의 성질에 의한 분류	부담금, 교부금, 보조금
보조형태에 의한 분류	정액보조금, 정률보조금
신청여부에 의한 분류	신청보조금, 무신청보조금
교부조건에 의한 분류	일반적 보조금, 특정 보조금
시행주체에 의한 분류	직접보조금, 간접보조금

3. 국고보조금규모

국고보조금의 규모를 보면 [표 7-8]에서 보는 것처럼 2011년 32조 3,289억 원에서 2020년 65조 5,956억 원으로 급증하였다.

표 7-8 국고보조금규모 변화

(단위: 억 원)

연 도	보조금
2011	323,289
2012	341,965
2013	367,551
2014	400,097

2015	450,978
2016	460,434
2017	464,318
2018	501,763
2019	588,444
2020	655,956

자료: 행정안전부(2020: 33). 『2020년도 지방자치단체 통합재정개요(상)』.

국고보조금은 앞에서 살펴본 것처럼 지방비부담이 수반되는 경우가 일반적이다. 따라서 지방비부담비율을 살펴볼 필요가 있다. [표 7-9]에서 보는 것처럼 지방비부담비율은 지속적으로 감소하고 있다. 이는 신청주의를 제도적으로 정착함에 따라 지방정부가 희망하는 사업에 지원하고, 기준보조율을 준수토록 하여 연도 간 지방비부담의 균형을 유지하고자 노력한 결과이다.

표 7-9 국비사업 지방비부담

(단위: 억 원, %)

구 분	2016	2017	2018	2019	2020
국비사업	671,376 (100.0)	652,044 (100.0)	706,631 (100.0)	800,992 (100.0)	867,050 (100.0)
국고보조금 등	428,646 (63.8)	434,869 (66.7)	472,042 (66.8)	535,994 (66.9)	581,492 (67.1)
지방비부담	242,729 (36.2)	217,175 (33.3)	234,589 (33.2)	264,998 (33.1)	285,558 (32.9)

자료: 행정안전부(2020: 33). 『2020년도 지방자치단체 통합재정개요(상)』.

제 3 절 | 시 · 도비보조금

1. 개 념

선행연구 및 각종 법제도에서 제시하고 있는 시·도비보조의 개념을 살펴보면 다양하게 나타나고 있다.

먼저, 보조금 관리에 관한 법률 제2조에서는 "보조금이란 국가 외의 자가 행하는 사무 또는 사업에 대하여 국가가 이를 조성하거나 재정상의 원조를 하기 위하여 교부하는 보조금(지방정부에 대한 것과 기타 법인 또는 개인의 시설자금이나 운영자금에 대한 것에 한함), 부담금(국제조약에 의한 부남금은 세외), 기타 상당한 반대급부를 받지 아니하고 교부하는 납부금으로서 대통령이 정하는 것을 말한다"고 되어 있다. 경상북도 보조금 관리조례 제2조에 의하면 보조금은 "도 이외의 자가 행하는 사무 또는 사업에 대하여 공익상, 시책상의 필요에 따라 도가 이를 조성하거나 재정상의 원조를 하기 위하여 교부하는 자금"이다.

박정수(1997: 19)는 "시·도가 시·군 및 자치구에 대한 종합적인 계획 내지 시책을 추진하거나 신규사업을 보급·장려할 필요가 있거나 또는 재정형편상 지원이 필요하다고 인정될 때 지급하는 특정교부금이다"라고 하고 있다. 권해수(1997: 38-39)는 "시·도가 시·군 및 자치구의 종합계획 내지 시책을 추진하거나 신규사업을 보급·장려하거나 또는 재정형편상 지원이 필요하다고 인정될 때 지급하는 특정교부금"이라고 개념화하고 있다. 시·군 수행사업에 대한 시·도비보조금은 국고보조사업에 대한 시·도비부담(부담금의 형태로 지출)과 순수 시·도비보조사업에 대한 시·도비부담(자체부담)으로 구분된다(권해수, 1997: 38-39). 정원식·송병주(2000: 201)는 "시·군에 대한 종합적인 계획 내지 시책(국가 또는 광역적)을 추진하거나 신규사업을 보급·장려할 필요가 있거나 지역 간 재정조정 및 재정지원이 필요하다고 인정될 때 지급하는 특정교부금 형태의 자금"이라고 할 수 있다. 김대원(2003: 76)은 "도가 특정 사업의 시행을 시·군에 위임하고 이에 소요되는 경비의 일부 또는 전부를 지원하거나 또는 도가 특정 사업의 장려를 위하여 소요되는 경비의 일부 또는 전부를 시·군에 보조하는 재원"이다. 김종희(2003: 164)는 "일반적으로 국가 또는 지방정부가 특정 사업의 수행을 육성·조장·장려하기 위하여 교부하는 자금을 말한다"고 하고 있다. 김종웅·이용삼(2004: 192-193)은 "특정 사업의 실시를 기초지방정부에 위임하는 것을 조건으로 하여 경비의 일부 또는 전부를 교부하거나 또는 광역지방정부가 기초지방정부에 대하여 특정 사업의 실시를 장려하기 위해 당해 경비의 일부 또는 전부를 광역지방정부가 보조하는 재원이다. 이것은 기초지방정부의 세입이 되고 다시 세출예산에 편성되기 때문에 재원의 지출권은 기초지방정부의 장에게 위임된 것이다. 이처럼 시·도비보조금은 재정에 대한 지출권은 기초지방정부에 있지만 재원은 어디까지나 광역지방정부인 도의 것이므로 교부에 있어서는 상당한 조건과 제약이 부과될 수 있다." 박충훈·정재진(2004)은 정양조(1994: 4)의 개념을 원용하여 "재정은 광역지방정부의 것이나 특정 업무의 실시를 기초지방정부에 위임하는 것을 조건으로 하여 경비의 일부 또는 전부를 교부하거나 또는 광역지방정부가 기초지방정부에 대하여 특정 사업의 실시를 권고하기 위해 당해 경비의 일부 또는 전부를 광역지방정부가 보조하는 재정"이라고 개념화하고 있다. 허수만(1998: 6) 역시 유사한 개념화를 시도하고 있는데, 이는 이영조(1995: 396)의 개념을 원용하였기 때문이다. 문인수(2007: 4)는 "시·도가 재원의 용도를 지정하여 시·군에 지출권을 이전시키는 것을 의미하기도 하며, 또 소득의 지역 간 이동으로 정의되기도 한다. 또 다른 견해는 시·도가 시·군과의 사업간 연계를 강화시키고 시책사업의 장려와 위임사무를 처리하는 데 소요되는 경비의 일부 또는 전부를 시·군에 지원하는 것을 의미한다. 결국 시·도비보조금은 도가 특정 사업의 시행을 시·군에 위임하고 이에 소요되는 경비의 일부 또는 전부를 지원하거나 또는 도가 특정 사업의 장려를 위하여 소요되는 경비의 일부 또는 전부를 시·군에 보조하는 재원이다."

각 연구자들이 제시하고 있는 시·도비보조금에 대한 개념을 종합하면 다음과 같이 몇 가지로 요소화하여 제시할 수 있다.

첫째, 재원을 기준으로 하면 광역지방정부의 것이나 지출은 기초지방정부의 권한이며, 지방교부세와 달리 재원의 용도가 특별하게 지정되어 있고 예외적인 경우가 아니면 기초지방정부의 재원부담이 전제되어 있다. 둘째, 광역지방정부가 특정 사업을 기초지방정부에 위임하여 해당 업무를 추진할 수 있도록 재원의 일부 또는 전부를 지원하거나 특정 사업을 육성, 조장, 장려하기 위하여 지원하는 금액이다([표 7-10] 참조).

표 7-10 시·도비보조금의 개념

학 자	개 념
보조금 관리에 관한 법률	국가 외의 자가 행하는 사무 또는 사업에 대하여 국가가 이를 조성하거나 재정상의 원조를 하기 위하여 교부하는 보조금(지방정부에 대한 것과 기타 법인 또는 개인의 시설자금이나 운영자금에 대한 것에 한함), 부담금(국제조약에 의한 부담금은 제외), 기타 상당한 반대급부를 받지 아니하고 교부하는 납부금으로서 대통령이 정하는 것
박정수	시·도가 시·군 및 자치구에 대한 종합적인 계획 내지 시책을 추진하거나 신규사업을 보급·장려할 필요가 있거나 또는 재정형편상 지원이 필요하다고 인정될 때 지급하는 특정교부금
권해수	시·도가 시·군 및 자치구의 종합계획 내지 시책을 추진하거나 신규사업을 보급·장려하거나 또는 재정형편상 지원이 필요하다고 인정될 때 지급하는 특정교부금

정원식 · 송병주	시 · 군에 대한 종합적인 계획 내지 시책(국가 또는 광역적)을 추진하거나 신규사업을 보급 · 장려할 필요가 있거나 지역 간 재정조정 및 재정지원이 필요하다고 인정될 때 지급하는 특정교부금 형태의 자금
김대원	도가 특정 사업의 시행을 시 · 군에 위임하고 이에 소요되는 경비의 일부 또는 전부를 지원하거나 또는 도가 특정 사업의 장려를 위하여 소요되는 경비의 일부 또는 전부를 시 · 군에 보조하는 재원
김종희	일반적으로 국가 또는 지방정부가 특정 사업의 수행을 육성 · 조장 · 장려하기 위하여 교부하는 자금
김종웅 · 이용삼	특정 사업의 실시를 기초지방정부에 위임하는 것을 조건으로 하여 경비의 일부 또는 전부를 교부하거나 또는 광역지방정부가 기초지방정부에 대하여 특정 사업의 실시를 장려하기 위해 당해 경비의 일부 또는 전부를 광역지방정부가 보조하는 재원
박충훈 · 정재진 · 정양조	재정은 광역지방정부의 것이나 특정 업무의 실시를 기초지방정부에 위임하는 것을 조건으로 하여 경비의 일부 또는 전부를 교부하거나 또는 광역지방정부가 기초지방정부에 대하여 특정 사업의 실시를 권고하기 위해 당해 경비의 일부 또는 전부를 광역지방정부가 보조하는 재정
문인수	시 · 도가 재원의 용도를 지정하여 시 · 군에 지출권을 이전시키는 것을 의미하기도 하며, 또 소득의 지역 간 이동으로 정의

시 · 도비보조금을 보다 명확하게 하기 위하여 국고보조사업과 시 · 도비보조사업, 그리고 시 · 도비보조금과 지방교부세로 분류하여 살펴보고자 한다.

먼저, 국고보조사업과 시 · 도비보조사업의 공통점을 보면 다음과 같다. 세출분여방식을 취하고 있으며, 특정 사업에 사용하도록 용도가 정해진 특정재원이고, 일정비율을 지방비로 부담해야 하므로(기초지방정부의 부담분 포함) 지원대상사업에 대한 지출을 증대시키는 역할을 하게 되며, 배분방식은 사업계획에 의한다(권해수, 1997: 39). 국고보조사업과 시 · 도비보조사업에 대한 차이점을 보면 다음과 같다. 국고보조금은 국가에서 지방정부로 지원하며, 경비부담근거에 따라 부담금(지방재정법 제18조 제1항), 협의의 보조금(지방재정법 제20조 제1항), 교부금(지방재정법 제18조 제2항)으로 구분되고, 세원은 국세이며, 국회의 예산에 의해 신축적으로 결정된다. 시 · 도비보조금은 광역지방정부에서 기초지방정부로 지원하며 국고보조금과 함께 지원하기도 하고 자체적으로 지원하기도 하며, 세원은 도세이고 지방의회의 예산에 의해 신축적으로 결정된다(권해수, 1997: 39). 국고보조금은 중앙정부의 정책목적달성을 위해 용도를 지정해 지방정부에 제공하는 재정지원제도이며, 시 · 도비보조금은 시 · 도가 시책상 필요하다고 인정할 때 또는 시 · 군 및 자치구의 재정사정상 특히 필요하다고 인정할 때 예산의 범위 안에서 시 · 군 및 자치구에 교부하는 보조금을 말한다(김종희, 2003: 164-165; 지방재정법 제20조).

시・도비보조금과 지방교부세의 유사점과 차이점을 살펴보면 [표 7-11]과 같다.

표 7-11 시・도비보조금과 지방교부세의 구분

구 분	시・도비보조금	지방교부세
재원의 소유	광역지방정부	중앙정부의 재원
재원의 지출권	기초지방정부	광역 또는 기초지방정부
용도의 지정	용도지정	용도미지정
비용부담	기초지방정부의 부담요구	재원부담의무 없음

자료: 행정안전부(2020: 33). 『2020년도 지방자치단체 통합재정개요(상)』.

광역지방정부가 기초지방정부를 대상으로 재정을 조정하는 제도인 시・도비보조금, 자치구 조정교부금, 그리고 시・군 조정교부금을 비교하면 [표 7-12]와 같다.

표 7-12 광역지방정부의 기초지방정부 재정조정제도 개요

구 분	시・도비보조금	자치구 조정교부금	시・군 조정교부금
근거 법령	▪ 지방재정법 제23조 제2항 – 시・도는 시책상 필요하다고 인정할 때 또는 시・군 및 자치구의 재정사정상 특히 필요하다고 인정할 때에는 예산의 범위 안에서 시・군 및 자치구에 보조금을 교부할 수 있다.	▪ 지방재정법 제29조의2 – 특별・광역시장은 대통령령으로 정하는 보통세 수입의 일정액을 조정교부금으로 확보하여 조례로 정하는 바에 따라 해당 지방정부 관할 구역의 자치구 간 재정력 격차를 조정해야 함 ▪ 지방재정법 시행령 제36조의2 – 법 제29조의2에 따른 조정교부금 재원은 특별시・광역시 시세(市稅) 중 지방세기본법 제8조 제1항 제1호 각 목에 따른 보통세(광역시는 지방세법 제7장 제3절 주민세 재산분 및 제4절 주민세 종업원분 제외)로 하고, 교부금의 교부율・산정방법 및 교부시기 등은 특별・광역시의 조례로 정함	▪ 지방재정법 제29조 – 시・도지사(특별시장 제외)는 해당 광역시・도세, 지방소비세 금액의 27% 등에 해당하는 금액을 관할 시・군 간의 재정력 격차를 조정하기 위한 조정교부금 재원으로 확보해야 함 ▪ 지방재정법 시행령 제36조 – 일반재정보전금 배분 시 50%는 인구 수, 20%는 징세실적, 30%는 재정력을 기준으로 배분

재원	▪ 시·도의 일반회계 또는 특별회계, 기금	▪ 특별 광역시의 보통세 중 조례로 정하는 일정액 – 서울 22.6%, 부산 23.0%, 대구 22.29%, 인천 20.0%, 광주 23.9%, 대전 23.0%, 울산 20.0% ▪ 일반조정교부금(90%), 특별조정교부금(10%)으로 운영	▪ 광역시세·도세(화력·원자력발전 특정 부동산에 대한 지역자원시설세 및 지방교육세 제외) 총액 및 지방소비세의 27%(인구 50만 명 이상의 시와 자치구가 아닌 구가 설치되어 있는 시는 47%)에 해당하는 금액 ▪ 일반조정교부금(90%), 특별조정교부금(10%)으로 운영
용도	▪ 특정한 지원대상사업 재정수요 충당(용도지정)	▪ 일반조정교부금은 용도지정 없이 지방정부의 일반재원으로 사용 ▪ 특별조정교부금은 교부 시 부과된 조건이나 목적에 맞게 사용	▪ 일반조정교부금은 용도지정 없이 지방정부의 일반재원으로 사용 ▪ 특별조정교부금은 교부 시 부과된 조건이나 목적에 맞게 사용
배분 방법	▪ 지원사업별 사업우선순위 등에 의거 지원	▪ 지방정부별 기준재정수입액과 기준재정수요액을 분석한 후 재정부족액을 기준으로 배분	▪ 인구, 징수실적, 당해 시·군의 재정력 등에 따라 배분

자료: 행정안전부(2020: 85).『2020년도 지방자치단체 통합재정개요(상)』.

2. 시·도비보조사업의 필요성

시·도비보조의 기능 또는 필요성에 대하여 일부 연구결과가 축적되어 있으나 크게 다르지 않다.

김종희(2003: 165)는 광역행정의 수행과 재정격차완화를 위하여 시·도비보조금이 필요하다는 의견을 제시하였다. 광역행정의 수행이란 시·도비보조금은 공공재의 외부효과의 파급범위가 관할 지역을 초월하는 광역적 사무의 수행을 위하여 필요하다고 하는 견해이다. 기초지방정부에서는 해당 지역주민의 선호 및 후생에 중점을 두게 되고 광역적 차원에서 바람직하다고 생각되는 공공재의 공급에 대해서는 소홀하기 쉬우며, 이러한 경우 광역지방정부가 개입하여 공공재의 공급을 확대할 필요가 있다는 것이다. 재정격차완화란 시·도비보조금은 상위정부가 자원의 분배자로서의 역할을 수행하는데 있어서 하위정부보다 효과적이라는 논리에 의하여 합리화되고 있다. 반면에 시·도비보조금은 시·도가 그 보조금을 결정할 때 보조금액의 상당부분을 기초지방정부에 부담시키고 교부목적의 달성을 위한 조건을 붙임으로써, 기초지방정부의 재정자주권을 저해하는 측면도 있다(김종희, 2003: 165).

정원식 · 송병주(2000: 200-202)는 광역업무의 행정적 편이와 기초지방정부의 취약한 재원의 보전이라는 긍정적 측면도 있지만, 그 재정지원이 오히려 기초지방정부의 재정부담의 요인이 될 뿐 아니라 행 · 재정적 통제수단으로 작용하고 있다는 부정적 측면도 있다는 의견을 제시하였다. 이들은 공공재의 특수성과 행정관리와 지역 간 재정조정 및 배분의 효율성 도모 기능을 수행한다는 의견을 제시하였다.

먼저, 공공재의 특수성과 행정관리적 측면에서 보면 시 · 도비보조금은 그 사용의 용도를 지정하여 지방정부의 특정 행정에 대한 광역적인 일정수준의 유지, 광역종합계획 내지 시책의 실시, 신규사업의 보급장려, 주민편리를 위한 사무위탁 등의 순기능을 수행하고 있다고 보고 있다. 공공재의 관리체계에 있어서 외부효과의 파급범위가 관할 지역을 초월할 경우 시 · 군 · 구에서는 일반적으로 공공재를 시 · 도 전체 또는 광역적 차원에서 바람직한 수준보다 적게 공급할 것이다. 즉, 도시 및 지역 간 경쟁체제에서 공공재 공급은 자신의 해당 지역주민의 선호만을 고려할 뿐, 다른 지역주민의 후생에 미치는 효과는 간과하게 될 것이다. 이러한 경우 광역지방정부가 개입하여 공공재 공급을 확대할 필요성이 있다. 시 · 도비보조금은 이러한 광역행정의 수단으로 이용되고 있다(정원식 · 송병주, 2000: 202)는 것이다.

지역 간 재정조정 및 배분의 효율성 도모적 측면에서 살펴보면 시 · 도비보조금은 지방세만으로 지역주민의 수요를 충족시키기 어려운 지방의 사업활동을 위해 지급되고 있다고 본다. 시 · 도비보조금에 의한 시 · 군 · 구의 투자증대에 관한 논리는 조세지원의 경우와 동일하게 외부효과만큼 상위정부가 지원함으로써 자원의 효율적 배분을 유도하자는 것이다. 정부보조금의 가장 기본적인 존재이유는 정부 간 관계에 있어서 재정적 고려사항에서 연유된 것으로서 지방정부 간 재정적 불균형을 재조정시켜준다. 일반적으로 지방정부의 재정력이 중앙정부에 비해 취약한 것과 마찬가지로 기초지방정부도 광역지방정부에 비해 상대적으로 취약한 재정을 갖고 있는 것이 현실이다. 따라서 현행 시 · 도비보조금은 이러한 지역 간 재정격차를 완화시키기 위해 용도를 지정하여 교부하는 지시적 성격을 가지고 있다(정원식 · 송병주, 2000: 202).

김대원(2003: 73-79)은 시 · 군 · 구의 최저수준의 서비스 공급, 지역 간의 재정격차의 완화, 외부성의 시정, 특정 서비스 공급의 장려 등을 보조금의 기능 및 필요성으로 제시하고 있다.

최저수준의 서비스 공급이란 기초지방정부 중에는 재정력이 빈약하여 자체재원으로 최저수준의 서비스 욕구도 충족시켜주지 못하는 곳이 존재하며, 이러한 현상은 주민의 사회적 후생의 심한 불균형을 가져올 뿐만 아니라 지역 간의 불균형적인 발전, 쇠퇴지역의 발생과 주민이동 등 여러 가지 문제를 야기시키는 바, 광역지방정부의 입장에서는 이를 시정하기 위한 지원노력이 있어야 하며, 그것이 바로 보조금이라고 보는 견해이다.

유출효과의 시정이란 기초지방정부가 서비스를 공급하는 경우 일부의 편익이 기초지방정부의 관할 구역을 넘어 다른 지역으로 확산되는 경우도 있으며, 이 경우 공공서비스를 공급하는 기초지방정부에서 보면 편익이 타 지역으로 유출된 것이며 수혜지역에서 보면 재원을 사용하지 않고도 혜택을 보는 것과 같다.

외부성문제는 관련 지방정부들이 협상을 통해 자발적으로 해소되는 경우도 있으나 당사자 간의 협상을 통해 외부성 문제를 해결하는 것은 어렵다. 이때 활용되는 것이 보조금이라는 것이다.

공공서비스의 효율적 공급이란 공공서비스의 성격상 상급지방정부인 도가 공급을 하여야 하지만 시·군·구가 공급하는 것이 효율적인 경우가 존재한다. 이때는 역할분담방식에 따라 상급지방정부는 재정지원을 하고 실제 공급은 시와 군에 위임한다.

재정불균형의 시정이란 재정잉여의 균등화나 재정불균등의 조정을 위한 시·도비보조금은 수평적 공평이란 관점에서 그 필요성과 정당성이 인정된다. 재정잉여라함은 조세부담과 공공적 서비스 공급에 따른 편익의 차를 뜻한다. 모든 기초지방정부가 자신의 행정구역 내에 있는 주민들에게 수평적 공평을 달성하였다 하더라도 기초지방정부 간에 재정력의 차이가 있으면 기초지방정부 상호 간에는 수평적 공평이 이루어진 것은 아니다. 기초지방정부 간에는 조세부담능력의 차, 공공재 공급에 따른 편익의 상이 등으로 재정잉여에 있어서 차이가 있게 마련이다. 기초지방정부 간의 재정잉여의 공평화를 위해서는 광역지방정부의 재원의 이전이 합리적이다(김종웅·이용삼, 2004: 191).

김대원(2003)이 제시하고 있는 기능 외에 문인수(2007: 8)는 지역의 특성화 수행기능을 제시하고 있다. 즉, 시·군·구의 경우 재정의 취약으로 인하여 자력으로 지역을 발전시키는 데 소요되는 재원의 동원이 어렵다면, 이때 상급지방정부는 지역의 발전에 유리한 분야를 지역과 협의하여 결정하고 이 분야에 재정지원을 하여 집중적으로 개발할 수 있다. 이는 지역 간의 균형발전과 지역의 특색있는 발전을 위해서 바람직하다.

시 · 도비보조금의 기능 및 필요성을 종합하면 시 · 군 · 구의 최저수준의 서비스 공급, 지역 간의 재정격차의 완화, 외부성의 시정, 특정 서비스 공급의 장려(지역의 특성화 기능 수행)라고 볼 수 있다([표 7-13] 참조).

표 7-13 시 · 도비보조금의 필요성

- 시 · 군 · 구의 최저수준의 서비스 공급
- 지역 간의 재정격차의 완화
- 외부성의 시정
- 특정 서비스 공급의 장려(지역의 특성화 기능 수행)

3. 시 · 도비보조의 유형

시 · 도비보조의 유형에 대해서는 정원식 · 송병주(2000), 권해수(1997) 등 다양한 학자들에 의하여 제시되었다.

정원식 · 송병주(2000: 201)는 국고보조사업에 대한 시 · 도비부담으로서 광역지방정부가 시 · 군 및 자치구에 지급하는 시 · 도비보조금과 도 시책상의 순수 시 · 도비보조사업 명목으로 지원하는 시 · 도비보조금으로 구분한다.

권해수(1997: 39)는 자금 사용용도의 제한이 있느냐 없느냐에 따라 일반보조금과 특정보조금으로 나누기도 하고, 지방정부의 보조사업 경비지출액의 일정비율을 교부하는 정율보조금과 일정액을 교부하는 정액보조금으로 구분한다. 정율보조금은 특정 사업에 대해 지방비 부담규모에 따라 재정지원규모가 변화하는 보조금을 의미하고 여기에는 폐쇄형 정율보조금과 개방형 정률보조금이 있다. 폐쇄형 정율보조금은 지방비부담액에 따른 보조금에 상한액을 정하는 경우이고, 개방형 정율보조금은 지방비부담액과 관계없이 일정 보조율을 지원하는 경우이다. 그리고 정액보조금은 지방비 부담규모와 관계없이 일정한 금액을 지원하는 보조금이다(권해수, 1997: 39).

시 · 도비보조금에 대하여 가장 종합적으로 제시하고 있는 문인수(2007: 10-12)의 연구를 토대로 시 · 도비보조금의 유형을 보면 [그림 7-2]와 같다.

교부주체는 국고보조에 따른 시 · 도비보조금과 순수 시 · 도비보조금으로 구분되고, 교부목적은 시책보조금과 재원보전 보조금으로 구분된다. 시책보조금은 지역의 특정

정책의 장려나 도지사가 시책상 필요하다고 판단하여 지원되는 보조금으로 시장·도지사가 원하는 사업, 지역이 특별히 선호하는 사업 등에 지원되는 보조금이다. 재원보전보조금은 시·군·구의 재정상 특별히 필요하다고 인정될 때 한하여 교부하는 보조금이다. 부가조건을 기준으로 분류하면 조건부 보조금과 무조건부 보조금, 보조기준을 중심으로 보면 정액보조금과 정률보조금, 보조금 수혜주체를 기준으로 보면 시·군·구에 관한 보조와 민간단체 또는 개인에 대한 보조, 지원사업을 기준으로 보면 경상보조와 자본보조로 구분된다. 경상보조는 운영경비의 일부를 보조하는 것이고, 자본보조는 자본자산의 증가를 위해 지원하는 것이다.

그림 7-2 시·도비보조금의 유형

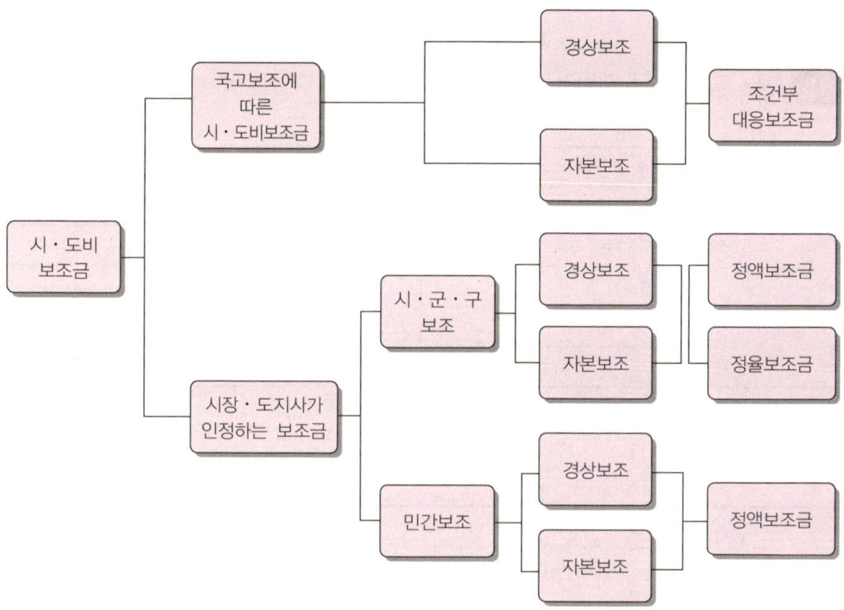

4. 시·도비보조규모

시·도비보조금의 규모를 보면 2013년 11조 8,335억 원이었으나 2020년에는 17조 7,561억 원으로 증가하였다([표 7-14] 참조).

표 7-14 시 · 도비보조금 연도별 규모

(단위: 억 원)

연 도	시 · 도비보조금
2013	118,335
2014	116,724
2015	123,452
2016	129,748
2017	138,711
2018	150,526
2019	176,099
2020	177,561

주: 2019년까지는 최종예산액, 2020년은 당초예산액, 시 · 군 · 구 예산편성 기준.
자료: 행정안전부(2020: 86). 『2020년도 지방자치단체 통합재정개요(상)』.

표 7-15 시 · 도비보조금 재원이전규모(2020년)

(단위: 억 원, %)

구 분		규 모	구성비
계		177,561	100
특별시 자치구		31,450	17.7
광역시	계	44,143	24.9
	군	4,016	2.3
	자치구	40,126	22.6
도	계	101,968	57.4
	시	69,553	39.2
	군	32,415	18.3

주: 시 · 군 · 구 예산편성 기준.
자료: 행정안전부(2020: 86). 『2020년도 지방자치단체 통합재정개요(상)』.

시 · 도비보조금은 살펴본 것처럼 지속적으로 증가하고 있다. 이를 좀 더 구체적으로 살펴보면 [표 7-15]에서 보는 것과 같이 시 · 도에서 시 · 군 · 구으로 이전하는 규모가 전체의 57.4%로 나타나 가장 높은 비중을 보인다.

제 4 절 | 균형발전특별회계

1. 개 념

국가균형발전특별회계는 여러 부처에서 분산 추진되던 균형발전 관련 사업들을 하나의 특별회계로 통합하여 체계적으로 추진하고, 지역사업의 수요자인 지방정부의 특성과 우선순위를 최대한 반영하여 국가균형발전정책을 효과적으로 지원하기 위하여 2005년에 신설되었다. 2003년 12월 국가균형발전 특별법을 제정(2004년 4월 시행)하고 종전의 지방양여금 및 지역발전 관련 국고보조사업 등을 '균형발전특별회계'로 통합하여 운영하고자 한 것이다.

정부는 균형발전특별회계를 설치하면서 기존의 지방재정보전 수단이었던 지방양여금제도를 폐지하여 양여금의 주 재원이었던 주세의 100%를 균형발전특별회계의 재원으로 하였으며, 기존에 일반회계 등에서 국가 직접 편성사업으로 추진되던 보조사업 등을 대부분 지방정부 자율편성 형식으로 전환하였다. 균형발전특별회계는 국가균형발전정책을 재정적으로 뒷받침한다는 목적으로 설치되었지만 실제로 균형발전 관련 사업들 전부를 포괄하는 회계라고는 볼 수 없고, 특정 자금으로 특정 사업을 연계하는 회계라는 특성을 지닌 기존의 특별회계와도 다른 특성을 가지고 있다(강대훈, 2007: 1).

2. 구성 및 편성체계

1) 기본구조

균형발전특별회계는 법률개정을 통해 광역·지역발전특별회계('10~'14년), 지역발전특별회계('15~'18년)를 거쳐 균형발전특별회계('19년~)로 개편하여 현재에 이르고 있다.

균형발전특별회계는 2020년 현재 지역자율계정, 지역지원계정, 세종특별자치시계정, 제주특별자치도계정 등 4개의 계정이 있다. 이 중 지역자율계정은 과거 지역개발계정, 생활기반계정이라는 명칭으로 명명되다가 현재에 이르게 된 것이다. 그리고 다른 하나

표 7-16 균형발전특별회계 구성 및 편성체계

<table>
<tr><th colspan="2">계 정
편성방식</th><th>지역자율계정</th><th>지역지원계정</th><th>세종특별
자치시계정</th><th>제주특별
자치도계정</th></tr>
<tr><td rowspan="2">지방
정부
자율
편성</td><td>시·도</td><td>① 시·도
자율편성사업</td><td>–</td><td rowspan="2">③ 시·도, 시·군·구 자율편성사업

*시·군·구 기반구축사업 등 포함</td><td rowspan="2">④ 시·도, 시·군·구 자율편성사업

*시·군·구 기반구축사업 등 포함

⑤ 특별지방행정기관이관사무 수행경비</td></tr>
<tr><td>시·군·구</td><td>② 시·군·구
자율편성사업</td><td>–</td></tr>
<tr><td colspan="2">부처직접편성</td><td>–</td><td>⑥ 부처직접
편성사업</td><td>⑦ 부처직접
편성사업</td><td>⑧ 부처직접
편성사업</td></tr>
</table>

자료: 기획재정부(2020: 11).『국가균형발전특별회계 예산안 편성지침』.

의 계정은 광역발전계정, 경제발전계정을 거쳐 지역지원계정으로 부르게 되었다.

균형발전특별회계는 앞에서 살펴본 4개의 계정에 8개의 사업군으로 편성되어 있다. 구체적으로 살펴보면 [표 7-16]과 같다. 여기에서 시·도 자율편성사업(지역자율계정)은 지역의 일반적 개발사업으로 각 시·도가 지출한도 내에서 자율적으로 예산을 편성한다. 시·군·구 자율편성사업지역자율계정)은 성장촉진지역 등 기초생활권 관련 기반구축사업으로, 해당 시·군·구가 지출한도(계속소요) 내에서 자율적으로 예산을 편성한다. 단, 신규소요는 부처가 공모를 통해 선정한다. 자율편성사업(세종·제주계정)은 세종 및 제주계정 대상사업 중 부처직접편성사업을 제외한 사업으로 세종특별자치시와 제주특별자치도가 사업군별 지출한도 내에서 자율편성한다. 단, 시·군·구 자율편성사업의 신규소요는 부처가 공모를 통해 선정한다. 마지막으로 부처직접편성사업(지역지원계정, 세종·제주계정)은 광역협력권 지원을 위한 시·도 간 연계사업 등 국가적 우선순위가 높은 사업으로, 각 부처가 시·도 발전계획 및 중장기 투자계획 등에 의거 지방정부 요구 등을 받아 부처에서 직접예산을 편성한다(행정안전부, 2020: 82).

기본구조를 보면 범국가적인 통합 관리가 필요한 사업은 타 회계로, 지역 연계투자로 효율화가 가능한 사업은 균형발전특별회계에서 수행하고 있다. 그리고 지역자율계정은 시·도 및 시·군·구 자율편성사업으로 구성하고, 지역지원계정은 부처직접편성

사업으로 구성하고 있다. 균형발전특별회계 안에서도 재정효과가 특정 지역에 국한되고, 지방정부 자율성이 요구되는 사업은 지역자율계정에 포함하고 경제, 문화, 관광 등 다양한 분야 및 권역의 협력이 필요한 사업은 지역지원계정에 포함하고 있다(기획재정부, 2020: 12).

2) 계정별 대상사업

균형발전특별회계는 4개의 계정으로 구성되어 있다. 각 계정별로 대상사업에 차이가 있다.

(1) 지역자율계정

지역자율계정 대상사업은 국가균형발전 특별법 제34조 제2항에서 정하고 있다. 첫째, 지방정부의 ① 성장촉진지역, 특수상황지역, 농산어촌 및 도시활력증진지역 등의 개발사업으로서 기초생활권 생활기반의 확충과 관련한 사업, ② 지역사회기반시설의 확충 및 개선 관련 사업, ③ 지역의 문화·예술·체육 및 관광자원의 개발 및 확충 관련 사업, ④ 지역의 물류·유통기반 확충 등 산업기반 조성 등에 관한 사업, ⑤ 지역의 특성 있는 향토자원의 개발 및 활용에 관한 사업, ⑥ 그 밖에 대통령령으로 정하는 사업(국가균형발전 특별법 시행령 제36조)을 제외한 지방정부의 보조사업이다. 둘째, 국가균형발전을 촉진하기 위한 조사·연구사업에 필요한 경비, 셋째, 공공자금관리기금법에 따른 공공자금관리기금으로부터의 예수금의 원리금 상환, 넷째, 일시차입금의 원리금 상환, 다섯째, 계정의 관리·운영에 필요한 경비, 여섯째, 회계의 지역지원계정, 제주특별자치도계정 및 세종특별자치시계정으로의 전출금, 그리고 일곱째, 그 밖에 국가균형발전에 관하여 대통령령으로 정하는 사업에 의한 자금의 융자 등 필요한 경비의 지원을 대상으로 지원하고 있다([표 7-17] 참조).

(2) 지역지원계정

다음은 지역지원계정의 대상사업이다. 이는 국가균형발전 특별법 제35조 제2항에서 정한 대상사업이다.

구체적으로는 ① 광역협력권 활성화 및 지역경쟁력 강화를 위한 교통·물류망 확충

표 7-17 지역자율계정 포괄보조사업 목록

구 분	부 처	세부사업명	보조율	예산 내역사업
시·도 자율 편성 사업	국토교통부	① 도시형교통모델	50%	• 공공형택시지원 등
		② 주차환경개선지원	50%	• 공영주차장 건설지원
	농림축산 식품부	③ 반려동물산업육성	30~40%	• 동물보호센터 건립지원
		④ 농촌형교통모델	50%	• 농촌교통지원
	농촌진흥청	⑤ 지역농촌지도사업 활성화지원	50%	• 농촌지도기반 조성
	문화체육 관광부	⑥ 문화시설 확충 및 운영	40%	• 공공도서관 등(단, 작은 도서관 조성 국비 70%)
		⑦ 체육진흥시설지원	30%	• 생활체육공원 등
		⑧ 폐산업시설 등 유휴공간 문화재생	50%	• 폐산업시설 등 유휴공간 문화재생
	산림청	⑨ 산림휴양·녹색공간조성	50%	• 지방자치단체 자연휴양림 조성 등
		⑩ 임도시설(국유림 제외)	70%	• 임도시설(간선임도)
	해양수산부	⑪ 해양 및 수자원 관리	50%, 70%	• 연안정비 등
	행정안전부	⑫ 지역사회활성화기반 조성	50%	• 지역사회 활성화 공간조성 및 조사연구
	환경부	⑬ 상수도시설 확충 및 관리	70%	• 도서지역 식수원 개발 등
시·군·구 자율 편성 사업	국토교통부	⑭ 성장촉진지역 개발	100%	• 지역개발지원 등
		⑮ 도시활력증진지역 개발	50%	• 우리동네살리기
	농림축산 식품부	⑯ 일반농산어촌 개발	70%	• 농촌중심지 활성화 등
		⑰ 지역행복생활권 협력사업	70~80%	• 취약지역개선 등
	행정안전부	⑱ 특수상황지역 개발	80%	• 기초생활기반 확충 등

자료: 기획재정부(2020: 20). 『국가균형발전특별회계 예산안 편성지침』.

관련 사업에 대한 출연·보조 또는 융자, ② 지역특화산업 육성과 지역활력 회복, 투자촉진 및 일자리 창출에 관련된 사업에 대한 출연·보조 또는 융자, ③ 지방대학의 경쟁력 향상 및 지역인적자원의 개발 관련 사업에 대한 출연·보조 또는 융자, ④ 지역의 과학기술의 진흥 및 특성화 관련 사업에 대한 출연·보조 또는 융자, ⑤ 공공기관·기업 및 대학 등 인구집중유발시설의 지방이전에 관한 사업에 대한 융자 등 필요한 경비의 지원, ⑥ 지역의 문화·관광자원 육성, 지역 고유정신 문화 및 지역가치 발굴·선양, 환경보전사업 등에 대한 출연·보조 또는 융자, ⑦ 지역의 주요 성장거점에 대한 출연·보조 또는 융자, ⑧ 관련 법령에 따라 지방으로 이관되는 특별지방행정기관의 이관사무 수행에 필요한 경비, ⑨ 주민지원사업, 토지매수비용, 훼손지복구, 공원화사업, 인공조림조성, 개발제한구역의 합리적 관리를 위한 조사·연구 등에 드는 비용, ⑩ 광역협력권 활성화와 지역경쟁력 강화를 위한 조사·연구사업에 필요한 경비, ⑪ 공공자금관리기금법에 따른 공공자금관리기금으로부터의 예수금의 원리금 상환, ⑫ 소속재산의 관리·운영에 필요한 경비, ⑬ 일시차입금의 원리금 상환, ⑭ 계정의 관리·운영에 필요한 경비, ⑮ 회계의 지역자율계정, 제주특별자치도계정 및 세종특별자치시계정으로의 전출금, ⑯ 그 밖에 국가균형발전에 관한 사업으로서 대통령령으로 정하는 사업의 시행에 필요한 자금의 융자 등 필요한 경비의 지원을 하는 사업에 보조하고 있다.

(3) 제주특별자치도계정과 세종특별자치시의 계정

제주특별자치도의 계정은 국가균형발전 특법법 제35조의2 제2항에서 정한 대상사업이다. 구체적으로는 ① 지역자율계정의 지원대상인 지방정부사업에 대한 보조와 그 밖에 지역발전에 관하여 대통령령으로 정하는 사업에 대한 자금의 융자 등 필요한 경비의 지원, 지역지원계정에서 지원되는 사업에 대한 출연·보조 또는 융자, 개발제한구역의 지정 및 관리에 관한 특별조치법에 따른 사업에 필요한 경비, 광역협력권 활성화와 지역경쟁력 강화를 위한 조사·연구사업에 필요한 경비, 그 밖에 지역발전에 관한 사업으로서 대통령령으로 정하는 사업의 시행에 필요한 자금의 융자 등 필요한 경비의 지원 등, ② 제주특별자치도 설치 및 국제자유도시 조성을 위한 특별법에 따라 이관되는 특별지방행정기관 이관사무의 수행에 필요한 경비와 자치경찰로 이체(移替)되는 경찰인력에 대한 인건비 상당액 및 그 운영비 일부, ③ 일시차입금의 원리금 상환, ④ 회계의 지역자율계정 및 지역지원계정 및 세종특별자치시계정으로의 전출금, ⑤ 그 밖에 계정의 관리와 운영에 필요한 경비를 보조하고 있다.

세종특별자치시계정의 대상사업은 국가균형발전 특별법 제35조의3 제2항에서 정한 대상사업이다.

구체적으로는 ① 지역자율계정의 지원대상인 지방정부사업에 대한 보조와 그 밖에 지역발전에 관하여 대통령령으로 정하는 사업에 대한 자금의 융자 등 필요한 경비의 지원, 지역지원계정에서 지원되는 사업에 대한 출연·보조 또는 융자, 개발제한구역의 지정 및 관리에 관한 특별조치법에 따른 사업에 필요한 경비, 광역협력권 활성화와 지역경쟁력 강화를 위한 조사·연구사업에 필요한 경비, 그 밖에 지역발전에 관한 사업으로서 대통령령으로 정하는 사업의 시행에 필요한 자금의 융자 등 필요한 경비의 지원 등, ② 일시차입금의 원리금 상환, ③ 회계의 지역자율계정, 지역지원계정 및 제주특별자치도계정으로의 전출금, ④ 그 밖에 계정의 관리와 운영에 필요한 경비를 보조하고 있다.

3. 예산편성 및 집행절차

표 7-18 균형발전특별회계 예산편성절차

구 분	내 용
회계명칭	• 국가균형발전특별회계
설치목적	• 국가균형발전계획 관련 사업을 효율적으로 추진
계정구분	• 지역자율계정, 지역지원계정, 제주특별자치도계정, 세종특별자치시계정
예산편성절차	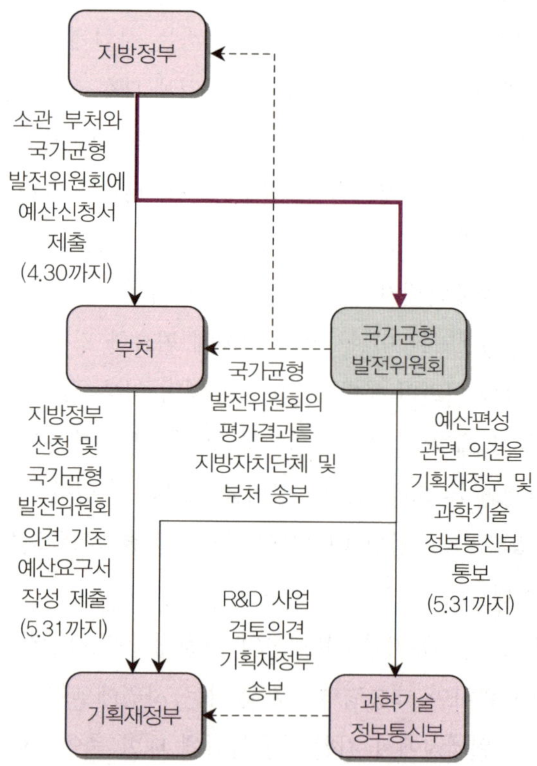

자료: 기획재정부(2020: 13).『국가균형발전특별회계 예산안 편성지침』.

균형발전특별회계의 예산은 계정별로 차이가 있으나 개략적으로 [표 7-18]과 같은 절차에 의거하여 예산을 편성한다.

참고문헌

강대훈(2007). 『국가균형발전특별회계 개선방안』. 국회예산정책처 연구보고서.

국회예산정책처(2012). 『재정수첩』.

권오성 · 박민정(2009). "정책수단으로서의 보조금 현황 및 연구경향." 『행정논총』, 41(1).

권오성 · 배인명 · 김성철(2005). 『국고보조금 및 매칭펀드제도 개선방안』. 한국행정연구원

권해수(1997). "시 · 군지역개발을 위한 도비보조금의 역할과 합리적 운용방안: 경기도를 중심으로." 『한국지방재정학회보』, 2(1): 37-60. 한국지방재정학회.

권형신 외(2001). 『한국의 지방재정 이론과 실무』. 도서출판 해남.

기획재정부(2012a). 『광역지역발전특별회계 예산편성 관련 설명자료』.

______(2012b). 『광역지역발전특별회계 2013 예산편성 설명자료』.

______(2020). 『국가균형발전특별회계 예산안 편성지침』.

김대원(2003). "도비보조금 제도의 효과분석: 경상북도 도비보조금제도를 중심으로." 『신라대학교 논문집』, 52: 73-92. 신라대학교.

김종웅 · 이용삼(2004). "도비보조금의 과제와 선택: 경상북도를 중심으로." 『경제경영연구』, 2(2): 187-208. 대구대학교 경제경영연구소.

김종희(2003). "도비보조금의 재정조정효과에 관한 연구: 충청남도를 중심으로." 『한국지방정부학회지』, 7(1): 163-179. 한국지방정부학회.

라휘문(2018). "지방보조금 평가체계의 발전방안." 『지방재정』, 2018년 제4호. 한국지방재정공제회.

라휘문 외(2018). 『경기도 도비보조금의 대상사업 및 보조율 제도 개선방안』. 경기도의회 수탁과제.

문광민(2011). "중앙정부 보조금과 지방정부의 효율성: 패널문턱 모형에 의한 비단조직 관계분석." 『한국행정학보』, 45(4).

문인수(2007). "도비보조금에 관한 연구." 『사회과학논총』, 13(1): 1-18. 경일대학교 사회과학연구소.

박정수(1997). "시 · 도비 보조금의 문제점과 정책과제." 『지방자치』, (105): 18-23. 현대사회연구소.

박충훈 · 정재진(2004). 『지방정부간 재정이전의 정책효과 분석: 도비보조금을 중심으로』. 경기개발연구원 연구보고서.

서정섭 · 김성주(2016). 『지방자치단체 국고보조금 집행의 효율적 관리방안』. 한국지방행정연구원.

손희준(2019). 『새지방행정학』. 서울: 대영문화사.

오윤섭 · 홍수완(2015). 『국고보조사업의 관리위험과 관리통제 개선방안 연구』. 감사원 감사연구원.

이영조(1995). 『지방재정론』. 서울: 대명출판사.

이재원(2009). "재정환경환경 변화에 따른 국고보조금 제도의 개편과제." 『지방재정과 지방세』, 제20호. 한국지방재정공제회.

_____(2016). 국고보조금 유감. 『지방자치 이슈와 포럼』, No.3. 한국지방행정연구원.

이준구(1993). 『소득분배의 이론과 현실』. 서울: 다산출판사.

_____(1995, 2003). 『재정학』. 서울: 다산출판사.

이현우(2010). 『지방자치단체 보조금제도의 효율적 운영방안』. 경기연구원.

이희봉(2011). 『거버넌스 지방재정』. 사회문화사.

임성일(2012). "국고보조금제도의 과제와 개선방향." 『지방재정』, (4): 6-21. 한국지방재정공제회.

장덕희(2009). "국고보조금의 이월현상에 관한 연구." 『한국정책과학학회보』, 13(2).

정양조(1999). 『도비보조금 제도의 운영실태 및 합리적 개편방안: 전라남도 사례를 중심으로』. 전남대 행정대학원 석사학위 논문.

정원식 · 송병주(2000). "도비보조금의 실태분석: 경상남도를 중심으로." 『한국행정학회보』, 34(2): 199-218. 한국행정학회.

조기현(2012). "포괄보조금제도의 운용실태와 발전방향." 『한국지방재정논집』, 17(1): 41-73. 한국지방재정학회.

최병호 외(2012). 『국고보조사업의 국가 · 지방간 재원분담체계 개선』. 한국지방재정학회.

최순영(2014). 『국고보조금제도의 정비방안』. 한국행정연구원.

허명환(2000). 중앙과 지방정부 간 재원부담모델. 『재정논집』, 15(1). 한국재정학회.

행정안전부(2017). 『지방보조금 관리기준』.

_____(2020). 『2020년도 지방자치단체 통합재정개요(상)』.

허수만(1998). 『도비보조금 운영의 문제점과 개선방안』. 경북대 행정대학원 석사학위 논문.

보조금 관리에 관한 법률

King, D. N.(1984). *Fiscal Tiers: The Economics of Multi-Level Government*. London: George Allen & Uniwin.

Myers, N. & J. Kent(2001). *Perverse Subsidies: How Tax Dallars Can Undercut the Environment and the Economy*. Washington, D.C.: Island Press.

Salamon, L. M. & O. V. Elliott(2002). *The Tools of Government: A guide to the New Governance*. Oxford University Press.

Schwartz & Clements(1999). Government Subsidies. *Journal of Economic Surveys*, 13(2): 119-148.

Chapter
08 지방채

제 1 절 | 지방채의 의의

1. 지방채의 개념

지방채에 대하여 학자들은 유사하면서도 조금은 다른 개념을 제시하고 있다. 서정섭(2007: 53)에 의할 경우 지방채는 지방정부가 특정한 사업을 수행하는 데 필요한 재원을 조달할 목적으로 발행하는 채무이다. 이희봉(2011: 581)에 의하면 지방채는 지방정부가 재정상 필요한 경비를 충당하기 위해서 과세권을 담보하여 조달하는 채무이다. 권형신 외(2001: 178)에 의하면 지방채는 지방정부가 재정상 필요한 경비를 충당하기 위하여 정부, 민간부문(자본시장, 금융기관 등) 또는 외국 등 외부로부터 증서차입이나 증권발행 등의 방법으로 상환이 복수연도(1회계연도를 넘어 2개년 이상)에 걸쳐 이루어지는 채무를 말한다. 그리고 이러한 지방정부의 채무는 과세권을 담보로 하여 이루어진다고 한다. 이현우(2010: 122)에 의하면 지방채는 지방정부가 발행하는 채권으로 당해 재정수입부족을 보충하고자 재정상의 필요에 따라 과세권을 담보로 자금을 차입하면서 부담하는 채무로 그 채무의 이행이 1회계연도를 넘어서 이루어지고, 그 형태는 증서차입 또는 증권발행을 통해 이루어진다. 지방재정법 제11조와 지방재정법 시행령 제7조에 의하면 지방채는 지방정부의 항구적 이익이 되거나 긴급한 재난복구 등을 위하여 자금을 차입하면서 부담하는 채무로서, 그 채무의 이행이 1회계연도를 넘어서 이루어지며, 지방채증권, 차입금 형식을 취하는 것을 말한다고 되어 있다.

이를 종합하여 손희준(2019: 197-198)은 다음과 같이 지방채를 정의하고 있다. 첫째, 지방채의 발행주체는 지방정부와 지방정부 조합이 해당된다. 둘째, 지방채는 교부공채를 제외하면 지방채발행 시 당해 연도에 자금이동이 수반된다. 셋째, 지방채는 채무이행기간이 2회계연도 이상에 걸쳐 이루어진다. 넷째, 지방채는 증권발행 또는 증서차입의 형식을 취한다([표 8-1] 참조).

표 8-1 지방채의 개념

학 자	개 념
서정섭	지방정부가 특정한 사업을 수행하는 데 필요한 재원을 조달할 목적으로 발행하는 채무
이희봉	지방정부가 재정상 필요한 경비를 충당하기 위해서 과세권을 담보하여 조달하는 채무
권형신 외	지방정부가 재정상 필요한 경비를 충당하기 위하여 정부, 민간부문(자본시장, 금융기관 등) 또는 외국 등 외부로부터 증서차입이나 증권발행 등의 방법으로 상환이 복수연도(1회계연도를 넘어 2개년 이상)에 걸쳐 이루어지는 채무
이현우	지방정부가 발행하는 채권으로 당해 재정수입부족을 보충하고자 재정상의 필요에 따라 과세권을 담보로 자금을 차입하면서 부담하는 채무로 그 채무의 이행이 1회계연도를 넘어서 이루어지고, 그 형태는 증서차입 또는 증권발행을 통해 추진
지방재정법	지방정부의 항구적 이익이 되거나 긴급한 재난복구 등을 위하여 자금을 차입하면서 부담하는 채무로서, 그 채무의 이행이 1회계연도를 넘어서 이루어지며, 지방채증권, 차입금 형식을 취하는 것
손희준	첫째, 지방채의 발행주체는 지방정부와 지방정부 조합 둘째, 지방채는 교부공채를 제외하면 지방채발행 시 당해 연도에 자금이동 수반 셋째, 지방채는 채무이행기간이 2회계연도 이상 소요 넷째, 지방채는 증권발행 또는 증서차입의 형식을 통해 추진

2. 지방채의 중요성

지방채의 발행목적은 ① 대규모 투자사업을 위하여, ② 미래의 세원개발을 위해서, ③ 재해 등 긴급 시 지출을 위하여, ④ 만성적인 적자재정을 보전하기 위하여, ⑤ 수입의 시기적 불균형을 조정하기 위하여, ⑥ 신규채로 구채를 교환하는 차환을 위하여, ⑦ 지역경제활성화를 위한 공공사업에 참여하는 민간기업에 재대부하기 위하여 등이다(권형신 외, 2011: 178). 또한 지방재정법 제11조에서는 "① 공유재산의 조성 등 소관 재정투자사업과 그에 직접적으로 수반되는 경비의 충당, ② 재해예방 및 복구사업, ③ 천재지변으로 발생한 예측할 수 없었던 세입결함의 보전, ④ 지방채의 차환" 등의 목적으로 발행하도록 하고 있다.

지방채는 다양한 용도로 활용가능하기 때문에 그 중요성이 인정된다. 이희봉(2011: 584-585)은 재원조달, 재원조정, 지역개발촉진 및 자원분배 등의 용도로 활용가능하다고 주장하고 있고, 서정섭(2007: 53)은 재원조정, 재원조달 등의 기능을 수행할 수 있다고 주장하고 있다. 또한 권형신 외(2011: 179)는 재원조달기능, 정책유도기능, 재정조정기능, 부담의 공평화기능, 재원보전기능을 수행한다고 보고 있다. 세 명의 학자에 의하여 주장된 내용을 종합하면 재원조달, 재원조정, 지역개발촉진 및 자원분배, 그리고 정책유도 등의 기능을 수행한다고 볼 수 있다.

첫째, 재원조달이란 투자재원, 재해복구 등에 탄력적이고 신속한 재원조달을 위하여 지방채를 발행하는 것을 의미한다. 둘째, 지방채의 재원조정기능이란 세대 간 재원조정과 건전한 재정을 위한 재원조정기능의 두 가지로 구분하여 살펴볼 수 있다. 세대 간 재원조정이란 지방채를 통하여 확보된 재원을 투자재원으로 활용하여 세대 간 부담의 공평화를 맞출 수 있다는 의미이다. 즉, 어떤 사업에 대한 비용을 현재의 구성원이 납부하는 조세로만 부담시키면 그 부담이 현재에 집중되지만 지방채를 발행하여 사업을 추진할 경우 원금상환시기의 차이로 인하여 세대 간 부담이 가능해진다. 그리고 건전한 재정을 위한 재원조정기능이란 과거에 발행한 지방채에 대해 이자율, 상환조건 등에서 보다 나은 조건의 채무로 바꾸기 위하여 차환채를 발행하는 등 재정상태를 개선하는 노력을 의미한다. 셋째, 지방채는 지역개발촉진 및 자원분배기능을 수행한다. 지역개발촉진기능은 지방채를 통하여 확보된 재원을 사회간접자본 확충사업에 활용하여 지역개발을 촉진하자는 의미이다. 자원분배기능은 중앙정부가 지방채발행 총액한도제처럼 직·간접적으로 개입하여 지역 간에 필요한 투자사업을 조정한다는 의미이다. 넷째, 정책유도기능은 정부시책사업에 대하여 장기저리의 정부자금이 융자 또는 알선된다면 정책유도효과가 발생한다는 의미이다([표 8-2] 참조).

그러나 과도한 지방채의 발행은 원리금 상환의 부담으로 향후 오히려 재정압박을 초래할 수도 있으며, 경우에 따라서는 재정위기를 발생시킬 수 있는 요인으로 작용할 수도 있다(서정섭, 2007: 53)는 견해도 존재하고 있다. 또한 현세대가 차세대에게 과도한 부담을 전가할 우려가 있으며, 공채가 자본시장에서 팔리는 만큼 민간부문에서 발행한 채권의 판매를 줄임으로써 민간활동을 구축할 우려가 있다(권형신 외, 2001: 180). 이러

표 8-2 지방채의 기능

구 분	내 용
재원조달	투자재원, 재해복구 등에 탄력적이고 신속한 재원조달을 위하여 지방채를 발행하는 것
재원조정기능	• 세대 간 재원조정: 지방채를 통하여 확보된 재원을 투자재원으로 활용하여 세대 간 부담의 공평화를 맞출 수 있다는 의미 • 건전한 재정을 위한 재원조정기능: 과거에 발행한 지방채에 대해 이자율, 상환조건 등에서 보다 나은 조건의 채무로 바꾸기 위하여 차환채를 발행하는 등 재정상태를 개선하는 노력을 의미
지역개발촉진 및 자원분배기능	• 지역개발촉진기능: 지방채를 통하여 확보된 재원을 사회간접자본 확충사업에 활용하여 지역개발을 촉진하자는 의미 • 자원분배기능: 중앙정부가 지방채발행 총액한도제처럼 직·간접적으로 개입하여 지역 간에 필요한 투자사업을 조정한다는 의미
정책유도기능	정부시책사업에 대하여 장기저리의 정부자금이 융자 또는 알선된다면 정책유도효과가 발생한다는 의미

한 점을 고려하면 지방채발행에 신중을 기할 필요가 있다.

제 2 절 | 지방채의 특징, 법적근거, 그리고 종류

1. 지방채의 특징

지방채는 국채, 그리고 사채와는 조금은 다른 특징을 보유하고 있다. 따라서 지방채를 국채, 그리고 사채와 비교하여 보다 명확하게 할 필요가 있을 것이다.

먼저, 지방채의 특징을 국채와 비교하여 정리하면 다음과 같다. 첫째, 국채는 경기조절기능의 목적이 강하며 인플레이션을 유발할 가능성이 큰 데 비하여, 지방채는 지방정부의 재원조달을 목적으로 하기 때문에 인플레이션 유발가능성이 없다. 둘째, 국채는 중앙정부가 발행 여부 및 규모 등 자율권을 가지고 있지만, 지방채는 총액규모 한도 내에서 자율권만을 가진다. 물론 행정안전부장관의 승인을 얻어 지방채발행 한도액을 초과하여 지방채를 발행할 수 있다. 이는 어디까지나 재정건전성 원칙 하에서 제한적으로 발행되는 것이라 할 수 있다. 셋째, 지방채를 통해 조달된 재원은 특정재원으로 지역주민 및 지역경제와 직접적 관련이 있는 투자적 지출에 사용된다. 즉, 지방정부의 공익적 목적 또는 재해복구를 위한 재원을 지방채로 조달하고 해당용도로 사용하는 특정재원에 해당된다(손희준, 2019: 198).

다음으로 지방채를 사채와 비교하면 다음과 같다. 첫째, 민간회사의 사채는 사업수입에 의해서 상환되고 발행하는 회사의 자산이나 수익력을 담보로 하고 있는 데 비하여 지방채는 지방정부의 공신력 내지는 지방세 과세권을 담보로 함으로 회사채보다는 신용도가 높다. 둘째, 정부나 지방정부의 감독을 받는 공사·공단이 발행하는 공사·공단채는 당해 공기업의 사업수입 등으로 상환되지만 공사·공단 그 자체가 지방정부의 책임과 감독 하에 설치·운영되기 때문에, 최종적으로는 지방정부가 공사·공단채에 대하여 책임을 진다. 셋째, 공사·공단채를 발행할 경우에는 일반 담보가 붙여지고 채권보유자가 우선변제를 받을 권리가 보호된다는 점에서는 민간회사채와 공통점을 지닌다(김흥래, 2005: 178-179).

2. 지방채의 법적근거

지방채의 법적근거는 지방자치법 제124조 제1항, 지방재정법 제11조이다. 지방자치법 제124조 제1항에 의하면 “지방정부의 장이나 지방정부조합은 따로 법률로 정하는 바에 따라 지방채를 발행할 수 있다”고 규정되어 있다. 또한 지방재정법 제11조에 보면 지방채의 발행과 관련된 내용이 제시되어 있다. 구체적인 내용을 보면 지방정부의 장은 ① 공유재산의 조성 등 소관 재정투자사업과 그에 직접적으로 수반되는 경비의 충당, ② 재해예방 및 복구사업, ③ 천재지변으로 발생한 예측할 수 없었던 세입결함의 보전, ④ 지방채의 차환과 같은 목적으로 지방채를 발행할 수 있다. 또한 지방정부의 장은 지방채를 발행하려면 재정상황 및 채무규모 등을 고려하여 지방채발행 한도액의 범위에서 지방의회의 의결을 얻어야 한다. 다만, 지방채발행 한도액 범위더라도 외채를 발행하는 경우에는 지방의회의 의결을 거치기 전에 행정안전부장관의 승인을 받아야 한다. 그리고 지방정부의 장은 행정안전부장관과 협의한 경우에는 그 협의한 범위에서 지방의회의 의결을 얻어 지방채발행 한도액의 범위를 초과하여 지방채를 발행할 수 있다. 다만, 재정책임성 강화를 위하여 재정위험수준, 재정상황 및 채무규모 등을 고려하여 대통령령으로 정하는 범위를 초과하는 지방채를 발행하는 경우에는 행정안전부장관의 승인을 받은 후 지방의회의 의결을 받아야 한다.

지방정부조합의 장은 그 조합의 투자사업과 긴급한 재난복구 등을 위한 경비를 조달할 필요가 있을 때 또는 투자사업이나 재난복구사업을 지원할 목적으로 지방정부에 대부할 필요가 있을 때에는 지방채를 발행할 수 있다. 이 경우 행정안전부장관의 승인을 받은 범위에서 조합의 구성원인 각 지방정부 지방의회의 의결을 얻어야 한다. 이러한 과정을 통하여 발행한 지방채에 대하여는 조합과 그 구성원인 지방정부가 그 상환과 이자의 지급에 관하여 연대책임을 진다.

3. 지방채의 종류

지방채는 발행하는 회계, 발행방법, 상환방법, 상환기간, 소화방법, 소화지, 채권자, 발행목적 등 다양한 기준에 의거하여 분류할 수 있다([그림 8-1] 참조).

첫째, 발행하는 회계를 기준으로 분류하면 일반회계채와 특별회계채로 구분할 수 있다. 특별회계채는 다시 공기업특별회계채와 기타 특별회계채로 구분할 수 있다. 일반회계채는 일반회계의 재원으로 조달하는 채무이고, 공기업특별회계채는 공기업특별회계로 조달하는 채무이며, 기타 특별회계채는 기타 특별회계로 조달하는 채무이다(손희준, 2019: 204-206). 일반회계채는 도로건설, 청사정비, 방파제건설, 재해복구 등의 사업추진을 위해 발행한다. 그리고 공기업특별회계채는 지하철사업, 공영개발사업, 지역개발기금조성사업 등이고, 기타 특별회계채는 택지 또는 주택개발, 공단조성, 상·하수도 사업을 추진하기 위해 발행한다(이희봉, 2011: 587-588).

둘째, 지방채를 발행하는 방법을 기준으로 분류하면 증서차입, 증권발행으로 구분된다. 증서차입은 국내차입금과 국외차입금으로 분류되며, 국내차입금은 차입선과 자금의 종류에 따라 정부자금채, 지방공공자금채, 민간자금채로 구분된다. 증서차입은 지방정부가 중앙정부, 다른 지방정부, 금융기관 등으로부터 증서에 의하여 차입하는 지방채이다(이희봉, 2011: 587). 증서차입 국내차입금 중 정부자금채는 정부특별회계에서의 지방채 인수를 통한 자금지원(정부특별회계자금), 정부관리기금(수산발전기금, 공공자금관리기금 등)에서 지원되는 융자금이다. 지방공공자금채는 시·도단위로 조성·운영되

그림 8-1 발행방법에 의한 지방채 분류

는 지역개발기금, 청사정비기금이다. 민간자금채는 은행, 제2금융권 등의 금융자금과 일반 민간인 자금 및 기타 연고자금 등이다. 국외차입금(차관)은 공공차관과 상업차관으로 구분된다. 공공차관은 우리나라 중앙정부나 지방정부를 포함한 법인이 외국 정부·경제협력기구·외국법인 등에서 현금을 차입하거나 자본재 또는 원자재를 도입하는 것이다. 상업차관은 지방정부가 일반경제 주체와 같은 지위에서 외국법인과의 차관계약에 의해 도입되는 외국자본이다(손희준, 2019: 204). 증권발행채는 지방정부가 지방채증권의 발행을 통해 자금을 조달하는 지방채이다(이희봉, 2011: 587). 여기에는 내국채와 외화채가 있다. 내국채는 다시 모집, 매출, 교부의 세 종류로 구분된다. 모집공채는 신규로 발행하는 지방채증권에 대해 청약서로 응모자를 모집하여 현금의 납입을 받고 증권을 발행하는 것이다. 매출공채는 지역개발공채나 지하철공채에서 보는 바와 같이 이미 발행된 지방채 증권을 대부분 인·허가, 등기 등에 있어서 첨가소화의 방식을 통해 매출하는 것이다. 교부공채는 지방정부가 현금을 지급하는 대신에 다음 연도에 그 지급을 약속하는 증권을 채권자에게 교부하는 자금 지급의 수단으로서 대체로 대규모 공사의 시공업체나 토지소유자에 대하여 공사비나 보상비 지급에 대신하여 교부되는 것이다(이희봉, 2011: 587).

셋째, 상환방법에 의하여 지방채를 분류하면 만기상환채와 연간상환채, 그리고 조기상환조건부상환채로 구분할 수 있다. 만기상환채란 만기도래 시에 일시에 모두 상환하는 조건의 채무이다. 연간상환채는 매년 분할하여 상환하는 조건의 채무이고, 조기상환조건부상환채는 만기에 상환을 하되 만기 전에라도 채무자가 필요할 경우 상환할 수 있는 조건의 채무이다(이희봉, 2011: 589).

넷째, 상환기간에 의하여 지방채를 분류하면 단기채, 중기채와 장기채이다. 단기채는 1년 이하의 기간내에 상환하여야 하며, 중기채는 1~5년, 그리고 장기채는 5년 이상이다.

다섯째, 소화방법을 기준으로 지방채를 분류하면 소화방법이 강제적이냐 임의적이냐에 따라 강제공채와 임의공채로 구분할 수 있다.

여섯째, 소화지를 기준으로 하여 지방채를 분류하면 국내채와 국외채로 구분할 수 있다(손희준, 2019: 204-206).

일곱째, 채권자를 기준으로 지방채를 분류하면 정부기관으로부터 차입, 기타 공공자금으로부터의 차입, 민간분야로부터의 차입, 그리고 해외기금이나 해외시장으로부터의

표 8-3 지방채의 종류

구 분	종 류
발행회계	일반회계채, 특별회계채
발행방법	증서차입, 증권발행
상환방법	만기상환채, 연간상환채, 조기상환조건부상환채
상환기간	단기채, 중기채, 장기채
소화방법	강제공채, 임의공채
소화지	국내채, 국외채
채권자	정부기관으로부터 차입, 기타 공공자금으로부터의 차입, 민간분야로부터의 차입, 해외기금이나 해외시장으로부터의 차입
발행목적	투자공채, 적자공채, 차환채

차입으로 구분된다.

여덟째, 발행목적에 따라 지방채를 분류하면 투자공채, 적자공채, 그리고 차환채로 구분된다. 투자공채는 건설, 복구사업 등의 자본적인 투자를 위해 발행하는 공채이며, 적자공채는 단순한 수입부족의 보전을 위하여 발행한다. 그리고 차환채는 기존의 공채를 변경하거나 상환키 위해 새로이 발행하는 공채이다([표 8-3] 참조)(이희봉, 2011: 588-589).

제 3 절 | 지방채의 발행 및 운용: 지방채발행 총액한도제

1. 개 념

1) 정 의

우리나라는 지방채발행에 있어서 그동안 중앙정부에 의한 사업별 승인제 원칙을 고수하여 왔다. 그러나 이러한 원칙의 고수는 분권화 시대상황에 맞지 않을뿐더러 지방정부의 자율적이고 탄력적인 재정운영을 어렵게 한다는 판단 하에 참여정부에서 이를 개선하기 위하여 지방채발행 총액한도제를 도입하였다. 제도의 도입 초기인 참여정부에서의 지방채발행 총액한도제란 지방채발행 한도액의 범위 내에서 중앙정부의 승인없이 지방의회의 의결을 거쳐 지방채를 발행할 수 있는 제도이다. 그러나 여기에서 중앙정부의 승인없이란 의미는 사업별 승인을 하지 않는다는 것이며, 한도액의 범위 내에서 지방채발행계획을 포괄적으로 승인하고 있다(서정섭, 2007: 54). 좀 더 간단하게 하면 지방채무 총액한도제는 지방정부가 중앙정부의 승인없이 지방의회의 의결을 거쳐 발행가능한 지방채무 한도액을 말한다. 지방채발행 한도액의 대상에는 차입금, 채무부담행위, 보증채무부담행위 중 채무자의 파산으로 지방정부가 채무이행의 책임을 지게 된 보증채무부담행위책임액이 포함된다. 다만, 지역개발을 목적으로 기금을 조성하는 지방채무는 제외하게 된다(조기현, 2010: 75).

그 이후 지방채발행 총액한도제는 행정안전부장관과 협의 없이 지방의회의 의결을 거쳐 지방채를 발행할 수 있는 상한액을 의미하는 것으로 변화하였다. 즉, 행정안전부장관이 정하는 지방채발행 한도액 산정기준 범위 내에서 해당 지방정부가 지방채발행 한도액을 정하고 행정안전부장관에게 통보하도록 하는 것으로 변화된 것이다. 즉, 기존에는 행정안전부장관이 지방채발행 한도액을 산정하여 통보하였으나 현재는 지방정부의 장이 자율적으로 산정한다. 시 · 도와 100만 명 이상 대도시는 기본한도액에서 10%를 추가적으로 발행할 수 있다. 다만, 안정적 제도운영을 위해 한도액 산정기준을 시행령에 규정하였고, 산정방식 역시 단순화하였다. 기존의 산정방식은 지방채발행 가능지수×계층별 발행가능비율(10-2%)×경상일반재원으로 되어 있어 매우 복잡하였으나 현재는 [경상일반재원-(채무잔액+BTL 임차료+우발채무 50%)]×10%로 단순화하였다.

법적근거는 지방자치법 제124조, 지방재정법 제11조에서 제13조 및 제44조, 지방재정법 시행령 제7조에서 제26조이다. 지방채발행 총액한도제란 "지방정부는 한도액의

표 8-4 지방채발행제도 변화 내용

구 분		기 존	개 선
자율권 부여	기본한도액 산정 권한 이양	• 행정안전부장관이 한도액 산정 통보(전전년도 예산액의 10% 범위)	• 지방정부의 장이 자율 산정. 단, 시 · 도와 100만 명 이상 대도시는 기본한도액 10% 추가발행 • 전전년도 경상일반재원 10% 범위 ※ 경상일반재원 = 지방세(지방교육세 제외) + 경상적 세외수입 + 지방교부세 + 조정교부금
	기본한도액 산정방식 단순화 및 제도의 안정화	• 한도액 산정방식을 행정안전부 지침에 규정 • 복잡한 산식 산정 ※ 지방채발행 가능지수×계층별 발행가능비율(10-2%)×경상일반재원	• 안정적 제도운영을 위해 한도액 산정기준을 시행령에 규정 • 산정방식의 단순화 ※ [경상일반재원-(채무잔액+BTL 임차료+우발채무 50%)]×10%
	한도초과 발행 시 승인제 폐지	• 기본한도액 초과 발행 시 행정안전부장관 승인 후 지방의회 의결로 발행	• 기본한도액 초과 발행 시 행정안전부장관과 사전 협의
책임성 확보	지방재정위기 제도와 연계 책임성 확보	• 지방채발행제한 적격 여부 중앙통제	• 지방재정위기제도와 연계, 예산대비 채무비율 25% 이상 시 행정안전부장관 승인 후 지방채발행

자료: 지방자치인재개발원 · 시도공무원교육원(2020: 255). 『2020 공통교재 지방예산실무』.

표 8-5 지방채발행 총액한도제의 개요

구 분	내 용
개념	행정안전부장관과 협의 없이 지방의회의 의결을 거쳐 지방채를 발행할 수 있는 상한액
대상	차입금, 채무부담행위, 보증채무부담행위 중 채무자의 파산으로 지방정부가 채무이행의 책임을 지게 된 보증채무부담행위책임액
법적근거	지방자치법 제124조, 지방재정법 제11조에서 제13조 및 제44조, 지방재정법 시행령 제7조에서 제26조 등

범위 내에서는 지방의회의 의결을 거쳐 지방채발행 등 채무를 발생시키는 행위를 할 수 있지만, 한도액을 초과하여 발행하고자 하는 경우에는 사전에 행정안전부장관의 협의하여야 한다"는 제도이다. 단, 외채의 경우는 한도액 범위 안이라도 지방의회의 의결을 얻기 전에 행정안전부장관의 승인을 얻어야 한다([표 8-4], [표 8-5] 참조)(환위험관리).

2) 지방채 관련 용어 정의

(1) 지방채무

지방채무는 금전의 지급을 목적으로 하는 지방정부의 의무를 말한다. 지방채무는 지방정부의 장의 명의로 발행한 지방채(채권 또는 차입금), 채무부담행위, 보증채무부담행위액 중 이행책임액을 포함하고 있다.

지방정부의 장이 발행한 지방채에 대하여 산하기관 등과 내부협약 등에 의하여 임의로 지방채무를 산하기관 등으로 이관한 경우에도 상환의무는 지방정부에 있기 때문에 지방채무에 해당된다. 또한 정부차원의 세제감면 등에 따라 국가가 전액 보전을 조건으로 지방정부가 일시적으로 차입하는 형식으로 빌리는 것은 지방채무로 보지 아니한다.

(2) 지방채

공유재산의 조성 등 소관 재정투자사업과 그에 직접적으로 수반되는 경비의 충당 등을 위하여 자금을 차입하면서 부담하는 채무로서, 그 채무의 이행이 1회계연도를 넘어서 이루어지며 지방채증권, 차입금 형식을 취하는 것을 말한다.

지방채증권과 차입금의 형식으로 발행한다. 지방채증권은 지방정부가 증권발행의 방법에 의하여 차입하는 지방채를 말하며, 외국에서 발행하는 경우도 포함된다. 차입금은 지방정부가 증서로 차입하는 지방채를 말하며, 외국정부 · 국제기구 등으로부터 차관을 도입하는 경우도 포함된다.

(3) 지방채발행 한도액

지방재정법 제11조 제2항 및 지방재정법 시행령 제10조 제1항~제2항(2020.4.30 시행)에 따라 행정안전부장관과 협의 없이 지방의회의 의결을 거쳐 지방채를 발행할 수 있는 상한액으로, 행정안전부장관이 정하는 지방채발행 한도액 산정기준 범위 내 해당 지방정부가 지방채발행 한도액을 정하고 행정안전부장관에게 통보한다.

(4) 공공기관의 지방채인수

지방정부가 중앙정부의 특별회계 및 기금, 청사정비기금, 시 · 도의 지역개발기금 등으로부터 차입하는 경우를 말한다.

(5) 일반채무

금전의 지급을 목적으로 하는 지방정부의 의무를 말한다. 구체적으로는 지방채증권, 차입금, 채무부담행위, 보증채무부담행위, 퇴직급여충당부채, 장기예수보증금, 장기선수수익, 그 밖에 행정안전부장관이 정하는 채무 또는 부채에 해당되는 통상적인 지방채무를 말한다(차입금, 지방채증권, 채무부담행위, 보증채무이행책임).

(6) 관리채무

일반채무에 사회기반시설에 대한 민간투자법 제4조 제2호에 따른 임대형 민자사업(BTL)에 대하여 지방정부가 순지방비(국비 및 시 · 군 · 구의 경우 시 · 도비를 제외한 금액)로 민간사업자에게 임차료 명목(운영비 · 이자 제외)으로 지급해야 할 총액(BTL 임차료)을 합한 채무를 말한다.

우발채무는 한도액 산정 시 총액의 50%를 반영하되, 관리채무에는 미포함한다.

(7) 우발채무

법 제13조에 따른 보증채무부담행위 및 지방자치법 제39조 제1항 제8호에 따른 것

(예산 외 의무부담)으로서 보증・협약 등에 따라 지방정부 채무 등으로 현실화될 가능성이 있는 것을 말한다.

우발채무 유형은 보증채무 부담행위 및 예산 외 의무부담으로 구분한다. 여기에서의 예산 외 의무부담이란 부지매입확약, 토지리턴, 기타 등의 내용을 포함한다.

부지매입확약은 지방정부가 일정기간이 지난 시점에 미분양 부지를 매입할 의무를 부담하는 형식으로 채무보증하는 형태이고, 토지리턴은 토지매매계약 해약 시 토지매수자에게 매매대금에 대한 조건 없는 반환의무가 부여된 계약 형식이다. 그리고 기타 유형은 부지매입확약, 토지리턴 이외에 협약 등에 따라 지방정부의 부담으로 현실화될 가능성이 있는 예산 외 의무부담을 말한다. 여기에는 외형은 토지리턴, 부지매입확약과 유사하나 그 대상이 토지가 아닌 경우(협약 상대방이 리턴권 등 권리 행사 시 자치단체에 시설물 등 매수의무 발생), 그 외형은 채무부담행위(가용재원이 부족하여 선공사 후 사업비 지급 협약)와 유사하나 부담금액을 확정할 수 없는 경우, 그리고 택지개발사업 등과 관련, 사업비 충당을 위해 민간투자자 등에게 대규모의 선분양대금을 수령한 경우, 협약에 따라 일정 사유발생 시 선분양대금을 반환하여야 하는 경우 등이 포함된다.

우발채무에 대해서는 재무보고서에서 누락되지 않도록 관리를 철저히 하여야 하고, 지방정부별로 공시하는 우발부채현황을 취합하여 행정안전부에서 통합 공개하고 있다.

(8) 채무부담행위

법 제44조에 따라 지방의회의 의결을 받아 지방정부에 채무부담의 원인이 될 계약을 체결하는 행위를 말한다(일반채무에 해당). 채무부담행위는 다음다음 회계연도 세출예산에 반드시 계상하여야 한다.

(9) 보증채무부담행위

법 제13조 및 지방자치법 제124조에 따라 지방정부의 장이 지방의회의 의결을 받아 채무에 대하여 보증하는 것을 말한다(우발채무에 해당).

(10) 보증채무이행책임

보증채무 중 주채무자의 상황 불능으로 지방정부의 보증책임이 확정된 것을 말한다(일반채무에 해당).

(11) 관리채무부담도

전전년도 결산기준으로 경상일반재원(=일반재원 임시적세외수입) 대비 관리채무의 현재액 비율을 말한다.

여기에서의 일반재원은 지방세(지방교육세 제외)+세외수입+지방교부세+조정교부금이다.

$$\text{관리채무부담도} = \frac{\text{관리채무 현재액}}{\text{경상일반재원}} \times 100$$

(12) 관리채무상환비 비율

전년도를 포함한 미래 4개년 간 지방비로 상환할 관리채무 원리금의 평균액에 대한 경상일반재원의 평균수입예상액의 비율로 각 지방정부의 채무충당 능력을 측정하는 지표를 말한다.

$$\text{관리채무상환비 비율} = \frac{\text{미래 4년 순지방비로 상환할 평균 관리채무액}}{\text{미래 4년 경상일반재원의 평균수입액}} \times 100$$

(13) 채무상환 적립금

지방채 원리금의 연차별 상환재원 확보 및 조기상환을 목적으로 일정금을 별도 회계 또는 기금 등에 적립한 금액을 말한다(감채기금, 재정안정화기금 등).

2. 연혁과 특징

지방채발행제도는 1949년 도입된 이후 많은 변화를 통하여 현재에 이르고 있다. 구체적인 변화내용을 살펴보면 다음과 같다. 1949년 8월 15일 제정한 지방자치법에 지방채발행 승인제도가 제시되었다. 이 당시 지방채를 발행하기 위해서는 부채의 상환, 항구적 이익, 비상재해복구 등 특별한 경우라는 것이 입증되어야 했다. 그러다가 1949년 12월 15일 지방채발행 승인절차를 변경하는 지방자치법의 개정이 있었다. 즉, 지방의회 의결 후 내무부장관의 승인을 받도록 하였다. 동 제도를 지속적으로 유지하다가 1988년

4월 6일 지방자치법 전문개정이 있었다. 지방채발행과 관련해서는 발행절차가 변경되었는데, 그 내용은 내무부장관 승인 후 지방의회의 의결을 거쳐 발행하도록 하는 것이다. 1990년 이후 지방자치법과 지방재정법 등이 개정되었으며, 그 과정에서 승인대상의 변경이 있었다. 즉, 종전에는 부채의 상환, 항구적 이익, 비상재해 복구사업 등에 한정하였으나, 개정 후에는 공용·공공시설의 설치, 재해예방·복구사업, 경영수익사업, 기발행한 지방채의 차환, 기타 주민복지사업으로 변경된 것이다.

〈종전〉		〈변경〉
부채의 상환, 항구적 이익, 비상재해복구사업 등	⇨	공용·공공시설의 설치, 재해예방·복구사업, 경영수익사업, 기발행한 지방채의 차환, 기타 주민복지사업 등

2002년 4월 2일에는 채무관리 및 지방채발행 승인기준에 관한 사항을 규정하기 위하여 지방채무관리 및 지방채발행 승인기준 등에 관한 규정(행정자치부 예규 제92호)을 제정하였다. 그리고 2006년 1월 1일 지방채발행 총액한도제를 도입하였다. 지방채발행 사업별 승인제도를 총액한도제로 전환하였고, 이를 위하여 지방자치법, 지방재정법, 지방재정법 시행령 등을 개정하였다. 2007년 6월 28일에는 경제자유구역청의 관할 행정기구에 추가 지방채발행 한도액 부여근거를 신설하였다. 즉, 경제자유구역의 행정기구의 원활한 사업추진을 위하여 필요한 경우 해당 지방정부에 지방채발행 추가 한도액을 부여할 수 있도록 하였다. 2008년 6월 30일에는 지방채발행 한도액 설정 등에 관한 규정(행정안전부 예규) 폐지에 따라 '지방채발행계획 수립기준(지침)'으로 시달되고 있다.

그 이후 2014년 5월 28일 지방재정법 개정을 통하여 지방채발행대상을 변경하였다. 구체적으로는 지방채발행대상을 대통령령에서 한도 내·외를 구분하고 있는 것을 법률로 일원화하여 발행대상을 확대하였다. 즉, 지방채는 투자사업에 한하여 발행하도록 명확하게 규정하였다.

그리고 2020년 1월 29일에는 지방재정법 개정을 통하여 지방채발행의 자율성을 확대하였다. 구체적으로는 지방채발행 한도액 범위를 초과하여 지방채를 발행하는 경우 승인 사항을 협의로 변경한 것이다. 즉, 지방채발행 한도액을 기준 범위 내에서 지방정부가 결정하도록 한 것이다(행정안전부, 2020: 3-5).

〈종전〉		〈변경〉
공용 · 공공시설의 설치, 재해예방 · 복구사업, 경영수익사업, 기발행한 지방채의 차환, 기타 주민복지사업 등	⇨	공유재산의 조성 등 소관 재정투자사업과 그에 직접적으로 수반되는 경비의 충당, 재해예방 및 복구사업, 천재지변으로 발생한 예측할 수 없었던 세입결함의 보전, 지방채의 차환

살펴본 것처럼 지방채발행 총액한도제는 2005년 지방재정법 전면개정 시 도입되었으며 2006년부터 시행되고 있다. 지방채발행 총액한도제의 시행으로 지방정부에서 지방채를 발행할 경우 자율성과 탄력성이 상당히 확대되었다고 볼 수 있다. 동시에 지방채발행 총액한도제의 도입과 더불어 지방채발행계획을 수립하도록 하였으며, 지방채무관리계획을 수립하여 운영하도록 하였다. 중요한 것은 지방채발행 총액한도제의 도입이 지방정부의 지방채발행에 무조건적 자율성을 부여한 것이 아니라 지방채발행 승인방법에 있어서 사업별 승인에서 한도액의 부여 및 협의로 전환되었다는 점이다.

3. 지방채발행 한도액 산정

지방채발행 한도액은 지방정부별 재정상황에 따라 산정한다. 구체적으로는 지방정부별 경상일반재원을 기초로 채무잔액, BTL 임차료, 우발채무를 고려하여 해당 지방정부의 채무수준 및 재정여건에 따라 한도를 산정한다. 만약 '관리채무상환비비율'이 20%를 초과하면 '0'으로 처리한다.

또한 지방채발행 총액한도제에서는 지방채 기본한도 외 별도한도를 인정하고 있다. 구체적으로는 의무매입공채 및 차환, 지역일자리 사업, 장기미집행 도시계획시설 사업 관련 채무는 별도한도로 인정한다. 즉, 지방공기업법 제19조 및 도시철도법 제20조에 의한 채권발행액, 기채조건을 유리하게 발행하는 차환채, 지역 일자리사업(경상성 경비 제외), 장기미집행 도시계획시설 등의 경우 별도한도를 인정하고 있는 것이다. 이와 같은 절차에 의거하여 한도액이 산정된다.

행정안전부는 지방채발행 한도액 산정기준을 지방정부에 7월 1일까지 통보한다. 산정기준을 통보받은 지방정부는 한도액을 산정하여 7월 15일까지 행정안전부장관에게 통보한다. 행정안전부장관은 지방정부의 장이 통보한 지방채발행 한도액에 대한 타당

[한도액 산정기준 및 차환채 유형별 별도한도]

◘ 한도액 산정기준표

구 분			시 · 도, 인구 100만 명 이상의 대도시	시 · 군 · 구
총한도액 A+B	기본한도액(A)		[경상일반재원 − (일반채무 + BTL 임차료 + 우발채무 50%)] × 10%	
		대도시 특례	기본한도액의 10% 추가	−
	별도한도액(B)		지역개발채권 · 도시철도채권 발행액 + '21년 차환채 발행액 + 지역일자리사업(투자사업) + 장기미집행 도시계획시설	

◘ 차환채 유형별 별도한도

○ 차환채의 개념

− 신규 발생 채권에 의한 기 발행채권의 상환을 차환이라 하며, 차환을 목적으로 발행되는 채권을 차환채라 함

※ 상환기한의 연장 또는 이율이 높아지면 기채조건이 악화된 것으로 보며, 이 경우 한도초과 발행 시 행정안전부장관의 협의 또는 승인 필요('21년 별도한도 인정)

○ 차환유형별 별도한도 협의 · 승인 여부

① 한도액 범위 내: 기채조건의 악화 여부와 무관히 발행 가능(협의 · 승인 불요)

② 한도액 초과: 기채조건을 유리하게 발행하는 경우 별도한도 인정(협의 · 승인 불요)

예) 상환기한 변경없이 저금리, 상환기한 단축 및 저금리, 상환기한 단축 및 동일금리 차환

③ 한도액 초과: 기채조건을 불리하게 발행하는 경우

− (기존) 당해 연도 지방채상환 총액의 25% 범위 내 별도한도 인정

− (개정) '21년 상환 도래한 지방채의 경우 전액 별도한도 인정('21년 말까지 한시적용)

자료: 행정안전부(2020: 11). 『2021년도 지방채 발행계획 수립기준』.

성을 검토하고 필요한 경우 보완을 요구할 수 있다. 고의 또는 중과실에 의한 한도액 과대 통보 시 공공자금 차입제한 등의 조치를 취한다.

4. 지방채발행 기준

1) 한도액 범위 내의 지방채

지방채발행은 지방채발행 한도를 부여받은 모든 지방정부이다. 지방채를 발행할 수 있는 사업은 공유재산의 조성 등 소관 재정투자사업과 그에 직접적으로 수반되는 경비의 충당, 재해예방 및 복구사업, 천재지변으로 발생한 예측할 수 없었던 세입결함의 보전, 지방채의 차환 등이다. 다만, 지방채발행이 허용되는 경우라도 지방재정투자사업심

사 제도와 연계할 때 다음과 같은 소규모 사업은 지방채를 발행하는 것이 불가능하다. 첫째, 투자심사 대상규모 이하의 사업은 지방채발행 불가(지방재정법 시행령 제10조 제1항)(광역시・도 40억 원 미만, 시・군・구 20억 원 미만), 다만, 청사정비기금에서 차입하는 소규모 지방청사 관련 사업은 가능하다. 둘째, 지방채는 자본적 시출사업에 대하여 발행할 수 있다. 따라서 소모성 경상적 지출(경상사업), 인건비는 지방채발행이 불가능하다. 경상적 지출이란 예를 들어 설명하면 경상적 유지보수비 및 일반적 조사・연구비, 소모성 기자재비 등을 말한다.

외채 및 제주특별자치도에 대한 특례제도가 있다. 즉, 외채를 발행하는 경우 한도액의 범위 내라도 지방의회의 의결을 얻기 전 행정안전부장관 승인을 얻어야 한다(환위험 관리계획 수립). 그리고 제주특별자치도 설치 및 국제자유도시 조성을 위한 특별법에 따라 제주특별자치도지사는 제주특별자치도의 발전과 관계가 있는 사업을 위하여 필요한 경우에는 지방재정법 제11조의 규정에 불구하고 도의회의 의결을 거쳐 외채발행 및 지방채발행 한도액 범위를 초과한 지방채발행을 할 수 있다. 다만, 지방재정법 시행령 제12조 제1항의 경우에는 지방채발행 계획안을 행정안전부장관에게 제출하고 협의 후 결과에 따라 특별법에서 정한 바에 의거 지방채를 발행한하도록 하고 있다.

지방채발행 한도액의 충당순서는 다음과 같다. 지방채발행 한도액은 채무부담행위액, 보증채무부담행위액 중 보증채무이행책임액, 지방채발행 순으로 충당하여야 한다.

지방채발행 한도액 포괄범위는 일반회계, 특별회계(지역개발기금 특별회계와 그 지방정부의 타 회계 또는 기금 간 거래는 제외), 기금으로 한다.

외채발행은 예외이다. 즉, 한도액의 범위 내라도 외채를 발행하는 경우 지방의회의 의결을 얻기 전에 행정안전부장관의 승인을 얻어야 한다(법 제11조). 외환전문기관의 컨설팅 등에 따라 환위험 관리계획을 수립한 사업에 대하여 승인(시행령 제8조)하고 있다.

2) 한도액을 초과하는 지방채

지방채를 발행할 수 있는 단체는 모든 지방정부가 원칙적으로 가능하다고 볼 수 있다.

단체유형별로 승인기준에 차이가 있다. 첫째, 관리채무부담도가 60% 미만인 지방정부는 지방재정투자승인을 받은 사업, 관계 중앙부처의 의견이 적정인 사업에 대하여 협의 또는 승인하는 것이 원칙이다. 둘째, 관리채무부담도가 60% 이상인 지방정부는 채무규모가 많이 증가되지 않도록 발행연도 지방채 상환금액을 감안하여 협의 또는 승인하는 것이 원칙이다. 채무관리계획을 의회에 보고하고, 순세계잉여금을 원리금 상환에 활용하거나 별도회계 또는 기금 등에 적립하여야 한다. 셋째, 재정지표 등에 의한 승인기준의 경우 지방채 원리금 상환의 연체가 없어야 하고, 최근 5년 간 사실과 다른 신청으로 지방채발행의 승인을 얻었거나, 협의 또는 승인절차를 거치지 아니하고 지방채를 발행한 사실이 없어야 한다. 다만, 이 경우에도 예외는 있다. 즉, 지방채발행 한도액 초과 신청 시 재정지표 등에 의한 협의 또는 승인기준에 부합되지 아니하는 지방정부의 경우에도 다음의 어느 하나에 해당하는 경우에는 여러 정황을 종합적으로 판단하여 지방채발행 초과승인을 할 수 있다. 예외적인 정황이란 재해 등으로 사업시행이 긴급한 사업, 상환재원의 대부분이 국비 또는 특정재원으로 충당되는 사업, 계속사업 중 사업추진을 중단하는 것이 심히 공익에 반하여 지방채발행이 불가피할 경우, 지역 간 협력사업으로 혐오시설, 비선호시설 등을 유치하는 경우 등이다.

지방채를 발행할 수 있는 사업은 공유재산의 조성 등 소관 재정투자사업과 그에 직접적으로 수반되는 경비의 충당, 재해예방 및 복구사업, 천재지변으로 발생한 예측할 수 없었던 세입결함의 보전, 지방채의 차환 등이다. 지방공기업의 사업에 대하여는 대상사업의 특성 등을 고려하여 별도의 지방채발행 승인기준을 적용할 수 있다. 외채발행은 외환 전문기관의 컨설팅 등에 따라 환위험관리계획을 수립한 사업에 대하여 승인(시행령 제8조)할 수 있다.

한도초과 발행 협의 또는 승인을 받은 후 발행계획을 변경할 때에도 행정안전부장관 소관 부서에 즉시 보고하여야 한다. 다만, 다음의 경우에는 승인없이 사후 보고로 갈음할 수 있다. 첫째, 지방채발행규모를 축소하거나 또는 이율을 낮추는 경우, 둘째, 이율을 높이거나 상환기한을 연장하지 않고 지방채 차입선을 변경하거나 또는 지방채발행방법을 변경하는 경우, 셋째, 지방채 상환기한을 연장하거나 이율을 높이지 않고 차환 및 조기상환을 하는 경우, 넷째, 지방채의 상환기한을 연장하거나 이율을 높이지 않고 상환방법을 변경하는 경우, 다섯째, 초과 발행사업, 정부자금 및 청사정비기금을 배정받은 사업을 발행 취소하는 경우(행정안전부 및 자금배정 소관 부처(부서)로 즉시 보고 및 통보) 등이다.

지방채 한도액을 초과 발행하고자 한다면 협의요청 → 의견수렴 및 심사위 검토 → 결과통보의 과정을 거쳐야 한다. 지방채 한도액 초과 발행은 해당 사업별로 심사한다.

그림 8-2 지방채 한도액 초과 발행절차

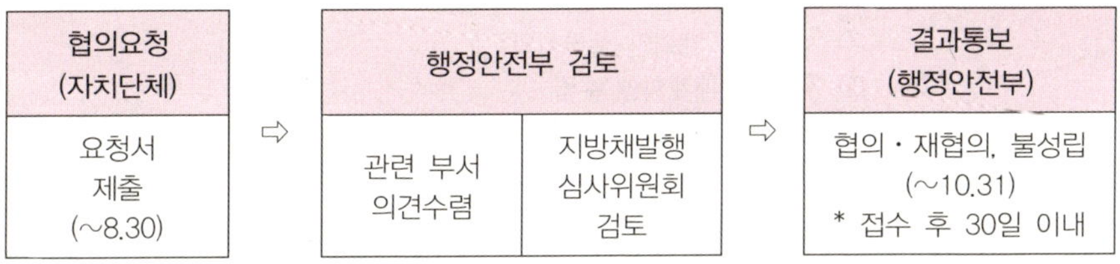

자료: 행정안전부(2020: 16). 『2021년도 지방채발행계획 수립기준』.

구체적으로는 지방정부가 협의요청서를 작성하여 제출한다. 협의요청서를 제출받은 행정안전부는 관련 부서의 의견을 수렴한 후 지방채발행 심사위원회의 검토를 거친다. 그리고 행정안전부는 협의・재협의・불성립 등과 같은 결과를 지방정부에 통보한다.

3) 부적정한 지방채발행 등에 대한 조치

부적정한 지방채발행이란 사실과 다른 자료의 제출로 과도하게 한도액을 받은 경우, 협의 또는 승인을 얻지 않고 한도액을 초과하여 지방채를 발행한 경우, 기타 법령이나 지방채발행 기준 등을 위반한 사례 등을 말한다.

위와 같은 경우에는 재정적인 패널티와 관련 조치의 시정 및 제재조치가 시행된다.

첫째, 재정적인 페널티 적용이다. 여기에는 지방채의 공공자금 차입제한, 협의 또는 승인결과 지방의회 보고 및 공시(또는 홈페이지 공개), 재정상 불이익 적용(예: 협의 또는 승인절차 미준수 시 교부세 감액 적용 검토) 등이다.

둘째, 관련 조치의 시정 및 제재이다. 위법, 부당한 처분의 시정 명령(지방자치법 제169조), 관계공무원에 대한 제재가 있다. 관계공무원에 대한 제재는 공무원으로써 성실의 의무, 법규준수의무 위반에 따른 업무담당자와 감독자에 대한 처벌을 포함하고 있다.

5. 지방채발행절차

행정안전부가 지방채발행계획 수립기준을 통보(7월 1일)하면, 지방정부는 한도액을 산정한 후 행정안전부에 제출한다(7월 15일). 동시에 지방채발행계획안을 8월 31일까지

그림 8-3 지방채발행절차

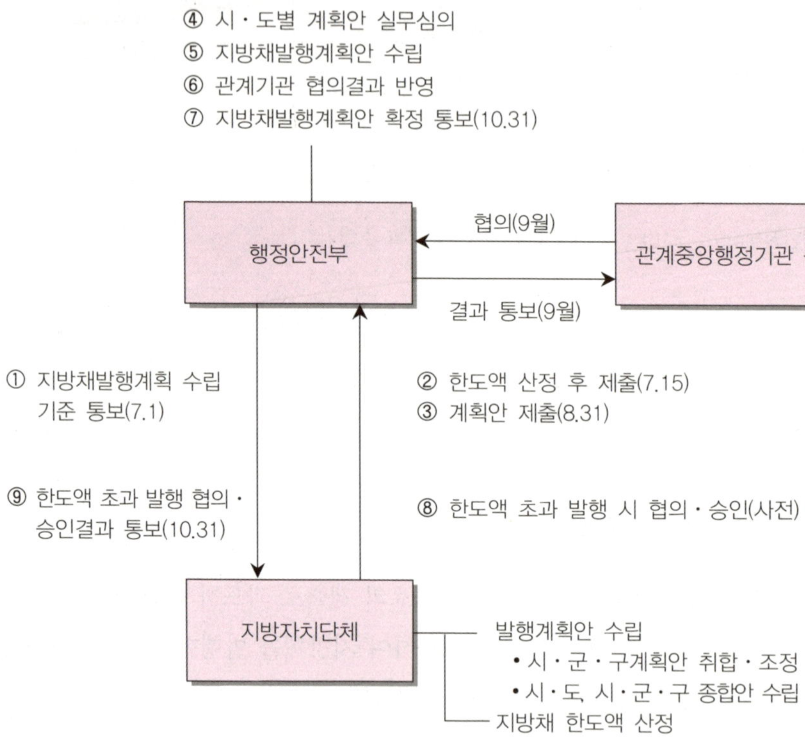

자료: 행정안전부(2020: 23). 『2021년도 지방채발행계획 수립기준』.

행정안전부에 제출한다. 지방정부로부터 한도액과 지방채발행계획안을 제출받은 행정안전부는 시 · 도별 계획안에 대한 실무협의, 지방채발행계획안 수립, 관계기관 협의결과(9월 중) 반영과정을 거친 후 최종확정된 지방채발행계획안을 지방정부에 10월 31일까지 통보한다. 만약 지방정부가 한도액을 초과 발행하고자 한다면 사전에 협의 또는 승인을 받아야 한다. 행정안전부는 지방정부의 한도액 초과 발행건에 대한 협의 · 승인 결과를 10월 31일까지 통보하여야 하다. 지방정부는 지방채발행계획안에 의거하여 지방채 발행과 관련한 내용을 예산에 편성하여 발행한다([그림 8-3] 참조).

지금까지 논의한 내용을 지방채발행과 관련된 주요 기관별로 정리하면 [표 8-6]과 같다.

표 8-6 기관별 추진일정

구 분	내 용	일 정
행정안전부	• 지방채발행계획 수립기준 시달 – 시 · 도별 지방채발행계획안 취합 · 실무 검토 – 관계 중앙행정기관 협의 – 자체 심사위원회 심의	7.1 8~9월 9월 10월
	• 지방채발행계획 확정 시달(협의 · 승인 통보)	10.31
시 · 도	• 지방채발행 한도액 산정 후 제출	7.15
	• 지방채발행계획 제출 – 시 · 도별 지방채발행계획 시달 – 시 · 도(본청분) 지방채발행계획 수립 – 시 · 군 · 구 발행계획 취합 · 조정 (필요시 시 · 군 · 구 현지 지도점검 실시)	8.31 8월 8월 8월
시 · 군 · 구	• 지방채발행계획 수립 • 수립결과 시 · 도에 제출	8월 8.16

자료: 행정안전부(2020: 11). 『2021년도 지방채발행계획 수립기준』.

제 4 절 | 지방채의 규모

1. 지방채무현황

지방정부의 채무현황을 살펴보면 [표 8-7]과 같다.

표 8-7 지방채무현황(2019년)

(단위: 억 원, %)

구 분	규 모	비 중
지방채	251,042	99.94
채무부담행위액	149	0.06
보증채무이행책임액	–	0.00
계	251,191	100.00

자료: https://lofin.mois.go.kr/

먼저, 2019년 기준 지방채무는 지방채가 25조 1,042억 원, 채무부담행위액이 149억 원, 그리고 보증채무이행책임액은 없는 것으로 나타났다.

이를 지방정부 계층별로 보면 광역지방정부가 23조 2,340억 원이고, 기초지방정부가 1조 8,851억 원인 것으로 나타났다. 보다 구체적으로 살펴보면 특별시·광역시가 전체의 62.9%를 차지하고 있고, 그 다음은 도의 29.6%인 것으로 나타났다. 기초지방정부의 지방채무현황은 시가 6.7%를 차지하고 있고 군과 구는 매우 낮은 수준을 보이고 있다([표 8-8] 참조).

표 8-8 지방정부 계층별 지방채무현황(2019년)

(단위: 억 원, %)

구 분	규 모	비 중
특별광역시	158,027	62.91
도	74,312	29.58
시	16,831	6.70
군	1,459	0.58
구	561	0.22
계	251,190	100.00

자료: https://lofin.mois.go.kr/

2. 지방채현황

지방채의 현황은 크게 네 가지의 기준을 적용하여 살펴볼 수 있다. 첫째는 지방채발행방법 및 자금별로 살펴보는 것이다. 앞에서 살펴본 것처럼 지방채의 발행방법은 증서차입과 증권발행이다. 따라서 이를 기준으로 하면서 자금별로 살펴볼 수 있을 것이다.

지방채발행방법을 기준으로 규모를 살펴보면 증권발행에 의한 지방채발행이 전체의 79.5%를 차지하고 있고, 증서차입이 20.5%를 차지하고 있는 것으로 나타났다. 즉, 우리나라의 지방채발행방법은 증권발행방식이 대다수라는 것을 알 수 있다. 자금별로 살펴보면 지역개발채권이 전체의 39.7%를 차지하고 있는 것으로 나타나 가장 많은 비중을 보이고 있다. 그 다음은 도시철도채권의 23.8%, 그리고 모집채권 16.0%의 수준이다([표 8-9] 참조).

표 8-9 지방채발행방법 및 자금별 규모(2019년)

(단위: 억 원, %)

구 분		규 모	비 중	
			A와 B	C
증서차입	지역개발기금	12,407	24.12	4.94
	공공자금관리기금	2,079	4.04	0.83
	기타 정부자금	9,272	18.03	3.69
	청사정비기금	666	1.29	0.27
	지역개발지원금	3,477	6.76	1.39
	지역상생발전기금	7,565	14.71	3.01
	민간금융기관	15,970	31.05	6.36
	소계(A)	51,436	100.00	20.49
증권발행	도시철도채권	59,787	29.95	23.82
	모집채권	40,076	20.08	15.96
	지역개발채권	99,734	49.97	39.73
	소계(B)	199,597	100.00	79.51
총계(C=A+B)		251,033		100.00

자료: https://lofin.mois.go.kr/

둘째는 지방채 이율별로 살펴볼 수 있을 것이다. 지방채 이율을 1% 미만부터 5% 이상까지로 구분하여 살펴보면 다음의 [표 8-10]과 같다. 1~2% 미만이 전체의 53.5%의 수준을 차지하고 있는 것으로 나타났고, 그 다음은 2~3% 미만의 36.1%이다. 즉, 1~3%

표 8-10 지방채 이율별 규모(2019년)

(단위: 억 원, %)

구 분	규 모	비 중
1% 미만	356	0.14
1~2% 미만	134,242	53.47
2~3% 미만	90,539	36.07
3~4% 미만	25,002	9.96
4~5% 미만	903	0.36
5% 이상	–	0.00
계	251,042	100.00

자료: https://lofin.mois.go.kr/

미만이 전체의 89.5%를 차지하고 있어 대다수임을 알 수 있다.

셋째는 지방채 사업별로 살펴볼 수 있을 것이다. 지하철사업이 전체의 28.7%를 차지하고 있어 가장 많은 비중임을 알 수 있다. 그 다음은 지역개발채권의 20.1%이고, 도로건설이 14.7%를 차지하고 있다([표 8-11] 참조).

표 8-11 지방채 사업별 규모(2019년)

(단위: 억 원, %)

구 분	규 모	비 중
지하철	72,099	28.72
도로건설	36,869	14.69
택지개발	15,358	6.12
국민주택	9,507	3.79
문화체육시설	8,991	3.58
공단조성	2,117	0.84
중소기업육성	2,894	1.15
재난재해	4,803	1.91
쓰레기처리시설	1,687	0.67
청사정비	1,666	0.66
공원녹지조성	14,072	5.61
주건환경개선	1,540	0.61
상·하수도 및 하수처리시설	4,410	1.76
농공단지	130	0.05
관광단지	386	0.15
지역개발채권	50,505	20.12
기타	24,008	9.56
계	251,042	100.00

자료: https://lofin.mois.go.kr/

넷째는 회계별로 지방채현황을 살펴볼 수 있을 것이다. 회계별로 살펴보면 기금이 39.7%로 가장 많은 비중을 차지하고 있고, 그 다음은 기타 특별회계의 35.7%이다.

지방정부별로 보면 서울특별시가 29.1%로 가장 높은 비중을 보이고 있고, 그 다음은 부산광역시의 10.3%이다. 도 중에서는 경기도가 가장 높은 8.7%를 보이고 있고, 그 다음은 경상북도의 5.9%이다([표 8-12] 참조).

표 8-12 회계별 · 지방정부별 지방채규모(2019년)

(단위: 억 원, %)

구 분	합 계	일반회계	기타 특별	공기업 특별	기 금	시 · 도별 비중
서울	73,059	0	73,059	0	0	29.10
부산	25,735	13,927	9,278	235	2,295	10.25
대구	17,188	11,389	4,196	12	1,590	6.85
인천	18,223	9,797	1,404	317	6,705	7.26
광주	9,037	4,116	0	32	4,888	3.60
대전	5,960	1,510	0	0	4,451	2.37
울산	7,509	1,324	0	0	6,185	2.99
세종	1,798	300	0	0	1,498	0.72
경기	21,817	4,060	70	0	17,687	8.69
강원	10,686	2,731	30	0	7,925	4.26
충북	7,472	747	80	13	6,633	2.98
충남	6,052	616	393	4	5,040	2.41
전북	6,891	1,070	196	258	5,367	2.74
전남	12,047	1,616	0	0	10,431	4.80
경북	14,810	2,705	546	252	11,307	5.90
경남	7,822	2,908	368	246	4,300	3.12
제주	4,936	1,500	40	0	3,396	1.97
합계	251,042 (100.00)	60,316 (24.03)	89,659 (35.71)	1,369 (0.55)	99,698 (39.71)	100.00

자료: https://lofin.mois.go.kr/

참고문헌

권형신 외(2001, 2006). 『한국의 지방재정: 이론과 실무』. 서울: 해남출판사.

김흥래(2005). 『지방재정의 이론과 실제』. 서울: 박영사.

류춘호(2011). “지방정부의 부채관리 실태와 정책방향.” 한국지방정부학회 동계학술대회 발표논문. 1-35.

서정섭(2007). “우리나라 지방채 발행제도의 현황과 문제점.” 『지방재정』, (5): 53-66. 한국지방재정공제회.

손희준(2019). 『새지방재정학』. 서울: 대영문화사.

이현우(2010). “지방채제도의 현황과 개선방향: 지방채제도의 한일비교를 중심으로.” 한국지방재정학회 2010지방재정세미나 발표논문. 121-148.

이희봉(2011). 『거버넌스 지방재정』. 서울: 사회문화사.

조기현(2010). “지방재정건전화를 위한 지방채무 관리제도의 발전방안.” 『지방재정과 지방세』, 61-88. 한국지방재정공제회.

지방자치인재개발원 · 시도공무원교육원(2020). 『2020 공통교재 지방예산실무』.

행정안전부(2020a). 『2021년도 지방채발행계획 수립기준』.

______(2020b). 『2020년도 지방자치단체 통합재정개요(상)』.

PART

03

지방세출론

지방재정론
Local Finance

Chapter 09

세출예산

제 1 절 | 세출예산의 의의

1. 세출예산의 개념

세출예산은 손희준(2019: 375)에 의하면 지방정부가 공적인 활동을 수행하는 데 필요한 물적 자원, 즉 재화를 지출하는 것이다. 이상희(1992: 76)는 세출을 경비라고 표현하기도 한다. 이희봉(2011: 621)은 세출을 지방정부가 업무수행을 위하여 지출하는 모든 지출이라고 정의하고 있다.

이를 종합하여 지방세출을 정의하고 있는 것은 지방자치인재개발원 · 시도공무원교육원(2020: 140)의 자료이다. 이 자료에 의하면 지방정부는 행정목적을 달성하기 위하여 여러 가지 활동을 전개하는 데 그 활동을 위해서는 항상 재화의 지출을 필요로 한다. 지방정부의 이와 같은 재화의 지출 특히, 회계연도 내의 경비의 지출을 세출이라고 하며 이러한 경비를 세출예산이라는 형식에 의거 세출예산과목구분에 따라 편성하고 있으며 2008년부터는 사업예산제도 전면 시행에 따라 세출예산과목의 체계가 변경되어 운영하고 있다([표 9-1] 참조).

지방세출은 지방재정의 흐름 속에서 보면 지방수입과 대응되며 연계되는 개념이다. 정부부문 재정원칙인 양출제입(量出制入)에 의해 지방수입은 지방지출을 전제로 하여 이루어진다고 보면 지방지출과 지방수입은 원칙적으로 일치 · 균형되어야 하며, 종국적

표 9-1 세출예산의 개념

학 자	개 념
손희준	지방정부가 공적인 활동을 수행하는 데 필요한 물적 자원, 즉 재화를 지출하는 것
이상희	세출은 경비
이희봉	지방정부가 업무수행을 위하여 지출하는 모든 지출
지방자치인재개발원 · 시도공무원교육원	지방정부는 행정목적을 달성하기 위하여 여러 가지 활동을 전개하는 데 그 활동을 위해서는 항상 재화의 지출을 필요로 함. 지방정부의 이와 같은 재화의 지출, 특히 회계연도 내의 경비의 지출을 세출이라고 함

으로 지방지출은 지방수입과 함께 예산으로 포함되고 또는 표현된다(이희봉, 2011: 621). 지방세출은 그 지방정부가 수행하고자 하는 모든 행정기능과 업무를 금전적으로 표현한 것이기 때문에 지방세출이야말로 지방재정활동의 궁극적인 목표라고 할 수 있다(손희준, 2019: 376).

2. 세출예산의 특징

지방세출은 몇 가지의 특징을 가진다. 이희봉(2011: 621-623)은 지방지출의 당위성, 지방지출의 팽창성, 지방지출의 다양성, 지방지출의 취약성, 지방지출의 불형평성, 지방지출의 경직성 등을 지방지출의 특징으로 들고 있고, 손희준(2019: 376-377)은 다양성, 경직성, 한계성, 중앙의존성 등을 지방지출의 특징으로 들고 있다. 이를 종합하면 당위성, 팽창성, 다양성, 중앙의존성, 경직성, 불형평성 등을 살펴보아야 함을 알 수 있다([표 9-2] 참조).

첫째, 당위성은 지방정부가 그의 업무를 수행하기 위해서 지출하는 경비로서, 지방정부가 존재하는 한 지방정부의 유지와 책임수행을 위해서 지출해야 할 당위성을 갖는다는 의미이다. 둘째, 팽창성은 지방정부의 행정수요가 확대됨에 따라 지방지출도 팽창되는 경향을 갖는다는 것을 의미한다(이희봉, 2011: 621-622). 셋째, 다양성은 모든 지방정부별로 세출형태는 상이하고 또한 각 지방정부가 처해있는 상황이 다르기 때문에, 각 지역의 행정수요가 상이하고 따라서 그 행정수요에 대응하기 위한 지방정부 세출의 내용도 다양할 수밖에 없다는 것이다. 넷째, 중앙의존성은 국가경비의 경우 궁극적으로 국가자신의 권위와 신용에 근거하여 자급자족되는 데 반해, 지방정부 세출은 원칙적으

표 9-2 세출예산의 특징

특 징	내 용
당위성	지방정부가 그의 업무를 수행하기 위해서 지출하는 경비로서, 지방정부가 존재하는 한 지방정부의 유지와 책임수행을 위해서 지출해야 할 당위성을 갖는다는 의미
팽창성	지방정부의 행정수요가 확대됨에 따라 지방지출도 팽창되는 경향을 갖는다는 것을 의미
다양성	모든 지방정부별로 세출형태는 상이하고 또한 각 지방정부가 처해있는 상황이 다르기 때문에, 각 지역의 행정수요가 상이하고 따라서 그 행정수요에 대응하기 위한 지방정부 세출의 내용도 다양할 수밖에 없다는 것
중앙 의존성	지방정부 세출은 원칙적으로 지방정부에 의해 지출되지만 실제로는 그 상당한 부분이 중앙 또는 상급지방정부로부터의 지원에 의해 지출됨으로써 의존성을 갖고 있다는 것
경직성	① 경직성 경비의 비중이 너무 높다는 것 ② 지방세 목적세, 세외수입처럼 자주재원이지만 비도가 정해져 있는 것이 있는가 하면, 보조금과 같은 의존재원의 경우에도 비도가 정해져 있어 경직적이라고 볼 수 있다는 것 ③ 국고보조금에 수반되는 매칭시스템에 의하여 지방세출의 경직성이 발생한다는 것
불형평성	지방정부의 유형과 지역에 따라 그 규모에 있어서 차이를 보이고 있기 때문에 지출규모에 차이가 있다는 것

로 지방정부에 의해 지출되지만 실제로는 그 상당한 부분이 중앙 또는 상급지방정부로부터의 지원에 의해 지출됨으로써 의존성을 갖고 있다는 것이다. 다섯째, 경직성은 크게 세 가지로 구분하여 접근할 수 있는데, ① 경직성 경비의 비중이 너무 높다는 것이고, ② 지방세 목적세, 세외수입처럼 자주재원이지만 용도가 정해져 있는 것이 있는가 하면, 보조금과 같은 의존재원의 경우에도 용도가 정해져 있어 경직적이라고 볼 수 있고, ③ 국고보조금에 수반되는 매칭시스템에 의하여 지방세출의 경직성이 발생한다(손희준, 2019: 377). 여섯째, 불형평성은 지방정부의 유형과 지역에 따라 그 규모에 있어서 차이를 보이고 있기 때문에 지출규모에 차이가 있다(이희봉, 2011: 622).

3. 지방세출의 원칙과 기능

지방세출은 효율성, 합법성, 민주성, 형평성, 그리고 현지성과 같은 원칙 하에 이루어져야 한다. 효율성이란 한정된 자원으로 최선의 공공서비스를 제공하기 위해 최소의 비용으로 최대의 효과를 가져오는 것을 말한다. 합법성은 합법적인 테두리 내에서 기능을 수행해야 한다는 것이다. 민주성은 행위의 내용과 절차가 주민의 뜻에 따라 이루어져야

표 9-3 지방세출의 원칙과 기능

구 분	내 용
효율성	한정된 자원으로 최선의 공공서비스를 제공하기 위해 최소의 비용으로 최대의 효과를 가져오는 것
합법성	합법적인 테두리 내에서 기능을 수행해야 한다는 것
민주성	행위의 내용과 절차가 주민의 뜻에 따라 이루어져야 한다는 것
형평성	공평하게 가치가 분배되는 것
현지성	정책과 기능이 현지 사정을 감안하여 이루어져야 한다는 것

한다는 것이고, 형평성은 구성원에게 공평하게 가치가 분배되는 것을 말한다. 마지막으로 현지성은 정책과 기능이 현지 사정을 감안하여 이루어져야 한다는 것이다. 즉, 지방세출은 지역과 주민을 중심으로 지역과 주민을 위해 이루어져야 한다는 것이다([표 9-3] 참조).

그리고 지방세출은 자원배분기능, 소득재분배기능, 경기안정화기능, 경제성장기능 등을 수행한다(이희봉, 2011: 624-625).

제 2 절 | 세출예산의 분류

세출예산은 분류의 기준에 따라 다양하게 구분할 수 있다. 회계별 분류, 기능별 분류, 성질별 분류, 사업별 분류 등이 그것이다.

1. 회계별 분류

지방재정법에 의하면 우리나라 지방정부의 회계는 일반회계와 특별회계로 구분한다.

먼저, 일반회계는 일상적인 정부의 유지 및 관리를 위한 회계이고, 특별회계는 일반회계와 분리하여 계리할 필요가 있는 경우에 특별히 분리하여 운영하는 회계이다(손희준, 2019: 385-387).

특별회계는 지방공기업법에 따른 지방직영기업이나 그 밖의 특정 사업을 운영할 때 또는 특정 자금이나 특정 세입·세출로서 일반세입·세출과 구분하여 회계처리할 필요가 있을 때에만 법률이나 조례로 설치할 수 있다. 다만, 목적세에 따른 세입·세출은 다른 법률에 특별한 규정이 있는 경우를 제외하고는 특별회계를 설치·운용하여야 한다. 지방정부가 특별회계를 설치하려면 5년 이내의 범위에서 특별회계의 존속기한을 해당 조례에 명시하여야 한다. 다만, 법률에 따라 의무적으로 설치·운용되는 특별회계는 그러하지 아니하다. 그리고 지방정부의 장은 특별회계를 신설하거나 그 존속기한을 연장하려면 해당 조례안을 입법예고하기 전에 제33조 제9항에 따른 지방재정계획심의위원회의 심의를 거쳐야 한다. 다만, 법률에 따라 의무적으로 설치·운용되는 특별회계는 그러하지 아니하다(지방재정법 제9조).

특별회계는 지방공기업특별회계와 기타 특별회계로 분류할 수 있다. 지방공기업특별회계는 지방정부가 직접 설치 경영하는 지방직영기업과 법인을 설립하여 경영하는 기업형식인 지방공사 등에 대한 회계이다. 지방정부는 지방공기업법 제2조에서 정한 상하수도, 주택, 청소, 도시철도, 의료, 시장 등 사업을 대상으로 대통령령에서 정한 일정한 기준 이상의 사업에 대하여 각각의 특별회계를 설치하여야 한다. 기타 특별회계는 공기업특별회계를 제외한 모든 지방정부의 특별회계로 토지구획정리, 의료보호, 영세민 생활안정 등 다수의 사업에 적용되고 있다(https://lofin.mois.go.kr).

지방세출예산을 회계별로 살펴보면 [표 9-4]와 같다. 2019년 최종예산기준으로 살펴보면 일반회계와 특별회계의 비중이 79.9% : 20.1%로 나타나 대다수가 일반회계라는

표 9-4 회계별 세출예산규모

(단위: 억 원)

연 도	계		일반회계		특별회계	
	당초예산	최종예산	당초예산	최종예산	당초예산	최종예산
2015	1,732,590	1,999,764	1,348,190	1,551,423	384,399	448,341
2016	1,845,825	2,147,816	1,414,879	1,649,956	430,946	497,860
2017	1,931,532	2,279,676	1,518,007	1,802,391	413,525	477,285
2018	2,106,784	2,431,210	1,665,021	1,923,637	441,763	507,573
2019	2,310,152	2,720,533	1,822,464	2,172,539	487,688	547,994
2020	2,532,263	–	2,015,676	–	516,587	–

자료: 행정안전부(2020: 29). 『2020년도 지방자치단체 통합재정개요(상)』.

것을 알 수 있다. 일반회계가 차지하는 비중은 2015년 77.6%에서 2019년 79.9%로 증가하고 있다.

회계별 세출예산을 지방정부별로 유형화하여 살펴보면 [표 9-5]와 같다. 다음의 [표 9-5]에 의할 경우 일반회계와 지방공기업특별회계는 경기도가 가장 많은 규모를 보이고 있으나 기타 특별회계는 서울특별시가 가장 많은 규모를 보이고 있다.

표 9-5 회계별 · 지방정부별 세출예산규모

(단위: 억 원)

구 분	총 계			일반회계		공기업특별회계		기타 특별회계	
	2018년	2019년	증감	2018년	2019년	2018년	2019년	2018년	2019년
서울	485,643	538,459	52,816	386,024	424,941	16,388	17,719	83,232	95,799
부산	169,263	189,078	19,815	142,423	158,725	6,458	7,401	20,382	22,953
대구	114,013	128,551	14,537	96,574	110,417	3,815	4,129	13,624	14,004
인천	133,438	162,145	28,707	111,790	132,712	8,869	10,541	12,779	18,892
광주	68,545	82,773	14,227	60,330	72,484	2,236	2,340	5,980	7,948
대전	66,439	76,472	10,033	58,389	67,589	2,198	2,424	5,852	6,459
울산	59,052	63,686	4,634	51,722	56,019	3,106	3,373	4,224	4,293
세종	13,834	14,621	787	11,725	12,434	1,169	1,111	940	1,075
경기	562,846	671,652	108,807	487,484	587,451	33,190	33,932	42,172	50,269
강원	142,861	170,748	27,887	129,771	155,059	5,377	5,887	7,713	9,802
충북	115,765	139,429	23,664	102,601	124,030	5,199	6,477	7,965	8,921
충남	159,019	195,087	36,068	145,078	175,017	6,201	8,423	7,740	11,646
전북	151,621	178,927	27,306	138,444	163,381	5,701	5,982	7,476	9,564
전남	189,948	230,871	40,924	173,930	211,228	5,106	5,462	10,911	14,182
경북	230,600	271,142	40,542	205,808	242,727	9,618	10,413	15,174	18,002
경남	214,567	252,202	37,636	193,319	226,731	7,913	8,505	13,335	16,965
제주	52,366	56,304	3,938	43,933	48,270	3,958	3,976	4,475	4,059

자료: https://lofin.mois.go.kr/

2. 기능별 분류

기능별 분류는 지방정부가 어떤 정책을 어느 정도의 경비로 수행하고 있는가를 볼 수 있도록 분류하는 것이다. 이러한 점 때문에 목적별 분류라고도 불리운다. 지방정부

예산편성운영기준에 의하면 기능별 분류는 종전의 품목예산제도의 5장 16관에서 국제 기준 및 중앙정부 기준과 동일하게 13분야 52부분으로 분류하고 있어 종전보다 분류가 세분화되었으며, 중기지방재정계획 및 통합재정분석 간 기능분류를 일원화하였다. 지방정부의 기능분류는 국가의 기능분류와 통합하여 기능을 개편하였으며 구체적인 내용은 [표 9-6]과 같다.

표 9-6 지방정부 기능분류

분야	부문	명 칭	분야	부문	명 칭	분야	부문	명 칭
010		일반공공행정(4)	070		환경(6)	110		산업・중소기업 및 에너지(6)
	011	입법 및 선거관리		071	상・하수도・수질		111	산업금융지원
	013	지방행정・재정지원		072	폐기물		112	산업기술지원
	014	재정・금융		073	대기		113	무역 및 투자유치
	016	일반행정		074	자연		114	산업진흥・고도화
020		공공질서 및 안전(3)		075	해양		115	에너지 및 자원개발
	023	경찰		076	환경보호일반		116	산업・중소기업 일반
	025	재난방재・민방위	080		사회복지(8)	120		교통 및 물류(5)
	026	소방		081	기초생활보장		121	도로
050		교육(3)		082	취약계층지원		123	도시철도
	051	유아 및 초・중등교육		084	보육・가족 및 여성		124	해운・항만
	052	고등교육		085	노인・청소년		125	항공・공항
	053	평생・직업교육		086	노동		126	대중교통・물류 등 기타
060		문화 및 관광(5)		087	보훈	140		국토 및 지역개발(3)
	061	문화예술		088	주택		141	수자원
	062	관광		089	사회복지일반		142	지역 및 도시
	063	체육	090		보건(2)		143	산업단지
	064	문화재		091	보건의료	150		과학기술(3)
	065	문화 및 관광일반		093	식품의약안전		151	기술개발
			100		농림해양수산(3)		152	과학기술연구지원
				101	농업・농촌		153	과학기술일반
				102	임업・산촌	160		예비비(1)
900		기타		103	해양수산・어촌		161	예비비

자료: 행정안전부(2020: 72). 『2020년도 지방자치단체 통합재정개요(상)』.

표 9-7 지방정부 기능별 세출예산(2019년)

(단위: 억 원)

구 분	계		일반회계	특별회계
	규 모	비 중		
일반공공행정	133,454	5.27	129,425	4,029
공공질서 및 안전	43,219	1.71	28,801	14,418
교육	139,509	5.51	136,723	2,786
문화 및 관광	121,264	4.79	115,447	5,817
환경	257,342	10.16	102,900	154,442
사회복지	751,015	29.66	631,365	119,650
보건	40,057	1.58	40,039	18
농림해양수산	157,958	6.24	153,895	4,063
산업·중소기업 및 에너지	62,636	2.47	54,915	7,721
교통 및 물류	206,290	8.15	129,265	77,025
국토 및 지역개발	174,720	6.90	113,364	61,356
과학기술	3,722	0.15	3,722	
예비비	45,485	1.80	32,021	13,464
인력운영비	315,349	12.45	270,519	44,830
기본경비 등	80,243	3.17	73,275	6,968
계	2,532,263	100.00	2,015,676	516,587

자료: 행정안전부(2020: 41). 『2020년도 지방자치단체 통합재정개요(상)』.

기능별 세출예산을 보면 일반공공행정, 공공질서 및 안전, 교육, 문화 및 관광, 환경보호, 사회복지, 보건, 농림해양수산, 산업·중소기업, 수송 및 교통, 국토 및 지역개발, 과학기술, 예비비, 기타로 구분되어 있으며, 각 기능별 예산은 [표 9-7]과 같다. 다음의 [표 9-7]에 의하면 사회복지 예산이 가장 많은 비중을 차지하고 있는 것으로 나타났고, 그 다음은 인력운영비, 그리고 환경인 것으로 나타났다. 가장 낮은 비중을 보이고 있는 것은 과학기술인 것으로 나타났다. 특히, 사회복지비가 전체 세출예산의 약 30%를 차지하고 있는 것으로 나타났다.

기능별 예산을 재원별로 살펴보면 [표 9-8]과 같다. 국비, 시·도비, 시·군·구비 그리고 기타로 구분하여 살펴본 결과는 시·군·구비가 가장 많은 비중을 차지하고 있고 그 다음은 시·도비이다.

표 9-8 기능별 · 재원별 세출예산규모(2019년)

(단위: 억 원)

구 분		계	국 비	시 · 도비	시 · 군 · 구비	기 타
일반공공행정		133,455	1,989	48,287	83,175	4
공공질서 및 안전		43,219	7,941	21,246	14,032	
교육		139,510	544	115,825	23,141	
문화 및 관광		121,263	16,321	40,575	64,310	57
환경		257,343	38,240	70,677	148,266	160
사회복지		751,015	418,808	191,529	140,180	498
보건		40,057	13,164	10,657	16,202	34
농림해양수산		157,956	43,820	35,017	79,022	97
산업 · 중소기업 및 에너지		62,636	11,529	30,732	20,371	4
교통 및 물류		206,290	16,921	101,677	87,360	332
국토 및 지역개발		174,719	16,941	56,503	101,092	183
과학기술		3,721	641	2,893	187	
예비비		45,485	115	8,913	36,456	1
인력운영비		315,348	2,496	102,283	210,569	
기본경비 등		80,243	77	5,198	17,147	57,821
계	규모	2,532,260	589,547	842,012	1,041,510	59,191
	비중	100.00	23.28	33.25	41.13	2.34

자료: 행정안전부(2020: 41). 『2020년도 지방자치단체 통합재정개요(상)』.

기능별 예산을 지방정부별로 살펴보면 [표 9-9]와 같다. 시 · 도본청이 가장 많은 비중을 차지하고 있고, 그 다음은 시인 것으로 나타났다. 기능별로 보면 사회복지비가 가장 많은 비율을 보이고 있다.

표 9-9 기능별 지방정부별 세출예산규모(2019년 총계기준)

(단위: 백만 원)

구 분	총계규모				
	계	시 · 도본청	시	군	자치구
일반공공행정	37,319,476	23,457,621	7,812,945	3,490,583	2,558,328
공공질서 및 안전	10,119,832	7,388,942	1,185,968	1,195,618	349,305
교육	14,722,752	11,998,387	1,723,840	401,265	599,260
문화 및 관광	15,593,300	6,133,412	5,282,425	2,963,700	1,213,764

환경보호	28,492,661	10,146,633	11,400,233	5,203,767	1,742,028
사회복지	114,455,579	59,371,246	26,597,562	7,892,848	20,593,923
보건	5,945,714	2,622,511	1,551,924	814,657	956,621
농림해양수산	23,938,233	9,401,384	6,443,679	7,814,219	278,951
산업 · 중소기업	7,993,391	4,265,690	2,267,292	1,108,188	352,221
수송 및 교통	26,346,445	13,634,614	8,923,060	2,203,415	1,585,355
국토 및 지역개발	24,951,152	10,133,174	8,712,080	4,437,134	1,668,764
과학기술	550,859	528,085	21,916	511	348
예비비	0	0	0	0	0
기타	31,785,144	9,886,241	10,100,533	5,469,684	6,328,686
계	342,214,538	168,967,940	92,023,457	42,995,589	38,227,554

자료: 행정안전부(2020). 『2020년도 지방자치단체 통합재정개요(상)』.

3. 성질별 분류

세출경비의 성질별 분류는 경비의 경제적 성질에 착안하여 분류한 것으로 행정서비스의 인적, 물적 및 화폐적 요소에 대응하는 경비의 구성을 나타내며, 경비의 사용된 용도와 국민경제에 기여한 정도를 파악하는 데 유용하다([표 9-10] 참조). 지방정부의 예산 및 결산의 분석에서도 가장 기초적으로 사용되는 과목의 구분은 바로 경비의 성질별 구분을 기준으로 하고 있다. 사업예산제도가 전면 시행됨에 따라 세출예산의 사용목적과 성질에 따라 편성목으로 분류하고 하위에 통계 및 내부관리를 목적으로 통계목을 두고 있다(지방자치인재개발원 · 시도공무원교육원, 2020: 142). 지방정부가 구입하는 재화와 서비스에 대한 정보를 제공하기 위한 지출단위로 나타내기 때문에 품목별

표 9-10 세출예산 성질별 분류

기존(2007년까지)	개편(2008년부터)	용 도
8개 그룹	8개 그룹	예산편성목의 상위그룹
38개 목	38개 편성목	세출예산의 사용과 사용목적에 따른 분류체계, 예산서에 표시되는 과목
109개 세목	121개 통계목	예산부서 및 사업부서의 통계관리 대상 예산서에 표기되지 않음

자료: 지방자치인재개발원 · 시도공무원교육원(2020: 142). 『2020 공통교재 지방예산실무』.

분류라고도 하며, 세출예산편성의 기초가 될 뿐만 아니라 예산집행의 회계적 기초가 된다. 지방세출을 품목별 분류기준에 따라 나누면 인건비, 물건비, 이전경비, 자본지출비, 융자 및 출자비, 보전재원, 지방정부 내부거래, 그리고 예비비 및 기타로 구분된다(손희준, 2019: 392−393).

이를 좀 더 구체적으로 살펴보기 위하여 2019년도 세출예산 성질별 분류를 제시하면 [표 9-11]과 같다.

표 9-11 2019년도 세출예산 성질별 분류

그룹(8)	편성목(38)	통계목(130)	개수
100 인건비	101 인건비	보수, 기타직보수, 무기계약근로자보수, 기간제근로자 등 보수	4
200 물건비	201 일반운영비	사무관리비, 공공운영비, 행사운영비, 맞춤형복지제도 시행경비, 공립대학 운영비	5
	202 여비	국내여비, 월액여비, 국외업무여비, 국제화여비, 공무원 교육여비	5
	203 업무추진비	기관운영업무추진비, 정원가산업무추진비, 시책추진업무추진비, 부서운영업무추진비	4
	204 직무수행경비	직책급업무수행경비, 직급보조비, 특정업무경비	3
	205 회의비	의정활동비, 월정수당, 의권국내여비, 의원국외여비, 의정운영공동경비, 의회운영업무추진비, 의원역량개발비, 의장단협의체부담금, 의원국민연금부담금, 의원국민건강부담금	11
	206 재료비	재료비	1
	207 연구개발비	연구용역비, 전산개발비, 시험연구비	3
300 경상이전	301 일반보상금	사회보장적 수혜금, 장학금 및 학자금, 의용소방대지원경비, 자율방범대 실비지원, 통리반장활동보상금, 민간인국외여비, 외빈초청여비, 사회복무요원보상금, 행사실비보상금, 에술단원운동부 등 보상금, 사회성과보상금, 기타보상금	12
	302 이주 및 재해보상금	민간인이주보상금, 민간인재해 및 복구활동보상금	2
	303 포상금	포상금, 성과상여금	2
	304 연금부담금 등	연금부담금, 국민건강보험금, 의원상해부담금	3
	305 배상금 등	배상금 등	1
	306 출연금	출연금	1

	307 민간이전	의료 및 구료비, 민간경상사업보조, 민간단체 법정운영비보조, 민간행사사업보조, 민간위탁금, 보험금, 연금지급금, 이자보전금, 운수업계보조금, 사회복지시설 법정운영비보조, 사회복지사업보조, 민간인위탁교육비	12
	308 지방정부이전 등	지방정부경상보조금, 징수교부금, 자치구조정교부금, 시·군 조정교부금, 자치구 기타 재원조정비, 시·군 기타 재원조정비, 지방정부 간 부담금, 교육기관에 대한 보조, 예비군육성지원경상보조, 공기관 등에 대한 경상적 위탁사업비, 기타 부담금	11
	309 전출금	공사·공단 경상전출금, 공무원연금관리공단 경상전출금	2
	310 국외이전	국외경상이전, 국제부담금	2
	311 차입금이자상환	시·군·구지역개발기금차입금이자상환, 통화금융기관 차입금이자상환, 중앙정부차입금이자상환, 지방채증권 이자상환, 기타 차입금이자상환	5
400 자본지출	401 시설비 및 부대비	시설비, 감리비, 시설부대비, 행사 관련 시설비	4
	402 민간자본이전	민간자본사업보조(자체재원), 민간자본사업보조(보조재원), 민간위탁사업비	3
	403 지방정부 등 자본이전	지방정부 자본보조, 공기관 등에 대한 자본적 대행사업비, 예비군육성지원자본보조	3
	404 공사·공단 자본전출금	공사·공단 자본전출금	1
	405 자산취득비	자산 및 물품취득비, 도서구입비	2
	406 기타 자본이전	기타 자본이전	1
	407 국외자본이전	국외자본이전	1
500 융자 및 출자	501 융자금	민간융자금, 통화금융기관융자금, 공사·공단 등 융자금, 시·군·구융자금	4
	502 출자금	출자금	1
600 보전재원	601 차입금원금상환	시·군·구지역개발기금차입금원금상환, 통화금융기관 차입금원금상환, 중앙정부차입금원금상환, 지방채증권 원금상환, 기타 국내차입금원금상환, 차관상환, 기타 해외채무상환	7
	602 예치금	예치금	1
700 내부거래	701 기타 회계 등 전출금	기타 회계전출금, 공기업특별회계 경상전출금, 공기업특별회계 자본전출금	3
	702 기금전출금	기금전출금	1
	703 교육비특별회계전출금	법정전출금, 비법정전출금	2
	704 예탁금	예탁금	1
	705 예수금원리금상환	예수금원금상환, 예수금이자상환, 시·도지역개발기금예수금원금상환, 시·도지역개발기금예수금이자상환	4
	706 기타 내부거래	감가상각비, 당기순이익, 적립금	3

800 예비비 및 기타	801 예비비	일반예비비, 재해재난목적예비비, 내부유보금	3
	802 반환금 기타	국고보조금반환금, 시·도비보조금반환금, 과오납금 등 잡손금	4

자료: 지방자치인재개발원·시도공무원교육원(2020: 142-144). 『2020 공통교재 지방예산실무』.

지방세출을 성질별·단체별로 분류하여 살펴보면 [표 9-12]와 같다. 다음의 [표 9-12]에 의하면 경상이전이 가장 많은 비중을 차지하고 있으며, 그 다음은 자본지출, 인건비, 내부거래의 순서이다. 가장 낮은 비중을 차지하고 있는 것은 융자 및 출자이다.

표 9-12 지방세출 성질별·단체별 분류(2019년 결산기준)

(단위: 백만 원)

구 분	합 계	특별·광역시	도	시	군	자치구
총괄(세출계)	245,317,864	46,035,656	32,024,056	87,927,234	41,499,452	37,831,465
인건비	26,211,593	3,877,914	3,939,260	8,486,915	4,623,963	5,283,542
물건비	15,914,076	2,750,761	1,865,423	6,260,188	2,865,577	2,172,128
경상이전	103,990,376	16,379,293	10,549,484	39,844,037	12,963,781	24,253,781
자본지출	72,363,906	12,022,896	8,428,405	28,604,239	18,295,198	5,013,168
융자 및 출자	1,159,722	943,215	45,857	104,711	63,944	1,994
보전재원	2,578,485	1,461,918	134,012	728,621	204,261	49,673
내부거래	21,466,960	8,360,853	6,934,152	3,302,155	2,104,664	765,137
예비비 및 기타	1,632,745	238,806	127,464	596,368	378,064	292,043

자료: http://lofin.mospa.go.kr

4. 사업별 분류(사업예산)

1) 기본구조

우리나라는 2008년부터 사업예산제도를 도입하여 운영하고 있다. 사업예산제도는 자율과 책임기반 하에 지방정부의 정책이 체계적으로 반영될 수 있도록 사업(정책, 단위, 세부사업)을 중심으로 예산을 편성·배정·집행·평가함으로써 재정성과를 극대화하기 위한 예산제도이다(행정자치부, 2008: 2). 사업예산은 정책과 예산의 연계 및 재정성과 제고를 위해 기존의 품목 중심이 아니라 성과관리가 용이하도록 정책사업(프로그램) 단위 중심으로 설정한 예산체계를 말한다. 여기서 정책사업(프로그램)이란 정부기능을 수행하기 위한 세부목표로서 동일한 정책목표를 달성하기 위한 단위사업의 묶음을 의미한다(한국지방행정연구원, 2004: 7-9).

과거 품목예산제도 하에서는 사업을 예산과목에 맞추어 편성함으로써 사업에 소요되는 지출내역을 일목요연하게 파악하기가 매우 어려웠으나 사업예산제도의 도입으로 예산을 사업별로 분류하여 편성함으로써 사업별 예산규모와 경비내역을 쉽게 파악할 수 있다. 또한 정보시스템 개발에 따라 사업예산 내역 및 세부사항을 주민에게 공개함으로써 재정운영의 책무성과 투명성을 강화하는 데 기여할 수 있다([그림 9-1] 참조). 사업예산제도의 도입은 조직부서의 책임성과 효율성을 제고하기 위한 제도로서 정책목표를 달성하기 위한 정책 · 사업을 명확하게 설정하고, 실제로 이들 사업들이 목표달성에 어느 정도 기여하고 있는가를 측정할 수 있다. 이에 따라 사업별로 성과지표를 설정 · 측정하고 이러한 성과측정의 결과는 다음해 기획단계와 예산편성에 반영함으로써 재정관리의 실질적 개선을 유도할 수 있을 것이다(이상용 · 이효, 2008: 1).

여기에 더하여 사업예산과 성과관리를 긴밀하게 연계하기 위한 시도를 본격화하였다. 구체적으로는 ① 중장기 전략적 재원배분, ② 성과목표에 근거한 사업 예산편성 및 성과관리, ③ 재정집행의 가치(VFM)를 창출하기 위해서는 2008년부터 본격 도입된 사

그림 9-1 품목별 예산제도와 사업예산제도의 비교

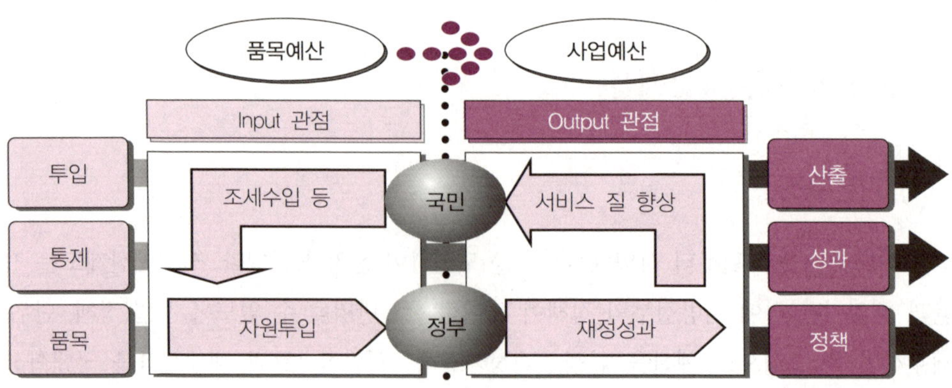

자료: 행정자치부(2006). 『사업예산운영매뉴얼』.

업예산제도를 토대로 성과와 예산을 연계한 사업예산 성과관리체계를 마련한다는 의미이다. 이는 곧 성과예산서의 형태로 나타나게 된다.

성과예산서는 구조화된 예산사업의 성과목표·지표, 평가결과 환류의 관리가 가능하도록 성과계획과 예산을 통합한 예산서이다. 예산과 성과의 직접 연계를 위하여 총성과관리에서 재정성과(총성과관리의 부분집합)를 융합하여 관리하는 것이다. 총성과관리와 재정성과관리를 융합·관리함으로써 예산목적과 집행의 결과에 입각한 예산성과를 보다 체계적으로 관리할 수 있을 것이다([표 9-13] 참조).

표 9-13 품목별예산제도와 사업예산제도의 차이 비교

구 분	품목예산제도	사업예산제도
편성	• 예산과목 위주 편성 – 익년도 업무계획과 예산(안) 별도 작성 – 목표, 계획, 예산 연계 미흡	• 사업 중심으로 편성 – 중장기 목표에 입각하여 성과계획서와 예산(안) 동시 작성 – 목표, 계획, 예산의 연계
예산서 형식	• 품목별 예산서 – 품목별 편성 • 목별 사업예산 내역	• 성과 중심 예산서 – 사업단위 편성 • 성과목표별 사업내역
예산 운용	• 통제위주 예산운용	• 성과위주 예산운용
결산	• 단편적·품목별 결산	• 종합적·사업단위 결산
심사 평가	• 사업진도분석수준의 심사평가	• 목표와 연계된 성과 중심의 평가
환류	• 평가장치가 없어 집행 결과가 다음 연도 예산에 반영되지 않음	• 성과보고서를 통한 성과 평가 및 다음 연도 예산에 반영
주민에 대한 효과	• 품목 중심의 편제로 지방정부가 어떠한 사업을 수행하고 있는지 파악하기 곤란	• 사업을 파악하기 용이 • 투명한 예산운영 유도

자료: 행정자치부(2008). 『2008년도 지방자치단체 사업예산 운영규정』.

사업별 세출예산의 기본구조를 보면 지방정부의 전략과 정책을 체계적으로 사업에 반영하기 위해 분야·부문과 정책사업·단위사업·세부사업이 일정한 규칙에 따라 계층을 형성하도록 사업을 구조화하고 있다.

구체적으로 살펴보면 첫째, 조직별 임무, 전략·성과목표를 근거하여 사업을 설정하고 있다. 조직별 임무에 근거하여 전략목표 및 성과목표를 수립한 후, 이를 달성하기 위한 수단으로서 정책사업, 단위사업 및 세부사업을 설정한다. 조직별 임무, 전략목표 및 성과목표는 목적을 의미하며, 정책사업, 단위사업과 세부사업은 이를 실현하기 위한 수단이다([그림 9-2] 참조).

그림 9-2 사업별 세출예산의 기본구조도

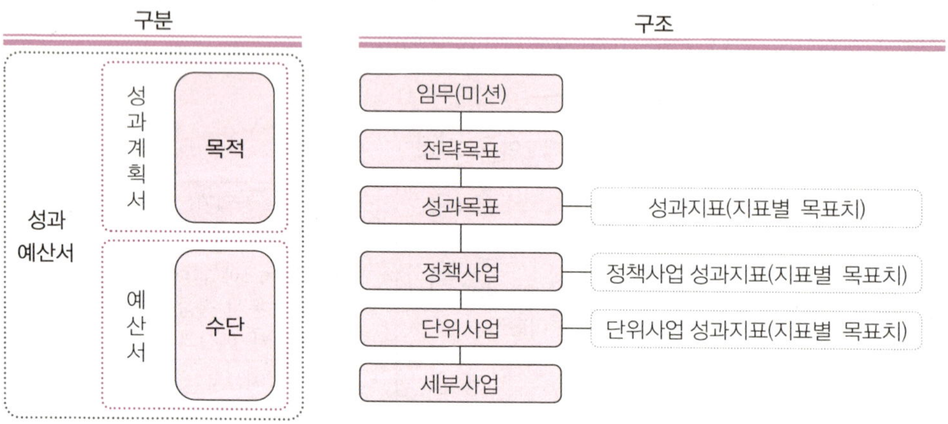

자료: 행정안전부(2020: 82). 『2021년도 지방자치단체 예산편성 운영기준 및 기금운용계획 수립기준』.

둘째, 사업이 체계적으로 편성될 수 있도록 일정한 계층구조를 형성하고 있다. 지방정부 전체 재정을 정책사업, 행정운영경비, 재무활동으로 구분하고, 정책사업 하위에 단위사업 및 세부사업을 설정한다. 그리고 세부사업 하위에 편성목과 통계목을 설정하

표 9-14 정책 · 단위 · 세부사업의 주요 원칙

구 분	주요 원칙
정책사업	• 1개의 정책사업은 단일부문으로만 구성 • 1개의 정책사업은 단일조직(실 · 과)에서만 운영(본청과 산하기관의 경우는 원칙적으로 유사 정책사업을 단일화가 원칙이나 별도 설정도 가능)
단위사업	• 1개의 단위사업은 동일 회계 또는 기금으로만 구성
세부사업	• 광역지방정부는 원칙적으로 직접사업과 지원사업을 구분하나 하나의 세부사업으로도 가능 • 보조사업과 자체사업을 구분함이 원칙이나 혼재 가능 • 특정 사업유형에 해당되는 세부사업은 별도구분 관리

자료: 행정안전부(2020: 83). 『2021년도 지방자치단체 예산편성 운영기준 및 기금운용계획 수립기준』.

그림 9-3 사업별 세출예산의 사업구조

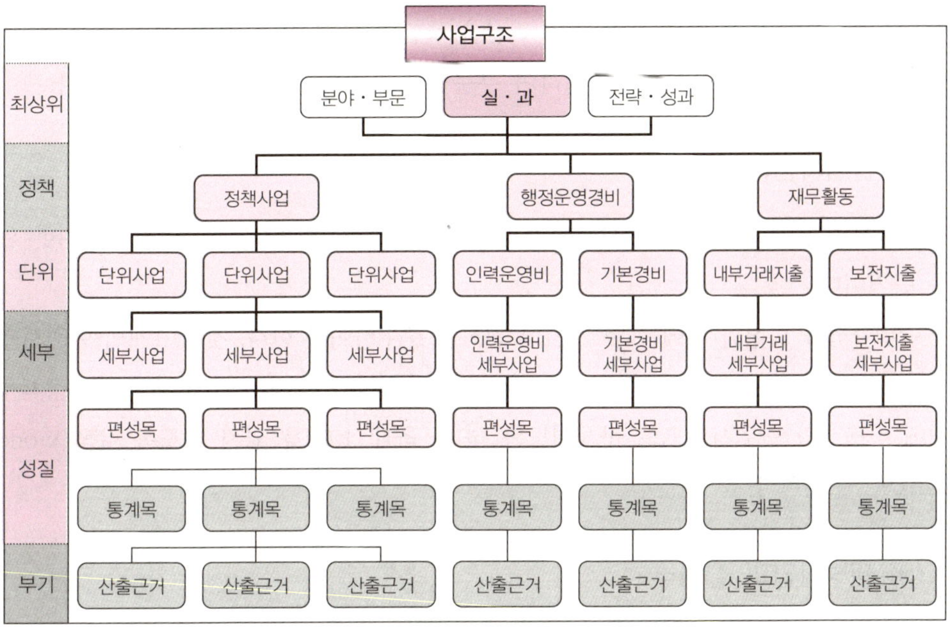

자료: 행정안전부(2020: 83). 『2021년도 지방자치단체 예산편성 운영기준 및 기금운용계획 수립기준』.

고 통계목 하위에 산출근거를 설정한다([그림 9-3] 참조).

셋째, 정책 · 단위 · 세부사업은 [표 9-14]에서 보는 것과 같이 몇 가지의 원칙에 근거하여 설정하여야 한다([표 9-14] 참조).

2) 단계별 내용

(1) 정책사업의 설정

정책사업은 재정사업과 업무를 대상으로 부서의 성과목표를 고려하여 정책적으로 일관성을 가진 다수의 단위사업들의 묶음을 의미하며, 지방정부 정책수행을 위해 설정되는 세출예산서상의 일차적 사업단위로서, 하부사업인 단위사업의 설정 근거가 된다.

정책사업을 설정할 때에는 몇 가지의 원칙을 준수하여야 한다. 첫째, 1개의 정책사업은 단일 부문으로만 구성한다. 단일 정책사업에 속하는 단위사업들이 각각 기능을 달리

할 경우 정책사업을 분리한다. 둘째, 1개의 정책사업은 단일조직(실·과)에서만 운영한다. 정책사업이 다수의 조직에서 수행될 경우는 정책사업명을 달리하여 분리한다. 셋째, 1개의 정책사업은 다수의 회계 및 기금을 포함할 수도 있다. 넷째, 적정 정책사업의 수는 지방정부의 업무 특성을 반영하여 부문별로 2~8개의 정책사업을 설정한다.

(2) 단위사업의 설정

단위사업은 정책사업을 세분한 다수의 실행단위로서, 정책사업을 수행하기 위한 활동 근거이다.

단위사업을 설정할 때에는 몇 가지의 원칙을 준수하여야 한다. 첫째, 1개의 단위사업은 동일 회계 또는 기금으로만 구성한다. 적정 단위사업 수를 보면 통상 1개의 정책사업에 4~5개의 단위사업으로 구성되도록 하며, 최대 10개를 넘지 않도록 유의(World Bank의 권고)한다.

(3) 세부사업의 설정

세부사업은 단위사업을 수행하기 위한 수개의 사업단위로서, 가장 하위의 사업단위이다.

세부사업을 설정할 때에는 몇 가지의 원칙을 준수하여야 한다. 첫째, 광역지방정부는 직접사업과 지원사업을 구분한다. 직접사업은 광역지방정부가 직접시행하는 사업이고, 지원사업은 광역지방정부에서 기초지방정부로 보조하여 기초지방정부로 하여금 수행하도록 하는 사업이다. 둘째, 보조재원 포함 사업과 자체재원 사업을 구분한다. 보조재원 포함사업은 국비보조사업(국고보조, 균특보조, 중앙기금보조) 및 시·도비보조사업의 보조금과 지방비 부담을 포함한 세부사업을 말한다. 그리고 자체재원사업은 보조금이 포함되지 않고 자체재원만으로 추진하는 사업이다.

(4) 행정운영경비의 설정

행정운영경비는 지방정부 행정조직 운영을 위한 최소한의 경상비로서, 기준인건비제도에 따른 인력운영비와 관서운영을 위한 기본경비로 구분한다.

인력운영비란 기준인건비 항목에 포함되는 경비를 의미한다([표 9-15] 참조).

표 9-15 인력운영비의 범위

목그룹	편성목	통계목
100 인건비	101 인건비	보수, 기타직보수, 무기계약근로자보수
200 물건비	204 직무수행경비	직급보조비
300 경상이전	303 포상금	성과상여금
	304 연금부담금 등	연금부담금, 국민건강보험금

자료: 행정안전부(2020: 94). 『2021년도 지방자치단체 예산편성 운영기준 및 기금운용계획 수립기준』.

기본경비는 정책사업 수행부서(실·과)의 운영을 위한 기본적인 행정사무비로서 특정 정책사업에 속하지 않으며, 부서 운영을 위하여 부서의 인원 수 비례로 산출하는 운영경비를 의미한다([표 9-16] 참조).

표 9-16 기본경비의 범위(예시)

편성목	통계목	기본경비의 내용
201 일반운영비	사무관리비	• 기본행정사무용품 및 소모성물품구입비 • 기본업무 수행을 위한 특근급식비, 급량비 • 일반수수료: 세탁, 사진현상, 법령가제료 등 • 신문, 잡지, 관보, 법령추록 등 소규모적 도서구입비 • 당직용 침구구입비(사업소, 읍·면·동) • 일·숙직비(사업소, 읍·면·동) • 행정사무에 필요한 소규모적인 수선비 • 행정사무장비 임차료 • 범용 S/W 구입비
	공공운영비	• 공공요금 및 제세
202 여비	국내여비	• 기본업무 수행을 위한 국내여비
	월액여비	
405 자산취득비	자산 및 물품취득비	• 사업과 무관한 경상적인 업무수행용 물품취득비 • PC, 프린터, 복사기, 모사전송기, 문서세단기, 냉온수기 등
203 업무추진비	기관운영업무추진비	• 기관운영업무추진비
	정원가산업무추진비	• 정원가산업무추진비
	부서운영업무추진비	• 부서운영업무추진비
204 직무수행경비	직책급업무수행경비	• 직책급업무수행경비

자료: 행정안전부(2020: 95). 『2021년도 지방자치단체 예산편성 운영기준 및 기금운용계획 수립기준』.

(5) 재무활동의 설정

재정보전적 이전재원, 채무상환 등에 해당하는 영역은 총계관리 및 사업관리 방식의 차별화를 위해 재무활동(비사업)으로 설정한다.

제 3 절 | 성인지예산제도

1) 개 념

성인지예산이란 예산이 여성과 남성에게 미칠 영향을 미리 분석하여 이를 예산편성에 반영·집행하고, 여성과 남성이 동등하게 예산의 수혜를 받고 예산이 성차별을 개선하는 방향으로 집행되었는지를 평가하여 다음 연도 예산편성에 반영하는 제도를 말한다. 예산이 여성과 남성에게 미치는 효과를 예산의 편성, 심의, 집행, 결산 과정에서 고려하여 국가재원이 효율적이고 성평등한 방식으로 사용될 수 있도록 예산의 배분구조와 준칙을 변화시키고자 하는 것이며, 성인지예산은 예산의 특정 범주가 아니라 성평등한 자원배분의 과정이다(한국여성정책연구원, 2007).

성인지예산서는 예산서 중 여성 및 남성과 관련된 예산을 별도 선정하고, 성인지예산의 개요, 규모 및 각각의 사업별로 성평등 기대효과, 성과목표, 성별 수혜분석 등을 작성한 예산보고서를 말한다. 그리고 성인지결산서는 성인지예산에 대한 결산개요, 집행실적, 성평등 효과 및 평가 등을 작성한 보고서이다(행정안전부, 2012: 2).

2) 추진배경

성인지예산제도는 1995년 북경세계여성대회와 2001년 브뤼셀 고위급회의를 계기로 전 세계적으로 급속하게 확대되고 있는 여성정책의 흐름 중 하나이며, 우리나라도 예산이 남성과 여성에게 미치는 효과를 평가하고, 그 결과를 예산편성에 반영할 필요성이 지속 제기됨에 따라 정부는 국가재정법(제26조, 제57조)을 개정(2006.10.4)하여 2010회계연도부터 성인지 예·결산서를 작성 국회에 제출하였다. 지방정부도 지방재정법(제36조의2, 제53조의2)을 개정(2011.3.8)하여 2013회계연도부터 성인지 예·결산서를 지방의회에 제출토록 의무화하고 있다.

그동안의 추진과정을 보면 제3차 여성정책기본계획(2008~2012)에 지방정부의 성인지예산제도 도입을 포함(2007.12)하였고, 이명박 정부 100대 국정과제 세부과제로 성인지 예·결산제도 정착이 채택(2008.10)되었다. 그 이후 지방정부 성인지예산제도 도입을 위하여 지방재정법을 개정 발의(신낙균의원 외 33인, 2009.8.19)하였고, 지방재정법을 개정·공포(2011.3.8)하였으며, 법률 개정에 따라 지방재정법 시행령을 개정·공포(2011.9.6)하였다. 이와 같은 과정을 거쳐 현재에 이르고 있다.

3) 추진체계

추진절차와 체계를 보면 먼저 행정안전부가 성인지예산서 작성기준을 마련하여 지방정부에 통보한다. 구체적으로는 국가정책의 방향, 제2차 양성평등정책 기본계획, 성

그림 9-4 성인지예산 추진체계

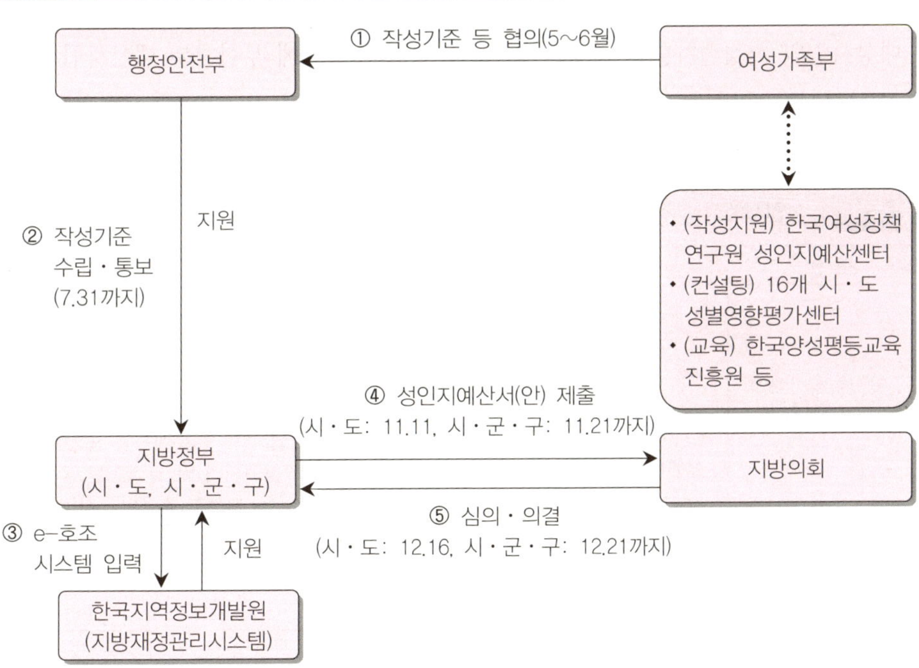

자료: 행정안전부(2020: 184). 『2021년도 지방자치단체 예산편성 운영기준 및 기금운용계획 수립기준』.

별영향평가 등과 연계하여 성인지예산서 대상사업 선정 및 작성에 관한 기준 마련 후 여성가족부와 협의 및 확정한다. 그 이후 지방정부 예산편성 운영기준(행정안전부 훈령)과 함께 성인지예산서 작성기준을 7월 31일까지 통보한다. 성인지예산서 작성기준을 통보받은 지방정부는 성인지예산서를 작성한다. 구체적으로 보면 각 지방정부는 자체 성평등 목표를 수립한 다음 수립한 자체 성평등 목표를 고려하여 대상사업을 확정한 후 성인지예산서를 작성하고 이를 사업(성과)예산안에 반영한다. 각 지방정부의 예산부서에서 사업(성과)예산서와 성인지예산서를 동시에 심사·확정 후 지방정부의 장의 결재를 받아 의회에 제출한다([그림 9-4] 참조).

4) 대상사업의 선정기준

성인지예산에서는 대상사업의 선정이 매우 중요하다. 대상사업을 보면, 대상회계는 일반회계, 기타 특별회계, 기금회계이다. 성인지예산서 작성 대상사업은 [표 9-17]에서 보는 것과 같이 세부사업을 기준으로 작성한다. 다만, 행정운영경비, 재무활동 등은 성인지예산에서 제외된다.

대상사업의 선정절차를 보면 자체 수립한 성평등 목표에 부합하는 대상사업의 선정은 예산부서가 총괄하고, 여성정책담당부서는 사업부서 및 각 지역별 성별영향평가센

표 9-17 성인지예산 대상사업

구 분	비 고
양성평등정책 기본계획 추진사업	• 제2차 양성평등정책 기본계획(2018~2022)에 따른 연도별 지방정부 시행계획 추진사업 ※ 양성평등정책 기본계획은 양성평등기본법(§7)에 따라 여성가족부장관이 5년마다 수립 • 지방정부에서 자체적으로 수립한 양성평등정책 관련 기본계획에 포함된 사업, 그 밖에 여성을 주대상으로 하며 여성의 사회참여확대 및 권익증진 등을 도모하거나 여성의 돌봄부담 등 가족 내 성불평등을 개선할 수 있는 사업
성별영향평가사업	• 성별영향평가법에 따른 2020년 성별영향평가 대상 예산사업 ※ 2018년 이전에 성별영향평가사업으로 성인지예산서를 작성한 사업들도 성별영향평가사업으로 표기
지방정부가 별도로 추진하는 사업	• 지방정부의 장의 공약사업 및 주력사업으로 성별 수혜분석이 가능하다고 판단되는 사업, 성불평등 혹은 성격차 개선 가능성이 큰 사업

자료: 행정안전부(2020: 185). 『2021년도 지방자치단체 예산편성 운영기준 및 기금운용계획 수립기준』.

터 등과 협조하여 해당 지방정부의 성인지 대상사업을 예산부서에 제출한다. 성평등 목표와의 연계성, 대상사업 선정기준과의 부합성 등을 고려하고, 종전 성인지예산서 작성 사업에 대한 적절성 등을 검토하여 선정한다.

참고문헌

손희준(2019). 『새지방재정학』. 서울: 대영문화사.

이상용 · 이효(2008). 『사업예산제도의 운영실태와 정착방안』. 한국지방행정연구원 연구보고서.

이상희(1992). 『지방재정론』. 서울: 계명사.

이희봉(2011). 『거버넌스 지방재정』. 서울: 사회문화사.

임성일 · 이효 · 서정섭(2012). 『새로운 지방예산제도』. 한국지방행정연구원 연구총서. 서울: 박영사.

지방자치인재개발원 · 시도공무원교육원(2012). 『지방예산실무』.

한국여성정책연구원(2007). 「성인지 예산분석기법 개발 및 제도적 인프라 구축방안 연구」. 연구보고서.

한국지방행정연구원(2004). 『예산성과관리제도 목표 및 지표개발에 관한 연구』.

행정안전부(2009). 『세출예산집행기준 및 재무회계규칙 개정내용』.

______(2012). 『지방자치단체 성인지예산 담당공무원 워크숍 자료집』.

______(2020a). 『지방자치단체 예산편성 운영기준 및 기금운용계획 수립기준』.

______(2020b). 『2020년도 지방자치단체 통합재정개요(상)』.

행정자치부(2006). 『사업예산운영 매뉴얼』.

______(2008). 『2008년도 지방자치단체 사업예산 운영규정』. 행정자치부.

______(2010). 『사업예산 성과관리 시범작성 매뉴얼』. 행정자치부.

UN WOMEN-Gender Responsive Budgeting 사이트(www.gender-budgets.org).

http://lofin.mospa.go.kr

Chapter

10 지방공기업

제 1 절 | 지방공기업의 의의

1. 지방공기업의 개념

지방공기업은 지방공기업법 제1조에 의할 경우 지방정부가 직접 설치·경영하거나, 법인을 설립하여 경영하는 기업을 말하며, 이와 같은 지방공기업은 지방자치의 발전과 주민복리의 증진에 이바지함을 목적으로 한다. 우리나라 지방공기업 관련 사이트인 지방공공기관 경영정보공개시스템(https://www.cleaneye.go.kr)에 의하면 지방공기업은 지방정부가 직·간접적으로 경영(국가공기업과 구분)하는 것으로 특정 공공수요를 특정 개개인에게 충족시키고 수익자 부담원리에 의해 비용을 부담시키는(일반행정과 구분) 비권력적인 서비스 행정(일반행정활동과 구분)을 말한다(http://www.cleaneye.go.kr/). 또한 권형신 외(2001: 591)와 이희봉(2011: 808)은 지방공기업을 최광의, 광의, 협의로 구분하여 제시하고 있다. 최광의로 보면 지방공기업은 지방정부가 지역주민의 복리를 증진하기 위하여 직접 또는 간접적으로 경영하는 사업 중 기업적 성격을 지닌 것을 의미한다. 광의의 지방공기업은 실정법인 지방공기업법의 적용을 받는 사업을 말하며, 여기에는 직접경영사업과 공사·공단 등 간접경영사업을 포함한다. 협의의 지방공기업은 지방공기업법 적용사업 중 직접경영방식인 지방직영기업만을 가리키는데, 원칙적으로 지방정부가 주민의 복지증진을 목적으로 경영하는 사업을 말한다.

표 10-1 지방공기업의 개념

학 자	개 념
지방공기업법	지방정부가 직접 설치·경영하거나, 법인을 설립하여 경영하는 기업
권형신 외, 이희봉	• 최광의: 지방정부가 지역주민의 복리를 증진하기 위하여 직접 또는 간접적으로 경영하는 사업 중 기업적 성격을 지닌 것을 의미 • 광의: 실정법인 지방공기업법의 적용을 받는 사업을 말하며, 여기에는 직접경영사업과 공사·공단 등 간접경영사업을 포함 • 협의: 지방공기업법 적용사업 중 직접경영방식인 지방직영기업만을 가리키는데, 원칙적으로 지방정부가 주민의 복지증진을 목적으로 경영하는 사업
종합	지방자치의 발전과 주민복리의 증진에 이바지하기 위하여 지방정부가 직접 설치·경영하거나 법인을 설립하여 경영하는 기업

이를 종합하면 지방공기업은 지방자치의 발전과 주민복리의 증진에 이바지하기 위하여 지방정부가 직접 설치·경영하거나 법인을 설립하여 경영하는 기업이라고 볼 수 있다. 권형신 외와 이희봉이 제시하고 있는 지방공기업에 대한 개념 중 광의의 지방공기업에 해당된다고 볼 수 있다([표 10-1] 참조). 이러한 지방공기업은 지역의 공공복지 수요를 충족시키는 활동을 하게 되는데, 그 서비스 효과가 특정 개개인에 귀속되므로 발생비용을 이용자가 부담하는 요금수입으로 충당하는 것이 바람직하며, 따라서 특별회계를 설치하여 독립채산제로 운영하는 것이 일반적이다(권형신 외, 2011: 590). 이를 좀 더 구분하여 살펴보면 사업영역은 주민의 복리증진을 위한 공익사업으로서 수익성이 있는 사업 중 지방공기업법 제2조에서 정한 사업이고, 경영원칙은 공익성과 수익성의 조화, 독립채산원칙이며, 예산회계는 기업회계기준에 의한 복식부기 예산관리 및 회계 운영, 재원조달은 수익자 및 원인자부담원칙, 그리고 관리책임은 지방직영기업의 경우 관리자 지정, 지방공사(공단)의 경우 사장(이사장) 임명으로 개념화할 수 있다.

지방공기업법의 적용범위를 보면 지방정부가 주민의 복리증진을 목적으로 직접·간접으로 경영하는 사업 중 지방공기업법의 적용을 받는 사업을 말한다. 지방공기업법상 적용받는 경영형태를 유형화하면 직접경영(지방직영기업)과 간접경영(지방공사·공단)이 있다. 직접경영(지방직영기업)은 지방정부가 직접 사업수행을 위해 공기업특별회계를 설치, 일반회계와 구분하여 독립적으로 회계를 운영하는 형태로 조직·인력은 지방정부 소속(상수도, 하수도, 공영개발 등)이다. 그리고 간접경영(공사·공단)은 지방정부가 50% 이상 출자한 독립법인으로 지방정부와 별도 독립적으로 운영되며 종사자의 신분은 민간인이다.

2. 지방공기업의 필요성

지방공기업의 필요성은 지역경제발전 촉진, 주민복지의 증진에 있다고 보는 학자와 주민의 복지증진, 민간자본의 부족, 지역독점사업, 그리고 지역차원의 종합경영 등에 있다고 보는 학자도 있다. 그리고 지방공공기관 경영정보공개시스템(https://www.cleaneye.go.kr)에서 제시하고 있는 필요성도 있다. 이를 종합하여 살펴보는 것이 지방공기업의 필요성을 보다 폭넓게 살펴보는 것이다.

첫째, 지역경제발전 촉진을 위하여 지방공기업이 필요하다는 견해이다. 원칙적으로 지역경제의 발전은 시장을 중심으로 민간기업이 주도적 역할을 담당하고, 지방정부는 민간기업이 자본을 형성하고 경제활동을 할 수 있도록 투자여건과 공정한 경쟁조건을 조성하는 데 중점을 둔다. 그러나 시장이 취약하고 민간자본이 부족한 경우에는 지역경제에 지방정부가 적극적으로 참여하여 지역경제발전을 유도할 필요성이 있다(이희봉, 2011: 810-811).

둘째, 주민복지의 증진을 위하여 지방공기업이 필요하다는 견해이다. 즉, 채산성이 없는 사업은 민간자본의 투자를 기대할 수 없기 때문에 공영사업 운영이 불가피하다. 상·하수도, 주택, 교육 등과 같이 지역주민의 일상생활에 필수불가결한 사업을 민간기업에 맡기게 되면 공익성이 저하될 것이기 때문에 주민복지증진을 위해서는 공영으로 운영하는 것이 바람직하다는 견해이다.

셋째, 지역독점적인 공익사업은 일반적으로 공영을 원칙으로 하는 것이 바람직하다(사기업에만 맡길 경우 공익성의 저하 등 폐해 우려).

넷째, 사업의 성질상 일정지역을 관할하는 지방정부에 의하여 종합적으로 경영해야 할 필요성이 강한 사업이 있다(예: 대도시 교통사업, 지하철 등). 이러한 사업을 민간기업에 맡기게 되면 종합적인 경영이 불가능해지기 때문에 공영으로 운영하는 것이 바람직하다.

다섯째, 그 외에도 주민의 의사를 사업운영에 최대한 반영 가능하다는 점, 각 지역실정에 적정한 공공정책(도시정책, 사회정책, 산업정책 등)을 사업운영에 반영할 수 있다는 점, 그리고 장기 · 저리자금의 대량조달이 비교적 용이(공신력, 조세권 담보)하다(http://www.cleaneye.go.kr/)는 점 때문에 지방공기업이 필요하다고 보고 있다([표 10-2] 참조).

표 10-2 지방공기업의 필요성

- 지역경제발전 촉진을 위하여 지방공기업이 필요하다는 견해
- 주민복지의 증진을 위하여 지방공기업이 필요하다는 견해
- 지역독점적인 공익사업은 일반적으로 공영을 원칙으로 하는 것이 바람직하다는 견해
- 사업의 성질상 일정지역을 관할하는 지방정부에 의하여 종합적으로 경영해야 할 필요성이 강한 사업에 유용하다는 견해
- 주민의 의사를 사업운영에 최대한 반영 가능하다는 점
- 각 지역실정에 적정한 공공정책(도시정책, 사회정책, 산업정책 등)을 사업운영에 반영할 수 있다는 점
- 장기 · 저리자금의 대량조달이 비교적 용이(공신력, 조세권 담보)하다는 점

제 2 절 | 지방공기업의 특성과 경영원칙

1. 지방공기업의 특성

지방공기업은 지역성, 공공성, 그리고 기업성이라는 특징을 가지고 있다. 지역성이란 국가공기업과 지방공기업을 비교하는 기준이기도 하다. 즉, 지역성이란 전국적으로 재화와 서비스를 생산 및 공급하는 역할을 수행하는 국가공기업과 달리 지방공기업은 특정 지역을 중심으로 다양한 활동을 수행한다는 의미이다. 소유경영의 주체가 지방정부이므로 관할 행정구역에 따른 공간적인 제약이 있으나 최근에는 광역공기업의 설치필요성 등이 제기되고 있다. 상 · 하수도, 청소 · 위생, 교통사업 등이 여기에 해당된다.

공공성이란 민간기업과 대비하여 지방공기업의 특성을 도출할 때 활용한다. 공공성이란 지방공기업의 경우 민간기업과 달리 사적이윤추구가 아닌 공공복리를 추구하는 데 설치목적을 두고 있다는 것이다. 물론 지방공기업이 이윤추구를 하지 않는다는 것이 아니라 우선순위가 공공복리증진에 있다는 의미이다. 공공성 측면에서의 지방공기업은 적정이윤을 추구하면서 원가절감을 통하여 공공서비스의 가격을 인하하여 소비자의 부

담을 경감시킨다. 채산성이 없더라도 사회정책적 차원에서 사업을 운영하기도 한다. 예를 들면, 벽지 공용버스 운영, 비수익병원 운영, 고지대 급수 등이다.

그리고 기업성이란 일반행정기관과 지방공기업을 비교할 때 주로 활용되는 개념이다. 기업성은 형식적인 측면과 내용적인 측면으로 구분가능하다. 먼저, 형식적인 측면이란 독립채산제를 채택하거나 수익자부담원칙을 정해 재화 및 서비스의 판매수입으로 소요비용을 충당하는 것을 말한다. 내용적인 측면은 경영목표를 효율적으로 달성하기 위해 인력 및 자산 등 내적 자원을 적극적으로 활용하고 조직 · 예산 · 인사 등 경영 전반에 걸친 문제점을 개선해 나가는 기업가 정신을 의미한다(손희준, 2019: 407-408). 이를 종합하면 지방공기업은 수지균형 유지가 바람직하고 독립채산제(형식면)이며, 기업형태를 유지(형식면)하고, 창의적 · 신축적으로 운영하며, 사업효율성 제고(내용면)를 위하여 노력하여야 한다([표 10-3] 참조).

표 10-3 지방공기업의 특성

구 분	내 용
지역성	전국적으로 재화와 서비스를 생산 및 공급하는 역할을 수행하는 국가공기업과 달리 지방공기업은 특정 지역을 중심으로 다양한 활동을 수행한다는 의미
공공성	지방공기업의 경우 민간기업과 달리 사적이윤추구가 아닌 공공복리를 추구하는 데 설치 목적을 두고 있다는 것
기업성	수지균형 유지가 바람직하고 독립채산제(형식면)이며, 기업형태를 유지(형식면)하고, 창의적 · 신축적으로 운영하며, 사업효율성 제고(내용면)를 위하여 노력하여야 한다는 것

공공성과 기업성은 보완관계 또는 상충관계일 수도 있으나 어느 한 쪽을 지나치게 강조하는 것은 바람직하지 못하다. 공공성을 지나치게 강조하면 기업성이 악화되어 지방정부의 추가비용이 발생한다. 그리고 기업성을 지나치게 강조하면 공공성 저해로 설립목적과 상치되는 사례가 발생한다. 지역여건에 따라 공익성과 기업성이 조화롭게 운영되는 것이 바람직하며, 이것은 지역 간 서비스의 내용이나 가격 등이 달라지는 원인이 되기도 한다(http://www.cleaneye.go.kr/).

2. 지방공기업의 경영원칙과 법적근거

지방공기업이 경영원칙은 지방공기업법 제3조에 제시되어 있다. 지방공기업법 제3조에는 두 가지의 경영원칙이 제시되어 있다([표 10-4] 참조). 첫째, 지방직영기업, 지방공사 및 지방공단은 항상 기업의 경제성과 공공복리를 증대하도록 운영하여야 한다. 이를 좀 더 구체적으로 설명하면 지방공기업은 공공재의 공급 등을 통해 시장경제가 할 수 없는 부문을 감당함으로써, 공공복리를 증진시키는 동시에 공공부문 내부에서 극복하기 어려운 효율적인 운영과 수익창출을 통해 지역경제와 지방재정에 기여를 하여야 한다는 것이다.

표 10-4 지방공기업의 경영원칙

구 분	내 용
기업의 경제성 향상을 위하여 노력	공공부문 내부에서 극복하기 어려운 효율적인 운영과 수익창출을 통해 지역경제와 지방재정에 기여를 하여야 한다는 것
공공복리의 증진을 위하여 노력	공공재의 공급 등을 통해 시장경제가 할 수 없는 부문을 감당함으로써, 공공복리를 증진

둘째, 지방정부는 지방공기업을 설치·설립 또는 경영할 때에 민간경제를 위축시키거나, 공정하고 자유로운 경제질서를 해치거나, 환경을 훼손시키지 아니하도록 노력하여야 한다.

지방공기업의 법적근거는 지방공기업법, 지방공기업법 시행령이다. 그 이외에도 지방공기업을 운영하기 위해서는 지방자치법, 지방재정법, 수도법, 하수도법, 의료법, 철도법, 주택법, 택지개발촉진법, 지방공무원법, 근로기준법 등과 연관되어 있다. 지방공기업법은 지방정부가 직접 설치·경영하거나, 법인을 설립하여 경영하는 기업의 운영에 필요한 사항을 정하여 그 경영을 합리화함으로써 지방자치의 발전과 주민복리의 증진에 이바지함을 목적으로 한다.

제 3 절 | 지방공기업의 영역과 분류

1. 지방공기업의 영역

1) 법 당연적용사업

법 당연적용사업은 [표 10-5]에서 보는 것처럼 지방공기업법 제2조 제1항에 규정된 상·하수도 등 8종이다. 사업규모가 지방공기업법시행령에서 정한 기준에 도달할 때에는 6개월 이내에 지방공기업으로 전환하여야 한다(http://www.cleaneye.go.kr/).

표 10-5 법 당연적용사업

구분	사업명	적용기준
1	수도사업(마을상수도사업은 제외)	1일 생산능력 1만 5천 톤 이상
2	공업용수도사업	1일 생산능력 1만 톤 이상
3	궤도사업(도시철도사업 포함)	보유차량 50량 이상
4	자동차운송사업	보유차량 30대 이상
5	지방도로사업(유료도로사업만 해당)	도로관리연장 50km 이상 또는 유료터널·교량 3개소 이상
6	하수도사업	1일 처리능력 1만 톤 이상
7	주택사업	주택관리연면적 또는 주택건설면적 10만m^2 이상
8	토지개발사업	조성면적 10만m^2 이상

자료: 지방공기업법 시행령 제2조.

2) 법 임의적용사업

지방정부는 경상경비의 50% 이상을 경상수입으로 충당할 수 있는 사업으로서, 지방직영기업, 지방공사 또는 지방공단이 경영하는 경우 조례가 정하는 바에 의하여 지방공기업법 적용이 가능하다(지방공기업법 제2조).

구체적으로는 첫째, 민간인의 경영참여가 어려운 사업으로서, 주민복리증진·지역경제 활성화·지역개발 촉진에 이바지할 수 있다고 인정되는 사업, 둘째, 법 당연적용사업 중 적용기준에 미달하는 사업, 셋째, 체육시설의 설치·이용에 관한 법률에 의한 체육시설업, 넷째, 관광진흥법에 의한 관광사업(여행업 및 카지노업 제외) 등이다(지방공기업법 제2조).

2. 지방공기업의 분류

지방공기업은 직영기업, 지방공사·공단, 기타 출자법인으로 구분할 수 있다. 직영기업은 직접경영하는 것을 의미하고, 지방공사·공단은 간접경영을 의미한다. 그리고 기

표 10-6 지방공기업법에 의한 설립법인 간 비교

구 분	지방공기업			민관공동출자(제3섹터)
	지방직영기업	지방공단	지방공사	
적용법률	지방공기업법 지방자치법 지방재정법	지방공기업법	지방공기업법 상법일부준용	상법 지방공기업법 일부적용
사업성격	필수주민생활 서비스	공공성	공공성>수익성	공공성<수익성
설립	지방정부의 조직(특별회계), 조례로 설립	지방정부단독 (지방정부 100%), 조례로 설립	지방정부단독 또는 민관공동출자 (지방정부 50% 이상), 조례로 설립	민관공동출자 (지방정부 50% 미만)
경영비용	수수료 등	대행사업비	판매수입 대행수수료	판매수입
손익금 처리	가능	불가	가능	가능
자본조달	타 회계전출금	지방정부증자 공단채발행	지방정부 또는 민간증자 공사채발행	지방정부 또는 민간증자
타 법인 출자	-	타 법인 출자불가	직전년도 자기자본금의 10% 한도 내에서 출자가능	제한없음
대표자	관리자 (지방정부장 임명)	이사장 (공모절차를 거쳐 지방정부장 임명)	사장 (공모절차를 거쳐 지방정부의 장이 임명)	대표이사 (이사회 또는 주주총회 선임)
업무관계	지방정부의 고유사무	특정 사무대행	독립사업 경영 특정 사무대행	독립사업 경영
사업범위	법 제2조 (당연적용사업+ 임의적용사업)	법 제2조 (당연적용사업+ 임의적용사업)	법 제2조 (당연적용사업+ 임의적용사업)	법 제2조 제2항 (임의적용사업)

자료: 행정안전부(2012: 10). 『지방공기업 현황』.

타 출자법인은 주식회사, 재단법인처럼 제3섹터를 의미한다([표 10-6] 참조).

1) 직영기업: 직접경영

직영기업이란 지방정부가 직접 사업수행을 위해 공기업특별회계를 설치, 일반회계와 구분하여 독립적으로 회계를 운영하는 형태를 의미한다. 이 경우 조직·인력은 지방정부 소속이다. 여기에는 상수도, 하수도, 공영개발, 지역개발기금 등이 있다(행정안전부, 2012: 3).

2) 지방공사·공단: 간접경영

지방공사·공단이란 지방정부가 50% 이상 출자한 독립법인으로 지방정부와 별도 독립적으로 운영되며 종사자의 신분은 민간인이다. 여기에는 지하철공사, 도시개발공사, 시설관리공단(환경, 경륜, 주차관리공단 포함), 기타 공사·공단 등이 있다(행정안전부, 2012: 3).

3) 기타 출자법인(주식회사, 재단법인): 제3섹터

기타 출자법인이란 지방정부가 자본금 또는 재산의 50% 미만을 출자, 지방정부 이외의 자와 함께 설립한 상법상 주식회사 또는 민법상 재단법인을 말한다(행정안전부, 2012: 3).

제 4 절 | 지방공기업의 예산편성 및 확정절차

1. 예산편성 기본원칙

지방공기업을 운영하기 위해서는 예산을 편성하여야 한다. 예산을 편성할 때에는 몇 가지 준수하여야 할 기본원칙이 있다. 첫째는 재정건전성을 강화할 수 있는 방향으로 예산을 편성하여야 한다. 즉, 지방공기업은 합리적인 기준에 의해 지출경비를 산정하고, 관련 자료에 의거 정확하게 수입을 산정하여 예산을 계상하여야 한다. 또한 지방공기업은 재정의 건전한 운영을 위해 노력하고 지방정부에 부담을 전가하는 사업이 시행되지 않도록 노력하여야 한다. 이를 위해서는 예산편성의 효율성 강화, 예산집행의 투명성 강화, 부채관리의 적정성 확보, 지방공기업 중장기 경영(재무)관리계획 수립, 지방공사의 사업경영의 책임성 확보를 위한 사전심사 검증 강화 등의 조치를 취하여야 한다.

둘째, 독립채산원칙을 준수할 수 있도록 예산을 편성하여야 한다. 즉, 지방공기업은 설립목적인 경영의 합리화에 의한 지방자치발전과 주민의 복리증진에 기여하기 위해서 기본적으로 당해 사업의 수입으로 그 비용을 충당할 수 있어야 한다. 이를 위해 사업수행과 지방정부 또는 국가의 업무를 대행하는 경우에 수반되는 비용은 그 원인자에게 최대한 부담토록 하여야 한다. 이를 위하여 ① 지방공기업은 영업수지와 자본수지 간에 수지균형을 이루어야 하며, 영업수지로 영업지출과 자본지출까지 충당하여야 한다. 또한 ② 경비의 성질상 당해 지방직영기업의 수입으로 충당하는 것이 적당하지 아니한 경비 또는 그 경영에 수반한 수입만으로 충당하는 것이 객관적으로 곤란하다고 인정되는 경비에 대하여 일반회계에서 경비를 부담한다. 그리고 ③ 공사·공단은 사업을 대행하고자 하는 경우 국가 또는 지방정부와 위탁계약을 체결하여야 하고, 위탁계약 체결 시 사업별 위탁계약 체결 방식의 적극 활용으로 공단의 효율적 경영운영을 도모할 수 있도록 하여야 한다.

셋째, 발생주의원칙에 입각하여 예산을 편성하여야 한다. 지방공기업은 경영의 성과 및 재무상태를 명백히 하기 위하여 재산의 증감 및 변동을 그 발생의 사실에 따라 기업회계원칙을 준수하여 회계 처리하여야 한다. 지방공기업의 예산은 지방정부 예산과는 달리 단순한 수지만을 나타내는 것이 아니라, 당해 사업연도의 사업운영을 위한 예상손익계산서의 역할을 하는 것으로서, 이를 잘 나타내기 위해서는 비현금지출경비를 계상하여야 한다. 수익은 실현주의원칙에 따라 그 수익을 조사결정한 날이 속하는 연도로 하여야 하며, 이에 의할 수 없는 경우에는 그 원인이 되는 사실이 속한 기간이 속하는 연도에 포함하고, 비용은 발생주의원칙에 따라 지급을 수반하는 비용에 대하여는 채무가 확정된 날이 속하는 연도로 한다. 만약 현금의 지출을 수반하지 아니하는 경비가 있다면 지방직영기업의 관리자는 예산 없이 그 발생된 경비를 계상할 수 있다.

넷째, 지방공기업은 결산결과 이익이 생긴 경우에는 이익준비금 적립 등 관련 절차에 따라 처분하여야 한다. 구체적으로 보면, 지방직영기업의 특별회계는 이익상황에 따라 예산에 의하여 전년도의 이익금의 일부를 그 출자한 회계에 납부할 수 있다. 지방공사는 결산결과 이익이 생긴 때에는 이익준비금 등으로 적립하여야 하며, 이를 적립한 후 잉여가 생긴 때에는 이익을 배당하고 잔여금액은 정관이 정하는 바에 의하여 적립한다. 결산 시 이익잉여금처분계산서를 작성할 때는 지방공기업법 제37조, 제38조 및 제67조의 규정에 따라 이익금을 처분하고 남은 잔액에 대하여 이익정산금(납부금, 전출금, 배당금)을 계상하여 지방의회(공사는 지방정부의 장)의 승인을 받은 후 이익을 배분한다.

다섯째, 지방공사·공단의 업무상 여유금 운용은 국채·지방채의 취득, 한국은행 기타 금융기관으로 예입하되, 금융기관에의 예입은 안정성과 유동성이 확보되는 전제 하에 내부적으로 자금운용규정을 마련하여 금융상품을 선정한다. 지방공사는 당해 공사의 사업과 관계되는 사업을 효율적으로 수행하기 위하여 지방정부의 장의 승인을 얻어 지방정부 외의 다른 법인에 출자가 가능하다. 지방공사·공단은 공공복리증진을 위하여 특정 사업수행을 목적으로 설립되어 그 성격상 수익성만을 추구할 수 없다. 주식이나 사채 투자는 지방공기업 설립취지에 위배되므로 이를 금지하고 있다. 그 이유는 지방공기업 나아가서는 출자자인 지방정부의 재정손실을 사전에 예방하기 위해서이다.

여섯째, 지방직영기업 및 지방공사·공단은 필요한 경우 지방채 또는 지방공사채(공단채)를 발행할 수 있다. 지방정부는 지방직영기업의 경상적인 운전자금 충당, 회전기금의 재원 충당, 건설 또는 개량비에 충당하거나 유사사업의 매수자금으로 필요한 경우 당해 지방직영기업의 특별회계부담으로 지방채발행이 가능하다. 또한 지방공사·공단은 지방정부의 장의 승인을 얻어 사채를 발행하거나 외국차관을 할 수 있다(일정기준 초과 시 사전 행정안전부장관 승인 필요).

일곱째, 에너지절약시책의 효율적 추진을 위하여 에너지절약전문기업을 활용한 절약시설투자에 대한 금융·세제지원 강화 및 성과배분계약에 의한 에너지절약 확산을 위하여 노력하여야 한다(행정안전부, 2020).

2. 예산편성 및 확정절차

1) 예산편성절차

예산편성은 지방직영기업과 지방공사·공단으로 구분하여 설명할 수 있다. 먼저, 지방직영기업이다. 지방직영기업은 지방직영기업의 관리자가 예산안을 작성하여 지방정부의 장에게 제출하면 지방정부의 장이 예산안을 조정한다. 지방정부의 장이 예산안을 조정하는 경우에는 지방직영기업 관리자의 의견을 들어야 한다. 지방정부의 장은 조정된 예산안을 지방의회에 제출하고 지방의회의 의결을 통하여 확정된다.

그림 10-1 지방직영기업 예산편성절차

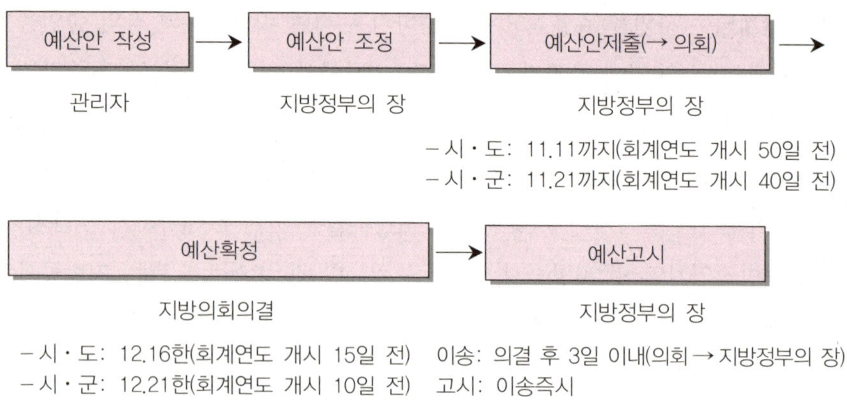

자료: 행정안전부(2020). 『2021년도 지방공기업 예산편성지침』.

지방공사·공단의 예산편성절차는 [그림 10-2]와 같다. 공사·공단의 장이 예산안을 작성한 후 이를 각 이사에게 송부한다. 예산안을 송부받은 이사회에서 예산의 의결하여 확정한다. 예산안이 확정되면 공사·공단의 장은 이를 지방정부의 장에게 보고하여야 한다. 지방정부의 장은 보고된 예산이 법령에 위반되거나 예산에 관한 공통기준에 위반된다고 인정되는 경우 시정명령을 명할 수 있다. 시정명령을 받은 공사의 사장은 특별한 사유가 없는 한 지체없이 예산을 수정하여 이사회의 재의결을 받아야 한다.

그림 10-2 지방공사 · 공단 예산편성절차

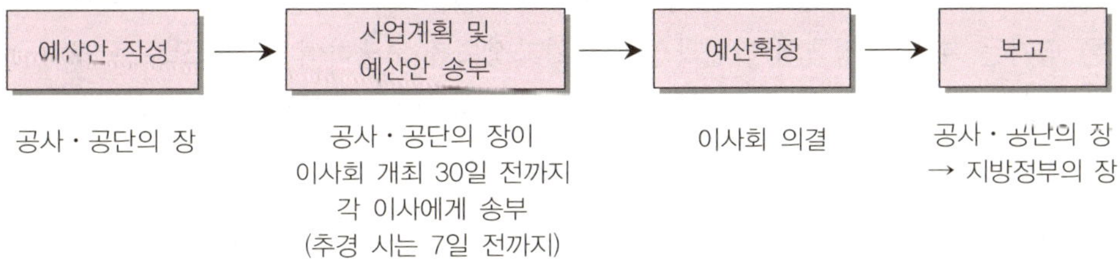

자료: 행정안전부(2020). 『2021년도 지방공기업 예산편성지침』.

2) 예산확정

살펴본 것처럼 지방직영기업의 예산은 지방의회의 의결로 확정되고, 지방공사 · 공단의 예산은 이사회의 의결로 확정된다.

3) 예산편성결과보고

예산편성이 확정되면 지방공기업은 행정안전부장관에게 보고하여야 한다. 근거는 지방공기업법 제73조 제2항에 있는 "행정안전부장관은 공사의 업무 · 회계 및 재산에 관한 사항을 검사할 수 있으며 필요한 보고를 명할 수 있다"이다.

보고내용은 예산규모(수입, 지출), 주요 경비(인건비, 업무추진비, 복리후생비, 관서업무비 등) 편성현황, 예정손익규모, 외부자금 차입 및 상환계획 등이고, 보고기한은 회계연도 개시 후 1월 이내이며, 절차는 지방공기업 → 설립 지방정부 → 시 · 도 → 행정안전부이다.

제 5 절 | 지방공기업 경영평가

1. 지방공기업 경영평가의 의의

1980년대 들어 신공공관리에 대한 논의가 급속히 전파되면서 공공영역에 상당한 변화가 발생하였으며, 이로 인한 중요한 변화 가운데 하나는 공공관리의 중요성을 인정해 성과측정과 평가의 중요성이 지속적으로 증가하고 있다는 점이다(이윤식 외, 2006: 11). 물론 평가는 계획과 정책의 확인과정에서 평가정보를 도출하여 궁극적으로는 보다 효과적 · 효율적인 정책수행을 가능하게 하는 방법을 도출하는 데 목적이 있다(Weiss, 1982: 619; Wholey & Harty, 1992: 604). 그런데 신공공관리론적 측면에서 성과관리는 상당부문 민간영역에서 적용되고 있는 평가기법을 공공영역에 도입하여 적용하는 측면을 강조한다는 점에서 일정부문의 한계가 존재하는 것도 사실이다. 즉, 민간영역의 경우 목표 자체가 이윤의 추구이며, 비교적 자본투입에 대한 효과가 단시간 내에 측정될 수 있을 뿐만 아니라, 돈(money)이라는 명확히 측정할 수 있는 도구가 존재하기 때문에 투입대비 산출에 기반한 효율성 평가가 이루어질 수 있다. 이에 비하여 공공부문의 경우 민간부문과는 달리 대부분의 경우 투자효과가 단시일 내에 산출되는 것이 아닐 뿐만 아니라, 높은 생산성이 반드시 좋은 것을 의미하는 것이 아닐 수 있고, 금전의 관점에서 효과가 측정되기도 어려운 구조를 지닌다.[1)]

그런데 지방공기업의 경우는 공공영역(public sector)에서 운영되고 있는 기관이기는 하지만 기업성을 추구하는 일반적인 행정조직과는 구분되는 특성을 갖는 존재이다. 지방공기업은 지방정부가 생산해야 하는 지방공공서비스를 생산하는 과정에서 일반적인 공공조직이 아닌 기업 형태로 운영되는 것이 보다 효율적인 경우에 지방정부가 주체가 되어 설립하여 운영하는 형태를 취한다.[2)]

우리나라에 지방공기업제도가 도입된 것은 1969년 지방공기업법이 제정되면서부터이다. 지방공기업의 설립 이후 지방공기업의 수는 지속적으로 증가해 왔으며, 2019년 12월 31일 기준으로 전국에서 운영 중인 지방공기업은 405개이다. 그리고 지방공기업법에 의하면, 지방공기업은 기업형태로 운영된다는 측면에서의 기업의 경제성과 지역주민의 공공복리를 증대하도록 운영해야 한다는 공공성제고 측면의 목적을 갖고 있는

1) 또한 대부분의 경우 공공영역의 정책행위는 투입과 산출의 시간적인 차이가 민간영역에 비해 상대적으로 크며, 성과측정의 인과관계 구조가 명확하지 않을 가능성이 매우 높다. 특히, 다운스와 라키(Downs & Larkey, 1986: 42-50)에 따르면, 공공영역은 첫째, 공공부문이 갖는 복잡한 목적, 둘째, 행정관료가 갖는 권한의 한계, 셋째, 민간부문보다 짧은 시간적 한계로 인해 공공영역에 대한 성과평가가 민간영역에 비해 어렵다고 지적했다.

2) 물론, 지방공기업법 등을 통해 일부 기관형태의 경우 50% 미만의 한도 내에서 민간이 일정부분의 지분을 투자하고 경영에 참여할 수 있는 제도적 장치는 마련되어 있으나, 현재시점까지 민간이 지방공기업에 지분을 갖고 경영에 참여하고 있는 경우는 없다(지방정부 100% 투자).

것으로 정의되며, 이는 결과적으로 지방공기업이 '기업성'과 '공공성'이라는 양립하기 어려운 목적을 추구해야 함을 의미한다. 그리고 실제 지방공기업이 기업성과 공공성 이라는 목적을 달성하고 있는지를 평가하는 지방공기업 경영평가제도는 1993년부터 본격적으로 실시되어 왔다. 즉, 지방공기업 경영평가제도는 기업성과 공공성을 동시에 추구하는 지방공기업의 효율적 운영방안을 모색하기 위해 실시하는 평가제도이다.[3)]

즉, 지방공기업은 지방의 공공부문을 구성하는 중요한 구성요소이고, '공공부문의 효과를 입증하기를 희망하는 주민의 요구'를 반영해(Wholey & Newcomer, 1997: 92), 공공업무의 외부적 책임성 확보를 위해서는(Wholey & Harty, 1992: 604; Ammons, 1995: 37) 다양한 방식을 적용한 경영평가가 필요하다. 그리고 경영성과평가를 통해서는 조직운영의 효율성을 기하기 위해 필요한 평가정보가 취득되며(Theurer, 1998: 24), 이를 통해 조직구성원들에 대한 동기부여와 조직학습(Behn, 2003: 588-593; Hatry, 1999a; 1999b)은 물론, 자원의 합리적 배분을 위한 기준마련(Joyce, 1996; Lehan, 1996; Thompson, 1994; Weiss, 1982: 619)에도 긍정적으로 기여하게 된다.

특히, 공공성과 더불어 기업성을 동시에 추구하는 지방공기업은 성과평가과정에서 공공성과 기업성 모두를 포괄하는 평가정보를 도출하고, 그 정보를 이용하는 것은 효율성 제고 측면에서 매우 중요하다. 그리고 모든 공공부문의 평가가 그러하듯이 지방공기업 경영평가의 중요성은 평가결과 도출된 평가정보의 활용에 있다. 성과평가결과는 기관의 공과 또는 가치를 판단하거나, 실행된(혹은 실행 중이거나 실행 예정인) 프로그램의 개선, 그리고 지식의 산출과 학습 등의 목적으로 활용된다(Patton, 1997: 76). 즉, 평가정보는 조직운영의 전반으로 환류되어 조직이 더 높은 성과를 이루는 데 필요한 개선요소들을 제공하므로, 이에 기반을 둔 조직성과관리는 조직의 효율성 제고를 위해서 반드시 필요한 요소이다.

이때 아무리 적합한 방식으로 평가가 이루어졌다고 하더라도 이를 유용하게 활용할 수 없다면 평가의 효과는 반감될 것이기 때문에 평가를 통해 도출된 평가정보는 첫째, 적절한 평가지표체계, 둘째, 적합한 평가자에 의한 평가가 필요할 것이다. 이는 공공부문에서의 평가는 주로 정책과정 전반에 걸친 정보를 생산하는 목적을 가지기 때문이다

3) 지방공기업 경영평가제도는 매년 또는 격년 주기로 지방공사·공단, 지방직영기업에 대해 경영평가를 실시하여 적정한 후속조치로 지방공기업의 건전한 발전과 경영혁신을 도모하는 제도이다(행정안전부, 2010).

(Theurer, 1998; Hatry, 1999a; 1999b; Behn, 2003; Dunn, 1981; Patton, 1997). 또한 공공영역에 대해 적절하게 분석된 평가정보들은 정책입안자로 하여금 집행과정에서 발생할 수 있는 문제에 대한 경고(warning)와 보다 효과적인 방법을 도입할 수 있도록 하는 근거로 사용된다(Weiss, 1989: 424). 따라서 적절한 평가지표 선정은 지방공기업 경영평가를 통해 달성하려는 조직성과 제고를 위해서는 매우 중요한 문제이며, 적절하지 못한 평가지표 구성은 평가제도가 '제3종 오류'를 범하게 되는 원인이 된다.

2. 지방공기업 경영평가모형

지방공기업 경영평가대상은 지방공사·공단, 지방직영기업이다. 2021년 기준 평가대상은 273개 지방공기업(광역 57, 기초 216)이다. 구체적으로 보면, 광역(57)은 상수도(9), 도시철도공사(6), 도시개발공사(15), 특정 공사·공단(9), 관광공사(7), 시설관리공단(6), 시설환경공단(5)이고, 기초(216)는 상수도(113), 특정 공사·공단(9), 시설관리공단(86), 환경공단(8)이다. 신설 공기업으로 경영실적이 없는 공기업, 상·하수도를 제외한 직영기업, 경영진단결과 청산명령을 받은 공기업 등은 평가에서 제외된다.

평가주체를 보면, 행정안전부가 모든 공사·공단 및 광역 상수도 평가(상·하수도 격년제 평가)를 담당하고, 도(道)는 기초 상수도 평가(상·하수도 격년제 평가)를 담당한다.

평가시기는 공인회계사의 회계감사가 종료된 때부터 실시하여 회계감사 종료 후 4월 이내에 완료한다. 평가내용은 기업의 경제성과 공공복리증진 등 지방공기업의 경영원칙, 경영목표달성도, 업무의 능률성, 공익성 및 고객서비스 등을 포함한다.

경영평가 결과는 평가등급 부여(가~마), 평가급 차등지급(0~200%), 경영진단 실시 등으로 조치된다.

3. 경영평가지표체계

1) 기본원칙

지방공기업이 지속가능한 경영활동을 통해 사회적 책임 경영기반을 구축할 수 있도록 지속가능경영, 경영성과, 사회적 가치의 3개 대분류지표로 구성한다.

각 대분류지표별 주요 평가내용은 [표 10-7]과 같다.

표 10-7 대분류지표별 주요 평가내용

대분류지표	주요 평가내용
지속가능경영	기관장의 책임경영 및 지속가능한 경영시스템 체계의 적정성
경영성과	주요 사업성과, 공공성과 효율성의 조화, 고객만족도 등 경영활동 성과의 적정성
사회적 가치	일자리 확대, 안전관리, 윤리・인권 등 사회적 책임 노력의 적정성

자료: 행정안전부(2020). 『2021년도 지방공기업 경영평가편람』.

각 대분류지표는 [표 10-8]에서 보는 것과 같이 중분류지표와 세부지표로 구분하여 평가한다.

표 10-8 대분류・중분류・세부지표체계

대분류지표	중분류지표	세부지표
지속가능경영	리더십	경영층의 리더십, 전략경영, 혁신성과
	경영시스템	조직・인사관리, 재무관리
경영성과	주요 사업	주요 사업 활동 및 성과
	경영효율성과	경영효율성과
	고객만족성과	고객만족성과
사회적 가치	일자리 확대	일자리창출 및 일・가정 양립
	사회적 책임	소통 및 참여, 윤리경영, 인권경영, 재난・안전관리, 지역상생발전

자료: 행정안전부(2020). 『2021년도 지방공기업 경영평가편람』.

구체적으로 지방공기업 경영평가지표를 제시하면 [표 10-9], [표 10-10]과 같다. 지방공기업 경영평가지표는 유형별로 제시되어 있다. 하나는 상・하수도이고 다른 하나는 공사・공단이다.

표 10-9 상·하수도 경영평가지표

대분류지표	중분류지표	세부지표	배 점	
			상수도	하수도
지속가능 경영	리더십	관리자의 리더십	4	4
		경영전략	5	5
		경영혁신	5	5
	경영시스템	조직·인적자원관리	5	5
		재무관리	6	6
	지속가능경영 합계		25	25
경영성과	주요 사업활동	주요 사업활동	21	21
	주요 사업성과	주요 사업성과	5	5
	경영효율성과	경영수지 관련 지표	14	14
	고객만족성과	고객만족도	10	10
	경영성과 합계		50	50
사회적 가치	사회적 책임	소통 및 참여	6	6
		윤리·인권경영	4	4
		재난·안전관리	10	10
		지역상생발전	5	5
	사회적 가치 합계		25	25
총 합계			100	100

자료: 행정안전부(2020). 『2021년도 지방공기업 경영평가편람』.

표 10-10 공사·공단 경영평가지표

대분류 지표	중분류지표	세부지표	배 점						
			도시 철도	도시 개발	광역 특정	기초 특정	관광 공사	시설 공단	환경 공단
지속가능 경영	리더십	경영층의 리더십	5	5	5	5	5	5	5
		전략경영	5	5	5	5	5	5	5
		혁신성과	4	4	4	4	4	4	4
	경영시스템	조직·인사관리	5	5	5	5	5	5	5
		재무관리	6	6	6	6	6	6	6
	지속가능경영 합계		25	25	25	25	25	25	25
경영성과	주요 사업	주요 사업	12	10	15	15*	15	17	20
	경영효율성과	경영수지 관련 지표	18	20	15	15*	15	13	10
	고객만족성과	고객만족도	10	10	10	10	10	10	10
	경영성과 합계		40	40	40	40	40	40	40

사회적 가치	일자리 확대	일자리 창출 및 일·가정 양립	8	8	8	8	8	8	8
	사회적 책임	소통 및 참여	5	5	5	5	5	5	5
		윤리경영	2	2	2	2	2	2	2
		인권경영	2	2	2	2	2	2	2
		재난·안전관리	10	10	10	10	10	10	10
		지역상생발전	8	8	8	8	8	8	8
	사회적 가치 합계		35	35	35	35	35	35	35
총 합계			100	100	100	100	100	100	100

자료: 행정안전부(2020). 『2021년도 지방공기업 경영평가편람』.

제 6 절 | 지방공기업의 현황

1. 지방공기업의 설치규모

2019년 12월 31일 기준 405개의 지방공기업이 설치되어 있다. 지방직영기업이 254개, 지방공사가 65개, 지방공단이 86개이다([표 10-11] 참조).

표 10-11 지방공기업의 설치현황(2019년)

(단위: 개)

구 분		직 영	공 사	공 단
서울	광역	2	4	1
	기초			24
부산	광역	2	3	3
	기초			1
대구	광역	2	2	2
	기초			1
인천	광역	3	3	2
	기초			8
광주	광역	2	3	1
	기초			1

대전	광역	2	3	1
	기초			
울산	광역	2	1	1
	기초			4
세종	광역	3	1	1
	기초			
경기	광역	3	3	
	기초	69	21	11
강원	광역		1	
	기초	23	2	4
충북	광역		1	
	기초	17		3
충남	광역		1	
	기초	29	1	4
전북	광역		1	
	기초	17	1	1
전남	광역		1	
	기초	19		1
경북	광역		2	
	기초	28	2	5
경남	광역		1	
	기초	28	4	6
제주	광역	3	3	
	기초			
계		254	65	86

자료: https://www.cleaneye.go.kr

2. 지방공기업의 인력규모

지방공기업에 종사하는 인력을 임원과 직원으로 구분하여 살펴보면 [표 10-12]와 같다. 임원은 공사·공단을 대상으로 파악하였고, 직원은 정규직을 기준으로 하였다.

먼저, 임원규모를 보면 2015년 1,011명에서 2019년 1,300명으로 증가하였다. 이러한 현상은 도시철도공사, 도시개발공사, 기타 공사, 그리고 지방공단 등 지방공기업의 유형과 관계없이 유사한 형태를 보이고 있다. 이는 지방공기업의 수가 증가되었기 때문에

표 10-12 지방공기업 임원현황(2019년)

(단위: 명)

연 도	지방공사 · 공단												
	소 계	도시철도공사			도시개발공사			기타 공사			지방공단		
		계	남	여	계	남	여	계	남	여	계	남	여
2015	1,011	57	54	3	139	137	2	292	282	10	523	499	24
2016	1,031	55	53	2	127	124	3	292	276	16	557	525	32
2017	1,247	71	67	4	148	145	3	347	336	11	681	637	44
2018	1,264	73	68	5	161	158	3	333	315	18	697	649	48
2019	1,300	68	63	5	165	160	5	347	331	16	720	655	65

자료: https://www.cleaneye.go.kr

발생한 현상으로 보여진다.

다음으로 지방공기업의 인력규모를 직원을 기준으로 살펴보면 [표 10-13]과 같다. 직원의 인력규모는 직영기업과 공사 · 공단으로 구분하여 살펴보았다. 구분의 이유는 직영기업의 경우 공무원의 신분을 보유하고 있고, 공사 · 공단은 민간인의 신분을 보유하고 있기 때문에 구분의 실익을 가진다. 지방직영기업의 인력규모는 2015년 26,921명에서 2019년 50,160명으로 급증하였다. 이러한 현상은 자동차운송과 관련한 기업의 증가에 기인한다고 볼 수 있다.

표 10-13 지방공기업 직영기업 직원현황(2019년)

(단위: 명)

연 도	계	상수도	하수도	공영개발	자동차운송
2015	26,921	8,545	2,362	538	0
2016	28,715	8,547	2,440	528	0
2017	45,647	8,528	2,448	525	0
2018	48,275	8,446	2,684	492	154
2019	50,160	8,517	2,633	462	150

자료: https://www.cleaneye.go.kr

지방공기업 공사 · 공단의 직원현황을 보면 [표 10-14]와 같다. 2015년 26,921명에서 2019년 50,160명으로 대폭 증가하였다. 특히 이러한 현상은 도시철도공사 관련 공기업

표 10-14 지방공기업 공사·공단 직원현황(2019년)

(단위: 명)

연 도	계	도시철도공사	도시개발공사	기타 공사	지방공단
2015	26,921	8,351	3,128	4,915	10,527
2016	28,715	8,683	3,293	5,466	11,273
2017	45,647	24,813	3,503	5,475	11,856
2018	48,275	25,669	3,651	5,907	13,048
2019	50,160	25,275	4,275	6,665	13,945

자료: https://www.cleaneye.go.kr

에서 두드러지게 나타난다.

3. 지방공기업의 경영성과

지방공기업의 경영성과는 예산규모, 자산규모, 부채규모와 부채비율, 자본규모 등으로 구분하여 살펴볼 수 있다.

지방공기업의 예산규모를 보면 2019년 기준 57조 8,400억 원인 것으로 나타났다. 지방공사·공단의 예산규모가 지방직영기업의 예산규모보다 더 큰 것으로 나타났다. 지방공기업의 예산규모는 2015년 46조 4,043억 원에서 2019년 57조 8,400억 원으로 증가하였다. 예산의 증가속도를 보면 지방직영기업이 지방공사·공단보다 더 빠른 것으로 나타났다([표 10-15] 참조).

표 10-15 지방공기업 예산규모(2019년)

(단위: 백만 원)

구 분		2015년	2016년	2017년	2018년	2019년
계		46,404,389	47,542,545	50,839,072	60,913,801	57,840,046
지방직영기업	소계	15,770,145	18,083,199	19,935,412	30,416,197	23,149,670
	상수도	6,973,353	7,576,745	8,210,174	17,345,169	9,491,039
	하수도	6,138,703	7,512,668	8,223,871	9,950,329	10,841,521
	공영개발	2,658,089	2,993,786	3,501,367	3,099,215	2,793,900
	자동차운송	–	–	–	21,484	23,210

지방공사·공단	소계	30,634,244	29,459,346	30,903,660	30,497,604	34,690,376
	도시철도공사	2,231,029	2,077,897	4,390,849	5,206,658	4,817,696
	도시개발공사	22,841,002	22,340,335	20,731,993	18,686,104	22,732,245
	기타 공사	3,629,852	2,933,668	3,359,105	3,942,838	4,193,536
	지방공단	1,932,361	2,107,446	2,421,713	2,662,004	2,946,899

자료: https://lofin.mois.go.kr/

지방공기업의 자산규모를 보면 2019년 기준 204조 1,838억 원인 것으로 나타났다. 지방직영기업의 자산규모가 지방공사·공단의 자산규모보다 더 큰 것으로 나타났다. 지방공기업의 자산규모는 2015년 155조 796억 원에서 2019년 204조 1,838억 원으로 증가하였다([표 10-16] 참조).

표 10-16 지방공기업 자산규모(2019년)

(단위: 백만 원)

구 분		2015년	2016년	2017년	2018년	2019년
계		155,079,628	159,034,363	176,628,584	193,384,920	204,183,845
지방직영기업	소계	77,843,871	82,491,518	86,925,047	101,181,101	109,474,681
	상수도	29,508,231	30,722,020	31,806,427	33,437,158	34,868,315
	하수도	37,049,211	39,816,865	41,660,595	49,861,130	51,503,643
	공영개발	11,286,429	11,952,633	13,458,025	17,868,333	23,086,460
	자동차운송	–	–	–	14,481	16,263
지방공사·공단	소계	77,235,757	76,542,845	89,703,537	92,203,819	94,709,164
	도시철도공사	12,513,116	13,780,715	29,075,381	29,109,312	28,707,740
	도시개발공사	58,282,143	56,014,305	53,821,815	55,910,350	57,975,179
	기타 공사	5,551,885	5,819,069	5,827,428	6,181,721	6,947,976
	지방공단	888,613	928,756	978,913	1,002,436	1,078,269

자료: https://lofin.mois.go.kr/

지방공기업의 부채규모를 보면 2019년 기준 524조 4,975억 원인 것으로 나타났다. 2015년 54조 4,609억 원보다 축소된 것으로 나타나 긍정적인 변화가 있었음을 알 수 있다. 지방공기업 부채의 대다수는 공사·공단이라는 것을 알 수 있다([표 10-17] 참조).

표 10-17 지방공기업 부채규모(2019년)

(단위: 백만 원)

구 분		2015년	2016년	2017년	2018년	2019년
계		54,460,890	50,842,900	52,531,971	52,543,205	52,497,541
지방직영 기업	소계	10,133,168	10,383,784	10,634,555	9,674,589	7,799,528
	상수도	950,967	799,571	1,465,439	631,445	553,373
	하수도	6,224,721	6,309,498	5,872,178	5,894,177	5,653,158
	공영개발	2,957,480	3,274,715	3,296,938	3,148,012	1,591,588
	자동차운송	–	–	–	955	1,408
지방공사·공단	소계	44,327,722	40,459,116	41,897,415	42,868,616	44,698,013
	도시철도공사	1,549,138	1,547,700	6,196,789	6,765,548	6,324,209
	도시개발공사	40,291,367	36,728,456	33,645,496	33,935,658	35,631,425
	기타 공사	2,290,886	1,953,737	1,770,418	1,851,829	2,358,679
	지방공단	196,331	229,223	284,712	315,581	383,700

자료: https://lofin.mois.go.kr/

지방공기업의 부채비율을 보면 2015년 53.5%에서 2019년 34.4%로 감소된 것으로 나타나 긍정적인 변화가 있었다. 가장 부채비율이 높은 것이 도시개발공사이다. 도시개발

표 10-18 지방공기업 부채비율(2019년)

(단위: %)

구 분		2015년	2016년	2017년	2018년	2019년
계		53.5	46.8	41.6	37.3	34.4
지방직영 기업	소계	14.7	14.3	13.5	10.6	7.6
	상수도	3.3	2.7	4.7	1.9	1.6
	하수도	19.5	18.6	15.9	13.4	12.2
	공영개발	35.5	37.7	32.4	21.4	7.4
	자동차운송	–	–	–	7.1	9.5
지방공사·공단	소계	134.7	112.1	87.6	86.9	89.6
	도시철도공사	14.1	12.7	27.1	30.3	28.3
	도시개발공사	224	190.3	166.8	154.4	159.4
	기타 공사	70.2	50.5	43.7	42.8	52.9
	지방공단	28.4	32.8	41	45.9	55.2

자료: https://lofin.mois.go.kr/

공사의 부채비율이 2015년 224%에서 2019년 159.4%로 대폭 감소된 것으로 나타난다([표 10-18] 참조).

지방공기업의 자본규모를 보면 2019년 152조 4,420억 원으로 나타났다. 2015년 101조 8,149억 원보다 50조 원 이상이 증가한 규모이다. 지방직영기업의 자본규모가 지방공사·공단에 비하여 높은 수준임을 알 수 있다. 지방직영기업 중에서는 공영개발 관련 기업의 자본증가율이 높은 것으로 나타났고, 지방공사·공단 중에서는 도시철도공사인 것으로 나타났다([표 10-19] 참조).

표 10-19 지방공기업 자본규모(2019년)

(단위: 백만 원)

구 분		2015년	2016년	2017년	2018년	2019년
계		101,814,946	108,669,581	126,375,736	140,851,772	152,442,028
지방직영 기업	소계	68,906,833	72,572,328	78,571,145	91,516,563	102,557,878
	상수도	28,720,468	29,938,711	31,427,676	32,815,781	34,538,406
	하수도	31,854,397	33,952,610	36,973,548	43,966,937	46,384,150
	공영개발	8,331,968	8,681,007	10,169,921	14,720,319	21,620,467
	자동차운송	–	–	–	13,526	14,854
지방공사·공단	소계	32,908,113	36,097,253	47,804,591	49,335,209	49,884,150
	도시철도공사	10,963,978	12,233,015	22,878,592	22,343,764	22,383,531
	도시개발공사	17,990,775	19,299,376	20,176,322	21,974,693	22,346,754
	기타 공사	3,261,080	3,865,332	4,055,474	4,329,893	4,459,296
	지방공단	692,280	699,530	694,203	686,859	694,569

자료: https://lofin.mois.go.kr/

참고문헌

권형신 외(2001). 『한국의 지방재정: 이론과 실무』. 도서출판 나남.

손희준(2019). 『새지방재정학』. 서울: 대영문화사.

이윤식 외(2002). "지식기반사회에서 정책평가결과의 활용 촉진을 위한 IT의 역할과 과제." 『정보통신학술 연구과제 자유단위 02-10 연구보고서』. 정보통신부.

이희봉(2011). 『거버넌스 지방재정』. 사회문화사.

정재진(2010a). "기관 특성과 환경적 특성이 지방공기업 경영평가 결과에 미치는 영향: 경영평가지표 및 등급부여 개선방안의 제시를 중심으로." 『지방행정연구』, 24(2): 33-61.

______(2010b). "지방공기업 경영평가정보 수용의 영향요인 분석: 경기도 지방공기업 경영평가를 중심으로." 『한국행정학보』, 44(1): 203-230.

행정안전부(2012). 『2011년 지방공기업 현황』.

______(2020a). 『2019년 지방공기업 현황』.

______(2020b). 『2021년도 지방공기업 경영평가편람』.

______(2020c). 『지방자치단체 통합재정개요(상)』.

______(2020d). 『2021년도 지방공기업 예산편성지침』.

지방공기업법

지방공기업법 시행령

http://www.cleaneye.go.kr/

https://www.erc.re.kr/

https://lofin.mois.go.kr/portal/main.do

Ammons, David N.(1995). Overcoming the Inadequacies of Performance Measurement in Local Government: The Case of Libraries and Leisure Services. *Public Administration Review*, 55(1): 37-47.

Behn, Robert D.(2003). Why measure performance? Different purposes require different measures. *Public Administration Review(Washington)*, 63(5): 586-606.

Dunn, William N.(1981). *Public policy analysis: An introduction*. Englewood Cliffs NJ: Prentice-Hall.

Hatry, Harry P.(1999a). Mini-symposium or intergovernmental comparative performance data. *Public Administration Review(Washington)*, 59(2): 101-104.

______(1999b). *Performance Measurement: Getting Results*. Washington, DC: Urban Institute.

Joyce, Philip G.(1996). Appraising Budget Appraisal: Can You Take Politics Out of Budgeting. *Public Budgeting and Finance*, 16(4): 21-25.

Lehan, Edward Anthony(1996). Budget Appraisal-The Next Step in the Quest for Better Budgeting? *Public Budgeting and Finance*, 16(4): 3-20.

Patton, Michael Quinn(1997). *Utilization-Focused Evaluation: the new century text*. California: Thousand Oaks. Sage Publications.

Thompson, Fred(1994). Mission-Driven, Results-Oriented Budgeting: Fiscal Administration and the New Public Management. *Public Budgeting and Finance*, 15(3): 90-105.

Weiss, Carol H.(1982). Policy Research in the Context of Diffuse Decision Making. *The Journal of Higher Education*, 53(6): 619-639.

______(1989). Congressional Committees as Users of Analysis. *Journal of Policy Analysis and Management*, 8(3): 411-431.

Wholey, J. S. et al.(1976). *Evaluation Policy*. Washington D.C: The Urban Institute.

Wholey, Joseph S., & Harry P. Hatry(1992). The Case for Performance Monitoring. *Public Administration Review*, 52(6): 604-610.

Wholey, Joseph S., & Kathryn E. Newcomer(1997). Clarifying Goals, Reporting Results. In Using Performance Measurement to Improve Public and Nonprofit Programs. *New Directions for Evaluation 75*, edited by Kathryn E. Newcomer, 91-98. San Francisco, CA: Jossey-Bass.

Chapter 11

지방교육재정

제1절 | 지방교육재정의 의의와 구조

1. 지방교육재정의 의의

교육재정은 교육활동을 위해 필요한 수입·지출 활동과 자산과 부채를 관리·처분하는 모든 재정활동이다. 따라서 지방교육재정이란, 교육활동을 지원하기 위한 시·도교육청의 재정활동을 의미하며, 대상은 지방정부가 설치하고 운영하는 공·사립 유치원, 초·중·고등학교, 특수학교이다. 그리고 지방교육재정은 시·도교육청의 교육감이 관장하며, 교육비특별회계라는 이름으로 지방정부의 일반회계로부터 분리되어 운영되고 있다. 특별회계라는 말은 회계적인 특성상 일반회계와 구분되어 특별한 설치목적을 가지고 수입과 지출이 일반회계와는 별도로 이루어지는 회계를 의미한다. 즉, 교육비특별회계는 교육이라는 특별한 목적을 갖고 이루어지는 회계라고 볼 수 있다(https://eduinfo.go.kr/).

이를 종합하면 지방교육재정은 지방정부가 초·중등 교육기관 및 교육행정기관을 설치·운영하는 데 소요되는 경비를 조달하고, 조달된 경비를 공공회계 절차를 거쳐 지출하는 일체의 공공경제활동을 의미한다(윤정일·윤홍주, 1998). 문제는 과연 교육이 순수 공공재(pure public goods)인지, 아니면 지방공공재(local public goods)인지에 대한 판단으로, 이에 따라 재원부담주체도 결정되어야 할 것이기 때문이다. 일반적으로

표 11-1 지방교육재정의 개념

학 자	개 념
윤정일 · 윤홍주	지방정부가 초 · 중등 교육기관 및 교육행정기관을 설치 · 운영하는 데 소요되는 경비를 조달하고, 조달된 경비를 공공회계 절차를 거쳐 지출하는 일체의 공공경제활동
https://eduinfo.go.kr	교육활동을 위해 필요한 수입 · 지출 활동과 자산과 부채를 관리 · 처분하는 모든 재정활동

재정학 이론은 교육을 대표적인 가치재(merit goods)로 구분하지만, 개인의 삶을 윤택하게 해주고 국가 경쟁력을 향상시킨다는 점에서 순수 공공재로 보아야 할 것이다. 그러나 우리나라는 교육자치를 실시하고 있고, 대부분의 교육활동이 지역적 차원에서 이루어진다는 점을 들어 광역지방정부의 기능과 역할로 인식하고 있다(손희준, 2016: 2).

그림 11-1 지방교육재정의 구성도

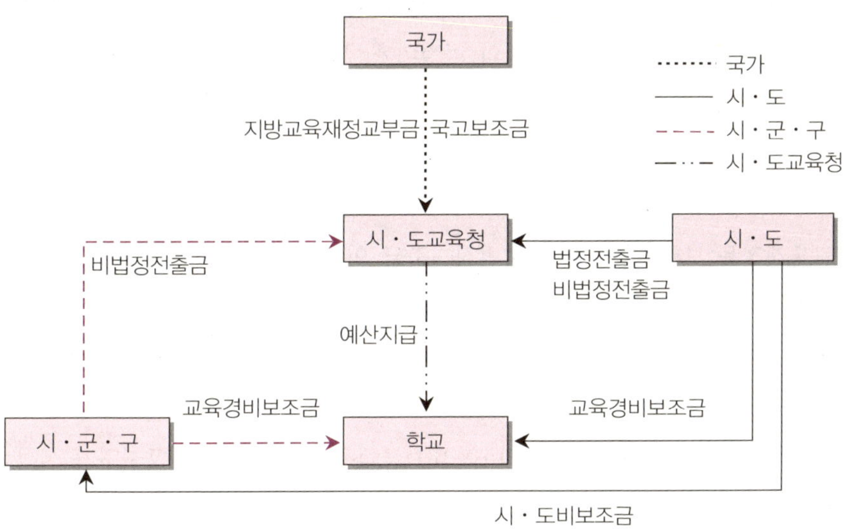

자료: 김재훈(2012: 4).

2. 지방교육재정의 구조

1) 재정구조

지방교육재정의 구조를 보면 [그림 11-1]과 같다. 중앙정부, 시 · 도, 시 · 군 · 구, 시도교육청, 학교 등과 같은 이해관계자들이 지방교육재정교부금, 국고보조금, 법정전출금, 비법정전출금, 교육경비보조금과 같은 재원을 통하여 상호 연계되어 있다.

2) 세입예산

지방교육재정의 구성요소를 세입예산 측면에서 살펴보면 [그림 11-2]와 같다. 간단하게 개요를 설명하면 지방교육재정은 국비와 지방비로 구성된다. 국비는 지방교육청에 교부되는 지방교육재정교부금과 국고보조금으로 구성되고, 지방비는 주로 수업료 등의 수입인 시 · 도교육청 자체수입과 지방정부 전입금으로 구성된다.

시 · 도교육비특별회계에 대한 지방정부 전입금은 법정전입금과 비법정전입금이 있다. 법정전입금은 지방교육세, 지방세의 일정비율, 특별시 · 광역시의 담배소비세, 학교용지부담금 등으로 각종 법률에 의해서 전입이 의무화된 재원이다. 비법정전입금은 시 · 도와 시 · 군 · 구가 법적 의무없이 재량적으로 교육비특별회계로 전출하는 재원이다.

지방교육재정을 보다 넓게 보면 비법정전출금 외에도 시 · 도 및 시 · 군 · 구가 교육비특별회계를 거치지 않고, 단위학교에 직접 이전하여 학교회계로 전출되는 교육경비보조금도 포함시킬 수 있다. 교육경비보조금은 비법정전출금과 함께 지방정부의 재량적 지출이다.

이외에도 시 · 도가 시 · 군 · 구에 시 · 도비보조금을 교부하고 시 · 군 · 구가 여기에 대응자금을 붙여서 시 · 도교육청에 비법정전출금으로 이전하는 경우도 있고, 국가가 시 · 도교육청에 보조금을 주고 시 · 군 · 구도 비법정전출금을 시 · 도교육청에 이전하면 여기에 대응자금을 붙여서 시 · 도교육청이 사업을 수행하기도 한다(김재훈, 2012: 3).

그림 11-2 지방교육재정 세입구조

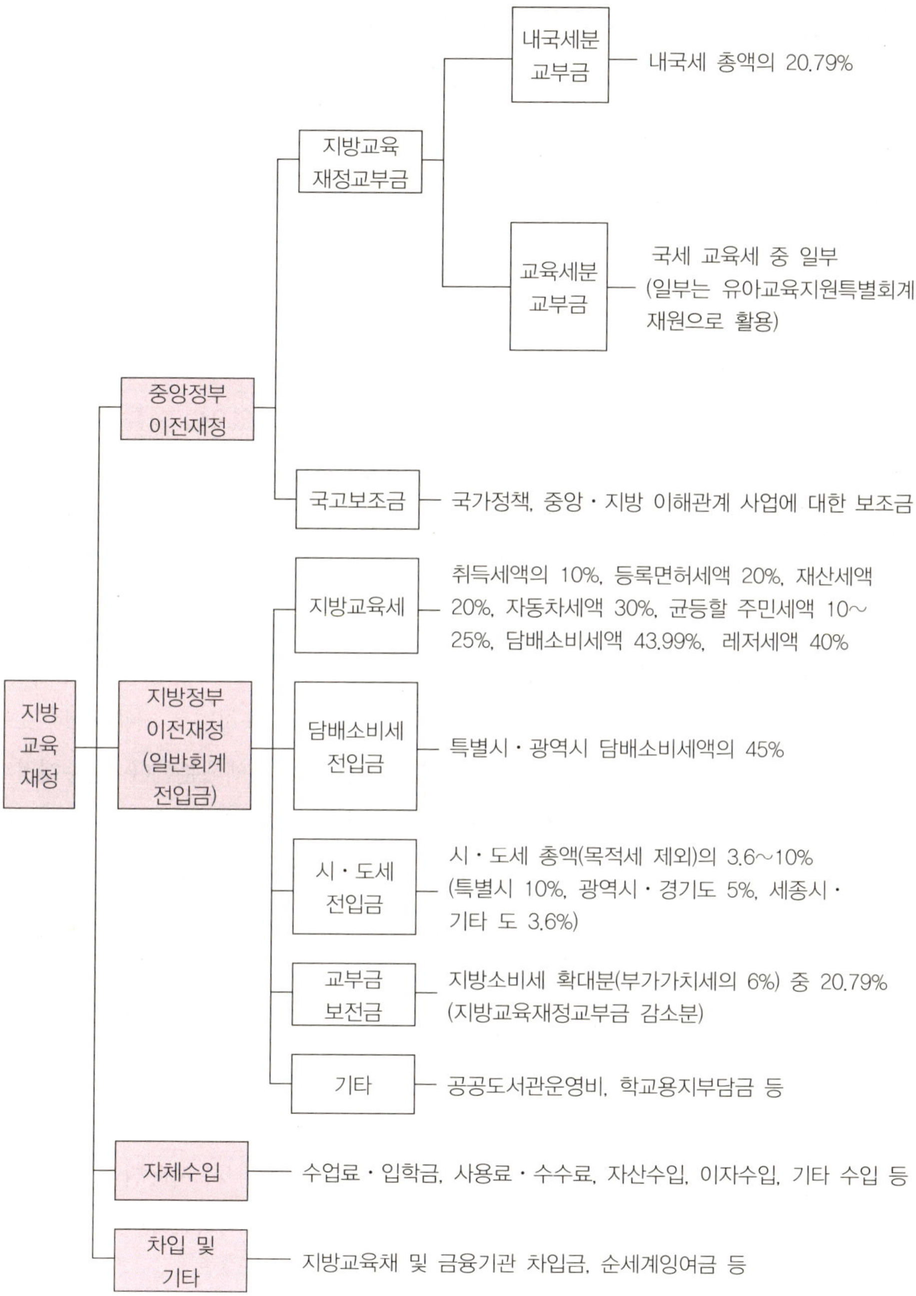

자료: https://eduinfo.go.kr

그림 11-3 지방교육 세입예산의 재원

전체 재원		보통교부금		특별회계		특별교부금
내국세의 20.79%	=	내국세 20.79%의 97%	+	교육세의 일부	+	내국세 20.79%의 3%
교육세		교육세 일부		국고		

자료: https://eduinfo.go.kr

좀 더 구체적으로 살펴보면 [그림 11-3]과 같다. 지방정부가 교육기관 및 교육행정기관을 설치·운영함에 있어서 교육의 균형 있는 발전을 도모하기 위하여 국가재정에서 지방교육재정에 필요한 재원의 전부 또는 일부를 교부하고 있으며 이를 지방교육재정교부금이라고 한다. 지방교육재정교부금은 시·도교육청의 재정규모의 50%를 훨씬 초과할 정도로 높은 비중을 차지하고 있다. 지방교육재정교부금은 배부목적에 따라 보통교부금과 특별교부금으로 나누어진다. 이 중에서 보통교부금은 내국세 20.79%의 97%와 교육세의 일부이다. 보통교부금은 일반적·반복적 교육활동에 사용된다. 구체적으로는 보통교부금은 시·도교육청의 인건비와 시설비, 학교·교육과정 운영 등 다양한 교육활동에 쓰이는 재원이다. 보통교부금 배분은 시·도교육청별로 기준재정수요액이 기준재정수입액에 미달하는 경우, 그 미달액을 기준으로 총액배분한다. 기준재정수요액은 교직원 인건비, 학교교육과정운영비 등 표준적인 교육과정 운영을 위해 필요한 금액을 의미하며, 기준재정수입액은 일반 지방정부로부터 법령에 의해 시·도교육청으로 전입되는 법정전입금과 입학금·수업료 등으로 구성된다. 즉, 보통교부금은 기준재정수요액에서 기준재정수입액을 차감한 금액을 교부하며, 17개 시·도교육청의 균형있는 교육발전을 도모함을 목적으로 한다. 특별교부금은 유·초·중등 교육분야의 국가시책사업, 지역현안사업, 재해대책 및 복구 등 특별한 재정수요에 지원하기 위한 예산으로 사용된다.

특별교부금은 내국세 20.79%의 3%이다. 특별한 재정수요 발생 시 사용한다. 구체적으로는 보통교부금으로 산정하기 어려운 국가시책사업수요(60%), 지역교육현안수요(30%), 재해대책수요(10%)를 위해 사용된다.

또한 교육세 일부와 국고를 합하여 누리과정 운영에 사용하는 특별회계가 있다. 유아교육 및 보육 정책의 안정적인 추진을 위하여 유아교육지원특별회계법이 제정되었다. 이를 위하여 유아교육지원 특별회계가 설치되었고, 유치원과 어린이집에서 취학 직전 3년의 유아에 대한 공통 교육·보육과정 운영에 소요되는 비용을 지원하고 있다. 유아교육지원 특별회계의 재원은 교육세법에 따른 교육세(기존 지방교육재정교부금 재원 중 일부)와 정부 일반회계 추가 전입금으로 구성된다. 기존에는 보통교부금 재원 중 일부로 지원하였으나 특별회계 도입에 따라 보통교부금이 아닌 별도의 특별회계 예산으로 지원되고 있다.

또 다른 세입원으로는 지방정부전입금, 학교용지매입의 일반회계부담금 등이 있다. 지방교육재정의 세입재원 중에서 지방교육재정교부금 다음으로 가장 큰 비중을 차지하는 지방정부전입금은 지방정부 일반회계의 일정 비율과 일부 세목을 교육비특별회계로 전출하여 지방교육의 균형적 발전을 도모하기 위한 제도이다. 중앙정부가 교육비의 대부분을 부담하는 체제 하에서 지방정부가 지방교육에 대한 일정 부분을 분담하게 함으로써 책무성을 높이는 데 의의가 있다.

전입금은 법령에서 부담규모와 의무를 구체적으로 정하고 있는 법정전입금과 부담규모를 구체적으로 정하지 않고 있는 비법정전입금으로 구분된다. 지방정부가 의무적으로 부담해야 하는 법정전입금은 지방교육재정교부금법 제11조에 의한 시·도 지방세 이전수입, 학교용지 확보 등에 관한 특별법에 의한 학교용지매입의 일반회계부담금 등이 있다. 구체적으로 광역지방정부의 법정전입금은 시·도세전입금(시·도세총액의 3.6~10%)과 담배소비세전입금(담배소비세액의 45%, 도지역 제외), 지방교육세전입금, 학교용지매입의 일반회계부담금, 지방교육재정교부금 보전금 등이 있다.

학교용지부담금은 택지개발사업에 대하여 지방정부에서 학교용지(공립 초·중·고등학교의 교사·체육장 및 실습지, 그 밖의 학교 시설을 신설하는 데에 필요한 토지)를 확보하거나, 학교용지를 확보할 수 없는 경우 가까운 곳에 있는 학교를 증축하기 위하여 개발사업(100가구 규모 이상의 주택건설용 토지를 조성·개발하거나 공동주택을 건설하는 사업)을 시행하는 자에게 징수하는 경비이다. 개발사업 학교용지부담금은 개발사업자에서 지방정부로 징수되고, 학교용지매입비 일반회계부담금으로 학교용지매입비의 절반이 지방정부에서 시·도교육청으로 전입되도록 하고 있다.

이외에 법령으로 구체적으로 정하고 있지 않는 전입금을 지방정부 비법정전입금이라고 하며, 지방정부가 관할지역의 교육·학예의 진흥을 위하여 법정전입금 외 별도로 지원하는 경비를 말한다. 비법정전입금은 의무적으로 규정된 것은 아니지만 사업의 연계나 필요에 따라 지방정부가 교육비특별회계로 지원하고 있는 경비이다. 공공도서관 운영, 학교급식, 영재 및 특수교육지원, 국민체육진흥 등 범위와 내용이 광범위하고 다양하다.

그리고 지방교육채 및 기타 등이 있다. 시・도교육청은 세입의 부족을 보충하기 위하여 조세수입을 담보로 채무를 발생시킬 수 있다. 이것을 '지방교육채'라고 하며 채무의 이행은 1회계연도를 넘어서서 이루어진다. 무분별한 채무의 발행을 예방하기 위해 법령이 정한 절차와 기준에 따라 발행해야 하며, 지방교육채 발행 한도액은 교육부가 각 시・도교육청의 재정상황과 채무규모, 채무상환일정 등을 고려해서 전전년도의 세입결산액의 10% 범위에서 한도액을 설정한다. 시・도교육청은 한도액의 범위 내에서 지방의회의 의결을 거쳐 지방교육채를 발행해야 하고, 한도액을 초과하여 발행해야 하는 경우에는 사전에 교육부장관의 승인을 얻어야 한다. 교육비특별회계의 건전한 운용을 위하여 지방교육채의 발행계획을 수립할 때는 중기지방교육재정계획과 연계하여 운영하도록 하고 있다(https://eduinfo.go.kr).

3) 세출예산

지방교육재정 세출은 지방교육자치단체의 모든 수요를 충족시키기 위한 일체의 지출을 말한다. 재화의 지출 특히 회계연도 내의 경비의 지출을 세출이라고 하며, 이러한 경비를 세출예산이라는 형식에 의거 세출예산 과목구분에 따라 편성하고 있다. 세입과는 달리 사업별 분류와 성질별 분류로 나뉘게 된다.

사업별로 분류하면, 크게 세 가지로 나뉘어진다. 유치원 및 초・중등학교에 필요한 금액, 평생교육 및 직업교육에 필요한 금액, 교육행정을 위해 필요한 금액이다. 유아 및 초중등교육에는 교수학습활동지원, 교육복지지원, 학교교육여건개선시설 등에 필요한 금액이다. 그리고 평생직업교육은 평생교육 및 직업교육에 필요한 금액이며, 교육일반은 기관운영관리, 지방채상환 및 리스료, 예비비 및 기타 등으로 이루어져 있다.

세출예산을 성질별로 분류하면 크게 일곱 가지로 구성된다. 첫째, 교원, 교육전문직원, 지방공무원 등의 인건비를 위해 지급하는 '인건비'가 있다. 둘째, 운영비, 여비, 업무추진비 등의 지출을 위한 '물건비'가 있다. 셋째, 지방정부 등 타 기관으로 지출하는 '이전지출'이 있다. 넷째, 토지매입 및 건설비 등 자산취득에 소요되는 '자본지출'이 있다. 다섯째, 차입금 상환인 '상환지출'이다. 여섯째, 공립 및 사립학교에 직접 지출하는 '전출금 등'이 있다. 일곱째, 예비비, 보조금 반환 등에 소요되는 '예비비 및 기타'가 있다(https://eduinfo.go.kr).

표 11-2 세출예산의 분류

구 분	분 류
사업별	• 유치원 및 초·중등학교에 필요한 금액 • 평생교육 및 직업교육에 필요한 금액 • 교육행정을 위해 필요한 금액
성질별	• 인건비 • 물건비 • 이전지출 • 자본지출 • 상환지출 • 전출금 • 예비비 및 기타

제 2 절 | 지방교육재정의 현황

1. 세입예산

세입예산을 보면 2015년 62조 3,605억 원에서 2019년 87조 3,873억 원으로 증가하였다. 이전수입이 거의 대다수를 차지하고 있다. 이전수입이 전체 세입결산액에서 차지하는 비중을 보면 2015년 82.1%를 차지하였으나, 2019년에는 90.0%인 것으로 나타나 증가하고 있다. 이는 이전재원에 대한 의존도가 더 커진다는 것을 의미한다([표 11-3] 참조).

세입결산액을 기준으로 할 때 가장 많은 비중을 보이고 있는 이전수입을 좀 더 구체적으로 살펴보면 다음의 [표 11-4]와 같다. 중앙정부 이전수입이 2019년 결산기준 82.1%로 나타나 대다수를 차지하고 있는 것으로 나타났다.

세입액을 기준으로 하면 중앙정부 이전수입은 2015년 78.3%에서 2019년 82.1%로 증

표 11-3 지방교육재정 세입예산

(단위: 억 원)

구 분		2015년	2016년	2017년	2018년	2019년
총괄	총계	623,605.3	660,979.4	724,434.6	788,364.6	873,872.9
	이전수입	511,712.2	558,855.2	637,029.1	701,390.4	786,475.9
	자체수입	14,045.5	14,659.2	17,000.9	17,004.3	16,043.4
	지방교육채	61,268.1	30,101.9	11,431.2	3,209.2	–
	기타	36,579.4	57,363.0	58,973.3	66,760.5	71,353.5
시지역	소계	245,238.4	259,678.8	285,597.1	308,811.3	340,313.3
	이전수입	202,602.0	221,432.6	252,953.0	272,992.2	304,165.9
	자체수입	5,244.4	5,817.0	6,043.7	6,856.4	6,159.9
	지방교육채	24,200.4	11,274.4	3,502.9	2,503.2	–
	기타	13,191.5	21,154.6	23,097.4	26,459.4	29,987.4
도지역	소계	378,366.9	401,300.5	438,837.4	479,553.2	533,559.5
	이전수입	309,110.2	337,422.5	384,076.0	428,398.1	482,309.9
	자체수입	8,801.0	8,842.2	10,957.2	10,147.9	9,883.4
	지방교육채	37,067.7	18,827.4	7,928.2	706.0	–
	기타	23,387.9	36,208.3	35,875.8	40,301.1	41,366.1

자료: https://eduinfo.go.kr

표 11-4 이전수입결산현황

(단위: 억 원, %)

구 분			2015년	2016년	2017년	2018년	2019년
세입결산액			623,605	660,979	724,435	788,365	873,873
이전수입계			511,712	558,855	637,029	701,390	786,476
중앙정부 이전수입	소계		400,888	438,345	506,774	565,633	645,716
	지방교육재정교부금	소계	394,056	431,616	465,667	524,777	605,305
		보통교부금	380,185	416,399	448,084	509,509	588,010
		특별교부금	13,870	15,217	17,584	15,268	17,295
	국고보조금		6,833	6,728	1,698	1,928	2,258
	특별회계전입금		–	–	39,409	38,927	38,153

지방 정부 이전 수입	소계		109,895	119,035	129,162	134,439	139,247
	법정 이전수입	소계	102,009	110,375	118,211	120,595	122,568
		지방교육세전입금	61,902	64,061	70,288	71,945	71,950
		담배소비세전입금	5,185	5,964	7,349	6,427	5,885
		시·도세전입금	22,936	25,736	28,365	29,756	31,558
		학교용지일반회계부담금	4,250	5,909	2,372	2,392	2,513
		지방교육재정교부금보전금	7,557	8,431	9,608	9,832	10,382
		교육급여보조금	179	273	228	243	280
	비법정 이전수입	소계	7,886	8,661	10,951	13,844	16,679
		광역지방정부전입금	3,871	4,588	6,437	7,949	9,006
		기초지방정부전입금	4,015	4,073	4,515	5,894	7,674
기타 이전 수입	소계		929	1,475	1,093	1,319	1,512
	민간 이전수입		801	961	780	1,141	1,354
	지방 정부 간 이전수입		127	514	313	177	159

자료: https://eduinfo.go.kr

가하고 있다. 중앙정부 이전수입 중에서는 지방교육재정교부금이 대대수를 차지하고 있음을 알 수 있다([표 11-4] 참조).

2. 세출예산

세출예산에 대한 분석결과를 보면 [표 11-5]와 같다. 유아 및 초·중등교육에 지출하는 재정규모가 전체의 87.2%를 차지하고 있을 정도로 높은 수준을 보이고 있다. 2015년 96.4%에서 2019년 87.2%로 감소하기는 하였으나 여전히 높은 수준임을 알 수 있다.

표 11-5 교육비특별회계 기능별 세출결산현황

(단위: 억 원)

구 분	2015년	2016년	2017년	2018년	2019년
세출결산액	565,979	600,419	656,114	716,127	804,011
유아 및 초·중등교육	545,690	574,242	606,876	646,588	701,131

	인적자원운용	296,818	302,374	315,328	331,284	349,548
	교수-학습활동지원	27,558	33,035	38,678	44,315	48,716
	교육복지지원	61,052	63,403	68,988	71,832	77,181
	보건/급식/체육활동	16,112	19,326	18,065	21,949	26,875
	학교재정지원관리	102,618	101,311	104,877	110,683	114,428
	학교교육여건개선시설	41,531	54,793	60,940	66,524	84,383
평생·직업교육		1,147	1,421	1,529	1,627	1,751
	평생교육	1,069	1,226	1,367	1,438	1,561
	직업교육	78	195	161	188	190
교육일반		19,143	24,756	47,709	67,912	101,129
	교육행정일반	4,194	5,800	8,069	9,192	22,008
	기관운영관리	4,096	3,913	5,024	6,430	7,624
	지방채상환 및 리스료	10,776	14,554	34,408	51,313	70,752
	예비비 및 기타	77	489	208	976	745

자료: https://eduinfo.go.kr

성질별 세출예산을 살펴보면 [표 11-6]과 같다. 2019년 결산기준 인건비가 전체의 53.2%를 차지하고 있는 것으로 나타났다. 그 다음은 전출금이다.

인건비는 2015년 62.2%에서 2019년 53.2%로 감소되었다. 경상경비의 비율이 낮아지고 있다는 것을 알 수 있다.

표 11-6 성질별 세출결산현황

(단위: 억 원)

구 분	2015년	2016년	2017년	2018년	2019년
세출결산액	565,979	600,419	656,114	716,127	804,011
인건비	352,174	363,511	380,480	401,235	427,793
물건비	19,444	20,460	21,693	23,870	26,296
이전지출	30,834	30,657	32,412	33,188	31,919
자본지출	45,418	61,092	70,945	76,868	111,644
상환지출	1,151	3,954	23,568	40,831	59,966
전출금 등	116,792	119,933	126,684	138,940	145,066
예비비 및 기타	166	811	331	1,195	1,327

자료: https://eduinfo.go.kr

제 3 절 | 지방교육재정의 문제점

1. 세입측면의 문제점

지방교육재정은 다양한 측면에서 개선되어야 할 문제점이 있다고 지적되고 있다. 선행연구들을 중심으로 그동안 제시되었던 문제점들을 개략적으로 살펴보면 다음과 같다. 먼저, 세입측면의 문제점이다.

첫째, 지방교육재정은 GDP, 정부예산 등과 비교할 때 증가율이 상대적으로 높지 않은 수준이다. GDP와 비교할 때 지방교육재정의 증가율은 정부예산의 증가율에 비하여 낮은 수준일 뿐만 아니라 지방교육재정이 정부예산에서 차지하는 비중을 보면 그리 높지 않은 것이 현실이다.

둘째, 지방교육재정은 중앙정부와 지방정부 이전수입에 과도하게 의존하고 있다. 지방교육재정의 자립수준은 매우 낮은 수준이라고 볼 수 있다. 자율적 재정운영이 어려운 수준이고, 따라서 세입 및 세출분권이 매우 낮은 수준이라고 판단된다.

셋째, 지속적인 세입증가에 한계가 있다. 왜냐하면 지방교육재정은 중앙정부의 이전재원인 지방교육재정교부금과 지방정부의 이전재원으로 구성되어 있으며, 이는 내국세와 지방세로 연계되어 있기 때문에 경기변동에 민감한 구조로 되어 있다. 경제가 지속적으로 성장할 때에는 내국세와 지방세수입이 모두 증가할 것이기 때문에 교육재정 역시 문제가 없을 것으로 보인다. 그러나 현재와 같이 저성장 기조가 지속되고 향후 전망 역시 밝지 않다고 하면 지방교육재정의 확보에 어려움이 있을 것으로 보여진다.

넷째, 지방재정에 대한 부담이 심화되고 있다. 지방교육재정의 세입규모를 보면 지방정부의 부담이 적지 않은 수준이다. 또한 많은 시 · 군 · 구들이 지방정부의 교육경비보조에 관한 규정에 해당되지 않음에도 교육경비보조금을 학교에 지원하고 있다. 지방자치단체의 교육경비보조에 관한 규정 제3조에 보면 재정이 열악한 지방정부들이 학교에 교육경비보조금을 지원함으로써 재정이 더욱 악화되는 것을 막기 위하여 지방채를 발행하여 보조사업에 대한 보조금의 재원을 마련하고자 하는 경우, 국고보조금 또는 특별시 · 광역시 · 도 보조금의 지원에 따라 법령 또는 조례의 규정에 의하여 시 · 군 · 자치구가 부담하여야 할 경비의 미부담액이 있는 경우, 그리고 당해 연도의 일반회계세입에 계상된 지방세와 세외수입의 총액으로 당해 소속공무원의 인건비를 충당하지 못하는 경우에는 교육경비보조금을 지원하지 못하게 규정하고 있다. 그럼에도 모든 시 · 군 · 구들은 단위학교에 교육경비보조금을 지원하였다(이승종 외, 2012: 69).

다섯째, 기초지방정부가 광역지방정부인 시 · 도교육청에 보조금을 교부하는 것은 지방재정법이 정하고 있는 보조금운영취지와 맞지 않다. 기초지방정부는 두 가지 방식으로 학교지원사업을 전개하고 있다. 지역교육지원청과 협의 후 시 · 도교육청에 보조금을 교부하여 학교지원사업을 하는 경우와 지역교육청이 학교에 직접 보조금을 지급하는 경우이다. 후자는 지방교육재정교부금법 제11조 제6항 및 교육경비보조에 관한 규정 제2조에 근거가 있기 때문에 문제가 없다. 전자는 지방재정법 제23조 제2항에 의거할 때 보조금 보조취지와 일치하지 않는다는 문제점이 도출된다.

여섯째, 지방교육재정의 세입구조가 지나치게 복잡하게 되어 있다. 현행 세입원에는 지방교육재정교부금, 국고보조금, 자체수입, 지방정부 전입금이 있다. 지방정부 전입금에는 법정전입금과 비법정전입금이 있으며, 법정전입금은 지방교육세, 지방세의 일정비율, 특별시 · 광역시의 담배소비세, 학교용지부담금 등이고, 비법정전입금은 시 · 도와 시 · 군 · 구가 법적 의무없이 재량적으로 교육비특별회계로 전출하는 재원이다. 그 외에도 교육경비보조금도 존재한다.

2. 세출측면의 문제점

첫째, 경상경비의 비율이 지나치게 높다. 인건비와 물건비 등을 합칠 경우 전체 예산의 절반 이상을 훨씬 초과하게 된다.

둘째, 실제의 세입이 지방교육재정의 지출수요에 상응하지 못한다. 특히, 교육복지에 대한 사회적 욕구가 커지는 상황에서 교육부문에서의 보편적 복지프로그램이 증가하는 현상이 나타나면서 교육청의 재정은 심각한 압박에 직면하고 있다(이봉주 · 우명숙, 2014: 3).

그리고 일반재정과 교육재정 간 관계에서도 문제점이 나타난다.

구체적으로는 지방교육재정교부금과 지방교부세의 연계부족으로 재정의 효율성 및 형평성문제가 야기된다. 지방교육재정교부금와 지방교부세를 연계하지 않는 것은 교육과 비교육분야의 재정수요를 원초적으로 구분하는 접근법을 채택하고 있기 때문이다. 이러한 접근은 교육의 특수성과 중요성을 인정하고 그것을 안정적이면서 체계적으로 관리하는 장점이 있는 반면, 소위 재정의 칸막이 현상을 초래하여 국민들의 재정수요 변화에 유연하게 대처할 수 없는 단점을 안고 있다. 특히, 지역별로 인구구성 등 행정 환경과 수요가 상이한 현재의 상황을 감안하면 애초부터 교육과 비교육분야로 재정을 구분해서 서로 다른 정부에 재정을 배분하는 접근은 불합리하고 비효율적인 측면이 많다고 할 수 있다. 지방교부세와 지방교육재정교부금이 이원적으로 운영되어 전체 교부금이 오히려 경제력과 재정력이 양호한 지역에 상대적으로 더 많이 배분되고, 각 교부금의 지역별 배분편차가 더 큰 현상이 나타날 수 있다([표 11-7] 참조)(이승종 외, 2012: 73-77).

표 11-7 지방교육재정의 제약요인

구 분	제약요인
세입측면	• GDP, 정부예산 등과 비교할 때 증가율이 상대적으로 높지 않은 수준 • 중앙정부와 지방정부 이전수입에 과도하게 의존 • 지속적인 세입증가에 한계 • 지방재정에 대한 부담이 심화 • 기초지방정부가 광역지방정부인 시·도교육청에 보조금을 교부하는 것은 지방재정법이 정하고 있는 보조금운영취지 미준수 • 세입구조의 지나친 복잡성
세출측면	• 경상경비 비율이 지나치게 높은 수준 • 지방교육재정의 지출수요에 상응하지 못하는 세입규모
일반재정과 교육재정 간 관계	• 지방교육재정교부금과 지방교부세의 연계부족으로 재정의 효율성 및 형평성문제가 야기

제4절 | 지방교육재정 관련 주요 쟁점들[1)]

1. 주요 쟁점에 대한 이해관계자의 관점

지방교육재정과 관련해서는 이해관계자(stake holder) 간 관점의 차이가 존재할 수 있다. 국가 전체 예산편성을 담당하고 있는 기획재정부는 교육수요를 결정하는 중요한 요소 중 하나인 학생 수가 지속적으로 감소하고 있음에도 불구하고, 지방교육재정이 지속적으로 증가하고 있는 것은 문제가 있다고 할 수 있다. 최근 10여 년 간 학생 수는 지속적으로 감소한 반면, 지방교육재정은 증가하는 현상에 대해 현재 내국세 총액의 20.79%인 지방교육재정교부금의 교부율 축소가 필요하다는 점을 제기할 수 있을 것이다. 나아가 최근 대학의 반값 등록금과 맞물려 현재 유・초・중등교육에 투자되는 지방교육재정의 일부를 상대적으로 취약한 고등교육과 평생교육부문으로 돌려 재정운용의 효율성을 제고해야 한다(김병주 외, 2011)는 주장도 제기할 수 있을 것이다.

교육계는 OECD와 비교할 때 교육의 질적 수준이 낮을 뿐만 아니라 지속적인 교육수요가 있기 때문에 학생 수의 감소와 관계없이 재원의 확대가 필요하다고 주장할 수 있다. 우리나라는 의무교육단계에서부터 학교의 기본적 교육활동과 정규수업 이후 교육활동에서 과도하게 학부모에게 부담을 지우고 있으며, 중・고등학교의 경우 학부모에게 학교운영지원비를 부담하도록 하고 있다. 이외에도 학부모들은 학교에서 이루어지는 방과 후 학교와 EBS 수능강의와 관련한 교육비의 부담이 크며, 학부모의 과중한 부담은 초・중등교육단계에서 학부모가 부담하는 공교육비의 비율이 OECD 국가에 비해 몇 배 높다는 점에서도 나타난다. 교사 1인당 학생 수 및 학급당 학생 수가 과다하고, 교사의 연간 수업시수와 수업일수, 법정근무시간 등이 많아 교육여건이 열악한 형편이라고 할 수도 있다. 특수교육, 영재교육, 다문화교육, 통일대비 교육 등 투자사각지대에 있는 잠재적 교육수요가 항상 대기 중이고, 주민직선제로 교육감을 선출하면서 교육감 공약사항 이행 및 대통령 국정과제 수행 등이 지방교육재정의 경직성을 유발하

1) 손희준・라휘문・이재원・주만수・최병호 등에 의하여 2016년에 수행된 『지방재정의 자주권 제고를 위한 정책의제 개발』이라는 보고서의 내용 중 "지방교육재정과 일반지방재정의 관계 재정립을 위한 정책의제" 부분을 재정리하였다.

는 주요한 요인으로 등장하고 있으며, 새로운 교육수요가 계속 창출되고 있다(최영출, 2014: 4)고 할 수도 있을 것이다.

또한 지방재정 전문가들은 일반재정과 교육재정의 연계협력 부족으로 인해 비효율성 문제가 발생할 수 있다고 생각하기도 한다.

이와 같은 관점의 차이는 지방교육재정을 바라보는 시각의 차이에 기인할 수 있는바, 어떤 관점이 맞고 어떤 관점은 틀리다고 말하기는 어렵다. 이와 같은 점을 종합적으로 고려한 정책방향이 설계될 필요가 있을 것이다. 이하에서는 구체적인 방향을 설정하기 보다는 장·단점을 제시하고자 한다.

예를 들면, 기획재정부의 관점을 반영한다면 세출의 조정 및 효율성 도모방안을 마련하는 것이 될 것이고, 교육계의 관점을 반영한다면 지방교육재정의 확충 및 자율성 확보, 그리고 교육의 질적 제고를 위한 세출전략을 마련하여야 할 것이며, 지방재정 전문가들의 관점을 반영한다면 일반재정과 교육재정의 관계를 재정립하는 대안을 마련하는 것이 될 수 있을 것이다.

2. 세입측면의 주요 쟁점

1) 시·도교육청에 지방세 부과권의 신설

지방교육재정의 자주성 확보를 위해 시·도교육청에 제한된 범위에서 실질적인 과세권을 부여하자는 쟁점이다. '지역밀착형 세목'을 대상으로 과세하여 시·도교육청이 자기재정 조달시스템을 갖도록 하자는 것이다. 이는 지방교육재정의 자주성 제고에도 도움이 되지만, 지역주민이 지역의 교육발전을 위해 세금을 낸다는 인식과 비용분담을 확실히 하는 측면에서 중요한 의미가 있을 수 있다. 현행 지방교육세와 일부 지방세에 대한 '부가세 방식'은 징세의 편이성은 있지만, 해당 지역의 납세자가 내 지역의 교육발전을 위해 세금을 부담한다는 인식은 갖지 못한다. 지방세 부과권을 부여할 경우 적어도 이러한 문제는 해소할 수 있을 것이다. 이 경우 시·도교육청이 새로운 세목을 신설할 것인지 아니면 기존 지방세목 중 지역밀착성이 높은 세목을 선정할 것인지를 결정하여야 할 것이다.

시·도교육청에 지방세 부과권을 신설하면 교육과 관련하여 지방세를 부담하고 있다는 인식을 심어줄 수 있다는 점에서 긍정적인 측면이 존재한다. 또한 지방교육재정의 자주성 제고에 기여할 수 있을 것이다. 다만, 지방교육재정과 일반재정을 통합한다고 할 경우 시·도교육청이 지방세 부과권을 가지고 있으면 현실적인 장애요인으로 작용할 가능성이 존재한다. 또한 부가세 방식으로 징수하던 현행 시스템에 비해 징세의 편의성 측면에서 우월하지 못하다는 문제도 지적될 수 있다.

2) 지방교육재정교부금의 확대

교육의 목적을 달성하기 위해서는 중앙정부의 이전재원규모를 일정수준 이상 안정적으로 확보할 수 있도록 조치하여야 한다는 쟁점이다. 매년 교직원의 인건비가 증가하고 있고, 지방채 및 BTL 상환액, 누리과정 및 무상급식, 대통령공약 사항 이행 등을 이행하기 위한 재원이 필요한 실정이다. OECD 국가에 비해 정부부담 교육비 비중이 낮고 교육핵심서비스 투자비중 또한 매우 낮은 상황에서 교육의 질적 개선을 기대하기란 매우 어려운 상황이다.

지방교육재정교부금을 확대하기 위해서는 추가적인 법적재원 마련방안이 요구되는데, 그 대안으로 내국세 비율 상향조정(현재 20.79%), 국세·교육세 확충, 특별교부금 축소 후 보통교부금 확대, 국고보조금 확대, 예전의 교육환경개선특별법과 같은 특별법 제정 등을 고려하자는 것이다. 특히, 현재 특별교부금으로 집행되는 국가시책사업은 일정 부분 국고보조금에서 지원하여 안정적 재원확보 토대를 마련하자는 대안이다(최영출, 2014: 36-37).

지방교육재정교부금의 확대와 관련해서는 다양한 입법안들이 마련되었으나 입법화에 성공하지는 못하였다. 국회의원 박홍근 외(2012.11)는 교부금의 내국세 몫을 20.27%→22%로 조정, 국회의원 김상희 외(2013.2)는 교부금의 내국세 몫을 20.27%→22.27%로 조정, 국회의원 김태년 외(2013.6)는 교부금의 내국세 몫을 20.27%→25%로 조정, 국회의원 백재현 외(2014.1)는 교부금의 내국세 몫을 20.27%→20.77%로 조정하여 평생교육 재원을 확대하자는 주장을 하였다.

또한 국회의원 정진후 외(2012.11), 국회의원 유성엽 외(2012.11), 국회의원 박홍근 외(2012.11), 국회의원 김태년 외(2013.6), 국회의원 김상희 외(2014.10)는 특별교부금을 4%→2%로 축소, 국회의원 김상희 외(2013.2), 국회의원 김윤덕 외(2013.12), 정부(2014.

4)는 특별교부금을 4%→3%로 축소를 주장하였다.

지방교육재정교부금을 확대하면, 지방교육재정의 안정적 확보를 통하여 교육목적을 달성하는 데 활용할 수 있다. 아마도 이것이 가장 큰 장점이 될 수 있을 것이다. 또한 재원의 용도와 관련해서는 이견이 존재할 수 있으나 다양한 사업을 전개할 수 있다는 점에서 바람직할 것으로 보인다.

다만, 용도가 지정되어 있지는 않으나 이전재원이기 때문에 자체재원은 아니라는 점을 고려하여야 한다. 그리고 내국세의 일정부분이라는 법정률방식을 채택하고 있기 때문에 내국세 수입에 연동될 수밖에 없을 것이다. 즉, 내국세는 경기변동에 민감하게 반응할 수밖에 없는 바 안정성 측면에서 어려움이 있을 수 있다. 현재와 같이 경제가 급격하게 변동하고 있는 상황 하에서는 안정적 재원확보라는 측면에서 문제가 있을 수 있다는 것이다.

3) 지방교육재정교부금 배분기준의 개선

지방교육재정교부금 산정과정에서 수요항목의 지나친 세분화로 인해 자율성 침해문제가 발생할 수 있기 때문에 이를 단순화할 필요가 있다는 쟁점이다.

보통교부금은 지방재정 자율성을 증진시키기 위해서 총액교부제로 운영하고 있다. 현재 존재하는 재정수요항목과 산출은 각 시・도교육청에 형평성있게 교부하기 위한 하나의 방법적 틀이자 공식일 뿐이지 실제 지방교육예산편성은 시・도교육청의 자율에 맡겨져 있다. 그러나 이러한 수요산정공식 안에 단위비용까지 세세히 포함되므로 인해서 재정자율성이 악화될 수 있다(이광현, 2016: 21).

또한 정책목표 포함으로 인해 보통교부금의 근본취지가 훼손될 수 있고, 정책적 수요항목을 포함하는 것도 문제일 수 있다. 수요항목에 국가 주요 시책들이 포함되어 있기 때문에 특별교부금과의 차별성을 상실하게 만들 수 있을 정도이다. 1991년도에 지방교육자치시대를 열면서 각 시・도의 재정운영 자율성을 보장해주기 위해서 기본적인 여건에 따른 수요항목 중심으로 교부하던 보통교부금이 각 시・도에게 중앙정부의 교육정책방침을 따르도록 만들기 위한 재정인센티브제도 성격이 가미되어 변형되어 운영되고 있는 것이다(이광현, 2016: 23).

이러한 점을 종합적으로 고려하여 지방교육재정교부금 배분기준을 개선할 필요가 있을 것이다. 지방교육재정교부금 배분기준을 개선하면 시・도교육청의 예산운영 자율성을 확보할 수 있을 것이다. 반면, 기존 제도에 변화를 준다는 점에서 일부 혼란이 초래될 수 있을 것이다.

지방교육재정교부금의 배분기준을 개선하고자 할 때 고려하여야 하는 요인 중 하나는 배분기준의 개선과정에서 지역별로 이해관계가 달라질 수 있다는 점이다. 배분기준을 개선함으로써 A시・도교육청은 이익을 볼 수 있으나 B교육청은 손해를 볼 수 있다는 점이다.

4) 하급지방정부의 상급지방정부에 대한 보조금 교부제한

하급지방정부가 상급지방정부에 보조금을 교부하는 현상이 존재하고 있는 바, 이는 지방재정법에 근거할 때 문제가 있기 때문에 개선하여야 한다는 쟁점이다. 보조금은 상급기관이 하급기관에게 보조하는 것이 일반적이기 때문에 나타난 쟁점이라고 보아야 할 것이다.

지방재정법을 개정하여 예외조항을 신설하는 등의 조치를 통하여 문제를 해소할 수 있으나 입법취지를 고려할 때 보조금의 교부를 제한하는 것이 바람직할 것이라는 주장이다. 대안으로 제시하고 있는 것은 상급지방정부가 하급지방정부에게 보조금을 교부하고, 하급지방정부가 대응자금을 합해서 학교에 지원하는 방안을 활용할 수 있도록 조치하는 것이다.

상급지방정부가 하급지방정부에게 보조금을 교부하고 하급지방정부가 대응자금을 합해서 학교에 지원하는 방안을 활용한다면, 현행 입법취지를 존중하면서도 정치적 부담을 완화할 수 있는 대안이 될 수 있다는 점에서 긍정적일 수 있을 것이다.

다만, 지방교육재정이 열악한 시점에서 재원확충대안의 마련과 함께 추진되어야 하는데 대기시간을 가져야 한다는 점에서 현실적으로 어려움이 발생할 수 있을 것이다.

5) 복잡한 재원구조의 단순화 추진

지방재정체계가 지나치게 복잡하기 때문에 이를 단순화할 필요가 있다는 쟁점이다. 이러한 문제를 해소하기 위해서는 지방정부의 교육자치단체에 대한 재정지원(수평적 재정관계)을 현재와 같은 다기화된 체제에서 가능한 하나의 재정통로(single pot system)

로 체계화할 필요가 있다는 것이다. 이것은 재정의 효율성과 주민 편이성의 관점에서 요구되는 대안이라고 볼 수 있다. 왜냐하면, 교육서비스와 함께 다양한 행정서비스를 공급받는 지역주민의 입장에서는 모든 공공서비스가 '적정한 혼합(optimal service mix)' 상태에서 잘 공급되는 것이 중요하기 때문이다(임성일 · 손희준, 2011: 87).

복잡한 지방교육재정의 구조가 단순화되면 복잡한 형태보다 단순한 형태를 가지고 교육목적을 달성할 수 있게 되기 때문에 보다 바람직한 형태라고 볼 수 있을 것이다. 다만, 지방교육재정을 구성하고 있는 각각의 재원은 존재의 이유가 있는 바, 이를 존중할 수 없게 됨으로써 운영상의 어려움이 초래될 가능성이 존재한다.

6) 시 · 도교육청의 자구노력 증대방안 강구

학생 수 감소, 이자율 하락 등의 영향으로 시 · 도교육청의 자체수입이 지속적으로 감소되고 있으므로, 자체수입 증대를 위해 시 · 도교육청에서 적극적으로 자구노력을 해야 한다는 쟁점이다. 적정규모 학교에 대한 기준을 마련하여 학생 수가 급감한 학교를 중심으로 통 · 폐합을 추진하고 폐교학교 재산을 매각하는 등 자체수입 확대를 위하여 적극적으로 노력하여야 한다(이병호, 2016: 120)는 것이다.

시 · 도교육청의 자구노력이 있을 경우 시 · 도교육청의 자율성이 증대된다는 점에서 바람직하다. 그리고 학교운영의 효율성을 도모할 수 있다는 점에서도 장점을 가질 수 있다. 다만, 지역별 편중 등 문제가 제기될 수 있는 바 신중을 기하여야 할 것이다. 즉, 지역별 편차 등이 발생할 수 있기 때문에 효율성 우선원칙을 적용하여 단기적으로 추진하기보다는 충분한 검토를 통하여 적용할 수 있도록 중장기적 접근을 취할 필요가 있을 것이다.

3. 세출측면의 주요 쟁점

1) 미자격 시 · 군 · 구의 교육경비보조금 지원의 제한

많은 기초지방정부들이 지방정부의 교육경비보조에 관한 규정이 규정한 요건에 해당되지 않음에도 교육경비보조금을 학교에 지원하고 있다. 지방정부의 교육경비보조에 관한 규정 제3조에 보면 재정이 열악한 지방정부들이 학교에 교육경비보조금을 지원함으로써 재정이 더욱 악화되는 것을 막기 위하여 지방채를 발행하여 보조사업에 대한 보조금의 재원을 마련하고자 하는 경우, 국고보조금 또는 특별시·광역시·도 보조금의 지원에 따라 법령 또는 조례의 규정에 의하여 시·군·자치구가 부담하여야 할 경비의 미부담액이 있는 경우, 그리고 당해 연도의 일반회계세입에 계상된 지방세와 세외수입의 총액으로 당해 소속공무원의 인건비를 충당하지 못하는 경우에는 교육경비보조금을 지원하지 못하게 규정하고 있다. 그럼에도 불구하고 대다수의 시·군·구들은 단위학교에 교육경비보조금을 지원하고 있다(이승종 외, 2012: 69). 자격조건을 갖추지 못한 시·군·구의 경우 교육경비보조금을 지원하지 못하도록 강제하여야 한다는 쟁점이다.

미자격 시·군·구의 교육경비보조금 지원을 제한하도록 조치하면 법적인 요건을 충족하고 있다는 점에서 바람직하고, 건전한 지방재정운영에 기여할 수 있다는 점에서 긍정적이라고 볼 수 있다. 다만, 단위학교의 경우 필요한 사업추진 시 재원을 확보할 수 없게 되는 바 어려움을 겪을 수 있을 것이다. 또한 지방정부의 재정상황으로 인해 지역 학생들이 교육차별을 받는다면, 이는 오히려 헌법에 보장된 교육권을 침해할 수 있다는 주장도 있다(http://www.bupyeongpost.com).

2) 지방교육재정 성과평가체계의 개선/책임성 강화

지방교육재정 성과평가체계를 개선하여 재정운용의 비효율성을 감소하려는 노력이 요구된다(최영출, 2014: 37)는 쟁점이다. 이를 위해서는 교육재정예산의 의사결정과정과 편성, 그리고 집행 및 결산에 관한 각종 정보를 주민에게 체계적으로 공개하고, 특히 주민과의 약속(예산)이 구체적으로 어떻게 실천되었는지(예산집행, 사업실시 등), 그리고 그 결과가 어떠하였는지(산출물, 성과 및 결과)에 대해 회계적으로 명확히 설명해 주어야 한다(임성일, 2016: 28-29)는 것이다.

재정지출의 효율성을 높여 국민이 부담하는 세금의 경제적 가치를 극대화해야 하고, 이를 위해서는 객관적인 타당성조사에 입각해서 투자우선순위를 정하고 재정지출의 성과관리를 체계적으로 해나가야 한다는 것이다.

교육재정의 특성 상 인건비를 포함하는 경상경비의 비중이 매우 크지만 이에 대하여도 3~5년 단위로 주기적인 종합지출점검을 통해 효율성 개선을 도모해야 하고, 투자심사제도의 심사요건을 강화함으로써 국민의 세금가치에 부응하는 엄격하고 체계적인 제도로 거듭나는 것도 매우 중요하다(임성일, 2016: 29)는 쟁점이다.

성과평가체계를 강화하면 재정운영의 비효율성을 개선할 뿐만 아니라 국민의 알권리를 보장할 수 있다는 점에서 바람직하다고 판단된다.

3) 지방교육채의 발행제한

지방교육채는 부족한 교육재정을 해소하는 근본적인 대책이 아니므로 가능하면 지방교육채의 발행을 자제할 필요가 있다는 쟁점이다. 지방교육채를 국가에서 부담하는 조건으로 발행하면 문제가 없는 것으로 생각할 수 있으나, 이는 결국 미래에 지방교육재정으로 사용될 지방교육재정교부금을 앞당겨 사용하는 결과와 마찬가지이므로, 지방교육채발행 한도를 축소하고 발행요건을 강화하여 지방교육재정의 건전성이 유지되도록 하여야 한다는 주장이다.

또한 관리채무상환비율이 높은 교육청은 채무상환에 따른 재정압박이 예상되므로 효율적인 재정운용을 통해 재정의 건전성이 제고될 수 있도록 지방교육채를 감축하려는 적극적인 노력이 필요하다(이병호, 2016: 124-125)는 것이다.

지방교육채발행을 제한하면 교육재정의 압박현상을 방지할 수 있고, 건전한 교육재정운영에 기여할 수 있다는 점에서 긍정적이라고 볼 수 있다. 다만, 열악한 교육재정을 긴급하게 확보할 수 있는 대안 중 하나이기 때문에 발행을 금지할 경우 재정운영에 어려움이 있을 수 있다는 점을 고려하여야 할 것이다. 지방교육채발행 한도 및 요건 등에 대한 중장기적인 검토가 필요할 것이다.

4. 일반재정과 교육재정의 연계측면의 쟁점

1) 일반재정과 교육재정의 통합

지방재정 전문가들은 일반재정과 교육재정의 연계운영을 주장하고 있다. 일반재정과 교육재정을 연계운영하는 대안을 강구하기 위해서는 두 가지의 요소를 고려하여야 할 것이다. 하나는 일반재정과 교육재정, 그리고 다른 하나는 지방교육재정교부금과 지방교부세와의 관계정립이다.

일반재정과 교육재정의 관계는 지방정부와 교육청 간의 문제이고, 지방교육재정교부금과 지방교부세와의 관계는 중앙정부와 지방정부(교육청)의 문제이다.

이를 단계적으로 설명하면 다음과 같다. 제1단계는 지방교부세와 지방교육재정교부금을 현재와 같이 분리운영하고, 지방재정과 교육재정 역시 분리운영하는 것이다. 다만, 지방정부와 교육청 간 재정협력체계를 긴밀하게 하는 것이다. 제2단계는 지방교부세와 지방교육재정교부금은 현행과 같이 유지하되 지방재정과 교육재정을 통합하는 것이다. 예산과 결산과정 등을 통합하여 운영하는 대안이다. 제3단계는 지방교부세와 지방교육재정교부금, 지방재정과 교육재정을 모두 통합하는 대안이다. 실질적인 통합을 완성하는 것을 의미한다([그림 11-8] 참조)(이승종 외, 2012: 95-99).

지방재정과 교육재정이 통합되면 시·도교육청과 지방정부 사업의 유사·중복성 문제가 해결되어 예산의 낭비 및 비효율적 운영문제를 해소할 수 있을 것이다. 다만, 교육자치적 요소가 훼손될 수 있다는 문제제기가 있을 수 있으며, 재정의 열악성 문제에 봉착될 경우 교육투자가 우선될 수 있을지 등 몇 가지 문제가 제기될 수 있이다. 지방재정과 교육재정의 통합문제는 교육감선출 등 교육자치와 직접적으로 관련된 문제이다. 교육자치의 본질적 요소와 연계되어 있기 때문에 단기적으로 추진하기보다는 충분한 시간을 두고 중장기적으로 추진할 필요가 있을 것이다.

표 11-8 일반재정과 교육재정의 통합 틀

구 분		중앙정부와 지방정부(교육청) (지방교부세와 지방교육재정교부금)	
		분 리	통 합
지방정부와 교육청 (지방재정과 교육재정)	분리	제1단계	
	통합	제2단계	제3단계

자료: 이승종 외(2012: 94)를 수정함.

2) 지방교육재정교부금과 지방교부세의 연계운영

지방의 부족재원을 보전하고, 지역 간 불균형을 해소한다는 정책목적과 기능이 상당히 유사한 지방교부세와 지방교육재정교부금 간의 연계를 모색하는 대안을 마련하여야 한다는 것이 쟁점이다.

제1안은 기존의 지방교부세제도 안에 보통교부세, 특별교부세, 부동산교부세, 그리고 교육교부세를 독립적으로 두고 운영하자는 대안이다. 제2안은 지방교부세 이외에 독립적으로 지방교육교부세를 두어 현재의 지방교육재정교부금과 동일하게 운영하되 배분방식과 재원의 규모를 시·도교육청의 자율에 맡기는 것이 아니라 시·도와 연계하자는 대안이다.

두 개의 대안은 다음과 같은 장점을 가질 수 있다. 제1안은 형식적으로만 통합되어 복잡성이 증가할 수 있지만 지방교육교부세 기준재정수요액 산정이나 보통교부금 배부방식과 기준 등을 중앙과 지방 간 수직적 재정조정제도라는 구조와 지방교부세제도의 틀과 유지하면서, 중복 및 불균형의 문제를 종합적으로 해소할 수 있다는 장점을 가진다. 제2안은 지방재정과 지방교육재정의 통합안과 큰 차이가 없어 보이며, 동시에 현재의 지방교육재정교부금과의 차별성이 없어 보이지만 아직까지는 지방교육재정교부금의 독립성과 의존재원으로서의 위상을 유지하면서 지방정부로부터의 재정지원과 연계성을 상대적으로 향상시킬 수 있다는 장점이 있다(이승종 외, 2012: 107).

어떤 방식으로든 지방교육재정교부금과 지방교부세이 연계운영되면, 재정운영의 칸막이 현상이 제거되어 국민의 재정수요 변화에 유연하게 대처할 수 있을 것이다. 지방교부세와 지방교육재정교부금을 통합운영함으로써 분리운영으로 나타날 수 있는 경제력과 재정력이 양호한 지역에 상대적으로 더 많이 배분되고, 각 교부금의 지역별 배분편차가 더 큰 현상이 나타날 수 있는(이승종 외, 2012: 73-77) 현상을 방지할 수 있을 것이다. 다만, 지방교부세와 지방교육재정교부금을 분리운영한 것은 교육의 특수성과 중요성을 인정하고 그것을 안정적이면서 체계적으로 관리하고자 하는 데 있는데, 통합운영할 경우 이와 같은 장점을 훼손할 수 있다.

지방교육재정교부금과 지방재정의 통합운영은 교육자치와도 연계될 수 있다는 점을 고려하여야 한다. 통합운영은 장점과 단점을 동시에 보유하고 있는 바 중장기적으로 심도있는 논의가 있어야 할 것이다.

참고문헌

교육부(2014). 『2008~2013년 시도교육비 특별회계 세입 · 세출 결산분석결과』.

_____(2020). 『2021년도 교육비특별회계 예산 편성기준 및 기금운용계획 수립기준』.

구균철(2014). "지방정부 교육재정 부담구조의 평가와 과제." 『지방자치 20년, 지방재정 성과와 과제』. 한국지방세연구원 · 한국지방재정학회주최 세미나 발표논문.

기획재정부(2013). 『2014~2018 국가재정운영계획』.

김병주 외(2011). 『교육재정 정책현안 진단 및 아젠다 발굴 연구』. 한국교육개발원.

김재훈(2012). "지방교육재정협력에 관한 연구: 문제점 분석 및 개선방안을 중심으로." 한국지방재정학회 지방재정세미나 발표논문.

김현국(2016). 『지방교육재정의 이해와 운용역량강화』. 참교육을위한전국학부모회.

손희준(2016). "지방재정과 지방교육재정의 연계 · 협력방안." 미발표논문.

손희준 외(2016). 『지방재정의 자주권 제고를 위한 정책의제 개발』. 한국지방세연구원 수탁과제.

송기창(2010). "지방교육자치 구조의 변화와 지방교육재정의 과제." 2010년도 한국교육재정경제학회 연차학술대회 발표 자료집.

_____(2014). "지방교육재정의 위기: 실상과 대책." 2014년도 한국교육재정경제학회 추계학술대회 발표논문집.

송기창 외(2010). 『지방교육재정 변동추이 분석 및 분석지표 개발연구』. 교육과학기술부 정책보고서.

안종석(2014). "보편적 교육복지 확대에 따른 교육재정 구조변화와 개선 방안." 『2014년도 지방교육재정 정책포럼자료집』. 한국교육개발원 · 지방교육재정연구센터.

우명숙(2014). "지방교육재정과 지방재정의 통합론에 대한 비판적 검토." 『The Eduforum』, 253(7): 9-13. 한국교육개발원.

이광현(2016). "학생 수 중심의 지방교육재정교부방식 개선 방향 및 과제." 『한국교육개발원 2016 이슈페이퍼』.

이병호(2016). 『지방교육재정 경영실태 분석 및 개선방안에 관한 연구』. 서경대학교 대학원 박사학위논문.

이봉주 · 우명숙(2014). "보편적 교육복지, 제한된 교육재정: 문제점과 대책." 『교육재정 정책포럼발표논문』. 한국교육재정경제학회.

이승종 외(2012). 『지방재정과 교육재정 연계 · 협력 강화방안』. 한국행정학회.

이효 · 김성주(2014). 『지방자치단체 교육재정 지원실태 및 개선방안』. 한국지방행정연구원 연구보고서.
임성일(2016). “지방교육재정의 책임성 강화와 지방자치단체 간 협력적 재정관계 구축.” 『한국교육개발원 2016 이슈페이퍼』.
임성일 · 손희준(2011) “지방교육재정제도의 개선방안: 지방재정과 지방교육재정간의 관계 재정립.” 『지방행정연구』, 25(3): 59-92.
최영출(2014). “지방교육재정의 주요쟁점과 향후 방안.” 한국지방정부학회 2014년 추계학술대회 발표자료.
한국교육개발원(2016). 『2010~2015 지방교육재정분석종합보고서』.

연합뉴스. 2016년 11월 13일자(2016년 11월 18일 검색).
지방교육재정알리미(http://www.eduinfo.go.kr/)

PART

04

지방재정관리론

지방재정론
Local Finance

Chapter 12

지방재정관리제도

제 1 절 | 지방재정관리제도의 의의

1. 지방재정관리제도의 개념

지방재정관리제도란 학자들마다 조금은 다른 개념정의를 시도하고 있다. 김흥래(2005: 330)는 지방재정관리제도를 지방정부가 재정을 건전하고 효율적으로 운영하기 위하여 예산편성 및 집행과정에서 이루어지는 각종 제도를 통칭한다고 한다. 김동기(2011: 331)는 지방재정관리제도를 지방재정이 지역주민의 복지를 증진하기 위해 필요한 재화와 서비스를 제공하는 데 소요되는 재원을 조달할 수 있는가, 지방세출 중 큰 비중을 차지하고 있는 주요 투자사업이 투자가치가 있는가, 효율적으로 운영되고 있는지를 점검하고 평가하는 일련의 제도를 말한다(김동기, 2011: 331)고 한다. 이희봉(2011: 689)은 재정관리와 재정운영을 구분한다. 즉, 지방재정관리(local finance management/administration)는 지방정부가 지역주민의 복리증진을 위해 필요한 재화와 서비스를 제공하는데 소요되는 재원을 자율적이며 효율적으로 확보하고 운용하도록 지도·조정·점검·평가하는 일체의 행정행위인 반면, 지방재정운영(local finance management/operation)은 지방정부가 주민의 복지증진이라는 목표를 실현하기 위해 지역의 조직과 자원을 사용하는 형성적이고 구체적인 활동이라고 정의하기도 한다. 따라서 개념적으로는 지방재정운영이 재정행위의 주체자 입장에서 목적을 실현하기 위한 실천적이고 형성적인 행위인데 반해, 지방재정관리는 재정목적의 효과적인 실현을 위해 개별적인 재정행위를 감독하고 조정하는 기술적이고 현상적인 행위라는 점에서 구별되기도 하나, 재정운영이나 재정관리 모두 지방정부가 지역의 공공욕구와 주민의 복지증진을 위해 필요한 재원을 조달하고 집행하는 경제활동의 일환으로서 자원이나 요소를 결합하고 조정하는 행위라는 점에서 공통점을 가지고 있으며, 실제적으로도 재정운영이나 재정관리는 혼용(混用)되고 있다. 또한 김종희(2006)는 지방재정관리제도를 단순히 "지방정부가 재정을 건전하고 효율적으로 운영하기 위하여 지방자치법과 지방재정법 등에서 규정하고 있는 예산과정에 관한 각종 제도"로 이해하기도 한다([표 12-1] 참조).

표 12-1 지방재정관리제도의 개념

학 자	개 념
김흥래	지방정부가 재정을 건전하고 효율적으로 운영하기 위하여 예산편성 및 집행과정에서 이루어지는 각종 제도를 통칭하는 개념으로 간주
김동기	지방재정이 지역주민의 복지를 증진하기 위해 필요한 재화와 서비스를 제공하는 데 소요되는 재원을 조달할 수 있는가, 지방세출 중 큰 비중을 차지하고 있는 주요 투자사업이 투자가치가 있는가, 효율적으로 운영되고 있는지를 점검하고 평가하는 일련의 제도를 의미
이희봉	지방정부가 지역주민의 복리증진을 위해 필요한 재화와 서비스를 제공하는 데 소요되는 재원을 자율적이며 효율적으로 확보하고 운용하도록 지도·조정·점검·평가하는 일체의 행정행위
김종희	지방정부가 재정을 건전하고 효율적으로 운영하기 위하여 지방자치법과 지방재정법 등에서 규정하고 있는 예산과정에 관한 각종 제도
손희준	지방정부가 재정을 건전하고 효율적으로 운영하기 위하여, 예산편성과 집행 및 결산과정 등 재정과정과 활동에 있어서 지방자치법과 지방재정법 등에 규정된 각종 제도를 의미

결국 지방재정관리제도란 지방정부가 재정을 건전하고 효율적으로 운영하기 위하여, 예산편성과 집행 및 결산과정 등 재정과정과 활동에 있어서 지방자치법과 지방재정법 등에 규정된 각종 제도를 의미한다고 할 수 있다. 그러므로 지방재정관리제도는 일종의 재정통제(fiscal control)수단으로 인식되는데, 주로 내부통제(internal control)보다는 외부통제수단(external control)이다(손희준, 2012).

2. 지방재정관리제도의 중요성

지방재정관리제도는 다음에서 살펴보는 것과 같은 몇 가지 이유 때문에 매우 중요하다고 볼 수 있다([표 12-2] 참조).

첫째, 지방재정관리제도는 지방재정을 맡고 있는 지방정부가 지방재정을 보다 건전하고 효율적으로 관리하고 운영하기 위하여 필요하기 때문에 중요성을 가진다. 즉, 지방재원은 대부분 주민의 부담으로 이루어지기 때문에 주민의 부담을 최소화하기 위해서는 재원의 관리와 운영을 건전하게 하여야 한다. 둘째, 가능한 한 최소의 재원으로 최대의 주민복지를 창출할 수 있도록 재원의 흐름을 조정하고 감독할 필요가 있다는 점에서 중요성을 가진다. 실제로 이러한 목적을 이루기 위하여 지방정부는 각종의 제도적 장치를 통해 지방재정을 관리하고 운영하고 있다(이희봉, 2011: 690). 셋째, 지방재정관리제도는 재정을 건전하고 효율적으로 운영하기 위하여 예산편성 및 집행과정에서 이루어지는 지방자치법과 지방재정법 등에 규정된 각종 제도를 말한다. 지방재정관리제도는 상호 보완적 운영을 통하여 지방재정의 책임성을 확보하고 있다. 따라서 중요하다고 볼 수 있다. 넷째, 지방재정관리제도는 지방재정의 안정적 관리와 전체적인 투자효율의 극대화를 위한 투자기술 등 개별제도들이 시계열 · 단계적으로 연계되어 유기적 · 시스템적으로 통합되어 있으므로, 제도 전체적으로 기능이 활성화되도록 운영되어야 한다(행정안전부, 2020: 20; 박상렬, 2008: 5-8에서 재인용)는 점에서 중요성을 가진다.

표 12-2 지방재정관리제도의 중요성

- 지방재정을 맡고 있는 지방정부가 지방재정을 보다 건전하고 효율적으로 관리하고 운영하기 위하여 필요함
- 가능한 한 최소의 재원으로 최대의 주민복지를 창출할 수 있도록 재원의 흐름을 조정하고 감독할 필요가 있다는 점에서 중요성을 가짐
- 상호 보완적 운영을 통하여 지방재정의 책임성을 확보하는 데 기여함
- 지방재정의 안정적 관리와 전체적인 투자효율의 극대화를 위한 투자기술 등 개별제도들이 시계열 · 단계적으로 연계되어 유기적 · 시스템적으로 통합되어 있으므로, 제도 전체적으로 기능이 활성화되도록 운영되어야 함

제 2 절 | 지방재정관리제도의 특성

1. 지방재정관리제도의 성격

지방재정관리제도는 몇 가지의 특징을 가진다([표 12-3] 참조). 첫째, 지방재정관리제도는 다양성과 종합성이라는 특성을 보유하고 있다. 다양성이란 지방재정관리제도의 종류가 여러 개라는 의미이다. 우리나라의 경우 지방재정의 구체적인 과정을 관리하기 위하여 10개 이상의 제도를 운영하고 있다. 또한 지방재정관리제도는 종합성이라는 특성을 보유하는 데 이는 지방재정 전반을 관리한다는 의미이다. 즉, 사전적 재정관리, 사후적 재정관리 등 전체를 관리하고 있다고 볼 수 있다.

둘째, 지방재정관리제도는 지역성과 공공성이라는 특성을 보유하고 있다. 지역성이란 지방재정관리제도가 지방정부의 재정운영과정을 관리한다는 측면에서 지역성이라는 특성을 가진다는 의미이다. 또한 지역주민의 복지증진을 목적으로 추진하는 일체의 활동을 관리한다는 차원에서 공공성이라는 특성을 가진다.

셋째, 지방재정관리제도는 방향성과 실천성이라는 특징을 보유하고 있다. 즉, 지방재정관리제도는 지방정부가 나아가야 할 정책방향을 달성할 수 있도록 지방재정을 관리한다는 점에서 일정한 방향성을 가진다고 볼 수 있다. 또한 지방재정관리제도는 계획만 세우도록 하는 것이 아니라 지방재정의 지출, 지출과정 및 집행결과에 대한 평가, 주민공개 등과 같은 내용을 포함하고 있다는 점에서 실천을 전제하고 있다는 특성을 보유

표 12-3 지방재정관리제도의 성격

구 분	내 용
다양성	지방재정관리제도의 종류가 여러 개라는 의미
종합성	지방재정 전반을 관리한다는 의미
지역성	지방정부의 재정운영과정을 관리한다는 측면에서 지역성이라는 특성을 가진다는 의미
공공성	지역주민의 복지증진을 목적으로 추진하는 일체의 활동을 관리한다는 차원
방향성	지방정부가 나아가야 할 정책방향을 달성할 수 있도록 지방재정을 관리한다는 점
실천성	계획만 세우도록 하는 것이 아니라 지방재정의 지출, 지출과정 및 집행결과에 대한 평가, 주민공개 등과 같은 내용을 포함하고 있다는 점에서 실천을 전제하고 있다는 특성을 보유

한다(이희봉, 2011: 690-691).

2. 지방재정관리제도의 종류

현재 우리나라에서 활용되고 있는 지방재정관리제도는 분류기준과 포함범위에 따라 다양하게 제시되고 있다. 일부의 학자는 협의로 지방재정관리제도를 개념화하고 있고 일부 학자는 좀 더 광의의 개념으로 지방재정관리제도를 정의하고 있다.

먼저, 참여정부는 지방분권을 달성하기 위한 재정분권화(fiscal decentralization) 과제 선정을 위해 기존의 사전적 재정통제수단을 어떻게 개선할 것인가에 초점을 두었다(정부혁신지방분권위원회, 2004). 따라서 [표 12-4]에서 보는 것과 같은 지방재정관리제도를 가지고 있었다.

표 12-4 참여정부의 지방재정관리제도 유형

구 분	지방재정관리제도	법적근거	비 고
예산편성 관련	• 중기지방재정계획제도	지방재정법 제16조	상향식 보고, 정리
	• 투융자심사제도	지방재정법 제30조	하향식 통제, 비권력적, 실질적
	• 예산편성기본지침 및 과목 설정	지방재정법 제30조, 제32조	하향식 통제, 재량확대
	• 지방비부담협의제도	지방재정법 제23조	상호조정, 관례준용
	• 지방채발행승인제도	지방자치법 제115조 지방재정법 제8조	하향식 통제, 권력적, 형식적
예산집행 및 결산 관련	• 지방재정분석진단제도	지방재정법 제118조	하향식 진단 및 권고조치
	• 지방재정운영상황측정	지방재정법 제2조	하향식 진단
	• 지방재정인센티브제도	지방교부세법	하향식 · 객관적 벌칙
	• 지방재정상황 주민공개	지방재정법 제118조의3	일반 권고사항

자료: 정부혁신지방분권위원회 · 한국지방행정연구원(2004: 676). 『이제는 지방분권시대』.

또한 김종희(2005)는 지방재정관리제도를 단순히 사전적 관리수단과 사후적 관리수단으로 구분하기도 하였다([표 12-5] 참조). 사전적 관리제도에는 중기지방재정계획제도, 투융자심사제도, 예산편성기준제도, 지방비부담협의제도, 지방채발행승인제도 등이 있고, 사후관리제도에는 지방재정분석진단제도, 지방재정운영상황분석제도, 예산성과

표 12-5 과거 지방재정관리제도의 유형

구 분	지방재정관리제도	관련 법률
사전적 관리제도	중기지방재정계획제도	지방재정법 제33조
	투융자심사제도	지방재정법 제37조
	예산편성기준제도	지방재정법 제38조
	지방비부담협의제도	지방재정법 제25조~제27조 보조금법률 제13조
	지방채발행승인제도	지방자치법 제115조 제1항 지방재정법 제11조~제12조
사후적 관리제도	지방재정분석진단제도	지방재정법 제55조~제57조
	지방재정운영상황분석	지방재정법 제60조
	예산성과금제도	지방재정법 제48조

자료: 김종희(2005: 387).

금제도 등이 있다.

김동기(2011)는 [표 12-6]에서 보는 것과 같이 지방예산의 과정을 중심으로 재정관리제도를 구분하고 있다. 즉, 예산편성 이전부터 운용되는 사전적 제도로는 중기지방재정계획, 투융자심사제도, 지방채발행 관련 제도, 지방정부 예산편성기준제시 및 재정운용편람 보급, 지방비부담 관련 법령 및 국고보조예산협의 등이 있고, 예산을 편성·집행하면서 운용하는 제도로는 예산편성의 주민참여 및 공개 확대, 지방재정조기집행, 지방계약 지도, 지방금고운용 지도, 지방기금운용 지도 등이 있으며, 사후 관리제도는 지방재정분석진단, 지방교부세 인센티브 및 감액제도 등이 있으며, 기타 제도는 복식부기

표 12-6 지방재정관리제도의 유형(김동기)

사전 재정관리	재정집행제도	사후 재정관리	기 타
① 중기지방재정계획 ② 투융자심사 ③ 지방채발행 총액한도제 ④ 지방예산편성기준제시 ⑤ 지방비부담 관련 법령 및 국고보조예산 협의 ⑥ 지방재정부담심의위원회	① 예산편성의 주민참여 및 공개 확대 ② 지방재정조기집행 ③ 지방계약 지도 ④ 지방금고운용 지도 ⑤ 지방기금운용 지도	① 지방재정분석진단 ② 지방교부세 인센티브 및 감액	① 복식부기회계제도 ② 지방통합재정분석제도 ③ 지방재정상황공개제도 ④ 지방재정위기 사전경보시스템

자료: 김동기(2011: 332).

회계제도, 지방통합재정분석제도, 지방재정상황 주민공개 등의 제도가 있다고 한다.

그리고 지방자치인재개발원 · 시도공무원교육원(2020)은 예산편성과 관련한 제도와 예산집행 및 결산과 관련한 제도로 유형화한 후 각각에 포함되는 지방재정관리제도를 제시하고 있다([표 12-7] 참조). 예산편성과 관련한 제도에는 지방재정영향평가제도, 중기지방재정계획제도, 투자심사제도, 예산편성운영기준, 사업예산제도, 과목구분과 설정, 지방비부담협의제도, 지방채발행제도, 그리고 예산집행 및 결산과 관련한 제도에는 예산편성과정의 주민참여 및 공개 확대, 복식부기회계제도, 지방재정위기관리제도, 지방재정분석진단제도, 지방재정인센티브 및 교부세 감액제도, 지방재정주민상황 주민공개를 제시하고 있다.

표 12-7 현행 운영 중인 지방재정관리제도의 분류

구 분	지방재정관리제도
예산편성과 관련한 제도	지방재정영향평가제도 중기지방재정계획제도 투자심사제도 예산편성운영기준 사업예산제도 과목구분과 설정 지방비부담협의제도 지방채발행제도
예산집행 및 결산과 관련한 제도	예산편성과정의 주민참여 및 공개 확대 복식부기회계제도 지방재정위기관리제도 지방재정분석진단제도 지방재정인센티브 및 교부세 감액제도 지방재정주민상황 주민공개

자료: 지방자치인재개발원 · 시도공무원교육원(2020: 222). 『2020 공통교재 지방예산실무』.

마지막으로 손희준(2019: 441)은 [표 12-8]에서 보는 것처럼 예산편성, 예산집행 및 결산, 그리고 기타로 유형화하고 있다. 현재 운영 중인 지방재정관리제도를 세 가지로 유형화한 후 15개를 제시하였다. 물론 15개 전부를 구체적으로 살펴본 것은 아니다. 이 중에서 중기지방재정계획, 지방재정투자심사, 지방재정분석제도, 지방재정위기관리제도, 지방재정영향평가제도, 지방재정공시제도를 세부적으로 살펴보고 있다.

표 12-8 지방재정관리제도 도입목적에 따른 유형

구 분	지방재정관리제도	도입목적
예산편성	지방재정영향평가제도	건전성, 효과성
	중기지방재정계획제도	계획성, 연계성, 효과성, 책임성
	지방투자심사제도	효과성, 책임성, 효율성
	주민참여예산편성	투명성, 공개성, 책임성
	예산편성운영기준	연계성, 통일성
	지방재정부담심의위원회	건전성, 효과성
	지방채발행 총액한도제	건전성, 책임성
	지방비부담협의	연계성, 통일성, 책임성
예산집행 및 결산	지방재정분석진단제도	건전성, 책임성
	통합재정정보 제공	공개성, 통일성, 책임성
	지방재정주민상황 공시	투명성, 공개성
기타	사업예산제도	효과성(성과), 책임성
	복식부기회계제도	투명성, 효율성, 책임성
	지방재정위기 사전경보시스템	건전성, 책임성
	성인지예산	양성평등

자료: 손희준(2019: 441).

이 책에서는 많은 학자들이 제시하고 있는 지방재정관리제도를 투입-과정-산출로 분류하고자 한다. 즉, 예산편성-예산집행-결산 및 환류로 유형화하고자 한다. 이 경우 예산편성단계에 10개, 예산집행단계에 7개, 그리고 결산 및 환류단계에 5개의 지방재정 관리제도가 포함된다([표 12-9] 참조).

이 책에서는 22개의 지방재정관리제도 중 지방재정영향평가제도, 중기지방재정계획, 지방투자심사제도, 복식부기회계제도, 지방재정분석진단제도, 지방재정공시제도, 주민참여예산제도 등 7개의 제도만을 다루고자 한다. 그리고 지방재정위기관리제도는 중요성을 고려하여 별도의 장에서 다루고자 한다. 여기에는 지방재정위기 사전경보시스템, 긴급재정관리제도 등이 포함되어 있다. 예산편성운영기준, 사업예산제도, 성인지예산, 지방채발행 총액한도제 등은 이미 앞에서 기술하였기 때문에 필요한 부분을 참조하면 될 것이다.

표 12-9 체제모형에 의한 지방재정관리제도의 구분

구 분	지방재정관리제도
예산편성단계	• 지방재정영향평가제도 • 중기지방재정계획제도 • 지방투자심사제도 • 주민참여예산편성 • 예산편성운영기준 • 지방재정부담심의위원회 • 지방채발행 총액한도제 • 지방비부담협의 • 성인지예산 • 사업예산제도
예산집행단계	• 예산과정의 주민참여 및 공개 확대 • 지방재정위기 사전경보시스템 • 지방재정조기집행 • 지방계약 지도 • 지방금고운용 지도 • 지방기금운용 지도 • 복식부기회계제도
결산 및 환류단계	• 지방재정분석진단제도 • 통합재정정보 제공 • 지방재정주민상황 공시 • 지방재정인센티브 및 교부세 감액제도 • 긴급재정관리제도

제 3 절 | 지방재정관리제도의 내용

1. 지방재정영향평가제도

1) 개 념

지방재정영형평가제도는 지방정부의 장이 대규모의 재정적 부담을 수반하는 국내·국제경기대회, 축제·행사, 공모사업 등의 유치를 신청하거나 응모를 하고자 할 때 미리 해당 지방정부의 재정에 미칠 영향을 평가하고, 그 평가결과를 토대로 지방재정투자

심사위원회의 심사를 거치도록 하는 제도를 의미한다.

지방재정영향평가제도는 지방재정법 제27조의6에 근거를 두고 2014년 11월 29일에 도입되었다. 평가대상은 시행령에 위임하고 있으며, 행정안전부는 지방재정영향평가지침을 마련하여 운영하고 있다.

2) 필요성

지방재정영향평가제도는 국내·국제경기대회, 축제·행사, 공모사업 등이 본래 취지와 달리 해당 지역의 재정부담을 초래하는 경우가 있고, 동시에 중앙관서의 법령·예산안에 의한 일방적인 비용부담 전가로 지방재정의 건전성이 악화될 수 있는 문제점을 해소하고자 도입한 제도이다.

지방재정의 건전운용에 대한 사회적 관심이 증대되는 바 지방정부의 행사성 사업과 지방재정부담을 수반하는 법령 제·개정안과 예산안에 있어 사전에 지방재정부담 정도 등을 평가할 필요성이 있다(지방자치인재개발원·시도공무원교육원, 2020: 223).

3) 주요 내용

(1) 평가대상사업

지방재정영향평가는 지방정부의 장이 실시하는 평가와 중앙관서의 장이 실시하는 평가로 구분한다.

지방정부의 장이 실시하는 평가대상사업은 다음과 같다.

첫째, 특별시, 광역시, 특별자치시, 도, 특별자치도 또는 시·군·자치구의 투자심사의 대상이 되는 국내·국제경기대회, 공연·축제 등 행사성 사업으로서 총사업비가 30억 원 이상인 사업, 둘째, 공모사업 등 유치를 신청하거나 응모하는 사업으로서 총사업비가 100억 원 이상이고, 지방재정부담이 50억 원 이상인 사업이다. 만약 광역지방정부가 공모하는 사업에 기초지방정부의 총사업비가 100억 원 이상이고, 지방재정부담이 50억 원 이상인 사업을 계획하여 응모할 경우 기초지방정부는 지방재정영향평가를 실시한 후 응모하여야 한다.

중앙관서의 장이 평가하여야 할 지방재정영향평가 대상국가사업은 다음과 같다. 총사업비가 500억 원 이상이고, 지방재정부담이 200억 원 이상인 신규사업으로 한다.

지방재정영향평가 대상사업에 대한 예시를 들면 다음과 같다. 먼저, 중앙관서가 총사업비가 500억 원 이상이고, 지방재정부담이 200억 원 이상인 신규사업에 대해 공모를 실시하고, 지방정부가 해당 공모사업에 총사업비가 100억 원 이상이고, 지방재정부담이 50억 원 이상인 사업을 응모할 경우 중앙관서의 장은 행정안전부장관과 협의할 때, 지방정부의 장은 공모에 응모하기 전에 지방재정영향평가를 실시해야 한다. 또한 중앙관서가 매년 공모하는 사업에 대해 지방정부가 총사업비가 100억 원 이상이고, 지방재정부담이 50억 원 이상인 사업을 응모할 경우 지방정부의 장은 공모에 응모하기 전에 지방재정영향평가를 실시해야 한다(행정안전부 지방재정영향평가지침).

지방재정영향평가의 대상사업이라고 하더라도 다음과 같은 경우에는 평가를 면제할 수 있다. 이 경우에는 지방정부의 장이 해당 사업의 내용, 사업규모, 면제사유 등을 명시하여 행정안전부장관에게 제출하여야 한다.

매년 또는 격년으로 개최하는 반복적 공연·축제 등 행사성 사업으로서, 전년도 또는 전전년도에 그 사업에 대하여 평가를 실시한 사업은 평가를 면제한다. 다만, 사업비가 전년(격년으로 시행하는 행사성 사업의 경우에는 전전년을 의미) 대비 20퍼센트 이상 증액된 사업은 지방재정영향평가를 실시하여야 한다. 예를 들면, 매년 개최하는 반복적 행사성 사업은 3년마다 지방재정영향평가를 실시하며(Y년도 사업에 대해 지방재정영향평가를 실시한 경우 Y+1, Y+2년도 사업은 지방재정영향평가 면제, Y+3년도 사업에 대해 지방재정영향평가 실시), 직전 대비 총사업비가 20% 이상 증액할 경우에는 3년 이내라도 지방재정영향평가를 실시하여야 한다. 그리고 격년마다 개최하는 반복적 행사성 사업은 4년마다 지방재정영향평가를 실시하며(Y년도 사업에 대해 지방재정영향평가를 실시한 경우 Y+2년도 사업은 지방재정영향평가 면제, Y+4년도 사업에 대해 지방재정영향평가 실시), 직전 대비 총사업비가 20% 이상 증액할 경우에는 4년 이내라도 지방재정영향평가를 실시하여야 한다.

(2) 평가절차

지방재정영향평가의 절차는 지방정부의 재정영향평가와 중앙관서의 재정영향평가 간에 차이가 있다.

먼저, 지방정부에 의한 재정영향평가의 절차이다.

지방재정영향평가는 다음 회계연도부터 시행하는 사업을 대상으로 하되, 중기지방재정계획에 반영하기 전에 시행하여야 한다. 다만, 긴급히 국가시책사업을 추진하거나 연도 중에 사업을 시행하여야 할 특별한 사유가 있는 때에는 당해 회계연도 사업에 대하여 이를 실시할 수 있다. 지방재정투자심사위원회는 지방재정영향평가 결과에 대한 심사를 매년 4회로 나누어 실시하되, 필요하다고 인정되는 경우 수시심사를 추가로 실시할 수 있으며, 1차 평가는 2월 28일까지, 2차 심사는 5월 31일까지, 3차 심사는 8월 15일까지, 4차 심사는 10월 31일까지, 수시심사는 심사의뢰서 제출일부터 40일 이내에 이를 완료하여야 한다. 다만, 지방정부의 장의 판단에 따라 서면심사로 대체할 수 있다. 지방재정투자심사위원회는 재원규모 및 재원조달계획, 재정에 미치는 영향의 적정성, 사후 소요 예상액의 적정성 등에 대해 심사하여야 한다. 그 이후 지방정부의 장은 사업계획서, 지방재정영향평가서, 기타 평가에 필요한 자료를 지방재정계획심의위원회에 제출하여 중기지방재정계획 수립 시 이를 참조하도록 할 수 있다. 만약 두 개 이상의 지방정부가 공동으로 추진하는 사업이 지방재정영향평가 대상일 경우 각 지방정부는 개별적으로 해당 지방정부의 재정부담분에 대하여 지방재정영향평가를 실시하고, 그 평가결과를 토대로 지방재정투자심사위원회의 심사를 거쳐야 한다. 다만, 사업내용, 사업추진주체 등을 고려하여 필요한 경우 하나의 지방재정투자심사위원회에서 공동으로 심사할 수 있다.

예를 들면, A부가 공모한 B사업에 C도와 D군이 공동으로 국비 60억 원, C도 30억 원, D군 30억 원(총사업비 120억 원, 지방재정부담 60억 원)의 사업을 계획하여 응모할 경우 C도와 D군 모두 개별적으로 C도와 D군의 재정부담분에 대하여 지방재정영향평가를 실시한 후 응모하여야 한다(지방재정영향평가지침, 각조문).

이를 종합적으로 도표화하면 [그림 12-1]과 같다.

그림 12-1 지방정부의 지방재정영향평가 시행절차

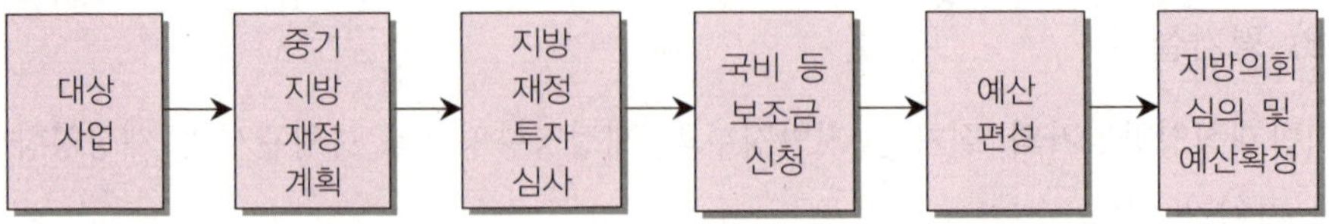

자료: 지방자치인재개발원 · 시도공무원교육원(2020: 225). 『2020 공통교재 지방예산실무』.

다음은 중앙관서에 의한 재정영향평가의 절차이다.

중앙관서의 장은 중앙관서의 법령 제·개정안에 대해 행정안전부장관의 의견을 들을 때에는 행정안전장관에게 중앙관서의 법령 제·개정안, 지방재정영향평가서, 기타 지방재정영향평가에 필요한 자료를 제출하여야 한다. 또한 중앙관서의 장이 중앙관서의 세입·세출 및 국고채무 부담행위의 요구안에 대해 행정안전부장관과 협의할 때에는 행정안전부장관에게 중앙관서의 세입·세출 및 국고채무 부담행위의 요구안, 지방재정영향평가서, 기타 지방재정영향평가에 필요한 자료를 제출하여야 한다. 이러한 서류를 제출받은 행정안전부장관은 중앙관서의 지방재정영향평가와 관련하여 필요시 지방재정 등에 관한 전문가의 자문을 받거나 지방재정부담심의위원회의 심의를 요청할 수 있다.

이를 종합적으로 도표화하면 [그림 12-2]와 같다.

그림 12-2 중앙관서의 지방재정영향평가 시행절차

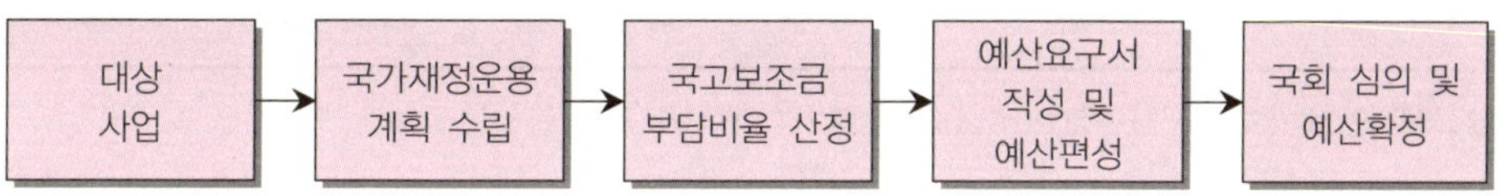

자료: 지방자치인재개발원·시도공무원교육원(2020: 225). 『2020 공통교재 지방예산실무』.

2. 중기지방재정계획제도

1) 개 념

중기지방재정계획이란 지방정부의 발전계획과 수요를 중·장기적으로 전망하여 반영한 다년도 예산으로서, 효율적인 재원배분을 통한 계획적인 지방재정운용을 위해 수립하는 5년 간의 연동화 계획(rolling plan)이다. 중기지방재정계획에 대한 법적근거는 지방재정법 제33조 및 동법 시행령 제38조의2이다. 먼저, 지방재정법 제33조를 보면 다음과 같다. "① 지방정부의 장은 재정을 계획성있게 운용하기 위하여 매년 중기지방재정계획을 수립하여 지방의회에 보고하고, 이를 행정안전부장관에게 제출하여야 한다. ② 지방정부의 장은 중기지방재정계획을 수립하는 때에는 행정안전부장관이 정하는 계획수립절차 등에 의하여 당해 중기지방재정계획이 관계 법령에 의한 국가계획 및 지역계획과 연계되도록 하여야 한다. ③ 행정안전부장관은 각 지방정부의 중기지방재정계획을 기초로 관계 중앙행정기관의 장과의 협의를 거쳐 매년 종합적인 중기지방재정계획을 수립하고, 이를 국무회의에 보고하여야 한다. ④ 제1항 내지 제3항의 규정은 중기지방재정계획을 변경하는 경우에 이를 준용한다. ⑤ 중기지방재정계획의 수립에 관한 지방정부의 장의 자문에 응하기 위하여 각 지방정부에 지방재정계획심의위원회를 둔다. ⑥ 제5항의 규정에 의한 지방재정계획심의위원회의 구성 및 운영 등에 관하여 필요한 사항은 당해 지방정부의 조례로 정한다"고 되어 있다. 중기지방재정계획은 1988년에 도입되어 현재에 이르고 있다([그림 12-3] 참조).

그림 12-3 지방정부의 예산과정

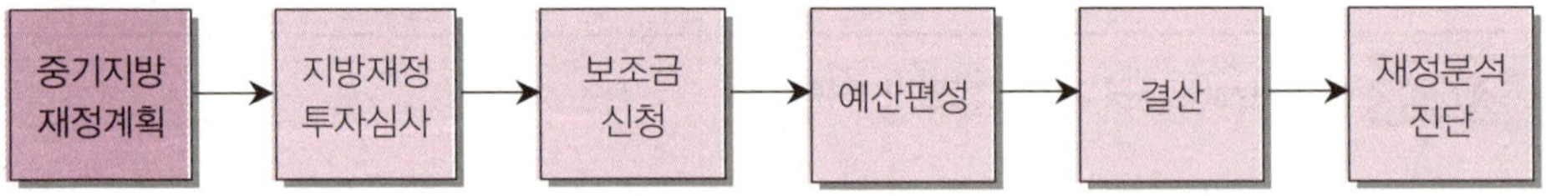

자료: 행정안전부(2020: 1). 『2020~2024년 중기지방재정계획 수립 기준』.

2) 필요성

중기지방재정계획은 다음과 같은 점에서 그 필요성이 인정된다. 첫째, 중·장기적 시계에서 지방재정의 계획적인 운용 및 국가계획과 지방계획의 연계를 위해 5개년계획을 수립하고, 경제·사회 여건 변화를 반영한 연동화 계획으로 운영되고 있다. 따라서 지방정부의 비전과 정책우선순위를 반영하여 발전계획을 수립하고, 지방재정의 예측가능성을 제고할 수 있다. 그리고 개별사업 검토 중심의 단년도 예산편성과정에서 놓치기 쉬운 전략적 재원배분기능을 강화(다년도 예산, multiyear budget)할 수 있다는 장점을 가진다. 둘째, 국가재정운용계획에서 제시하는 중·장기 중점재원 투자방향, 주요 사업계획을 반영하고 중앙부처 의견을 수렴, 국가와 지방의 재정적 연계성을 확보할 수 있다는 점에서 그 필요성이 인정된다. 즉, 중앙부처는 지역정책의 준거를 제시하고, 지방정부는 재정운용의 기본 틀로 활용할 수 있다. 특히, 지방재정은 상당부분 국고보조금 등 국가로부터 지원을 받고 있으므로 국가의 재정계획과 연계하고, 행정서비스의 안정적인 공급 및 즉흥적인 사업추진이나 효율성이 낮은 사업에 대한 재원배분을 억제하고 부족한 재원을 지방채로 조달하는 경우 채무로 인한 재정악화를 미연에 방지하기 위해 중기지방재정계획은 필요하다고 볼 수 있다([표 12-10] 참조)(지방자치인재개발원 · 시도공무원교육원, 2020: 226).

표 12-10 중기지방재정계획의 개요

구 분	내 용
개념	지방정부의 발전계획과 수요를 중 · 장기적으로 전망하여 반영한 다년도 예산으로서, 효율적인 재원배분을 통한 계획적인 지방재정운용을 위해 수립하는 5년 간의 연동화 계획(rolling plan)
필요성	① 지방정부의 비전과 정책우선순위를 반영하여 발전계획을 수립하고, 지방재정의 예측가능성을 제고할 수 있음. 개별사업 검토 중심의 단년도 예산편성과정에서 놓치기 쉬운 전략적 재원배분기능을 강화(다년도 예산, multiyear budget)할 수 있음 ② 중앙부처는 지역정책의 준거를 제시하고, 지방정부는 재정운용의 기본 틀로 활용할 수 있음

3) 주요 내용

(1) 수립의 주체

중기지방재정계획은 모든 지방정부가 수립하여야 하고 이를 수립한 후 예산안과 함께 지방의회에 제출하여야 한다. 또한 지방정부는 회계연도 개시 30일 전까지 행정안전부에 제출하여야 한다.

행정안전부는 각 지방정부별 계획을 기초로 하되, 국가재정운용계획에 부합하도록 종합계획을 수립하여 국무회의에 보고한다.

(2) 수립절차

수립절차를 보면 중기지방재정계획 수립기준 시달(행정안전부 → 지방정부), 중앙부처의 의견을 들어 각 지방정부별 중기지방재정계획 수립('지방재정계획심의위원회' 심의 후 지방정부의 장 확정), 지방의회에 보고 후 제출(지방정부 → 행정안전부), 행정안전부에서 중기지방재정계획을 종합하여 국무회의 보고 등이다.

중기지방재정계획을 수립할 때에는 국가시책과 지방계획의 연계 강화, 사업예산제도와 연계, 재정공시 및 평가제도와 연계하여 계획의 예산 반영률 제고 등에 관심을 가질 필요가 있다. 이를 구체적으로 살펴보면 거시경제지표, 이전재원규모 등 국가재정운용계획을 반영하여 중기지방재정계획 수립, 지방정부 보조사업계획에 대한 관계부처 검토의견을 반영하여 중기지방재정계획 확정, 투자계획의 실효성 제고, 중·장기적 재원배분 및 방향과 연계하여 사업중심으로 예산편성, 사업구조화에서 제시하는 세부사업을 중기지방재정계획 수립의 기준으로 가능한 활용(지방정부별 자율 결정 사항임), 지

그림 12-4 중기지방재정계획 수립절차

행정안전부	• 중기지방재정계획 수립기준 마련 및 지방정부 통보	2019년 6월
지방정부	• 세부사업조서 입력 * 시스템 입력 사항은 지방재정정보화사업단과 협의	7~8월
지방정부	• 중기지방재정계획 작성	9월
	• 국고보조사업 관계부처 협의 * 9.15까지 가내시된 2020년 사업비 20억 원 이상 국고보조사업	10월
	• 지방재정계획심의위원회 자문 후 확정 * 국고보조사업 가내시 확정(10월 중순)	10월
	• 지방의회 및 행정안전부 제출	11월
	• 중기지방재정계획 변경안 작성 및 의회제출(변경사항 발생 시)	11~12월
행정안전부	• 중기지방재정계획 입력결과 검증 합동집무 및 수정	2020년 1월
	• 중기지방재정계획 종합	1~2월
	• 중기지방재정계획 관계부처 협의	2~3월
행정안전부	• 국무회의 보고 • 중앙부처 · 지방정부 송부	4월

자료: 행정안전부(2020: 37). 『2020~2024년 중기지방재정계획 수립 기준』.

방정부의 장이 공시사항 및 지방재정평가 항목에 '계획적인 재정운용' 포함, 계획적 집행을 담보하는 등에 관심을 가져야 한다.

중기지방재정계획은 지방재정계획심의위원회 심의를 거쳐 확정된다. 지방재정계획심의위원회의 구성을 보면 위원의 1/2 이상을 지방의원 · 시민단체 · 관련 전문가 등 민간위원으로 구성하도록 되어 있다. 또한 간담회, 공청회 등을 통해 내 · 외부의 의견을 수렴하도록 권고하고 있으며, 이와 같은 과정을 통하여 확정된 중기지방재정계획은 예산안과 함께 의회에 제출하여야 한다(지방재정법 시행령 제38조의2). 지방정부가 확정한 중기지방재정계획에 대해서는 의회에 출석보고 또는 서면보고를 하도록 되어 있다. 의회는 지방정부 중기재정계획에 대한 의견을 개진하고, 예산안 심사의 자료로 활용하며 또한 향후 재정운용 목표, 재원배분 방향 및 성과지표 등 계획적 재정운용 여부를 판단하는 기준으로 활용한다([그림 12-4] 참조).

3. 투자심사제도

1) 개 념

투자심사는 지방예산의 계획적 · 효율적 운영을 기하고 각종 투자사업에 대한 무분별한 중복투자 방지를 위하여 도입된 제도이다. 주요 투자사업 및 행사성 사업에 대하여 예산편성 전에 사업의 타당성 · 효율성 등을 심사하는 제도이다. 지방재정법에 의거하면 지방정부의 장이 예산을 편성할 때에는 중기지방재정계획과 투자사업에 대한 심사결과를 기초로 하여야 한다고 명기되어 있다. 투자심사제도는 1994년 지방재정법에 조문을 신설(지방정부의 장은 투자심사결과를 기초로 예산을 편성해야 함)한 후 일부 개정을 거쳐 현재에 이르고 있다([그림 12-5] 참조).

그림 12-5 지방재정투자사업 추진절차

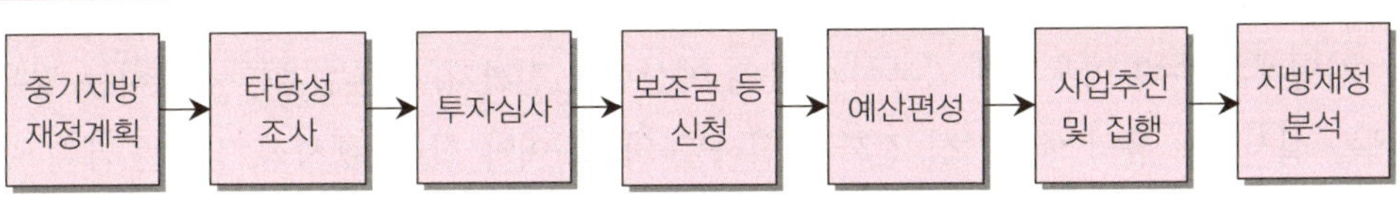

자료: 행정안전부(2019: 1). 『지방재정투자사업 심사 및 타당성 조사 매뉴얼』.

2) 필요성

투자심사제도는 국가계획과 지방계획이 연계된 건전하고 생산적인 지방재정운영, 한정된 지방재원을 효율적 · 계획적으로 운영, 지방정부 주요 투자사업의 타당성을 사전 검증하여 무분별한 중복투자를 방지하여 건전하고 생산적인 재정운영(행정안전부, 2019), 중기지방재정계획과 연계된 계획적인 재정운영 등의 측면에서 그 필요성이 인정된다([표 12-11] 참조).

표 12-11 투융자심사제도의 개요

구 분	내 용
개념	• 지방예산의 계획적 · 효율적 운영을 기하고 각종 투자사업에 대한 무분별한 중복투자 방지를 위하여 도입된 제도임 • 주요 투자사업 및 행사성 사업에 대하여 예산편성 전에 사업의 타당성 · 효율성 등을 심사하는 제도임
필요성	국가계획과 지방계획이 연계된 건전하고 생산적인 지방재정운영, 한정된 지방재원을 효율적 · 계획적으로 운영, 지방정부 주요 투자사업의 타당성을 사전 검증, 중기지방재정계획과 연계된 계획적인 재정운영 등의 측면에서 그 필요성이 인정

3) 주요 내용

(1) 심사대상

투자심사의 대상사업은 세출예산 구조상 세부사업의 사업예산에 해당되는 투자성 사업, 행사성 사업 및 현물이 출자(투자)되는 사업으로서, 다음 회계연도부터 시행하고자 하는 총사업비가 일정규모 이상인 신규 투자사업이다. 다만, 특별한 사유가 있을 경우 당해 연도 사업도 예외적으로 심사할 수 있고, 현물만 출자(투자)되는 신규 투자사업도 포함된다.

(2) 투자심사 의뢰 및 심사시기

사업계획 수립 이후부터 기본설계 용역 예산편성 전까지, 기본설계를 생략하는 경우에는 실시설계 용역 예산편성 전까지 심사를 의뢰하여야 한다. 행사성 경비는 계획 수립 이후 사업시행 예산편성 전까지 실시하고, 공모사업의 경우에는 공모선정(국비확보)

후 투자심사를 의뢰하여야 한다.

심사시기를 보면, 원칙적으로 사업시행 직전 회계연도에 투자사업을 심사하여야 한다. 다만, 긴급히 국가시책사업을 시행하거나 연도 중에 사업을 시행하여야 할 특별한 사유가 있는 때에는 당해 연도 심사도 가능하다.

(3) 심사기관

심사는 지방정부별로 실시하는 자체심사와 상급정부가 시행하는 의뢰심사의 두 가지가 있다.

① 자체심사

자체심사는 다시 시·군·구가 자체적으로 하는 심사와 시도가 자체적으로 하는 심사로 구분된다.

먼저, 시·군·구가 자체적으로 실시하는 자체심사이다. 대상은 전액 자체재원(지방채 제외)인 사업으로서 총사업비 20억 원 이상인 신규 투자사업(2 이상의 시·군·구가 공동으로 추진하는 투자사업을 포함하며, 지방정부 청사 및 문화 체육시설 신축사업은 제외)과 전액 자체재원이 아닌 사업으로서 총사업비 20억 원 이상 60억 원 미만(해당 관할구역에 전년도 말일 주민등록이 되어 있는 주민 수가 2년 간 연속하여 100만 명 이상인 시·군·구는 200억 원 미만)인 신규 투자사업(2 이상의 시·군·구가 공동으로 추진하는 투자사업을 포함하며, 지방정부 청사 및 문화 체육시설 신축사업은 제외), 그리고 재원의 구성과 관계가 없는 사업으로서 총사업비 5억 원 이상 10억 원 미만인 외국차관도입사업 또는 해외투자사업, 총사업비 3억 원 이상 5억 원 미만인 신규 홍보

표 12-12 시·군·구 자체투자심사대상

구 분	대상사업
전액 자체재원인 사업	• 총사업비 20억 원 이상인 신규 투자사업
전액 자체재원이 아닌 사업	• 총사업비 20억 원 이상 60억 원 미만인 신규 투자사업
재원의 구성과 관계가 없는 사업	• 총사업비 5억 원 이상 10억 원 미만인 외국차관도입사업 또는 해외투자사업 • 총사업비 3억 원 이상 5억 원 미만인 신규 홍보관사업 • 총사업비 1억 원 이상 3억 원 미만인 공연·축제 등 행사성사업

관사업, 총사업비 1억 원 이상 3억 원 미만인 공연 · 축제 등 행사성사업 등 3개의 유형이다([표 12-12] 참조).

다음은 시 · 도가 자체적으로 실시하는 자체심사이다. 대상은 전액 자체재원(지방채 제외)인 사업으로서 총사업비 40억 원 이상인 신규 투자사업(2 이상의 시 · 도가 공동으로 추진하는 투자사업을 포함하며, 지방정부 청사 및 문화 체육시설 신축사업은 제외)과 전액 자체재원이 아닌 사업으로서 총사업비 40억 원 이상 300억 원 미만인 신규 투자사업(2 이상의 시 · 도가 공동으로 추진하는 투자사업 포함하며, 지방자치단체 청사 및 문화 체육시설 신축사업은 제외), 그리고 재원의 구성과 관계가 없는 사업으로서 총사업비 5억 원 이상 30억 원 미만인 신규 홍보관사업, 총사업비 3억 원 이상 30억 원 미만인 공연 · 축제 등 행사성사업이다([표 12-13] 참조).

표 12-13 시 · 도 자체투자심사대상

구 분	대상사업
전액 자체재원인 사업	• 총사업비 40억 원 이상인 신규 투자사업
전액 자체재원이 아닌 사업	• 총사업비 40억 원 이상 300억 원 미만인 신규 투자사업
재원의 구성과 관계가 없는 사업	• 총사업비 5억 원 이상 30억 원 미만인 신규 홍보관사업 • 총사업비 3억 원 이상 30억 원 미만인 공연 · 축제 등 행사성사업

② 의뢰심사

의뢰심사는 시 · 군 · 구가 상급정부인 시 · 도에 의뢰하여 심사하는 것과 시 · 도가 상급정부인 행정안전부에 의뢰하여 심사하는 것으로 구분된다.

먼저, 시 · 도 의뢰심사이다. 전액 자체재원이 아닌 사업으로서 총사업비 60억 원 이상 200억 원 미만(해당 관할구역에 전년도 말일 주민등록이 되어 있는 주민 수가 2년간 연속하여 100만 명 이상인 시 · 군 · 구는 제외)인 신규 투자사업(2 이상의 시 · 군 · 구가 공동으로 추진하는 투자사업 포함)과 재원의 구성과 관계가 없는 사업으로서 총사업비 20억 원 이상인 청사 및 문화 · 체육시설 신축사업(단, 이전재원이 포함된 총사업비 200억 원 이상 사업은 중앙 심사), 총사업비 5억 원 이상 30억 원 미만인 홍보관사업, 총사업비 3억 원 이상 30억 원 미만인 공연 · 축제 등 행사성사업이다([표 12-14] 참조).

표 12-14 시 · 도 의뢰투자심사대상

구 분	대상사업
전액 자체재원이 아닌 사업	• 총사업비 60억 원 이상 200억 원 미만인 신규 투자사업
재원의 구성과 관계가 없는 사업	• 총사업비 20억 원 이상인 청사 및 문화 · 체육시설 신축사업 • 총사업비 5억 원 이상 30억 원 미만인 홍보관사업 • 총사업비 3억 원 이상 30억 원 미만인 공연 · 축제 등 행사성사업

다음은 중앙 의뢰심사이다. 전액 자체재원이 아닌 사업으로서 시 · 도의 총사업비 300억 원 이상인 신규 투자사업(2 이상의 시 · 도가 공동으로 추진하는 투자사업 포함), 시 · 군 · 구의 총사업비 200억 원 이상인 신규 투자사업(2 이상의 시 · 군 · 구가 공동으로 추진하는 투자사업 포함)과 재원의 구성과 관계가 없는 사업으로서 시 · 도의 총사업비 40억 원 이상인 청사 및 문화 · 체육시설 신축사업, 시 · 도 또는 시 · 군 · 구의 총사업비 10억 원 이상 외국차관도입사업 또는 해외투자사업, 시 · 도 또는 시 · 군 · 구의 총사업비 30억 원 이상인 공연 · 축제 등 행사성사업과 홍보관사업이다([표 12-15] 참조).

표 12-15 중앙 의뢰투자심사대상

구 분	대상사업
전액 자체재원이 아닌 사업	• 시 · 도의 총사업비 300억 원 이상인 신규 투자사업
재원의 구성과 관계가 없는 사업	• 시 · 도의 총사업비 40억 원 이상인 청사 및 문화 · 체육시설 신축사업 • 시 · 도 또는 시 · 군 · 구의 총사업비 10억 원 이상 외국차관도입사업 또는 해외투자사업 • 시 · 도 또는 시 · 군 · 구의 총사업비 30억 원 이상인 공연 · 축제 등 행사성사업과 홍보관사업

③ 기타 심사

지방재정투자심사에는 자체심사와 의뢰심사 이외에 2단계 심사, 재심사라는 제도가 도입되어 있다.

먼저, 2단계 심사는 당초 심사 및 실시설계 이후 총사업비 변경 또는 사업계획 조정 등이 예견되는 경우 계약체결 이전에 한 번 더 심사하는 제도(이 경우 공사비, 보상비 등 사업추진에 소요되는 예산편성을 할 수 있고, 공사계약과 관련없는 설계비, 보상비 등 집행은 가능)이고, 대상은 투자심사위원회에서 당초 심사 시 조건에 2단계 심사를 실시하기로 결정한 사업이다.

재심사는 최초 투자심사 결과 적정 · 조건부로 결정되었으나, 사업비 증가 등의 사유로 다시 심사하는 사업을 의미한다. 심사시기는 실시설계 확정으로 총사업비가 증가한 경우는 계약체결 또는 사업시행 이전에 심사하고 실시설계 확정 후 설계변경으로 총사업비가 증가된 경우는 변경부분의 시공 이전에 심사(다만, 도로 건축물 등의 시설사업은 기성대가가 10% 이상인 경우와 기타 사업은 총사업비의 25% 이상이 지출된 경우는 재심사 대상에서 제외)한다. 심사의 대상은 투자심사 후 총사업비가 당초 심사금액 대비 30% 이상 늘어난 사업, 투자심사 시에 지방채발행계획이 없었으나 지방채를 발행하여 추진하는 사업, 투자심사 후 다음 연도부터 기산하여 3년 간 사업시행이 이루어지지 않았거나 미추진한 사업, 당초 전액자체재원으로 투자심사 후 국비, 민자, 기타 재원(기금, 시 · 도비 등)으로 재원조달계획이 변경되어 투자심사기관이 자체심사 → 의뢰심사 또는 시 · 도 의뢰심사 → 중앙 의뢰심사로 변경된 사업, 당초 투자심사 의뢰서에 명시된 위치와 달리 시공 또는 개최되는 사업, 감사원의 감사결과에 따라 감사원이 재심사를 요청하는 사업 등이다(행정안전부, 2019).

(4) 심사기준

심사기준을 보면 국가 장기계획 및 경제 · 사회정책과의 부합성(국토종합개발계획, 국가균형발전 5개년계획 등과의 연계성, 국가경제 · 사회발전계획 수립 시 동 계획과의 연계성, 각 중앙부처가 추진하는 역점시책사업과의 연계성 등), 중 · 장기지역계획 및 지방재정계획과의 연계성(개별 법률에 의한 지역단위 계획과의 관련성, 중기지방재정계획에의 포함 여부), 소요자금 조달 및 원리금 상환 능력(국고보조사업 해당 여부 및 부담비율 적정성, 지방비부담(또는 확보) 능력, 지방채발행요건 해당 여부 및 원리금 상환능력 등 민자확보 시 민간자본 투자계획의 구체성 등), 재무적 · 경제적 수익성(사업시행으로 인하여 지방정부에 미치는 재무적 수익성, 사업시행결과 지역에 미치는 경제적 수익성), 사업의 필요성 및 시급성(타 사업보다 시급히 추진하여야 하는 사유 또는 필요성, 현재 현황 수요추세 등 사업의 성격분석 및 예상수요도), 주민숙원 · 수혜도 및 사업요구도(사업에 대한 주민의 사업요구 정도, 사업시행으로 인한 수혜를 받는 지역 및 주민 수, 사업요구도는 지방정부의 사업목표치 대비 사업성과 수준을 대비), 사업규모, 사업비의 적정성(수혜인구, 같은 조건의 사업 등과 비교분석하여 규모 · 사업비의 적정 산출 여부 검토, 앞으로 수요추세 등 발전전망을 종합적으로 고려하여 분석), 종합적인 평가 · 분석(위 기초분석결과를 기초로 하여 종합평가결과 분석, 기타 국내 · 외 경기동향 및 국제수지 전망 등)이다. 구체적인 세부기준은 [표 12-16]과 같다.

표 12-16 지방재정투자사업 심사 체크리스트

평가지표	비 고
1. 사업성격	
• 지방정부 사업인가? • 국가 또는 민간사무인 경우 재정부담 또는 지원근거가 있는가?(지방재정법 제17조 및 시행령 제32조)	① 지방정부 사무가 아닌 경우, ② 국가사무일 때 구체적인 재정부담 근거가 없는 경우, ③ 민간출연금 지급 시 법령에 출연근거가 없는 경우 → 부적정 결정
2. 사전절차 이행 여부	
• 중기지방재정계획 반영 여부 – 국가정책사업의 계획변경, 연도 말에 긴급히 결정된 사업 및 국회 심의과정에 추가된 사업과 같이 사정변경 또는 예측하지 못한 사업인지 여부	중기지방재정계획 미반영 시 원칙적으로 재검토 또는 반려
• 타당성조사 시행 – 타당성조사 기관의 적정성(행정안전부장관이 고시한 전문기관 기준 준수 여부)	미이행 시 타당성 재심사 조건으로 재검토 또는 반려
3. 중 · 장기계획과의 연계성	
• 국가장기계획 경제 · 사회 정책과의 부합성 또는 정부 역점 시책사업과 연계성	
• 개별 법률에 의한 지역단위 계획과의 관련성	지역종합개발계획, 수도 · 하수도정비기본계획, 연안정비기본계획, 광역교통개선대책 등 정부계획에 구체적으로 반영되어 있는지 확인
4. 주민수혜도 및 필요성	
• 사업편익이 전 주민에게 미치는 사업인가?	수혜주민 수/전 주민 수로 계량화
• 기초생활수급권자 또는 노인 · 장애인 등 사회적 약자를 대상으로 하는 사업인가?	
• 지역경제에 미치는 영향이 큰 사업인가?	
• 일자리창출을 위한 사업인가?	'직접 간접고용효과'로 계량화(사업추진, 운영단계 구분)

• 지역 내 또는 인근 지역에 동일시설이 설치되어 있는가?	
• 시설용도 등이 기존시설(국가 · 지방 · 민간시설 등)과 중복되지 않는가?	
• 신축하는 공공시설을 인접한 지방정부도 공동으로 활용하는가?	
5. 사업의 시급성	
• 타 사업보다 시급히 추진해야 하는 사업인가?	
• 반드시 올해(내년)에 착수해야 하는 사업인가?	상급기관 승인, 사업영향평가 등 사전절차 이행 여부 연관사업 추진상황 등 고려
6. 사업타당성	
• 사업규모는 적정한 수준인가?	전국 또는 유사 지방정부 수준과 비교 필요
• 총사업비 및 운영비용 산정이 적정한가?	수혜인구, 유사조건의 사업과 비교
• 추계된 비용(연차별 재원부담액)이 지방정부 재정여건 범위 내 충당가능한 수준인지 여부	예산액 대비 사업비비중, 가용재원 대비 사업비비중 고려
• 경제적 타당성(B/C)이 있는가? 또는 재무적 수익성이 있는가? 재무적 수익성이 있는 경우 민간자본 유치가능성 검토	타당성조사 결과에 따라 검토 B/C 분석에서 비용이 과소산정되었는지, 편익이 과다산정되었는지 구체적인 내역 등 확인 필요
• 기타 재원조달계획은 적정한가?	(민간자본) 민간자본 확약서 등 구체적인 투자계획 등을 확인 (국비지원) 사례가 있는지 여부 및 정부 사업부처와 사전 협의 (지방채) 지방채발행 대상사업인지 여부, 재원 중 지방채 포함 시 신규 지방채발행여력으로 채무비율, 지방채 상환능력 등 고려
• 기타 시설 연계방안 및 프로그램 확충방안 등이 적정하게 마련되어 있는가?	
7. 절차 및 정책적 고려사항	
• 주민, 전문가 등 의견수렴을 거쳤는지?	기피시설의 경우 공청회 등 의견수렴 절차 여부 반드시 확인 필요
• 사업추진과정에서의 위험성(환경파괴, 주민반대 등)	
• 법적인 제약사항	법령상 제약사항이 있는 경우 부적정 조치

자료: 행정안전부(2019). 『지방재정투자사업 심사 및 타당성 조사 매뉴얼』.

(5) 투자심사절차

투자심사의 절차를 보면, 먼저 사업 주무실·과 또는 사업소가 주관이 되어 단위 사업별 계획을 수립한다. 그 다음은 자체투자심사를 실시한다. 자체투자심사는 사업주무국(과)가 기초심사자료를 작성한 후 투자사업 심사자료를 제출하면, 사전실무심사를 거쳐 지방정부 투자심사위원회 심사를 진행한다.

이를 흐름별로 정리하면 [그림 12-6]과 같다.

그림 12-6 투자심사업무 흐름도

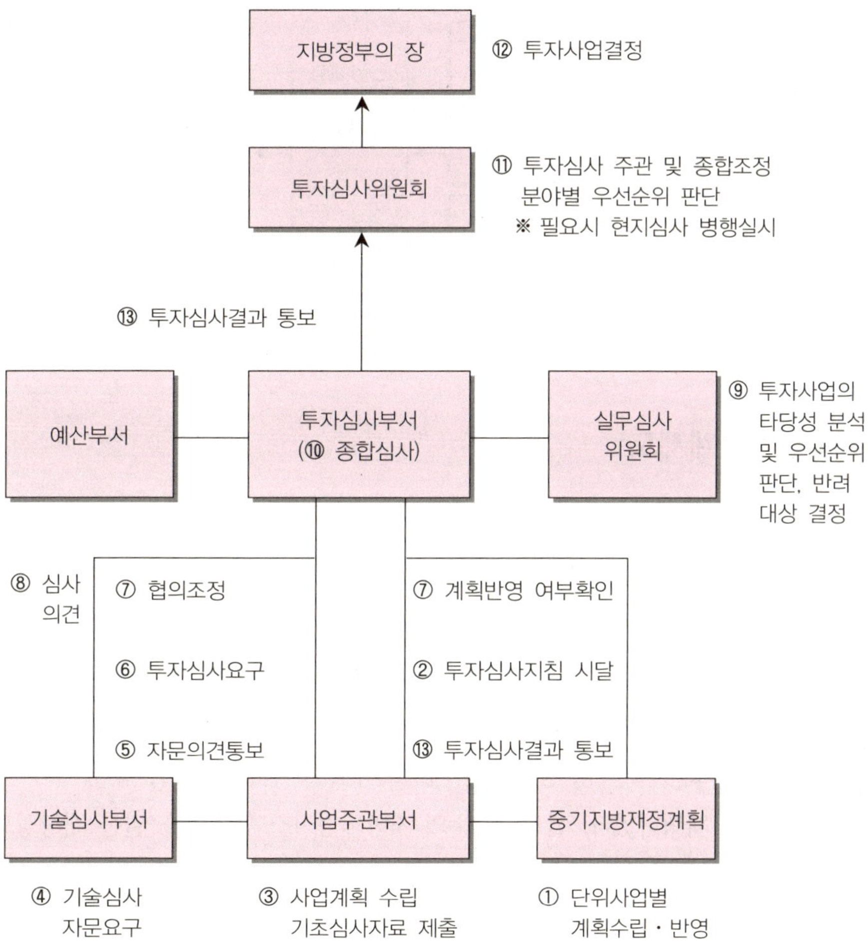

자료: 행정안전부(2019). 『지방재정투자사업 심사 및 타당성 조사 매뉴얼』.

(6) 투자사업 이력관리

투자사업 이력관리는 투자심사 완료 후 투자사업의 핵심정보를 이력관리하고 이를 평가하여 재정손실 등이 예상되는 사업에 대한 관리계획을 수립하는 것을 의미한다.

이력관리의 절차는 핵심정보입력, 1차평가결과 제출, 2차평가, 관리계획 수립대상 결정, 관리계획 수립 및 제출, 그리고 관리계획의 검토라는 과정을 거친다([그림 12-7] 참조).

그림 12-7 투자사업 이력관리 추진절차

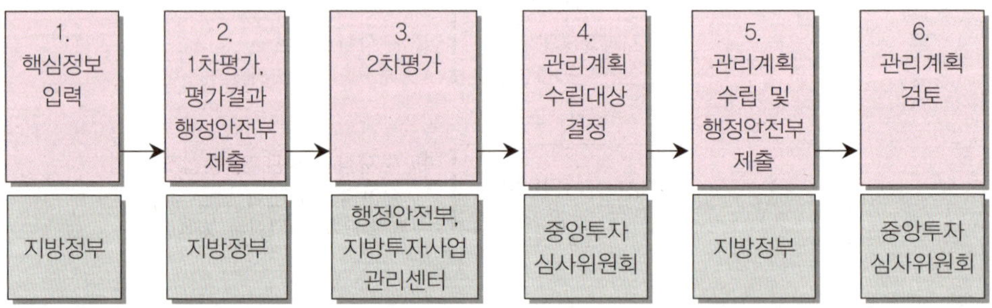

자료: 행정안전부(2019). 『지방재정투자사업 심사 및 타당성 조사 매뉴얼』.

4. 복식부기회계제도

1) 개 념

복식부기회계제도는 지방재정 운영성과(수익, 비용)와 재정상태(자산, 부채)의 변동내역을 일반회계원칙에 입각하여 기록·분류하여 의회, 주민 등 이해관계자가 필요로 하는 재무정보를 제공하는 제도이다. 정부부문도 상장기업처럼 일반회계원칙에 입각한 회계처리와 재무보고서를 작성, 공개하는 제도로서 주요 선진국(미국, 영국, 호주 등)의 경우 재정개혁 시 채택하였다. 선진국수준의 지방재정시스템 운영을 위한 재정정보 인프라의 구축과 고부가가치정보의 산출 및 이용이 가능하다([표 12-17] 참조)(행정안전부, 2016: 10).

표 12-17 예산회계와 복식부기회계의 비교

구 분	현행 예산회계	복식부기회계
의의	예산의 집행실적 기록 (분야–부문–정책사업–단위사업)	재정상태 및 재정운영결과 보고 (자산과 부채, 수익과 비용 등)
회계방식	현금주의 단식부기 (공기업회계는 발생주의 복식부기)	발생주의 복식부기
결산 보고서	세입세출결산서	재무제표 등
보고형식	회계단위별 분리보고	회계단위 간 연계와 통합보고
가치지향	행정 내부조직 중심 – 예산집행 통제, 법규 준수	주민의 삶의 질 향상 – 투명한 공개, 효율적 집행
자기검증 기능	없음	회계오류의 자동검증(대차평균)

자료: 행정안전부(2016: 11). 『지방자치단체 재무회계 운영규정』.

2) 필요성

복식부기회계제도를 추진하게 된 배경을 보면 정부는 정부회계제도 개혁 차원에서 복식부기회계제도 도입의 필요성을 인식하였고, 1999년부터 국정과제로 선정, 재정경제부(중앙)와 행정안전부(지방)에서 추진해 왔다. 특히, 참여정부 이후 정부혁신지방분권위원회의 재정 · 세제 로드맵에 반영(2003.4) 및 국정과제(정부혁신지방분권과제)로 채택(2004.1)되어 추진되었다. 또한 복식부기회계제도는 기존의 현금주의, 단식부기제도가 가지고 있는 문제점을 개선하기 위해서 도입되었다. 기존의 현금주의 · 단식부기는 현금의 수입과 지출에 한정함으로써 일정기간의 사업성과와 일정시점의 재정상태를 파악하는 것이 불가능하였다. 또한 자산의 비용화(감가상각비) 개념이 없어 기간별 성과와 자산의 교체시기에 대한 정보를 제공하는 데 어려움이 있었다. 그리고 지방정부 간 또는 조직단위 간 투입비용과 정책성과를 비교하기가 곤란하다는 문제점이 도출되었다. 결국 지방재정 운영결과에 관한 일목요연한 파악과 분석에 한계가 있는 바, 이에 대한 개선대안으로써 발생주의, 복식부기회계제도를 도입한 것이다.

2007년 1월 전국 지방정부(246개)에 발생주의 · 복식부기회계제도를 전면적으로 시행하였다. 기존의 예산회계를 대체하는 것이 아니라 현행 예산회계제도를 보완하여 통합재정정보를 동시에 산출하는 2중체계(dual system)를 유지하고 있다([그림 12-8]

그림 12-8 복식부기회계제도의 2중체계적 특성

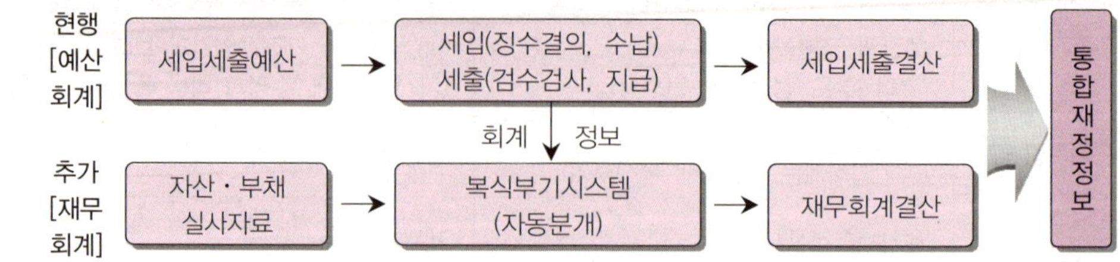

자료: 행정안전부(2016). 『지방자치단체 재무회계 운영규정』.

참조).

이와 같은 복식부기회계제도의 도입을 통하여 크게 세 가지의 효과를 기대하고 있다. 첫째는 통합재정정보 제공으로 종합적인 재정상황을 파악하는 것이 가능해질 것이라는 기대감이다. 구체적으로 보면 정부활동의 경제적 비용·편익과 재정상태 및 운영결과 등에 대한 유용하고 가치 있는 정보를 객관적으로 제공할 수 있을 것이다. 또한 기간(시계열분석) 및 지방정부 간 비교 등을 통해 결과 중심적 예산운영으로 변화를 유도할 수 있고, 이중확인 장치를 통한 자기검증과 재정행위의 투명화 효과를 발생시킬 수 있을 것으로 기대하고 있다. 둘째는 지방재정의 책임성·효율성·투명성 제고에 기여할 수 있을 것이라는 기대감이다. 구체적으로 보면 지방정부가 보유하고 있는 경제적 자원으로서의 자산·부채 등 미래관리정보를 제공한다는 것이다. 그리고 지역주민들에게 지방재정 운영결과의 투명한 공개로 행정에 대한 신뢰성 제고 및 재정운영에 대한 주민참여증대·외부통제 강화 효과를 볼 수 있을 것이다. 셋째는 국제적 수준의 회계기준을 운영할 수 있다는 것이다. Global standard에 부합하는 회계기준 및 국가재정

표 12-18 복식부기회계제도의 개요

구 분	내 용
개념	지방재정 운영성과(수익, 비용)와 재정상태(자산, 부채)의 변동내역을 일반회계원칙에 입각하여 기록·분류하여 의회, 주민 등 이해관계자가 필요로 하는 재무정보를 제공하는 제도
필요성	① 통합재정정보 제공으로 종합적인 재정상황을 파악하는 것이 가능해질 것이라는 기대감 ② 지방재정의 책임성·효율성·투명성 제고에 기여할 수 있을 것이라는 기대감 ③ 국제적 수준의 회계기준을 운영할 수 있다는 기대감

그림 12-9 지방재정과정

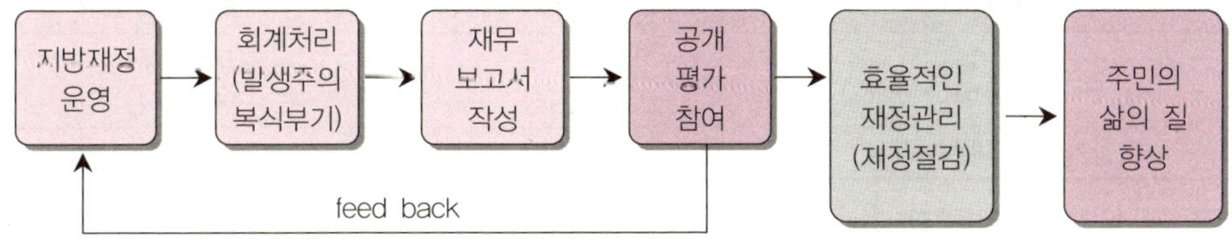

자료: 행정안전부(2016). 『지방자치단체 재무회계 운영규정』.

통계(GFS) 산출 등을 통해 국가신뢰도 향상에 기여할 수 있을 것이라는 기대감이다([그림 12-9], [표 12-18] 참조).

3) 주요 내용[1)]

(1) 발생주의 · 복식부기회계

① 발생주의 · 복식부기회계의 정의

발생주의 · 복식부기회계제도는 경제주체의 재정상태와 운영실적을 거래가 발생한 시점(발생주의)에 거래의 인과관계를 대차평균의 원리(복식부기)에 의해 계리하는 회계처리방식이다. 회계적 개념의 거래(transaction)란 지방정부의 자산, 부채 및 순자산의 증감변화를 일으키는 모든 경제적 사건을 말한다.

② 현금주의와 발생주의

현금주의는 현금이 유입되면 수입으로, 현금이 유출되면 지출로 인식하였다. 즉, 재화와 서비스를 제공했다 하더라도 현금으로 회수가 되지 않는 동안은 수익으로 계상하지 않으며, 재화와 서비스를 제공받았다 하더라도 현금으로 지급되기 전에는 비용으로 계상하지 않는다. 반면, 발생주의는 현금의 수수와 관계없이 거래가 발생된 시점에 인식하는 기준이다. 이에 따라 거래는 발생하였으나 현금의 유입과 유출이 이루어지기 이전 시점에 인식되는 미수세금, 미수수익, 미지급금, 선수수익, 선급비용 등의 발생주의 계정을 사용한다([표 12-19] 참조).

---

1) 행정안전부(2016). 『지방자치단체 재무회계 운영규정』의 내용을 정리한 것이다.

표 12-19 현금주의와 발생주의의 차이점

구 분	현금주의	발생주의
선급비용 선수수익	비용인식 수익인식	자산인식 부채인식
감가상각, 대손상각	인식 않음	비용인식

자료: 행정안전부(2016). 『지방자치단체 재무회계 운영규정』.

③ 단식부기와 복식부기

단식부기는 현금, 채권, 채무 등을 대상으로 발생된 거래의 한쪽 면만을 기록하는 방식으로 전통적으로 정부회계에서 사용하여 온 기록방식이다. 반면, 복식부기(double entry book-keeping)는 하나의 거래를 둘 이상 계정(account)의 왼쪽(차변)과 오른쪽(대변)에 이중 기록하는 기록방식이다. 복식부기에서는 모든 거래의 차변금액 합계와 대변금액 합계가 항상 일치하도록 기록하게 되며 이를 거래의 이중성이라고 한다.

모든 계정의 차변합계금액과 대변합계금액이 일치하게 되며, 각 계정의 잔액을 합계하는 경우 [자산=부채+순자산]이라는 등식이 성립되는데 이를 '대차평균의 원리'라고 한다.

(2) 예산회계와 복식부기회계의 사례

예산회계와 복식부기회계에 대한 다양한 사례가 가능하다. 여기에서는 네 개의 사례를 살펴보고자 한다(행정안전부, 2016). 첫째, "비용발생⇔자산 감소"의 사례이다. 사례로 공무원 급여를 현금으로 3억 원을 지급하였을 경우 어떻게 차이가 나는지를 비교하는 것이다. 인건비 지출은 현금(자산) 감소와 비용발생으로 구분하여 계리한다. 자산 감소는 재정상태표에 반영, 비용발생은 재정운영표에 반영한다.

(예산회계)

지출(세출)
인건비 3억 원

⇔

(복식부기회계)

비용(발생)	자산(감소)
공무원급여 3억 원	현금 3억 원

둘째, "자산 증가⇔자산 감소, 수익발생"의 사례이다. 사례로 장부가액 100억 원의

토지를 120억 원에 매각(매각이익 20억 원)하였다고 가정하는 것이다. 현금수입을 원인별로 매각대금과 수익으로 구분하여 계리한다. 그리고 자산변동과 수익발생 내역을 실시간으로 제공한다.

(예산회계)

수입(세입)
매각대금 120억 원

⇔

(복식부기회계)

자산(증가)	자산(감소) 수익(발생)
현금 120억 원	토지 100억 원 처분이익 20억 원

셋째, "자산 증가⇔자산 감소"의 사례이다. 사례로 건물신축을 통해 금년에 150억 원을 투자(기투자 100억 원, 총투자 250억 원)하였다고 가정하자. 장기계속사업의 연도간 소요 재원의 명확화, 그리고 공사기간 투자비용의 누적표시로 종합 계리한다.

(예산회계)

지출(세출)
공사비 150억 원

기투자 100억 원 자동파악 불가

(연도 간 독립회계)

⇔

(복식부기회계)

자산(증가)	자산(감소)
건물 150억 원	현금 150억 원
↓	↓
건물 250억 원	현금 250억 원

(연도 간 누적처리)

넷째, "자산 증가⇔부채발생" 사례이다. 사례로 하수도시설을 위한 지방채발행 100억 원(기발행 200억 원)이 있었다고 가정하자. 자산과 부채를 동시 인식→현금의 유입원천 자동표시, 그리고 자산, 부채의 자동누적 관리→지방정부 재정상태 종합 측정 등의 작업이 있게 된다.

(예산회계)

수입(세입)
지방채수입 100억 원

⇔

기발행 지방채 200억 원과 자동연계 불가

(세입만 단순계리)

(복식부기회계)

자산(증가)	부채(증가)
현금 100억 원	지방채증권 100 억 원
↓	↓
수질정화시설 300억 원	지방채증권 300억 원

(자산, 부채 종합관리)

5. 지방재정분석진단제도

1) 개 념

재정분석은 지방정부가 결산자료 등을 토대로 작성한 『재정운용보고서』를 기초로 재정현황과 운영실태를 객관적으로 검증하는 일련의 과정을 의미한다. 그리고 재정진단은 재정의 건전성과 효율성이 현저히 떨어진 지방정부를 대상으로 정밀분석을 실시, 재정건전화를 위한 대책을 강구하는 일련의 과정을 의미한다. 재정진단대상은 세입예산 중 채무비율이 세입예산의 행정안전부장관이 정하는 비율을 초과하거나 채무잔액이 과다한 경우, 결산상 세입실적이 예산액보다 현저히 감소하였거나 다음 연도 수입을 앞당기어 충당·사용한 경우, 인건비 등 경상비성격의 예산비율이 높아 재정운용의 건전성이 현저히 떨어지는 경우, 그 밖에 행정안전부장관이 재정보고서의 분석결과 재정의 건전성·효율성 등이 현저하게 떨어져 재정진단이 필요하다고 인정하는 경우 등이다.

지방재정분석진단제도의 근거규정은 지방재정법 제54조~제57조, 동법 시행령 제64조~제66조이다.

2) 필요성

재정분석의 목적은 지방정부의 재정상태와 운영실태 및 성과를 객관적인 자료를 토대로 종합 분석·평가함으로써 지방재정의 건전성과 효율성을 높이고 재정확충 및 예산절감 노력을 진작시키고자 하는 데 있다. 또한 지방정부별 재정운영결과를 분석·공개함으로써 지방재정의 책임성과 투명성을 확보하고, 재정운영의 불건전성, 비효율성 등을 사전에 파악하는 조기경보시스템의 역할을 수행한다. 그리고 재정진단 및 재정건전화계획 이행평가 등으로 재정상황 및 효율성이 미흡한 지방정부의 재정여건 개선을 위한 실질적 지원역할을 수행하기도 한다.

중기지방재정계획, 예산편성기준, 투융자심사제도, 지방채발행 승인 등은 적정기준에 의거 예산을 편성하고, 불요불급한 예산의 편성집행을 억제토록 하는 '사전적' 재성관리제도인 데 비해, 지방재정분석은 예산집행결과 분석을 통해 재정상태와 구조 등을 파악하여 책임재정을 실현하고 이를 차기 재정운영에 환류하는 '사후적' 재정관리제도이다.

재정분석결과는 우수단체 포상 및 보통교부세 차등지원의 근거로 활용하고 있다([표 12-20] 참조).

표 12-20 재정분석진단제도의 개요

구 분	내 용
개념	• 재정분석: 지방정부가 결산자료 등을 토대로 작성한 『재정운용보고서』를 기초로 재정현황과 운영실태를 객관적으로 검증하는 일련의 과정을 의미 • 재정진단: 재정의 건전성과 효율성이 현저히 떨어진 지방정부를 대상으로 정밀분석을 실시, 재정건전화를 위한 대책을 강구하는 일련의 과정을 의미
필요성	• 지방정부의 재정상태와 운영실태 및 성과를 객관적인 자료를 토대로 종합 분석 · 평가함으로써 지방재정의 건전성과 효율성을 높이고 재정확충 및 예산절감 노력을 진작시킴 • 지방정부별 재정운영결과를 분석 · 공개함으로써 지방재정의 책임성과 투명성을 확보하고, 재정운영의 불건전성, 비효율성 등을 사전에 파악하는 조기경보시스템의 역할을 수행함 • 재정진단 및 재정건전화계획 이행평가 등으로 재정상황 및 효율성이 미흡한 지방정부의 재정여건 개선을 위한 실질적 지원역할을 수행하기도 함

3) 주요 내용

재정분석 지표는 분석목적과 정보의 활용도를 고려하여 재정효율성, 재정계획성, 재정건전성분야로 구분하여 분석 · 평가하고 있다([표 12-21] 참조).

표 12-21 지방재정분석 지표체계의 개요

구 분	세부지표(13개)
재정효율성	• 자체수입비율(증감률) 등 수입관리 1개 지표 • 지방세징수율(제고율) 등 징수관리 2개 지표 • 지방보조금비율(증감률) 등 외부지원관리 2개 지표 • 자체경비비율(내부경비관리 통합지표) 1개 지표
재정계획성	• 재정계획 영역 2개 지표 • 재정집행 영역 1개 지표
재정건전성	• 통합재정수지비율 등 수지관리 1개 지표 • 관리채무비율, 통합유동부채비율 등 채무(부채)관리 2개 지표 • 공기업부채비율 공기업관리 1개 지표

재정분석 지표를 구체적으로 살펴보면 [표 12-22]와 같다.

표 12-22 2020년도 재정분석 지표체계

재정효율성	1-1. 자체수입비율(지방세수입)/지방세수입 증감률 1-2. 자체수입비율(세외수입)/세외수입 증감률 2. 지방세징수율/지방세징수율 제고율 3-1. 체납액관리비율(지방세수입)/지방세체납액 증감률 3-2. 체납액관리비율(세외수입)/세외수입체납액 증감률 4. 지방보조금비율/지방보조금비율 증감률 5. 출자출연전출금비율/출자출연전출금비율 증감률 6. 자체경비비율/자체경비비율 증감률
재정계획성	7. 중기재정계획반영비율 8. 세수오차비율 9. 이불용액비율
재정건전성	10. 통합재정수지비율 11. 관리채무비율 12. 통합유동부채비율 13. 공기업부채비율
참고지표	1. 관리채무부담비율 2. 관리채무상환비율 3. 장래세대부담비율 4. 의무지출비율/의무지출비율 증감률 5. 정책사업투자비비율 6. 행정운영경비비율/행정운영경비비율 증감률 7. 자본시설지출비율/자본시설지출비율 증감률 8. 자본시설유지관리비비율/자본시설유지관리비비율 증감률

	9. 인건비집행률 10. 실질수지비율 11. 주민참여예산지출비율 12. 탄력세율 13. 행사축제경비비율/행사축제경비비율 증감률 14. 환금자산대비부채비율 15. 민간위탁금비율 증감률 16. 예산집행률 17. 일자리사업지출비율 18. 순세계잉여금비율 19. 연말지출비율 20. 지방의회경비 절감률 21. 업무추진비 절감률 22. 경상수지비율 23. 총자본대비영업 이익률

6. 지방재정공시제도

1) 개 념

지방재정공시제도는 지방정부가 재정운용결과 및 재정운용에 대한 주민의 관심사항 등을 홈페이지, 일간지 등을 통해 주민에게 공개하는 행위를 의미한다.

2) 필요성

지방재정공시제도는 지방정부 재정운용상황에 대해 주민의 이해를 돕고 주민에 대한 재정적 책임성을 확보하기 위하여 필요할 뿐만 아니라 재정운용에 대한 자율통제 기반을 확립하여 자발적인 건전재정운용 노력을 유도하기 위하여 필요하다.

법적근거를 보면 지방재정법 제60조, 동법 시행령 제68조이다. 지방재정에 의거할 때 지방정부의 장은 매 회계연도마다 1회 이상 세입・세출예산의 편성 및 집행상황, 지방채 및 일시차입금 현재액 등 재정운영에 관한 중요사항을 주민에게 공개하여야 한다. 지방재정공시제도의 목적은 재정운영에 대한 책임성과 투명성의 확보 및 주민의 알권리 충족을 통한 삶의 질 향상 등에의 기여이므로, 지역주민들에게 지방재정 운영결과를 알기 쉽게 제공하여야 하는 데 있다([표 12-23] 참조).

표 12-23 지방재정공시제도의 개요

구 분	내 용
개념	지방정부가 재정운용결과 및 재정운용에 대한 주민의 관심사항 등을 홈페이지, 일간지 등을 통해 주민에게 공개하는 행위를 의미
필요성	• 지방정부 재정운용상황에 대해 주민의 이해를 돕고 주민에 대한 재정적 책임성을 확보하기 위하여 필요 • 재정운용에 대한 자율통제 기반을 확립하여 자발적인 건전재정운용 노력을 유도하기 위하여 필요

3) 주요 내용

공시주체는 243개 지방정부의 장이고 공시에는 공통공시와 특수공시가 있다. 공통공시는 지방재정법과 지방재정법 시행령에서 정한 지방정부의 일반적인 재정운용상황에 대하여 공시하는 것이다. 다음의 [표 12-24]에서 보는 것과 같은 18개 사항을 공시하

표 12-24 지방재정공시제도 공통공시사항

1. 세입 · 세출예산의 운용상황(성과계획서와 성과보고서를 포함)
2. 재무제표
3. 채권관리현황
4. 기금운용현황
5. 공유재산의 증감 및 현재액
6. 지역통합재정통계
7. 지방공기업 및 지방정부 출자 · 출연기관의 경영정보
8. 중기지방재정계획
9. 성인지예산서 및 성인지결산서
10. 예산편성기준별 운영상황

10의2. 주민참여예산제도의 운영현황 및 주민의견서

11. 재정운용상황개요서
12. 재정건전화계획 및 이행현황
13. 재정건전성관리계획 및 이행현황
14. 투자심사사업, 지방채발행사업, 민간자본 유치사업, 보증채무사업의 현황
15. 지방보조금 관련 교부현황, 성과평가 결과, 지방보조금으로 취득한 중요재산의 변동사항, 교부결정의 취소 등 중요 처분내용
16. 재정분석 및 재정진단
17. 감사원 등 감사기관으로부터 받은 감사 결과
18. 그 밖에 일반적인 재정운용상황으로서 주민에게 공시할 필요가 있다고 인정하여 행정안전부장관이 정하는 사항

여야 한다([표 12-24] 참조).

그리고 특수공시는 당해 지방정부의 지역적 특징 등을 감안한 특수한 재정운용상황에 대하여 공시하는 것이다. 특수공시를 하여야 할 사항에 대해서는 각 지방정부별로 설치된 재정공시심의위원회에서 결정한다([표 12-25] 참조).

표 12-25 지방재정공시제도 특수공시사항

➔ 지방정부의 특수한 재정운용상황에 대하여 각 지방정부별로 설치된 재정공시심의위원회에서 결정하는 사항
  - 공시대상 건수 대비 2~3배수 정도를 위원회에 상정하여 결정

➔ 대상사업 선정기준
  - 전년도 업무계획에 의거 추진 중이거나 완료된 사업
    ※ 지방정부의 장 치적홍보를 위한 사업, 계획 중인 사업은 배제
  - 주민 관심도 제고, 공시의 효과성 등을 고려하여 가급적 전체 주민에게 수혜가 있는 사업
  - 타 지방정부에서는 추진하지 않는 고유사업으로 파급효과가 큰 사업

공시의 시기는 정기공시와 수시공시로 구분되며 정기공시는 예산 또는 결산의 확정 또는 승인 후 2개월 이내에 예산서와 결산서를 기준으로 주민에게 공시하여야 한다. 수시공시는 재정공시가 필요한 새로운 수요발생 시 실시한다. 예를 들면, 세입결손으로 인한 실행예산운영 또는 다음 연도 수입을 앞당겨 충당·사용한 경우 등이다.

공시의 방법은 지역사회 주민들의 접근성, 편의성, 시청률, 구독율 등을 종합적으로 고려하여 최선의 수단과 방법을 선택하여야 한다. 주로 지방정부 홈페이지, 당해 지역을 배포지역으로 하는 일간지, 지역방송, 시·군정지(반상회보) 등이다. 지방정부 홈페이지에는 의무적으로 공시하여야 한다. 최소한 1년 이상 홈페이지 등을 통한 재정공시를 유지하여야 한다.

재정공시 후 지방정부의 장은 공시한 내용을 공시한 날부터 5일 이내에 지방의회와 시·군·자치구의 경우는 시·도지사에게, 시·도는 행정안전부장관에게 보고하여야 한다. 이 경우 시·도지사는 관할 시·군·자치구의 내용을 포함하여 보고하여야 한다.

행정안전부장관은 보고받은 내용을 분석·평가하고, 그 결과를 토대로 필요한 항목에 대해서는 지방정부별로 구분하여 공시하되, 지방정부 간 비교공시를 할 수 있다. 행정안전부장관은 보고받은 공시 내용이 잘못되었거나 적절하지 아니하게 작성된 경우에

는 해당 지방정부의 장에게 수정공시를 하도록 요청할 수 있다. 이 경우 해당 지방정부의 장은 그 요청에 따라 수정공시를 하여야 하며, 해당 지방정부의 장이 수정공시를 하지 아니하는 경우에는 행정안전부장관이 직접 공시할 수 있다

7. 주민참여예산제도

1) 개 념

주민참여예산제도는 1989년에 브라질의 포르투 알레그리(Porto Alegre)시에서 세계 최초로 실시된 이후 지난 약 30년 간 지구촌 전체로 확산되었으며, 현재는 세계적으로 약 2,000개 이상의 지역에서 실시되고 있다. 초기 약 10여 년 간은 브라질, 남미 지역을 중심으로 활발히 추진되었으나, 차츰 범세계적인 참여예산 모임(세계적 포럼, 국제회의 등)과 네트워킹(networking)이 활성화되면서 유럽, 북미, 아시아, 아프리카 등으로 확대 발전하였다.

우리나라는 2000년대 초에 소수의 지방정부를 중심으로 초보단계의 참여예산을 실시하다가 정부가 전면적인 법 개정(2011년)에 나서면서 전국의 지방정부들이 의무적으로 시행해야 하는 제도로서 위치 매김을 하였다.

현재 주민참여예산에 관한 단일의 세계 보편적 · 표준적 모델은 존재하지 않으며, 각 나라와 지역별로 자기 특성에 맞는 제도화(제도 설계)가 계속 진화 중에 있다. 참고로 남미형 주민참여예산제도는 크게 두 유형으로 구분될 수 있는데, 그것은 ① 행정권한의 강력한 시민 이양(브라질 중심: 강한 시민 목소리와 의사결정 권한)과, ② 재정민주주의 보강, 친 빈곤정책(사회적 포용) 중점이다(다수 남미 국가: 시민결정 권한 약함)(행정안전부, 2019: 14). 특히, 세계은행(World Bank) 등 국제기구는 후자에 큰 관심을 갖고서 개발도상국의 경제 원조와 민주화 발전을 도모하는 수단으로서 참여예산의 활성화를 촉진시키는 데 크게 기여하였다(임성일 · 서정섭 · 이희재, 2020: 9).

이와 같은 주민참여예산제도는 집행부가 독점하여 왔던 예산편성을 주민참여라는 형식을 통해 지역주민이 예산편성과정에 참여하는 것이다. 행정부제출예산제도가 법제화된 이후 지방정부의 행정기관이 독점적으로 행사해왔던 예산편성권을 지역사회와 지역주민에게로의 분권화 또는 권한이양을 통해 예산편성과정에 해당 지역주민들이 직접

참여하는 것을 법적·제도적으로 보장하는 주민참여제도의 일종이다. 즉, 주민참여예산제도는 예산운영의 모든 과정에 납세자인 주민들이 참여하는 제도를 말한다. 예산편성과정에 지역주민들이 직접참여하여 협의를 거쳐 실현가능한 예산안을 편성하고 지역사업의 우선순위 결정 등에 지역주민들이 자신의 의견을 제시하는 것이 핵심이라고 볼 수 있다(박상렬, 2008).

살펴본 것처럼 주민참여예산제도는 예산운영의 모든 과정에 납세자인 주민들이 참여하는 제도를 말한다. 그러나 주민참여예산제도는 예산과정의 단계별로 볼 때 예산편성단계에서의 참여에 초점을 맞추는 제도이다. 즉, 실질적 의미의 주민참여예산제도는 예산의 투명한 공개, 주민참여를 통한 예산의 우선순위 결정, 지방정부와 주민대표의 협의를 통한 실현가능한 예산안 편성, 지방의회 심의 및 의결 등의 단계와 절차를 거치면서 지역주민들이 지방정부의 예산편성에 참여하는 것이다([표 12-26] 참조).

표 12-26 재정운영에 대한 국민의 참여와 통제장치

구 분	소극적(간접참여)	적극적(직접참여)
사전적	재정정보공개 (예산편성안, 예산공개)	주민참여예산제도
사후적	재정정보공개 (결산정보공개)	주민소송제도, 주민감사청구제도, 정보공개청구, 예산감시운동

자료: 곽채기(2005). "주민참여예산제도의 모형과 성공적인 도입·운영전략." 한국지방재정학회 동계학술세미나 발표논문.

2) 필요성

주민참여예산제도는 지방정부의 장과 지방의회의 인기위주 예산편성이나 관료적 예산편성과정에서 야기될 수 있는 예산낭비나 지방재정의 비효율성을 극복하는 지방재정운영에 대한 지역주민의 직접참여제도인 동시에 지방재정운영에 대한 사전적인 시민통제장치의 성격을 가진다. 따라서 주민참여예산제도는 예산편성권의 분권화, 분산화를 통해 지방정부의 재정을 민주적이고 투명하고 효율적으로 운영할 수 있는 지방정부와 지역주민의 협력모델의 일종이라 할 수 있다(이학진, 2007).

주민참여예산제도의 목적은 첫째, 주민참여예산제도는 지방재정운영에 대한 사전적 시민통제기제이다. 둘째, 주민참여예산제도는 예산편성권의 분권화, 분산화, 공유화를 통해 지방재정의 민주적이고 투명하고 효율적인 운영을 위한 지방정부와 지역주민의 협력모델의 일종이라고 할 수 있다. 셋째, 과정적 측면에서 개방성, 공동체성, 평등성, 민주성, 투명성, 담론지향성 등을 지향한다. 넷째, 결과적인 측면에서 주민참여예산제도가 지향하는 가치는 대응성, 효율성, 형평성 등을 들 수 있다([표 12-27] 참조).

표 12-27 주민참여예산제도의 개요

구 분	내 용
개념	집행부가 독점하여 왔던 예산편성을 주민참여라는 형식을 통해 지역주민이 예산편성과정에 참여하는 것
필요성	① 지방재정운영에 대한 사전적 시민통제기제 ② 예산편성권의 분권화, 분산화, 공유화를 통해 지방재정의 민주적이고 투명하고 효율적인 운영을 위한 지방정부와 지역주민의 협력모델의 일종 ③ 과정적 측면에서 개방성, 공동체성, 평등성, 민주성, 투명성, 담론지향성 등을 지향 ④ 결과적인 측면에서 주민참여예산제도가 지향하는 가치는 대응성, 효율성, 형평성 등

3) 주요 내용

(1) 주민참여예산제도의 발전과정

① 우리나라

참여와 분권을 주요한 국정기조로 삼았던 노무현 정부는 주민의 자발적인 참여와 연대로 지방자치의 역량을 제고하는 한편, 재정 · 세제 부문을 개혁할 수 있는 방안을 모색하면서 주민참여예산제도의 도입을 검토하였다(정부혁신지방분권위원회, 2003). 2003년 지방자치제도의 주무부서인 행정자치부가 2004년도 지방자치단체 예산편성 기본지침을 통해 예산편성과정에 주민이 참여할 수 있는 '주민참여형 예산편성제도'의 도입을 권장하면서 지방정부들의 조례제정 움직임이 시작되었다. 당시의 지방재정법 제118조의3에는 지방정부의 장이 "조례가 정하는 바에 의하여 매 회계연도마다 1회 이상 세입 · 세출예산의 집행상황, 지방채 및 일시차입금의 현재액, 공유재산의 증감 및 현황, 중요물품의 증감 및 현재액 기타 재정운영에 관한 중요사항을 주민에게 공개"할 것을 규정하고 있었으나, 예산서 자료 등만을 공개하고 있어 일반 주민들이 이해하기에는 어려움이 있었다. 이에 행정자치부에서는 예산편성 전에 인터넷 설문조사와 공청회, 간담회 등을 통하여 주요 사업에 대한 주민의 의견을 수렴하는 참여형 예산편성제도의 보급 및 정착을 권고하였다(행정자치부, 2003).

이듬해인 2004년 광주광역시 북구와 울산광역시 동구가 광주광역시 북구 주민참여예산제 운영조례, 울산광역시 동구 주민참여예산제 운영조례를 제정하며 제도를 법제화하였다. 2005년 지방재정법 및 지방재정법 시행령의 개정을 통하여 2006년 1월 1일부터 주민이 지방예산의 편성과정에 참여할 수 있는 임의규정 형태의 법적근거가 마련되었다. 주민참여예산제도의 도입을 의무적으로 강제하기보다는 "시행할 수 있다"는 임의규정형태의 조항을 신설하여 지방정부의 장의 판단 하에 시행을 결정하도록 하였다.

법적근거가 마련됨에 따라 행정자치부는 2006년 주민참여예산제 표준조례안을 배포하여 제도운영에 참고가 될 수 있도록 하였고, 이 사무를 이어받은 행정안전부는 기존 조례안을 구체화한 2010년 주민참여예산제 운영조례 모델안을 통보하며 조례를 제정하지 않은 지방정부들의 참여를 유도하였다(행정안전부 보도자료, 2010.10.31). 2010년의 조례안에는 주민참여예산제도의 효율적 운영을 위한 위원회 및 분과위원회 등의 운영에 관한 내용을 담아 지역의 실정에 맞추어 할 수 있는 근거를 마련한 것이다([표 12-28] 참조).

2011년에는 지방재정법을 개정하며 지방예산의 편성과정에 주민이 참여할 수 있도록 한 임의규정을 강행규정으로 전환해 주민참여예산제도의 도입을 의무화하는 한편, 주민의 의견서를 지방의회에 제출하는 예산안에 첨부할 수 있도록 하였다. 주민참여예산제도를 "시행할 수 있다"는 기존의 조문은 "시행하여야 한다"는 강행규정으로 수정하였다. 이는 세계 금융위기 등에 따른 경기침체 속에서도 지방정부들의 선심성, 낭비성 투자개발사업이 계속됨에 따라 지방재정운용의 건전성을 제고하기 위한 일환에서 이루어졌다(손종필 · 김대진, 2017).

예산편성과정에 참여한 주민의 의견 수렴서를 지방의회에 제출하도록 하는 신설규정은 "첨부할 수 있다"는 임의규정의 형태로 마련되었다. 2014년에는 "지방예산편성 과정에 주민이 참여할 수 있는 절차"를 주민참여예산제도로 한다는 표현을 지방재정법상에 두어 "주민참여예산제도"라는 용어를 법문에 명시하였으며, 예산안에 주민의 의견서를 첨부하도록 한 임의규정을 강행규정으로 전환하였다. 지방의회에 제출하는 예산안에 주민의견서를 "첨부할 수 있다"는 기존의 조문은 "첨부하여야 한다"고 수정하며 제출을 의무화하였다. 이는 지방재정운용에 대한 주민의 참여를 보장하고, 재정투자사업에 대한 사전관리 등을 강화하여 지방재정의 건전성을 제고하기 위한 차원에서 이루

표 12-28 주민참여예산제도 운영조례 표준안

구 분	제1유형	제2유형	제3유형
	위원회 설치 임의규정	위원회 설치 의무규정	위원회, 분과위원회 등 설치 상세규정
총칙	제1조(목적) 제2조(용어의 정의) 제3조(법령준수의무) 제4조(시장의 책무) 제5조(주민의 권리)	제1조(목적) 제2조(용어의 정의) 제3조(법령준수의무) 제4조(군수의 책무) 제5조(주민의 권리)	제1조(목적) 제2조(용어의 정의) 제3조(법령준수의무) 제4조(구청장의 책무) 제5조(주민의 권리)
운영계획	제6조(운영계획 수립 및 공고) 제7조(의견수렴 절차 등) 제8조(의견 제출) 제9조(결과 공개)	제6조(운영계획 수립 및 공고) 제7조(의견수렴 절차 등) 제8조(의견 제출) 제9조(결과 공개)	제6조(운영계획 수립 공고 및 적용범위) 제7조(의견수렴 절차 등) 제8조(의견 제출) 제9조(결과 공개)
위원회	제10조(위원회 운영 등)	제10조(주민참여예산위원회) 제11조(위원회의 기능) 제12조(위원회 구성) 제13조(위원회의 운영) 제14조(연구회 운영 등)	제10조(위원회 구성) 제11조(위원의 위촉 및 임기) 제12조(위원장 및 간사의 직무) 제13조(기능) 제14조(운영원칙) 제15조(분과위원회) 제16조(회의 및 의결) 제17조(회의록 공개의 원칙) 제18조(해촉) 제19조(의견청취) 제20조(관계기관 등의 협조요청) 제21조(주민참여 등 홍보) 제22조(위원에 대한 교육)
지원			제23조(재정 및 실무지원)
기타	제11조(시행규칙)	제15조(시행규칙)	제24조(시행규칙)
부칙	부칙	부칙	부칙

주: 제1유형은 행정자치부(2006), 주민참여예산제 표준 조례안의 형태에 준함.
자료: 행정안전부(2010). 『주민참여 예산제 운영 조례 모델안』. 재구성.

어진 것임을 당시의 지방재정법 개정 사유를 통해 확인할 수 있다.

2015년에는 행정자치부의 장관이 개별 지방정부의 주민참여예산제도 운영을 평가할 수 있는 법적근거를 지방재정법상에 마련하여 예산편성과정에 대한 주민의 실질적인 참여가 이루어질 수 있도록 하였다. 이는 주민참여예산제도에 대한 주민의 저조한 관심과 주민참여예산위원회의 취약한 대표성 등 제도운영상에 나타난 문제점을 개선하고,

주민참여예산제도를 활성화하기 위한 차원에서 마련된 장치라 할 수 있다(임성일 · 서정섭, 2015).

2018년에는 자치분권체제의 확립을 주창하는 문재인 정부의 국가 자치분권 로드맵 및 정부혁신 종합 추진계획에 따라 지방재정법을 개정하여 주민이 참여할 수 있는 예산과정의 범위를 확대하였다(행정안전부, 2017; 행정안전부, 2018). 또한 주민참여예산제도의 운영사항을 심의하기 위한 주민참여예산위원회 등의 주민참여예산기구를 두도록 하여 제도운영상에 나타나는 미비점을 개선 및 보완할 수 있도록 하였다. 다만, “둘 수 있다”는 임의규정의 형태로 주민참여예산기구의 설치조항을 신설하였으며, 기구의 구성과 운영 등에 대한 사항은 해당 지방정부의 조례로 정하도록 하였다. 아울러 행정안전부장관이 실시하는 지방정부별 주민참여예산제도의 평가 시에 지방정부의 재정적 · 지역적 여건 등이 고려될 수 있도록 하였다(서인석 외, 2020).

② 다른 국가

유럽의 주민참여예산은 남미와 다른 정치 · 사회 · 경제적 환경에서 탄생되었으며, 국가별, 그리고 국가 내 지역별로 다양한 형태의 참여예산제도가 진화 발전 중에 있다(행정안전부, 2019: 14). 유럽형 주민참여예산 모델은 ① 유럽형 포르투 알레그리, ② 조직적 이해관계 대표(representation of organized interests), ③ 지방/도시 수준의 커뮤니티 자금(community funds at local and city level), ④ 관민 협상 테이블(public/private and city level), ⑤ 근린참여(proximity participation), ⑥ 재정의견 수렴(consultation on public finances) 등 여섯 개 유형이다(Sintomer 외, 2008, 2013).

현재 세계의 수많은 지방정부에서 실시되고 있는 주민참여예산들은 본질적 속성은 같이 하지만, 실제 운영형태와 방식은 지역에 따라 매우 큰 다양성을 보인다. 참여예산제도는 브라질에서 비롯되었지만 그 모형과 운영방식을 그대로 받아들여 실행하는 국가와 지역은 많지 않은데, 그것은 각 나라와 지역이 직면한 정치 · 사회 · 경제 · 재정적 환경과 지향 가치가 다르기 때문이다. 제도의 운영방식은 국가와 지역에 따라 매우 다양하며, 모든 지역에 적용되는 소위 만병통치약과 같은 보편적이고 표준적인 모델은 존재하지 않는다.

가장 대표적인 예로 대다수 유럽 지역과 미국에서 실시 중인 참여예산은 포르투 알레그리 타입의 참여예산과 두드러지게 차이가 나는데, 그것은 각자 정치적 상황과 경제 · 소득(자원) · 문화적 역량 및 환경면에서 본질적으로 다르기 때문이다. 예를 들어, 독일의 경우 참여예산의 목적을 주민권한 강화와 행정 현대화에 부여하는 특징이 있고, 참여예산을 통한 주민의 권한과 영향은 적극적인 자문 내지 의견 수렴(consultation)으로 제한하는 경향이 있다(Ruesch & Wagner, 2013: 2-4).

특히, 독일의 참여예산제도에서 참여주민은 행정 자문인(advisors)으로서의 역할이 강하고, 사업예산에 대한 의사결정을 주민이 아닌 지방정부가 행한다(독일의 지방정부들은 다른 많은 나라들과 달리 통상 참여예산사업에 대한 주민투표장치를 갖고 있지 않음). 미국의 참여예산(2009년에 시카고에서 최초로 도입되었고, 현재 점진적으로 확산 중에 있음)은 동 제도의 원조 격인 브라질과 비교할 때, 무엇보다도 참여예산의 제도 설계(PB institutional design) 면에서 크게 다르고, 그 결과 운영 전반에 걸쳐 뚜렷한 차이가 나타난다(Gilman & Wampler, 2019). 브라질의 경우 도시 전체를 대상으로 하는 주류 예산(대형 인프라 사업 포함)과 많은 저소득층들이 참여하고 있는 데 비해, 미국의 참여예산은 구수준(district level)에서 소규모 자본투자사업을 중심으로 상대적으로 적은 사람들이 참여해서(자원봉사자 활약, 행정지원 미약) 깊은 논의(숙의)를 하는 특성을 보인다.

이와 같은 양국의 차이는 선거제도와 정치적 상황의 차이, 그리고 시민사회의 성숙도와 이용가능한 자원의 차이 등에서 비롯되는 것으로 이해된다(임성일 외, 2020).

(2) 주민참여예산사업 분류

주민참여예산사업을 체계적으로 관리하기 위해서는 사업을 세분화하여 관리하여야 할 필요가 있다. 특정한 지침에 의하여 운영될 경우 우리나라 주민참여예산제도가 획일화될 것이고, 자율에 맡길 경우 정착에 어려움을 겪을 수도 있기 때문이다. 따라서 적정한 수준에서의 유형분류 등에 대한 작업을 통해 필요한 정보를 지속적으로 제공하여야 할 것이다.

행정안전부는 이러한 문제를 해소하기 위해 2018년부터 주민참여예산을 주민참여의 방식에 따라 공모사업, 공모 외 제안사업, 일반참여예산사업으로 구분하였다. 그 이후 2019년부터는 자치계획형사업이 추가됨으로써 네 가지 유형으로 분류하고 있다.

① 공모사업

공모사업은 사전에 예산한도를 설정하고 사업을 공모하는 경우와 사전에 예산한도를 설정하지 않고 사업을 공모하는 경우가 있다. 전자는 한도액을 공표하고, 후자는 한도액을 공표하지 않기 때문에 연도 간에 변동이 클 수 있다. 공모사업은 다시 두 가지의 형태로 구분된다. 하나는 주민들로부터 직접 제안을 받는 형태이고, 다른 하나는 주민참여예산기구에서 제안을 하는 경우이다. 통상적으로 공모사업의 사업우선순위결정은 주민투표방식을 활용할 수 있다. 그러나 대다수의 지방정부에서는 주민참여예산위원회의 심의로 결정하고 있다.

② 주민제안사업

주민제안사업은 앞에서 살펴본 공모사업에 해당하지 않는 사업 중 주민제안에 따라

표 12-29 주민참여예산사업 분류

공모사업	주민제안사업	일반참여예산사업	자치계획형사업
(의미) - 공모사업의 실링을 사전에 설정하여 주민공모 실시 - 주민참여예산위원회가 실링 내에서 사업우선순위를 실질적으로 결정(지방정부는 사업의 위법성 판단, 컨설팅 등 보조적 역할만 수행) - 이상의 두 가지 요건을 모두 갖춘 경우만 해당	(의미) - 공모사업의 실링을 사전에 설정하지 않고 공모 실시 - 주민참여예산위원회가 사업우선순위 등 의견을 제시하나, 실질적 우선순위 결정권한은 지방정부가 가짐 - 이상의 두 가지 요건 중 하나에 해당	(의미) - 지방정부가 공모사업이 아닌 일반사업에 대해 주민참여 절차를 거치도록 하는 일정한 기준을 사전에 설정 - 사업별 주민의견서 작성(세부사업별) - 이상의 두 가지 요건을 모두 갖춘 경우만 해당	(의미) - 주민자치회 등에서 사업 도출 및 우선순위결정을 통해 예산에 반영된 사업
(운용방식) - 실링 설정 + 사업 공모, 주민참여예산기구 제안 후 주민직접투표 또는 주민참여예산위원회에서 심의 * 주민이 공개적으로 제안한 사업(주민 누구나 제안내역을 알 수 있음)	(운용방식) - 공모 외 주민제안을 받아 사업부서 또는 주민참여예산위원회에서 심의	(운용방식) - 사업부서 요구사업에 대해 주민참여절차를 거쳐 단위사업 또는 세부사업 단위로 주민의견서 작성 * 주민참여절차는 공청회, 설문조사, 주민참여예산위원회 심의)	(운용방식) - 읍·면·동별로 실링을 부여하면 읍·면·동별 지역회의에서 사업발굴 및 우선순위 결정 * 주민세의 전부 혹은 일부를 읍·면·동에 배분하여 활용

출처: 서정섭 외(2017: 99), 임성일 외(2020)에서 재인용.

해당 사업부서 또는 주민참여예산위원회를 통해 결정되어 예산에 반영되는 사업을 의미한다. 주민제안사업 역시 주민참여예산위원회에서 우선순위를 결정하고 있다.

③ 일반참여예산사업

일반참여예산사업은 사업부서 요구사업에 대하여 공청회, 설문조사, 또는 주민참여예산위원회 심의절차를 거쳐 주민의견서가 작성되고 예산에 반영되는 방식이다. 대부분의 경우 주민참여예산위원회의 심의를 거쳐 예산에 반영하는 방식을 취하고 있다.

④ 자치계획형사업

자치계획형사업은 해당 주민세 등의 일부 혹은 전부를 읍・면・동별로 배분하고, 배분받은 예산의 범위 내에서 읍・면・동 주민자치회(기존의 주민자치위원회) 등에서 스스로 사업을 발굴하고 결정하도록 하는 비교적 새로운 형태의 참여예산 운영방식이다(임성일 외, 2020).

참고문헌

김동기(2011). 『한국지방재정학』. 법문사.

김종순(2006). 『지방재정학』. 삼영사.

김종희(2006). 『지방재정론』. 범론사.

김홍래(2005). 『지방재정의 이론과 실제』. 박영사.

박상렬(2008). 『지방재정관리제도 개선에 관한 연구: 건전성 · 책임성 제고방안을 중심으로』. 연세대학교 행정대학원 지방자치도시행정전공 석사학위논문.

박완규(2011). "지방재정관리제도의 문제점과 개선방안." 『지역경제』, 7(4): 6-21. 산업연구원.

서인석 외(2020). 『지방분권시대에 부응하는 경기도형 주민참여예산제도에 대한 연구』. 경기도의회 수탁과제.

서정섭 · 김성찬 · 윤태섭 · 홍근석(2017). 『지방자치단체 유형별 주민참여예산제 운영모델 개발』. 한국지방행정연구원.

서정섭 · 이장욱(2018). 『지방자치단체 주민참여예산제 발전방향』. 연구보고서 2018-09. 한국지방행정연구원.

서정섭 · 이장욱 · 이효 · 곽채기(2019). 『주민주도 참여예산제 모델개발(I)』. 자체연구 2019-2. 한국지방행정연구원.

손희준(2004). "중기지방재정계획의 평가모형 개발." 『한국지방재정논집』, 9(2). 한국지방재정학회.

______(2012). "지방재정의 건전성과 책임성 확보를 위한 재정관리제도의 개선방향." 『지방재정』, 제3호. 한국지방재정공제회.

______(2019). 『새지방재정학』. 서울: 대영문화사.

안성민(2011). "참여예산제도의 사례와 평가." 『주민참여예산제, 어떻게 운영해야 하나?』. 정책간담회 발표논문. 한국지방행정연구원.

윤영진(2010). 『새재무행정학』. 대영문화사.

이희봉(2011). 『거버넌스 지방재정』. 사회문화사.

임성일 · 서정섭(2015). 『주민참여예산제도 활성화 방안』. 정책연구 2015-7. 한국지방행정연구원.

임성일 · 서정섭 · 윤성일(2019). 『주민참여예산제 활성화를 위한 발전방안』. 행정안전부.

임성일 · 서정섭 · 이희재(2020). 『주민참여예산제도 활성화 방안』. 행정안전부 수탁과제.

임성일 외(2012). 『지방자치단체 예산제도간의 연계 강화』. 한국지방행정연구원 연구보고서.

전상경(2011). 『현대 지방재정론』(제3판). 박영사.

정부혁신지방분권위원회(2003). 『참여정부 정부혁신과 지방분권』.

정부혁신지방분권위원회 · 한국지방행정연구원(2004). 『이제는 지방분권시대!』.

조기현(2012). "지방투자사업 관리제도 실태와 쟁점." 한국지방행정연구원자체워크숍 발표 논문.

조기현 외(2012). 『지방투자사업의 효율성 강화방안』. 한국지방행정연구원 연구보고서.

지방자치인재개발원 · 시도공무원교육원(2020). 『2020 공통교재 예산실무』.

행정안전부(2010). 『주민참여 예산제 운영 조례 모델안』.

행정안전부(2016). 『지방자치단체 재무회계 운영규정』.

______(2019a). 『지방재정투자사업 심사 및 타당성 조사 매뉴얼』.

______(2019b). 『지방재정투자사업심사지침』.

______(2019c). "주민참여예산제 성과 및 추진계획." 『주민참여예산제 발전방안 모색 워크샵 자료집』.

______(2020). 『2021년도 지방자치단체 예산편성운영 기준 및 기금운용계획 수립기준』.

______ 지방재정영향평가지침.

행정자치부(2006). 『주민참여예산제 표준 조례안』.

행정자치부 훈령(2016). 지방자치단체 재무회계 운영규정.

Gilman, H. R., & B. Wampler(2019). "The Difference in Design: Participatory Budgeting in Brazil and the United States." *Journal of Public Deliberation*, 15(1): 7-1, 7-30.

Ruesch, M. A., & M. Wagner(2014). "Participatory Budgeting in Germany: Citizens as Consultants." in N. Dias(ed.). *Hope for democracy: 25 years of participatory budgeting worldwide*.

Chapter 13

지방재정위기관리제도

제 1 절 | 지방재정위기관리제도의 의의

1. 지방재정위기관리제도의 개념

재정위기는 국가별, 그리고 연구자별로 약간씩의 차이를 두고 개념화되고 있으며, 이는 재정위기를 바라보는 관점에 차이가 있기 때문으로 볼 수 있다.

미국의 회계검사국(General Accounting Office: GAO)은 "해당 지역사회가 자신보다 나은 지역사회와 동등한 공공서비스수준을 달성하기 위해 해당 지역주민이 실질적으로 높은 세부담을 감내하는 상태"라고 보고 있으며, 펜실베니아주 재정위기법 제47조에 따르면 "일정한 공공서비스수준 하에서 수입과 지출 간 불균형으로부터 발생하는 현금흐름의 지속적인 부족"으로 정의하고 있다(이용준, 1999). 펜실베니아주 재정위기법(Financially Distressd Municipalities Act)은 재정위기를 "일정한 공공서비스수준 하에서 수입과 지출 간 불균형으로부터 발생한 현금흐름의 지속적인 부족(3개월)"으로 규정하고 있다. 보다 구체적으로 보면 ① 재정적자가 세입의 1%를 초과한 상태에서 3년 간 지속하거나 5년 동안 재정적자비율이 5% 이상, ② 원리금 상환의 불이행, ③ 30일 동안 인건비 지급불능 등의 상태를 의미한다. 펜실베니아주 재정위기법은 또한 "이러한 재정상태를 근본적으로 재구축하지 않고서는 지방정부로서의 기본적인 기능조차 회복될 가능성이 없는 단계"를 재정파산으로 분리하여 정의하고 있다(조기현 · 신두섭, 2008).

레바인(Levine, 1980: 4)은 재정압박을 국민들과 공무원들의 기대 및 필요와 이에 대응하여 정부사업을 확장(또는 유지)하고, 충분한 경제성장을 창출할 수 있는 경제부문 능력 간의 차이(gap)로 설명하고 있다(윤영진, 1999에서 재인용).

그로브스(Groves, 1980: 2-3)는 지방재정위기를 지불능력(재정력)의 위기로 정의하였으며 이를 최협의, 협의, 광의, 최광의로 나누고 있다. 최협의의 정의는 현금지불능력(cash solvency)으로 정부가 30일 혹은 60일 이내에 어음을 지불할 수 있는 능력을 말한다. 협의의 정의는 예산상의 지불능력(budgetary solvency)으로 지방정부가 예산기간 내에 지불의무를 충족시키고 적자를 발생시키지 않도록 충분한 세입을 확보하는 능력을 말한다. 광의의 정의는 장기적인 지불능력(long-run solvency)으로 장기간에 걸쳐 한 회계연도 예산의 지불의무 외에 특정 연도에만 나타나는 연금, 채무부담 등의 모든 비용을 지불할 수 있는 능력을 의미한다. 최광의의 정의는 서비스수준 지불능력(service-level solvency)으로 지방정부가 시민이 원하는 일정수준의 복지에 필요한 서비스의 질과 수준을 만족시킬 수 있는 능력을 나타낸다(윤영진, 1999에서 재인용).

카빌과 제임스(Cabill & James, 1992)는 재정위기를 "일정한 공공서비스를 제공하는데 필요한 세출수요와 이를 충족해야 하는 세입 간의 불균형이 발생하여 현금흐름이 지속적으로 부족한 상태"로 규정하고 있다. 이들은 재정위기를 이렇게 정의할 때 비로소 내부적 요인과 외부적 요인으로 분리하여 그 실체를 정확하게 진단할 수 있다고 주장한다. 재정위기는 지방정부가 통제할 수 있음에도 불구하고 과다차입, 비효율적인 세출관리, 세입의 과다추계 등과 같은 내부적 요인과 지역경제의 붕괴, 거시경제의 구조변화 등 지방정부가 통제하기 어려운 외부적 요인으로 인해 발생하게 되는데, 현금흐름의 건전성으로 접근할 때 이러한 요인의 분리와 해석, 정책적 처방이 가능하다는 것이다(조기현 · 신두섭, 2008).

쉬크(Schick, 1980)는 재정위기를 야기할 수 있는 재원부족현상을 그 심각성의 정도에 따라 완화된 재정부족, 만성적 재정부족, 심각한 재정부족, 그리고 총체적 재정부족의 4단계로 유형화하여 설명하고 있다([표 13-1] 참조)(김종순 외, 2010).

이용준(1999)은 "재정수입의 급격한 감소나 방만한 재정운영의 결과 당해 지방정부의 자체수입이나 일반적인 중앙정부의 지원금만으로는 지방정부가 수행하여야 할 기본적인 공공서비스 기능이 중단되거나 정지될 우려가 높은 재정상태를 의미하고, 이효(1998)는 수입과 지출간 격차규모, 현금흐름의 부족상황, 지불능력 등을 기준으로 재정압박, 재정위기, 재정파산 등과 같이 다양한 형태로 발생할 수 있다고 본다.

이상용(2002)은 재원부족이나 방만한 재정운영에 따른 과도한 재정지출로 지방정부가 기본적으로 공급해야 할 공공서비스가 충족되지 못함으로써 지방정부로서의 기능이 정지될 우려가 높은 상태를 의미한다. 즉, 일시적인 세수감소나 지출증가로 인하여 발생한 재정수지가 악화되는 재정상태라기보다는 상당기간 구조적으로 재정수지가 악화되어 지방정부 스스로의 자구노력만으로는 재정수지의 개선이 불가능한 재정상태라고 할 수 있을 것이다.

김희선(2007)은 재정압박이 지속되어 어느 시점부터 재정책임(공무원 임금지불, 채무상환, 계약이행 등)의 의무를 이행할 수 없는 상태로 정의할 수 있다.

김태영(2010)은 일정한 수준의 공공서비스를 제공하는 데 필요한 재원마련이 일시적으로 차단되거나 일정 기간동안 지속적으로 수지균형을 이루지 못한 상태라고 할 수 있다. 초기에는 재정압박에 직면하고 점차 재정고통에 이르는 과정을 거치게 되는데 이 과정 전체를 재정위기로 볼 수 있다.

표 13-1 쉬크(Allen Schick)의 재정위기를 야기할 수 있는 재원부족현상

① **완화된 재정부족**: 완화된 재정부족(relaxed scarcity)현상은 재정압박의 초기단계라고 할 수 있음. 지방정부는 기존의 사업을 지속하는 것은 물론 상당한 정도의 신규사업도 시행할 수 있는 재원을 확보하고 있기 때문에 주로 사업계획의 개발을 중시하여 사업분석(program analysis)과 다년도예산제도에 관심을 기울이게 됨. 따라서 완화된 재정부족상태를 재정위기의 범주에 포함하는 경우는 거의 없음

② **만성적 재정부족**: 완화된 재정부족상태보다 다소 부족현상이 심화된 경우가 만성적 재정부족(chronic scarcity)임. 이 경우 지방정부는 기존의 사업을 추진하는 데 큰 어려움은 없으나 사업의 확장이나 신규사업의 시행을 위한 재원확보에 어려움을 겪고 있음. 그러나 점증주의적 예산편성이 가능하기 때문에 감축관리로 인한 관리상의 문제는 심각하지 않으며, 일반적으로 재정위기의 초기 단계라고 할 수 있음

③ **심각한 재정부족**: 심각한 재정부족(acute scarcity)이란 기존의 사업이나 서비스수준을 유지하는 데 필요한 최소한의 재정수입 확보도 어려운 상태를 말함. 이미 상당히 진행된 재정위기를 타개하기 위하여 감축관리가 시도되고, 감축으로 인한 갈등과 공공서비스수준의 악화를 최소화하기 위해서 노력하고 있는 상태임. 미국의 경우에도 많은 지방정부가 예산감축분(public bads)을 진행 중인 사업에 어떻게 배분하는가를 고민하고 있음

④ **총체적 재정부족**: 총체적 재정부족(total scarcity)이란 재정수요와 가용재원 사이에 심각한 격차가 있어 기존의 사업을 유지하는 것이 어려울 뿐만 아니라 대부분의 경우 당초예산목표를 달성할 수 없는 상태를 말함. 일반적으로 파산위기에 직면한 지방정부들이 여기에 해당됨

자료: 김종순 외(2010).

살펴본 것처럼 재정위기는 국가 또는 학자에 따라 다르게 인식하고 관리하고 있기 때문에 그 개념이나 기준을 한마디로 정의하기는 쉽지 않으나 이를 종합하면 재정위기는 "일정한 공공서비스수준 하에서 수입과 지출 간의 불균형으로부터 기인한 현금흐름의 지속적인 부족에 의해서 발생한 현상"이라고 볼 수 있으며, 지방정부의 재정위기는 세입과 세출추이를 고려한 재원부족의 측면과 채무상환능력을 고려한 채무부담의 측면으로 나누어 볼 수 있다([표 13-2] 참조)(서정섭, 2010).

표 13-2 재정위기의 개념정의 요소

구 분	재원부족측면	채무부담측면
Groves & Valente		○
Wolman & Davis	○	
Cabill & James	○	
Schick	○	
사득환		○
삼성경제연구소	○	
한국지방재정학회	○	
한국지방행정연구원	○	○

자료: 한국지방행정연구원(1997); 김종순(2001); 한국지방재정학회(2006)을 참조하여 서정섭(2010)이 재작성한 자료를 재인용

재정위기의 개념을 명확하게 하기 위하여 유사한 개념인 재정압박(fiscal distress), 재정위기(fiscal emergency), 재정파산(fiscal bankruptcy) 등과 비교하여 설명하면 다음과 같다.

재정압박(fiscal stress)은 재정위기의 징후로서 재정지출의 지속적 팽창과정에서 이를 충당할 만한 재정수입이 확보되지 않아 재정유동성에 문제가 발생하여 재정적자가 누적되는 상황을 나타낸다(허명순, 2011). 재정지출과 수입 간의 괴리로 인해 현금흐름에 문제가 발생한 경우로 일시적인 반면 이러한 문제가 악화되어 구조적이고 장기적으로 적자가 누적된다면 재정난과 재정위기상태로 볼 수 있다(조기현 · 신두섭, 2008).

재정난(fiscal distress) 또는 재정위기(fiscal crisis or emergency)는 재정압박으로 인한 재정적자의 누적현상이 지속되어 사회문제로 표출되는 상태를 말한다. 자구적 노력이나 외부의 지원과 감독을 필요로 하며 미국이나 일본 등에서는 구체적인 기준을 제

시하고 있다(허명순, 2011).

재정파산(fiscal bankruptcy)은 재정위기 상태를 자력으로 극복하지 못하는 최악의 상황을 의미한다(김종순 외, 2010). 지방정부가 채무상환능력을 상실하여 지방정부로서 기능을 할 수 없는 단계로 미국은 1930년대 제정된 연방파산법에 지방정부 재정파산의 성립조건과 행정적 · 사법적 절차를 규정하고 있다(허명순, 2011).

2. 지방재정위기관리제도의 중요성

지방재정위기가 발생할 경우 이를 정상으로 회복시키기 위해서는 막대한 비용과 시간이 투입되어야 하며, 실제 불가능할 수도 있다. 지방재정위기가 발생하면 재정파산으로 전개될 수밖에 없을 것이고, 이로 인한 피해는 좁게는 지역의 주민, 넓게는 국민들이 받게 될 것이다. 따라서 지방재정위기가 발생하지 않도록 방지하는 것이 무엇보다 중요하며 이를 위해서는 상시적 모니터링체계를 구축하여야 한다.

지방자치 역사가 깊고 분권화가 잘된 미국과는 달리 현재 우리나라 지방정부들은 미국의 지방정부들처럼 각종 재정위기관리제도를 통한 조기경보시스템의 작동과 재정재건 혹은 파산제도가 없고 대신 지방정부의 계획적이고 체계적인 재정운영을 촉진하고 지방재정의 효율성을 점검 · 평가하기 위한 일종의 장치로 중앙정부(행정안전부) 주도의 다양한 지방재정관리제도가 존재한다(정창훈, 2011). 대표적인 제도를 몇 가지만 든다면 [표 13-3]과 같다.

중기지방재정계획은 지방정부의 발전계획과 수요를 중 · 장기적으로 전망하여 반영한 다년도 예산으로서, 효율적인 재원배분을 통한 계획적인 지방재정운용을 위해 수립하는 5년 간의 연동화 계획(rolling plan)이다. 재정투자심사제도는 지방예산의 계획적 · 효율적 운영을 기하고 각종 투자사업에 대한 무분별한 중복투자 방지를 위하여 도입된 제도이다. 지방채발행승인제도는 지방정부가 중앙정부의 승인없이 지방의회의 의결을 거쳐 발행가능한 지방채무 한도액을 의미한다. 사업예산제도는 자율과 책임 기반하에 지방정부의 정책이 체계적으로 반영될 수 있도록 사업(정책, 단위, 세부사업)을 중심으로 예산을 편성 · 배정 · 집행 · 평가함으로써 재정성과를 극대화하기 위한 예산제도이다. 복식부기회계제도는 지방재정 운영성과(수익, 비용)와 재정상태(자산, 부채)의

표 13-3 지방재정관리제도

구 분	지방재정관리제도
예산편성단계	• 지방재정영향평가제도 • 중기지방재정계획제도 • 지방투자심사제도 • 주민참여예산편성 • 예산편성운영기준 • 지방재정부담심의위원회 • 지방채발행 총액한도제 • 지방비부담협의 • 성인지예산 • 사업예산제도
예산집행단계	• 예산과정의 주민참여 및 공개 확대 • 지방재정위기 사전경보시스템 • 지방재정조기집행 • 지방계약 지도 • 지방금고운용 지도 • 지방기금운용 지도 • 복식부기회계제도
결산 및 환류단계	• 지방재정분석진단제도 • 통합재정정보 제공 • 지방재정주민상황 공시 • 지방재정인센티브 및 교부세 감액제도 • 긴급재정관리제도

변동내역을 일반회계원칙에 입각하여 기록·분류하여 의회, 주민 등 이해관계자가 필요로 하는 재무정보를 제공하는 제도이다. 재정분석진단제도는 재정분석과 진단으로 구분된다. 재정분석은 지방정부가 결산자료 등을 토대로 작성한 『재정운용보고서』를 기초로 재정현황과 운영실태를 객관적으로 검증하는 일련의 과정을 의미하고, 재정진단은 재정의 건전성과 효율성이 현저히 떨어진 지방정부를 대상으로 정밀분석을 실시, 재정건전화를 위한 대책을 강구하는 일련의 과정을 의미한다. 지방재정공시제도는 지방정부가 재정운용결과 및 재정운용에 대한 주민의 관심사항 등을 홈페이지, 일간지 등을 통해 주민에게 공개하는 행위이다(라휘문, 2011).

살펴본 것과 같은 지방재정관리제도는 궁극적으로 지방정부의 심각한 재정압박이나 재정위기를 사전에 방지하기 위한 것이라는 점에서 일정부분 지방재정위기관리 역할을 담당한다고 볼 수 있으나 재정위기를 사전에 탐지하고 조치를 취하기 위하여 반드시 필요한 조기경보시스템이 존재하지 않아 지방정부들의 재정위기를 점검할 사전적인 조치가 결여되어 있다고 볼 수 있다(정창훈, 2011).

또한 지방정부들이 재정파탄에 도달했을 경우 상위정부가 개입할 근거인 재정파탄에 대한 명확한 정의나 기준이 없고 재정파산을 극복하는 재정재건제도나 파산제도도 확립되어 있지 않기에 진정한 의미의 지방재정위기관리제도가 없고 대신 일종의 재정분석진단제도만 존재할 뿐이다. 다만, 유사한 제도로 긴급재정관리단체를 지정 및 해제할 수 있도록 지방재정법에 포함되어 있다.

제 2 절 | 지방재정위기관리제도의 특성

1. 발생원인

재정위기를 설명하는 방식은 크게 사회경제적 모형, 정치적 모형, 관료주의 팽창모형, 내부관리모형 등으로 구분할 수 있다.

사회경제적 모형을 보면 다음과 같다. 재정위기를 설명하는 전통적인 접근방법으로 외부적 요인을 중시한다. 즉, 해당 지역의 경제적 기반이 되는 특정 산업의 쇠퇴와 함께 연령별 · 소득별 인구구조의 변화가 재정수입 및 재정지출에 영향을 주어 재정위기를 초래한다는 입장이다. 예컨대, 중산층이나 자산가들의 교외이전은 세수입의 감소를 가져오는 반면에, 빈곤층, 실업자, 노약층의 유입은 재정지출의 증가를 가져와 세입과 세출 간의 괴리가 발생하게 되는데, 이것이 재정위기의 원인으로 작용하게 된다.

정치적 모형은 다음과 같다. 정치적 여건의 가변성이 재정위기를 초래한다는 것이다. 따라서 지방정부의 장이 처해있는 정치적 상황이나 입장, 지방의원들의 정치적 동기 등에 따라 재정지출이 급증함으로써 재정위기가 초래된다는 것이다. 예컨대, 지방정부장이 개인의 정치적 입지강화를 위해 업적과시형 사업을 추진하거나 전시성 · 행사성 경비를 과다 지출하게 되고 지방의회와의 관계 또는 주민의 인기에 영합하기 위한 소규모 분산투자나 무리한 복지사업을 하게 되는데, 이것이 재정위기를 초래하게 되는 원인이 된다는 것이다.

관료주의 팽창모형은 다음과 같다. 공공선택이론의 영향을 받아 재정위기의 원인을 비시장적 의사결정측면에서 접근한다. 지역주민의 공공서비스에 대한 선호를 정확하게 시현하기 위해 관료의 기능이 강화되고, 이에 따라 정부조직이 팽창함으로써 재정위기가 발생하게 된다는 것이다. 즉, 공공부문은 근본적으로 가격 메커니즘이 결여되어 있기 때문에 정부조직이 과도하게 비대해진다는 것이다. 따라서 관료는 기본적으로 조직의 규모로 자신의 권위를 인식하며 이에 따라 비합리적인 권한을 행사하여 지출이 증가하며 또한 정부지출로부터 혜택을 받는 계층은 지속적으로 그 혜택이 증가하기를 원하여 정부조직의 과도한 팽창으로 연결된다는 것이다.

내부관리모형은 다음과 같다. 지방정부의 불건전한 내부관리에 의해 세입의 감소, 예산의 과도한 지출이 발생함으로써 재정위기가 발생한다는 것이다. 이는 주로 실무자들의 관리능력부족에서 기인하며 실무자들은 대체로 단기적 측면에서 재정을 운용함에 따라 당해 지방정부 전체의 재정운용이 통일적·종합적으로 이루어지지 않게 되어 비효율적인 예산지출이 발생하게 된다. 따라서 세입과 세출에 대한 예측능력의 부족으로 재정수지의 불균형이 발생하게 되는 것이다. 특히, 상급정부로부터 지급되는 보조금의 경우 그 성격상 변동 폭이 커서 수입의 정확한 예측을 어렵게 하는 것도 재정위기의 원인이라고 할 수 있다. 그리고 지방정부가 제공하는 공공서비스의 범위가 클수록 재정위기가 발생할 수 있으며, 이 밖에 시대의 변화를 제대로 반영하지 못하여 법률체계가 상호 모순됨으로써 재정위기가 발생하기도 한다(이상용, 2002).

이와 같은 이론적 모형을 토대로 재정위기가 발생하는 원인을 설명하고자 하는 다양한 시도가 있었다.

김종순(1995)은 하나의 축을 내부적 요인과 외부적 요인으로 구분하고 다른 하나의 축을 정치사회적 요인, 경제적 요인, 그리고 기술·행정적 요인으로 구분하였다([표

표 13-4 지방재정위기의 발생원인1

구 분	내부적 요인	외부적 요인
정치사회적 요인	• 주민욕구 분출 • 조세저항 증대 • 정치적 · 대중적 재정운용 • 내적 통제기능 약화(자체감사, 의회통제 등)	• 기능이양과 재원배분의 불일치 • 조세법률주의 엄격한 시행 • 세원배분에 대한 갈등 및 조세경쟁 • 경비부담상의 갈등 • 중앙정부의 조정기능 약화

경제적 요인	• 취약한 과세기반 및 지역경제 • 중산층의 역외이전 • 지역경제의 환류기능 미흡	• 국가경제의 위축 • 부동산시장의 위축
기술행정적 요인	• 전문성 및 재무정보 부족 • 재정진단시스템 미비 • 조세징수노력 부족 • 세무행정조직상의 불합리성 • 예산운용의 비효율성	• 기술 · 행정지원의 미흡

자료: 김종순(1995).

표 13-5 지방재정위기의 발생원인2

구 분	내부적 요인	외부적 요인
정치적 요인	• 주민요구의 증가 • 조세저항의 증대 • 정치적 재정운용	• 중앙정부 재정지원 감소 • 중앙정부의 조정기능 약화 • 경비부담상의 갈등
경제적 요인	• 지역경제의 침체 • 과세기반의 약화 • 중산층의 전출	• 국가경제의 위축 • 세계경제의 위축 • 부동산시장의 위축 • 금융위기나 자원위기 촉발
행정적 요인	• 예산운용의 비효율 • 조세징수의 비효율 • 중산층의 전출	• 기술 · 행정지원의 미흡 • 재정진단과 감독체제 미비

자료: 이용준(1999).

13-4] 참조).

이용준(1999)은 하나의 축을 내부적 요인과 외부적 요인으로 구분하고 다른 하나의 축을 정치적 요인, 경제적 요인, 그리고 행정적 요인으로 구분하였다([표 13-5] 참조).

이상용(2002)은 하나의 축을 내부적 요인과 외부적 요인으로 구분하고 하나의 축은 세입, 세출, 운영상황, 부채구조, 지역사회의 수요/자원으로 구분하였다([표 13-6] 참조). 첫째, 내부적 요인은 지방정부 내부의 통제력 결함으로 발생하는 것으로 본질적인 원인이라고 할 수 있다. 구체적으로 보면 정치 · 사회적인 측면에서는 정치적 동기에서 비롯된 과도한 지출, 주민욕구의 분출, 조세저항의 증대 등을 들 수 있다. 경제적인 측면에서는 취약한 과세기반, 자본 · 소득의 역외이전, 지역경제의 환류기능 미흡 등을 들 수 있다. 기술적 · 행정적 측면에서는 비효율적인 예산운영, 전문성 및 재무정보의 부

표 13-6 지방재정위기의 유발요인

구 분	유발요인
세입	• 주민 1인당 경상세입의 감소, 지방세수입감소 • 자주재원비율 감소, 세입부족비율의 증가
세출	• 주민 1인당 경상지출액 증가, 주민 1인당 공무원 수 증가 • 인력 및 조직의 비효율성(총 정원대 현원 인건비)
운영상황	• 순경상수입에 대한 경상적자 비율의 증대 • 사업손실의 발생(지방공기업, 공사, 공단)
부채구조	• 순경상수입에 대한 부채비율의 증가 • 순경상수입에 대한 채무상환액 비율의 증가 • 지방채 현재액의 과다
지역사회의 수요/자원	• 인구규모의 급속한 감소 • 주민 1인당 소득의 감소 • 빈곤가구 및 공적부조 대상자의 비율증가 • 실업률 증가 및 직장 수의 감소

자료: 이상용(2002).

족, 비효율적인 징세방법, 수입의 과대추정 등을 들 수 있다. 둘째, 외부적 요인은 경제환경의 변화로부터 발생하여 그 파급경로가 복잡하다는 특징이 있다. 따라서 지방정부가 직접적으로 통제할 수 있는 범위가 매우 제한된다. 구체적으로 세계경제 및 국내경제의 변화로부터 발생하는 산업 및 상업적 기반의 상실과 산업구조의 변화에 따른 지방정부 및 해당 지역의 기반이 되는 특정산업의 침체, 인구구조의 변화 등이 이에 해당된다. 이들 요인들은 세수의 결함과 재정지출의 급격한 증가를 동반함으로써 재정위기의 단초를 제공한다. 한편 보조금 감소로 나타나는 정부 간 재정관계의 변화도 재정위기의 주요 원인으로 작용한다([표 13-7] 참조).

표 13-7 미국 · 일본의 지방재정위기 발생원인

지방정부(발생연도)	지방재정위기 발생원인
뉴욕시(1990)	• 경기침체와 세수감소 • 무리한 사업추진과 지출팽창(공약, 복지지출증가) • 채무상환부담 가중(자본지출 채무의존)
첼시시(1991)	• 항구정비사업 재정부담 과중(기능이양) • 지역경기침체로 세수감소 • 복지비지출증가(빈곤층유입)

오렌지카운티(1994)	• 자산투자실패(투자손실) • 부동산가격하락으로 세수감소 • 행정사무 과대담당
워싱턴 D.C(1995)	• 유색인종 공공부문 취업확대(정치적 동기) • 인구감소로 세수입 감소 • 복지비 및 인건비 증가(재정압력)
마이애미시(1996)	• 경기침체로 세입기반 약화 • 자체세입 증대 노력 소홀 • 재정건전화 실천 소홀
아케이쵸정(1991) 유바리시(2007)	• 재정적자 누적(재정력 초과 사업추진) • 공기업 적자보전(재정악화) • 제3섹터 적자보전(재정악화)

자료: 서정섭(1997).

2. 전개과정

재정위기는 고정되어 있는 것이 아니라 김희선(2007)에 의할 경우 재정압박→재정위기→재정파산의 과정으로 진화하고 있다. 지방재정위기과정 초기단계는 재정지출이 지속적으로 팽창하여 이를 충당할 재정수입확보가 되지 않는 재정적자의 누적상태이다. 재정위기는 이러한 누적현상이 지속적으로 악화되어 사회적 문제로 표출되는 것이다. 마지막 단계는 자력으로 회생 불가능한 상태인 재정파산단계로 이어진다([그림 13-1] 참조).

루빈(Rubin, 1987)은 재정위기의 원인을 진행단계별로 배경요인, 촉발요인, 그리고 지속요인으로 분류하고 있다. 배경요인이란 재정위기의 직접적 원인이자 촉발기제로

그림 13-1 지방재정위기의 과정

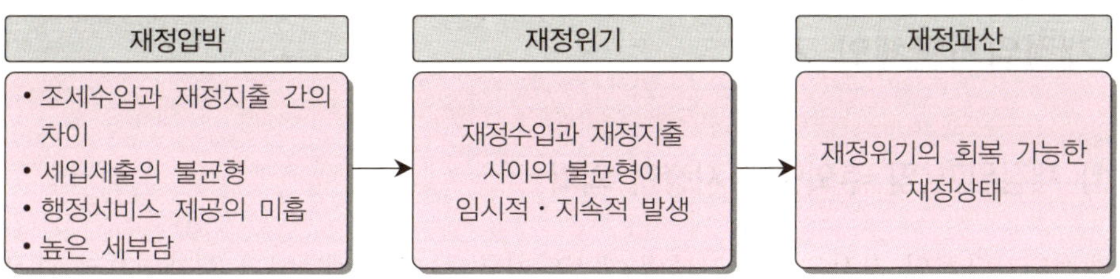

자료: 우동기 · 이정훈(1999).

그림 13-2 지방재정위기의 진행단계별 요인

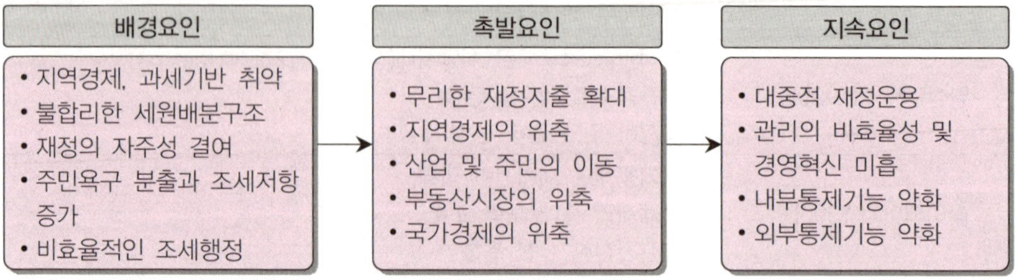

자료: Rubin(1987).

볼 수는 없으나 잠재적으로 보유하고 있는 상태를 의미하며, 여기에는 지역경제, 과세기반 취약, 불합리한 세원배분구조, 재정의 자주성 결여, 주민욕구 분출과 조세저항 증가, 비효율적인 조세행정 등을 들 수 있다. 촉발요인은 재정위기를 발생시키는 요인을 의미하며, 여기에는 무리한 재정지출 확대, 지역경제의 위축, 산업 및 주민의 이동, 부동산시장의 위축, 국가경제의 위축 등이 있다. 지속요인은 재정위기가 발생하였을 때 이를 지속시키는 요인을 의미하며, 여기에는 대중적 재정운용, 관리의 비효율성 및 경영혁신미흡, 내부통제기능 약화, 외부통제기능 약화 등이 있다([그림 13-2] 참조).

재정모니터링제도를 만들고자 할 경우에는 발생원인과 전개과정 등과 관련된 다양한 요인들을 지표화 하여 관리함으로써 재정위기를 방지할 수 있도록 하여야 할 것이다.

제 3 절 | 우리나라 지방재정위기관리제도

1. 재정위기단체의 지정

1) 재정위기 및 주의단체 지정의 의의

재정위기단체의 지정은 지방정부의 재정위기를 사전에 예측하고 선제적으로 대응하는 일련의 과정을 말한다.

지방재정법에 의하면 행정안전부장관은 재정분석 결과 재정의 건전성과 효율성 등이 현저히 떨어지는 지방정부, 재정위험수준이 대통령령으로 정하는 기준을 초과하는 지방정부에 대하여 지방재정위기관리위원회의 심의를 거쳐 대통령령으로 정하는 바에 따라 재정진단을 실시할 수 있다. 여기에서 대통령령으로 정하는 기준을 초과한다는 의미는 통합재정수지 적자비율이 100분의 25를 초과하는 지방정부, 예산대비 채무비율이 100분의 25를 초과하는 지방정부, 채무상환비비율이 100분의 12를 초과하는 지방정부, 지방세징수율이 100분의 80 미만인 지방정부, 금고잔액비율이 100분의 20 미만인 지방정부, 그리고 공기업부채비율이 100분의 400을 초과하는 지방정부이다. 행정안전부장관은 살펴본 것과 같은 재정분석 결과와 재정진단 결과 등을 토대로 지방재정위기관리위원회의 심의를 거쳐 해당 지방정부를 재정위기단체 또는 재정주의단체(財政注意團體)로 지정할 수 있다.

2) 재정위기 및 주의단체 지정기준과 절차

재정분석과 진단 결과 재정위험수준이 심각하다고 판단되는 지방정부는 재정위기단체로 지정하고, 재정위험수준이 심각한 수준에 해당되지 아니하나 지방정부 재정의 건전성 또는 효율성 등이 현저하게 떨어졌다고 판단되는 지방정부는 재정주의단체로 지정한다.

재정위기단체는 [표 13-8]과 같은 여섯 가지의 기준을 충족할 경우 지방재정위기관리위원회의 심의를 거쳐 지정할 수 있다.

또한 재정위험수준이 심각한 수준에 해당되지 않으나 지방정부 재정의 건전성 또는

표 13-8 지방재정위기단체 지정기준

구 분	기 준
통합재정수지 적자비율	100분의 30을 초과하는 지방정부
예산대비 채무비율	100분의 40을 초과하는 지방정부
채무상환비비율	100분의 17을 초과하는 지방정부
지방세징수율	100분의 70 미만인 지방정부
금고잔액비율	100분의 10 미만인 지방정부
공기업부채비율	100분의 600을 초과하는 지방정부

표 13-9 지방재정주의단체 지정기준

구 분	기 준
통합재정수지 적자비율	100분의 25를 초과하고 100분의 30 이하인 지방정부
예산대비 채무비율	100분의 25를 초과하고 100분의 40 이하인 지방정부
채무상환비비율	100분의 12를 초과하고 100분의 17 이하인 지방정부
지방세징수율	100분의 70 이상 100분의 80 미만인 지방정부
금고잔액비율	100분의 10 이상 100분의 20 미만인 지방정부
공기업부채비율	100분의 400을 초과하고 100분의 600 이하인 지방정부

효율성 등이 현저하게 떨어졌다고 판단되는 지방정부의 경우 재정주의단체로 지정할 수 있다. 재정주의단체의 지정기준은 [표 13-9]에서 보는 것과 같이 여섯 가지이다.

3) 재정위기단체 관리

재정위기단체는 [표 13-10]과 같이 관리된다. 먼저, 재정위기단체로 지정된 지방정부의 장은 대통령령으로 정하는 바에 따라 재정건전화계획을 수립하여 행정안전부장관의 승인을 받아야 한다. 이 경우 시장·군수 및 자치구의 구청장은 시·도지사를 경유

표 13-10 재정주의단체와 재정위기단체의 비교

구 분	재정주의단체	재정위기단체
정의	• 위기수준에는 미치지 못하나 일정기준 이상 재정위험이 예상되는 경우	• 재정위험이 예상되는 경우
위기단체 지정·해제	• 재정위기관리위원회 심의 • 행정안전부장관 결정	• 재정위기관리위원회 심의 • 행정안전부장관 결정
지정요건	• 모니터링 → 재정진단 → 위원회 심의 → 지정	• 모니터링 → 재정진단 → 위원회 심의 → 지정
해제요건	• 지정요건 해소 • 재정위기단체의 장이 요청	• 지정요건 해소 • 재정위기단체의 장이 요청
재정건전화 계획 수립	• 자율 수립 • 행정안전부 보고 • 의회의결 불필요	• 의무 수립 • 재정계획심의회 사전보고 • 행정안전부 승인 • 의회의결 필요
재정건전화 계획 이행	• 이행상황 보고	• 이행상황 보고

재정운용상 제한	• 없음	• 계획에 기초 예산재편성 • 지방채발행 및 신규투자사업제한
재정상 패널티	• 없음	• 지방교부세 감액 • 보조금, 공모사업 선정시 불이익 등 • 조정교부금 등 감액

자료: 지방자치인재개발원 · 시도공무원교육원(2020: 272). 『2020 공통교재 지방예산실무』.

하여야 한다. 특히, 재정위기단체의 장은 재정건전화계획에 대하여 지방의회의 의결을 얻어야 한다. 재정위기단체로 지정된 날부터 60일 이내에 재정건전화계획을 수립하여 행정안전부장관에게 제출하여야 한다. 재정건전화계획의 내용에는 조직개편, 채무상환, 세입의 증대, 신규사업의 제한과 그 밖에 행정안전부장관이 정하는 사항이 포함되어야 한다.

또한 재정위기단체의 장이 예산을 편성할 때에는 재정건전화계획을 기초로 하여야 한다. 그리고 재정위기단체의 장은 재정건전화계획의 이행상황을 지방의회 및 행정안전부장관에게 보고하여야 하며, 시장 · 군수 및 자치구의 구청장은 시 · 도지사를 경유하여야 한다.

재정위기단체의 장은 행정안전부장관의 승인과 지방의회의 의결을 얻은 재정건전화계획에 의하지 아니하고는 지방채의 발행, 채무의 보증, 일시차입, 채무부담행위를 할 수 없다. 그리고 재정위기단체의 장은 행정안전부장관의 승인과 지방의회의 의결을 얻은 재정건전화계획에 의하지 아니하고는 시 · 도의 경우 총사업비 40억 원 이상의 신규투자사업, 시 · 군 및 자치구의 경우 총사업비 20억 원 이상의 신규 투자사업에 관한 예산을 편성할 수 없다.

그리고 행정안전부장관은 재정위기단체의 재정건전화계획 수립 및 이행상황에 대하여 필요한 사항을 권고하거나 지도할 수 있다.

2. 긴급재정관리단체의 지정

1) 긴급재정관리단체 지정의 의의

긴급재정관리단체의 지정은 2015년 12월 29일 개정된 지방재정법에 의하여 도입되었다. 긴급재정관리단체를 지정한다는 것은 기존의 재정위기단체의 지정보다 더 강력한 제도라고 볼 수 있다.

한때 지방정부 파산제도 도입에 대한 논의가 있었다. 예를 들면, 채무가 지나치게 많아 독립적인 재정운용이 불가능하다고 판단될 경우 파산선고를 하고 중앙정부가 해당 지방정부를 감독하는 제도를 도입하고자 한 것이다. 그러나 현실과 불일치하는 점들이 많아 철회되었다. 그 이후 지방정부가 자력으로 재정위기상황을 극복하는 것이 어려울 경우 지방정부의 장의 신청이나 행정안전부의 직권으로 긴급재정관리단체로 지정할 수 있도록 제도화하였다. 물론 이 경우에도 지방의회의 의견을 미리들어야 한다.

2) 긴급재정관리단체 지정기준과 절차

행정안전부장관은 ① 재정위기단체로 지정된 지방정부가 재정건전화계획을 3년 간 이행하였음에도 불구하고 재정위기단체로 지정된 때부터 3년이 지난 날 또는 그 이후의 지방정부의 재정위험수준이 재정위기단체로 지정된 때보다 대통령령으로 정하는 수준 이하로 악화된 경우, ② 소속 공무원의 인건비를 30일 이상 지급하지 못한 경우, ③ 상환일이 도래한 채무의 원금 또는 이자에 대한 상환을 60일 이상 이행하지 못한 경우 중 어느 하나에 해당하여 자력으로 그 재정위기상황을 극복하기 어렵다고 판단되는 경우에는 해당 지방정부를 긴급재정관리단체로 지정할 수 있다. 이 경우 행정안전부장관은 긴급재정관리단체로 지정하려는 지방정부의 장과 지방의회의 의견을 미리 들어야 한다.

여기에서 말하는 지방정부의 재정위험수준이 재정위기단체로 지정된 때보다 대통령령으로 정하는 수준 이하로 악화된 경우란 ① 통합재정수지 적자비율이 100분의 45 이상인 경우, ② 지방채발행액과 보증채무부담행위액 중 지방정부가 채무이행의 책임을 지게 된 금액 및 채무부담행위액의 총 합계액이 해당 연도 최종예산의 100분의 60 이상인 경우, ③ 해당 연도 기준으로 과거 4년과 미래 4년 간 순지방비 채무상환액의 평균이 같은 기간 일반재원(지방교육세를 제외한 지방세, 세외수입, 지방교부세, 조정교부금의 총 합계액을 말한다) 평균 수입액의 1,000분의 255 이상인 경우(이 경우 미래 4년 간의 일반재원 수입액은 직전 연도의 일반재원 규모에 과거 4년 간의 일반재원 평균 증가율을 적용하여 산정한다), ④ 해당 연도 분기별 지방세 누적 징수액(과오납환급금을 차감한 실제 누적 징수액을 말한다)이 음의 값이고, 그 값의 절댓값이 최근 3년 간 해당 분기별 평균 지방세 누적 징수액 절댓값의 100분의 50 이상인 경우, ⑤ 해당 연도 분기별 금고의 총 잔액이 최근 3년 간 해당 분기별 평균 금고 총 잔액의 100분의 5 이하인 경우, ⑥ 지방공사의 부채가 순자산의 9배 이상인 경우를 의미한다.

지방정부의 장은 해당 지방정부가 앞의 여섯 가지 기준 중 어느 하나에 해당되거나 그에 준하는 재정위기에 직면하여 긴급재정관리가 필요하다고 판단하는 경우에는 지방의회의 의견을 들은 후 행정안전부장관에게 긴급재정관리단체의 지정을 신청할 수 있다. 신청을 받은 행정안전부장관은 긴급재정관리단체를 지정할 수 있다. 이때 지방정부의 장의 신청으로 긴급재정관리단체를 지정하려면 지방재정위기관리위원회의 심의를 거쳐야 한다.

긴급재정관리단체로 지정된 지방정부의 장은 그 지정사유가 해소된 경우에는 지방의회의 의견을 들은 후 행정안전부장관에게 지정해제를 신청할 수 있다. 해제신청을 받았거나 지정사유가 해소된 경우 행정안전부장관은 지방재정위기관리위원회의 심의를 거쳐 그 지정을 해제할 수 있다. 행정안전부장관은 시・도를 긴급재정관리단체로 지정한 경우에는 지정한 날부터 60일 이내에 국무회의에 보고하여야 한다.

3) 긴급재정관리단체 관리

(1) 행정안전부

행정안전부장관은 국가기관 소속 공무원 또는 재정관리에 관한 업무 지식과 경험이 풍부한 사람을 긴급재정관리인으로 선임하여 긴급재정관리단체에 파견하여야 한다. 물론 행정안전부장관이 긴급재정관리인을 선임하려면 미리 지방재정위기관리위원회의 심의・의결을 거쳐야 한다.

긴급재정관리단체에 파견된 긴급재정관리인은 긴급재정관리계획안의 작성 및 검토, 긴급재정관리계획의 이행상황에 대한 점검 및 보고・자료제출 요구, 그 밖에 긴급재정관리단체의 재정위기 극복을 위하여 필요한 업무를 수행한다.

만약 행정안전부장관이 긴급재정관리인을 선임할 때 국가기관 소속 공무원으로 하고자 한다면 고위공무원단에 속하는 공무원 중에서 선임하여야 한다. 그리고 국가기관 소속 공무원이 아닌 사람을 긴급재정관리인으로 선임・파견하는 경우에는 긴급재정관리인의 보수를 지방재정위기관리위원회의 심의를 거쳐 행정안전부장관이 결정한다. 긴급재정관리인의 파견기간은 파견된 날부터 1년으로 하되, 긴급재정관리계획의 이행기간 및 이행상황 등을 고려하여 연장할 수 있다. 이 경우 긴급재정관리인의 파견기간 연장 여부 및 연장기간은 지방재정위기관리위원회의 심의를 거쳐 행정안전부장관이 결정한다. 물론 긴급재정관리인도 긴급재정관리단체의 지정이 해제된 경우, 긴급재정관리인이 심신장애로 인하여 직무를 수행할 수 없게 된 경우, 긴급재정관리인의 직무와 관련된 비위사실이 있는 경우, 직무태만, 품위손상, 그 밖의 사유로 인하여 긴급재정관리인의 직을 유지하는 것이 적합하지 아니하다고 인정되는 경우, 긴급재정관리인 스스로 직무를 수행하는 것이 곤란하다고 의사를 밝히는 경우에는 해임할 수 있다.

또한 행정안전부장관은 긴급재정관리인의 업무에 필요하다고 판단되는 경우 관계 중앙관서 및 긴급재정관리단체가 아닌 지방정부에 인력지원을 요청할 수 있다.

(2) 긴급재정관리단체

긴급재정관리단체의 장은 우선 긴급재정관리계획안을 수립하여 긴급재정관리인의 검토를 받아 지방의회의 의결을 거친 후 행정안전부장관의 승인을 받아야 한다. 긴급재정관리계획안에는 긴급재정관리단체의 채무상환 및 감축 계획, 경상비 및 사업비 등의 세출구조조정 계획, 긴급재정관리단체의 수입증대 계획, 그 밖에 긴급재정관리단체의 재정위기 극복을 위하여 긴급재정관리계획의 이행목표 및 기간, 전전년도 및 전년도 통합부채와 우발부채의 변동상황, 해당 회계연도의 통합부채와 우발부채의 추정액, 해당 회계연도부터 5회계연도 이상의 기간에 대한 통합부채와 우발부채의 변동전망과 근거 및 관리계획의 사항(긴급재정관리단체로 지정된 날을 기준으로 한 것), 공무원(지방공기업의 임・직원을 포함한다) 정원감축 및 조직개편방안, 지방채발행, 채무의 보증, 일시차입 및 채무부담행위에 관한 사항, 재정투자사업에 대한 계획 등의 내용이 포함되어야 한다.

긴급재정관리단체의 장은 행정안전부장관의 승인을 받은 긴급재정관리계획을 지체없이 지방의회에 보고하여야 한다. 긴급재정관리단체의 장은 앞에서 살펴본 절차를 통하여 수립한 긴급재정관리계획을 성실히 이행하여야 한다. 행정안전부장관 또는 긴급재정관리인은 긴급재정관리단체의 긴급재정관리계획의 이행상황을 점검하거나 보고 또는 자료제출을 요구할 수 있다. 이 경우 긴급재정관리단체의 장은 이에 성실히 따라야 한다. 긴급재정관리단체의 장은 긴급재정관리인의 직무활동에 필요한 사항을 지원하여야 하고, 행정안전부장관은 이행 등에 대하여 평가를 실시할 수 있으며, 평가결과에 따라 필요한 사항을 권고할 수 있다. 긴급재정관리단체의 장은 권고를 받은 경우에는 신속하게 조치하고 그 결과를 행정안전부장관에게 통보하여야 한다. 또한 긴급재정관리단체의 장은 긴급재정관리계획 및 그 이행상황과 행정안전부장관의 이행평가결과를 매년 2회 이상 주민에게 공개하여야 한다.

긴급재정관리단체은 다양한 제약이 있다. 먼저, 긴급재정관리단체의 장은 예산안을 편성하는 경우에는 긴급재정관리계획에 따라야 한다. 긴급재정관리단체의 장은 이미 성립된 예산을 긴급재정관리계획에 따라 변경하여야 하는 경우에는 행정안전부장관이 긴급재정관리계획을 승인하여 통보한 날부터 60일 이내에 긴급재정관리계획에 따라 추가경정예산안을 편성하여 지방의회에 제출하여야 한다. 긴급재정관리단체의 장은 제1항 또는 제2항에 따라 예산안을 편성하여 지방의회에 제출하기 전에 예산안이 긴급재정관리계획에 적합한지 여부에 대하여 긴급재정관리인의 검토를 받아야 한다. 그리고 긴급재정관리단체의 장은 새롭게 작성된예산안을 행정안전부장관에게 제출하여야 한다. 지방의회는 제2항에 따라 긴급재정관리단체의 장이 제출한 추가경정예산안에 대하여 제출한 날부터 15일 이내에 의결하여야 한다.

또한 긴급재정관리단체는 지방채발행 등의 제한도 있다. 긴급재정관리단체의 장은 긴급재정관리계획에 따르지 아니하고는 지방채의 발행, 채무의 보증, 일시차입, 채무부담행위를 할 수 없다. 그리고 긴급재정관리단체의 장은 긴급재정관리계획에 따르지 아니하고는 시 · 도의 경우 총사업비 20억 원 이상의 신규 투자사업, 시 · 군 및 자치구의 경우 총사업비 10억 원 이상의 신규 투자에 관한 예산을 편성할 수 없다.

제 4 절 | 해외사례

1. 미 국

1) 재정위기의 원인과 대처과정

미국의 지방정부는 크게 보아 대공황에 따른 경기침체기였던 1930년대, 오일쇼크의 영향에 의한 1970년대, 그리고 최근의 1990년대 재정위기 등 세 차례의 재정위기를 맞이한다(이용준, 1999).

(1) 1930년대

1930년대의 재정위기의 배경은 직접적으로는 대공황이 원인이나 그 바탕에는 1920년대 중반에 발생한 부동산 및 증권투기에 의한 거품경제가 대공황과 함께 붕괴된 데 있다. 뉴욕, 시카고를 비롯하여 디트로이트, 피츠버그, 보스턴 등 미국 대부분의 대도시가 재정위기에 직면하였다. 이러한 재정위기에 직면하여 뉴욕시는 재정위기를 극복하기 위해 예산절약법을 제정하여 인건비를 절약하는 한편, 기구통・폐합, 조세체납의 개선 등의 자구노력을 전개하였다. 또한 뉴욕시와 은행 간에 예산과 대부에 관한 4개년협정이라는 소위 은행가협정을 체결하여 제정에 있어 사실상 은행관리를 받았다. 시카고시는 재정위기에 직면하자 시의회 재정위원회에서 시재정의 모든 책임을 부동산평가위원회로 이관하였고, 여기에 실질적인 책임기관으로 시민위원회를 구성하여 재원조달, 재발방지, 토지재평가행정의 재편 등을 추진하였다.

(2) 1970년대

뉴욕시의 1975년 재정위기는 표면적으로는 금융기관이 뉴욕시가 발행한 공채인수거부에 따른 것이나 이면에는 1960년대 후반 이래 뉴욕시 재정의 부실화에 기인한 것이다. 뉴욕시는 자치기능을 존중하되 금융・재정분야 전문가로 구성된 특별위원회를 설치하고 산하에 시를 대행하여 장기공채나 일시차입금을 발행하는 지방자치단체 지원공사를 설치하여 기초행정서비스의 공급과 공채 및 차입채권의 발행을 수행토록 하였다. 지방자치단체지원공사의 권고에 따라 주긴급재정법을 제정하여 주의회의장, 주회계관, 시장, 시회계관, 주지사가 임명한 민간인 3명으로 구성된 긴급재정관리위원회를 설치하였다. 동 위원회는 공적부조비의 억제, 자본예산의 대폭적인 축소, 행정규모의 축소를 골자로 하는 재정3개년계획을 발표하였으며, 시의 재정은 위원회의 통제를 받도록 하였다. 뉴욕시의 재정위기가 해소되지 않자 연방정부는 23억 달러의 단기대출을 단행하였고, 뉴욕시의 재정은 1981년 이후 균형을 회복하였고, 1986년에서야 모든 채무의 상환이 이루어졌다.

(3) 1990년대

첼시시(1991)의 경우 재정위기에 당면한 특정 지방정부에만 적용되는 특별법을 제정하여 자치권을 일시 정지시키고, 파산관리인으로 하여금 제반 재정활동을 통제하는 파산관리인제도를 적용하였다. 첼시시의 상급기관인 메사추세츠주는 첼시시의 시장을 해임하고 3~5년 간 주지사가 임명하는 파산관리인이 대행하였고 시의회의 기능을 정지시켰다. 파산관리인의 주요 권한은 재정건전화계획의 작성, 예산의 책정, 공채의 발행, 공공요금 · 사용료의 요율인상, 인사의 실시, 일시해고 및 공무원노조와의 계약파기, 지역개발계획의 변경, 고정자산의 매각 · 분양, 시민의 동의에 의한 고정자산 세율의 인상 등이다.

브리지포트시(1991)는 재정위기를 맞아 주정부에 지원을 요구하였고 주의회는 특별법을 제정하여 재정심사위원회를 설치토록 하였다. 재정심사위원회는 시직원의 임금동결과 함께 3,500명을 해고하는 한편, 재산세 증세와 서비스수준의 감축조치를 단행하였다. 그러나 시와 위원회 간에 의견충돌로 시장이 연방파산재판소에 파산을 신청하였으나 기각되었다.

오렌지카운티(1994)는 투기적 자산투자의 실패로 16억 달러에 달하는 투자손실을 보게 됨에 따라 1994년 12월 6일 연방파산법원에 파산을 신청하였다. 재정건전화를 위해 임금 및 신규고용의 동결, 일시해고, 물품구입비 및 일반행정비의 감축 등의 자구노력을 전개하였고, 채무상환을 위산 채무조정계획을 발표하여 항목별 부채추정액, 채무상환방법, 채무상환기간 등을 제시하였다. 또한 캘리포니아주 상원은 특별위원회를 구성하고 공개청문회를 개최하는 등 자체조사를 실시하여 관할 모든 지방정부에 재정운용에 관한 권고안을 채택하였다.

워싱턴 DC(1995)는 무리한 자본시장 투자로 입은 15억 달러의 손실에 따라 1995년 2월에 파산을 시인하고 연방정부에 2억 6,700만 달러의 긴급재정지원을 요청하였다. 연방하원은 1995년 DC 재정책임 및 관리지원법을 통과시키고, 이에 근거해 위원장 포함 5인으로 구성된 DC 재정책임 및 관리지원위원회를 설치하여 사실상의 재정 및 행정전반을 이 위원회의 지도감독을 받도록 하였다([표 13-11] 참조).

표 3-11 미국 지방재정위기의 원인

구 분		주요 원인	지방정부
내적 요인	지역경제	지역경제불황, 복지비증가, 세수감소, 빈곤층유입 및 부유층유출	첼시시(1991) 브리지포트시(1991)
	행정관리	투자손실, 공채발행 및 누적적자	오렌지카운티(1994) 뉴욕시(1975, 1993)
외적 요인	세계경제 및 국가경제	경기침체, 재산세수입감소, 실업구제 재정수요 팽창, 공채부담증가	뉴욕, 시카고, 디트로이트, 피츠버그, 보스턴 등 1930년대 대공황
	정부 간 재정관계	보조금삭감 및 누적적자	워싱턴 DC(1995)

자료: 이상용(2002).

2) 재정진단시스템: 재정동향분석체제(FTMS)[1)]

재정동향분석체제(FTMS)는 지방정부 스스로 재정위기의 발생가능성을 사전에 파악하기 위한 자가진단시스템으로 활용되고 있다. 재정상태에 영향을 미치는 요인들을 계량적 지표로 개발하여 다음과 같이 활용하는 데 있다(Groves & Valente, 1994: 4). 첫째, 지방정부의 재정상태에 대한 이해의 폭을 넓히고, 둘째, 심각한 상태에 이르기 전에 재정압박의 가능성을 파악하고, 셋째, 지방정부의 재정적 취약점과 강점을 선거직 공무원, 시민, 신용평가기관, 그리고 재정상태에 관한 정보를 필요로 하는 모든 조직들에게 제공하고, 넷째, 매년도 예산편성 시 장기적인 목표를 반영하고, 다섯째, 선거직 공무원들이 재정정책을 결정하는 데 필요한 기본자료를 제공하는 것을 목표로 한다.

종합적으로 볼 때, FTMS는 문제의 발생원인이 무엇인지를 구체적으로 설명하지 못하고, 재정적 건전성을 종합적으로 나타내는 단일지표나 수치를 제시하지 못하는 한계가 있다. 그러나 재정위기를 예고하는 단서를 사전에 발견하고, 필요한 조치를 취할 수 있는 시간적 여유를 제공하는 효과가 있기 때문에 가장 보편적으로 활용되고 있다.

FTMS는 지방정부가 공공서비스를 지속적으로 공급하는 데 필요한 재원을 조달할 수 있는 능력을 보유하고 있는가를 측정하는 데 우선적인 목적을 두고 있다(Groves & Valente, 1994: 2). FTMS가 측정하고자 하는 내용을 보다 구체적으로 살펴보면 다음과 같다.

첫째, 지방정부는 현재수준의 서비스를 제공하는 데 필요한 재원을 무리 없이 조달

1) 김종순 외(2010)에서 재인용하였음.

할 능력이 있는가? 여기서 말하는 '현재수준의 서비스'에는 도로, 건물 등의 자본시설을 사용가능한 상태로 유지·보수함은 물론 연금, 리스계약, 지방채 등이 계획에 따라 적기 상환되고 있음을 포함한다. 둘째, 경기위축에 대한 대응능력이 있는가? 1990년대에 들어 지역주민을 고용하는 규모가 비교적 큰 기업이 역외로 이전하여 실업률을 증가시키고 조세수입을 감소시켜 지방재정이 위축되는 경우가 많았다. 재정적 건전성을 유지하기 위해서는 이와 같은 일시적인 국가경제나 지역경제 후퇴로 인해 지방재정이 심각한 타격을 입지 않을 정도의 탄력성을 보유하고 있어야 한다. 셋째, 성장과 변화에 따른 재정수요를 충족할 수 있는가? 인구의 증가 또는 감소는 지방재정에 영향을 미친다. 인구증가는 도로, 상·하수도 등 모든 분야에 대한 시설투자는 물론 운영예산을 증가시키는 반면, 인구감소는 지방세 및 세외수입을 감소시킨다. 인구 수에 변화가 없는 경우에도 인구구성 내역에 변화가 생기면 역시 재정수요도 변화한다. 노인인구 및 빈곤인구의 증가는 지방세수입의 감소와 복지비용의 증가를 가져오고, 학생 수의 증가는 교육재정수요를 확대한다. 따라서 이와 같은 변화에 대응하여 지역경제를 유지·활성화할 수 있는 적정수준의 재정투자능력을 지속적으로 보유하고 있는가를 측정하여야 한다 (Groves & Godsey, 1986: 278-279).

FTMS는 재정상태에 영향을 미치는 주요 요인을 나타내는 12개의 변수들을 환경요인, 조직요인, 재정요인으로 나누고 있다. 이들 변수들은 다시 36개의 지표로 구성된다. 환경요인은 조직요인들을 통해 여과되고, 조직요인은 다시 재정요인을 결정하도록 구성되어 있다. 즉, 환경요인이 조직요인을 통하여 재정요인에 영향을 미치는 인과관계가 존재한다.

① **환경요인**: 환경요인은 지방재정에 영향을 미치는 외부적 요인으로 지방재정에 대한 수요를 창출하고 재원을 증대시킨다. 따라서 환경요인이 재정상태에 미치는 영향을 분석하는 기준은 다음과 같다. "환경적 요인들은 새로이 창출되는 재정수요를 충당할 수 있을 정도로 충분한 재원을 창출하고 있는가?"

② **조직요인**: 모든 조직이 서비스 감축 효율성의 제고, 세율인상 등을 통하여 환경의 변화에 적절히 대응한다면 건전한 재정상태를 유지할 수 있다. 공무원들이 충분한 시간적 여유를 가지고 변화를 감지하고 대응할 수 있기 때문이다. 그러나 정치적 제약, 지방재정 분석의 미비, 회계제도의 한계 등으로 인하여 변화하는 환경에 대해서 적절히 대응하는 데 어려움이 있다. 따라서 조직요인이 재정상태에 미

치는 영향을 분석하는 기준은 다음과 같다. "지방정부의 관리방식과 입법정책이 환경요인의 변화에 효과적으로 대응하도록 되어 있는가?"

③ **재정요인**: 재정상태는 환경요인과 조직요인이 복합적으로 상호작용한 결과이다. 만약 환경요인이 재원의 공급보다 더 많은 수요를 발생시킨다면, 그리고 조직이 재정에 대한 수요와 공급균형을 이룰 수 있는 대응방안을 마련하지 못한다면 재정적 요인들은 현금 및 예산상의 지불불능, 그리고 장기적인 지불불능 상태가 발생한다는 신호를 보내게 되는 것이다. 따라서 재정요인이 재정상태에 미치는 영향을 분석하는 기준은 다음과 같다. "경상비용을 현재의 수입으로 지불하고 있는가? 아니면 편익이나 수익이 장기적으로 발생하지 않는 경우에도 단순히 지불시기를 미래의 시점으로 연기하고 있는가?"

[표 13-12]는 각 요인별로 계량화된 지표를 활용하여 재정상태를 진단하는 방법을 보여주고 있다. 12개의 요인 가운데 7개의 요인에 대해서만 지표를 구성하고 있는데, 이것은 정치문화와 같은 요인들은 지표구성이 불가능하거나 객관성이 의문시되기 때문이다. 일부 지표들은 한 개 이상의 요인에 동시에 적용되지만 분류의 편의상 하나의 요인에만 포함시키고 있다. 예를 들어, 보조금 의존도를 나타내는 '정부 간 세입비율'은 '세입요인'에만 포함되어 있지만, '정부 간 제약조항'에도 포함되어 있다. 나머지 5개 요인들은 계량화된 지표는 없지만 그들이 재정상태에 미치는 영향력을 판별할 수 있는 평가문항들이 존재한다.

표 13-12 재정지표 및 재정위기 유발요인

구 분	재정지표	재정위기 유발요인
세입 지표	1. 1인당 세입규모	• 1인당 경상세입의 감소
	2. 목적재원	• 순경상세입에 대한 목적재원세입비율의 증가
	3. 이전재원	• 순경상세입에 대한 의존재원비율의 증가
	4. 탄력적 조세수입	• 순경상세입에 대한 탄력적 경상세입비율의 감소
	5. 임시수입	• 순경상세입에 대한 임시세입비중의 증가
	6. 부동산관련세입	• 부동산세입의 감소(불변가격)
	7. 체납부동산과세	• 부동산세입 징수액 대비 체납세액 비율의 증가
	8. 사용료 수입범위	• 서비스 관련 총지출에 대한 사용자수수료 수입비율의 감소
	9. 세입부족	• 실제 경상세입에 있어 세입부족비율의 증가

세출 지표	10. 1인당 지출액 11. 주민 1인당 공무원 수 12. 고정비용 13. 부가급여	• 불변가격 기준 1인당 경상지출액의 증가 • 1인당 지방공무원 수의 증가 • 순경상지출에 대한 고정비용 비율의 증가 • 임금과 보수에 대한 부가급여액 비중증가
운영 상황	14. 경상적자 15. 사업손실 16. 일반이월금 17. 유동자산	• 순경상수입에 대한 일반재정 경상적자비율의 증대 • 불변가격 기준 사업손실 발생 • 순경상세입에 대한 이월금 비율감소 • 경상부채에 대한 현금/단기투자자본금의 비율감소
부채 구조	18. 경상부채 19. 장기부채 20. 채무상환 21. 중복채무	• 순경상세입에 대한 부채비율의 증가 • 평가자산에 대한 직접장기 채무비율의 증가 • 순경상세입에 대한 순직접채무상환액의 비율의 증가 • 평가자산에 대한 장기적 중복기채액의 비율증가
미지급 부채	22. 미충당연금 23. 연금기금 24. 공무원 누적휴가	• 자산평가에 대한 미충당연금채무의 비율증가 • 연금지급액에 대한 연금자산가치의 비율감소 • 지방공무원 1인당 사용하지 않은 병·휴가 일수의 증가
자본 설비의 상태	25. 유지노력 26. 자본지출수준 27. 감가상각비	• 단위자산당 고정자산의 보수·유지비용의 감소(불변가격) • 순경상지출 대비 경상재원으로부터의 자본 • 지출비율 3년 연속감소 • 고정자산비용에 대한 감가상각비율의 감소
지역 사회의 수요/자원	28. 인구 29. 중위연령 30. 주민 1인당 소득 31. 빈곤가구 및 공적부조 대상자 32. 재산가치 33. 주거지개발 34. 공한율 35. 고용기반 36. 사업활동	• 인규규모의 급속한 감소 • 중위연령의 상승 • 개인소득 성장률 또는 절대액의 감소 • 빈곤가구 및 공적부조대상자의 비율증가 • 시장가격의 성장둔화 및 감소(불변가격) • 전부분개발에 대한 주거지 개발비중의 증대 • 주거용, 상업용, 공업용 건물의 공한율 증가 • 실업률의 증가 및 직장 수의 감소 • 사업단위의 수, 영업면적 등 사업활동의 쇠퇴

자료: 김종순(1997).

3) 재정위기결정기준

미국 정부 간 자문위원회는 주정부가 지방정부의 재정위기를 결정할 수 있는 가이드라인을 제공하고 있으며 다음과 같다(정성호·정창훈, 2011).

첫째, 채무상환불이행, 둘째, 세금, 연금부담, 기타 위임부담 등 정부 간 부담의 일정기간 불이행, 셋째, 공무원봉급, 연금지급의 일정기간 불이행, 넷째, 경상계정에서 전년도 총 세출액의 10%를 초과하는 유동부채 등이다.

미국 주의 재정위기의 선언기준은 ACIR에서 1973년에 재정위기상태에 있는 30개 시 정부들을 조사하여 여섯 가지 요소를 재정비상태의 신호로 제시한다.

- 당기에 수입에 비해 과도한 지출이 있을 때
- 수년 간 수입에 비해 지출이 지속적으로 초과할 때
- 유동자산에 비해 유동부채 초과상태일 때
- 제한적 기금으로부터 단기 채무변제나 단기 운영채무에 대한 미지급이 증가할 때
- 재산세 연체율이 급증할 때
- 예상치 못한 이유로 갑작스럽게 실질적인 자산가치가 하락할 때 등

미국의 경우 가장 작은 지방정부는 작게는 인구 500명 이하의 시부터 크게는 인구가 100만 명을 넘는 대규모 시까지 그 종류가 매우 다양하다(정창훈, 2011). 이렇게 다양한 규모의 차이를 반영키 위해서 작은 지방정부에 사용할 수 있는 단순 재정위기진단 모형이 있는가 하면 중간규모 이상의(보통 인구 50,000명 이상) 모든 지방정부에 효과적으로 사용할 복잡한 진단모형도 있다. 단순한 모형은 상대적으로 적은 요소들과 변수들을 동원하지만 복잡한 모형은 많은 요소들과 변수들이 필요하게 된다. 단순한 모형은 작은 지방정부들에서 손쉽게 사용할 수 있는 장점이 있는 반면, 이 모형으로 정밀한 진단과 향후 추세 등을 파악하기가 매우 어렵다. 반면에 복잡한 모형은 사용하는 변수가 많아 재정위기진단을 위한 자료수집에 많은 비용과 시간이 소요된다. 그럼에도 불구하고 복잡한 모형은 정교한 진단과 중・장기 추세 등을 분석할 수 있는 장점이 있어서 가능하면 규모가 작은 지방정부도 복잡한 모형을 사용하는 것을 권고한다.

미국의 지방정부 재정위기진단 시 현재 가장 많이 사용하고 있는 세 개의 모형이 있다(정창훈, 2011). 첫째로 중소규모 이하의 작은 도시에 대해서 일년간 단위로 분석하는 브라운(Ken W. Brown)이 개발한 10개의 지표를 측정하는 "10-points Test of Financial Condition" 모형이다. 또 다른 하나는 "10-points Test of Financial Condition" 모형의 단점을 보완하여 클로하 등(Kloha et al.)이 개발한 재정압박 10점 척도모형(10-points Scale of Fiscal Distress)이다. 이 모형은 몇 개의 지표에 대해서는 단년이 아닌 다년간(2~3년)을 측정하고 있어 Brown 지표보다는 약간 향상된 모형이라 하겠다. 마지막 모형으로 중규모(보통 인구 50,000명) 이상의 지방정부에서 다년간(보통 5년 이상)의 재정동향을 분석하는 재정동향분석체계(Financial Monitoring Trend System:

FTMS)가 있다. 이 모형은 그로브스(Sanford M. Groves)와 발렌테(Maureen Godsey Valente)가 만든 모형이 있고, 나중에 이들의 모형을 수정한 놀렌베르거(Karl Nollen-berger)의 모형이 있다. 이 모형은 지방재정에 영향을 미치는 환경요인, 조직요인, 재무요인에 근거한 40개가 넘는 지표를 사용하여 이들 지표들의 추세를 분석하여 재정상태를 점검한다. 작은 지방정부에서도 필요한 자료만 있으면 유용하게 사용할 수 있는 모형으로 현재 미국 지방정부에서 가장 많이 사용되고 있는 재정위기진단 모형이다.

서정섭(2010)은 미국 지방정부의 재정위기 결정기준을 [표 13-13]과 같이 종합적으로 제시하고 있다.

표 13-13 미국 지방정부의 재정위기 결정기준

구 분		기 준
재정 파산	연방파산법 제9장 조건	① 지방정부로서의 권한이 있을 것, ② 파산신청이 주법에 의하여 인정되어야 할 것, ③ 지불불능이거나 만기채무를 상환할 수 없을 것, ④ 파산법원이 승인한 채무조정계획의 수립을 만족해야만 성립
재정 위기	ACIR 기준	① 채무상환불이행, ② 세금, 연금부담, 기타 위임부담 등 정부 간 부담의 일정기간 불이행, ③ 공무원봉급, 연금지급의 일정기간 불이행, ④ 경상계정에서 전년도 총지출액의 10%를 초과하는 유동부채
	플로리다기준	① 채무상환 불이행, ② 사회보장, 연금, 퇴직금 등 재원이전의 적기 불이행, ③ 공무원 임금지불, 퇴직수혜의 기간 내 불이행, ④ 자체수입의 부족(투자로 인한 적자, 2년 연속 적자재정)
	오하이오주기준	① 30일 이상 채무상환 불이행, ② 공무원 2/3 이상이 동의하지 않는 상황에서 1개월을 초과하는 임금지연, ③ 과세의 재조정, ④ 30일 이상 지불연기가 전년도 수입(또는 일반재원)의 1/12을 초과하는 상태, ⑤ 총적자가 이 전년도 수입의 1/12을 초과하는 상태, ⑥ 일반현금계정에서 총현금의 1/12을 초과한 전년도의 이월금이 있는 상태

자료: 한국지방행정연구원(1997).

2. 일 본

1) 재정위기의 원인과 대처과정

일본의 재정위기는 시기적으로 3개로 구분할 수 있는데, 1950년대, 1970년대, 그리고 1990년대로 구분하여 살펴볼 수 있다.

(1) 1950년대

1950년대 제1차 재정위기의 원인을 세입측면과 세출측면으로 구분하여 간략하게 정리하면 다음과 같다. 첫째, 세입측면이다. 1953년의 경제불황으로 인하여 국가 및 지방정부 모두 전반적인 세수의 하락이 있었다. 이로 인하여 지방정부는 직접적인 세수하락이 있었고, 동시에 지방교부세가 축소되어 이중고를 겪게 되었다. 또한 사업소세를 도입함으로써 농업 의존도가 높은 도도부현의 세입능력이 저하되었다. 둘째, 세출측면이다. 태풍과 풍수해 등과 같은 자연재해가 발생하였고, 이는 재해복구비의 증가현상을 초래하였다. 그리고 부실 지방정부의 재정건전화를 목적으로 단행한 시정촌합병이 재정부실화를 확대하여 재정위기원인으로 작용한다(조기현 · 신두섭, 2008).

이를 종합하면 다음과 같이 정리할 수 있을 것이다. 1950년대의 재정위기는 재정수요의 급증과 세입제약 및 인플레이션의 발생에 더하여 1953년의 불황으로 지방세와 국세의 세입이 현저하게 하락하고 지방재정이 어렵게 되어 1954년 34개의 도도부현과 2,247개의 시정촌이 재정적자를 기록하게 됨에 따라 1955년 12월 29일 지방재정재건촉진특별조치법을 제정한 바 있다. 재건법에서 규정하고 있는 재건단체나 또는 이로 전락할 상황에 있는 경우 재정위기로 볼 수 있는데, 보통회계에서 전년도의 실질수지적자가 표준세수입에 보통교부세와 지방양여세를 합한 표준재정규모에서 차지하는 비율이 도부현의 경우 5%를 시정촌의 경우 20%를 초과하는 단체가 이에 해당된다(이용준, 1999).

일본 정부는 1995년 지방재정재건촉진특별조치법을 제정하여 적자규모가 일정규모를 초과하는 경우 적자단체로 지정하여 자치성이 작성하는 지도요강에 의거 적자재정계획을 수립하고, 자치성의 지도를 받도록 하였다. 특히, 세입면에서는 증세, 징수율의 인상, 사용료 · 수수료의 인상 등이 이루어지고, 세출면에서는 지소 · 출장소의 통 · 폐합, 직원 수의 삭감, 급여의 억제, 물건비의 절약 등을 위한 조치가 취해진다. 그 외에도 1953년에는 정촌합병촉진법을 제정하여 1953년에 9,868단체였던 시 · 정 · 촌이 1956년에는 3,975단체로 대폭 감소되기도 하였다(김종순 외, 2010).

(2) 1970년대

제2차 재정위기는 고도성장의 종료와 오일쇼크에 의한 외부적 요인이 결합하면서 1970년대 초반에 발생하였다. 세입측면에서 보면 오일쇼크현상이 발생하였고 이로 인하여 세입이 축소되었다. 세출측면에서 보면 행정의 비만화, 고임금, 주민들의 무임승차사상, 복지수요증가, 그리고 도시재정수요의 증가(주택, 도시계획, 환경위생, 하수도 등) 등으로 인하여 세출이 증가하였다(조기현 · 신두섭, 2008).

이를 종합적으로 살펴보면 1970년대의 재정위기는 오일쇼크에 의한 일반재원의 현저한 감소 및 지방교부세, 국고지출금의 하락으로 도도부현의 재정이 적자상태에 빠진 것이다(이용준, 1999).

정부는 1950년대와 달리 기채의 증발과 자금운용부자금으로부터 차입하여 재원부족을 해소하였다. 지방세감수액은 1955년의 재정위기 때 제정된 지방재정재건촉진특별조치법에 근거하여 지방채를 발행하여 보전(재원대책채=개정재건채=적자지방채)하였고, 지방교부세의 부족분에 대해서는 자금운용부자금으로부터 차입하여 보전하는 방법으로 재정적자를 해소하였다(김종순 외, 2010).

(3) 1990년대

제3차 재정위기는 버블붕괴에 의한 장기불황에 의하여 발생하였다고 볼 수 있다. 제2차 재정위기와 달리 일본경제의 구조적 모순이 분출하면서 통화정책적 경기조절능력을 상실하게 되자 재정적자를 이용한 확대재정정책을 선택하였다. 지방정부 역시 중앙정부의 정책요구에 부응하는 한편, 지역경제의 활성화 수단으로서 지방채발행이나 공사 · 공단 등 외곽기관의 설치를 적극 활용하는 전략을 선택하였다.

2) 재정위기결정기준

일본의 경우 지방정부재정건전화법의 제정(2006)을 통하여 중앙정부의 관리 여지를 남겨두고 있는데, 특징은 지방정부 관련 기관들과의 통합재정정보에 기초하여 위기단계별로 대응책을 마련한다는 점이다. 실질수지비율에 추가하여 통합실질수지비율, 실질공채비비율, 장래부담비율 등을 종합적으로 고려하여 지방정부의 재정상황을 파악한다(김태영, 2010).

- 실질적자비율
  - 실질적자비율=일반회계 등의 실질적자액/표준재정규모
  - 일반회계 등의 실질적자액: 일반회계 및 특별회계 중 보통회계에 상당하는 회계

에 대한 실질적자 금액

- 실질적자액: 조상충용액+(지불연기액+사업이월액): 세입−세출액

- 연결실질적자비율
  - 연결실질적자비율=연결실질적자액/표준재정규모
  - 연결실질적자액: ①+②의 합계액이 ③+④의 합계액을 초과하는 경우, 해당 초과하는 금액

    ① 일반회계 및 공기업(지방공기업법 적용 기업 및 비적용 기업) 이외의 특별회계 중 실질적자를 발생한 회계의 실질적자의 합계액

    ② 공기업특별회계 중 자금부족액이 발생한 회계의 자금부족액의 합계액

    ③ 일반회계 및 공기업 이외의 특별회계 중 실질흑자가 발생한 회계의 실질흑자의 합계액

    ④ 공기업 특별회계 중 자금의 잉여금이 발생한 회계의 자금잉여금의 합계액

- 실질공채비비율
  - 실질공채비비율(3개년 평균)=(지방채의 원리상환금+준원리상환금)−(특정재원+원리상환금·준원리상환금에 관계되는 기준재정수요액산입액)/표준재정규모−(원리상환금·준원리상환금 관계되는 기준재정수요액산입액)
  - 준원리상환금은 ① 만기 일괄상환 지방채에 대해서 상환기간을 30년 원금균등년부상환으로 한 경우에는 연간원금상환금 상환액, ② 일반회계 등에서 일반회계 등 이외의 특별회계로의 전출금 중 공기업채 상환재원으로 충당되었다고 인정되는 것, ③ 조합, 지방개발사업단(조합 등)으로의 부담금, 보조금 등 조합 등이 발행한 지방채의 상환재원으로 충당되었다고 인정되는 것, ④ 채무부담행위에 기초한 지출 중 공채비에 준하는 것, ⑤ 일시차입금의 이자를 의미함

- 장래부담비율
  - 장래부담비율=장래부담액−(충당가능기금액+특정재원예상액+지방채현재고등에 관계되는 기준재정수요액 산입예상액)/표준재정규모−(원리상환금·준원리상환금에 관계되는 기준재정수요액산입액)
  - 장래부담액은 ① 일반회계 등의 당해 연도의 전년도 말 지방채현재고, ② 채무부담행위에 기초한 지출예정액, ③ 일반회계 등 이외의 회계의 지방채 원금상환에 충당되는 해당 지방정부로부터의 부담 등 예상액, ④ 해당 지방정부가 가입

하는 조합 등의 지방채 원금상환에 충당되는 해당 지방정부로부터의 부담 등 예상액, ⑤ 퇴직수당지급액 중 일반회계 등의 부담예상액, ⑥ 지방정부가 설립한 법인의 부채액, 기타 채무를 부담하고 있는 경우에 해당 채무액 중 법인의 재무 및 경영상황을 감안한 일반회계 등의 부담예상액, ⑦ 연결실질적자액, ⑧ 조합 등의 연결실질적자액 상당액 중 일반회계 등의 부담예상액을 의미함

- 충당가능기금액은 ①에서 ⑥까지의 상환액에 충당할 수 있는 지방자치법 제241조의 기금을 의미함

– 자금부족비율

- 자금부족비율=자금부족액/사업규모([표 13-14] 참조)(조계근, 2010)

건전화판단비율 등의 대상이 되는 회계의 범위를 도식화하면, [그림 13-13]과 같다.

표 13-14 일본의 재정조기건전화, 재정재생, 경영건전화 대상범위와 기준

구 분	지방채협의 · 허가이행기준	조기건전화기준	재정재생기준
실질적자비율 • 일반회계 실질적자비율	• 도도부현: 2.5% • 시정촌: 재정규모에 따라 2.5~10%	• 도도부현: 3.75% • 시정촌: 재정규모에 따라 11.25~15%	• 도도부현: 5% • 시정촌: 20%
연결실질적자비율 • 전 회계의 실질적자비율	–	• 도도부현: 8.75% • 시정촌: 재정규모에 따라 16.25~20%	• 도도부현: 15% • 시정촌: 30%
실질공채비비율 • 공채비와 이에 준하는 경비의 비율	18%	• 도도부현 · 시정촌: 25%	• 도도부현 · 시정촌: 35%
장래부담비율 • 지방채 잔고 외에 일반회계 등이 장래부담해야 할 실질적인 부채를 포함한 비율	–	• 도도부현 · 정령시: 400% • 시정촌: 350%	–
공기업자금부족비율 • 공영기업 등의 자금부족 비율	10%	(경영건전화기준) 20%	–

자료: 한국지방행정연구원(2008a).

그림 13-3 건전화판단지표와 회계범위

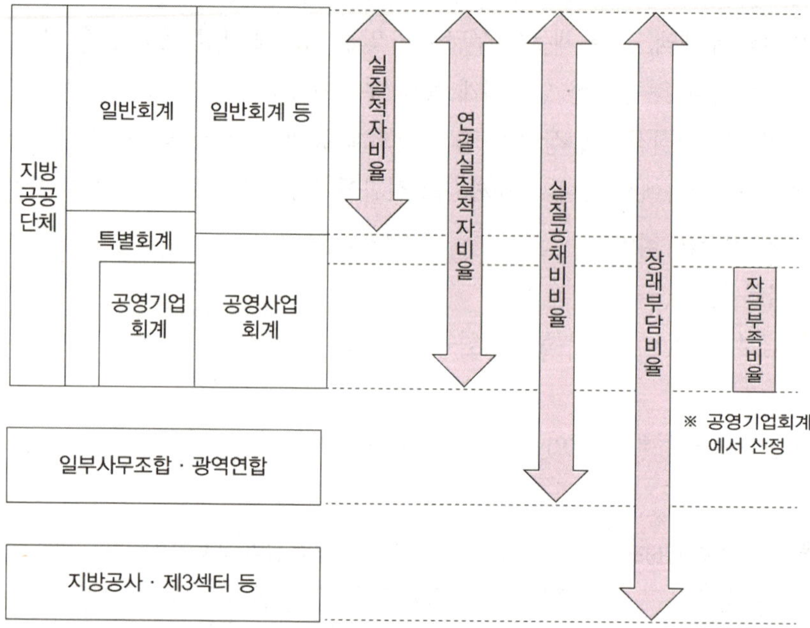

자료: 총무성, http://www.soumu.go.jp/menu_seisaku/hakusyo/chihou/22data/22czb1-2-1.html

미국과 일본에 대한 지금까지의 논의를 종합하면 [표 13-15]와 같다.

표 13-15 주요국 재정분석진단제도 비교

구 분	한 국	미 국			일 본		
	재정분석진단제도	재정상태평가(FTMS)	재정위기 관리제도	신용평가 제도	유사단체 재정지수표	재정위기 관리제도	재정상황 종합진단
목적	- 현황 · 운영실태분석 - 재정위기사전 예방	- 자체진단 - 재정위기 사전 예방	- 재정위기 관리	- 신용평가	- 자체진단 - 유사단체 비교	- 재정위기 관리	- 재정상황 종합진단
운영 주체	- 중앙/상급/개별지방정부 - 지방재정종합 분석 공표 (행정안전부) • 행정안전부 주관	- 개별단체 • ICMA에서 개발 · 보급	- 주정부 • 연방법원 (연방파산법 적용 시) • 개별단체 신청 포함	- 신용평가기관 (Moody's, S&P 등)	- 개별단체 - 유사단체별 재정지수표 공표 • 총무성 주관	- 중앙	- (재)지방자치 협회

재정 분석 지표	–13개 재정지표	–36개 지표 기본±단체별 특성 고려 가감 조정		– Mood's: 경제 기반, 예산성과, 제도요인, 정부구조 및 정치적 요인 고려	– 주요 재정 지표 및 결산과목 (항목, 구성비) • 유사단체 표준지수 작성		– 60개 지표 (현황지표 20, 운영지표 20, 공공시설 지표 20)
재정 위기 단체			– 연방파산법 – 주의 재정 위기 관련 법 기준			– 실질적자 비율 • 광역: 5% • 시정촌 20% 이상	
재정 진단 단체 관리	– 재정진단 및 권고(중앙), 건전화계획수립 시행(지방), 이행점검(중앙)	– 자체재정관리			–자체재정 관리		– 자체재정 관리
재정 위기 단체			– 연방(법원) 및 주의 행재정 개입 – 재정재건 프로그램 운영			– 중앙의 행재정 개입 – 재정재건 프로그램 운영	
장점	– 단체 간 비교 용이 – 평가의 간편성 – 종합지표산정	– 상시, 다년도 분석 – 단체특성 반영 – 지표선정 유연성 – 재정관리능력 향상		– 채무 관련 평가 – 전문성 확보 – 지방채시장 활성화 기여			– 비교용이 – 평가의 간편성 – 종합지표 산정
단점	– 단년도 평가 – 단체특성 미반영 – 지표 수 한정	– 문제 발생원인 파악 곤란 – 종합평가 곤란		– 신용평가시스템 발달 전제 – 재정력평가 미흡			– 개별지표 간 중복

자료: 서정섭(2010).

참고문헌

국회예산정책처(2010). 『지방자치단체 재정난의 원인과 대책』. 예산정책보고서 제11호.

김태영(2010). "지방재정위기의 본질과 지방재정제도 개선에 관한 시론적 연구." 『지방재정의 건전성과 책임성 확보방안 정책토론회 자료집』. 한국정책학회.

김종민(2006). "지방자치단체의 재정위기 진단에 관한 연구." 『세무회계연구』.

김종순(2001). 『지방재정론』. 서울: 박영사.

______(2010). 『지방재정건전성 분석과 재정위기관리제도의 구축방안』. 국회예산결산특별위원회 보고서.

김희선(2007). 『지방자치단체의 재정위기 진단에 관한 연구』. 한남대학교 사회문화대학원 석사학위논문.

남황우(2007). "유바라시 재정파산에 관한 연구." 『도시행정학보』, 20(3). 한국도시행정학회.

라휘문(2011). 『지방자치단체 책임성 향상을 위한 재정관리제도 개선』. 지방분권촉진위원회 책임성 TF보고자료.

삼성경제연구소(1999). 『지방자치단체의 재정위기와 정책과제』.

서정섭(2010a). "우리나라 지방채 발행제도의 현황과 문제점." 『지방재정』. 한국지방재정공제회.

______(2010b). "지방재정 위기관리 제도의 현황과 한계." 『지방재정과 지방세』, 통권 제34호. 한국지방재정공제회.

우동기 · 이정훈(1999). "지방자치단체의 재정위기와 대응전략." 『영남지역발전연구』.

이상용(2002). "지방재정 위기관리제도의 도입방안." 『정책개발연구』, 2(1). 한국정책개발연구원.

이용준(1999). 『지방재정위기에 대한 외국의 입법례 및 국내입법화에 대한 검토』. 국회사무처 법제예산실.

이효(1998). 『재정위기에 대비한 지방채 운용방안』. 한국지방행정연구원 연구보고서.

정성호 · 정창훈(2011). "지방재정위기와 로컬거버넌스의 역할." 『지방행정연구』, 25(2). 한국지방행정연구원.

정창훈(2011). "미국지방자치단체의 지방재정위기관리제도와 시사점." 『강원법학』, 제32권. 강원대학교 비교법학연구소.

조계근(2010). 『강원도 재정건전성 제고방안: 재정위기관리제도를 중심으로』. 강원발전연구원 연구보고서.

지방자치인재개발원 · 시도공무원교육원(2020). 『2020 공통교재 지방예산실무』.

한국지방재정학회(2006). 『지방재정위기의 진단과 대처방안』.
한국지방행정연구원(1997). 『미국 도시재정위기의 발생과 대응(자료집)』.
_____(2008a). 『일본의 지방재정개혁동향』. 연구자료집.
_____(2008b). 『지방재정관리제도 운영실태와 개선방안』. 연구보고서.
행정안전부(2011). 지방재정위기 사전경보시스템 기본계획.

지방재정법
지방재정법시행령

Bradbury, Katharine L.(1982). Fiscal Distress in Large U.S. Cities. *New England Economic Review*. Nov/Dec.

Cabill, Anthony G., & Joseph A. James(1992). Responding to Municipal Fiscal Distress: An Emerging Issue for State Government in the 1990s. *Public Administration Review*, 52(1). January/February.

Groves, Stanford M., & Maureen Godsey Valente(1986). *Evaluating Financial Condition*. ICMA.

Mikesell, John(2009). *Fiscal Administration*(8th ed.). Wadsworth.

Rubin, I. S.(1987). Estimated and Actual Urban Revenue: Exploring the Gap. *Public Budgeting and Finance*, 7(4).

찾아보기

ㄱ

ㅅ

ㅇ

ㅈ

저자 소개

라 휘 문

[학 력]

- 성균관대학교 문학사
- 성균관대학교 행정학석사
- 성균관대학교 행정학박사

[경 력]

- 한국지방행정연구원 지방세제실 책임연구원/기획조정실장
- 행정안전부 정부혁신관리위원회 위원
- 국민권익위원회 자체평가위원회 위원/위원장
- 경인행정학회 회장
- 한국정책분석평가학회 회장
- 지방재정학회 부회장
- 대통령직속 자치발전위원회 비용평가전문위원회 위원장(현)
- 행정안전부 중앙투자심사위원회 위원(현)
- 수원시 재정계획심의위원회 위원장(현)
- 지방자치학회 부회장(현)
- 성결대학교 행정학과 교수(현)

지방재정론

펴낸날 제1판 제1쇄 2021년 6월 30일
지은이 라휘문
펴낸이 임춘환
펴낸곳 도서출판 **대영문화사**
주소 (본사) 사무실: 경기도 고양시 일산서구 주화로 70
우신프라자 307호 (우) 10387)
(본사) 물류센터: 경기도 고양시 일산서구 덕산로
107번길 68-50 (우) 10205)
등록 1975년 12월 26일 제3-16호
전화 (031) 913-3062, (031) 914-3884~5
팩스 (031) 913-3839
홈페이지 http://www.dymbook.co.kr

ISBN 978-89-7644-781-4
값 33,000원